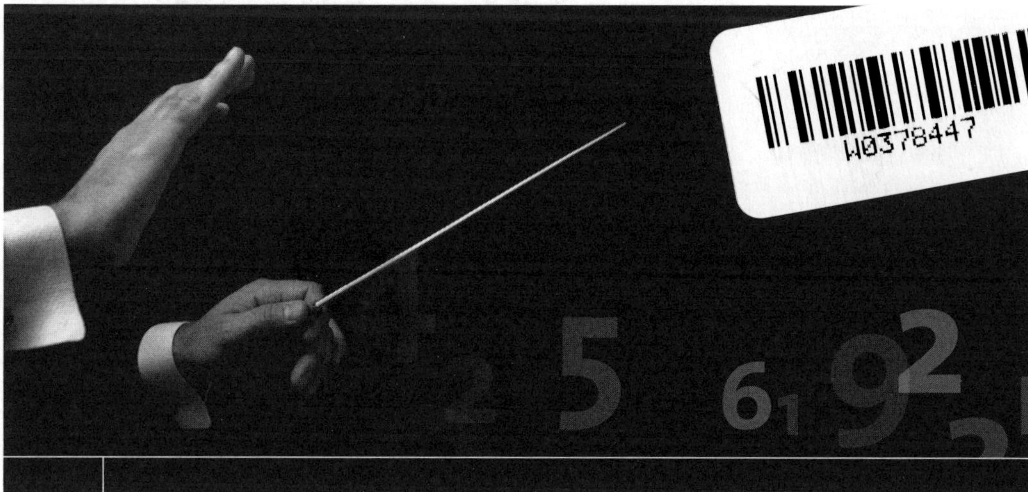
5
6
1
9
2
2

Thorsten Poddig / Ulf Brinkmann / Katharina Seiler

Portfoliomanagement: Konzepte und Strategien

Theorie und praxisorientierte Anwendungen mit Excel™

• **UHLENBRUCH Verlag, Bad Soden/Ts.**

Bibliographische Information Der Deutschen Bibliothek
Die Deutsche Bibliothek verzeichnet diese Publikation in der Deutschen Nationalbibliografie; detaillierte bibliografische Daten sind im Internet über http://dnb.ddb.de abrufbar.

ISBN 3-933207-50-9

Printed in Germany

Vorwort

Die Idee zu diesem Buch entstand aufgrund von Erfahrungen mit dem langjährig vom Uhlenbruch Verlag angebotenen Seminar „Excel im Portfoliomanagement". Hier zeigte sich, dass gerade die Excel-basierten Fallstudien bei den Teilnehmern ein „Aha-Erlebnis" auslösten und wie ein „Katalysator" für das Verständnis der dahinter stehenden Theorie wirkten. Diese Erfahrungen konnten ebenso in universitären Lehrveranstaltungen bestätigt werden. Insofern erschien es geboten, ein eigenständiges Buch zum Thema „Portfoliomanagement" zu verfassen, welches genau diesen gewählten Weg aufgreift, konsequent umsetzt und inhaltlich weiter entwickelt.

Anders als die typischen akademischen Lehrbücher mit ihrer starken Fokussierung auf die Vermittlung theoretischen Wissens steht hier gleichberechtigt die praktische Umsetzung der modernen Methoden und Modelle des Portfoliomanagements im Mittelpunkt des Buches. Die praktische Umsetzung wird dabei anhand von Excel-Fallstudien veranschaulicht. Obwohl die Fallstudien eine zentrale Säule des Buches darstellen, handelt es sich hier aber keinesfalls um ein „Excel-Buch". Sie dienen der Veranschaulichung theoretischer Konzepte, womit diese besser verständlich werden und deutlich wird, wo Probleme auftauchen. Denn ohne ein Mindestmaß an theoretischen Grundlagen ist ein modernes, quantitatives und modellgestütztes Portfoliomanagement undenkbar. Insofern soll dieses Buch dem notwendigen Brückenschlag zwischen Theorie und Praxis dienen. Dabei wird der Leser – genau wie in einem Seminar oder Workshop – angeleitet, die präsentierten Fallstudien selbstständig auf seinem eigenen PC nachzuvollziehen. Gleichzeitig dienen die Fallstudien als Vehikel zum Verständnis der dahinter stehenden Theorie. Durch die Einsicht, Modelle des Portfoliomanagements ganz konkret praktisch umsetzen zu können, soll die Bereitschaft zur theoretischen Auseinandersetzung gefördert werden.

Das vorliegende Buch beschäftigt sich also mit der Frage, wie Modelle der modernen Portfoliotheorie aussehen, wie sie umzusetzen sind und welche Probleme im praktischen Portfoliomanagement auftreten. Dazu greift es die theoretischen Grundlagen auf, gibt einen kurzen, (anwendungs-) problemorientierten Überblick und demonstriert schließlich die konkrete Umsetzung der theoretischen Modelle in Fallstudien mithilfe der weit verbreiteten Tabellenkalkulation Microsoft Excel (im Folgenden nur kurz Excel). Die Auswahl der theoretischen Abhandlungen orientiert sich an praktischen Fragestellungen. Viele wissenschaftlich höchst interessante und wichtige Gegenstandsbereiche werden hier bewusst ausgeblendet, andere Fragestellungen dagegen sehr viel extensiver diskutiert als in einem „gewöhnlichen“ Lehrbuch. Dies erscheint aufgrund der Vielzahl ausgezeichneter Standardlehrbücher zur Investitions-, Portfolio-, Kapitalmarkttheorie und Portfoliomanagement, die ein weiteres Lehrbuch unnötig machen, sinnvoll. Was im Einzelnen behandelt wird, ist Gegenstand des Kapitels „0. Ein Leitfaden durch das Buch“ und wird dort näher erläutert.

Dieses Buch besitzt enge historische Bezüge zum Buch „Statistik, Ökonometrie, Optimierung“, sodass eine klare inhaltliche Abgrenzung wichtig war. Jenes Buch stellt systematisch ausgewählte Methoden aus dem Bereich der Statistik, Ökonometrie und Optimierung vor und erläutert sie beispielhaft an Fallstudien aus Finanzanalyse und Portfoliomanagement. Es ist ein Methodenbuch, aber keines zur Finanzanalyse oder zum Portfoliomanagement an sich. Das jetzt vorliegende Buch beschäftigt sich mit Portfoliomanagement, ist aber *kein* Methodenbuch! Beide sind als einander jeweils ergänzende Werke konzipiert, weshalb hinsichtlich der Methoden aus dem Bereich der Statistik, Ökonometrie und Optimierung hier keine Behandlung erfolgt und konsequent auf jenes Buch verwiesen wird. Ein ebenfalls enger Bezug besteht zu dem „Handbuch Kursprognose“, indem hier immer wieder die Bedeutung der Prognose als eigentlich wertgenerierender Prozess im Portfoliomanagement betont wird. Da die Prognoseproblematik sehr komplex ist und im „Handbuch Kursprognose“ abgehandelt wurde, wird hier auf ihre Betrachtung ebenso konsequent verzichtet. Insofern bilden alle drei Bücher eine „Triade“, welche das Portfoliomanagement in einem sehr weiten Sinn (Finanzprognose, Methoden, Management) abdeckt. Dieses Buch beschäftigt sich mit Portfoliomanagement in einem wesentlich engeren Sinn, womit es die Klammer zu den anderen Werken herstellt. Da jedes Buch aber eigenständig konzipiert ist, sind Überschneidungen unvermeidbar. Diese ergeben sich insbesondere zu dem Buch „Statistik, Ökonometrie, Optimierung“ im Bereich einiger Fallstudien, die thematisch mitunter sehr ähnlich sind, hier aber völlig neu und wesentlich umfangreicher ausgestaltet wurden. Der bewährte Stil jenes Buches wurde hier übernommen.

Aufgrund der besonderen Konzeption des Buches „lebt“ es von den Fallstudien. Für das Verständnis der hier vermittelten Grundlagen des Portfoliomanagements ist das parallele Bearbeiten der Fallstudien am PC sehr empfohlen. Ebenso sollten die Fallstudien nach eigenen Ideen abgewandelt werden (indem z.B. zentrale Parameter eines Optimierungsproblems systematisch variiert werden), d.h., der Leser wird ausdrücklich zum „kreativen Experimentieren“ mit dem Fallstudienmaterial ermuntert. Dieses wird unter der Internetadresse

http://www.fiwi.uni-bremen.de

zum Herunterladen bereit gestellt. Ebenso ist es möglich (und erwünscht), über diese Internet-Verbindung Anregungen, Kritik und Wünsche für zukünftige Überarbeitungen zu äußern.

An der Durchführung dieses Buchprojektes haben zahlreiche Personen direkt oder indirekt mitgewirkt. Zu danken ist hier zunächst dem übrigen Lehrstuhlteam, namentlich (in alphabetischer Reihenfolge) Frau Dipl.-Math. O. Enns, Herr Dipl.-Math. A. Oelerich, Frau Dipl.-Oek. I. Sidorovitch und Herr Dipl.-Oek. A. Varmaz sowie Frau P. Sebbes für das aufmerksame Lesen der Entwürfe, die umfangreiche konstruktive Kritik oder sonstige unterstützende Tätigkeiten. Den Koautoren am Buch „Statistik, Ökonometrie, Optimierung", Herrn Dr. H. Dichtl und Frau Dr. K. Petersmeier, sei besonders herzlich gedankt. Viele ihrer Ideen und Anregungen fanden hier ihre Umsetzung. Unser besonderer Dank gilt auch dem Uhlenbruch Verlag, der die gut dreijährige Entstehungsphase mit Geduld, Verständnis, Ermunterung und viel Engagement begleitete.

Bremen, Oktober 2004

Thorsten Poddig
Ulf Brinkmann
Katharina Seiler

Inhaltsverzeichnis

Symbolverzeichnis

$\mathbf{A}$	Großbuchstabe, Fettdruck, Matrix
$\mathbf{A}^{-1}$	Inverse Matrix der Matrix **A**
$\mathbf{E}_N$	Einheitsmatrix der Dimension $N \times N$
$\mathbb{N}$	Menge der natürlichen Zahlen
$\mathbb{R}$	Menge der reellen Zahlen
$\mathbb{C}$	Menge der komplexen Zahlen
$\mathbf{a}$	Kleinbuchstabe, Fettdruck, Vektor
b	Kleinbuchstabe kursiv, Variable
$\mathbf{e}_N$	N-dimensionaler Einheitsvektor
$\mathbf{A}^{\mathrm{T}}$	Großbuchstabe, T hochgestellt, Fettdruck, transponierte Matrix **A**
$\mathbf{K}$	Korrelationsmatrix der Dimension $N \times N$
$Cov()$	Kovarianz
$\mathbf{Cov}()$	Kovarianzmatrix der Dimension $N \times N$, auch **V**
$Var()$	Varianz
$\mathbf{\Omega}$	Varianz-Kovarianzmatrix der Residuen der Dimension $N \times N$
a_{ij}	Element der Matrix **A** in der i-ten Zeile und j-ten Spalte
γ	griechische Kleinbuchstaben kursiv, Skalar (1×1-Matrix) oder Parameter
λ	Risikoaversionsparameter (auch Risikotoleranzparameter)
$\mathbf{F}$	Faktorwertematrix der Dimension $N \times Q$
$\mathbf{A}$	Faktorladungsmatrix der Dimension $K \times Q$
$\mathbf{V}$	Varianz-Kovarianz-Matrix der Assetrenditen der einzelnen Anlagen innerhalb des Portfolios P mit der Dimension $N \times N$
$\mathbf{w}$	Gewichtevektor der einzelnen Assets i im Portfolio P mit der Dimension $N \times 1$
R^2	Bestimmtheitsmaß
r'_i	Überschussrendite des Assets i
r_i	absolute Rendite des Assets i
r^D	diskrete Rendite
r^S	stetige Rendite
r_F	risikofreier Zinssatz, auch risikofreie Anlage
$\mathbf{r}'$	Vektor der Überschussrenditen der Dimension $N \times 1$

r	Vektor der (Erwartungswerte der) absoluten Renditen der Dimension $N \times 1$
σ^2_P	Varianz der Renditen des Portfolios P
σ_P	Standardabweichung der Renditen des Portfolios P
σ'^2_P	Varianz der Überschussrenditen des Portfolios P
σ_{ij}	Kovarianz der Assets i und j
ρ_{ij}	Korrelationskoeffizient der Assets i und j
$\mathbf{V}'$	Varianz-Kovarianzmatrix der Überschussrenditen der einzelnen Anlagen innerhalb des Portfolios P mit der Dimension $N \times N$
α_i	autonome Eigenrendite des i-ten Assets, Konstante
β_i	Sensitivität gegenüber dem Benchmarkportfolio B
ε_i	unsystematische, zufällige, nicht erklärbare Restgröße (auch Residualrendite oder residuale Rendite genannt)
$E()$	Erwartungswert
μ	Erwartungswert der Rendite
i, j, m, n	allgemeine Laufvariablen
ir	Rendite einer zentralen, strategischen Assetklasse
$\boldsymbol{\alpha}$	Vektor der autonomen Eigenrenditen der im Portfolio P enthaltenen Assets mit der Dimension $N \times 1$
$\boldsymbol{\beta}$	Vektor der Sensitivitäten der im Portfolio P enthaltenen Assets gegenüber dem Benchmarkportfolio B mit der Dimension $N \times 1$
B	Beta, fett, Matrix der Faktorsensitivitäten $N \times K$
$f()$	Funktion
$ZF()$	Zielfunktion
max!	Maximierungsproblem
min!	Minimierungsproblem
$\frac{df(x)}{dx}$	Ableitung der Funktion f nach x
$\frac{\partial f(\mathbf{x})}{\partial x_i}$	partielle Ableitung der Funktion f nach der i-ten Komponente des Variablenvektors **x**
P	Großbuchstabe kursiv, Bezeichnung für ein spezielles Portfolio P
$\boldsymbol{\delta}$	Korrelationsmatrix der zukünftigen Assetrenditen des Portfolios P mit der Dimension $N \times N$

s	Vektor der Standardabweichungen der zukünftigen Assetrenditen mit der Dimension $N \times 1$
μ_P^*, σ_P^*	Kennzeichnung mit Sternchen; optimale Lösung für ein gegebenes Optimierungsproblem
$minw_i$	gefordertes Mindestgewicht des i-ten Assets im Portfolio P
$maxw_i$	zulässiges Höchstgewicht des i-ten Assets im Portfolio P
$maxg$	zulässiges Gruppenhöchstgewicht (z.B. Branchengewichtung)
$d^{\min}$	geforderte Mindestdividendenrendite des Portfolios P
$\sigma_{\varepsilon P}^2 = \omega_P^2$	Residuales Risiko von P
$\sigma_{AP}^2 = \psi_P^2$	Aktives Risiko von P
β_{AP}	aktives Beta
Δ	Abweichung/Differenz
$\bar{x}_j$	Arithmetisches Mittel aller N Beobachtungswerte der Variablen j
s_j	empirische Standardabweichung der Variablen j
z_{ij}	i-ter standardisierter Beobachtungswert der Variablen j
N	Anzahl der Beobachtungen
K	Anzahl der Variablen, Faktoren, o.Ä.
F_{iq}	Wert des q-ten Faktors bei der Beobachtung i
a_{jq}	Faktorladung des Faktors q auf die Variable j
Q	Anzahl der Faktoren
h_j^2	Kommunalität
λ_q	Eigenwert des Faktors q
tr()	Spur einer Matrix
Det()	Determinante einer Matrix

Indices kursive Kleinbuchstaben	Laufindices
Indices kursive Großbuchstaben	Bezeichnungen, konstante/fixe Größen
Einfügen	Wörter in dieser Schriftart benennen Menüpunkte in Excel oder eine bestimmte Taste bzw. Tastenkombination
Einfügen/Funktionen	beschreibt den sequenziellen Ablauf einer Menüauswahl in Excel, dies bedeutet hier z.B., zunächst die Auswahl des Hauptmenüs Einfügen und dann die weiter präzisierende Auswahl des Menüs Funktionen

Abkürzungsverzeichnis

Abb.	Abbildung
alt.	Alternativ
Anm. d. Verf.	Anmerkung der Verfasser
APT	Arbitrage Pricing Theorie
ARCH	autoregressive conditional heteroskedastic
ARIMA	autoregressive integrated moving average
BR	Breadth (Prognosehäufigkeit)
bzw.	beziehungsweise
c.p.	ceteris paribus
ca.	circa
CAPM	Capital Asset Pricing Model
CLA	Critical Line Algorithm
CPI	Konsumentenpreisindex (consumer price index)
d.h.	das heißt
DAX	Deutscher Aktienindex
Diss.	Dissertation
DJES	DOW JONES EURO STOXX 50
DVFA	DeutschenVereinigung für Finanzanalyse und Anlageberatung
Eff.-P.	Effizientes Portfolio
EKRN	Eigenkapitalrentabilität
et al.	et alii (und andere)
etc.	et cetera
FG	Anzahl der Freiheitsgrade
GARCH	generalized autoregressive conditional heteroskedastic
ggf.	Gegebenenfalls
Hrsg.	Herausgeber
i.d.R.	in der Regel
i.e.S.	im engeren Sinne
i.i.d.	independent identical distributed
i.w.S.	im weiteren Sinne
IC	Information Coefficient (Prognosegüte)
IR	Information Ratio
Jg.	Jahrgang
KAGG	Gesetz über Kapitalanlagegesellschaften
Kap.	Kapitel
LIQU	Quote der flüssigen Mittel
LPM	Lower Partial Moments
max.	maximal
MEP	Maximum-Ertrag-Portfolio
MIM	Multi-Index-Modell
MPT	Moderne Portfoliotheorie
MSE	Mean Square Error (der mittlere quadratische Fehler)

MVP	Minimum-Varianz-Portfolio
No.	Numero
num.	numerisch(e)
o.Ä.	oder Ähnliches
o.g.	oben genannte(n)
o.Jg.	ohne Jahrgang
OLS	Ordinary Least Squares ((Gewöhnliche) Kleinste Quadrate (Schätzung))
p.a.	per annum
p.M.	pro Monat
PCA	Principal Components Analysis
REXP	Deutscher Rentenindex (Performanceindex)
S.	Seite
SE	Standardfehler der Koeffizienten
SIM	Single-Index-Modell
sog.	sogenannt(e; en)
SR	Sharpe-Ratio
SSR	Sum of Squared Residuals
Tab.	Tabelle
TBM	Treynor-Black-Appraisal-Ratio
TP	Tangentialportfolio
u.Ä.	und Ähnliches
u.a.	unter anderem
u.d.N.	unter der Nebenbedingung/ unter den Nebenbedingungen
u.E.	unseren Erachtens
u.U.	unter Umständen
usw.	und so weiter
VBA	Visual Basic for Applications
vgl.	vergleiche
Vol.	Volume
vs.	versus
z.B.	zum Beispiel
ZF	Zielfunktion
zugl.	zugleich
zul.	zulässig(e)

0. Leitfaden durch das Buch

0.1. Inhalte der einzelnen Kapitel

Zu Beginn eines jeden einzelnen Kapitels werden einige einführende inhaltliche Vorbemerkungen und Arbeitshinweise gegeben, die sich auf das jeweils einzelne Kapitel im Detail beziehen. Hier wird dagegen kurz der Gesamtaufbau des Buches beschrieben und auf denkbare Lesepfade hingewiesen. Das vorliegende Buch beschäftigt sich mit der Theorie der Portfolio Selection, ihren Modellen und deren praktischer Anwendung. Diese werden im Rahmen von Fallstudien illustriert, die realen Anwendungen zwar angenähert sind, diese aber natürlich nicht in allen Facetten wiedergeben können. Die zentralen Fragen lauten: Welche Modelle stellt die Theorie der Portfolio Selection dem praktischen Portfoliomanagement zur Verfügung? Wie sehen diese aus? Wie werden sie konkret umgesetzt? Welche praktischen Probleme tauchen dabei auf? Welche Antworten gibt die Wissenschaft zum Umgang mit diesen Problemen?

Der Schwerpunkt des Buches liegt damit auf einem Ausschnitt des Portfoliomanagements, indem vorrangig eine Beschäftigung mit den dort relevanten, quantitativen Modellen und deren Umsetzung erfolgt. Weniger interessiert hier das gesamte institutionelle Umfeld des Portfoliomanagements (z.B. Finanzinstitutionen, -märkte und -instrumente in diesem Bereich, Fragen der Aufbau- und Ablauforganisation, gesetzliche Regelungen, etc.) sowie der Führungsprozess selbst (z.B. Fragen von Führung und Leitung, Mitarbeiterführung, etc.). Insofern handelt es sich nicht um ein umfassendes Lehrbuch zu allen Aspekten des Portfoliomanagements, sondern behandelt auch dort nur einen ausgewählten Ausschnitt. Das Buch, im Sinne seiner eigentlichen Schwerpunktsetzung, beginnt im Wesentlichen mit dem Kap. 2.

Das Kap. 1. führt in stark komprimierter Form in wesentliche Aspekte des institutionellen Rahmens ein, indem dort ein Überblick über den gesamten Portfoliomanagementprozess gegeben wird, grundlegende Begriffe geklärt und elementare theoretische Grundlagen eingeführt werden. Insbesondere vielen Praktikern werden diese Inhalte bekannt sein, weshalb dieses erste Kapitel auch bei entsprechendem Vorwissen problemlos übersprungen werden kann. Zielgruppe dieses Kapitels sind vielmehr Studierende, denen diese Thematik neu ist und denen ein extrem kompakter Einstieg vermittelt werden soll. Neueinsteiger sollen damit in die Lage versetzt werden, mit allen anderen Lesern zusammen den Gang der Betrachtungen ab Kap. 2. folgen zu können. Ferner werden dort zentrale methodische Grundlagen wiederholt bzw. aufgefrischt (z.B. Grundlagen der Matrizenrechnung), auf die im Folgenden stets zurückgegriffen wird. Der Charakter des Kap. 1. ist am ehesten mit einem „Tutorial“ zu umschreiben, aus dem jeder Leser zielgerichtet diejenigen Grundlagen nacharbeiten kann, die individuell für den weiteren Gang der Betrachtungen notwendig sind. Erfahrungen aus vielen Seminaren zeigen, dass insbesondere die Grundlagen der Matrizenrechnung oftmals fehlen, die im Anhang A1.1. vermittelt werden.

Das Kap. 2. stellt in sehr konzentrierter Weise das Standardmodell der Portfolio Selection vor, diskutiert bei der konkreten Umsetzung auftretende Probleme, zeigt denkbare Lösungswege und demonstriert die praktische Umsetzung anhand einer konkreten, sehr umfangreichen Fallstudie. Erfahrungen zeigen hier, dass oftmals ein grundlegendes theoretisches Basiswissen vorhanden ist, aber kaum Vorstellungen darüber existieren, wie die theoretischen Modelle praktisch umgesetzt werden könnten. In diesem Sinne stellt Kap. 2. gleichermaßen die Fortführung für Neueinsteiger, die das Kap. 1. gerade zuvor bearbeitet haben, wie auch für Quereinsteiger, die sich mit der Theorie der Portfolio Selection früher einmal beschäftigt haben, den Einstiegspunkt dar. Beide Lesergruppen finden hier eine konzentrierte Zusammenfassung der Theorie und eine ausführliche Anleitung zur Umsetzung vor. Sowohl „Praktikerseminare“ als auch universitäre Lehrveranstaltungen zeigen, dass eine Durchdringung der theoretischen Grundlagen eigentlich erst bei der praktischen Umsetzung stattfindet. Unter didaktischen Gesichtspunkten wird daher der Fallstudie ein breiter Raum gewährt, während die Theorie selbst sehr knapp behandelt wird. Insofern versteht sich dieses Kapitel als Basis für eine weitergehende Beschäftigung mit der Theorie, die in anderen Lehrbüchern sehr viel umfassender behandelt wird. Ein breites theoretisches Grundlagenkapitel soll es dagegen ausdrücklich nicht darstellen. Das Kap. 2. empfiehlt sich auch für ein Parallelstudium zu theoretisch orientierten Lehrbüchern, wenn dort die konkrete Umsetzung oder anschauliche Beispiele vermisst werden.

Das Kap. 3. behandelt Grundlagen der relativen Optimierung. Jene ist in der praktischen Anwendung sehr weit verbreitet, wird aber in typischen akademischen Lehrbüchern eher wenig bis gar nicht behandelt. Hier wird in zentrale theoretische Grundlagen eingeführt, wesentliche Begriffe und Konzepte geklärt sowie die praktische Anwendung im Rahmen einer weiteren umfangreichen Fallstudie demonstriert. Für Praktiker ist dieses Kapitel auf jeden Fall zu empfehlen. Studierenden wird hier ein Konzept vorgestellt, welches sich nicht in jedem Lehrbuch findet und dessen Kenntnis für eine Berufstätigkeit in diesem Gebiet wichtig ist.

Die Kapitel 2. und 3. betrachten Verfahren des aktiven Portfoliomanagements. Jenes basiert auf der Annahme, dass Finanzprognosen mit hinreichender Güte möglich sind. Auf Basis dieser Prognosen wird nun das Portfolio geeignet konstruiert. Bei werthaltigen Prognosen wird es dann (im Mittel und zumindest vor Kosten) eine höhere risikoadjustierte Rendite als etwa die allgemeine Marktentwicklung aufweisen. Skeptiker glauben indessen nicht an die Möglichkeit, mithilfe von Finanzprognosen systematisch eine höhere risikoadjustierte Rendite erzielen zu können. Ist aber die Erzielung solcher systematischer „Extrarenditen" unmöglich, bleibt nur noch die Möglichkeit zu einem passiven Portfoliomanagement. Dort wird versucht, Portfolios möglichst kostengünstig so zu konstruieren, dass diese die Wertentwicklung eines vorgegebenen Referenzmaßstabes bestmöglich nachvollziehen. Wie solche Portfolios zu konstruieren sind, wird in Kap. 4. behandelt. Es stellt eine Ergänzung zu Kap. 2. und 3. dar, womit alle Standardverfahren des aktiven und passiven Portfoliomanagements in dem Buch vorgestellt werden. Das Kap. 4. kann grundsätzlich eigenständig bearbeitet werden, wie es auch nach der Bearbeitung von Kap. 2. und 3. übersprungen werden kann. Aktives und passives Portfoliomanagement stellen unterschiedliche Philosophien dar, die unabhängig voneinander behandelt werden können. Für ein umfassenderes Verständnis ist die gemeinsame Bearbeitung (in der Reihenfolge des Buches) aber empfohlen.

Schon mit Beginn der Entwicklung der modernen Portfoliotheorie wurden konzeptionelle Festlegungen vorgenommen, die an vielen Stellen restriktiv und wirklichkeitsfern erscheinen. Wenig verwunderlich gibt es zahlreiche Ansätze, grundlegend andere Verfahren zur Portfolioplanung bereitzustellen. Einige dieser Verfahren jenseits der „orthodoxen" Modelle werden in Kap. 5. exemplarisch vorgestellt. Die Auswahl kann dabei nicht umfassend sein, sondern soll eher einen Eindruck vermitteln, in welcher Weise von den „orthodoxen" Modellen abgewichen werden kann. Dabei herrscht unter Wissenschaftlern und Praktikern Uneinigkeit, ob das jeweilige Verfahren wirklich einen Fortschritt darstellt. Mitunter wird ein Verfahren von manchen als bahnbrechende Weiterentwicklung angesehen, während andere dasselbe Verfahren für völlig verzichtbar halten. Die Diskussionen in Kap. 5. sollen dem Leser helfen, sich hier jeweils ein eigenes Urteil zu bilden. Die Betrachtungen in Kap. 5. sind für alle Leser interessant, aber nicht essenziell. In erster Linie soll über die Vorstellung alternativer Modelle das Verständnis für die „orthodoxen" Modelle, deren Möglichkeiten und Grenzen, geschärft werden. Dieses Kapitel kann aber auch gänzlich ausgelassen oder zu einem späteren Zeitpunkt außerhalb der regulären Abfolge bearbeitet werden.

Ohne Prognosen ist an eine Umsetzung der vorgestellten Verfahren nicht zu denken. Dazu werden in Kap. 6. Faktormodelle vorgestellt, die im Portfoliomanagement ein sehr vielseitiges Werkzeug darstellen, um die für die Portfolioplanung benötigten Inputdaten zu generieren. In umfassender Weise wird dort ihr praktischer Einsatz prinzipiell demonstriert. Hier grenzt sich das Buch von dem bereits erwähnten „Handbuch Kursprognose“ oder auch dem Buch „Statistik, Ökonometrie, Optimierung“ ab. In diesem Buch geht es um die Behandlung von Faktormodellen als allgemeines Werkzeug zur Generierung der Inputdaten für die Portfolioplanung. Die beiden anderen Bücher gehen dagegen konkret auf die dazu notwendigen mathematisch statischen Verfahren und deren Eigenschaften sowie auf die Frage ein, wie damit z.B. ein spezieller Finanzmarkt prognostiziert werden kann. Das Kap. 6. ist aber dennoch zentral im Gefüge des Buches, denn es stellt die ***Schnittstelle*** zur Prognoseproblematik dar, in der dann spezielle Werke zur Finanzprognose einhaken können. Aufgrund seiner besonderen Stellung sollte es keinesfalls übersprungen werden.

Ein besonderes Problem der Faktormodelle ist deren Entwurf. Dazu kann die Faktorenanalyse herangezogen werden, insbesondere dann, wenn es z.B. um die Simulation des Verhaltens von Portfolios (Stresstests u.Ä.) geht. In Kap. 7. geht es um die systematische Vorstellung und Anwendung der Faktorenanalyse im Rahmen des Portfoliomanagements. Für ein grundlegendes Verständnis der Modelle des Portfoliomanagements kann dieses Kapitel ausgelassen werden. Für die Lösung vieler praktischer Fragestellungen ist es aber unbedingt hilfreich. Viele der in den Kapiteln 2. bis 5. vorgestellten Verfahren lassen sich u.a. erst unter Rückgriff auf die Faktorenanalyse umsetzen. Insbesondere stellt die Fallstudie des Kap. 7.3.3. die Zusammenführung vieler Einzelverfahren dar, sodass es in gewisser Weise einen „Kulminationspunkt“ des Buches darstellt.

Das Kap. 8. behandelt mit der Performanceanalyse die letzte Phase des Portfoliomanagementprozesses, in welcher das erzielte Ergebnis zunächst gemessen und dann näher analysiert wird. Während die Performanceanalyse selbst oftmals alleiniger Gegenstand sehr umfangreicher Monografien ist, wird sie hier relativ knapp behandelt. Dies hat zwei Gründe: Zunächst kann die Performanceanalyse als Kontrollprozess angesehen werden, in welchem die zuvor vorgenommenen Planungen überprüft und analysiert werden. In diesem Sinne ist sie aber nur das ex post Gegenstück zur ex ante orientierten Portfolioplanung. Nachdem die Portfolioplanung in diesem Buch bis zu diesem Punkt sehr ausführlich behandelt wurde, ist die Performanceanalyse im Grunde genommen schon behandelt worden. Es geht hier lediglich noch um die spezielle, ex post orientierte Anwendung der bereits hinlänglich bekannten Konzepte. Zum anderen werden aber auch bestimmte Aspekte völlig ausgelassen, z.B. spezielle Fragen der internen Performancemessung, da sie den Rahmen dieses Buches übersteigen. Das Kap. 8. ist allen Lesern empfohlen, da hier – wenn auch mit anderer Sichtweise – die zuvor dargelegten Konzepte „wiederholt" und „zusammengefasst" werden. In diesem Sinne schließt Kap. 8. das Buch.

0.2. Verwendete Symbole

Aufgrund der Orientierung dieses Buches sind viele mathematische Symbole, Formeln und Herleitungen unvermeidbar. Um das Verständnis zu erleichtern, werden in diesem Buch einige Konventionen benutzt, die kurz erläutert werden.

- Einfache, skalare Variablen werden mit einem kursiv gesetzten Kleinbuchstaben bezeichnet, wie z.B. r für die Rendite oder p für den Preis eines Assets.

- Fett gesetzte Kleinbuchstaben bezeichnen einen Spaltenvektor, wie z.B. $\mathbf{w}$ für den (Spalten-) Vektor der Anteilsgewichte in einem Portfolio. Vektoren sind hier immer Spaltenvektoren. Um Zeilenvektoren zu erhalten, werden diese immer explizit transponiert. Z.B. wäre $\mathbf{w}^{\mathbf{T}}$ der entsprechende Vektor der Anteilsgewichte als Zeilenvektor. Die Dimension eines Vektors wird immer in der begleitenden Formel oder im Text explizit angegeben oder ergibt sich implizit aus dem Gang der Betrachtungen.

- Matrizen werden durch fett gesetzte Großbuchstaben gekennzeichnet. Beispielsweise bezeichnet $\mathbf{V}$ die Varianz-Kovarianzmatrix der Assetrenditen. Die Dimensionen werden bei den Formeln oder im Begleittext explizit angegeben oder ergeben sich implizit aus den bisherigen Betrachtungen.

- Kursive Großbuchstaben bezeichnen im Regelfall eine Anzahl, z.B. steht N für die Anzahl der Assets in einem Portfolio, K für die Anzahl von Faktoren in einem Faktormodell oder T für die Anzahl an Beobachtungsdaten oder Zeitpunkten.

- Tief gestellte, klein und kursiv gesetzte Kleinbuchstaben stellen Laufindices dar. Z.B. bezeichnet das i bei r_i das i-te Asset. Ist r die Rendite, wird damit die Rendite des i-ten Assets bezeichnet. Hierbei handelt es sich um ein beliebiges Asset aus einer Menge von $i = 1, \ldots, N$ Assets. Laufindices werden als allgemeine Bezeichner oder in Summenformeln verwendet. Zur Erhöhung der Klarheit werden die Laufindices nach Möglichkeit immer korrespondierend zum Anzahlbezeichner gewählt. Beispielsweise wird t als Laufindex bei T Beobachtungszeitpunkten verwendet. Die Buchstaben i und j, oftmals auch k und l, werden als allgemeine Laufindices benutzt (d.h. ohne speziellen zugehörigen Anzahlbezeichner).

- Tief gestellte, klein und kursiv gesetzte Großbuchstaben dienen der Bezeichnung eines ***speziellen*** Objektes. Beispielsweise wird mit r_P die Rendite eines ganz speziellen Portfolios P bezeichnet, also nicht irgendeines beliebigen Portfolios. P ist hier kein Laufindex, sondern Bezeichner.

Die folgenden Tabellen 0.2.-1. und 0.2.-2. geben eine Übersicht über wichtige Rendite- und Risikokomponenten bzw. –begriffe, die im weiteren Verlauf des Buches erläutert werden. Das Symbolverzeichnis am Anfang des Buches stellt ein Verzeichnis besonders häufig verwendeter Symbole dar. Daran lässt sich noch einmal die Systematik der Bezeichnung veranschaulichen.

Die mathematischen Operatoren für Addition, Subtraktion und Division (u.a.) werden explizit gesetzt. Bei der Multiplikation wird der Malpunkt meist ausgelassen, aber auch gesetzt, wenn dies die Lesbarkeit verbessert (wann die Lesbarkeit verbessert wird, ist dabei zweifelsfrei eine subjektive Entscheidung, sodass Verwendung bzw. Nicht-Verwendung des Malpunktes im Folgenden keine klare Systematik besitzt). Exponenten werden durch hochgestellte Zahlen oder Kleinbuchstaben dargestellt.

Funktionen der Tabellenkalkulation Excel werden in einer besonderen Schrift und Großbuchstaben (bei eingebauten Funktionen) oder als gewöhnliche Namen gesetzt. Beispielsweise bezeichnet MIN() die eingebaute Excel-Funktion zur Bestimmung eines Minimums oder Populationskenngrößen die VBA-Analysefunktion zur Berechnung einer Vielzahl beschreibender statistischer Maße.

Renditekomponente			
Art der Rendite	Bezeichnung	Definition/Erläuterung	Berechnung oder Berechnungsbeispiel(e)
(absolute) Rendite einer Anlage	r_i	relative Wertänderung eines Anlageobjektes innerhalb einer Abrechnungsperiode	$\frac{r_{it} - r_{it-1}}{r_{it-1}}$
Risikofreier Zinssatz bzw. Rendite	r_F	Entspricht der Rendite der risikolosen Anlage	
Überschussrendite	r'_i	Entspricht der Differenz zwischen der Rendite des Assets (bzw. Portfolios) und der risikofreien Verzinsung	$r'_i = r_i - r_F$
Mittlere Rendite	$\bar{r}_i$	Entspricht der arithmetischen Durchschnittsrendite	$\bar{r}_i = \frac{1}{T} \sum_{t=1}^{T} r_{it}$
Portfoliorendite	r_P	Entspricht der Summe der gewichteten Renditeanteile der Assets im Portfolio	$r_P = \sum_{i=1}^{N} w_i r_i$
Benchmarkrendite	r_B	Rendite einer Benchmark	
Geforderte Rendite	r^* τ	Beliebige, aber fest vorgegebene (Portfolio-) Rendite oder Mindestrenditeanforderung	
Erwartete Rendite	$E(r_i) = \mu_i$ (bzw. μ_P)	Entspricht dem Erwartungswert der Rendite eines Assets/Portfolios	$\mu_i = \alpha_i + \beta_i \mu_B$ (SIM) $\mu_P = \sum_{i=1}^{N} w_i \mu_i$
Systematische Rendite	$\beta \cdot \mu_B$	Entspricht dem Teil der Rendite, der mit der Benchmarkrendite erklärt werden kann	
Residualrendite (auch unsystematische Rendite)	ε_i	Entspricht der zufälligen, nicht erklärbaren Restgröße	$\varepsilon_{it} = r_{it} - \alpha_i - \beta_i r_{Bt}$ (SIM)

Autonome Rendite	α_i (bzw. α_P)	Entspricht der autonomen Eigenrendite des Assets/Portfolios	$r_{it} = \alpha_i + \beta_i r_{Mt} + \varepsilon_{it}$ $\alpha_P = \sum_{i=1}^{N} w_i \alpha_i$ (SIM)
Aktive Rendite	r_A	Entspricht der Differenz zwischen der Rendite des aktiven Portfolios und der Benchmarkrendite	$r_A = r_P - r_B$
Renditedifferenz	r_D	Entspricht der Differenz zwischen Target Portfolio *B* (Benchmark) und Tracking Portfolio *P*	$r_D = r_B - r_P$
Rendite des Mischportfolios	μ_{Misch}	Rendite eines Portfolios bestehend aus Benchmark oder Tangentialportfolio und der risikofreien Anlage	$\mu_{Misch} = a \cdot \mu_B + (1-a) \cdot r_F$ mit *a*: Anteil der Benchmark im Mischportfolio

Tab. 0.2.-1.: Verzeichnis wichtiger Renditekomponenten

Risikokomponente			
Art des Risikos	Bezeichnung	Definition/Erläuterung	Berechnung oder Berechnungsbeispiel(e)
Varianz	σ_i^2	Erwartung der quadratischen Abweichung der Assetrendite vom Erwartungswert	$\sigma_i^2 = E(r_i - E(r_i))^2$
Standardabweichung (Volatilität)	σ_i	Entspricht der Wurzel aus der Varianz	$\sigma_i = \sqrt{\sigma_i^2}$
Mittlere Abweichung	$\bar{\sigma}$	Entspricht der Durchschnittsvolatilität von N Assets	$\bar{\sigma} = \frac{1}{N}\sum_{i=1}^{N}\sigma_i$
Kovarianz	σ_{ij}	Misst den Zusammenhang der Renditeabweichungen zweier Assets	$\text{Cov}(r_i, r_j) = \frac{1}{T-1}\sum_{t=1}^{T}(r_{it} - \bar{r}_i)(r_{jt} - \bar{r}_j)$ $\sigma_{ij} = \beta_i \cdot \beta_j \cdot \sigma_B^2$ (SIM)
Korrelationskoeffizient	ρ_{ij}	Misst die Korrelation zwischen zwei Assetrenditen	$\rho(r_i, r_{.j}) = \frac{Cov(r_i, r_{.j})}{\sqrt{Var(r_i)} \cdot \sqrt{Var(r_{.j})}}$
Gesamtrisiko (SIM)	σ_i^2	Entspricht der Summe aus systematischem und unsystematischem Risiko	$\sigma_i^2 = \beta_i^2 \cdot \sigma_B^2 + \sigma_{\varepsilon i}^2$
Systematisches Risiko (SIM)	$\beta_i^2 \cdot \sigma_B^2$	Entspricht dem Teil des Risikos, der mit dem Markt- oder Benchmarkrisiko erklärt werden kann	
Unsystematisches Risiko (Residualrisiko) (SIM)	$\sigma_{\varepsilon i}^2$ (bzw. ω_P^2)	Entspricht dem Teil des Risikos, der mit dem Markt- oder Benchmarkrisiko nicht korreliert	$\sigma_{\varepsilon i}^2 = \sigma_i^2 - \beta_i^2 \cdot \sigma_B^2$ $\sigma_{\hat{\varepsilon} t}^2 = \frac{1}{T-1}\sum_{t=1}^{T}\hat{\varepsilon}_t^2$

Beta	β_i (bzw. β_P)	Entspricht der Sensitivität der Überschussrendite einer Anlage gegenüber einer Veränderung der Überschussrendite des Marktes oder der Benchmark	$\beta_i = \frac{\sigma_{iB}}{\sigma_B^2} =$ $r_{it} = \alpha_i + \beta_i r_{Bt} + \varepsilon_{it}$ $\beta_P = \sum_{i=1}^{N} w_i \beta_i$
Portfoliorisiko	σ_P^2	Entspricht der Summe der gewichteten Risikoanteile einzelner Assets im Portfolio	$\sigma_P^2 = \sum_{i=1}^{N} \sum_{j=1}^{N} w_i w_j \sigma_{ij} =$ $\mathbf{w}^{\mathbf{T}} \cdot \mathbf{V} \cdot \mathbf{w}$
Aktives Risiko (Tracking Error)	σ_A (bzw. TE oder ψ)	Entspricht dem Abweichungsrisiko der Portfoliorendite von einer bestimmten Referenzrendite	$\sigma_A^2 = Var(r_P - r_B)$ $\sigma_A = \sqrt{Var(r_P - r_B)}$
Aktives Beta	β_A	Entspricht der Differenz zwischen Portfolio- und Benchmark-Beta	$\beta_A = \beta_P - \beta_B$
Timingrisiko	ψ	Entspricht dem Risiko, welches aufgrund von Timing entsteht	$\Psi = \beta_A^2 \cdot \sigma_B^2 + \sigma_{\varepsilon i}^2$
Ausfallwahrscheinlichkeit	$LPM_{0,\tau}$	Entspricht dem *LPM* der Ordnung 0	$P(r_z < \tau) = \frac{1}{T} \sum_{t=1, r_t < \tau}^{T} (\tau - r_t)^0$ (ex post)
Mittleres Ausfallrisiko (*expected shortfall*)	$LPM_{1,\tau}$ es	Entspricht dem *LPM* der Ordnung 1	$es = \frac{1}{T} \sum_{t=1, r_t < \tau}^{T} (\tau - r_t)^1$ (ex post)
Semivarianz	$LPM_{2,\tau}$ sv	Entspricht dem *LPM* der Ordnung 2	$sv = \frac{1}{T} \sum_{t=1, r_t < \tau}^{T} (\tau - r_t)^2$ (ex post)
Semistandardabweichung der Renditen	sd_i	Entspricht der Wurzel aus der Semivarianz	$sd_i = \sqrt{sv_i}$

Ausfallschiefe (*semiskewness*, *downside skewness*)	$LPM_{3,\tau}$	Entspricht dem *LPM* der Ordnung 3	$LPM_{3,\tau} = \frac{1}{T} \sum_{t=1, r_t<\tau}^{T} (\tau - r_t)^3$ (ex post)
Ausfallwölbung (*semicurtosis*, *downside curtosis*)	$LPM_{4,\tau}$	Entspricht dem *LPM* der Ordnung 4	$LPM_{4,\tau} = \frac{1}{T} \sum_{t=1, r_t<\tau}^{T} (\tau - r_t)^4$ (ex post)
Asymmetrische Ko-semivarianz	ac_{ij}		$ac_{ij} = \frac{1}{T} \sum_{t=1}^{T} (\min[0,(r_{it} - \tau)] \cdot (r_{jt} - \tau))$ (ex post)
Symmetrische Ko-semivarianz	c_{ij}	Entspricht dem Produkt der Semistandardabweichungen zweier Assets und deren Korrelationskoeffizienten	$c_{ij} = sd_i \cdot sd_j \cdot \rho_{ij}$

Tab. 0.2.-2.: Verzeichnis wichtiger Risikokomponenten

1. Grundlagen

Arbeitshinweise: Das erste Kapitel beschäftigt sich zunächst mit einem Überblick über die Grundlagen des Portfoliomanagements und Teilen der Portfoliotheorie. Es liefert den institutionellen Hintergrund für die sich anschließenden Buchteile. Dieses Kapitel begründet, warum unter den gesetzten modelltheoretischen Annahmen Portfoliobildung sinnvoll ist, ohne jedoch die Umsetzung der Konzepte bereits hier vorzunehmen. Die Umsetzung der in diesem Kapitel beschriebenen Modelle und die praktische Anwendung erfolgt in Kap. 2. Bei den hier behandelten Grundlagen und Hintergründen geht es nicht um eine ausführliche Behandlung dieses Komplexes, sondern eher um eine Zusammenfassung grundlegender Aspekte und modelltheoretischer Konzepte. Das Kap. 1. sollte zum Einstieg in die Materie von jedem in diesem Bereich neuen Leser bearbeitet werden, da es die notwendigen modelltheoretischen Grundlagen für die weiteren Betrachtungen gewissermaßen als „Schnelleinstieg" liefert. Ferner dient es dazu, die verwendete Notation festzulegen. Der im Portfoliomanagement und in der Portfoliotheorie erfahrene Leser wird in diesem Abschnitt zügig vorankommen und die Bearbeitung wird eher den Charakter einer Auffrischung der Kenntnisse haben, die ggf. auch übersprungen werden kann. Dieser Leserkreis kann gleich mit Kap. 2. fortfahren. Für alle anderen Leser werden hier die grundlegenden Begriffe und Methoden so präzise wie nötig, aber so knapp wie möglich, zusammengestellt.

Zunächst wird die durch das Portfoliomanagement behandelte Problemstellung in Kap. 1.1. kurz charakterisiert. Folgend werden in Kap. 1.2., Kap. 1.3. und Kap. 1.4. das Portfoliomanagement an sich und Modelle der modernen Portfoliotheorie vorgestellt. Grundlegende Definitionen und Konzepte der Portfoliobildung werden in Kap. 1.5. dargelegt. Danach wird der mit der Portfoliobildung verbundene Diversifikationseffekt Gegenstand des Kap. 1.6. sein, bevor dann in Kap. 2. die Betrachtung der Bildung optimaler Portfolios erfolgt.

Im Anhang zu diesem Kapitel finden sich die wichtigsten Definitionen zur Matrizenrechnung (A1.1.), welche für die Berechnungen in Excel benötigt werden, und einige Hinweise zum Umgang mit Matrizen-Operationen in Excel. Der zweite Anhang (A1.2.) beschäftigt sich detaillierter mit einem speziellen Beispiel aus Kap. 1.6., nämlich mit dem Portfoliorisiko im Zwei-Anlagen-Fall.[1]

---

1 Das Begleit- und Fallstudienmaterial zu diesem Buch findet sich unter der Internet-Adresse des Lehrstuhls: www.fiwi.uni-bremen.de.

1.1. Grundlagen der Asset Allocation

Ein Investor sieht sich unsicheren Erwartungen über die Zukunft gegenübergestellt. Investitionsobjekte können gänzlich unterschiedliche erwartete Renditen und damit verbundene Risiken aufweisen. Wie können sie miteinander verglichen werden? Außerdem erscheint es bei *Ungewissheit*[2] kaum sinnvoll, in ein Investitionsobjekt allein zu investieren. Aus diesen Umständen ergeben sich zwei Problemkreise:

1) Wie können Investitionsobjekte unter Ungewissheit verglichen werden? Dafür sind folgende Aspekte relevant:

- Bestimmung der erwarteten Rendite eines Investitionsobjektes.
- Bestimmung des Risikos eines Investitionsobjektes.
- Bestimmung des Preises einer Risikoeinheit (als Trade-off zwischen Rendite und Risiko, womit erst ein Vergleich ermöglicht wird).

2) Wie können Investitionsobjekte sinnvoll kombiniert werden, um das Risiko im Verbund (*Portfolio*) weitgehend zu eliminieren bzw. wenigstens zu verringern? Dabei ergeben sich u.a. folgende Teilfragen:

- In welche Investitionsobjekte ist zu investieren?
- Wie sollen die zur Verfügung stehenden Mittel „optimal" auf die betrachteten Investitionsobjekte aufgeteilt werden?

Diese Problemkreise sollen im Folgenden behandelt werden. Zunächst wird aber die Portfoliobildung in das Portfoliomanagement eingeordnet, um einen Überblick über dieses Gebiet zu geben.

---

2 Der Begriff der Entscheidung unter Ungewissheit wird hier im Sinne der Entscheidungstheorie als Oberbegriff für die Entscheidung unter Risiko und die Entscheidung unter Unsicherheit verwendet. Zur Systematisierung von Entscheidungssituationen lassen sich verschiedene Kriterien heranziehen, eines ist die Charakterisierung der Umwelt (dies kann auch als „Informationsstand des Entscheidungsträgers" definiert werden). Entscheidungen unter Ungewissheit liegen vor, wenn mehrere Umweltzustände eintreten können. Ist der Entscheidungsträger (subjektiv oder objektiv) in der Lage, den Umweltzuständen Eintrittswahrscheinlichkeiten zuzuordnen, so handelt es sich um Entscheidungen unter Risiko. Können den Umweltzuständen keine Eintrittswahrscheinlichkeiten zugeordnet werden, so spricht man von Entscheidungen unter Unsicherheit. Die Systematisierung folgt den Ausführungen nach Rehkugler/Schindel (1990), S. 92. Dort findet sich auch eine Einführung in die Entscheidungstheorie und deren Begrifflichkeit.

1.2. Portfoliomanagement

Das *Portfoliomanagement* kann als die Gesamtheit aller Aufgaben, welche im Zusammenhang mit Kapitalanlageentscheidungen zu lösen und durchzuführen sind, betrachtet werden. Die Bedeutung der Portfoliorealisierung wird bei der exemplarischen Betrachtung des *Portfoliomanagements als Prozess* deutlich. Bei einer Unterteilung des Portfoliomanagements in die traditionellen Prozessphasen Planung, Realisierung und Kontrolle, ergeben sich folgende Aufgabenbereiche:

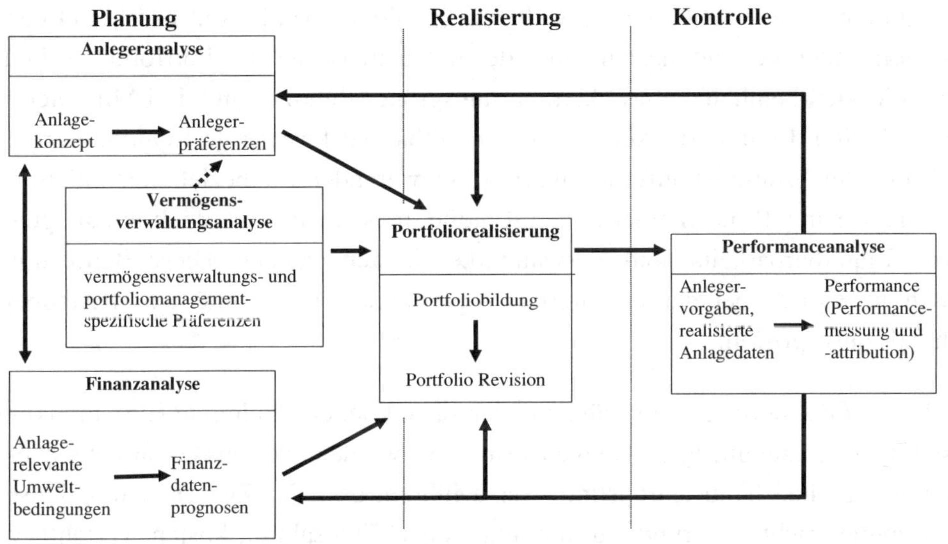

Abb. 1.2.-1.: Grundmodell des Portfoliomanagementprozesses[3]

Die einzelnen Aufgabenbereiche werden in den folgenden Kapiteln in Anlehnung an SCHMIDT-VON RHEIN (1996) charakterisiert.[4]

1.2.1. Anlegeranalyse

Der *Anlegeranalyse* kommt im Portfoliomanagementprozess eine große Bedeutung zu, denn sie setzt den Rahmen für die anzustrebenden Ziele und die zulässige Auswahl aus dem Anlageuniversum. Sie hat außerdem eine entscheidende Auswirkung auf die nachfolgenden Schritte des Portfoliomanagementprozesses, zum Beispiel auf die Fi-

3 In Anlehnung an Schmidt-von Rhein (1996), S. 14.

4 Vgl. Schmidt-von Rhein (1996), S. 13ff. oder alternativ Rehkugler (2002), S. 3ff. sowie Dichtl (2001), S. 15ff.

nanzanalyse und die Portfoliorealisierung. Die Anlegeranalyse liefert ein *Anlagekonzept* des Anlegers, in dem seine Ziele und Vorstellungen über die Portfoliogestaltung und die *Anlagepolitik* zusammengefasst werden.

Die *Ziele der Anleger* bestimmen, was später als „Anlageerfolg" in der *Performancemessung* zu bewerten ist. In der Literatur werden die wichtigsten Ziele der privaten (und auch institutionellen) Anleger in einem „magischen Dreieck" zusammengefasst. Die drei Eckpunkte sind hierbei die Rentabilität, Sicherheit (bzw. Risiko) und Liquidierbarkeit[5] einer Kapitalanlage. SCHMIDT-VON RHEIN (1996) erweitert das Modell mit dem weiteren Ziel der Verwaltbarkeit. Die Verwaltbarkeit beschreibt den Informations- und Verwaltungsaufwand, der mit dem Besitz des Portfolios verbunden ist. Das Modell beinhaltet eine Maximierungsgröße (Rendite) und drei Minimierungsgrößen (Risiko, Liquidierbarkeits- und Verwaltbarkeitskosten). Die Optimierung aller vier Ziele gleichzeitig ist aufgrund ihrer konkurrierenden Zielbeziehungen nicht möglich. Strebt man z.B. nach einer hohen Rendite, muss man i.d.R. auch mit steigendem Risiko, Liquidierbarkeits- und Verwaltbarkeitskosten rechnen. Diese Betrachtungen werden in Kap. 5. bei der erweiterten Auseinandersetzung mit dem Risikobegriff nochmals aufgegriffen.

Durch eine Präzisierung und Ergänzung der Ziele können bestimmte Einschränkungen hinsichtlich der zukünftigen Anlagen festgelegt werden. So würde zum Beispiel die Bestimmung eines Transaktionslimits dazu führen, dass das Ziel einer möglichst hohen Rendite nicht aufgrund zu umfangreicher Transaktionskosten verfehlt wird. Denkbar wären auch konkrete Rendite- und/oder Risikolimite.[6]

Anhand der vordefinierten Anlegerziele, Wünsche, Vorstellungen und Bedingungen, unter denen die Kapitalanlage getätigt werden soll, werden die *Anlegerpräferenzen* festgelegt. Unter anderem gehört zu den Anlegerpräferenzen die Vorgabe eines *Anlageuniversums* (welche Märkte und Anlageobjekte in Frage kommen) und zeitlicher Präferenzen, beispielsweise des *Anlagehorizonts* (ex ante Gesamtanlagedauer).[7]

---

5 Unter Liquidierbarkeit versteht man die Möglichkeit, sich zu fairen Preisen von einem Portfolio oder einem einzelnen Wertpapier trennen zu können; vgl. Bruns/Meyer-Bullerdiek (2003), S. 1 f.

6 Vgl. Poddig/Dichtl (1998), S. 10.

7 Für eine ausführliche Erläuterung und genaue Definition der Begriffe siehe Schmidt-von Rhein (1996), S. 201 f.

Dabei dürfen die sonstigen *Nebenbedingungen*, wie zum Beispiel die gesetzlichen Vorschriften und Rahmenbedingungen, nicht außer Acht gelassen werden.[8]

Letztendlich werden die gewichteten, strukturierten und konsistenzgeprüften Anlegerpräferenzen in ein Anlagekonzept transformiert und integriert. Dabei sind auch die Ergebnisse der Finanzanalyse zu berücksichtigen.

Die Anleger- und die Finanzanalyse üben einen großen gegenseitigen Einfluss aufeinander aus. Einerseits werden die Anlegerpräferenzen von der Art und dem Umfang der verfügbaren Kapitalanlagemöglichkeiten und prognostizierten Entwicklungen beeinflusst. Andererseits wird im Rahmen der Anlegeranalyse das Anlageuniversum des Anlegers definiert. Dadurch wird festgelegt, auf welche Wertpapiertitel sich die Bewertung der Finanzanalyse beschränken muss.

1.2.2. Vermögensverwaltungsanalyse

Die *Vermögensverwaltungsanalyse* wird bei Fremdverwaltung des Portfolios notwendig. Zunächst ist die generelle Eignung des Portfoliomanagements für das individuelle Anlageproblem des Kapitalgebers zu prüfen. Danach sind Fähigkeiten und Grenzen des Managements näher zu untersuchen. Dies ist die Voraussetzung für eine zukünftige Vertrauensbasis zwischen Anleger und Vermögensverwaltung. Die Vermögensverwaltungsanalyse ist von grundlegender Bedeutung, da dem Portfoliomanagement erhebliche Einflussnahme zusteht. Das Portfoliomanagement beeinflusst beispielsweise i.d.R. die Formulierung des Anlagekonzeptes und möglicherweise die Benchmarkdefinition. Außerdem wird dem Portfoliomanagement die gesamte Portfoliorealisierung übertragen.

1.2.3. Finanzanalyse

Die *Finanzanalyse* stellt sich als einer der wesentlichen, der eigentlichen Portfoliorealisierung vorangeschalteten Prozesse dar. Sie ist einer der Teilbereiche der Planungsphase, welche alle vorbereitenden Maßnahmen zur Kapitalallokation umfasst, insbesondere die Sammlung und Auswertung aller anlagerelevanten Informationen. Dabei lässt sich die Finanzanalyse im Kontext des Portfoliomanagements als „... Erfassung und Verarbeitung aller nicht anlegerspezifischen, aber für die Kapitalanlage entscheidungsrelevanten Umwelteinflüsse ... mit dem Ziel der Bereitstellung entscheidungs-

8 Siehe dazu Auckenthaler (1994), S. 88 ff.

relevanter Finanzdatenprognosen“[9] definieren. Somit wird also die letztendliche Kapitalallokation maßgeblich durch die in der Finanzanalyse gewonnenen Informationen beeinflusst.

Die Finanzanalyse lässt sich auch unabhängig vom Portfoliomanagement allgemeiner definieren. So formulieren REHKUGLER/PODDIG (1994): „Unter Finanzanalyse wird hier die datengestützte Analyse von Produkten und Marktteilnehmern an Finanzmärkten verstanden, mit dem Ziel, verlässliche Aussagen über die Attraktivität finanzieller Engagements bei diesen Produkten und Marktteilnehmern zu gewinnen. Analyseobjekte sind hier hauptsächlich Währungen, Zinsen/Renten, Unternehmen und Privatpersonen, deren zukünftige Entwicklung mittels unterschiedlicher Analysemethoden und aufgrund verschiedener Informationsbasen erfolgen kann“[10] (zur Veranschaulichung vgl. Abb. 1.2.3.-1.).

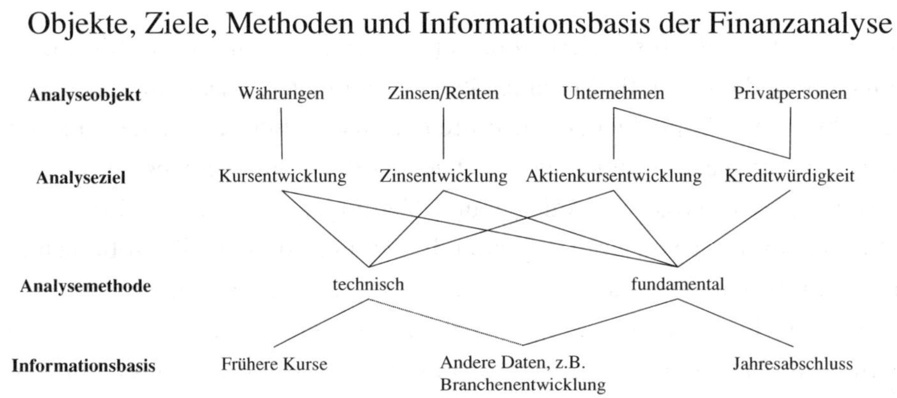

Abb. 1.2.3.-1.: Informationsbasis der Finanzanalyse[11]

Die Trennung der Analysemethoden in technische und fundamentale Methoden weist auf eine der gebräuchlichsten Systematisierungen der Finanzanalyse nach der Art der verwendeten Information hin. Sie lässt sich in die *Fundamentalanalyse* sowie die *Technische Analyse* unterteilen.[12]

---

9 Schmidt-von Rhein (1996), S. 21.

10 Rehkugler/Poddig (1994), S. 1 f.

11 In Anlehnung an Rehkugler/Poddig (1994), S. 2.

12 Vgl. Poddig (1999), S. 97.

Die Technische Analyse basiert auf der Prämisse, dass die zukünftige Kursentwicklung eines Finanztitels allein aus dem Kursverlauf, teilweise auch aus den jeweiligen Umsatzvolumina, der Vergangenheit bestimmt werden kann. Es wird hierbei bewusst auf eine kausale Begründung des Kursverlaufes verzichtet. Ihren zeitlichen Ursprung hat die Technische Analyse Anfang des 20. Jahrhunderts. In den Jahren 1900 bis 1902 veröffentlichte CHARLES H. DOW eine Serie von Leitartikeln im Wall Street Journal, in denen er die Erklärung des Geschehens auf den Aktienmärkten aufgrund markttechnischer Hypothesen vornahm. Diese Ansätze wurden erst nach dem Tode von DOW 1902 durch seine Nachfolger aufgegriffen, erweitert und zu einer „Theorie“ verdichtet.[13] Hierbei handelt es sich streng genommen nicht um eine Theorie im ökonomisch wissenschaftlichen Sinne. Vielmehr stellt sie eine Art Heuristik dar, welche aufgrund von Beobachtungen von Kursverläufen formuliert wurde. Die Technische Analyse kann in drei Teilgebiete getrennt werden. Man unterscheidet die Analyse der Kursverläufe mittels grafischer Darstellung, den so genannten Charts, die Analyse durch die Bildung Technischer Indikatoren (wie z.B. gleitender Durchschnitte) und moderne zeitreihenanalytische Verfahren. Eine weitergehende Darstellung der Technischen Analyse lässt sich u.a. in LOISTL (1996) nachlesen.

Die Fundamentalanalyse unterstellt, dass die zukünftige Entwicklung des Kurses eines betrachteten Finanztitels sich letztendlich aus seinem Substanz- und Ertragswert oder der diese bestimmenden fundamentalen ökonomischen Daten ermitteln lässt. So ist ein steigender Aktienkurs nach der Hypothese der Fundamentalanalyse begründet in einer durch hohe Ertragskraft eines Unternehmens steigenden Vermögenssubstanz. Mit der Fundamentalanalyse soll die Bestimmung des „inneren Wertes“ eines Finanztitels vorgenommen werden. Um diesen „inneren Wert“ eines Anlageobjektes zu bestimmen, greift die Fundamentalanalyse auf Daten zurück, welche im kausalen Zusammenhang mit der weiteren Entwicklung des jeweiligen Kurses bzw. Preises gesehen werden.[14] So gilt die Analyse des Jahresabschlusses oder der allgemeinen wirtschaftlichen Lage sowie der Branchenentwicklung als Teil der Fundamentalanalyse. Der Fundamentalist geht davon aus, dass der tatsächliche Aktienkurs um diesen „inneren Wert“ schwankt und entsprechend ergeben sich Handlungsempfehlungen für einen Anleger: Kaufe, wenn der aktuelle Kurs unter dem „inneren Wert“ liegt, und verkaufe, wenn sich der aktuelle Kurs über dem „inneren Wert“ befindet. Ziel eines Analysten, welcher sich der Fundamentalanalyse bedient, ist die zu Kurssteigerungen führenden

13 Vgl. Loistl (1996), S. 52.

14 Vgl. Huber (2000), S. 89 f.

Substanz- oder Ertragssteigerungen so früh wie möglich bzw. früher als der restliche Markt zu erkennen. Die Bestimmung eines „inneren Wertes“ ist jedoch nicht so einfach. Jahresabschlussdaten stellen z.B. nur eine Momentaufnahme einer Unternehmung dar. Ferner sind sie in gewisser Weise immer veraltet, da sie sich stets auf ein abgelaufenes Geschäftsjahr beziehen. Benutzen die Analysten dann noch unterschiedliches Informationsmaterial als Basis ihrer Bewertung, so ergibt sich aufgrund unterschiedlicher subjektiver Einschätzungen sehr wahrscheinlich eine große Kurs- bzw. Preisspanne. Damit ist der so ermittelte „innere Wert“ oft nur eine problematische Orientierungshilfe bei einer Anlageentscheidung.

Hinweise zu weiteren Systematisierungsmöglichkeiten der Finanzanalyse, wie in Abb. 1.2.3.-2. aufgeführt, gibt z.B. SCHMIDT-VON RHEIN (1996).

Unterscheidung der Finanzanalysemethoden nach Art

• der verwendeten Information:	Fundamentale und Technische Analyse
• der betrachteten Analyseebene:	Gesamtmarkt, Branchen-, Titelanalyse etc.
• der analysierten Anlageform:	Aktienanalyse, Rentenanalyse etc.
• des Analysegegenstandes:	Wertpapier-, Jahresabschlussanalyse etc.
• des Analyseziels:	reine Analyseverfahren, reine Prognoseverfahren, kombinierte Analyse- und Prognoseverfahren
• der verwendeten Analysetechnik:	Zeitreihenanalyse, Künstliche Neuronale Netze, Wissensbasierte Systeme, Simulationstechniken usw.

Abb. 1.2.3.-2.: Unterscheidung der Finanzanalysemethoden[15]

1.2.4. Portfoliorealisierung

Im Mittelpunkt des Portfoliomanagementprozesses steht die *Portfoliorealisierung*. Sie bildet einen zentralen und zugleich schwierigen Teilprozess, da hier die Integration der vorgelagerten Planungsprozesse, d.h. der Anlegeranalyse und der Finanzanalyse, geleistet werden muss. Dabei ist der Umstand, dass die Anlegeranalyse eher qualitativer Natur ist, die Finanzanalyse aber zumeist auf quantitativen Daten basiert, einer der

15 In Anlehnung an Schmidt-von Rhein (1996), S. 22.

Reibungspunkte bei ihrer Integration. Eine geeignete Methodik zur Portfoliorealisierung muss daher auch die Leistung der Kombination und Integration dieser unterschiedlichen Informationen erbringen.

Schwerpunkt der Portfoliorealisierung ist die systematische Aufteilung des Anlagebetrages auf die Anlageobjekte, die sog. *Asset Allocation.*[16] Hierbei lässt sich die erstmalige Aufteilung des Anlagebetrages, die Portfoliobildung, und die folgenden Überprüfungen und Anpassungen, die *Portfolio Revision*, unterscheiden. Ferner ist im praktischen Asset Management ein stufenweises Vorgehen üblich (vgl. Abb. 1.2.4.-1.). Rein theoretisch kann die Optimierung eines Portfolios auch direkt, d.h. ohne Ebenenbildung, vorgenommen werden. Jedoch ist die hierarchische Strukturierung von Anlageentscheidungen in der Praxis zur Bewältigung der Komplexitätsproblematik sinnvoll. Man unterscheidet die *strategische Asset Allocation* sowie die *taktische Asset Allocation.* Strategisch werden solche Entscheidungen bezeichnet, die weit reichende zeitliche und inhaltliche Bedeutung haben. Die strategische Asset Allocation findet somit auf der Ebene zentraler *Assetklassen*, z.B. ganzer Märkte, statt.[17] Im Gegensatz hierzu hat die taktische Asset Allocation einen eher kurzfristigen Charakter. Sie ist der strategischen Asset Allocation in dem Sinne untergeordnet, als dass sie die weitere Aufteilung der Anlagemittel innerhalb einer zentralen Assetklasse auf rangniedere Assetklassen oder Titel beinhaltet.

16 Vgl. Hielscher (1991), S. 254.

17 Vgl. Steiner/Bruns (2002), S. 91.

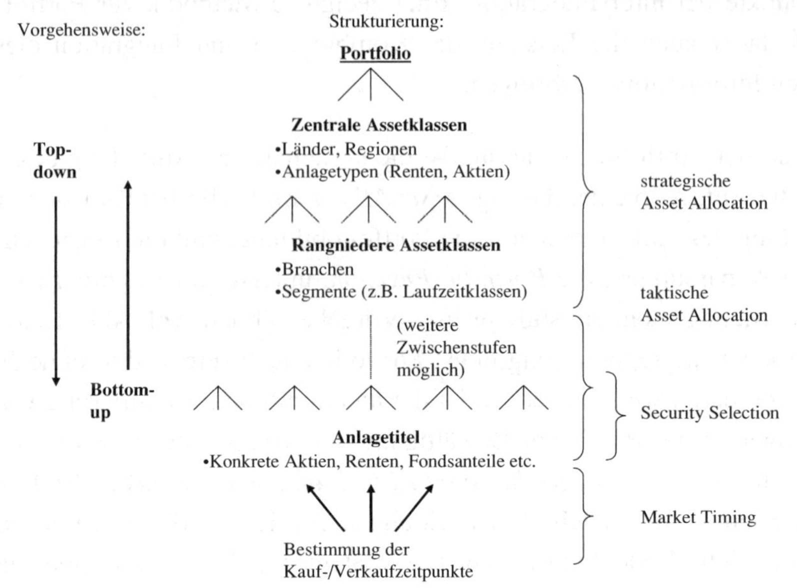

Abb. 1.2.4.-1.: Strukturierung der Portfoliorealisierung[18]

Eine weitere Systematisierung der Portfoliorealisierung kann nach der gewählten Vorgehensweise vorgenommen werden. Je nachdem, ob zunächst zentrale Assetklassen betrachtet werden, die dann in rangniedere Assetklassen und schließlich in einzelne Anlagetitel differenziert werden, oder ob zunächst von einzelnen Assetklassen ausgegangen wird, die nachfolgend stufenweise zu ranghöheren und zentralen Assetklassen aggregiert werden, unterscheidet man hier einen *Top-down* und einen *Bottom-up Ansatz* sowie eine aus beiden Ansätzen kombinierte Vorgehensweise.[19] Im späteren Verlauf des Buches soll aber nicht die Strukturierung der Portfoliorealisierung, sondern die Frage nach der Portfoliobildung an sich im Vordergrund stehen. Es soll aufgezeigt werden, wie der Anleger sein Anlagekapital in optimaler Weise auf die einzelnen Anlageobjekte aufteilen sollte. Im Sinne der gerade behandelten Ebenen der Asset Allocation läuft dies auf die Frage hinaus, wie die Aufteilung des Anlagekapitals auf einer jeweiligen Ebene in Bezug auf die ihr angehörenden Anlageobjekte (-klassen) vorgenommen werden sollte.

18 In Anlehnung an Schmidt-von Rhein (1996), S. 27.

19 Weitere Ausführungen zur Strukturierung der Portfoliorealisierung finden sich z.B. bei Schmidt-von Rhein (1996), S. 26 ff. oder Steiner/Bruns (2002), S. 79 ff.

Beim Teilprozess der (erstmaligen) Portfoliobildung ist noch kein Portfolio vorhanden, dies wird erst durch die Allokation des frei verfügbaren Anlagekapitals gebildet. Dagegen wird bei der *Portfolio Revision* der Umschichtungsbedarf eines bereits vorhandenen Portfolios überprüft und es werden gegebenenfalls Umschichtungstransaktionen durchgeführt. Die Portfolio Revision bildet die Hauptaufgabe der Realisierungsphase nach der Portfoliobildung. Eine Systematisierung der Portfolio Revision ist Abb. 1.2.4.-2. zu entnehmen.

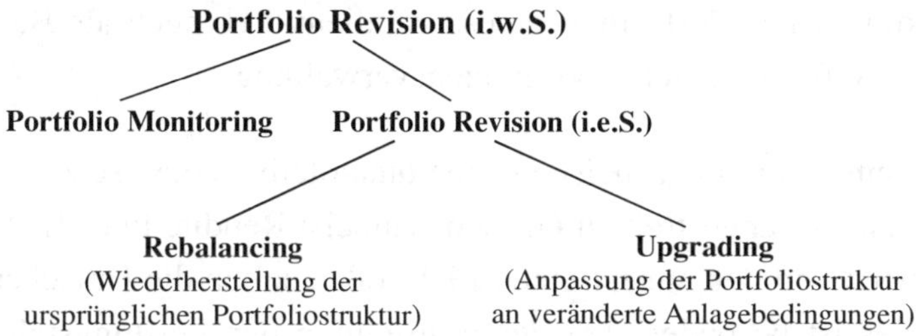

Abb. 1.2.4.-2.: Systematisierung der Portfolio Revision[20]

Beim *Portfolio Monitoring* wird das einmal gebildete Portfolio ständig hinsichtlich der aktuellen Anlagebedingungen überprüft. Neu auftretende Informationen resultieren aus den verschiedenen Teilprozessen des Portfoliomanagementprozesses. Es handelt sich beispielsweise um die Änderung von Anlegerzielen und -präferenzen (Anlegeranalyse), Änderungen von Kapitalmarktbedingungen und Finanzdatenprognosen (Finanzanalyse), Änderungen der Managerrestriktionen und -präferenzen (Vermögensverwaltungsanalyse) oder um Ergebnisse der Performancemessung und Performanceattribution (vgl. Kap. 1.2.5.). Das Portfolio Monitoring beinhaltet noch keine Umschichtungstransaktionen und ist daher nur der *Portfolio Revision (i.w.S.)* zuzuordnen. Die *Portfolio Revision (i.e.S.)* ist die aus dem Portfolio Monitoring resultierende Umsetzung des festgestellten Umschichtungsbedarfs in konkrete Umschichtungstransaktionen. Hier unterscheidet man zwei Vorgehensweisen, die sich bezüglich ihrer Motivation trennen lassen. Das *Rebalancing* bezeichnet Umschichtungen zur Wiederherstellung der ursprünglichen Anteilsgewichte der Wertpapiere im Portfolio. Verschiebungen in der Portfoliostruktur ergeben sich z.B. durch unterschiedliche Wertentwicklungen der einzelnen Assets bzw. Assetklassen im Portfolio. Das *Upgrading* beinhaltet Portfolioumschichtungen, die aufgrund neuer Informationen aus den anderen Teilprozessen des Portfoliomanagements vorgenommen werden. Ziel des Upgra-

20 In Anlehnung an Schmidt-von Rhein (1996), S. 32.

ding ist es, die Positionierung des Portfolios hinsichtlich der späteren Beurteilungskriterien in der Performancemessung zu verbessern.

1.2.5. Performanceanalyse

Im letzten Teilprozess des Portfoliomanagements der Portfolioanalyse wird durch die *Performancemessung* die aktive Performance bzw. der Performanceunterschied zu einem Referenzportfolio (Benchmark; vgl. Kap. 1.3.) festgestellt. Demnach werden der Anlageerfolg des Portfolios, das Anlagekonzept sowie die Leistungen der Portfoliomanager kontrolliert. Die Performancemessung dient u.U. auch als Basis der Entlohnungssysteme, z.B. für die externe Vermögensverwaltung.

Der Performancemessung liegt meistens eine quantitative Analyse zugrunde, die Soll- und Ist-Vergleiche der angestrebten Größen (zumeist Rendite und Risiko) durchführt. Bei Abweichungen von den angestrebten Zielgrößen sollen die Ursachen aufgeschlüsselt werden. Dies ist besonders bei der Beurteilung der Leistungsfähigkeit und der Feststellung des Erfolgsbeitrags vom Portfoliomanager bzw. der Vermögensverwaltung zweckmäßig. Mittels der *Performanceattribution* wird nach Erfolgsquellen des Managers gesucht. Die strategische Fähigkeit, eine positive Performance (relativ zur Benchmark) aus der Über- bzw. Untergewichtung von Assetklassen im Ausgangsportfolio relativ zur Benchmarkgewichtung zu erzielen, bezeichnet man als *Timingfähigkeit*. Die strategische Fähigkeit, eine aktive Performance gegenüber der Benchmark durch Ausnutzung über- bzw. unterbewerteter Anlagetitel zu erzielen, bezeichnet man als *Selektionsfähigkeit* (vgl. später näher Kap. 3.4.3. und Kap. 3.4.4.).

Bevor der Frage nach der optimalen Aufteilung eines Anlagebetrages auf die verschiedenen Anlageobjekte nachgegangen wird, soll an dieser Stelle das Konzept der Benchmark bzw. des Benchmarkportfolios, welches sich als eines der wichtigsten Ergebnisse aus der Anlegeranalyse ableiten lässt, näher betrachtet werden, da es beispielsweise für die relative Optimierung (vgl. Kap. 3.) oder die Bestimmung des Risikoaversionsparameters (vgl. Kap. 2.1.2.4. und Kap. 2.1.2.5.) herangezogen wird.

1.3. Benchmarkkonzept

Die Anlegeranalyse ist die Ausgangsbasis des Portfoliomanagementprozesses (vgl. Kap. 1.2.), welche die Finanzanalyse und auch die Portfoliorealisierung entscheidend beeinflussen kann. Gleichzeitig dient sie der Festlegung, was überhaupt als „Anlageerfolg" in der Performancemessung zu werten ist. Eine sorgfältige und detaillierte Anlegeranalyse ist ein elementarer Bestandteil eines anlegergerechten Portfoliomanagements.

Die aus der Anlegeranalyse abgeleiteten Anlegerpräferenzen dienen dem Portfoliomanager als Vorgabe für die konkrete Portfoliorealisierung und zugleich für die spätere Bewertung der tatsächlich realisierten Anlagepolitik in der Performancemessung. Als operationaler Vergleichsmaßstab wird hierzu ein Portfolio, das sog. *Benchmarkportfolio* (kurz *Benchmark*), gebildet (welches i.d.R. nicht real gehalten wird). Dieses wird aus dem Anlagekonzept abgeleitet und bildet in seiner Struktur im Wesentlichen die Anlegerpräferenzen ab. Es kann somit zum tatsächlich realisierten Portfolio „in Konkurrenz" treten.

Allgemein verbindet man den Begriff der Benchmark meist mit einem Maßstab mit Beispiel- oder Vorbildfunktion, eine Art Messlatte zur quantitativen Beurteilung von Erfolgsausprägungen. Der Ursprung ist in einer relativen Denkweise zu suchen, wonach die Beurteilung von Erfolgsausprägungen nur in Verbindung mit geeigneten Vergleichsobjekten sinnvoll ist. In der Industrie werden oft Kenngrößen von Erfolgsrechnungen (z.B. die der Gewinn- und Verlustrechnung oder der Kosten- und Leistungsrechnung) zwischen Betrieben verglichen, wobei die „Messlatte", also die Benchmark, häufig der Branchenbeste, der Branchendurchschnitt o.Ä. ist. In Bezug auf das Portfoliomanagement ist der Begriff der Benchmark keiner der traditionellen Standardbegriffe der Portfoliotheorie. Die Veröffentlichungen etwa von MARKOWITZ (1952) oder SHARPE (1964) beziehen sich vornehmlich auf absolute Werte für die Ertrags- und Risikogrößen.[21] Die relative, d.h. vergleichende Denkweise hat sich jedoch auch in der Praxis des modernen Portfoliomanagements etabliert. Besonders aus der Problematik heraus, Anlageentscheidungen geschäftsmäßig von einem Investor auf einen professionellen Vermögensverwalter zu übertragen, resultiert diese Sichtweise. Diese Delegation von Entscheidungs- und Realisierungsbefugnis wirft unmittelbar zwei Probleme auf:

- Die Auftragsbeschreibung durch den beauftragenden Anleger.
- Die Beurteilung der Auftragserfüllung und somit der Leistung des beauftragten Portfoliomanagers relativ zu einer Vergleichsgröße.

---

21 Vgl. Markowitz (1952), S. 77 ff. und Sharpe (1964), S. 425 ff.

Die Definition des Begriffs „Benchmarkportfolio" sollte dementsprechend diese Elemente berücksichtigen. Demnach ist eine Benchmark:

- Ein operationalisierter Auftrag über die gewünschte Anlagepolitik zur Erfüllung der Anlegerziele,
- der als fairer Vergleichsmaßstab für den Anlageerfolg dient.[22]

Zur Messung der Performance werden – wie in Kap. 1.2.5. erwähnt – im Regelfall die Rendite und das Risiko herangezogen. Die Aufgabe einer Benchmark liegt dann darin, das vom Investor gewünschte Rendite-/Risikoprofil als konkretes Ziel zu operationalisieren. Insofern entspricht die Benchmark einem Vergleichsportfolio, das idealerweise vom Investor, mit entsprechender Beratung des Portfoliomanagers, festgelegt wird.

Damit die Benchmark auch tatsächlich ein geeignetes Vergleichsportfolio darstellt, nennt SHARPE (1992) vier Kriterien, die ein Benchmarkportfolio erfüllen sollte:[23]

- Es soll eine real erwerbbare Anlagealternative darstellen.
- Die Benchmark soll gut diversifiziert sein.
- Der Erwerb soll mit niedrigen Kosten verbunden sein.
- Sie soll bekannt sein, bevor die Anlageentscheidungen getroffen werden.

Die vier Kriterien von SHARPE werden von LERBINGER (1984) um eine weitere Anforderung ergänzt:[24]

- Für die Benchmark sollen die gleichen Restriktionen wie für das Portfolio gelten.

Durch die erste und dritte Anforderung wird sichergestellt, dass das Benchmarkportfolio eine tatsächlich realisierbare Anlagealternative darstellt, die aufgrund der niedrigen Kosten auch wirklich sinnvoll ist. Der hohe Diversifikationsgrad (zweite Anforderung) stellt ein geringes Risiko des Benchmarkportfolios sicher. Somit ist es, hinsichtlich der risikoadjustierten Rendite als Beurteilungsmaßstab, nur schwer zu übertreffen. Dies sichert das Qualitätsniveau der Benchmark. Ist das Kriterium nicht erfüllt, so

22 Vgl. Günther (2002), S. 226 f.

23 Vgl. Sharpe (1992), S. 16.

24 Vgl. Lerbinger (1984), S. 65.

kann eine Benchmark zu leicht „geschlagen“ werden. Damit die Benchmark auch tatsächlich ihren Aufgaben als operationalisierter Leitmaßstab gerecht wird, muss sie natürlich bereits vor Implementation einer Portfoliomanagementstrategie bekannt sein (vierte Anforderung), denn nur so kann der Portfoliomanager die ihm vorgegebenen Richtlinien auch beobachten und ggf. Anlageentscheidungen treffen.[25] Durch die letzte Anforderung wird die grundsätzliche Vergleichbarkeit des Benchmarkportfolios mit dem Anlageportfolio sichergestellt. Abweichungen der Performance von Benchmark und Portfolio sind nicht zu vermeiden, wenn beispielsweise aus rechtlichen Gründen das Portfolio umfangreicheren Restriktionen als die Benchmark unterliegt. Rechtliche Restriktionen können beispielsweise aus dem Gesetz für Kapitalanlagegesellschaften (KAGG) ergehen.[26] Diese Anforderung gewährleistet zudem für den Portfoliomanager die Möglichkeit, sich bei der tatsächlichen Kapitalanlage auf das Benchmarkportfolio „zurückzuziehen“, wenn er keine adäquaten Informationen aus der Finanzanalyse zur Verfügung gestellt bekommt, ohne die Anlegerpräferenzen zu verletzen.

Werden die o.g. generellen Anforderungen für die Benchmarkkonstruktion berücksichtigt, stellt sich die Frage nach der konkreten Umsetzung. Hierzu lässt sich eine allgemeine Systematisierung in standardisierte und investorspezifische („customized“) Benchmarks vornehmen. Standardisierte Benchmarks orientieren sich an einem bestimmten Kapitalmarktsegment; im Regelfall wird auf einen standardisierten Kapitalmarktindex zurückgegriffen. Ist beispielsweise das Anlageuniversum für die Portfoliobildung der deutsche Aktienmarkt, so kann der Deutsche Aktienindex DAX als *(standardisierte) Benchmark* herangezogen werden. Kann das vom Investor gewünschte Anlageprofil nicht mithilfe eines geeigneten Marktindices abgebildet werden, so ist der Rückgriff auf eine *investorspezifische Benchmark* notwendig. Im einfachsten Fall werden mehrere bestehende Marktindices kombiniert. Soll beispielsweise der gesamte Anlagebetrag eines Investors zu 2/3 in den deutschen Aktienmarkt

---

25 Vgl. Bruns/Meyer-Bullerdiek (2003), S. 63 und Poddig/Dichtl/Petersmeier (2003), S. 280 ff.

26 Eine Kapitalanlagegesellschaft darf beispielsweise in Wertpapieren und Schuldscheindarlehen desselben Ausstellers (Schuldners) nur bis zu 5 vom Hundert des Wertes des Sondervermögens anlegen. Weitere Einschränkungen zu dieser Regelung findet man im KAGG §8a (1). Weiterhin ist einer Kapitalanlagegesellschaft (für alle von ihr verwalteten Wertpapier-Sondervermögen) der Erwerb von Aktien desselben Ausstellers nur insoweit erlaubt, als dass die Stimmrechte, die der Kapitalanlagegesellschaft aus Aktien desselben Ausstellers zustehen, 10 vom Hundert der gesamten Stimmrechte aus Aktien desselben Ausstellers nicht übersteigen. Vgl. KAGG §8a (3).

und zu 1/3 in den deutschen Rentenmarkt investiert werden, so könnte eine geeignete Benchmark aus 2/3 DAX und 1/3 REXP bestehen.[27]

Eine weitere Systematisierung von Benchmarkportfolios geht der Frage nach, inwiefern die ausgewählte Benchmark als konkretes Ziel zu verstehen ist. Dies hängt von der zugrunde gelegten Investmentphilosophie ab. Man unterscheidet eine passive sowie eine aktive Strategie. Im Rahmen eines *passiven Portfoliomanagements* (*passives Management*) besteht das Ziel darin, die vorgegebene Benchmark hinsichtlich ihres Rendite-Risikoprofils möglichst exakt und mit minimalen Kosten nachzubilden. Das Abweichungsrisiko zwischen dem Portfolio und der Benchmark wird dabei mittels des sog. *Tracking Errors* quantifiziert.[28] Bei der Durchführung einer passiven Investmentstrategie ist also der Tracking Error das adäquate Risikomaß. Die passive Strategie basiert im Wesentlichen auf der Annahme effizienter Märkte. Danach spiegeln die aktuellen Marktpreise alle bewertungsrelevanten Informationen unmittelbar und vollständig wieder. So ist die Erzielung von über dem Markt liegenden Renditen durch eine Informationsauswertung gemäß dieser These nicht möglich. Schlussfolgerung daraus ist, dass die einzig sinnvolle Anlagestrategie darin besteht, den Markt möglichst exakt und kostengünstig nachzubilden. In der praktischen Umsetzung wird als Ersatz für den nicht beobachtbaren „Markt" das Benchmarkportfolio nachgebildet. Im Rahmen des *aktiven Portfoliomanagements* (*aktives Management*) steht der Benchmark eine gänzlich andere Rolle zu. Man geht hier davon aus, dass die Märkte nicht informationseffizient sind und die Marktineffizienzen durch geeignete Analyse- und Prognosemethoden erkannt und Gewinn bringend ausgenutzt werden können. Bei einem aktiven Portfoliomanagement besteht das Ziel darin, die Benchmark hinsichtlich der risikoadjustierten Rendite, unter Beachtung von Handlungs- und Transaktionskosten, möglichst hoch zu übertreffen. Als Maß wird hierzu die Performance des tatsächlichen Portfolios und die des Benchmarkportfolios ermittelt und beide miteinander verglichen.[29]

Die folgenden Ausführungen gehen implizit von einem aktiven Portfoliomanagement aus bzw. beziehen sich vorrangig darauf. Fragen des passiven Portfoliomanagements werden explizit in Kap. 4. behandelt.

---

27 Vgl. Bruns/Meyer-Bullerdiek (2003), S. 63 ff. und Poddig/Dichtl/Petersmeier (2003), S. 280 ff.

28 Vgl. zum passiven Portfoliomanagement und Tracking Error Kap. 4.

29 Vgl. Poddig/Dichtl/Petersmeier (2003), S. 280 ff.; vgl. später auch Kap. 8.

1.4. Modelle der modernen Portfoliotheorie

Die Frage nach der optimalen Aufteilung eines Anlagebetrages auf verschiedene Anlageobjekte stellt sich einem Anleger erst, wenn dessen Zielfunktion nicht eindimensional (monovariabel) ist. Wird beispielsweise nur ein Renditeziel verfolgt, so sollte der Anleger die gesamte Anlagesumme in diejenige Anlage investieren, welche die höchste erwartete Rendite besitzt.[30] Unter dem Begriff *Moderne Portfoliotheorie (MPT)* werden Modelle zusammengefasst, deren zentrales Kennzeichen die Annahme ist, dass das Anlegerverhalten durch eine zweidimensionale Zielfunktion determiniert wird. Sein Handeln wird durch die konkurrierenden Ziele Ertragsmaximierung und Risikominimierung bestimmt, welche unter Ungewissheit einen Kompromiss erfordern.[31]

Die Modelle der MPT lassen sich nach ihrem Verwendungszweck systematisieren. Man unterscheidet normative und deskriptive Modelle. *Normative Modelle* beschreiben, wie der Anleger in einer Risikosituation und unter den gesetzten Annahmen des jeweiligen Modells zur optimalen Aufteilung seines Anlagebetrages auf die Anlageobjekte gelangt. Zu diesen Modellen gehören das Grundmodell der Portfolio Selection nach MARKOWITZ (1959) und TOBIN (1958), das Single-Index-Modell nach SHARPE (1963) und die Multi-Index-Modelle nach COHEN/POGUE (1967). Im Gegensatz dazu versuchen die *deskriptiven Modelle* die Preisbildungsprozesse an Kapitalmärkten zu erklären. Sie werden auch als kapitalmarkttheoretische Modelle bezeichnet. Hierzu zählen das durch SHARPE (1964), LINTNER (1965) und MOSSIN (1966) zeitgleich und unabhängig voneinander entwickelte Capital Asset Pricing Model (CAPM) und die von ROSS (1976) entwickelte Arbitrage Pricing Theorie (APT). Das CAPM und die APT sind die wohl wichtigsten Vertreter der kapitalmarkttheoretischen Modelle.[32]

Für die Beantwortung der eingangs zu diesem Kapitel gestellten Frage sind die normativen Modelle der MPT zu betrachten. Zunächst sollen die Modelle von MARKOWITZ und TOBIN im Mittelpunkt der Betrachtungen stehen. Kapitalmarkttheoretische Modelle werden im weiteren Verlauf nicht explizit betrachtet, jedoch werden viele Überlegungen implizit auf den von ihnen gelieferten Ideen und Fundamenten basieren.

---

30 Vgl. Schmidt-von Rhein (1996), S. 220.

31 Vgl. Hielscher (1999), S. 52.

32 Vgl. Schmidt-von Rhein (1996), S. 226 f.

1.5. Rendite- und Risikodefinitionen

Zunächst stellt sich die Frage, wie die Anlegerzielmaßstäbe *Rendite* und *Risiko* in den Modellen operationalisiert werden. Gemäß den Annahmen des Grundmodells der Portfolio Selection nach MARKOWITZ und TOBIN sind für die Portfolioplanung zwei Zieldimensionen relevant, die Rendite- und die Risikodimension. Eine Anlage (Investition, Assetklasse) wird dabei grundlegend durch ihre zukünftige Rendite r charakterisiert, welche als eine Zufallsvariable aufgefasst wird. Von der gesamten Verteilung der Zufallsvariablen r sind in diesem Modell nur der Erwartungswert der Rendite μ und die durchschnittlich zu erwartende Renditeabweichung vom Erwartungswert, gemessen als Varianz σ^2 bzw. als Standardabweichung σ der Rendite r, entscheidungsrelevant. Der grundlegende Gedanke von MARKOWITZ war es, die zukünftigen Erträge aus einem Investitionsobjekt modelltheoretisch als eine Zufallsgröße zu betrachten, wobei die zukünftigen Erträge aus den einzelnen Anlageobjekten zufällig schwanken. Vereinfachend wird in letzter Konsequenz angenommen, dass die zukünftigen Renditen einer bestimmten Verteilung folgen und der jeweilige Finanzanalyst der von ihm geschätzten erwarteten Rendite (repräsentiert durch den Erwartungswert μ) eines Anlageobjektes eine bestimmte Schwankungsbreite (gemessen durch die Varianz σ^2 bzw. Standardabweichung σ) zuordnen kann.[33]

Die folgenden Betrachtungen werden beispielhaft unter der Annahme ausgeführt, dass es sich bei den Anlageobjekten um Aktien handelt, obwohl sie für alle potenziellen Anlageobjekte, wie z.B. andere Wertpapiere, Rohstoffe, Immobilien usw., Gültigkeit besitzen.

1.5.1. Renditeberechnungen

Arbeitshinweise: Zuerst soll an dieser Stelle der zentrale Begriff der „Rendite" geklärt werden, indem die Konzepte der diskreten und der stetigen Rendite sowie der Umgang mit diesen vorgestellt wird. Der Leser, der mit diesen Konzepten vertraut ist, kann den Abschnitt Kap. 1.5.1. zügig durcharbeiten bzw. ggf. auslassen. Die Rendite ist dabei zunächst allgemein definiert als die relative Wertänderung eines Anlageobjektes (z.B. einer Aktie) zuzüglich der laufenden Erträge (z.B. der Dividende) innerhalb einer Abrechnungsperiode.

---

33 Vgl. Hielscher (1988), S. 22.

1.5.1.1. Diskrete Rendite

Die *diskrete Rendite* ist definiert als:

(1a) $$r_t^D = \frac{p_t - p_{t-1} + d_t}{p_{t-1}}$$

mit r_t^D: diskrete Rendite des Investitionsobjektes für den Zeitraum t-1 bis t
p_t: Preis des Investitionsobjektes zum Zeitpunkt t
$p_{t\text{-}1}$: Preis des Investitionsobjektes zum Zeitpunkt t-1
d_t: zwischenzeitliche Kapitalerträge[34]
t: Bewertungsperiode.

Für eine fiktive Aktie, deren Kurs am 30.06.2002 142,21 € und am 30.06. des Vorjahres 151,80 € betragen hat, ergibt sich unter Berücksichtigung einer zwischenzeitlichen Dividendenzahlung von 2,00 € eine diskrete Jahresrendite von –5% (ohne Berücksichtigung von Steuern o.Ä.):

$$r_{30.06.2002}^D = \frac{142{,}21€ - 151{,}80€ + 2{,}00€}{151{,}80€} = -0{,}05\,.$$

Im Folgenden werden aus Vereinfachungsgründen die zwischenzeitlichen Kapitalerträge in p_t berücksichtigt, d.h., es ergibt sich p_t = 144,21 € und es wird $d_t = 0$ gesetzt, womit sich (1a) zu (1b) vereinfacht:

(1b) $$r_t^D = \frac{p_t - p_{t-1}}{p_{t-1}}\,.$$

Für das oben angeführte Beispiel ergibt sich:

$$r_{30.06.2002}^D = \frac{144{,}21€ - 151{,}80€}{151{,}80€} = -0{,}05\,.$$

Bei der Berechnung der diskreten Rendite eines Investitionsobjektes wird also eine einmalige Verzinsung des Kapitalbetrages am Ende der Bewertungsperiode unterstellt

34 Eine mögliche Wiederanlage von Kapitalerträgen bleibt in dieser Form der Gleichung unberücksichtigt.

(wobei der genaue Zeitraum unterschiedlich sein kann, z.B. ein Tag, ein Monat oder ein Jahr). Ist dagegen die Rendite r_t^D gegeben, kann der zugehörige Preis durch Umformung von (1b) nach (2) berechnet werden:

$$(2) \qquad p_t = p_{t-1} + r_t^D \cdot p_{t-1} = (1 + r_t^D) \cdot p_{t-1}.$$

Dabei wird – wie oben bereits erwähnt – vereinfachend unterstellt, dass alle in der Bewertungsperiode angefallenen Erträge in p_t (bzw. in r_t^D) enthalten sind.[35] Die diskrete Rendite ist somit eine einmalig erfolgte Wertveränderung des eingesetzten Kapitals in der Periode von t-1 bis t. Für den Preis der Aktie aus dem Beispiel am 30.06.2002 ergibt sich:

$$p_{30.06.2002} = 151{,}80 \text{ €} + (-0{,}05) \cdot 151{,}80 \text{ €} = (1-0{,}05) \cdot 151{,}80 \text{ €} = 144{,}21 \text{ €}.$$

Die (diskrete) Rendite ist immer von der Länge der Bewertungsperiode abhängig. Somit wird zur Vergleichbarkeit verschiedener Renditen üblicherweise eine Standardbewertungsperiode (zumeist ein Jahr, im Folgenden kurz als Standardperiode bezeichnet) angenommen. Dies wiederum bringt aber Probleme mit sich, wenn die Bewertungsperiode nicht der Standardperiode entspricht. Dann sind Umrechnungen, Transformationen oder Verknüpfungen von Renditen erforderlich.

Erzielt ein Investitionsobjekt in K Standardperioden unterschiedliche Verzinsungen, so ergibt sich die Verzinsung für den gesamten K Perioden umfassenden Zeitraum als:

$$(3) \qquad r_t^D(K) = (1 + r_t^D) \cdot (1 + r_{t-1}^D) \cdot \ldots \cdot (1 + r_{t-K+1}^D) - 1 = \prod_{i=0}^{K-1} (1 + r_{t-i}^D) - 1.$$

Zur Verdeutlichung wird eine Ausweitung des vorangegangenen Beispiels vorgenommen. Der Kursverlauf der Aktie wird wie in Tab. 1.5.1.1.-1. angegeben unterstellt. Dabei wird die Dividendenzahlung als in den Kursen berücksichtigt angenommen.

---

35 Mit dieser Annahme kann – wie oben erwähnt – $d_t = 0$ für alle betrachteten Zeitpunkte gesetzt werden.

Datum	Kurs der Aktie
30.06.2002	144,21
30.06.2001	151,8
30.06.2000	132
30.06.1999	120
30.06.1998	100

Tab. 1.5.1.1.-1.: Kursverlauf der Beispielaktie

i	Diskrete Rendite
0	-0,05
1	0,15
2	0,1
3	0,2

Tab. 1.5.1.1.-2.: Diskreter Renditeverlauf der Beispielaktie

Aus diesen Angaben lassen sich unter Verwendung von (1b) die einzelnen diskreten Jahresrenditen berechnen. Mithilfe von (3) kann nun die diskrete Rendite über den gesamten vier Perioden umfassenden Zeitraum berechnet werden:

$$r^D_{30.06.2002}(4) = (1-0{,}05)\cdot(1+0{,}15)\cdot(1+0{,}1)\cdot(1+0{,}2)-1 = 0{,}4421\,.$$

Die Aktie hat also über die vier Perioden eine Wertsteigerung von 44,21% erfahren.

Die mittlere diskrete Rendite pro Standardperiode für den K Perioden umfassenden Zeitraum ergibt sich als geometrisches Mittel der Verzinsung für den gesamten Zeitraum. Es gilt:

$$(4) \qquad \bar{r}^D_t(K)_G = \sqrt[K]{\prod_{i=0}^{K-1}(1+r^D_{t-i})} - 1$$

mit $\bar{r}^D_t(K)_G$: geometrisches Mittel der diskreten Renditen für den K Perioden umfassenden Zeitraum.

Für das Beispiel ergibt sich nach (4):

$$\bar{r}^D_{30.06.2002}(4)_G = \sqrt[4]{(1-0{,}05)\cdot(1+0{,}15)\cdot(1+0{,}1)\cdot(1+0{,}2)} - 1 = 0{,}0958\,.$$

Die Aktie erzielte also im Mittel eine diskrete Rendite von etwa 9,58% p.a. über den genannten Zeitraum.

Diese übliche Berechnungsmethodik unterstellt dabei implizit eine einmalige Anlage, bei der das ursprünglich eingesetzte Anlagekapital „stehen bleibt" und Wertschwankungen im Zeitablauf ausgesetzt ist. Für den (eher unüblichen) Fall, dass zwischenzeitliche Gewinne stets entnommen und entstandene Verluste stets ausgeglichen werden (Prämisse des konstanten Kapitaleinsatzes, d.h. durch diese kompensatorischen Maßnahmen ändert sich der Wert des eingesetzten Anlagekapitals von Standardperiode zu Standardperiode nicht), ist die arithmetische Durchschnittsrendite der diskreten Periodenrenditen zu bilden:

(5) $$\bar{r}_t^D(K)_A = \frac{1}{K}\sum_{i=0}^{K-1} r_{t-i}^D$$

mit $\bar{r}_t^D(K)_A$: arithmetisches Mittel der diskreten Renditen für den K Perioden umfassenden Zeitraum.

Für das Beispiel ergibt sich nach (5):

$$\bar{r}_{30.06.2002}^D(4)_A = \frac{1}{4}(-0{,}05 + 0{,}15 + 0{,}1 + 0{,}2) = 0{,}1\,.$$

Die Aktie erzielte also im Mittel eine diskrete Rendite von 10% p.a. über den genannten Zeitraum, wobei ein konstanter Kapitaleinsatz unterstellt wird. Die zwischenzeitlichen Gewinne der Perioden 1 bis 3 werden entnommen, daher tritt in diesem Fall kein Zinseszinseffekt auf.

1.5.1.2. Stetige Rendite

Im Gegensatz zur diskreten geht man bei der *stetigen Rendite* von einer kontinuierlichen (stetigen) Verzinsung des eingesetzten Kapitals aus. Ähnlich wie in den Naturwissenschaften, z.B. bei der Berechnung von Populationsgrößen in der Biologie, wird nicht von einem „sprungartigen", sondern von einem kontinuierlichen Wachstum ausgegangen.[36]

36 Auf eine ausführliche Herleitung der Formel für die stetige Rendite soll an dieser Stelle verzichtet werden. Sie ist aber beispielsweise in Sydsaeter/Hammond (2004), S. 435 f. nachzulesen.

Die stetige Rendite ist definiert als:

(1) $$r_t^S = \ln\left(\frac{p_t}{p_{t-1}}\right) = \ln(p_t) - \ln(p_{t-1})$$

mit r_t^S: stetige Rendite des Investitionsobjektes für den Zeitraum t-1 bis t
p_t: Preis des Investitionsobjektes zum Zeitpunkt t
$p_{t\text{-}1}$: Preis des Investitionsobjektes zum Zeitpunkt t-1
ln: natürlicher Logarithmus (zur Basis e, mit e: Eulersche Zahl).

Die Bildung der stetigen Rendite als Differenz zweier Logarithmen wird auch als Logdifferenzenbildung bezeichnet. Ferner finden sich in der Literatur auch die (unzutreffenden) Bezeichnungen „logarithmierte Renditen“, Logrenditen o.Ä.

An dieser Stelle wird zur Verdeutlichung auf das Beispiel aus Kap. 1.5.1.1. zurückgegriffen (fiktive Aktie, deren Kurs am 30.06.2002 144,21 € inklusive Dividende und am 30.06. des Vorjahres 151,80 € beträgt). Für die stetige Rendite ergibt sich nach (1):

$$r_{30.06.2002}^S = \ln\left(\frac{144{,}21€}{151{,}80€}\right) = \ln(144{,}21€) - \ln(151{,}80€) = -0{,}0513\,.$$

Ist die Rendite r_t^S gegeben, so kann der zugehörige Preis p_t durch Umformung von (1) nach (2) berechnet werden:

(2) $$p_t = e^{r_t^S} \cdot p_{t-1}\,.$$

Betrachtet man das Beispiel, so ergibt sich:

$$p_{30.06.2002} = e^{-0{,}0513} \cdot 151{,}80€ = 144{,}21€\,.$$

In Formel (2) wird, wie bei der Berechnung der diskreten Rendite, eine Standardperiode (z.B. ein Jahr) unterstellt. Entspricht die Bewertungsperiode nicht der Standardperiode, so lässt sich dies bei der Berechnung der stetigen Rendite jedoch einfach berücksichtigen (vgl. Formel (3)):

(3) $p_t = e^{r_t^S \cdot g} \cdot p_{t-1}$

mit g: Dauer der Bewertungsperiode in Jahreseinheiten.

Die Länge der Bewertungsperiode g kann beliebige Bruchteile eines Jahres annehmen, d.h., g muss nicht ganzzahlig sein. Damit ist es einfach und elegant möglich, mit unterjährigen Verzinsungen oder „gebrochenen" Laufzeiten zu rechnen. Würde man beispielsweise eine stetige Rendite von –5,13% pro Standardperiode unterstellen, wäre der Preis der Aktie nach 1,5 Standardperioden 140,56 €:

$$p_{30.06.2002} = e^{-0,0513 \cdot 1,5} \cdot 151,80€ = 140,56€ .$$

Die Verknüpfung stetiger Renditen über K Standardperioden ergibt sich durch Summation:

(4) $r_t^S(K) = r_t^S + r_{t-1}^S + \ldots + r_{t-K+1}^S = \sum_{i=0}^{K-1} r_{t-i}^S$

mit $r_t^S(K)$: über K Perioden kumulierte stetige Rendite.

Damit ergibt sich die durchschnittliche stetige Rendite pro Anlageperiode als arithmetisches Mittel der Gesamtrendite über die K Perioden:

(5) $\bar{r}_t^S(K)_A = \frac{1}{K} \sum_{i=0}^{K-1} r_{t-i}^S$

mit $\bar{r}_t^S(K)_A$: arithmetisches Mittel der stetigen Renditen für den K Perioden umfassenden Zeitraum.

Zur Veranschaulichung sei auch hier auf die Erweiterung des Beispiels aus Kap. 1.5.1.1. zurückgegriffen. Es wird der gleiche fiktive Kursverlauf der Aktie unterstellt (vgl. Tab. 1.5.1.1.-1.). Aus den Kursangaben lassen sich mit (1) die einzelnen stetigen Jahresrenditen berechnen.

i	Stetige Rendite
0	-0,05129
1	0,13976
2	0,09531
3	0,18232

Tab. 1.5.1.2.-1.: Stetiger Renditeverlauf der Beispielaktie

Die Wertsteigerung der Aktie über den gesamten vier Perioden umfassenden Zeitraum beträgt nach (4):

$$r^S_{30.06.2002}(4) = (-0{,}05129) + 0{,}13976 + 0{,}09531 + 0{,}18232 = 0{,}3661.$$

Wenn man durch die Anzahl der Perioden teilt bzw. Formel (5) berechnet, ergibt sich die durchschnittliche stetige Rendite der Aktie pro Standardperiode im betrachteten Zeitraum:

$$\bar{r}^S_{30.06.2002}(4)_A = (1/4)\cdot[(-0{,}05129) + 0{,}13976 + 0{,}09531 + 0{,}18232] = (1/4)\cdot 0{,}3661 = 0{,}09153.$$

1.5.1.3. Vor- und Nachteile diskreter und stetiger Renditen

Nachteile beim Umgang mit diskreten Renditen ergeben sich bei von der Standardperiode abweichenden Bewertungsperioden. Ist die Standardperiode ein Jahr und eine Verzinsung p.a. angegeben, so lässt sich der Endwert einer Investition für eine Anlagedauer von beispielsweise zwei Jahren und fünf Monaten nicht mehr ohne weiteres berechnen.

Vorteile der diskreten Rendite ergeben sich durch die gut verständliche Konstruktion und die damit verbundene einfache Interpretation. Ferner werden i.d.R. Renditeangaben, z.B. beim Kreditzins oder der Dividendenrendite, als diskrete Renditen ausgewiesen.

Die Vor- bzw. Nachteile beim Umgang mit stetigen Renditen sind ein Spiegelbild zu den Vor- und Nachteilen bei der Verwendung von diskreten Renditen. So ist die Behandlung von Bewertungsperioden, welche von der Standardperiode abweichen, bei der Anwendung einer stetigen Rendite unproblematisch. Hier lässt sich beispielsweise direkt der Endwert einer Investition auch für eine „gebrochene" Bewertungsperiode bestimmen. Nachteil der stetigen Rendite im Vergleich zur diskreten Rendite ist die schwierige Interpretation der kontinuierlichen Verzinsung. Außerdem werden Renditen und Zinssätze im Allgemeinen nicht als stetige, sondern als diskrete Größen angegeben.

Diese Probleme lassen sich jedoch leicht durch einen „Zwischenschritt“ lösen. Die diskrete und die stetige Rendite sind einfach ineinander zu überführen.[37] Es gilt:

(1) $r_t^D = e^{r_t^S} - 1$ und

(2) $r_t^S = \ln(1 + r_t^D)$.

Je nach Anwendung ist es also sinnvoll oder hilfreich, diskrete in stetige (oder umgekehrt) Renditen umzuwandeln, um beispielsweise von der Standardperiode abweichende Bewertungsperioden zu berücksichtigen, oder umgekehrt, um beispielsweise die Interpretation zu erleichtern.

Ist die Standardperiode ein Jahr und eine (diskrete) Verzinsung p.a. angegeben, so lässt sich der Endwert einer Investition für eine Anlagedauer von beispielsweise zwei Jahren und fünf Monaten mit dieser Transformation einfach berechnen. Angenommen sei eine Investition von 3.000,00 € und ein (diskreter) Zinssatz von 8% p.a. Zunächst ist die diskrete Rendite nach Formel (1) in eine stetige Rendite umzurechnen und dann der Endwert der Investition zu bestimmen. Es ergibt sich:

$$r_t^S = \ln(1 + r_t^D) = \ln(1 + 0{,}08) = 0{,}07696\,.$$

Der korrekte Endwert nach Formel (3) aus Kap. 1.5.1.2. ergibt sich dann als:

$$3.000{,}00€ \cdot e^{0{,}07696 \cdot \frac{29}{12}} = 3.613{,}23€\,.$$

Ein weiteres Argument für die Verwendung der stetigen Rendite ist die rechentechnisch relativ leichtere Handhabung. Dies wird bei der Verknüpfung einzelner Renditen deutlich. Soll die mittlere jährliche diskrete Rendite über mehrere Standardperioden bestimmt werden, so ist das geometrische Mittel zu bilden. Handelt es sich um stetige Renditeangaben, so ist das leichter handhabbare arithmetische Mittel zu bilden (vgl. Kap. 1.5.1.1. und Kap. 1.5.1.2.). Dieses Argument besitzt aber unter Betrachtung der heutigen technischen Möglichkeiten nur noch abgeschwächte Gültigkeit. Die Mittelwertberechnung ist, in beiden genannten Formen, in gängigen Software-Lösungen

---

37 Mithilfe von (1) und (2) lassen sich die Ergebnisse der Beispielrechnungen aus Kap. 1.5.1.1. und Kap. 1.5.1.2. ineinander überführen und deren Übereinstimmung wird so sichtbar.

(auch in Excel, siehe Kap. 2.3.3.2.) standardmäßig implementiert und kann somit bei der Anwendung als „gleich schwierig" betrachtet werden.

Die bisher behandelten Vor- bzw. Nachteile sind durch eine adäquate Nutzung der Transformation der diskreten in die stetige Rendite (oder umgekehrt) bzw. durch die heute verfügbaren technischen Rechenmöglichkeiten als Argumente für eine bevorzugte Verwendung der einen oder anderen Renditeart nur bedingt relevant. Wichtiger ist hier die Betrachtung der statistischen Eigenschaften der beiden Renditeberechnungsarten.

Häufig werden Kapitalmarktuntersuchungen unter Anwendung von statistischen Methoden durchgeführt. Um die Validität der Ergebnisse zu gewährleisten, sind für die Anwendung dieser Methoden häufig gewisse Voraussetzungen an das Datenmaterial zu stellen.[38] Die Normalverteilung der Daten kann als eine dieser Anforderungen auftreten, welche eher durch stetige als durch diskrete Renditen gewährleistet wird.[39] Diskrete Renditen sind per Definition durch einen möglichen Totalverslust des eingesetzten Kapitals nach unten beschränkt.[40] Dadurch besitzt die Verteilung diskreter Renditen eher eine linksschiefe anstelle einer normalverteilten Form. Stetige Renditen hingegen können Werte von -∞ bis +∞ annehmen.[41] Somit ist zumindest nicht per Definition ihre Normalverteilung auszuschließen. In empirischen Studien konnte eine Verbesserung der Annäherung der Verteilung stetiger Renditen an die Normalverteilung mit zunehmendem Zeitraum der Logdifferenzenbildung gezeigt werden. Wird

---

38 Um sich einen Überblick über die verschiedenen Anforderungen statistischer Verfahren an das Datenmaterial zu verschaffen vgl. beispielsweise Backhaus et al. (2003) oder Bleymüller/Gehlert/Gülicher (2002). Dort wird auf die Anwendungsvoraussetzungen für die einzelnen Verfahren hingewiesen.

39 Vgl. Schmidt-von Rhein (1996), S. 138; Poddig/Dichtl/Petersmeier (2003), S. 105 und die dort jeweils zitierte Literatur.

40 Die Berechnung der diskreten Rendite erfolgt nach der Formel $r_t^D = \frac{p_t - p_{t-1}}{p_{t-1}}$ (vgl. Kap. 1.5.1.1.). Für einen Totalverlust gilt $p_t = 0$. Daraus folgt für die diskrete Rendite: $r_t^D = \frac{0 - p_{t-1}}{p_{t-1}} = -1$ (entspricht -100%).

41 Die Berechnung der stetigen Rendite erfolgt nach der Formel $r_t^S = \ln\left(\frac{p_t}{p_{t-1}}\right) = \ln(p_t) - \ln(p_{t-1})$ (vgl. Kap. 1.5.1.2.). Für einen Totalverlust ($p_t = 0$) ist die stetige Rendite nicht definiert. Jedoch gilt für $p_t \rightarrow 0$ dann $r_t^S \rightarrow -\infty$.

beispielsweise bei der Beobachtung stetiger Renditen der Zeitraum für die Logdifferenzenbildung von einem Tag bis hin zu einem Monat ausgedehnt, so verbessert sich die Anpassung der Verteilung der stetigen Renditen an die Normalverteilung.[42]

Bei der später betrachteten Portfoliooptimierung nach MARKOWITZ ist streng genommen nur die diskrete Rendite zu betrachten, da nur für sie die Gleichung zur Berechnung der Portfoliorendite exakt gilt. Soll im Portfoliokontext die stetige Rendite eingesetzt werden, so kann sie beispielsweise zunächst nach Formel (2) in eine diskrete Rendite umgewandelt werden, um dann eingesetzt werden zu können.[43]

Die Frage nach der „richtigen“ Renditeart wird dadurch entschärft, dass bei Anwendung für kurze Zeiträume oder auch für kleine Renditewerte die Unterschiede nur gering sind. Dies ist leicht mit zwei Beispielen zu verdeutlichen. In Tab. 1.5.1.3.-1. werden, ausgehend von einer „hohen“ diskreten Rendite von 30% p.a., die entsprechenden diskreten Renditen für ein Halbjahr, einen Monat und einen Tag berechnet (unter Anwendung der umgestellten Formel (4) aus Kap. 1.5.1.1.). Unter Anwendung der Formel (2) wurden aus den diskreten die stetigen Renditen bestimmt. Zur Verdeutlichung ist zusätzlich die Differenz gebildet worden.

Zeitraum	**Diskrete Rendite**	**Stetige Rendite**	**Differenz**
Jahr	30%	26,23643%	3,76357%
Halbjahr	14,01754%	13,11821%	0,89933%
Monat	2,21045%	2,18637%	0,02408%
Tag	0,07291%	0,07288%	0,00003%

Tab. 1.5.1.3.-1.: Renditeberechnungsarten bei großen Renditewerten

Die gleiche Vorgehensweise, nur ausgehend von einer „kleinen“ diskreten Rendite von 2% p.a., führt zu den Ergebnissen in Tab. 1.5.1.3.-2.

---

42 Vgl. Kerling (1998), S. 30 ff.

43 Vgl. Gleichung (1) in Kap. 1.5.2. sowie auch Poddig/Dichtl/Petersmeier (2003), S. 151.

Zeitraum	Diskrete Rendite	Stetige Rendite	Differenz
Jahr	2%	1,98026%	0,01974%
Halbjahr	0,99505%	0,99013%	0,00492%
Monat	0,16516%	0,16502%	0,00014%
Tag	0,00550%	0,00550%	$\approx$ 0%

Tab. 1.5.1.3.-2.: Renditeberechnungsarten bei kleinen Renditewerten

Vergleicht man hiermit beispielsweise die Größenordnungen der Fehler, welche bei der Prognose von Renditen (auch für kurze Zeiträume) in Kauf genommen werden, so liegen diese weit über den Differenzen, welche man durch eine „falsche" Renditewahl erhält.

Der Anwender sollte daher bei der Wahl der verwendeten Renditeart darauf achten, welche Anforderungen im speziellen Fall im Vordergrund stehen. Ist beispielsweise die Normalverteilung Anwendungsvoraussetzung, so sollte auf die stetige Renditeberechnung zurückgegriffen werden. Sind aufgrund des kurzen Zeitraumes oder der Größenordnung der Renditewerte die Unterschiede zu vernachlässigen, kann wegen der besseren Interpretation auch die stetige Rendite wie eine diskrete Rendite angewendet werden (oder umgekehrt). Außerdem sollte die stets mögliche Umrechnung der beiden Renditearten ineinander, wann immer dies zweckmäßig erscheint, genutzt werden. Im wissenschaftlichen Bereich überwiegt die Verwendung der stetigen Rendite, da häufig die statistischen Anforderungen im Vordergrund stehen. In der Praxis dominiert die diskrete Rendite aufgrund der leichteren Interpretierbarkeit.

1.5.2. Operationalisierung von Rendite und Risiko

Im Portfoliokontext handelt es sich bei den Renditen zumeist um *Renditevorausschätzungen* für unterschiedliche zukünftige Umweltzustände (Szenarien). Dabei sind die Renditevorausschätzungen beispielsweise durch einen Analysten oder durch ein geeignetes Modell vorzunehmen und den einzelnen Möglichkeiten (Szenarien) ist eine Eintrittswahrscheinlichkeit zuzuordnen.

Beispielsweise sei folgende Situation angenommen: Für drei mögliche unterschiedliche konjunkturelle Entwicklungseinschätzungen (Umweltzustände, Szenarien) hat ein Analyst Renditevorausschätzungen für zwei potenzielle Anlageobjekte erstellt (vgl. Tab. 1.5.2.-1.).

	Schlechte Konjunktur	Normale Konjunktur	Gute Konjunktur
Eintrittswahrscheinlichkeit	30%	50%	20%
Renten	9%	6%	4%
Aktien	5%	8%	10%

Tab. 1.5.2.-1.: Renditevorausschätzungen

Es ergibt sich mit obigen Daten die in Abb. 1.5.2.-1. dargestellte diskrete Renditeverteilung für Renten.

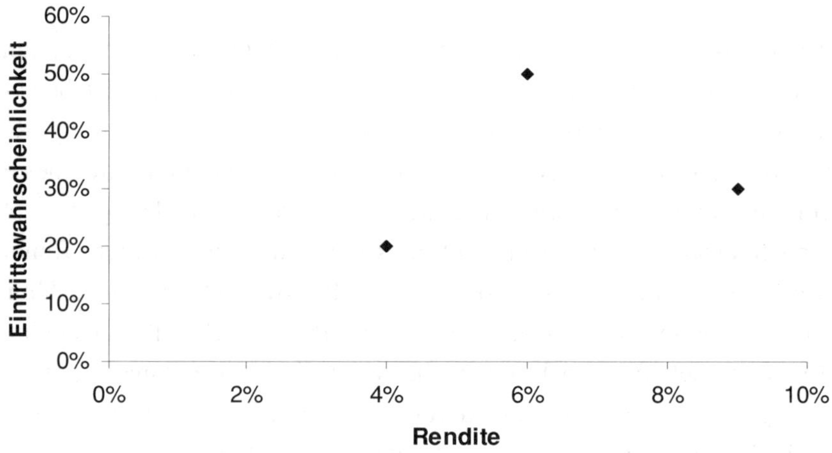

Abb. 1.5.2.-1.: Diskrete Renditeverteilung am Beispiel

Die zukünftig erwartete Rendite einer Investition wird in der modernen Portfolio Theorie durch den Erwartungswert μ der Rendite r modelliert.

Unterstellt man für die Rendite r eine *diskrete Renditeverteilung*[44], so folgt:

$$(1) \qquad \mu_i = \sum_{j=1}^{Z} p_j \cdot r_{ij}$$

mit μ_i: Erwartungswert der Rendite des Anlageobjektes i
r_{ij}: Rendite des i-ten Anlageobjektes bei Eintritt des j-ten Umweltzustandes
p_j: Eintrittswahrscheinlichkeit des j-ten Umweltzustandes
Z: Anzahl der möglichen Umweltzustände.

Nach Formel (1) ergeben sich folgende Erwartungswerte der Renditen für Renten und Aktien im Beispiel:

$$\mu_1 = 0{,}3 \cdot 0{,}09 + 0{,}5 \cdot 0{,}06 + 0{,}2 \cdot 0{,}04 = 0{,}065$$

$$\mu_2 = 0{,}3 \cdot 0{,}05 + 0{,}5 \cdot 0{,}08 + 0{,}2 \cdot 0{,}10 = 0{,}075.$$

Zur Messung des Risikos kommen insbesondere die aus der Statistik bekannten Streuungsmaße, die *Varianz* bzw. die *Standardabweichung*, zur Anwendung (wobei die Standardabweichung die Quadratwurzel der Varianz ist). Wegen des engen Zusammenhangs von Varianz und Standardabweichung werden in der Praxis und auch in der Literatur sprachlich unter dem Begriff „Risiko“ beide Begriffe oftmals synonym oder wie Synonyme verwendet. Es ist aus dem jeweiligen Zusammenhang zu entnehmen, ob mit „Risiko“ die Varianz bzw. die Standardabweichung verbunden wird.

44 Der Begriff „diskrete Verteilung“ ist nicht zu verwechseln mit dem Begriff der „diskreten Rendite“! Die Begriffe diskrete Rendite bzw. stetige Rendite beziehen sich auf die Berechnungsweise der Rendite (vgl. Kap. 1.5.1.1. und Kap. 1.5.1.2. jeweils Gleichung (1)). Die Begriffe diskrete Verteilung und stetige Verteilung beziehen sich auf die Menge der möglichen Ausprägungen eines Zufallsexperimentes. Bei der diskreten Verteilung handelt es sich um eine abzählbare Anzahl an Ausprägungen, sodass mit dem Verhältnis aus Anzahl des Eintretens eines bestimmten Ereignisses geteilt durch die Gesamtanzahl der Ereignisse direkt eine Eintrittswahrscheinlichkeit angegeben werden kann. Dem hingegen liegt bei einer stetigen Verteilung eine nicht abzählbare Anzahl an Ausprägungen vor. Somit kann eine Eintrittswahrscheinlichkeit nur für ein ausgewähltes Intervall mittels Dichtefunktion angegeben werden. Die Eintrittswahrscheinlichkeit eines bestimmten Ereignisses ist jedoch stets null.

Im Falle einer diskreten Renditeverteilung gilt:

(2) $$\sigma_i^2 = \sum_{j=1}^{Z} p_j (r_{ij} - \mu_i)^2$$

(3) $$\sigma_i = \sqrt{\sigma_i^2}$$

mit σ_i^2: Varianz der zukünftigen Renditen des Anlageobjektes i

σ_i: Standardabweichung der zukünftigen Renditen des Anlageobjektes i.

Für das o.g. Beispiel ergeben sich folgende Varianzen bzw. Standardabweichungen bei Renten und Aktien:

$$\sigma_1{}^2 = (0{,}09 - 0{,}065)^2 \cdot 0{,}3 + (0{,}06 - 0{,}065)^2 \cdot 0{,}5 + (0{,}04 - 0{,}065)^2 \cdot 0{,}2 = 0{,}000325$$

$$\sigma_1 = 0{,}018$$

$$\sigma_2{}^2 = (0{,}05 - 0{,}075)^2 \cdot 0{,}3 + (0{,}08 - 0{,}075)^2 \cdot 0{,}5 + (0{,}10 - 0{,}075)^2 \cdot 0{,}2 = 0{,}000325$$

$$\sigma_2 = 0{,}018.$$

In der Realität ist jedoch von einer eher „unüberschaubaren" Vielzahl an zukünftigen Umweltzuständen mit zugehörigen Eintrittswahrscheinlichkeiten auszugehen. Diskrete Renditeverteilungen sind daher eher unrealistisch und impraktikabel. Für die praktische Umsetzung ist die Annahme einer (geeigneten) stetigen Renditeverteilung unabdingbar.[45]

So ergibt sich bei einer Vielzahl an zukünftigen Umweltzuständen mit zugehörigen Eintrittswahrscheinlichkeiten beispielsweise eine normal verteilte stetige Rendite und somit die in Abb. 1.5.2.-2. dargestellte Renditeverteilung.

45 Stetige Renditeverteilungen sind ebenfalls nicht zu verwechseln mit stetigen Renditen; vgl. Fußnote 44.

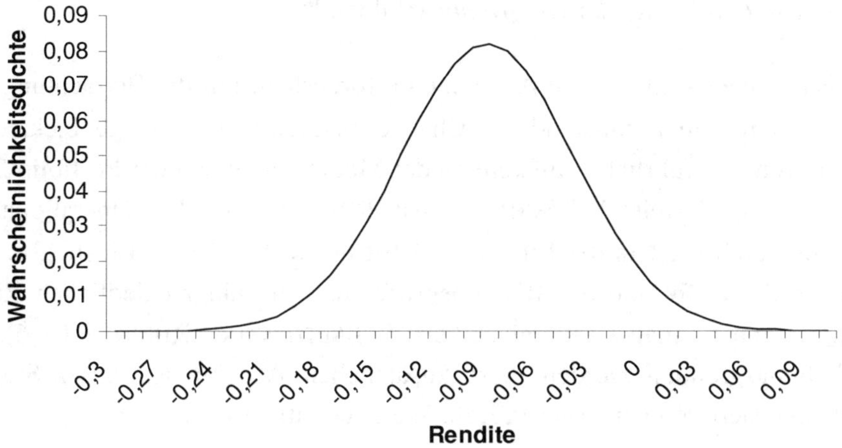

Abb. 1.5.2.-2.: Stetige Renditeverteilung (exemplarisch)

Der Erwartungswert der Anlagerendite bei stetiger Renditeverteilung ergibt sich als:

(4) $$\mu_i = \int_{-\infty}^{+\infty} p(r_i) r_i dr_i$$

mit: $p(r_i)$: Dichte der Renditeverteilung an der Stelle r_i.

Für den stetigen Fall gilt für die Varianz und die Standardabweichung:

(5) $$\sigma_i^2 = \int_{-\infty}^{+\infty} p(r_i)(r_i - \mu_i)^2 dr_i$$

(6) $$\sigma_i = \sqrt{\sigma_i^2}\,.$$

Mit diesen beiden Kennzahlen können verschiedene Anlageobjekte verglichen werden. Beispielsweise kann man für jedes potenzielle Anlageobjekt den Preis einer Risikoeinheit bilden, z.B. (bei naiver Vorgehensweise) den Quotienten aus Rendite und

Risiko. Ferner wird das Risikoprofil der einzelnen Anlageobjekte deutlich, wenn man diese in einem *Rendite-Risiko-Diagramm* abbildet.[46]

Streng genommen sind weitere Annahmen erforderlich, um die Betrachtungen auf μ und σ im Sinne einer vollständigen Charakterisierung von Anlageobjekten zu beschränken. Eine ausführliche Aufstellung der Modellannahmen der Portfolio Selection findet man beispielsweise bei SCHMIDT-VON RHEIN (1996). Die Operationalisierung des Risikos durch σ ist in der Literatur höchst umstritten. Einen Einstieg in die Diskussion um die Definition des Risikobegriffes und die unterschiedlichen Risikoverständnisse findet man ebenfalls bei SCHMIDT-VON RHEIN (1996).[47] Aus Vereinfachungsgründen werden diese zusätzlichen Aspekte an dieser Stelle nicht weiter thematisiert, jedoch später in Kap. 5. erneut aufgegriffen.

Für den Anleger ist aber nicht der Vergleich der einzelnen Anlageobjekte von primärem Interesse, sondern die Frage, ob die Kombination mehrerer Anlageobjekte gegenüber der Einzelanlage vorteilhaft ist. Um diese Frage beantworten zu können, muss zunächst die Aggregation der beiden o.g. Kennzahlen Rendite und Risiko über einen Verbund von Anlagen vorgenommen werden. Bei der rechentechnischen Umsetzung unter Nutzung geeigneter Softwarewerkzeuge, z.B. Excel, erfolgt die Darstellung der Daten oftmals als Vektoren bzw. Matrizen und die Rechnungen werden dann, z.B. auch in Excel, mit Matrizenoperationen ausgeführt. Daher soll an dieser Stelle – neben der sich in der (Lehrbuch-) Literatur üblicherweise vorfindenden Schreibweise in Summenform – auch die entsprechende Schreibweise in Matrizenform eingeführt werden.[48]

---

46 Im weiteren Verlauf des Buches wird davon ausgegangen, dass es sich bei risikobehafteten Investitionsobjekten um Anlagen handelt, deren Varianz (bzw. Standardabweichung) echt größer null, aber nach oben im Wert beschränkt ist. Die Beschränkung der Varianz (bzw. Standardabweichung) auf einen endlichen Wert größer als null erfolgt aus zwei Gründen. Theoretisch ist sie zur Herleitung des später beschriebenen Diversifikationseffektes notwendig, aus praktischer Sicht ist sie für viele Schätzverfahren Anwendungsvoraussetzung. Die hier gesetzte Annahme ist in der Literatur aber durchaus nicht unumstritten. Vgl. hierzu beispielsweise Kerling (1998), S. 39 sowie S. 49 ff. und die dort angegebene Literatur.

47 Vgl. Schmidt-von Rhein (1996), S. 230 ff. und S. 159 ff. sowie die dort angegebene Literatur.

48 Der Anhang 1 (A1.1.) befasst sich näher mit Matrizen und deren Operationen, welche im Zusammenhang mit der Portfoliooptimierung relevant sind.

Die erwartete *Rendite eines Portfolios* μ_P berechnet sich als die mit ihren Anteilen am Portfolio gewichtete Summe der einzelnen Renditeerwartungswerte der Anlageobjekte:

(7) $$\mu_P = \sum_{i=1}^{N} w_i \mu_i$$

mit: μ_P: erwartete Rendite des Portfolios P
μ_i: erwartete Rendite des Anlageobjektes i
w_i: Anteilsgewicht des Anlageobjektes i im Portfolio P
N: Anzahl der Wertpapiere im Portfolio P.

In Matrizenschreibweise ergibt sich:

(8) $$\mu_P = \mathbf{w}^{\mathbf{T}}\mathbf{r}$$

mit $\mathbf{w}$: $N \times 1$ Spaltenvektor der Anteilsgewichte der einzelnen Assets
$\mathbf{w}^{\mathbf{T}}$: transponierter Vektor der Anteilsgewichte (Zeilenvektor)
$\mathbf{r}$: $N \times 1$ Spaltenvektor der Erwartungswerte der Renditen der einzelnen Assets im Portfolio P.

Das *Portfoliorisiko* wird durch die zukünftige Varianz σ_P^2 der Portfoliorendite operationalisiert. Hier ist die einfache lineare Verknüpfung jedoch nicht möglich. Dies ist aber auch nachvollziehbar, da Kurssteigerungen und -einbrüche z.B. am Aktienmarkt i.d.R. nicht isoliert für ein Anlageobjekt erfolgen, sondern den gesamten Markt oder Marktgruppen (Branchen) gemeinsam, jedoch auch unterschiedlich stark, erfassen.

Datum	Bayer AG	BASF
31.10.2001	33	37,6
30.11.2001	36,43	42,9
28.12.2001	35,8	41,75
31.01.2002	37,18	44,99
28.02.2002	36,85	44,42

Tab. 1.5.2.-2.: Kursentwicklung der Bayer und BASF Aktie

An einem Beispiel für den Zwei-Anlagen-Fall lässt sich dies verdeutlichen. Betrachtet werden z.B. die monatlichen Kursentwicklungen der Aktien Bayer und BASF für die Monate Oktober 2001 bis Februar 2002 (Kurse in Euro; vgl. Tab. 1.5.2.-2.).[49]

Aus diesen Kursen ergeben sich nach Formel (1b) aus Kap. 1.5.1. die in Tab. 1.5.2.-3. dargestellten diskreten Renditen für die beiden Aktienwerte.

	Diskrete Monatsrenditen		
Datum	Bayer AG	BASF	Mischportfolio
31.10.2001			
30.11.2001	0,10394	0,14096	0,12245
28.12.2001	-0,01729	-0,02681	-0,02205
31.01.2002	0,03855	0,07760	0,05808
28.02.2002	-0,00888	-0,01267	-0,01077
Varianz:	0,0030949	0,0062509	0,0045049

Gewichtete: Summe der Varianz Bayer/BASF:	0,0046729
Kovarianz Bayer/BASF:	0,0043369
Portfoliovarianz:	0,0045049

Tab. 1.5.2.-3.: Diskrete Renditen, Varianz und Kovarianz

Zusätzlich wird ein Mischportfolio aus beiden Werten betrachtet, welches zu jeweils 50% aus Bayer und BASF zusammengesetzt wurde. Bildet man nun die Varianzen für die Einzelwerte Bayer und BASF und die gewichtete Summe dieser beiden Varianzen und vergleicht man den Wert mit der Varianz des Mischportfolios, so ist erkennbar,

49 Die Kurszeitreihen sind beispielsweise im Internet über http://de.finance.yahoo.com/ zu erhalten.

dass die lineare Verknüpfung der beiden Einzelvarianzen nicht das korrekte Ergebnis liefert.[50]

Die Portfoliovarianz lässt sich auch in Abhängigkeit von der zukünftigen Portfoliorendite darstellen als:

(9) $$Var(r_P) = Var(\sum_{i=1}^{N} w_i r_i)$$

mit $Var(r_P)$: Varianz der zukünftigen Portfoliorendite.

Betrachtet man speziell den Zwei-Anlagen-Fall, so ergibt sich:

(10) $$Var(r_P) = Var(\sum_{i=1}^{2} w_i r_i) = Var(w_1 r_1 + w_2 r_2).$$

Für das o.g. Beispiel ergeben sich die Renditerealisationen des Portfolios als gewichtete Summe der Realisation der Einzelanlagen:

---

50 Da es sich um eine Stichprobe handelt, ist hier die empirische Varianz bzw. die empirische Kovarianz zu berechnen, da nur die empirische Varianz/Kovarianz ein erwartungstreuer Schätzer für die tatsächliche Varianz/Kovarianz der Grundgesamtheit ist (zum Unterschied zwischen der Varianz einer Verteilung und der empirischen Varianz einer Stichprobe und der jeweiligen Berechnung vgl. Poddig/Dichtl/Petersmeier (2003) S. 48 sowie S. 59ff.). Die Berechnung der empirischen Varianz erfolgt nach der Formel $\sigma_i^2 = \frac{1}{T-1}\sum_{t=1}^{T}(r_{it} - \bar{r})^2$, wobei $\bar{r}$ dem arithmetischen Mittelwert der Renditeausprägungen einer Anlage oder des Mischportfolios entspricht. Die empirische Kovarianz wird nach der Formel $Cov(r_1, r_2) = \frac{1}{T-1}\sum_{t=1}^{T}(r_{1t} - \bar{r}_1)(r_{2t} - \bar{r}_2)$ berechnet. Bei der Varianz-/Kovarianzermittlung mit Excel ist darauf zu achten, ob es sich bei der Berechnung der Varianz/Kovarianz tatsächlich um die Berechnung anhand einer Stichprobe handelt. Im Falle der eingebauten Funktion VARIANZ() handelt es sich (auch in Excel) um die Varianz, basierend auf einer Stichprobe, im Falle der eingebauten Funktion KOVAR() oder der VBA-Analysefunktion Kovarianz handelt es sich (in Excel) jedoch nicht um die Berechnungsformel für die empirische Kovarianz aus einer Stichprobe, sondern um die Berechnung der Kovarianz aus der Grundgesamtheit nach der Formel $Cov(r_1, r_2) = \frac{1}{T}\sum_{t=1}^{T}(r_{1t} - \bar{r}_1)(r_{2t} - \bar{r}_2)$. Das Ergebnis muss dann noch mit dem Faktor $\frac{T}{T-1}$ multipliziert werden, um die empirische Kovarianz zu erhalten. Im Verlauf dieses Buches wird die empirische Varianz/Kovarianz als Schätzer für die tatsächliche Varianz/Kovarianz verwendet.

(11) $0{,}5 \cdot 0{,}10394 + 0{,}5 \cdot 0{,}14096 = 0{,}12245$
$0{,}5 \cdot (-0{,}01729) + 0{,}5 \cdot (-0{,}02681) = -0{,}02205$
$0{,}5 \cdot 0{,}03855 + 0{,}5 \cdot 0{,}07760 = 0{,}05808$
$0{,}5 \cdot (-0{,}00888) + 0{,}5 \cdot (-0{,}01267) = -0{,}01077$.[51]

Mit den Renditen des Portfolios kann dann dessen Varianz durch die emprirische Varianz geschätzt werden:

(12) $$Var(r_P) = Var(\sum_{i=1}^{2} w_i r_i) = Var(w_1 r_1 + w_2 r_2)$$
$$= \frac{1}{4-1} \sum_{t=1}^{4} (r_{Pt} - \bar{r}_P)^2$$
$$= \frac{1}{3} [(0{,}12245 - 0{,}03693)^2 + (-0{,}02205 - 0{,}03693)^2 +$$
$$(0{,}05808 - 0{,}03693)^2 + (-0{,}01077 - 0{,}03693)^2]$$
$$= 0{,}0045$$

mit r_{Pt}: t-te beobachtete Rendite des Portfolios P
$\bar{r}_P$: arithmetischer Mittelwert der vier Renditeausprägungen.

Beachtet man die Rechenregeln für die Varianz der Summe zweier beliebiger Zufallszahlen[52], so ergibt sich für Gleichung (10):

(13) $$Var(w_1 r_1 + w_2 r_2) = Var(w_1 r_1) + 2 \cdot Cov(w_1 r_1, w_2 r_2) + Var(w_2 r_2).$$

Der mittlere Teil der Formel (13) wird als Kovarianz der beiden Renditen r_1 und r_2 (im Sinne zweier Zufallsvariablen r_1 und r_2) bezeichnet. Sie ist ein Maß für den Zusammenhang zweier Zufallsvariablen und wird im Folgenden auch mit *Cov()* abgekürzt.

Da w_1 und w_2 konstant sind, lässt sich dies umformen zu:

(14) $$w_1^2 \mathrm{Var}(r_1) + 2 w_1 w_2 \cdot \mathrm{Cov}(r_1, r_2) + w_2^2 \mathrm{Var}(r_2).$$

---

51 Aufgrund von vorgenommenen Rundungen der Werte ergeben sich bei den folgenden Beispielrechnungen kleinere Abweichungen der Ergebnisse im Vergleich zu den Werten in Tab. 1.5.2.-3.

52 Vgl. Poddig/Dichtl/Petersmeier (2003), S. 53.

Die Portfoliovarianz im Zwei-Anlagen-Fall ergibt sich damit:

(15) $$\sigma_P^2 = w_1^2\sigma_1^2 + 2w_1w_2\sigma_{12} + w_2^2\sigma_2^2$$

mit σ_{12}: Kovarianz der zukünftigen Renditen r_1 und r_2.

Die Varianz der Portfoliorendite ist folglich auch davon abhängig, wie sich die Kovarianz der einzelnen Aktienrenditen verhält (also wie gleich- oder ungleichförmig sich die Aktienkursverläufe der einzelnen Titel darstellen). Die Kovarianz ergibt sich als:[53]

(16) $$Cov(r_1, r_2) = \frac{1}{4-1}\sum_{t=1}^{4}(r_{1t} - \bar{r}_1)(r_{2t} - \bar{r}_2)$$

$$= \frac{1}{3}[(0{,}10394 - 0{,}02908)(0{,}14096 - 0{,}04477) +$$
$$(-0{,}01729 - 0{,}02908)(-0{,}02681 - 0{,}04477) +$$
$$(0{,}03855 - 0{,}02908)(0{,}0776 - 0{,}04477) +$$
$$(-0{,}00888 - 0{,}02908)(-0{,}01267 - 0{,}04477)]$$
$$= 0{,}0434.$$

Für das Beispiel ergibt sich die Portfoliovarianz somit auch aus:

(17) $$0{,}5^2 \cdot 0{,}00309 + 2 \cdot 0{,}5 \cdot 0{,}5 \cdot 0{,}00434 + 0{,}5^2 \cdot 0{,}00625 = 0{,}00451.$$

Die Varianz der Portfoliorendite ergibt sich allgemein als gewichtete Summe der zukünftigen Varianzen (σ_i^2) und Kovarianzen (σ_{ij}) der einzelnen Anlageobjekte (wobei für die Varianz σ_i^2 auch die Schreibweise σ_{ii} verwendet wird). Allgemein ausgedrückt ergibt sich damit:

(18) $$\sigma_P^2 = \sum_{i=1}^{N}\sum_{j=1}^{N} w_i w_j \sigma_{ij}$$ mitunter in der Literatur auch geschrieben als

(19) $$\sigma_P^2 = \sum_{i=1}^{N} w_i^2\sigma_i^2 + \sum_{j=1}^{N}\sum_{\substack{k=1 \\ j \neq k}}^{N} w_j w_k \sigma_{jk}.$$

---

53 Da es sich um eine Stichprobe handelt, ist hier die empirische Kovarianz zu berechnen, da nur die empirische Varianz/Kovarianz einen erwartungstreuen Schätzer für die tatsächliche Kovarianz der Grundgesamtheit bildet. Zur Berechnung der Kovarianz bei einer Stichprobe vgl. auch Fußnote 50.

In Matrizenschreibweise lassen sich die o.g. Ausdrücke schreiben als:

(20) $\sigma_P{}^2 = \mathbf{w}^\mathbf{T}\mathbf{V}\mathbf{w}$

mit **V**: Varianz-Kovarianzmatrix der zukünftigen Assetrenditen der einzelnen Anlagen innerhalb des Portfolios *P*.

Übertragen auf das Beispiel ergibt sich in Matrizenform:

(21) $$(0{,}5 \quad 0{,}5)\begin{pmatrix} 0{,}00309 & 0{,}00434 \\ 0{,}00434 & 0{,}00635 \end{pmatrix}\begin{pmatrix} 0{,}5 \\ 0{,}5 \end{pmatrix} = 0{,}00451\,.$$

Der vorher kurz genannte Gleichlauf der Renditeentwicklung der verschiedenen Anlageobjekte untereinander kann auch durch den *Korrelationskoeffizienten* ρ_{ij} erfasst werden:

(22a) $$\rho_{ij} = \frac{\sigma_{ij}}{\sigma_i \sigma_j}$$ $\Leftrightarrow$ (22b) $$\sigma_{ij} = \rho_{ij}\sigma_i\sigma_j\,.$$

Der Korrelationskoeffizient ρ_{ij} beschreibt sehr anschaulich das Verhalten der Renditen zweier Anlageobjekte *i* und *j* untereinander. Da er nur Werte zwischen -1 und +1 annimmt, wird außerdem die Interpretation erleichtert. So bedeutet ein Korrelationskoeffizient von 0, dass die Renditeverläufe der beiden betrachteten Anlageobjekte ohne (linearen) Zusammenhang sind. Ein perfekter Gleichlauf ergibt sich bei einem Korrelationskoeffizienten von +1. Ein ebenfalls perfekter Gleichlauf, jedoch entgegengesetzt, würde durch einen Korrelationskoeffizienten von -1 ausgedrückt werden.[54]

Berechnet man den Korrelationskoeffizienten der Aktienkursrenditen der BASF und der Bayer Aktie für das hier gewählte Beispiel, so erhält man:

(23) $$\frac{0{,}00434}{\sqrt{0{,}00309}\cdot\sqrt{0{,}00625}} = 0{,}98758\,.$$

---

54 Eine ausführlichere Darstellung des Korrelationskoeffizienten und seiner Eigenschaften findet sich beispielsweise in Poddig/Dichtl/Petersmeier (2003), S. 55 ff. Zur Anwendung werden weitere Ausführungen in den nächsten Kapiteln folgen.

Unter Verwendung von (21b) lässt sich (17) darstellen als:

(24) $$\sigma_P^2 = \sum_{i=1}^{N} \sum_{j=1}^{N} w_i w_j \sigma_i \sigma_j \rho_{ij} \,.$$

In Matrizenschreibweise ergibt sich dazu äquivalent:

(25) $$\sigma_P^2 = \mathbf{w}^{\mathbf{T}} \mathbf{\Gamma} \mathbf{w}$$

mit $\mathbf{\Gamma}$: $N \times N$ Matrix für deren Elemente $\Gamma_{ij} = \sigma_i \sigma_j \rho_{ij}$ gilt.

Unter Verwendung des Korrelationskoeffizienten ergibt sich für das Beispiel die Portfoliovarianz wie folgt:

(26)

$$\begin{pmatrix} 0{,}5 & 0{,}5 \end{pmatrix} \begin{pmatrix} \sqrt{0{,}00309} \cdot \sqrt{0{,}00309} \cdot 1 & \sqrt{0{,}00309} \cdot \sqrt{0{,}00625} \cdot 0{,}98758 \\ \sqrt{0{,}00625} \cdot \sqrt{0{,}00309} \cdot 0{,}98758 & \sqrt{0{,}00625} \cdot \sqrt{0{,}00625} \cdot 1 \end{pmatrix} \begin{pmatrix} 0{,}5 \\ 0{,}5 \end{pmatrix}$$
$$= 0{,}00451.$$

1.6. Der Diversifikationseffekt

In der Realität ist das Phänomen der *Diversifikation*, d.h. beispielsweise die Aufteilung des Anlagevolumens auf verschiedene Assets, zu beobachten. Diese Beobachtung bzw. Feststellung veranlasste MARKOWITZ zu fordern, dass Verhaltensregeln für den Investor diese Erscheinung auch erklären müssen.[55] Mit dem von MARKOWITZ gewählten Ansatz zur Portfoliobildung ließ sich dann auch das in der Praxis beobachtete Verhalten der Anlagestreuung als wichtiges Hilfsmittel zur Risikominderung bei Ungewissheit theoretisch und unter wirklichkeitsnahen Annahmen nachvollziehen. Nach diesem Ansatz kann durch Streuung des Anlagebetrages auf verschiedenste Anlageobjekte das Risiko, wenn auch nicht vollständig beseitigt, so jedoch (teilweise deutlich) reduziert werden.

Hier wird zunächst der *Diversifikationseffekt* anhand der Analyse eines naiven Portfolios gezeigt. Dabei werden vereinfachend folgende Annahmen gesetzt:

55 Vgl. Markowitz (1952), S. 77.

- Alle N Anlagen werden zu gleichen Anteilen, d.h. mit einem Anteil von $1/N$ gehalten (Annahme des naiven Portfolios).
- Die Renditen aller betrachteten Wertpapiere seien stochastisch unabhängig voneinander, d.h., es gilt $\sigma_{jk} = 0$ für alle j und k mit $j \neq k$.

In diesem Spezialfall ergibt sich die Varianz der Portfoliorendite als:

(1) $$\sigma_P^2 = \sum_{i=1}^{N}\left(\frac{1}{N}\right)^2 \sigma_i^2 = \frac{1}{N}\left(\frac{1}{N}\sum_{i=1}^{N}\sigma_i^2\right) = \frac{1}{N}\overline{\sigma}_{Var}^2$$

mit $\overline{\sigma}_{Var}^2$: durchschnittliche Varianz einer Einzelanlage im Portfolio (konstante Größe).

Für wachsendes N konvergiert die Varianz der Portfoliorendite gegen null, das Risiko „verschwindet“ also bei zunehmender Anzahl von Anlagen im Portfolio. Dies ist aber nur unter der Annahme der völligen Unabhängigkeit aller Assetrenditen der betrachteten Anlagen der Fall, was als unrealistisch zu beurteilen ist. Daher wird nun im Folgenden eine realistischere Sichtweise angenommen:

- Naives Portfolio wie bisher.
- Die Annahme der Unabhängigkeit wird aufgegeben.

Damit ergibt sich für die Varianz der Portfoliorendite:

(2) $$\sigma_P^2 = \sum_{i=1}^{N}\left(\frac{1}{N}\right)^2 \sigma_i^2 + \sum_{j=1}^{N}\sum_{\substack{k=1 \\ j\neq k}}^{N}\frac{1}{N}\frac{1}{N}\sigma_{jk}\,.$$

Durch geschickte Umformung (die Faktoren $1/N$ bzw. $(N\text{-}1)/N$ werden vor die erste bzw. zweite Summe gezogen) ergibt sich:

(3) $$\sigma_P^2 = \frac{1}{N}\sum_{i=1}^{N}\frac{1}{N}\sigma_i^2 + \frac{N-1}{N}\sum_{j=1}^{N}\sum_{\substack{k=1\\ j\neq k}}^{N}\frac{1}{N(N-1)}\sigma_{jk}$$

$$= \frac{1}{N}\left(\frac{1}{N}\sum_{i=1}^{N}\sigma_i^2\right) + \frac{N-1}{N}\left(\frac{1}{N(N-1)}\sum_{j=1}^{N}\sum_{\substack{k=1\\ j\neq k}}^{N}\sigma_{jk}\right).$$

Die beiden verbleibenden Klammerausdrücke sind als Mittelwerte der Varianzen bzw. Kovarianzen interpretierbar, d.h.:

(4) $$\sigma_P^2 = \frac{1}{N}\overline{\sigma}_{Var}^2 + \frac{N-1}{N}\overline{\sigma}_{Cov}$$

mit: $\overline{\sigma}_{Var}^2$: durchschnittliche Varianz einer Einzelanlage im Portfolio P

$\overline{\sigma}_{Cov}$: durchschnittliche Kovarianz der Anlagen im Portfolio P.

Betrachtet man nun eine große Anzahl von Anlagen ($N \to \infty$), so ergibt sich:

(5) $$\frac{1}{N}\overline{\sigma}_{Var}^2 \to 0$$

(6) $$\frac{N-1}{N}\overline{\sigma}_{Cov} \to \overline{\sigma}_{Cov}$$ und somit

(7) $$\sigma_P^2 \to \overline{\sigma}_{Cov}.$$

Das gesamte Risiko eines Portfolios kann also in zwei Komponenten separiert werden. Die zweite Komponente ist das nicht diversifizierbare *systematische Risiko*, auch Kovarianzrisiko (im technischen Sinne) oder (gebräuchlicher) Marktrisiko (im ökonomischen Sinne) genannt (welches alle Anlageobjekte gleichermaßen beeinflusst). Es wird ausgedrückt durch (6) und verbleibt immer beim Investor. Die erste Komponente stellt das diversifizierbare unsystematische Risiko dar, auch *anlageobjektspezifisches Risiko* oder *Residualrisiko* genannt, welches in (5) zum Ausdruck kommt. Das unsystematische Risiko kann durch Portfoliobildung beseitigt werden.

Grafisch lässt sich dieser Zusammenhang wie in Abb. 1.6.-1. darstellen.

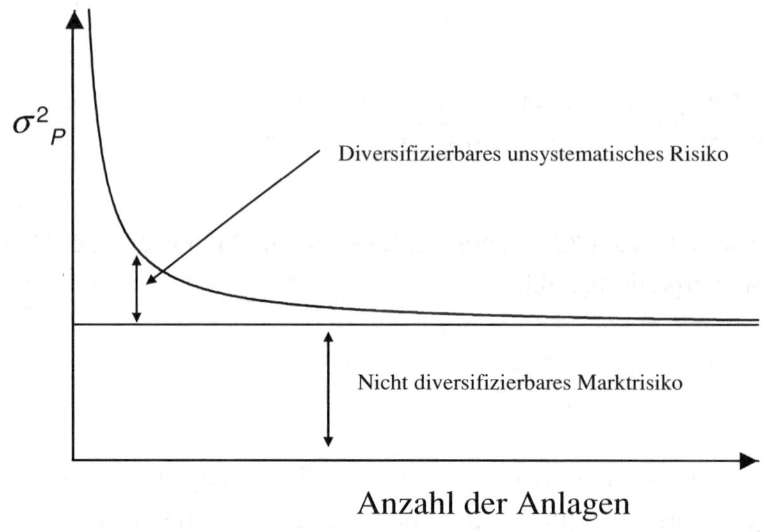

Abb. 1.6.-1.: Portfoliovarianz und Anzahl der Anlagen[56]

Um die Zusammenhänge besser illustrieren zu können, ist eine nähere Betrachtung des Diversifikationseffektes für den Zwei-Anlagen-Fall geeignet.[57] Das Gesamtrisiko im Zwei-Anlagen-Fall ergibt sich als:

(8) $$\sigma_P^2 = w_1^2\sigma_1^2 + 2w_1w_2\sigma_{12} + w_2^2\sigma_2^2 .$$

Nach Einsetzen des Korrelationskoeffizienten (vgl. (9)) und wegen $w_2 = 1 - w_1$ ergibt sich:

(9) $$\rho_{12} = \frac{\sigma_{12}}{\sigma_1\sigma_2}$$

(10) $$\sigma_P^2 = w_1^2\sigma_1^2 + 2w_1(1-w_1)\sigma_1\sigma_2\rho_{12} + (1-w_1)^2\sigma_2^2 .$$

56 Vgl. Hielscher (1988), S. 26.

57 Vgl. auch Elton et al. (2003), S. 68 ff.

Da der Korrelationskoeffizient nur zwischen –1 und +1 liegt, bietet sich die Analyse dreier Extremfälle an:

- Fall 1: Korrelationskoeffizient von +1
- Fall 2: Korrelationskoeffizient von 0
- Fall 3: Korrelationskoeffizient von -1.

Zu Fall 1: Es ergibt sich:

(11) $$\sigma_P^2 = w_1^2\sigma_1^2 + 2w_1(1-w_1)\sigma_1\sigma_2 + (1-w_1)^2\sigma_2^2 .$$

womit für die Standardabweichung folgt:

(12) $$\sigma_P = w_1\sigma_1 + (1-w_1)\sigma_2 .$$

In diesem Fall ergibt sich das Gesamtrisiko als gewichtete Summe der Einzelrisiken, weshalb keine Risikoreduktion durch Diversifikation möglich ist (vgl. Streckenzug BC in Abb. 1.6.-2.).

Zu Fall 2: Es ergibt sich:

(13) $$\sigma_P^2 = w_1^2\sigma_1^2 + (1-w_1)^2\sigma_2^2 .$$

Für die Standardabweichung folgt:

(14) $$\sigma_P = \sqrt{w_1^2\sigma_1^2 + (1-w_1)^2\sigma_2^2} .$$

Hier resultiert für (fast) jede Wertpapiermischung ein geringeres Portfoliorisiko als unter sonst gleichen Umständen wie im Fall 1 (vgl. Formel (12) und Formel (14)). Es lässt sich sogar ein Portfolio bilden, welches eine geringere Standardabweichung als jede der beiden einzeln betrachteten Anlagen besitzt (vgl. Abb. 1.6.-2. Kurvenzug zwischen BC). Die Beweisführung zu dieser Aussage findet sich in A1.

Zu Fall 3: Es ergibt sich:

(15) $$\sigma_P^2 = w_1^2\sigma_1^2 - 2w_1(1-w_1)\sigma_1\sigma_2 + (1-w_1)^2\sigma_2^2 .$$

Für die Standardabweichung resultiert also:

(16) $$\sigma_P = \left| w_1\sigma_1 - (1-w_1)\sigma_2 \right|.$$

Für diesen Fall gilt ebenfalls die bereits unter Fall 2 schon festgestellte Aussage, jedoch ist hier sogar eine extreme Risikoreduzierung bis hin zur Risikoeliminierung möglich (vgl. Abb. 1.6.-2. Streckenzug BAC).

Die Abb. 1.6.-2. fasst die hier vorgenommene Analyse grafisch zusammen.

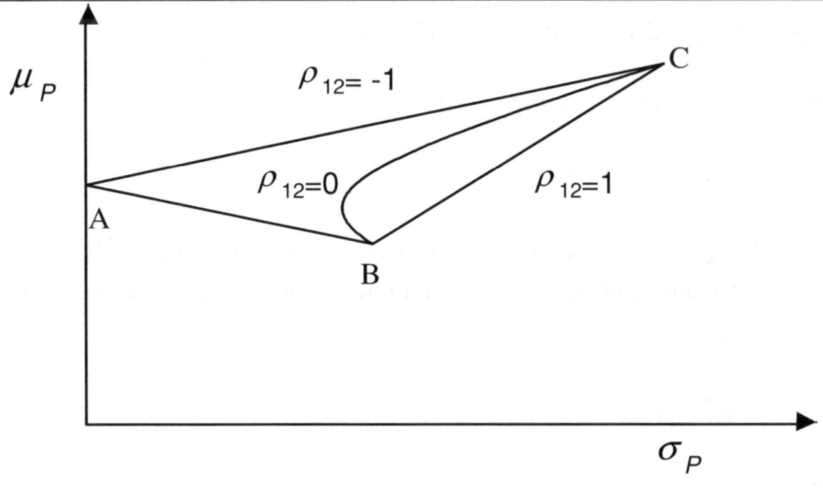

Abb. 1.6.-2.: Mögliche Rendite-Risiko-Profile im Zwei-Anlagen-Fall[58]

Die Punkte B und C repräsentieren das jeweilige Rendite-Risiko-Profil der zwei willkürlich angenommenen Einzelanlagen. Die Streckenzüge BC und BAC sowie der Kurvenzug zwischen BC repräsentieren die resultierenden μ-σ-Werte der Zwei-Anlagen-Portfolios bei variierenden Mischungsverhältnissen unter den gegebenen Fallannahmen.

1.7. Zusammenfassung

- Die Grundlagen des Portfoliomanagements und der Asset Allocation werden ausgehend von der Betrachtung des Portfoliomanagements als Prozess dargestellt.

58 In Anlehnung an Elton et al. (2003), S. 77.

- In die Planungsphase fallen die Anlegeranalyse, die Vermögensverwaltungsanalyse sowie die Finanzanalyse. Die Realisierungsphase wird durch die Portfoliorealisierung repräsentiert und die Kontrollphase beinhaltet die Performanceanalyse.

- Ausgehend von der Betrachtung des Portfoliomanagements als Prozess wird die Portfoliorealisierung als wichtiger Teilprozess des Gesamtprozesses herausgestellt. Die Portfoliorealisierung stellt die Frage nach der systematischen Aufteilung des Anlagebetrages auf die im Anlageuniversum enthaltenen Anlagen, die so genannte Asset Allocation, in den Vordergrund.

- Bei der Asset Allocation werden strategische und taktische Asset Allocation unterschieden. Zudem kann die Vorgehensweise bei der Asset Allocation in Top-down, Bottom-up und kombinierte Ansätze systematisiert werden.

- Das sog. Benchmarkportfolio (kurz Benchmark) wird als operationaler Vergleichsmaßstab gebildet. Es wird i.d.R. nicht real gehalten.

- Als klassischer Ansatz der Modernen Portfoliotheorie gilt der von MARKOWITZ entwickelte Mean-Variance-Ansatz. Er löst modelltheoretisch das Problem der Asset Allocation, nämlich die systematische Aufteilung des Anlagebetrages auf die im Anlageuniversum enthaltenen Assets. Die für den Anleger relevanten Zielgrößen sind in diesem Modell die erwartete Portfoliorendite und das zukünftige Portfoliorisiko.

- Das gesamte Risiko eines Portfolios kann in zwei Komponenten separiert werden, nämlich in das nicht diversifizierbare systematische Risiko, welches alle Anlageobjekte gleichermaßen beeinflusst, und in das diversifizierbare unsystematische Risiko, welches auch als anlageobjektspezifisches Risiko bezeichnet wird. Das unsystematische Risiko kann durch Portfoliobildung beseitigt werden (Diversifikationseffekt). Anleger sollten (nach diesem Modellansatz) daher Portfolios bilden, anstatt einzelne Anlagen zu halten.

Literaturhinweise

Die Grundlagen des Portfoliomanagements und der Asset Allocation werden umfangreich von SCHMIDT-VON RHEIN (1996) aufgearbeitet, wobei die Darstellungen weit über die Grundlagen hinausgehen. Es handelt sich dabei um eine umfangreiche, wissenschaftliche Arbeit.

Anstelle von SCHMIDT-VON RHEIN (1996) kann beispielsweise auf die Arbeit von BRUNS/MEYER-BULLERDIEK (2003) zurückgegriffen werden, deren Ausführungen ebenfalls über die Grundlagen des Portfoliomanagements hinausgehen. Jedoch wird hier auf eine praxisnahe Behandlung der Thematik Wert gelegt. Einen weiteren Schwerpunkt bildet hier das Risikomanagement mit seinen Instrumenten.

Bei BREUER/GÜRTLER/SCHUHMACHER (1999) wird neben einer Darstellung der theoretischen Grundlagen des Portfoliomanagements eine stärkere Ausrichtung auf die praktische Anwendung verfolgt.

Eine eher theoretische Aufarbeitung des Portfoliomanagements liefert beispielsweise SPREMANN (2003). Hier wird inhaltlich das methodische Rüstzeug für die Asset Allocation als zentrale Grundaufgabe des Portfoliomanagements vermittelt.

A1.1. Matrizenrechnung

Die Verwendung von Matrizen und Vektoren in der Portfolioplanung hat verschiedene Gründe. Zunächst eignen sie sich für eine übersichtlichere Darstellung von Daten und Informationen durch eine tabellarische Anordnung. Ferner sind zahlreiche Formeln zur Berechnung von Größen des Portfoliomanagements mit Matrizen elegant darzustellen und unter Verwendung von Matrizen-Operationen ist eine effiziente Berechnung dieser Formeln möglich. Außerdem ist die Matrizen-Rechnung in gängiger Standardsoftware, wie z.B. Excel, implementiert.

In diesem Abschnitt werden Matrizen und Vektoren zunächst kurz definiert, um dann im Anschluss die für die Inhalte in diesem Buch relevanten Matrizen-Operationen vorzustellen. Abschließend wird die Umsetzung der vorgestellten Operationen mittels Excel dargestellt.

Die formale Aufbereitung der hier benutzten Konzepte der Linearen Algebra lassen sich in jedem mathematischen Buch zur Linearen Algebra nachlesen. Wer die dort doch sehr formale Darstellungsweise umgehen möchte, kann sich beispielsweise eines mathematischen Lehrbuches für Ökonomen bedienen.[59]

---

59 Beispielsweise seien hier genannt: Sydsaeter/Hammond (2004), Greene (2003), Opitz (2004) oder Doersam (2003); für einen „mathematischeren“ Einstieg sei hier stellvertretend auf Gabriel (1996) und Fischer (2003) verwiesen.

A1.1.1. Matrizen und Vektoren: Definitionen

Eine *Matrix* **A** sei definiert als ein geordnetes, rechteckiges Schema von Zahlen oder Symbolen, welche auch als Elemente der Matrix bezeichnet werden. Die Elemente, hier mit a bezeichnet, werden durch ihre Position innerhalb der Matrix identifiziert. Zwei tiefer gestellte Indices nennen zunächst die Zeile und dann die Spalte, in der das Element zu finden ist:

$$(1) \qquad \mathbf{A} = \begin{pmatrix} a_{11} & a_{12} & \cdots & a_{1j} & \cdots & a_{1N} \\ a_{21} & a_{22} & \cdots & a_{2j} & \cdots & a_{2N} \\ \vdots & \vdots & & \vdots & & \vdots \\ a_{i1} & a_{i2} & \cdots & a_{ij} & \cdots & a_{iN} \\ \vdots & \vdots & & \vdots & & \vdots \\ a_{M1} & a_{M2} & \cdots & a_{Mj} & \cdots & a_{MN} \end{pmatrix}$$

mit $M, N \in \mathbb{N}$ und $a_{ij} \in \mathbb{R}$.

Dabei repräsentiert M die Anzahl der Zeilen und N die Anzahl der Spalten. Eine so konstruierte Matrix heißt auch $M \times N$-Matrix, wobei $M \times N$ auch als *Dimension der Matrix* bezeichnet wird. *Vektoren* sind in diesem Sinne Spezialfälle einer Matrix. Man unterscheidet Spalten- und Zeilenvektoren. Eine Spalte und M Zeilen, also eine $M \times 1$-Matrix, ergibt einen *Spaltenvektor* **a** (vgl. (2a)) und entsprechend ergibt sich bei einer Zeile und N Spalten, also eine $1 \times N$-Matrix, ein *Zeilenvektor* **b** (vgl. (2b)):

$$(2a) \qquad \mathbf{a} = \begin{pmatrix} a_1 \\ \vdots \\ a_M \end{pmatrix} \qquad\qquad (2b) \qquad \mathbf{b} = \left(a_1, \cdots, a_N\right).$$

Um eine eindeutige Verwendung der Bezeichnung Vektor für die Anwendungen in diesem Buch zu gewährleisten, sei im Folgenden mit Vektor stets ein *Spaltenvektor* gemeint. Um auch mit Zeilenvektoren weiter operieren zu können, wird das *Transponieren von Matrizen* benutzt. Beim Transponieren von Matrizen werden Zeilen und Spalten vertauscht, d.h., die i-te Zeile wird zur i-ten Spalte. So wird aus einer $M \times N$-Matrix eine $N \times M$-Matrix. Diese Transformation wird im Weiteren mit einem hochgestellten **T** gekennzeichnet.

Somit ergibt sich beispielsweise aus

(3a) $$\mathbf{a} = \begin{pmatrix} a_1 \\ \vdots \\ a_M \end{pmatrix}$$ durch Transponieren (3b) $$\mathbf{a}^\mathbf{T} = (a_1, \cdots, a_M)$$

und aus

(4a) $$\mathbf{A} = \begin{pmatrix} a_{11} & a_{12} & \dots & a_{1j} & \dots & a_{1N} \\ a_{21} & a_{22} & \dots & a_{2j} & \dots & a_{2N} \\ \vdots & \vdots & & \vdots & & \vdots \\ a_{i1} & a_{i2} & \dots & a_{ij} & \dots & a_{iN} \\ \vdots & \vdots & & \vdots & & \vdots \\ a_{M1} & a_{M2} & \dots & a_{Mj} & \dots & a_{MN} \end{pmatrix}$$ wird durch Transponieren

(4b) $$\mathbf{A}^\mathbf{T} = \begin{pmatrix} a_{11} & a_{21} & \dots & a_{i1} & \dots & a_{M1} \\ a_{12} & a_{22} & \dots & a_{i2} & \dots & a_{M2} \\ \vdots & \vdots & & \vdots & & \vdots \\ a_{1j} & a_{2j} & \dots & a_{ij} & \dots & a_{Mj} \\ \vdots & \vdots & & \vdots & & \vdots \\ a_{1N} & a_{2N} & \dots & a_{iN} & \dots & a_{MN} \end{pmatrix}.$$

Streng genommen ist nun noch eine Neuindizierung der Elemente der Matrix $\mathbf{A}^\mathbf{T}$ erforderlich, da sich durch das Transponieren nun bei den Elementen der Matrix $\mathbf{A}^\mathbf{T}$ an erster Stelle die Angabe der Zeile bezüglich der *Ausgangsmatrix* **A** und an zweiter Stelle die Angabe der Spalte bezüglich der *Ausgangsmatrix* **A** befindet, nicht jedoch bezüglich der Transponierten $\mathbf{A}^\mathbf{T}$ (beispielsweise das Element, das in der Matrix $\mathbf{A}^\mathbf{T}$ in der ersten Zeile und in der zweiten Spalte steht, ist das Element a_{21}, welches in der Ausgangsmatrix in der zweiten Zeile und ersten Spalte steht). Formal bedeutet dies, dass die Elemente der Matrix $\mathbf{A}^\mathbf{T}$ neu indiziert werden müssen. Seien a'_{ij} die Elemente der Matrix $\mathbf{A}^\mathbf{T}$, dann gilt $a'_{ij} = a_{ji}$. Zweimaliges Transponieren einer Matrix führt wieder zur ursprünglichen Matrix, d.h. $(\mathbf{A}^\mathbf{T})^\mathbf{T} = \mathbf{A}$.

Abschließend seien zwei Beispiele für den Gebrauch von Matrizen und Vektoren in der Portfolioplanung angeführt. Für die Berechnung optimaler Portfolios erweist sich die Darstellung der Anteilsgewichte der Assets am Gesamtportfolio als Vektor sehr hilfreich, wobei die w_1 bis w_N die Anteile am Gesamtportfolio repräsentieren:

(5) $$\mathbf{w} = \begin{pmatrix} w_1 \\ w_2 \\ \vdots \\ w_N \end{pmatrix} \qquad \text{wobei } \sum_{k=1}^{N} w_k = 1 .$$

Auch die für den Optimierungsprozess benötigten Daten über die Kovarianzen der einzelnen Assetrenditen (r_1 bis r_N) untereinander lassen sich in einer Kovarianzmatrix darstellen:

(6) $$\mathbf{Cov(r)} =$$

$$\begin{pmatrix} Cov(r_1,r_1)=Var(r_1) & Cov(r_1,r_2) & \cdots & Cov(r_1,r_N) \\ Cov(r_2,r_1) & Cov(r_2,r_2)=Var(r_2) & \cdots & Cov(r_2,r_N) \\ \vdots & \vdots & \ddots & \vdots \\ Cov(r_N,r_1) & Cov(r_N,r_2) & \cdots & Cov(r_N,r_N)=Var(r_N) \end{pmatrix}.$$

Eine solche Matrix, bei der die Anzahl der Zeilen der Anzahl der Spalten entspricht, nennt man auch *quadratische Matrix*. Eine weitere Eigenschaft der o.g. Kovarianzmatrix ist ihre *Symmetrie*. Eine Matrix ist dann symmetrisch, wenn durch Transponieren der Ausgangsmatrix diese unverändert bleibt, also $\mathbf{A} = \mathbf{A}^{\mathbf{T}}$. Für $i \neq j$ ist folglich das Element der i-ten Zeile und der j-ten Spalte identisch mit dem Element der j-ten Zeile und i-ten Spalte.

Eine spezielle Matrix sollte an dieser Stelle noch genannt werden, die *Einheitsmatrix* $\mathbf{E}_N$. Es ist hilfreich, diese für spätere Operationen zu kennen. Die Matrix $\mathbf{E}_N$ ist eine quadratische Matrix mit der Dimension $N \times N$, für die alle N Elemente auf der Hauptdiagonalen von links oben nach rechts unten den Wert eins annehmen ($a_{ij} = 1$ für alle $i = j$); alle anderen Elemente besitzen den Wert null ($a_{ij} = 0$ für alle $i \neq j$). Die Einheitsmatrix $\mathbf{E}_N$ ist ebenso wie die Kovarianzmatrix eine symmetrische Matrix:

(7) $$\mathbf{E}_N = \begin{pmatrix} 1 & 0 & \cdots & \cdots & 0 \\ 0 & 1 & & & \vdots \\ \vdots & & \ddots & & \vdots \\ \vdots & & & 1 & 0 \\ 0 & \cdots & \cdots & 0 & 1 \end{pmatrix}.$$

Einige ihrer besonderen Eigenschaften werden noch im nächsten Abschnitt über die Matrizen-Operationen angeführt. Die N Spalten der Einheitsmatrix heißen Einheitsvektoren, als Schreibweise sei festgelegt:

$$\mathbf{e}_1 = \begin{pmatrix} 1 \\ 0 \\ \vdots \\ 0 \end{pmatrix}, \mathbf{e}_2 = \begin{pmatrix} 0 \\ 1 \\ \vdots \\ 0 \end{pmatrix}, \ldots, \mathbf{e}_N = \begin{pmatrix} 0 \\ 0 \\ \vdots \\ 1 \end{pmatrix}.$$

A1.1.2. Matrizen und Vektoren: Operationen

Zunächst werden die *Matrizenaddition* und *-subtraktion* vorgestellt, dann die *Matrizenmultiplikation* und zum Abschluss die *Matrizeninversion.*

A1.1.2.1. Matrizenaddition und –subtraktion

Voraussetzung dafür, dass zwei Matrizen addiert bzw. subtrahiert werden können, ist deren gleiche Dimension, d.h. die identische Anzahl von Zeilen und Spalten. Ansonsten ist die eigentliche Vorgehensweise sehr intuitiv. Eine Matrix **A** und eine Matrix **B** werden addiert (subtrahiert), indem ihre Elemente komponentenweise addiert (subtrahiert) werden. Die Ergebnismatrix hat so wieder die Dimension der ursprünglichen Matrizen. Seien

(1) $$\mathbf{A} = \begin{pmatrix} a_{11} & \cdots & a_{1N} \\ \vdots & \ddots & \vdots \\ a_{M1} & \cdots & a_{MN} \end{pmatrix} \quad \text{und} \quad \mathbf{B} = \begin{pmatrix} b_{11} & \cdots & b_{1N} \\ \vdots & \ddots & \vdots \\ b_{M1} & \cdots & b_{MN} \end{pmatrix},$$

dann ergibt sich die Ergebnismatrix **C** als

$$(2)\qquad \mathbf{C} = \mathbf{A} \pm \mathbf{B} = \begin{pmatrix} a_{11} \pm b_{11} & \dots & a_{1N} \pm b_{1N} \\ \vdots & \ddots & \vdots \\ a_{M1} \pm b_{M1} & \dots & a_{MN} \pm b_{MN} \end{pmatrix}.$$

Für die Matrizenaddition bzw. -subtraktion besitzt das Kommutativgesetz Gültigkeit, d.h. $\mathbf{A} \pm \mathbf{B} = \mathbf{B} \pm \mathbf{A}$. Das Assoziativgesetz gilt ebenso, d.h. $(\mathbf{A} \pm \mathbf{B}) \pm \mathbf{C} = \mathbf{A} \pm (\mathbf{B} \pm \mathbf{C})$. Ferner gilt $(\mathbf{A} \pm \mathbf{B})^{\mathbf{T}} = \mathbf{A}^{\mathbf{T}} \pm \mathbf{B}^{\mathbf{T}}$.

A1.1.2.2. Matrizenmultiplikation

Voraussetzung für die *Matrizenmultiplikation* ist eine besondere „Passform“ der Dimensionen der zu multiplizierenden Matrizen. Die Anzahl der Spalten der ersten Matrix muss der Anzahl der Zeilen der zweiten Matrix entsprechen. Die Vorgehensweise bei der Matrizenmultiplikation ist etwas komplizierter als bei der Addition bzw. Subtraktion. Die Elemente der i-ten Zeile der ersten Matrix **A** werden mit den Elementen der j-ten Spalte der zweiten Matrix **B** komponentenweise multipliziert und anschließend aufsummiert. Dieses Resultat bildet das Element c_{ij} der Ergebnismatrix **C**. Somit setzt sich die Dimension der Ergebnismatrix **C** auch aus den beiden Dimensionen der ursprünglichen Matrizen **A** und **B** zusammen. Ist die Dimension von **A** $K \times M$ und die Dimension von **B** $M \times N$, so ergibt sich nach Multiplikation von **A** und **B** für **C** die Dimension $K \times N$.

Seien

$$(1)\qquad \mathbf{A} = \begin{pmatrix} a_{11} & \dots & a_{1M} \\ \vdots & \ddots & \vdots \\ a_{K1} & \dots & a_{KM} \end{pmatrix} \quad \text{und} \quad \mathbf{B} = \begin{pmatrix} b_{11} & \dots & b_{1N} \\ \vdots & \ddots & \vdots \\ b_{M1} & \dots & b_{MN} \end{pmatrix},$$

dann ergibt sich die Ergebnismatrix **C** als

$$(2)\qquad \mathbf{C} = \mathbf{AB} = \begin{pmatrix} [a_{11} \cdot b_{11} + \dots + a_{1M} \cdot b_{M1}] & \dots & [a_{11} \cdot b_{1N} + \dots + a_{1M} \cdot b_{MN}] \\ \vdots & \ddots & \vdots \\ [a_{K1} \cdot b_{11} + \dots + a_{KM} \cdot b_{M1}] & \dots & [a_{K1} \cdot b_{1N} + \dots + a_{KM} \cdot b_{MN}] \end{pmatrix}.$$

Die Matrizenmultiplikation ist im Allgemeinen nicht kommutativ, d.h. $\mathbf{AB} \neq \mathbf{BA}$, eine generelle Ausnahme ist aber $\mathbf{AE} = \mathbf{EA}$.[60] Das Assoziativgesetz $\mathbf{A}(\mathbf{BC}) = (\mathbf{AB})\mathbf{C}$ und das Distributivgesetz $\mathbf{A}(\mathbf{B} \pm \mathbf{C}) = \mathbf{AB} \pm \mathbf{AC}$ besitzen jedoch Gültigkeit. Ferner gilt $(\mathbf{AB})^\mathrm{T} = \mathbf{B}^\mathrm{T}\mathbf{A}^\mathrm{T}$.

Einen Spezialfall der Matrizenmultiplikation bildet die *Skalarmultiplikation*; dies ist die Multiplikation einer Matrix mit einem Skalar (eine 1×1-Matrix). Sei eine $M \times N$-Matrix $\mathbf{A}$ gegeben, welche mit einem Skalar γ multipliziert wird, so wird jedes einzelne Element a_{ij} der Matrix $\mathbf{A}$ mit γ multipliziert. Die Dimension von $\mathbf{A}$ bleibt dabei erhalten:

$$(3) \qquad \gamma \cdot \mathbf{A} = \begin{pmatrix} \gamma \cdot a_{11} & \cdots & \gamma \cdot a_{1N} \\ \vdots & \ddots & \vdots \\ \gamma \cdot a_{M1} & \cdots & \gamma \cdot a_{MN} \end{pmatrix}.$$

Die Skalarmultiplikation genügt dem Kommutativgesetz, d.h. $\gamma \cdot \mathbf{A} = \mathbf{A} \cdot \gamma$. Das Assoziativgesetz, $(\gamma \cdot \nu) \cdot \mathbf{A} = \gamma \cdot (\nu \cdot \mathbf{A})$ wird erfüllt. Das Distributivgesetz gilt in den Formen $\gamma \cdot (\mathbf{A} + \mathbf{B}) = \gamma \cdot \mathbf{A} + \gamma \cdot \mathbf{B}$ und $(\gamma + \nu) \cdot \mathbf{A} = \gamma \cdot \mathbf{A} + \nu \cdot \mathbf{A}$.

A1.1.2.3. Matrizeninversion

Eine Matrix $\mathbf{B}$ ist die *Inverse der Matrix* $\mathbf{A}$, wenn gilt $\mathbf{AB} = \mathbf{E} = \mathbf{BA}$. $\mathbf{B}$ wird dann als $\mathbf{A}^{-1}$ bezeichnet. Damit zu einer Matrix eine Inverse existiert, muss die zu invertierende Matrix quadratisch sein. Ferner dürfen zwischen den in ihr enthaltenen Zeilen- und Spaltenvektoren keine *linearen Abhängigkeiten* bestehen, d.h. keine Zeile lässt sich als Linearkombination der anderen Zeilen und keine Spalte lässt sich als Linearkombination der anderen Spalten dieser Matrix darstellen (eine Matrix, welche diese Eigenschaft aufweist, wird auch als Matrix mit *vollem Rang* bezeichnet).

Auf die Darstellung des Verfahrens zur Bestimmung der Inversen einer Matrix soll an dieser Stelle verzichtet werden, da es im Vergleich zu den anderen o.g. Matrizen-Operationen langwierig und umfangreich ist. Der Zeitaufwand und das Fehlerpotenzial bei der manuellen Berechnung einer Inversen nehmen mit Erhöhung der Dimension der betrachteten Matrix stark zu. Es bietet sich daher an, bei der Anwendung eine Softwarelösung, wie beispielsweise in Excel umgesetzt, zu benutzen und für die exakte

60 Die Multiplikation einer Matrix **A** mit der „passenden" Einheitsmatrix **E** ergibt gerade wieder die Matrix **A**.

Darstellung des Verfahrens auf die gängige Literatur zur Linearen Algebra zu verweisen.[61]

A1.1.3. Matrizen-Operationen in Excel

In diesem Abschnitt soll die Umsetzung der oben vorgestellten Matrizen-Operationen in Excel dargestellt werden. Alle genannten Operationen lassen sich recht unkompliziert in Excel ausführen, jedoch müssen ein paar Eigenheiten beachtet werden.

Wie so oft bei Excel, gibt es auch bei den Matrizen-Operationen mehrere Wege, um das gewünschte Ergebnis berechnen zu lassen. An dieser Stelle werden beispielhaft einige Lösungswege aufgezeigt, ohne dass diese in den Details den Anspruch auf Vollständigkeit erheben können.

Die Kenntnis der Dimension der Ergebnismatrix ist eine wichtige Voraussetzung für die Anwendung der Matrizen-Operationen in Excel. Zunächst muss der Anwender im Excel-Tabellenblatt ein Feld mit genau dieser Größe markieren (Abb. A1.1.3.-1. zeigt ein Beispiel für eine Matrizenmultiplikation). Geschieht dies nicht, kommt es zu Fehlberechnungen. Excel liefert insbesondere keine Fehlermeldung, wenn das Ausgabefeld zu klein ist, berechnet aber trotzdem ein Ergebnis, bei dem dann Zeilen und/oder Spalten fehlen.

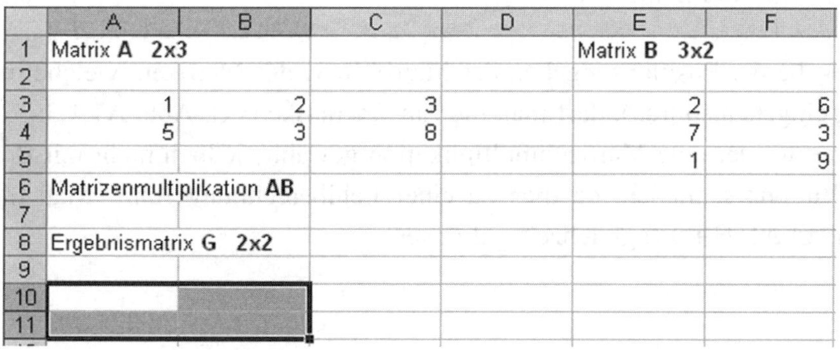

	A	B	C	D	E	F
1	Matrix **A** 2x3				Matrix **B** 3x2	
2						
3	1	2	3		2	6
4	5	3	8		7	3
5					1	9
6	Matrizenmultiplikation **AB**					
7						
8	Ergebnismatrix **G** 2x2					
9						
10						
11						

Abb. A1.1.3.-1: Ausgabebereich für die Excel-Matrizen-Operationen

Danach kann man die geschilderten Matrizen-Operationen, bis auf die Matrizenaddition und –subtraktion, im Menü Einfügen unter dem Unterpunkt Funktionen finden.

61 Vgl. u.a. Sydsaeter/Hammond (2004), S. 749 f., aber auch die anderen o.g. Quellen eignen sich bei dieser Fragestellung als Nachschlagewerk.

In der Funktionskategorie Alle (Abb. A1.1.3.-2) findet man die Matrizenmultiplikation (MMULT), die Matrizentransposition (MTRANS) und die Matrizeninversion (MINV). In der Funktionskategorie Matrix jedoch ist nur MTRANS zu finden, MMULT und MINV sind Math. & Trigonom. zugeordnet.

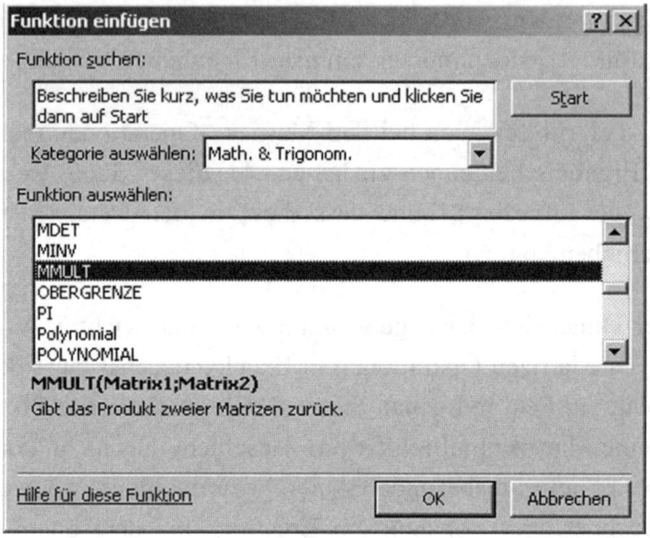

Abb. A1.1.3.-2.: Matrizen-Operationen als Excel-Funktionen

Nach Eingabe der Positionsangaben der Matrix bzw. der Matrizen, welche in die Berechnung eingehen soll(en), darf man die Eingabemaske (vgl. Abb. A1.1.3.-3, als Beispiel wurde wieder eine Matrizenmultiplikation gewählt) jedoch nicht mit Betätigung des OK-Buttons schließen, da dies zu einer Fehlberechnung führt. Man muss hier Strg+Umschalt+Return gleichzeitig drücken.

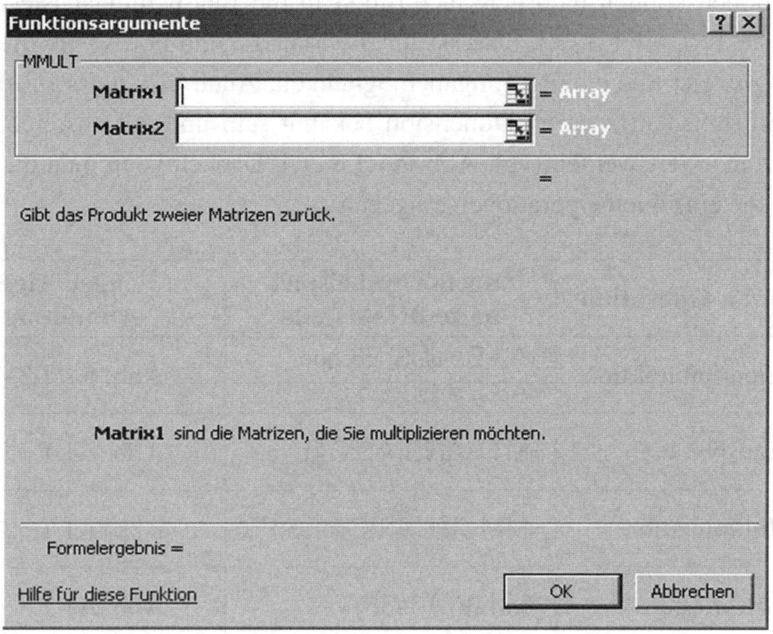

Abb. A1.1.3.-3.: Excel-Eingabemaske für die Matrizenmultiplikation

Ein so ausgeführter Abschluss der Eingabe führt dazu, dass die Formel in der Bearbeitungsleiste in geschweifte Klammern gesetzt wird (vgl. Abb. A1.1.3.-4.). Excel drückt damit das Ergebnis einer Matrix (Ergebnisfeld, auch Array genannt) aus.

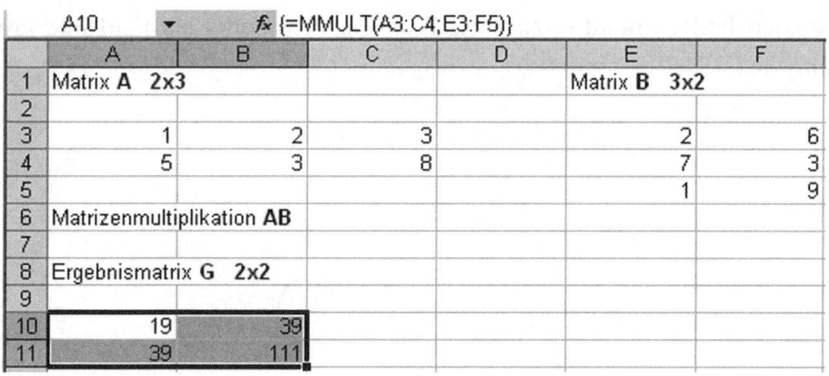

A10 {=MMULT(A3:C4;E3:F5)}

	A	B	C	D	E	F
1	Matrix **A** **2x3**				Matrix **B** **3x2**	
2						
3	1	2	3		2	6
4	5	3	8		7	3
5					1	9
6	Matrizenmultiplikation **AB**					
7						
8	Ergebnismatrix **G** **2x2**					
9						
10	19	39				
11	39	111				

Abb. A1.1.3.-4.: Ergebnis einer Matrizenmultiplikation in Excel

Alle Operationen können natürlich auch direkt in die Bearbeitungsleiste eingegeben werden (siehe Tab. A1.1.3.-1.). Dies ist für die Matrizenaddition sowie die Matrizensubtraktion zugleich die einzige Eingabemöglichkeit. Auch hier muss für die Berechnung der Ergebnismatrix deren Dimension bekannt sein und ein ausreichend großes Ausgabefeld markiert werden (vgl. Abb. A1.1.3.-1.). Danach kann man die folgenden Befehle für die einzelnen Operationen eingeben.

Matrizen-Operation	**Zugehörige beispielhafte Befehlszeile**	**Zugehörige Abbildung**
Addition/Subtraktion	=A3:B5+D3:E5 oder =A3:B5-D3:E5	Abb. A1.1.3.-5.
Transponieren	=MTRANS(A3:C4)	Abb. A1.1.3.-6.
Multiplikation	=MMULT(A3:C4;E3:F5)	Abb. A1.1.3.-4.
Invertieren	=MINV(A3:C5)	Abb. A1.1.3.-7.

Tab. A1.1.3.-1.: Matrizen-Operationen und ihre Befehlszeilen

Nach Eingabe der Formel darf die Berechnung nicht durch den Abschluss mittels Return ausgelöst werden (dies ergibt ein falsches Ergebnis), sondern durch die Tastenkombination Strg+Umschalt+Return. Bei korrektem Eingabeabschluss wird die eingegebene Formel, wie oben schon beschrieben, durch geschweifte Klammern eingerahmt (vgl. Abb. A1.1.3.-4.). Das manuelle Setzen der geschweiften Klammern führt (in beiden Fällen) nicht dazu, dass Excel das Ergebnis als Feld interpretiert, ist also wirkungslos.

Weitere Beispiele für Matrizen-Operationen zeigen die Abb. A1.1.3.-5. bis Abb. A1.1.3.-7.

A11 | {=A3:B5+D3:E5}

	A	B	C	D	E
1	Matrix **B** 3x2			Matrix **C** 3x2	
2					
3	2	6		2	4
4	7	3		5	3
5	1	9		1	3
6					
7	Matrizenaddition **B+C**				
8					
9	Ergebnismatrix **F** 3x2				
10					
11	4	10			
12	12	6			
13	2	12			

Abb. A1.1.3.-5.: Ergebnismatrix: Matrizenaddition

A10 | {=MTRANS(A3:C4)}

	A	B	C
1	Matrix **A** 2x3		
2			
3	1	2	3
4	5	3	8
5			
6	Matrizentransposition **A**		
7			
8	Ergebnismatrix $\mathbf{A}^T$ 3x2		
9			
10	1	5	
11	2	3	
12	3	8	
13			

Abb. A1.1.3.-6.: Ergebnismatrix: Matrizentransposition

A11 | {=MINV(A3:C5)}

	A	B	C
1	Matrix **D** 3x3		
2			
3	2	6	4
4	4	2	8
5	6	8	2
6			
7	Matrizeninversion **D**		
8			
9	Ergebnismatrix $\mathbf{D}^{-1}$		
10			
11	-0,3	0,1	0,2
12	0,2	-0,1	0
13	0,1	0,1	-0,1

Abb. A1.1.3.-7.: Ergebnismatrix: Matrizeninversion

Die Berechnung der Probe im Falle der Matrizeninversion mit Excel ergibt nicht ganz exakt das gewünschte Ergebnis $\mathbf{DD}^{-1} = \mathbf{E}_3$ (vgl. Abb. A1.1.3.-8.), obwohl die korrekte Inverse bestimmt wurde (was leicht durch eine manuell durchgeführte Matrizenmultiplikation überprüft werden kann). Die zugegebenermaßen nur geringen Abweichungen entstehen durch Rundungsfehler beim Umgang mit Gleitkommazahlen. Dies ist jedoch ein allgemeines Problem bei der Darstellung von Gleitkommazahlen in Digitalcomputern. Für die weiteren Anwendungen in diesem Buch ist diese Problematik zu vernachlässigen, aber der Leser sollte sich deren Existenz bewusst sein.[62]

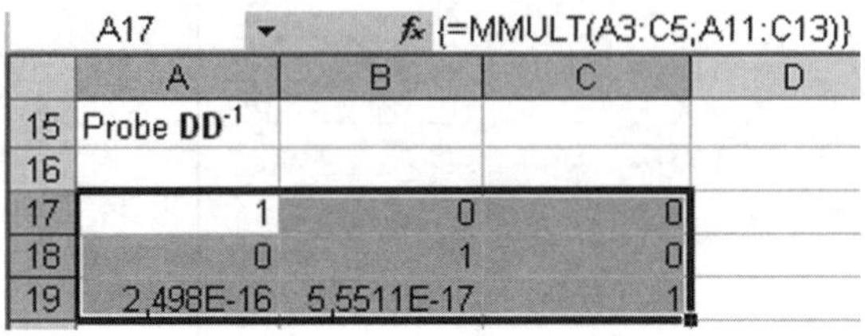

Abb. A1.1.3.-8.: Probe der Matrizeninversion

Einzelne Ergebnismatrizen können nur insgesamt, etwa durch eine Neuberechnung, verändert werden. Das Ersetzen z.B. eines Wertes ist nicht direkt möglich. Excel gibt die Fehlermeldung „Teile eines Arrays können nicht geändert werden" aus. Nach Bestätigung dieser Meldung und Betätigung der Escape-Taste ist die ursprüngliche Ergebnismatrix wieder hergestellt. Für Änderungen muss die Matrix markiert, kopiert und über Inhalte einfügen/Werte einfügen an einer anderen Stelle eingefügt werden. Dann erkennt Excel diese Matrix nicht als geschlossenes Feld und Änderungen können vorgenommen werden.

Einzelne Ausschnitte einer berechneten Matrix (eines Feldes) können aber für weitere Operationen genutzt werden. So kann man z.B. aus einer durch Excel berechneten

62 Zur Darstellung von Informationen in einem Computer vgl. beispielsweise Stahlknecht/Hasenkamp (2002), S. 14 ff. Das geschilderte Rundungsproblem entsteht, da für die interne Speicherung einer Zahl im Computer nur ein endlicher Speicherplatz zur Verfügung steht. Sollen nun beispielsweise Zahlen wie 1/3 gespeichert werden, so kann dies aufgrund des endlichen Speicherplatzes nur unter Akzeptanz eines Rundungsfehlers entstehen. Im binären System, wie es bei Computern für die Informationsdarstellung verwendet wird, entstehen häufig auch Perioden bei der Darstellung von Zahlen, welche im Dezimalsystem eindeutig repräsentiert werden können. Zur Verdeutlichung sei beispielhaft die Zahl 0,1 genannt. Bei der Umrechnung in das binäre System ergibt sich hier die periodische Binärzahl 0001100110011... (ohne Darstellung des Exponenten), welche mit einer endlichen Speicherkapazität nur gerundet gespeichert und verarbeitet werden kann. Zu weitergehenden Ausführungen zur Darstellung von Gleitkommazahlen vgl. Stahlknecht/Hasenkamp (2002), S. 21. Grundlage für den Umgang mit Gleitkommazahlen in Excel ist die IEEE-Spezifikation 754. Diese ist vom Institute of Electrical and Electronics Engineers, einer internationalen Körperschaft, welche u.a. Normen und Standards für Computersoft- und -hardware festlegt, entwickelt worden. Weitere Informationen siehe: http://www.microsoft.com/germany/ oder http://www.ieee.org.

4×5-Ergebnismatrix die Elemente a_{11}, a_{12}, a_{21} und a_{22} in einer nächsten Matrizenmultiplikation wieder ansprechen.

Die genannten Matrizen-Operationen können auch ineinander geschachtelt werden. Man muss dann jedoch darauf achten, die richtige Reihenfolge beizubehalten, damit das gewünschte Ergebnis berechnet wird. So gilt beispielsweise das Kommutativgesetz für die Matrizenmultiplikation nicht.

A1.2. Portfoliorisiko im Zwei-Anlagen-Fall

An dieser Stelle soll die in Kap. 1.6. aufgestellte Behauptung bewiesen werden, dass es im Zwei-Anlagen-Fall möglich ist, sofern der Korrelationskoeffizient der beiden Anlagen null beträgt, ein Portfolio zu bilden, welches eine geringere Standardabweichung als jede der beiden einzelnen Anlagen aufweist.

Für den Zwei-Anlagen-Fall gilt für das Portfoliorisiko (vgl. Formel (10) in Kap. 1.6.):

(1) $$\sigma_P^2 = w_1^2\sigma_1^2 + 2w_1(1-w_1)\sigma_1\sigma_2\rho_{12} + (1-w_1)^2\sigma_2^2 .$$

Unter der Voraussetzung der Unkorreliertheit beider Anlagen, also

(2) $$\rho_{12} = \frac{\sigma_{12}}{\sigma_1\sigma_2} = 0$$

ergibt sich (vgl. Formel (13) und Formel (14) aus Kap.1.6.):

(3) $$\sigma_P^2 = w_1^2\sigma_1^2 + (1-w_1)^2\sigma_2^2 .$$

Damit gilt für die Standardabweichung:

(4) $$\sigma_P = \sqrt{w_1^2\sigma_1^2 + (1-w_1)^2\sigma_2^2} .$$

Zu zeigen ist:

(5a) $\sigma_P < \sigma_1$, entsprechend (5b) $\sqrt{w_1^2\sigma_1^2 + (1-w_1)^2\sigma_2^2} < \sigma_1$

und

(6a) $\sigma_P < \sigma_2$, entsprechend (6b) $\sqrt{w_1^2\sigma_1^2 + (1-w_1)^2\sigma_2^2} < \sigma_2$.

Bei Betrachtung des Rendite-Risiko-Profils für $\rho = 0$ in Abb. 1.6.-2. wird deutlich, dass diejenige Portfoliokombination aus Anlage 1 und Anlage 2, welche risikominimal ist, diese Bedingung erfüllt. Anders formuliert, wenn das Portfolio mit dem geringsten Portfoliorisiko dieser Aussage nicht genügt, dann ist die aufgestellte Behauptung nicht haltbar.

Für das Portfolio mit minimalem Portfoliorisiko muss gelten:

(7) $$\frac{d\sigma_P}{dw_1} = 0$$

(8) $$\frac{d\sigma_P}{dw_1} = \frac{d(\sqrt{w_1^2\sigma_1^2 + (1-w_1)^2\sigma_2^2})}{dw_1} = \frac{w_1\sigma_1^2 - \sigma_2^2 + w_1\sigma_2^2}{\sqrt{(w_1^2\sigma_1^2 + (1-w_1)^2\sigma_2^2)}} = 0.$$

Daraus folgt

(9) $$w_1\sigma_1^2 - \sigma_2^2 + w_1\sigma_2^2 = 0$$

und somit[63]

(10) $$w_1 = \frac{\sigma_2^2}{\sigma_1^2 + \sigma_2^2}.$$

Aus mathematischer Sicht muss nun der Nachweis geführt werden, dass es sich wirklich um ein Minimum handelt. Hinreichende Bedingung hierfür ist, dass die zweite Ableitung größer als null ist. Hierauf wird an dieser Stelle aber aus Übersichtsgründen verzichtet, die Einhaltung dieser Bedingung kann aber leicht selbst überprüft werden.

Zunächst wird die Behauptung in Formel (5b) bewiesen, dies ist äquivalent zu

(11) $$w_1^2\sigma_1^2 + (1-w_1)^2\sigma_2^2 < \sigma_1^2.$$

---

63 Vgl. auch Elton et al. (2003), S. 74 f. zur Bestimmung der ersten Ableitung und des Minimums anhand eines Beispiels.

Der Beweis erfolgt durch Widerspruch. Hierzu wird angenommen, dass die Aussage der Formel (5b) falsch ist.[64] Dies bedeutet:

$$(12)\qquad w_1^2\sigma_1^2 + (1-w_1)^2\sigma_2^2 \geq \sigma_1^2 .$$

Einsetzen der Formel (10) ergibt:

$$(13)\qquad \left(\frac{\sigma_2^2}{\sigma_1^2+\sigma_2^2}\right)^2 \sigma_1^2 + \left(1-\frac{\sigma_2^2}{\sigma_1^2+\sigma_2^2}\right)^2 \sigma_2^2 \geq \sigma_1^2 \Leftrightarrow$$

$$(14)\qquad \left(1-\frac{\sigma_2^2}{\sigma_1^2+\sigma_2^2}\right)^2 \sigma_2^2 \geq \left(1-\left(\frac{\sigma_2^2}{\sigma_1^2+\sigma_2^2}\right)^2\right)\sigma_1^2 \Leftrightarrow$$

$$(15)\qquad \left(\frac{\sigma_1^2}{\sigma_1^2+\sigma_2^2}\right)^2 \sigma_2^2 \geq \left(1-\left(\frac{\sigma_2^2}{\sigma_1^2+\sigma_2^2}\right)^2\right)\sigma_1^2 \Leftrightarrow$$

$$(16)\qquad \left(\frac{\sigma_1^2}{\sigma_1^2+\sigma_2^2}\right)^2 \frac{\sigma_2^2}{\sigma_1^2} \geq 1-\left(\frac{\sigma_2^2}{\sigma_1^2+\sigma_2^2}\right)^2 \Leftrightarrow$$

$$(17)\qquad \frac{\sigma_1^4\sigma_2^2}{(\sigma_1^2+\sigma_2^2)^2\sigma_1^2} \geq 1-\left(\frac{\sigma_2^2}{\sigma_1^2+\sigma_2^2}\right)^2 \Leftrightarrow$$

$$(18)\qquad \frac{\sigma_1^2\sigma_2^2}{(\sigma_1^2+\sigma_2^2)^2} \geq 1-\left(\frac{\sigma_2^2}{\sigma_1^2+\sigma_2^2}\right)^2 \Leftrightarrow$$

$$(19)\qquad \frac{\sigma_1^2\sigma_2^2}{(\sigma_1^2+\sigma_2^2)^2} \geq 1-\frac{\sigma_2^4}{(\sigma_1^2+\sigma_2^2)^2} \Leftrightarrow$$

---

64 Der Beweis durch Widerspruch wird an dieser Stelle lediglich aus „beweistechnischen“ Gründen gewählt. Der Beweis kann beispielsweise auch durch Äquivalenzumformungen der Gleichung (11) geführt werden.

(20) $\sigma_1^2\sigma_2^2 \geq (\sigma_1^2 + \sigma_2^2)^2 - \sigma_2^4 \Leftrightarrow$

(21) $0 \geq \sigma_1^4 + \sigma_1^2\sigma_2^2$.

Da Anlage 1 und Anlage 2 beide mit Risiko behaftete Anlagen sind, gilt $\sigma_1 > 0$ und $\sigma_2 > 0$. Somit führt Formel (21) zu einem Widerspruch und die Annahme, dass Formel (5b) nicht gilt, ist widerlegt.

Der Beweis der Behauptung in Formel (6b) ergibt sich analog und wird daher an dieser Stelle nicht ausgeführt.

2. Portfoliobildung

Arbeitshinweise: Das Kap. 2. beginnt unmittelbar mit dem Teilprozess der Portfoliobildung als einem der zentralen Bausteine des Portfoliomanagementprozesses und schließt damit direkt an die modelltheoretischen Grundlagen aus Kap. 1. an. Es kann jedoch losgelöst von Kap. 1. bearbeitet werden soweit entsprechendes Vorwissen vorhanden ist. Der Leser, der eine Einordnung der Portfoliobildung in den Rahmen des Portfoliomanagementprozesses und Grundlagen zum Portfoliomanagement benötigt, sollte zunächst auf Kap. 1. zurückgreifen. Ziel dieses Kapitels ist es, die modelltheoretischen Konzepte der Portfolio Selection zur Anwendung zu bringen.

In Kap. 2.1. erfolgt die Betrachtung der Bildung optimaler Portfolios. Es sollte von jedem Leser bearbeitet werden, da es die Grundlagen für die anschließende Fallstudie liefert. Eventuell kann aus Zeitgründen die in Kap. 2.1.2. geführte Diskussion zur Formulierung der Zielfunktion zunächst auf Kap. 2.1.2.1. beschränkt werden, wenn man die Frage nach der Bestimmung des Risikoaversionsparameters zunächst ausblendet (man könnte hier beispielsweise zunächst davon ausgehen, dass eine gesonderte Anlegeranalyse erfolgt und der Risikoaversionsparameter, in welcher Höhe auch immer, durch diese vorgegeben ist). Entsprechend braucht dieser Leser Kap. 2.3.3.3.7. aus der Fallstudie nicht zu beachten. In Kap. 2.2. wird die Beschaffung der für die Portfoliooptimierung benötigten Inputparameter diskutiert. Dieses Kapitel kann bei knappem Zeitbudget auch ausgelassen werden, wenn man davon ausgeht, dass die für die Portfoliooptimierung benötigten Inputparameter bereits vorhanden sind (beispielsweise durch eine Finanzanalyseabteilung geliefert wurden). Das Kapitel wird schließlich durch eine die gesamten Inhalte umfassende Fallstudie (Kap. 2.3.) abgerundet, mit der auch in die Umsetzung mit Excel eingeführt wird. Die Fallstudie sollte von jedem Leser durchgearbeitet werden, da sie einen hohen Erkenntnisgewinn für die Umsetzung der theoretischen Konzepte liefert. Die zu Beginn in Kap. 2.3.1. geführte Diskussion zum Einsatz verschiedener Softwarelösungen kann bei Zeitmangel vernachlässigt werden, da zwar auf weitere Umsetzungsmöglichkeiten der vorgestellten Konzepte hingewiesen wird, diese aber für den Verlauf der Fallstudie nicht von Bedeutung sind.

Der Anhang 1 (A2.1.) hat eher ergänzenden Charakter. Hier finden sich Ausführungen zur Grundstruktur eines Optimierungsproblems, wobei speziell auch die Grundstruktur des quadratischen Optimierungsproblems erläutert wird. Im Anhang 2 (A2.2.) erfolgt eine ausführliche Betrachtung der Leerverkaufsproblematik, die für die Umsetzung der Optimierung nicht zwingend notwendig ist, welche aber zum Erkenntnisgewinn erheblich beiträgt und zudem in der Praxis immer mehr an Aktualität gewinnt. Daher wird deren Durcharbeitung, wenn es die Zeit zulässt, empfohlen. Der Anhang 3 (A2.3.) behandelt das Bernoulli-Prinzip (Erwartungsnutzenmaximierung). Die klassische Erwartungsnutzenmaximierung, auf welcher die Theorie der Portfolio Selection basiert, wurde bisher konsequent ausgeblendet. Verfahrenstechnisch ist ihre Umsetzung dagegen, z.B. mit Excel, ganz einfach. Der Anhang 3 (A2.3.) soll daher dem möglicherweise entstandenen Eindruck begegnen, dass die Erwartungsnutzenmaximierung nur an der „Rechentechnik“ scheitert. Die Erwartungsnutzenmaximierung wird in diesem Buch komplett formuliert, jedoch aus den in den Anhängen genannten Gründen nicht im Hauptteil behandelt. Mit A2.3. sowie A5.1., in dem die Erwartungsnutzenmaximierung auch auf die in Kap. 5. beschriebenen alternativen Portfoliooptimierungsansätze übertragen wird und dem Anhang A7.3.3., der eine Möglichkeit zur Generierung der für die Erwartungsnutzenmaximierung benötigten Renditeverteilungen zeigt, stehen dem Leser sowohl der theoretische Hintergrund so wie auch ein Leitfaden zur Umsetzung der Erwartungsnutzenmaximierung zur Verfügung. Die Betrachtungen sind für den weiteren Verlauf der Inhalte dieses Buches nicht erforderlich und können daher vom Leser mit knappem Zeitbudget übersprungen werden. Aus theoretischer Sichtweise ist dieser Anhang jedoch jedem Leser zu empfehlen.[65]

2.1. Bestimmung optimaler Portfolios

2.1.1. Effizienter Rand und Effizienzlinie

Wenn man die Notwendigkeit der Portfoliobildung akzeptiert hat (vgl. Kap. 1.4. sowie Kap. 1.6.), wie gelangt man dann zu der Bestimmung eines *optimalen Portfolios*? MARKOWITZ beschränkt zur Bewältigung dieses Problems seine Lösung darauf, dass aus der Menge aller möglichen und zulässigen Portfolios diejenigen ausgeschlossen werden, welche eindeutig schlechter sind als andere. Die verbleibenden sog. *effizienten Portfolios* bestimmen sich durch die Auswahl derjenigen Portfolios aus der Menge aller möglichen Portfolios, welche bei gegebener Rendite das minimale Risiko aufweisen, oder bei gegebenem Risiko die maximale Rendite erwarten lassen.[66] Diese Portfolios werden auch als dominant gegenüber den anderen Portfolios bezeichnet.

---

65 Das Begleit- und Fallstudienmaterial zu diesem Buch findet sich unter der Internet-Adresse des Lehrstuhls: www.fiwi.uni-bremen.de.

66 Vgl. Markowitz (1952), S. 82 und Markowitz (1998), S. 129.

Diese Auswahl effizienter Portfolios basiert jedoch implizit auf zwei zentralen Annahmen:

- Investoren bevorzugen mehr Rendite gegenüber weniger.
- Weisen zwei Portfolios dieselbe erwartete Rendite auf, so wird dasjenige mit dem geringeren Risiko gewählt.[67]

Damit unterstellt MARKOWITZ implizit *risikoaverse Anleger*.[68] Das *Dominanzkriterium* lässt sich also hier in folgender Weise formulieren:

Eine Anlage (Portfolio) dominiert eine andere, wenn sie

- bei gleicher Rendite ein geringeres Risiko aufweist, oder
- bei gleichem Risiko eine höhere Rendite besitzt.

Ein Portfolio wird genau dann effizient genannt, wenn kein anderes Portfolio existiert, welches

- bei gleicher erwarteter Rendite ein geringeres Risiko oder
- bei gleichem Risiko eine höhere erwartete Rendite oder
- bei höherer erwarteter Rendite gleichzeitig ein geringeres Risiko

besitzt. Damit ergibt sich unter Verwendung des Dominanzkriteriums die äquivalente Aussage:

- Ein Portfolio ist genau dann effizient, wenn kein anderes Portfolio existiert, welches dieses dominiert.

Die Menge aller effizienten Portfolios wird auch als Rand oder Kurve aller effizienten Portfolios oder kurz *Effizienzkurve* bezeichnet. Abb. 2.1.1.-1. illustriert den Unterschied zwischen effizienten und nicht-effizienten Portfolios grafisch. Verbindet man nun die effizienten Portfolios in Abb. 2.1.1.-1. durch einen Kurvenzug miteinander, ergibt sich ein begrenzender *Rand der effizienten Portfolios* („*efficient frontier*“).

---

67 Vgl. Markowitz (1998), S. 6.

68 Vgl. Kap. 2.1.2.2., auch Schmidt-von Rhein (1996), S. 230.

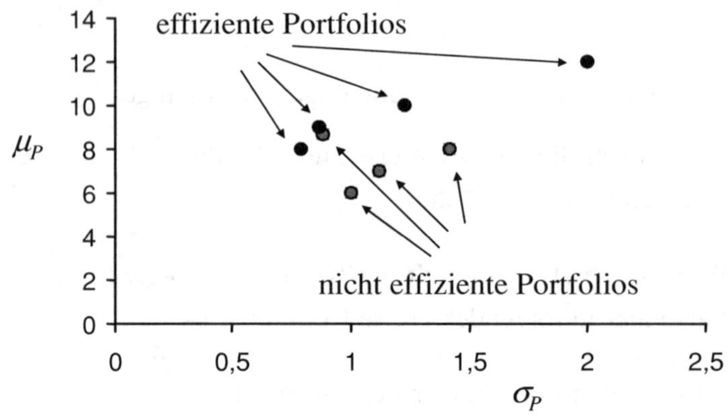

Abb. 2.1.1.-1.: Mögliche Portfolios[69]

Nach Bestimmung aller effizienten Portfolios besitzt der sich ergebende Kurvenzug (begrenzender Rand der effizienten Portfolios, „efficient frontier“) den in Abb. 2.1.1.-2. schematisch dargestellten Verlauf. Der Punkt (μ_P*, σ_P*) kann im Moment außer Acht gelassen werden, er wird im weiteren Verlauf der Darstellungen erklärt.

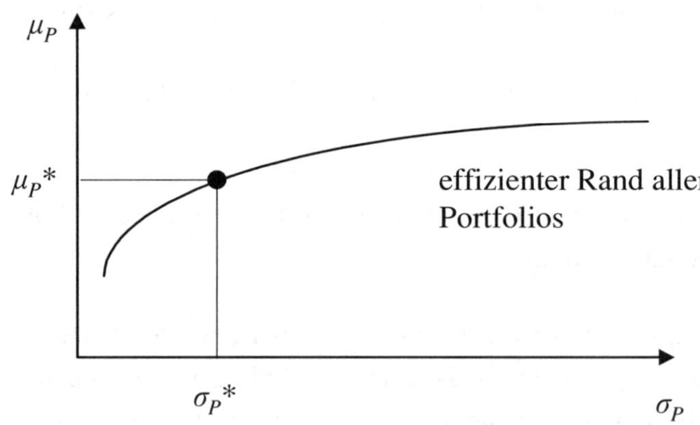

Abb. 2.1.1.-2.: Effizienzkurve (efficient frontier)

69 In Anlehnung an Poddig/Dichtl/Petersmeier (2003), S. 157.

Um die Effizienzkurve rechnerisch zu bestimmen, ist folgendes *Optimierungsproblem* zu lösen:

(1) $\sigma_P^2 = \sum_{i=1}^{N} \sum_{j=1}^{N} w_i w_j \sigma_{ij} \rightarrow \min!$ (Minimierung des Portfoliorisikos)

bzw. in Matrizenschreibweise

(2) $\sigma_P^2 = \mathbf{w}^{\mathbf{T}} \mathbf{V} \mathbf{w} \rightarrow \min!$

Die Optimierung muss dabei die *Nebenbedingung*[70]

(3) $\sum_{i=1}^{N} w_i \mu_i = r^*$ (bei geforderter erwarteter Portfoliorendite)

mit r^*: beliebige, aber fest vorgegebene Portfoliorendite[71]

bzw. entsprechend in Matrizenschreibweise

(4) $\mathbf{w}^{\mathbf{T}} \mathbf{r} = r^*$

berücksichtigen.

Ferner wird die Einhaltung der Nebenbedingung

(5) $\sum_{i=1}^{N} w_i = 1$ (Budgetrestriktion)

bzw. in Matrizenschreibweise

(6) $\mathbf{1}^{\mathbf{T}} \mathbf{w} = 1$

---

70 Weitergehende Ausführungen zu möglichen Nebenbedingungen befinden sich in Kap. 2.1.4.

71 Da es sich in diesem Fall um eine diskrete Rendite handelt, gilt per Definition der diskreten Rendite (vgl. Kap. 1.5.1.1.) $r^* \geq -1$. Bedingt durch die Portfoliokonstruktion ist eine untere Beschränkung für r^* durch das Portfolio mit der minimalen Varianz (das Minimum-Varianz-Portfolio, auch *MVP*) gegeben, es gilt $r^* > r_{MVP}$. Sind alle Portfoliorenditen negativ, so ist aus Anlegersicht Bargeldhaltung attraktiver als ein Engagement in einem Portfolio. Aus sachlogischer Überlegung gilt damit auch $r^* > 0$. So ist faktisch $r^* \geq \max[0, r_{MVP}]$ zu wählen.

(wobei **1** ein Spaltenvektor ist, dessen Elemente alle 1 sind) gefordert. Bei Unzulässigkeit von Leerverkäufen[72] ist weiterhin zu fordern:

(7) $w_i \geq 0$ für alle $i = 1, ..., N$.

Für eine beliebige, fest vorgegebene Portfoliorendite r^* werden also die Gewichte w_i derart bestimmt, dass das resultierende Portfoliorisiko minimal wird. Die Lösung des Optimierungsproblems liefert einen Punkt (r^*, σ_P^*) der Effizienzkurve, wie z.B. in Abb. 2.1.1.-2. (dort wird r^* als μ_P^* bezeichnet) dargestellt. Löst man nun das Optimierungsproblem für variierende r^*, so lässt sich die Effizienzkurve punktweise konstruieren.

Praktisch gesehen ist diese Vorgehensweise jedoch höchst ineffizient. Eine wesentlich effizientere Möglichkeit zur Bestimmung der Effizienzkurve bietet die von MARKOWITZ entwickelte *Kritische-Linien-Methode* („*critical line algorithm*"). Die Darstellung dieses Algorithmus würde jedoch den Rahmen dieses Buches übersteigen, ist aber für ein tiefer gehendes Verständnis auch nicht erforderlich.[73]

Das Problem der Bestimmung aller effizienten Portfolios kann jedoch unter Anwendung der *Tobin-Separation* vereinfacht werden. Diese ermöglicht es, durch Einführung einer *risikofreien Anlage*, nur noch ein effizientes Portfolio bestimmen zu müssen. Die Einführung einer risikolosen Anlagemöglichkeit mit Zinssatz[74] r_F führt zu einem modifizierten Problem, welches in Abb. 2.1.1.-3. grafisch illustriert wird.

---

72 Die Aufnahme der Leerverkaufsbeschränkung in die Nebenbedingungen ist hier nicht zwingend erforderlich. In der Praxis ist das Verbot von Leerverkäufen zumeist regelhaft und somit „quasi" zwingend, daher wird es an dieser Stelle bereits erwähnt, jedoch erst in Kap. 2.1.4. näher betrachtet.

73 Vgl. Markowitz (1998), S. 316 ff.

74 Im Folgenden wird die Variable r_F synonym für die Höhe des risikolosen Zinssatzes und als Bezeichnung für die risikofreie Anlagemöglichkeit benutzt. Die jeweilige Interpretation ist dem Kontext zu entnehmen.

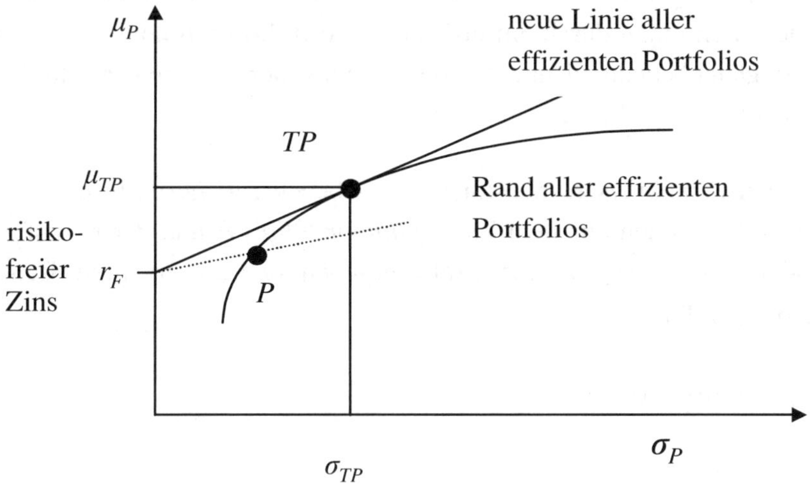

Abb. 2.1.1.-3.: Tobin-Separation

Der Anleger hat nun die Möglichkeit, *Mischportfolios* aus der risikolosen Anlagemöglichkeit und einem beliebigen Portfolio auf der Effizienzkurve zu bilden, z.B. mit dem Portfolio *P*. Die sich dann ergebenden μ-σ-Kombinationen für variierende Mischungsverhältnisse von r_F und *P* liegen auf einer Geraden. Abb. 2.1.1.-3. zeigt aber auch die Suboptimalität der Wahl des Portfolios *P*. Durch die Wahl eines anderen Portfolios auf der Effizienzkurve lassen sich Mischportfolios konstruieren, welche die Kombinationen von r_F und *P* dominieren. Wie in Abb. 2.1.1.-3. deutlich wird, stellt das Portfolio *TP* die beste Wahl für die Mischung mit r_F dar.

Das Portfolio *TP* wird in folgender Weise bestimmt:

(8) $$\frac{\mu_P - r_F}{\sigma_P} \rightarrow \max!$$

unter der Nebenbedingung

(9) $$\sum_{i=1}^{N} w_i = 1$$

sowie bei Unzulässigkeit von Leerverkäufen

(10) $w_i \geq 0$ für alle $i = 1, ..., N$.

Formel (8) entspricht der Maximierung der Steigung der Geraden durch den Punkt r_F einerseits und durch einen durch ein effizientes Portfolio bestimmten Punkt andererseits. Dies ist gleichbedeutend mit der Bestimmung der Tangente an die Effizienzkurve ausgehend vom Punkt r_F.

Die sich für den risikoaversen Investor neu ergebende *Effizienzlinie* wird durch alle möglichen Kombinationen aus dem *Tangentialportfolio TP* und der risikofreien Anlage r_F gebildet. Für dieses Mischportfolio ergeben sich die erwartete Rendite und dessen Risiko wie folgt:

(11) $\mu_{Misch} = a\mu_P + (1-a)r_F$

(12) $\sigma_{Misch} = a\sigma_P$

mit a: Anteil der Investitionssumme, der in das risikobehaftete Portfolio *TP* investiert wird.

Mit Bestimmung der effizienten Portfolios ist man aber noch nicht am Ziel. Gewünscht ist schlussendlich die Bestimmung eines für den individuellen Anleger optimalen Portfolios. Hierzu ist zwar die Bestimmung der effizienten Portfolios nach MARKOWITZ/TOBIN notwendig, aber dieser letzte Schritt ist noch zu vollziehen. Prinzipiell sind noch folgende Teilprobleme zu lösen:

- Bestimmung der (Risiko-) Nutzenfunktion des Investors;
- Bestimmung des nutzenoptimalen Portfolios auf der Effizienzkurve/Effizienzlinie für den betrachteten Investor.

Das Resultat sind die Gewichte der einzelnen Anlagen im optimalen Portfolio, woraus sich die Aufteilung des zur Verfügung stehenden Anlagebetrages ableiten lässt.

Doch ergeben sich hier in der praktischen Umsetzung zahlreiche Probleme:

- Wie erfolgt die Bestimmung der Nutzenfunktion für einen individuellen Anleger?
- Welche Parameter sind zu betrachten?
- Wie ist konkret der Optimierungsansatz zu formulieren?

In der Praxis wird wegen der sich dabei ergebenden, schwierig zu lösenden Probleme von einer vereinfachenden Zielfunktion bei der Bestimmung optimaler Portfolios ausgegangen. Diese besitzt bei strenger theoretischer Analyse einige Probleme. Die umfassende Aufarbeitung dieser Problematik würde jedoch den Rahmen dieser Einführung übersteigen, weshalb auf die Literatur verwiesen wird.[75]

2.1.2. Formulierung der Zielfunktion

Im Sinne einer vereinfachenden Betrachtung des gerade geschilderten Problemkomplexes soll die vorzustellende Lösung entscheidungstheoretisch motiviert, aber nicht theoretisch hergeleitet werden. Ziel dieses Abschnitts ist es, zu einer Formulierung der Zielfunktion für das Optimierungsproblem zu gelangen. Die dazu notwendigen Schritte verdeutlichen die grundlegenden Überlegungen hinter deren Formulierung, sie sind jedoch sehr stark vereinfacht.

2.1.2.1. Die Förstner-Regel

Wenn für eine wahrscheinlichkeitsverteilte Ergebnisgröße nicht nur deren Lage entscheidungsrelevant ist, sondern auch die positiven bzw. negativen Abweichungen vom Erwartungswert eine Rolle spielen, so müssen diese ebenfalls in die angewandte Entscheidungsregel aufgenommen werden. Ein Beispiel für die Berücksichtigung der Abweichungen vom Erwartungswert in Form eines Streuungsmaßes stellt die *Förstner-Regel* dar. Hier wird der Nutzen einer Alternative (z.B. Portfolios) durch einen um den λ-fachen Betrag der Standardabweichung korrigierten Erwartungswert gemessen. Würde man diese Regel auf die Portfoliobetrachtung anwenden, bedeutet dies:[76]

---

75 Vgl. Dichtl (2001), S. 127 f.; Schmidt-von Rhein (1996), S. 382 ff.

76 Im Rahmen der Entscheidungstheorie wird die Formel (1) in der Form $U_{\mu,\sigma}(P) = \mu_P + \lambda\sigma_P$ dargestellt. Damit ergibt sich Risikoneutralität mit $\lambda = 0$, Risikofreude mit $\lambda > 0$ und mit $\lambda < 0$ Risikoscheu. Da im Folgenden stets von *risikoaversen* Investoren ausgegangen wird, wird das negative Vorzeichen von λ direkt und explizit in der Zielfunktion ausgewiesen. Der Risikoaversionsparameter λ wird dann immer nur noch dem Absolutbetrag nach, also stets als positive Zahl, betrachtet. Rein theoretisch wird aber risikofreudiges Verhalten nicht prinzipiell ausgeschlossen. In der hier betrachteten Formulierung nach (1) wird Risikofreude durch $\lambda < 0$ ausgedrückt, während in der entscheidungstheoretischen Literatur mit $\lambda > 0$ risikofreudiges Verhalten ausgedrückt wird; das Vorzeichen vor λ wird hier also umgekehrt.

(1) $U_{\mu,\sigma}(P) = \mu_P - \lambda\sigma_P$

mit $U_{\mu,\sigma}(P)$: Nutzen eines Portfolios P in Abhängigkeit von der erwarteten Rendite μ und des zukünftigen Risikos σ nach der Förstner-Regel
λ: Risikoaversionsparameter
μ_P: Erwartungswert der Portfoliorendite
σ_P: zukünftige Standardabweichung der Portfoliorendite.

Der Gewichtungsfaktor λ gibt an, wie der Trade-off zwischen Rendite und Risiko subjektiv quantifiziert wird. Er wird auch als *Risikoaversionsparameter* bezeichnet. Somit charakterisiert er die *Risikopräferenz* des Entscheidungsträgers. In Abhängigkeit von λ ergibt sich folgende Typisierung:

- $\lambda = 0$ risikoneutral
- $\lambda < 0$ risikofreudig
- $\lambda > 0$ risikoscheu

Die Ermittlung des anlegerindividuellen λ kann durch hypothetische Entscheidungssituationen ermittelt werden. In Bezug auf die Portfoliobildung werden im Anschluss an die Formulierung der Zielfunktion drei Ansätze zur Bestimmung des Risikoaversionsparameters dargestellt (vgl. Kap. 2.1.2.3., Kap. 2.1.2.4. und Kap. 2.1.2.5.). Unter Anwendung der Förstner-Regel würde die Zielfunktion also lauten:

(2) $ZF = \mu_P - \lambda\sigma_P \rightarrow \max!$

Unter Verwendung der Varianz des Portfolios folgt die in Wissenschaft und Praxis übliche Zielfunktion:

(3) $ZF = \mu_P - \lambda\sigma_P^2 \rightarrow \max!$

Mit der Förstner-Regel gelingt es zwar, unter Berücksichtigung des Risikos, die Risikopräferenz des Entscheidungsträgers abzubilden, aber die Bestimmung des λ wirft neue Probleme auf. So ist die Konsistenz der Entscheidungen des Entscheidungsträgers bei hypothetischer Bestimmung des λ fraglich. Ferner könnte eine Berücksichtigung weiterer Kenngrößen, wie z.B. die Schiefe der Verteilung der Portfoliorenditen, eine bessere Abbildung der Risikopräferenz ermöglichen.[77]

Aus diesen Überlegungen lässt sich die in der Praxis häufig verwendete Zielfunktion *ZF* zur Bestimmung des anlegerindividuell optimalen Portfolios motivieren. Die genaue theoretische Herleitung und Begründung dieser Zielfunktion beruht jedoch nicht auf der Förstner-Regel und ist weitaus komplizierter. Die o.g. Darstellungen sind lediglich als „intuitive Annäherung“ zu verstehen, die für Anschauungs- und Interpretationszwecke sehr hilfreich und nützlich ist. MARKOWITZ hatte dagegen zur Bestimmung des optimalen Portfolios das Bernoulli-Prinzip (und nicht die Förstner-Regel) herangezogen.[78]

Exkurs: Risikotoleranzparameter

Manchmal wird die Gleichung (1) (unter Verwendung der Varianz anstelle der Standardabweichung) im Portfoliokontext auch in der Form

(4) $$U_{\mu,\sigma}(P) = \lambda\mu_P - \sigma_P^{\;2}$$

dargestellt, was zu den gleichen Ergebnissen führt, aber von einer etwas anderen Interpretation von λ ausgeht. Der Parameter λ wird hier als *Risikotoleranzparameter* gesehen; die Interpretation ist genau invers zu der des Risikoaversionsparameters. Vorausgesetzt der Risikoaversionsparameter ist $\lambda \neq 0$, so ist der Risikotoleranzparameter rechnerisch der Kehrwert des Risikoaversionsparameters. Die Interpretation des Risikotoleranzparameters gestaltet sich jedoch schwieriger als die des Risikoaversionsparameters:

- $\lambda = 0$ absolut risikoscheu
- $\lambda > 0$ risikoscheu

---

77 Vgl. Rehkugler/Schindel (1990), S. 148 ff.; an dieser Stelle findet sich auch ein kurzes Beispiel zur hypothetischen Herleitung des Parameters λ in einer konkreten Entscheidungssituation.

78 Vgl. Markowitz (1998), S. 205 ff. Zum Bernoulli-Prinzip vgl. Franke/Hax (2004), S. 298 ff., siehe auch Laux (2003), S. 164 ff. Zur Ableitung eines Entscheidungsprinzips aufgrund zweier Parameter (beispielsweise μ und σ) aus der Bernoulli-Nutzenmaximierung vgl. Franke/Hax (2004), S. 306 ff. bzw. vgl. Laux (2003), S. 155 ff.

- $\lambda \rightarrow \infty$ risikoneutral
- $\lambda < 0$ nicht sinnvoll interpretierbar, da der Nutzen bei sinkendem Renditeerwartungswert steigt.[79]

Die Zielfunktion *ZF* zur Bestimmung des anlegerindividuell optimalen Portfolios ergibt sich dann:

$$(5) \quad ZF = \lambda\mu_P - \sigma_P^2 \rightarrow \max!$$

Im Folgenden wird zur Quantifizierung der anlegerindividuellen Risikopräferenz der Risikoaversionsparameter herangezogen, weil dieser (wie oben geschildert) leichter zu interpretieren ist. Da Risikoaversionsparameter und Risikotoleranzparameter einfach ineinander überführt werden können, ist eine Entscheidung zwischen diesen beiden Varianten jedoch „Geschmackssache". Dessen ungeachtet muss der Anwender jedoch aufpassen, ob im jeweiligen Kontext der Risikoaversionsparameter oder der Risikotoleranzparameter verwendet wird, da es sonst zu Fehlinterpretationen kommen kann.

2.1.2.2. Grafische Interpretation der Zielfunktion

In diesem Abschnitt erfolgt eine grafische Interpretation der im vorherigen Abschnitt abgeleiteten vereinfachten Zielfunktion (vgl. Formel (1)), um die hinter der Funktion stehenden Kalküle weiter zu verdeutlichen:

$$(1) \quad ZF = \mu_P - \lambda\sigma_P^2 \rightarrow \max!$$

Die zwei für den Anleger entscheidungsrelevanten Eigenschaften eines Anlageobjektes werden durch den Ertrag und das (Ertrags-) Risiko dieses Anlageobjektes dargestellt. Für Auswahlentscheidungen besteht offensichtlich ein Trade-off zwischen diesen beiden Eigenschaften. Daher ist eine Verdichtung auf ein einheitliches Maß erforderlich, um eine optimale Auswahlentscheidung treffen zu können. Hier wird auf das aus der Mikroökonomie bekannte Nutzenkalkül zurückgegriffen, welches jedoch die Identifikation der anlegerindividuellen Nutzenfunktion (hier *Risikonutzenfunktion*) erfordert.

79 Bei dieser Variante der Zielfunktion ist über die geeignete Wahl von λ risikofreudiges Verhalten nicht modellierbar.

Zunächst lässt sich die Art der Risikonutzenfunktion abhängig von der *Risikopräferenz* (Risikoeinstellung) des Anlegers typisieren. Es erfolgt eine Unterscheidung der Risikopräferenz in *Risikoindifferenz*, *Risikofreude* sowie *Risikoaversion*. Die drei Risikotypen wurden bereits im Zusammenhang mit der Interpretation des Risikoaversionsparameters λ eingeführt, werden aber im Folgenden grafisch charakterisiert und veranschaulicht.

Risikoindifferenter Investor

Die Auswahl des Anlageobjektes erfolgt allein nach dem Ertrag (operationalisiert durch den Erwartungswert der Rendite). Das Risiko ist bei der Entscheidungsfindung irrelevant (Abb. 2.1.2.2.-1. verdeutlicht diese Risikoeinstellung). Der Nutzen eines Anlageobjektes ist umso höher, je höher dessen erwartete Rendite ist, und zwar ungeachtet dessen Risikos. Dies kommt auch im Verlauf der korrespondierenden Zielfunktion zum Ausdruck. Der Risikoaversionsparameter λ ist hier null, was zu einer Reduktion der Zielfunktion auf $ZF = \mu_P$ führt. Die Indifferenzkurven werden direkt durch die Portfoliorendite definiert und ergeben sich als waagerechte Linien im Rendite-Risiko-Diagramm.

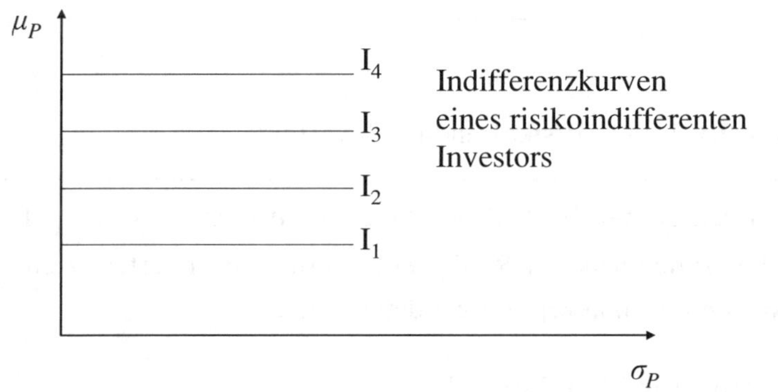

Abb. 2.1.2.2.-1.: Risikoindifferenter Investor

Alle Portfolios mit μ-σ-Kombinationen auf der Indifferenzkurve I_1 werden als gleichwertig betrachtet. Portfolios auf I_2 besitzen ein höheres Nutzenniveau als solche auf I_1. Je weiter eine Nutzenindifferenzkurve vom Ursprung entfernt liegt, desto höher ist der mit ihr assozierte Nutzen.

Risikofreudiger Investor

Ein risikofreudiger Investor wählt aus zwei Anlageobjekten, welche die gleiche erwartete Rendite aufweisen, diejenige mit dem höheren Risiko aus. Die Zunahme des Risikos bei gleich bleibender erwarteter Rendite führt bei dieser Risikoeinstellung zu einer Nutzenzunahme (vgl. Abb. 2.1.2.2.-2.). Dies wird auch anhand der Zielfunktion ZF ersichtlich. Für ein $\lambda < 0$[80] ergibt sich $ZF = \mu_P - (-\lambda)\sigma_P^2 = \mu_P + \lambda\sigma_P^2$. Der „Beitrag" des Risikos zum Gesamtbetrag der Zielfunktion ist positiv. Die Zielfunktion ZF würde bei konstantem μ_P mit zunehmendem Risiko σ_P ansteigen.

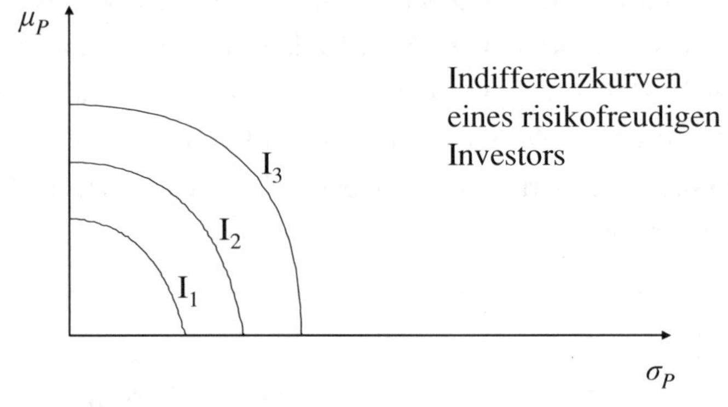

Abb. 2.1.2.2.-2.: Risikofreudiger Investor

Der nach unten gekrümmte Verlauf der Nutzenindifferenzkurven (I_1, I_2 sowie I_3) ergibt sich, da bei zunehmendem Risiko eine geringere erwartete Rendite bei gleich bleibendem Nutzenniveau akzeptiert werden kann.

Risikoaverser Investor (Standardfall)

Weisen zwei Anlageobjekte die gleiche Rendite auf, so wählt ein risikoaverser Anleger das Investitionsobjekt mit dem geringeren Risiko. Bei gleich bleibender erwarteter Rendite führt eine Abnahme des Risikos zu einer Nutzensteigerung (vgl. Abb. 2.1.2.2.-3.). Dies ist ebenfalls anhand der Zielfunktion nachvollziehbar. Wird

80 In der ursprünglichen Formulierung der Förstner-Regel also $\lambda > 0$.

$\lambda > 0$[81] gewählt, ergibt sich $ZF = \mu_P - \lambda\sigma_P^2$. Der „Beitrag" des Risikos zum Gesamtbetrag des Zielfunktionswertes ist negativ.

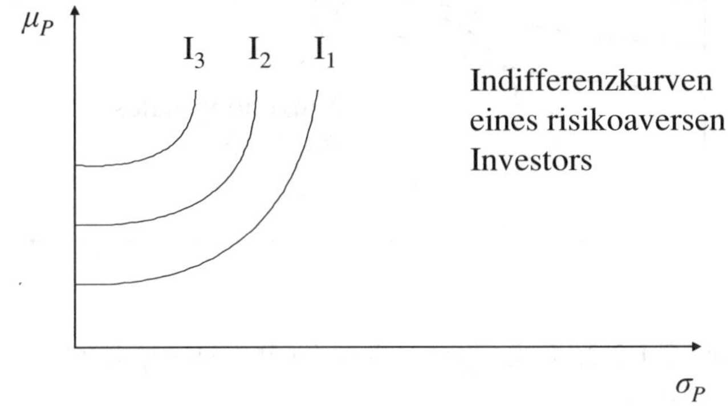

Abb. 2.1.2.2.-3.: Risikoaverser Investor

Die Nutzenindifferenzkurven müssen hier nach oben gekrümmt verlaufen, da bei steigendem Risiko Nutzenminderungen resultieren, die nur durch eine Steigerung der erwarteten Rendite kompensiert werden können. Wie in Kap. 2.1.1. ausgeführt wurde, unterstellt die Theorie der Portfolio Selection nach MARKOWITZ risikoaverses Anlegerverhalten. Ausgehend von einem risikoaversen Anleger erfolgt ein Abgleich der Indifferenzkurvenschar eines risikoaversen Anlegers (ohne hier die Nutzenfunktion genauer zu spezifizieren) mit dem Möglichkeitenraum der Investitionsobjekte (charakterisiert durch die Menge aller möglichen Rendite-Risiko-Kombinationen). Auf Basis der Annahme risikoaverser Anleger ist der Möglichkeitenraum (zulässigerweise) auf die effizienten Portfolios einzuschränken (vgl. Kap. 2.1.1.). Die Auswahl bei der anlegerindividuellen Investitionsentscheidung erfolgt dann durch einen „Abgleich" der anlegerindividuellen Indifferenzkurvenschar mit der Menge aller effizienten Portfolios. Der Trade-off von Rendite und Risiko wird mit der anlegerindividuellen Nutzenindifferenzkurvenschar erfasst und es ist die Anlagealternative zu bestimmen, bei der das höchstmögliche Nutzenniveau erreicht wird. Wie in der Abb. 2.1.2.2.-4. dargestellt, ist dies die Nutzenindifferenzkurve, welche am weitesten vom Ursprung entfernt ist, aber gerade noch die Menge aller effizienten Portfolios tangiert.

81 In der ursprünglichen Formulierung der Förstner-Regel also $\lambda < 0$.

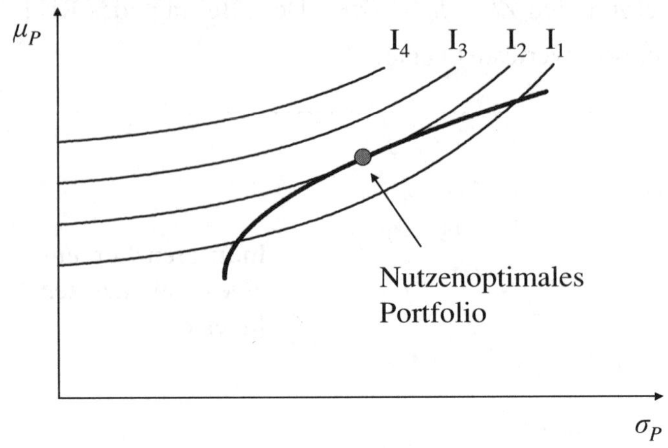

Abb. 2.1.2.2.-4.: Interpretation des investoroptimalen Portfolios

Unter praktischen Aspekten wäre eine Zielfunktion wünschenswert,

- die möglichst einfach für die Optimierung
- und die wenigstens äquivalent zu einer realistischen Nutzenfunktion ist.

Die Berücksichtigung der Abweichungen vom Erwartungswert in Form eines Streuungsmaßes stellt die bereits vorgestellte Förstner-Regel dar (vgl. Kap.2.1.2.1.). Hier wird der Nutzen einer Alternative (z.B. Portfolios) durch einen um den λ-fachen Betrag der Standardabweichung korrigierten Erwartungswert gemessen. Der Trade-off zwischen Rendite und Risiko, welcher ursprünglich durch die anlegerindividuelle Nutzenfunktion repräsentiert wird, wird hier vereinfachend durch den Risikoaversionsparameter dargestellt. Die Berücksichtigung des Möglichkeitenraumes aller Investitionsobjekte wird durch die direkte Implementierung der Portfoliorendite und des Portfoliorisikos in der Zielfunktion (vgl. Formel (1)) und durch die Budgetbeschränkung als Nebenbedingung gewährleistet. Durch die Maximierung der Zielfunktion wird das in Abb. 2.1.2.2.-4. dargestellte, nutzenoptimale Portfolio unter Berücksichtigung einer vereinfachten anlegerindividuellen „Nutzenfunktion" bestimmt, die den anlegerindividuellen Trade-off von Rendite und Risiko durch den Risikoaversionsparameter repräsentiert.

2.1.2.3. Risikoaversionsparameter aus gleichwertigen Alternativen

Die Diskussion zur Herleitung der Zielfunktion für die Portfoliooptimierung, deren Zulässigkeit bzw. ob zur Bestimmung des Erwartungsnutzens eines Anlegers das Bernoulli-Prinzip oder das μ-σ-Prinzip herangezogen werden soll, ist eher von akademischer Bedeutung. Doch selbst bei der extrem einfachen Zielfunktion *ZF* ist bei der praktischen Anwendung unklar, wie λ gewählt werden muss. Die Bestimmung des Risikoaversionsparameters ist von elementarer Bedeutung, da ohne die Bestimmung eines anlegerindividuellen λ die Umsetzung der Theorie der Portfolio Selection nicht möglich und diese damit praktisch nutzlos ist.

Ein möglicher Ansatz zu Identifikation des Risikoaversionsparameters ist die Übertragung des Verfahrens zur Bestimmung von λ aus der Entscheidungstheorie. Um den Risikoaversionsparameter λ zu bestimmen, wird der Investor vor die Wahl zwischen einer risikofreien Anlage und verschiedenen risikobehafteten Anlagen gestellt. Ist der Investor indifferent in Bezug auf die Auswahl einer Alternative, kann er sich also nicht zwischen der risikofreien Anlage und einer risikobehafteten Anlage entscheiden, so werden beide Anlagen offensichtlich als nutzenäquivalent betrachtet. In diesem Fall lässt sich λ aus den als indifferent angesehenen Alternativen ermitteln.

Als Zielfunktion wird auf Formel (3) aus Kap. 2.1.2.1. zurückgegriffen:

(1) $$ZF = \mu_P - \lambda \sigma_P^2.$$

Bei Einsetzen des risikofreien Zinssatzes, z.B. $r_F = 5\%$, ergibt sich:

(2) $$ZF = 0{,}05 - \lambda \cdot 0 = 0{,}05.$$

Die Frage ist nun, welches risikobehaftete Portfolio dazu rein subjektiv als gleichwertig empfunden wird. Gibt der Anleger beispielsweise die Antwort, dass das von ihm gleichwertig empfundene Portfolio einen Renditeerwartungswert von 10% und eine Standardabweichung von 20% hat, gilt offensichtlich $ZF = 0{,}1 - \lambda \cdot 0{,}2^2 = 0{,}05$.

Daraus ergibt sich:

$$\lambda = \frac{0{,}1 - 0{,}05}{0{,}2^2} = 1{,}25\,.$$

Allgemein gilt also:

(3) $$r_F = \mu_C - \lambda\sigma_C^2 \Leftrightarrow \lambda = \frac{\mu_C - r_F}{\sigma_C^2}.$$

Dabei repräsentieren μ_C und σ_C die Werte für den Erwartungswert und die Standardabweichung der Rendite eines risikobehafteten Portfolios, welches (subjektiv) als (nutzen-) äquivalent zur risikofreien Anlage angesehen wird. Dieser Ansatz ist entscheidungstheoretisch basiert, intuitiv einsichtig, nachvollziehbar und leicht zu erklären. Er folgt dem bei REHKUGLER/SCHINDEL (1990) dargestellten Vorgehen.[82] Jedoch kann die Formulierung des äquivalenten risikobehafteten Portfolios für einen Investor schwierig sein, da μ_C und σ_C abstrakte, eher unanschauliche Größen sind. Ferner muss die Konsistenz der Entscheidungsfindung gewährleistet sein.

2.1.2.4. Risikoaversionsparameter aus dem Benchmarkportfolio

Dieser Ansatz geht einen völlig anderen Weg. Es wird davon ausgegangen, dass der Investor im „Normalfall" (d.h. ohne besondere Erwartungen hinsichtlich von Renditen und Risiken einzelner Assets) das Benchmarkportfolio halten würde. In diesem Fall muss dieses Portfolio dann effizient und nutzenmaximal sein, da er es sonst ja nicht halten würde.

Betrachtet man nun ein Mischportfolio aus Benchmark und risikofreier Anlage, dann gilt: [83]

(1) $$\mu_{Misch} = a \cdot \mu_B + (1-a) \cdot r_F$$

82 Vgl. Rehkugler/Schindel (1990), S. 149 f.

83 Vgl. Grinold/Kahn (2000), S. 97 f. Im Gegensatz zu Grinold/Kahn (2000) werden hier absolute Renditen an Stelle von Überschussrenditen bei der Herleitung des Risikoaversionsparameters verwendet. Die Betrachtung der absoluten Renditen kann aber auf die Betrachtung von Überschussrenditen übertragen werden. In diesem Fall ist $r_F = 0$.

(2) $\sigma^2_{Misch} = a^2 \cdot \sigma^2_B$

mit	μ_{Misch}:	(erwartete) Rendite des Mischportfolios
	σ^2_{Misch}:	(zukünftige) Varianz der Rendite des Mischportfolios
	μ_B:	(erwartete) Rendite des Benchmarkportfolios
	a:	Anteil des Benchmarkportfolios *B* am Mischportfolio.

Der Investor maximiert die Zielfunktion:

(3) $\text{ZF} = \mu_{Misch} - \lambda\sigma^2_{Misch} \rightarrow \max!$

Durch Einsetzen ergibt sich:

(4) $\text{ZF} = a \cdot \mu_B + (1-a) \cdot r_F - \lambda \cdot a^2 \cdot \sigma^2_B .$

Für ein optimales Portfolio[84] gilt:

(5) $\frac{d\text{ZF}}{da} = \frac{d(a \cdot \mu_B + (1-a) \cdot r_F - \lambda \cdot a^2 \cdot \sigma^2_B)}{da} = 0 .$[85]

Dies ist gleichbedeutend mit:

(6) $\mu_B - r_F - \lambda \cdot 2a \cdot \sigma^2_B = 0 .$

Da der Investor nur das Benchmarkportfolio halten will, ist ferner $a = 1$, wodurch sich ergibt:

(7) $\mu_B - r_F - \lambda \cdot 2 \cdot \sigma^2_B = 0 .$

Umgeformt erhält man schließlich:

(8) $\lambda = \frac{\mu_B - r_F}{2 \cdot \sigma^2_B} .$

---

84 Zur Bestimmung von Extremstellen und allgemein zur Kurvendiskussion vgl. beispielsweise Sydsaeter/Hammond (2004), S. 337 ff. sowie S. 567 ff.

85 Der Wert der zweiten Ableitung ist echt kleiner null ($-2\lambda\sigma_B^2 < 0$), was gewährleistet, dass es sich um ein Maximum handelt.

Durch Einsetzen der Werte μ_B und σ_B für das (anlegerindividuelle) Benchmarkportfolio kann man dann den (anlegerindividuellen) *implizierten Risikoaversionsparameter* λ bestimmen.

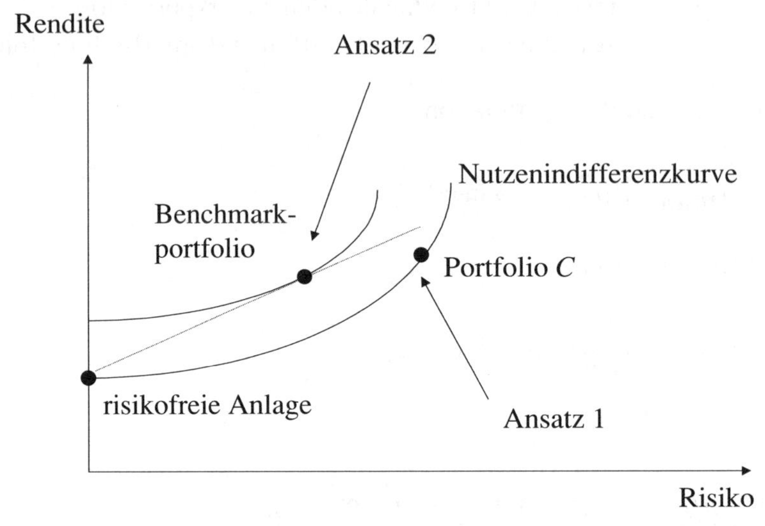

Abb. 2.1.2.4.-1.: Bestimmung des Risikoaversionsparameters

Beide Ansätze führen zu abweichenden Formeln, da sie von unterschiedlichen Voraussetzungen ausgehen (vgl. Abb. 2.1.2.4.-1.). Beim Ansatz 1 werden Portfolio *C* und die risikofreie Anlage als nutzenäquivalent angesehen. Beim Ansatz 2 wird dagegen von einer Präferenz des Benchmarkportfolios gegenüber der risikofreien Anlage ausgegangen.

2.1.2.5. Risikoaversionsparameter mittels Optimierung

Im vorhergehenden Kapitel wurde der Ansatz von GRINOLD/KAHN vorgestellt, welche versuchen, den Wert des Risikoaversionsparameters λ aus dem Benchmarkportfolio abzuleiten. Dazu betrachten sie ein Mischportfolio bestehend aus risikofreier Anlagemöglichkeit und Benchmarkportfolio. Aus den Bedingungen für ein Optimum (die erste Ableitung der Zielfunktion nach dem Anteilsgewicht *a* des Benchmarkportfolios innerhalb des Mischportfolios muss null sein) und der Tatsache, dass der Investor allein das Benchmarkportfolio halten möchte, kann die zentrale Beziehung nach (1) abgeleitet werden:

(1) $\lambda = \dfrac{\mu_B - r_F}{2 \cdot \sigma_B^2}$.

Ein Problem bei diesem Ansatz ist allerdings, dass bei gegebenen Kapitalmarkterwartungen (Prognosen für die Erwartungswerte der Assetrenditen und deren zukünftige Varianzen bzw. Kovarianzen) das Benchmarkportfolio bei praktischen Entscheidungsproblemen nicht effizient sein muss, obwohl dies von der Theorie unterstellt wird (vgl. Kap. 2.1.2.4. zur Herleitung). Da für den Investor nur effiziente Portfolios als Entscheidungsalternativen in Frage kommen, erscheint dieses Vorgehen inkonsistent. Möchte der (rational handelnde) Anleger das genannte Benchmarkportfolio halten und ist es bei gegebenen Kapitalmarkterwartungen nicht effizient, sind entweder die Kapitalmarkterwartungen falsch oder es handelt sich doch nicht um das „richtige" Benchmarkportfolio. Auf jeden Fall liegt dann eine Inkonsistenz zwischen benanntem Benchmarkportfolio und Kapitalmarkterwartungen vor. Die Inkonsistenz könnte pragmatisch dadurch beseitigt werden, indem das benannte Benchmarkportfolio *B* durch eine effiziente Benchmark *B** ersetzt wird. Dazu ist folgendes Optimierungsproblem zu lösen:

(2) $\mu_{B*} = \mathbf{w}_{B*}^{\mathbf{T}} \cdot \mathbf{r} \rightarrow \max!$

mit μ_{B*}: erwartete Rendite des effizienten Benchmarkportfolios $B*$
$\mathbf{w}_{B*}^{\mathbf{T}}$: Gewichtevektor des effizienten Benchmarkportfolios $B*$

unter der zentralen Nebenbedingung nach Gleichung (3):

(3) $\sigma_{B*}^2 = \mathbf{w}_{B*}^{\mathbf{T}} \cdot \mathbf{V} \cdot \mathbf{w}_{B*} = \sigma_B^2$

mit σ_{B*}^2: Varianz des effizienten Benchmarkportfolios $B*$
σ_B^2: Varianz des vom Anleger benannten Benchmarkportfolios B.

Daneben sind die bei der Portfoliooptimierung üblichen Nebenbedingungen (Budgetbeschränkung, evtl. Leerverkaufsverbot oder weitere Beschränkungen) zu beachten, die hier nicht vollständig mit aufgeführt sind. Bei der Optimierung wird dasjenige Portfolio $B*$ gesucht, welches bei den gegebenen Kapitalmarkterwartungen die maximale Renditeerwartung besitzt und dasselbe Risiko (gemessen an der Varianz) wie das vom Anleger benannte Benchmarkportfolio B aufweist. Die Lösung des Optimierungsproblems liefert offensichtlich ein effizientes Portfolio. Zur Bestimmung eines effizienten Benchmarkportfolios könnte alternativ eine Minimierung der Portfoliovarianz von B^* unter der Nebenbedingung gleicher Renditeerwartung von B^* und B durchgeführt werden (d.h., die Gleichungen (2) und (3) werden getauscht, indem dann Gleichung (3), linke Seite, die (zu minimierende) Zielfunktion darstellt und Gleichung (2) die Nebenbedingung). Obwohl beide Varianten der Formulierung des Optimierungsproblems zu einem effizienten Portfolio führen, sind die damit verbundenen Interpretationen des ursprünglich vom Anleger benannten Benchmarkportfolios B höchst unterschiedlich.

Die mit dem originären Optimierungsproblem nach Gleichungen (2) und (3) vorgeschlagene Vorgehensweise zur Bestimmung einer effizienten Benchmark B^* interpretiert die ursprüngliche Angabe einer Benchmark B durch einen Anleger als Ausdruck seines Risikoempfindens. Das Risiko der benannten Benchmark B markiert (nach dieser Interpretation) somit das vom Investor akzeptierte und tolerierte Risiko. Insofern muss die zur benannten Benchmark B effiziente Benchmark B^* auch dasselbe Risiko aufweisen. Deshalb wird zur Bestimmung der effizienten Benchmark B^* der genannte Optimierungsansatz herangezogen, welcher die Renditeerwartung bei gegebenem Risiko maximiert.

Bei einer alternativen Interpretation kann das ursprünglich benannte Benchmarkportfolio B als Renditeforderung verstanden werden, d.h., der Anleger möchte die mit Benchmark B verbundene erwartete Rendite μ_B erzielen, dabei aber ein minimales Risiko eingehen. Es ist damit Ausdruck seiner Renditeforderung, nicht aber seiner Risikobereitschaft. Diese ist vielmehr implizit in der benannten Benchmark B enthalten, indem erst jenes Portfolio B^{**} (effiziente Benchmark) zu bestimmen ist, welches bei vorgegebener Renditeforderung μ_B ein minimales Risiko aufweist. Folgt man dieser Interpretation, ist bei der Bestimmung von B^{**} der alternativ genannte Optimierungsansatz zu wählen.

Welcher der beiden Optimierungsansätze in einer konkreten Anlagesituation die „wahren" Risikopräferenzen des Investors widerspiegelt, kann kaum allgemein, sondern nur konkret mit dem Investor zusammen entschieden werden. Für die weiteren Diskussionen wird hier der erstgenannte Ansatz zugrunde gelegt, da er prinzipiell auch dem Vorgehen nach GRINOLD/KAHN entspricht. Diese Festlegung ist aber nicht wesentlich. Die folgenden Betrachtungen können leicht auf die alternative Interpretation angepasst werden. Die Abbildung 2.1.2.5.-1. illustriert die vorgestellten Überlegungen.

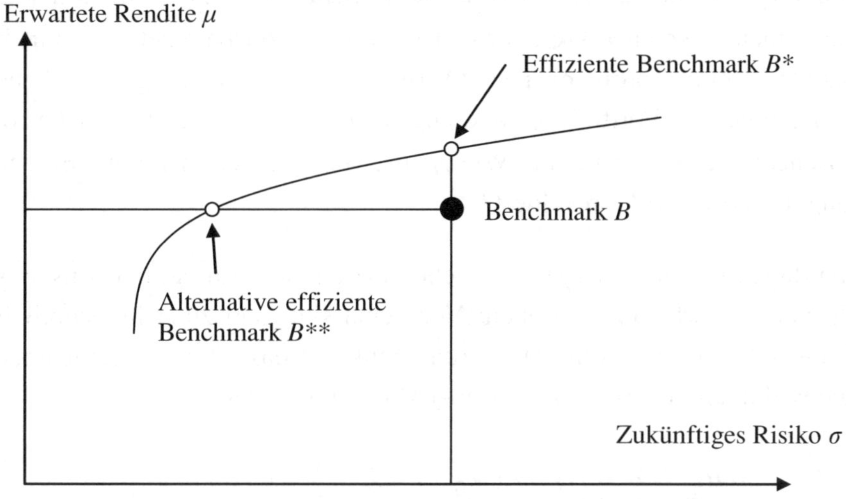

Abb. 2.1.2.5.-1.: Ineffiziente und effiziente Benchmarkportfolios

Nachdem die effiziente Benchmark B^* bestimmt wurde, könnte mit dieser im weiteren Verlauf gearbeitet werden. Die für die effiziente Benchmark erwartete Rendite und dessen geschätztes zukünftiges Risiko (gemessen durch die Standardabweichung) könnte in Gleichung (1) eingesetzt und so das implizierte λ in „konsistenter" Weise bestimmt werden.

Es stellt sich aber die Frage, ob das implizierte λ auch ohne den Ansatz von GRINOLD/KAHN, also ohne Verwendung der zentralen Beziehung nach Gleichung (1) bestimmt werden kann. Das im Folgenden vorzustellende Verfahren führt hier, also im traditionellen Modell der Portfolio Selection, zu keinen abweichenden Ergebnissen und ist verfahrenstechnisch sogar deutlich aufwändiger. Später werden jedoch Portfolioplanungsmodelle vorgestellt, bei denen die Bestimmung des impliziten Risikoaversionsparameters λ mittels des Ansatzes nach GRINOLD/KAHN nicht mehr möglich ist und das vorzustellende Vorgehen erfordert. Da es sich anhand der bisherigen Betrachtungen gut erläutern lässt, soll es bereits hier behandelt werden, obgleich es im Moment keinen Vorteil bringt.

Der Investor maximiert annahmegemäß die bekannte Zielfunktion nach Gleichung (4):

(4) $$ZF = \mu_P - \lambda \cdot \sigma_P^2 \rightarrow \max!$$

Die Bestimmung des implizierten Risikoaversionsparameters λ läuft inhaltlich auf folgende Frage hinaus: Welcher Wert für den Risikoaversionsparameter λ führt bei der Lösung des Optimierungsproblems nach (4) (unter Berücksichtigung der üblichen Nebenbedingungen bei der Portfoliooptimierung) zu einem Portfolio P, welches der (effizienten) Benchmark B^* entspricht? Wie ist also λ zu wählen, damit als Ergebnis der Optimierung das Portfolio B^* resultiert?

Die Lösung dieses Problems ist jedoch nicht ganz einfach. Ein ad hoc Ansatz könnte in der folgenden Überlegung bestehen: Vernachlässigt man zunächst sämtliche Nebenbedingungen bei der Portfoliooptimierung, muss für das effiziente Benchmarkportfolio B^* die Bedingung (5) für ein (Nutzen-) Maximum gelten:

(5) $$\frac{dZF}{d\mathbf{w}_{B*}} = \frac{d(\mu_{B*} - \lambda \cdot \sigma_{B*}^2)}{d\mathbf{w}_{B*}} = \frac{d(\mathbf{w}_{B*}^{\mathbf{T}} \cdot \mathbf{r} - \lambda \cdot \mathbf{w}_{B*}^{\mathbf{T}} \cdot \mathbf{V} \cdot \mathbf{w}_{B*})}{d\mathbf{w}_{B*}} = 0 .$$

Die Bildung der ersten Ableitung der Zielfunktion nach dem Gewichtevektor $\mathbf{w}_{B*}$ führt zu dem Ausdruck nach Gleichung (6), die zu Gleichung (7) umgeformt werden kann:

(6) $$\mathbf{r} - 2 \cdot \lambda \cdot \mathbf{V} \cdot \mathbf{w}_{B*} = 0 \Leftrightarrow \mathbf{r} = 2 \cdot \lambda \cdot \mathbf{V} \cdot \mathbf{w}_{B*}$$

(7) $$\mathbf{w}_{B*}^{\mathbf{T}} \cdot \mathbf{r} = 2 \cdot \lambda \cdot \mathbf{w}_{B*}^{\mathbf{T}} \cdot \mathbf{V} \cdot \mathbf{w}_{B*} \Leftrightarrow \mu_{B*} = 2 \cdot \lambda \cdot \sigma_{B*}^2 .$$

Damit gilt für den Risikoaversionsparameter die Beziehung nach Gleichung (8):

(8) $$\lambda = \frac{\mu_{B*}}{2 \cdot \sigma_{B*}^2} .$$

Da die Werte für die Rendite und das Risiko der Benchmark B^* bereits (in irgendeiner Form) bestimmt wurden, brauchen sie in Gleichung (8) nur eingesetzt zu werden, um den Wert für den implizierten Risikoaversionsparameter λ zu erhalten. Tatsächlich sind aber bei der Portfoliooptimierung zahlreiche Nebenbedingungen zu berücksichtigen, wie z.B. die Budgetrestriktion, Nichtnegativitätsbedingungen der Anteilsgewichte, geforderte Mindestanteile, zulässige Höchstanteile usw. Bei einer Optimierung unter Nebenbedingungen gilt (im zulässigen Optimum) die Gleichung (5) nicht mehr, womit der implizierte Risikoaversionsparameter λ auch nicht nach (8) bestimmt werden kann.

Der Ansatz zur Bestimmung des implizierten Risikoaversionsparameters λ ist also erheblich komplexer zu formulieren, sollen diese für praktische Portfoliooptimierungen unabdingbaren Rahmenbedingungen mitberücksichtigt werden. Prinzipiell kann zur Lösung dieses Problems ein Lagrange-Ansatz[86] formuliert werden, bei dem die zu berücksichtigenden Nebenbedingungen in die Zielfunktion mit eingebunden werden. Für die resultierende Zielfunktion ist dann die erste Ableitung nach dem Gewichte- und Lagrange-Vektor zu bestimmen, diese null zu setzen und das resultierende Gleichungssystem zu lösen. Dieser Ansatz ist jedoch sehr komplex und schlussendlich nicht allgemein verwendbar, da bei den später zu betrachtenden alternativen Portfolioplanungsmodellen das Portfoliorisiko nicht immer aus den einzelnen Assets und deren Anteilsgewichten im Portfolio bestimmt werden kann. Es sei angemerkt, dass der von GRINOLD/KAHN formulierte Ansatz zur Bestimmung des implizierten Risikoaversionsparameters λ mithilfe der Betrachtung eines Mischportfolios sehr elegant die Problematik eines aufwändigen, sehr komplexen Lagrange-Ansatzes umgeht und vermutlich genau aus diesem Grunde so formuliert wurde.

Als universell anwendbares Verfahren zur Bestimmung des implizierten Risikoaversionsparameters λ wird daher hier ein numerisches Approximationsverfahren vorgeschlagen. Ausgehend von einem niedrigen Startwert für λ, z.B. $\lambda = 1$, wird das gewöhnliche Portfoliooptimierungsproblem nach Gleichung (4) unter Berücksichtigung der üblichen Nebenbedingungen gelöst. Der Wert für die Varianz des gerade optimierten Portfolios P wird dann mit der Varianz der Benchmark B verglichen. Ist die Varianz von P größer, ist die Risikoaversion zu klein gewählt und der Risikoaversionsparameter λ ist heraufzusetzen. Im umgekehrten Fall ist entsprechend der Risikoaversionsparameter λ herabzusetzen. Die Optimierung wird dann mit diesem neuen Wert für λ nochmals durchgeführt und das beschriebene Vorgehen wiederholt. Nach einigen Iterationen ist dann die Varianz σ_B^2 der Benchmark B hinreichend gut angenähert. Der zuletzt bei der Optimierung eingesetzte Wert für den Risikoaversionsparameter λ ist dann eine Approximation des implizierten Risikoaversionsparameters. Die Portfoliostrukturen von P und B sollten sich zu diesem Zeitpunkt weitgehend gleichen. Das Portfolio P entspricht damit zugleich (näherungsweise) dem effizienten Benchmarkportfolio B^*. Der Suchprozess lässt sich ein wenig beschleunigen, wenn als Startwert für die Suche der implizierte Risikoaversionsparameter λ nach Gleichung (1) eingesetzt wird.

86 Zur Bestimmung der Lagrangefunktion vgl. exemplarisch Sydsaeter/Hammond (2004), S. 613 ff.

In dem hier betrachteten Kontext (Standard-Markowitz-Tobin-Modell) ist das beschriebene Vorgehen unnötig. Der nach (1) bestimmte, implizierte Risikoaversionsparameter λ auf Basis der ineffizienten Benchmark B oder der effizienten Benchmark B^* ist zumeist hinreichend genau, die verfeinerte Suche in der beschriebenen Vorgehensweise bringt keine wesentlich anderen Ergebnisse. Jedoch wird dies bei einigen später vorzustellenden Portfolioplanungsmodellen unumgänglich sein.

Wird der implizierte Risikoaversionsparameter auf diese Weise bestimmt, ist – bei unveränderten Kapitalmarkterwartungen – auch automatisch das nutzenoptimale Portfolio bestimmt worden. Setzt man nämlich den auf diese Weise bestimmten, implizierten Risikoaversionsparameter λ wieder das Optimierungsproblem nach Gleichung (4) ein und führt die Optimierung durch, resultiert wieder die (effiziente) Benchmark B^*. Dies liefert folgende Einsicht: Wird der von der (ineffizienten) Benchmark B implizierte Risikoaversionsparameter λ bestimmt, so liefert die anschließende Portfoliooptimierung bei unveränderten Kapitalmarkterwartungen nur das effiziente Pendant B^* zu B. Die Abbildung 2.1.2.5.-2. fasst die vorgestellten Überlegungen grafisch zusammen.

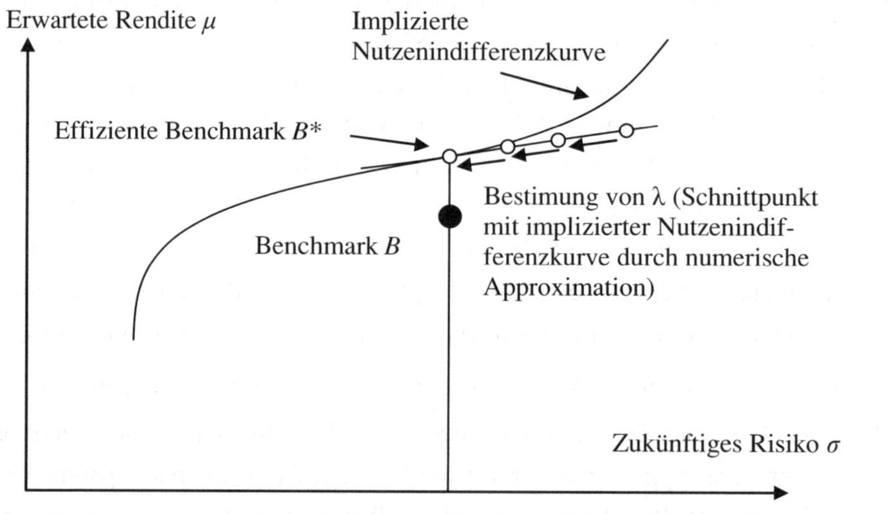

Abb. 2.1.2.5.-2.: Annäherung des implizierten Risikoaversionsparameters

Bei grafischer Interpretation bedeutet die Bestimmung des implizierten Risikoaversionsparameters λ letztendlich Folgendes: Bei einer späteren Portfoliooptimierung mit genau diesem so bestimmten λ (und bei unveränderten Kapitalmarkterwartungen) wird implizit ein Verlauf der Indifferenzkurvenschar der Risikonutzenfunktion des Investors dergestalt angenommen, dass die am weitesten vom Ursprung entfernte Nutzenindifferenzkurve, die gerade noch den effizienten Rand berührt, diesen genau oberhalb der (ineffizienten) Benchmark *B* tangiert. Damit resultiert aber im Grunde eine Tautologie: Die Bestimmung des Risikoaversionsparameters λ aus der Benchmark führt bei dessen späterer Verwendung wieder zur Bestimmung des (effizienten) Benchmarkportfolios. Bestenfalls wurde die Ineffizienz der Benchmark (bezüglich der gegebenen Kapitalmarkterwartungen) beseitigt. War jedoch die Benchmark zuvor bereits effizient, führt dieses Vorgehen zu einer „perfekten Tautologie".

Dieser im Folgenden als „*Tautologie-Problem*" bezeichnete Umstand ist nicht Ausfluss des hier vorgestellten Verfahrens, sondern besteht generell bei der Bestimmung und späteren Verwendung des von einer Benchmark implizierten Risikoaversionsparameters (also auch der Ansatz nach GRINOLD/KAHN besitzt dieses prinzipielle Problem). Dem Tautologie-Problem könnte mit folgenden Argumenten begegnet werden: Die Bestimmung des optimalen Portfolios wird in realen Anwendungen zumeist unter der Annahme einer risikofreien Anlagemöglichkeit vorgenommen. Das implizierte Lambda ist daher auf jeden Fall hilfreich, um später die optimale Zusammensetzung von Tangentialportfolio und risikofreier Anlage bestimmen zu können, womit dieses Vorgehen seine Berechtigung besitzt. Stichhaltig ist dieses Argument nicht, denn konsequenterweise müsste eigentlich unter dieser Voraussetzung zu einem vom Anleger benannten Benchmarkportfolio *B* das dazu effiziente Benchmarkportfolio *B* unter Berücksichtigung der risikofreien Anlage* bestimmt werden (das oben vorgestellte Vorgehen ist dazu entsprechend anzupassen); zur Bestimmung des effizienten Portfolios unter Berücksichtigung einer risikofreien Anlagemöglichkeit (Tobin-Separation) vergleiche Kap. 2.1.1. Gleichung (8) bis (11) sowie Abb. 2.1.1.-3. Bestimmt man dann auf jener Basis den implizierten Risikoaversionsparameter, der dann anschließend wieder in der Portfoliooptimierung eingesetzt wird, bleibt das Tautologie-Problem bestehen. Abbildung 2.1.2.5.-3. illustriert die gerade betrachtete Situation.

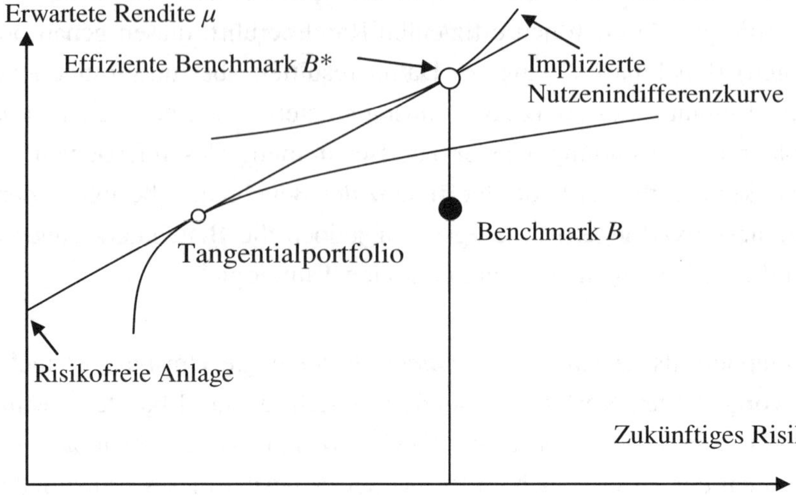

Abb. 2.1.2.5.-3.: Implizierte Risikoaversionsparameter

Dem Tautologie-Problem kann auch nicht mit dem Argument begegnet werden, dass der Investor mit der Benennung der Benchmark B eine Renditeforderung zum Ausdruck bringen möchte, also das effiziente Benchmarkportfolio B^{**} (vgl. Abb. 2.1.2.5.-1.) zu bestimmen ist. In jenem Falle wäre die bisherige Vorgehensweise einfach auf diese Benchmark anzupassen. Damit würde zwar eine andere (effiziente) Benchmark B^{**} und in der Folge ein anderer Risikoaversionsparameter bestimmt werden, das Tautologie-Problem bliebe aber unverändert bestehen.

Schlussendlich darf man diesen Ansatz zur Bestimmung des Risikoaversionsparameters nicht überbewerten. Solange überhaupt keine Vorstellung über dessen Höhe besteht, vermittelt dieser Ansatz einen ersten Orientierungspunkt. Außerdem ist fraglich, ob ein Investor überhaupt in der Lage ist, das „eine" Benchmarkportfolio B angeben zu können. In einer konkreten Anlagesituation ist es vermutlich eher denkbar, dass ein Investor bezüglich verschiedener, alternativ angebotener Benchmarkportfolios indifferent ist. Dies darf zwar im Sinne der strengen Theorie nicht sein, aber ob ein Investor überhaupt in der Lage ist, in ihrem Sinne stringent und konsistent zu handeln, muss ernsthaft bezweifelt werden. Berechnet man aus den verschiedenen alternativen Benchmarkportfolios die jeweils implizierten Risikoaversionsparameter, so kann deren Verteilung eine Orientierung hinsichtlich des „wahren" Risikoaversionsparameters vermitteln. Die Bestimmung des impliziten Risikoaversionsparameters wäre damit ein Hilfsmittel zum Sampling der Risikoaversion eines Investors, nicht aber ein endgültiges Verfahren zu dessen Festlegung. Zwar verliert damit dieser Ansatz etwas an „Charme", besitzt aber nicht mehr die Tautologie-Problematik (zumindest nicht mehr in reiner Form).

2.1.2.6. Abschließende Anmerkungen

Dem Anwender der Zielfunktion (Formel (2) bzw. (3) Kap. 2.1.2.1.) muss klar sein, dass diese streng genommen keine Nutzenfunktion darstellt. Unter speziellen Annahmen kann sie als eine zu einer Nutzenfunktion äquivalente Zielfunktion hergeleitet werden. MARKOWITZ hatte zur Bestimmung des optimalen Portfolios das Bernoulli-Prinzip (Erwartungsnutzenmaximierung), bei dem die gesamte Verteilung der Renditeausprägungen berücksichtigt wird, als Entscheidungsprinzip herangezogen.[87] Dieses lässt sich nur unter weiteren einschränkenden Annahmen auf die Betrachtungen von μ und σ (wie hier vorgenommen) und auf die Zielfunktion $ZF = \mu_P - \lambda\sigma_P^2$ reduzieren. Beispielsweise wird die in Kap. 2.1.2.1. genannte Zielfunktion aus dem Bernoulli-Prinzip bei Annahme einer exponentiellen Nutzenfunktion und normal verteilten Renditen als zu der Nutzenfunktion äquivalente Zielfunktion hergeleitet.[88] Dies entspricht einer theoretisch fundierten Ableitung der Zielfunktion aus dem Bernoulli-Prinzip, die im wissenschaftlichen Kontext zu bevorzugen ist. Weil jedoch damit die Entscheidung faktisch auf das μ-σ-Prinzip reduziert wird, kann die genannte Zielfunktion auch aus der Förstner-Regel gewonnen werden. Die Ableitung der Zielfunktion aus der Förstner-Regel ist eher als ein praktischer Ansatz zu beurteilen, der aber im Spezialfall zu den gleichen Ergebnissen führt. Im Allgemeinen wird dagegen die Kenntnis der genauen Risikonutzenfunktion eines Anlegers benötigt, um unter Berücksichtigung der erwarteten Renditeverteilung den Erwartungsnutzen einer Anlage oder eines Portfolios bestimmen zu können. Bei der praktischen Umsetzung erweist sich die Bestimmung der anlegerindividuellen Nutzenfunktion als problematisch. Zum einen ist die

---

87 Die Erwartungsnutzenmaximierung wird in diesem Buch komplett, aus später genannten Gründen, in den Anhängen und nicht im Hauptteil behandelt. In A2.3. wird allgemein die Erwartungsnutzenmaximierung beschrieben und umgesetzt. In A5.1. wird die Erwartungsnutzenmaximierung auch auf die in Kap. 5. beschriebenen alternativen Portfoliooptimierungsansätze übertragen. Der Anhang A7.3.3. zeigt zudem eine Möglichkeit, die für die Erwartungsnutzenmaximierung benötigten gesamten Renditeverteilungen zu generieren. Damit stehen dem Leser sowohl der theoretische Hintergrund so wie auch ein Leitfaden zur Umsetzung der Erwartungsnutzenmaximierung zur Verfügung.

88 Vgl. Schneeweiß (1967), S. 146 ff. Für eine Diskussion zur Vereinbarkeit des μ-σ-Prinzips mit dem Bernoulli-Prinzip vgl. exemplarisch Schmidt-von Rhein (1996), S. 265 ff. oder Laux (2003), S. 202 ff.

Bestimmung u.U. zeitaufwändig und zum anderen kann sie bei einer großen Zahl möglicher Ergebnisse praktisch nur noch approximiert werden.[89]

Die Bestimmung der Lösung des Portfoliooptimierungsproblems unter Anwendung der vereinfachten Zielfunktion, so wie sie in Kap. 2.1.2.1. vorgestellt wurde, ist ebenfalls nicht unproblematisch. Der Parameter λ beschreibt den individuellen Trade-off zwischen Rendite und Risiko für einen bestimmten Investor. Daher muss dieser Parameter individuell festgelegt werden und wird sich im Regelfall je nach Investor anders ergeben. Dessen Bestimmung ist in der Praxis ein erhebliches Problem und nicht leicht zu lösen. Ansätze dazu wurden vorgestellt, besitzen aber auch spezifische Probleme. Beispielsweise ist zu fragen, ob der Entscheidungsträger konsistent handelt.[90] In der Literatur existieren zahlreiche Untersuchungen zur Bestimmung des Risikotoleranzparameters, so werden Risikotoleranzparameter zwischen 0,25 (für extrem konservative) und 0,75 (für extrem aggressive Investoren) vorgeschlagen; dies entspricht Werten von 4 bis 1,5 für den Risikoaversionsparameter.[91]

Ein weiterer Problemkomplex resultiert durch die ausschließliche Betrachtung von zwei Momenten der Verteilung der Renditeausprägungen bei der Lösungsbestimmung (μ-σ-Prinzip; auch Mean-Variance-Framework genannt). Zur Abschwächung dieses Problems können weitere Kenngrößen der Verteilung der Renditeausprägungen, wie z.B. die Schiefe einer Verteilung, in der Zielfunktion berücksichtigt werden. Die Verwendung des μ-σ-Prinzips zur Entscheidungsfindung ist auf jeden Fall mit diversen Problemen verbunden.

Letztendlich handelt es sich bei beiden Lösungswegen, der vereinfachten Zielfunktion (zurückführbar auf das μ-σ-Prinzip oder die Förstner-Regel) und auch der praktischen

89 Vgl. Laux (2003), S. 169.

90 Vgl. Rehkugler/Schindel (1990), S. 150.

91 Vgl. Chopra/Ziembra (1993), S. 10 Endnote 2 oder auch Dichtl (2001), S. 133 f.; bei der Berechnung des Risikotoleranzparameters bzw. des Risikoaversionsparameters ist darauf zu achten, in welcher Größenordnung die Werte für μ und σ angegeben werden. Handelt es sich um Prozentzahlen, so ergibt sich bei der Berechnung des Risikoaversionsparameters im Vergleich zu Dezimalzahlen auf Basis der Formel (8) aus Kap. 2.1.2.4. ein um das Hundertfache niedrigerer Wert. Umgekehrt ist das Verhältnis bei der Bestimmung des Risikotoleranzparameters zu beachten. In den beiden angeführten Quellen wird im Vergleich zu den Inhalten in diesem Buch mit Prozentzahlen gerechnet. Es ist also bei der Verwendung „beobachteter" Risikotoleranzparameter bzw. Risikoaversionsparameter, beispielsweise aus der Literatur, die Berechnungsart zu berücksichtigen.

Umsetzung des Bernoulli-Prinzips, um approximative Verfahren. Welches Verfahren schlussendlich bessere Ergebnisse liefert, wäre zu überprüfen. Für die Anwendung stellt sich jedoch die Frage, ob die mit der Ermittlung der anlegerindividuellen Nutzenfunktion (bei der Umsetzung des Bernoulli-Prinzips) verbundenen Kosten durch bessere Ergebnisse zumindest kompensiert werden. Daher ist aus praktischer Sicht die Anwendung der vereinfachten Zielfunktion sicherlich legitim, bei der lediglich ein anlegerindividueller Parameter (λ) statt einer kompletten Nutzenfunktion zu bestimmen ist (und schon dies ist problematisch genug).

Zusammenfassend lassen sich die folgenden Konzepte für die weiteren Betrachtungen festhalten (Tab. 2.1.2.6.-1.).

Problemstellung und Bedeutung	**Optimierungsproblem**	**Anmerkungen**
Bestimmung der Effizienzkurve bzw. eines effizienten Portfolios Minimierung des Portfoliorisikos bei gegebener Portfoliorendite (Vgl. Kap. 2.1.1.)	$\sigma_P^2 = \sum_{i=1}^{N}\sum_{j=1}^{N} w_i w_j \sigma_{ij} \to \min!$ alternativ (alt.): $\sigma_P^2 = \mathbf{w}^\mathbf{T}\mathbf{V}\mathbf{w} \to \min!$	u.d.N. $\sum_{i=1}^{N} w_i \mu_i = r^*$ (alt.) $\mathbf{w}^\mathbf{T}\mathbf{r} = r^*$ $\sum_{i=1}^{N} w_i = 1$ (alt.) $\mathbf{1}^\mathbf{T}\mathbf{w} = 1$ evtl. $w_i \geq 0$
Tobin-Separation a) Bestimmung des Tangentialportfolios Maximierung des Verhältnisses von Überschussrendite zum Portfoliorisiko (Vgl. Kap. 2.1.1.)	$\frac{\mu_P - r_f}{\sigma_P} \to \max!$ (alt.) $\frac{\mathbf{w}^\mathbf{T}\mathbf{r} - r_f}{\mathbf{w}^\mathbf{T}\mathbf{V}\mathbf{w}} \to \max!$	$\sum_{i=1}^{N} w_i = 1$ $w_i \geq 0$
Tobin-Separation b) Konstruktion der Effizienzlinie Konstruktion eines Mischportfolios (Vgl. Kap. 2.1.1.)	$\mu_{Misch} = a\mu_{TP} + (1-a)r_F$ (alt.) $\mu_{Misch} = a\mathbf{w}_{TP}^\mathbf{T}\mathbf{r} + (1-a)r_F$ $\sigma_{Misch} = a\sigma_{TP}$ (alt.) $\sigma_{Misch} = a\sqrt{\mathbf{w}_{TP}^\mathbf{T}\mathbf{V}\mathbf{w}_{TP}}$	a $\geq$ 0 ggf. a $\leq$ 1
Bestimmung eines anlegerindividuell optimalen Portfolios (ohne Tobin-Separation) Maximierung einer Zielfunktion, die unter gewissen Annahmen äquivalent zu einer speziellen Nutzenfunktion ist (Vgl. Kap. 2.1.2.1.)	$ZF = \mu_P - \lambda\sigma_P^2 \to \max!$ (alt.) $ZF = \mathbf{w}^\mathbf{T}\mathbf{r} - \lambda\mathbf{w}^\mathbf{T}\mathbf{V}\mathbf{w} \to \max!$	u.d.N. $\sum_{i=1}^{N} w_i = 1$ (alt.) $\mathbf{1}^\mathbf{T}\mathbf{w} = 1$ ggf. $w_i \geq 0$

Bestimmung eines anlegerindividuell optimalen Portfolios (mit Tobin-Separation) Maximierung der Zielfunktion wie im vorstehenden Fall, jedoch unter Berücksichtigung des Mischportfolios (Vgl. Kap. 2.1.1. und Kap. 2.1.2.1.)	$ZF = \mu_{Misch} - \lambda \sigma^2_{Misch} \rightarrow \max!$ (alt.) $ZF = a\mathbf{w}^{\mathbf{T}}_{TP}\mathbf{r} + (1-a)r_F - \lambda a^2 \mathbf{w}^{\mathbf{T}}_{TP}\mathbf{V}\mathbf{w}_{TP} \rightarrow \max!$	u.d.N. $a \geq 0$ ggf. $a \leq 1$
Bestimmung des Risikoaversionsparameters Identifikation zweier als (nutzen-) äquivalent empfundener Alternativen (Vgl. Kap. 2.1.2.3.)	$\lambda = \frac{\mu_C - r_F}{\sigma^2_C}$ (alt.) $\lambda = \frac{\mathbf{w}^{\mathbf{T}}_C\mathbf{r} - r_F}{\mathbf{w}^{\mathbf{T}}_C\mathbf{V}\mathbf{w}_C}$	
Bestimmung des Risikoaversionsparameters Bestimmung aus dem Benchmarkportfolio (Vgl. Kap. 2.1.2.4.)	$\lambda = \frac{r_B - r_F}{2 \cdot \sigma^2_B}$ (alt.) $\lambda = \frac{\mathbf{w}^{\mathbf{T}}_B\mathbf{r} - r_F}{2 \cdot \mathbf{w}^{\mathbf{T}}_B\mathbf{V}\mathbf{w}_B}$	

Tab. 2.1.2.6.-1.: Konzepte für die Portfoliooptimierung

2.1.3. Extreme optimale Portfolios

Dieser Abschnitt soll zwei speziellen Portfolios der Effizienzkurve gewidmet werden. Dabei geht es um die beiden möglichen Extrempositionen, das *Minimum-Varianz-Portfolio (MVP)* und das *Maximum-Ertrag-Portfolio (MEP)*.

Für das *MVP* ist das Portfoliorisiko zu minimieren:

(1a) $\sigma^2_P = \sum_{i=1}^{N}\sum_{j=1}^{N} w_i w_j \sigma_{ij} \rightarrow \min!$ bzw. (1b) $\sigma^2_P = \mathbf{w}^{\mathbf{T}}\mathbf{V}\mathbf{w} \rightarrow \min!$

unter Beachtung der Budgetrestriktion

(2a) $\sum_{i=1}^{N} w_i = 1$ bzw. (2b) $\mathbf{1}^{\mathbf{T}}\mathbf{w} = 1$

und bei Verbot von Leerverkäufen

(3) $w_i \geq 0$ für alle $i = 1,..., N$.

Für das am anderen Ende der Effizienzkurve liegende *MEP* gilt:

(4a) $\mu_P = \sum_{i=1}^{N} w_i \mu_i \rightarrow \max!$ bzw. (4b) $\mu_P = \mathbf{w}^{\mathbf{T}}\mathbf{r} \rightarrow \max!$

unter der Nebenbedingung

(5a) $\sum_{i=1}^{N} w_i = 1$ bzw. (5b) $\mathbf{1}^{\mathbf{T}}\mathbf{w} = 1$

und bei Verbot von Leerverkäufen

(6) $w_i \geq 0$ für alle $i = 1, ..., N$.

Für das *MEP* bildet das Portfolio die Lösung, welches zu 100% aus dem Anlageobjekt mit der höchsten zu erwarteten Rendite besteht. Sind dies mehrere Anlageobjekte, so ist dasjenige zu wählen, welches die anderen (bei gegebener Rendite) dominiert. Ist die Auswahl dann noch nicht eindeutig, so kann jede beliebige Mischung aus den übrig gebliebenen Anlagen (mit der höchsten zu erwarteten Rendite bei gleichem Risiko) gewählt werden.

2.1.4. Nebenbedingungen bei der Optimierung

Als mögliche Nebenbedingungen wurden bereits die Budgetrestriktion und die Nichtnegativitätsbedingung genannt. Die Budgetrestriktion beinhaltet die Anforderung, dass die Summe der Einzelgewichte gleich eins ist. Der Investor kann also nicht mehr als den zur Verfügung stehenden Anlagebetrag auf die Anlagen aufteilen. Gleichzeitig wird aber auch die Vollinvestition gefordert. Ist eventuell eine Bargeldhaltung zu berücksichtigen, so ist Bargeld einfach als ein Asset mit erwarteter Rendite und Risiko von null in das Anlageuniversum zu integrieren. Die Möglichkeit von Leerverkäufen wird durch die Nichtnegativitätsanforderung an die Einzelgewichte ausgeschlossen. Dies ist eine in der Praxis übliche Beschränkung, die sich z.B. aufgrund eines gesetzlichen oder satzungsmäßigen Verbotes von Leerverkäufen ergeben kann. Unter einem *Leerverkauf* versteht man den Verkauf eines Wertpapiers, welches sich nicht im Eigentum des Verkäufers befindet, sondern von ihm mittels *Wertpapierleihe* beschafft wird. Ein Leerverkäufer zielt darauf ab, unter Erwartung fallender Kurse, das Wertpapier später zu einem niedrigeren Kurs erwerben zu können, sodass die Differenz zwischen Kaufkurs und Verkaufkurs die zu entrichtende Leihgebühr überkompensiert. Als Leerverkäufer kommen grundsätzlich alle Marktteilnehmer in Frage, die zumeist aus spekulativen Gründen Leerverkäufe durchführen möchten und über eine einwandfreie Bonität verfügen. Zumeist sind dies spezialisierte Investmentfonds (die auch zu den sog. „Hedgefonds" gezählt werden). Für den Verleiher bietet die Wertpapierleihe eine zusätzliche Ertragsmöglichkeit. Als Verleiher kommen grundsätzlich Versicherungen, Pensionskassen, Fondsgesellschaften oder auch Banken in Frage, die durch die vereinnahmten Verleihentgelte die Entwicklung ihrer Portfolios positiv beeinflussen können.[92] In Deutschland gehören Leerverkäufe (bzw. die Wertpapierleihe) nicht zum „klassischen" Börsengeschäft. Sie werden häufig administrativ untersagt, beispielsweise durch die Ausgestaltung der Satzung einer Kapitalanlagegesellschaft. Durch das Investmentmodernisierungsgesetz vom 15.12.2003, welches zum 01.01.2004 in Kraft getreten ist, sind Leerverkäufe in jüngster Zeit wieder in den Fokus der Öffentlichkeit und Wissenschaft gelangt. Mit dem Investmentmodernisierungsgesetz wird der Bereich der Sonderfonds mit zusätzlichen Risiken (die sog. *Hedgefonds*) erfasst und geregelt. Dach-Sondervermögen mit zusätzlichen Risiken (sog. Dach-Hedgefonds) können demnach in Deutschland aufgelegt und öffentlich vertrieben sowie beworben werden. Für Hedgefonds allgemein ist eine Auflegung in Deutschland möglich, der öffentliche Vertrieb jedoch untersagt. Dieser ist stattdessen nur im Rahmen einer Privatplatzierung möglich. Daher finden Leerverkäufe in den weiteren Betrachtungen nur am Rande beispielhafte Anwendung.

Ferner kann jedoch eine Vielzahl von weiteren Nebenbedingungen gesetzlicher, statutarischer oder persönlicher Art berücksichtigt werden. Im Folgenden werden einige Beispiele mit denkbaren Situationen ihrer Einsatzmöglichkeit genannt:

92 Eine ausführlichere Darstellung der Wertpapierleihe findet sich beispielsweise in Bruns/Meyer-Bullerdiek (2003), S. 487 ff.

a) Mindestbestandsgrenzen:

(1) $w_i \geq minw_i$

mit $minw_i$: gefordertes Mindestgewicht des i-ten Assets im Portfolio P.

Die Berücksichtigung eines Mindestbestandes für die einzelnen Assets des Anlageuniversums stellt eine Mindestdiversifikation des Portfolios sicher.

b) Höchstbestandsgrenzen:

(2) $w_i \leq maxw_i$

mit $maxw_i$: zulässiges Höchstgewicht des i-ten Assets im Portfolio P.

Höchstbestandsgrenzen verhindern die Übergewichtung einzelner Anlagen und stellen auch eine Mindestdiversifikation des Portfolios sicher. Ferner können Höchstbestandsgrenzen aus gesetzlichen (etwa KAGG) oder eigenen (Satzung) Anforderungen resultieren.[93]

c) Zulässige Höchstbestandsgrenzen von Gruppen von Assets:

(3) $w_i + w_j + ... + w_n \leq maxg$

mit $maxg$: zulässiges Gruppenhöchstgewicht (z.B. Branchengewichtung).

Dies bietet die Möglichkeit, strukturelle Mindest- bzw. Höchstgrenzen zu setzen. Durch die Zusammenfassung einzelner Assets aus dem Anlageuniversum zu Gruppen kann diesen ein Gruppengewicht zugeordnet werden, z.B. Anteil der Renten ≤ 30% oder Anteil der Chemieaktien ≤ 10%.

93 Vgl. beispielsweise § 8a KAGG.

d) Geforderte Mindestdividendenrendite des Portfolios P:

(4) $$\sum_{i=1}^{N}(w_i \cdot d_i) = d^{min}$$

mit: d_i: (erwartete) Dividendenrendite des i-ten Assets im Portfolio P

d^{min}: geforderte Mindestdividendenrendite des Portfolios P.

Die Erzielung einer Mindestdividendenrendite des Portfolios kann notwendig sein, um laufende Auszahlungen aus dem Portfolio bestreiten zu können, ohne Anlagen auflösen zu müssen. Vielen Publikumsfonds ist es z.B. statutarisch nur erlaubt, Ausschüttungen an die Anteilseigner aus den vereinnahmten Dividenden- oder Kuponzahlungen vorzunehmen.

e) Ausschluss der gemeinsamen Aufnahme bestimmter Assets („Entweder-Oder"):

(5a) $w_i \, w_j = 0$ wobei

(5b) $w_i \geq 0$

(5c) $w_j \geq 0$.

Durch diese Nebenbedingung werden beispielsweise die gleichzeitige Aufnahme von Stamm- und Vorzugsaktien einer Unternehmung in das Portfolio verhindert.

An dieser Stelle sei darauf hingewiesen, dass es sich bei der Nebenbedingung (5a) um eine nichtlineare Nebenbedingung handelt. Auch eine Beschränkung der Höchstzahl der Anlagen im Portfolio führt zu einer nichtlinearen Nebenbedingung. Diese erschweren die Lösungsfindung bei der Optimierung. Da bei einem Optimierungsproblem eine hochgradig nichtlineare Zielfunktion mit ebenfalls hochgradig komplexen, nichtlinearen Nebenbedingungen vorliegen kann, lässt sich schon intuitiv vermuten, dass kein gleichermaßen allgemein gültiges wie zugleich effizientes Lösungsverfahren existiert.[94]

In A2.1. wird allgemein die Struktur von Optimierungsproblemen behandelt und einige Hinweise zu deren Lösungsalgorithmen gegeben. Hier und im Folgenden werden

94 Vgl. Poddig/Dichtl/Petersmeier (2003), S. 462.

nur lineare Nebenbedingungen berücksichtigt, weshalb Aspekte der nichtlinearen Nebenbedingungen an dieser Stelle ausgeblendet werden.

Dies ist aber nur ein Teil der möglichen Nebenbedingungen, die in praktischen Anwendungen relevant sein könnten. So sind auch Beschränkungen des Umschichtungsvolumens, der Transaktionskosten usw. denkbar und formulierbar.

Nachdem die Grundlagen des Portfoliomanagements und der Asset Allocation dargestellt wurden, gehen die nächsten Abschnitte der Frage der Beschaffung der Inputparameter für die sich anschließende Portfoliooptimierung nach.

2.2. Schätzung der benötigten Inputparameter

Die folgenden Abschnitte beantworten die Fragen danach, welche Parameter die Finanzanalyse für die Portfoliooptimierung liefern muss und wie man diese erhält. Anhand dieser Darstellungen wird die Prognose- und Schätzproblematik kurz thematisiert.

2.2.1. Aktives versus passives Portfoliomanagement

Die Anwendung von Optimierungsverfahren bei der Portfolioplanung ist generell bei beiden Grundansätzen des Portfoliomanagements sinnvoll, nämlich beim aktiven sowie auch beim passiven Portfoliomanagement (vgl. Abb. 2.2.1.-1.). Ziel ist in beiden Fällen die Bestimmung der optimalen Portfoliostruktur (Anteilsgewichte der Assets) in Bezug auf den jeweils verfolgten Zweck (operationalisiert durch eine Zielfunktion) unter Beachtung eventueller Nebenbedingungen. Beim *aktiven Portfoliomanagement* wird davon ausgegangen, dass die Prognose von Renditen (absolute Renditen, Überschussrenditen oder auch autonomen Eigenrenditen) und zukünftigen Varianzen und Kovarianzen als Risikomaß (oder auch andere, z.B. ausfallorientierte Maße für das Risiko wie Lower Partial Moments[95]) zumindest mit hinreichender Güte möglich ist, also die mit der Prognose verbundenen Kosten durch systematische Extragewinne zumindest kompensiert werden. Ziel ist dann die Bestimmung des nutzenmaximierenden Portfolios. Beim *passiven Portfoliomanagement* wird davon ausgegangen, dass die o.g. Finanzmarktprognosen nicht möglich sind oder nicht die Güte besitzen, um die mit ihnen verbundenen Kosten zu decken. Daher ist hier das Ziel, eine möglichst exakte und kostengünstige Replikation des gewählten Benchmarkportfolios zu erreichen. Es handelt sich bei beiden Varianten des Portfoliomanagements also um höchst unter-

95 Vgl. Kap. 5.

schiedliche Ansätze, die aber verfahrenstechnisch auf dasselbe Problem hinauslaufen. Es handelt sich jeweils um die Optimierung einer Zielfunktion unter Nebenbedingungen.[96]

Zentrale Annahme	Daraus folgender Managementansatz	Optimierungsmodus
Finanzmarktprognosen (erwartete Rendite und zukünftige Varianz/Kovarianz) sind mit hinreichender Güte möglich	Aktives Portfoliomanagement	a) Absolute Optimierung b) Relative Optimierung
Finanzmarktprognosen sind unmöglich oder decken nicht die mit ihnen verbundenen Kosten	Passives Portfoliomanagement	Index Tracking

Abb. 2.2.1.-1.: Ansätze zur Portfoliooptimierung

An dieser Stelle soll eine genauere Betrachtung des aktiven Portfoliomanagements vorgenommen werden. Das passive Portfoliomanagement wird in Kap. 4. vorgestellt. Betrachtet man die absolute Optimierung, zu der auch die bereits geschilderte Standard-Markowitz-Tobin-Optimierung gehört, so ist die Bestimmung der Inputparameter der entscheidende Ausgangspunkt für die Optimierung. Hierbei handelt es sich um

- die erwartete (absolute) Rendite der betrachteten Assets,
- die zukünftigen Varianzen und Kovarianzen der Renditen der betrachteten Assets,
- die Nutzenfunktion des Investors sowie
- präzisierende Nebenbedingungen.

96 Weitere Ausführungen zur Grundstruktur eines Optimierungsproblems sowie speziell zur Grundstruktur des quadratischen Optimierungsproblems finden sich in A2.1.

Eine genauere Betrachtung dieser vier Arten von Inputparametern verdeutlicht, dass nur die letzte Anforderung, die Formulierung der Nebenbedingungen, i.d.R. recht unproblematisch ist. Die Nebenbedingungen ergeben sich z.B. aus gesetzlichen Bestimmungen oder als Ergebnis der Anlegeranalyse und sind im Allgemeinen leicht zu formulieren. Bei der Nutzenfunktion des Anlegers ist dies schon nicht mehr so einfach. Streng genommen muss für jeden Anleger seine individuelle Nutzenfunktion bestimmt werden, welche dann in der Optimierung zu berücksichtigen ist. Daher wird hier für die Fallstudien auf die in Kap. 2.1.2.1. Formel (3) dargestellte, vereinfachte Zielfunktion zurückgegriffen.

Danach verbleibt das Problem der Bestimmung der erwarteten Renditen der einzelnen Assets sowie deren zukünftige Varianzen und Kovarianzen. Dies führt allgemein zum Bereich der Prognoseproblematik. Die absolute (und die später auch betrachtete relative) Optimierung benötigen als zentrale Inputparameter erwartete Größen. Die Optimierungsansätze selbst lassen dabei die Herkunft dieser Erwartungen offen, sie setzen sie schlicht als gegeben voraus. Doch die Prognose von Renditen und Risiken ist in der Wissenschaft und Praxis gerade die zentrale Herausforderung. Wissenschaftlich ist sogar die grundsätzliche Möglichkeit umstritten.[97]

2.2.2. Methoden zur Prognose von Renditen und Risiken

An dieser Stelle sollen einige Verfahren zur Rendite- bzw. Risikoprognose lediglich genannt werden, um die Vielzahl dieser Verfahren zu verdeutlichen und um für weitere Literaturstudien einige Stichwörter zu geben, ohne diese aber näher zu erklären. Einige dieser Verfahren werden noch im weiteren Verlauf dieses Buches detailliert behandelt. Für den Augenblick reicht jedoch eine exemplarische Aufzählung.

Die teilweise sehr verschiedenen, zahlreichen Verfahren zur Prognose von Renditen und Risiken basieren alle mehr oder weniger auf historischen Beobachtungen, unterscheiden sich aber erheblich hinsichtlich der Komplexität der eingesetzten Methoden. Die denkbar einfachste Vorgehensweise besteht darin, anhand einer beobachteten Renditereihe ihren historischen Mittelwert und empirische Varianz als Schätzer für den Erwartungswert der Rendite und die zukünftige Varianz zu ermitteln. In gleicher Weise kann man die empirische Kovarianz zweier Renditereihen als Schätzer der zukünftigen Kovarianz berechnen. Diese sehr einfache Vorgehensweise soll im Folgen-

---

97 Vgl. hierzu die Überlegungen zur Informationseffizienzthese, ursprünglich formuliert durch Fama (1970), S. 383 ff., oder vgl. auch Poddig (1999), S. 78 ff. oder Steiner/Bruns (2002), S. 41 ff.

den mit dem Begriff der *einfachen historisch basierten Schätzung* belegt werden. Sie wird im Folgenden wegen ihrer leichten Umsetzbarkeit und Anschaulichkeit als „Prognoseverfahren" eingesetzt, obwohl die damit erzielbaren Ergebnisse im Regelfall sehr schlecht sind. Die Verwendung begründet sich hier ausschließlich mit der didaktischen Zielsetzung, die verschiedenen Verfahren der Portfoliooptimierung verfahrenstechnisch zu demonstrieren, wofür zwar Prognosen benötigt werden, deren Güte aber für den hier verfolgten Zweck keine Rolle spielt.

Die Einfachheit des gerade geschilderten Verfahrens erklärt dessen hohe Verbreitung und Beliebtheit in der Praxis relativ zu dessen geringer Güte. Insofern ist es nicht verwunderlich, dass nach Verbesserungen gesucht wurde, die verfahrenstechnisch ähnlich einfach handhabbar sind, aber eine höhere Prognosegüte aufweisen. Beispielhaft seien hier die James-Stein-Schätzer genannt, die aber in empirischen Untersuchungen ihrer Leistungsfähigkeit kaum besser abschneiden.[98]

Soweit die Unzulänglichkeit der einfachen historisch basierten Schätzung akzeptiert wird, stellt sich die Frage nach Ansatzpunkten für Verbesserungen. Dabei können die denkbaren Verfahren danach unterschieden werden, ob sie

- nur Prognosen des Erwartungswertes von Assetrenditen (Renditeprognosen),
- integrierte Prognosen des Erwartungswertes und der Varianz (integrierte Schätzung von Renditen und Risiken) oder gar
- integrierte Prognosen des Erwartungswertes, Varianzen und Kovarianzen eines Verbundes von Assets (integrierte Schätzung von Renditen, Varianzen und Kovarianzen)

erlauben.

Zeitreihenmodelle versuchen, Renditen (und teilweise auch Risiken) allein aus der Betrachtung der historischen Renditereihe zu modellieren und prognostizieren. Ihre Informationsbasis ist damit prinzipiell identisch mit derjenigen der einfachen historisch basierten Schätzung, die verwendeten Methoden sind jedoch ungleich komplexer und aufwändiger. Hierzu zählen z.B. die ARIMA-Modelle, die nur Renditeprognosen erlauben, oder die ARCH/GARCH-Modelle, welche integrierte Rendite- und Risikoprognosen ermöglichen. Fortgeschrittene multivariate Erweiterungen der

98 Vgl. Dichtl (2001), S. 147 ff.

ARCH/GARCH-Modelle gestatten sogar eine vollständig integrierte Prognose von Renditen, Varianzen und Kovarianzen.

Makroökonomische und fundamentale Faktormodelle (vgl. näher Kap. 6.) versuchen die Entwicklung einer Renditereihe aus anderen, exogenen werttreibenden Faktoren zu erklären. Sie können dabei als reine Erklärungsmodelle (welche nur zeitgleich die Renditeentwicklung erklären) oder als (unbedingte) Prognosemodelle (unter Berücksichtigung expliziter Wirkungsverzögerungen zwischen der Renditereihe und allen werttreibenden Faktoren) ausgestaltet sein. Berücksichtigen solche (Prognose-) Faktormodelle neben der zeitverzögerten, historischen Entwicklung der werttreibenden Faktoren auch noch diejenige der zu prognostizierenden Renditereihe selbst, spricht man häufig auch von sog. Autoregressive-Distributed-Lag-Modellen (ADL-Modelle), die sehr komplexe Faktormodelle darstellen. Faktormodelle erlauben prinzipiell Rendite-, Varianz- und Kovarianzprognosen. Da sie alle benötigten assetbezogenen Inputparameter für die Portfoliooptimierung liefern und zugleich einen guten Kompromiss zwischen Komplexität und Leistungsfähigkeit darstellen, werden sie später in Kap. 6. näher betrachtet.

ADL-Modelle stellen bereits eine Verknüpfung von „klassischer" Zeitreihen- und Fundamentalanalyse dar. In diesem Zusammenhang sind ferner die einfachen Kointegrations- und Fehlerkorrekturmodelle, die Vektor-Autoregressiven-Modelle (VAR-Modelle) und die Verbindung von einfachen Kointegrations- und Fehlerkorrekturmodellen mit dem Ansatz der VAR-Modelle, die Vektor-Error-Correction-Modelle (VEC-Modelle), zu nennen. VAR- und VEC-Modelle erlauben in verfahrenstechnisch recht einfacher und kompakter Weise, integrierte Prognosen von Renditen, Varianzen und Kovarianzen bereitzustellen.[99] Angesichts der Komplexität dieser Methoden liegen sie jedoch außerhalb des Fokus dieses Buches.

Multivariate Dichteschätzungen ermöglichen ebenfalls eine integrierte Prognose von Renditen, Varianzen und Kovarianzen. Sie besitzen bislang eine recht geringe Verbreitung im Portfoliomanagement, zeigen aber in empirischen Untersuchungen eine erstaunliche Prognosegüte. Die Tab. 2.2.2.-1. gibt einen zusammenfassenden Überblick über die erwähnten Prognoseverfahren mit ausgewählten, weiterführenden Literaturhinweisen. Daneben gibt es eine Vielzahl anderer, hier nicht näher erwähnter Verfahren. Namentlich genannt seien exemplarisch Expertensysteme, Künstliche Neuronale Netze, Vector Support Machines oder Genetische und Evolutionäre Algorith-

---

99 Soweit entsprechende Softwarepakete zur Verfügung stehen.

men. Eine spezielle Auseinandersetzung mit der Prognoseproblematik im Kontext von Finanzanalyse und Portfoliomanagement findet sich z.B. bei PODDIG (1999).

Einige mögliche Verfahren	**Prognoseziel bzw. grundsätzliche Prognosemöglichkeiten der jeweiligen Verfahren**	**Literaturhinweis**
Historische (empirische) Rendite, Varianz und Kovarianz	• Renditeprognose • Risikoprognose • Schätzungen der Kovarianzen	PODDIG/DICHTL/ PETERSMEIER (2003)
Faktormodelle (vgl. Kap. 6.)	• Renditeprognose • Risikoprognose • Schätzungen der Kovarianzen • Integrierte Schätzung von Renditen und Risiken • Integrierte Schätzung von Renditen, Varianzen und Kovarianzen	ELTON ET AL. (2003) PODDIG (1999)

Zeitreihenmodelle (z.B. ARIMA-Modelle, ARCH- und GARCH-Modelle und deren multivariate Erweiterungen)	• Renditeprognose • Risikoprognose • Integrierte Schätzung von Renditen und Risiken • Integrierte Schätzung von Renditen, Varianzen und Kovarianzen (nur in den multivariaten Erweiterungen)	BOLLERSLEV (1986) BOLLERSLEV/CHOU/KRONER (1992) ENGLE (1982) GRIFFITH/HILL/JUDGE (1993) PODDIG (1999)
Gemischte Zeitreihen- und Fundamentalmodelle (z.B. Kointegrations- und Fehlerkorrekturmodelle, VEC-Modelle)	• Renditeprognose • Integrierte Schätzung von Renditen, Varianzen und Kovarianzen	JOHANSEN (1988) PODDIG (1999)
(multivariate) Dichteschätzungen	• Renditeprognose • Risikoprognose • Schätzungen der Kovarianzen • Integrierte Schätzung von Renditen und Risiken • Integrierte Schätzung von Renditen, Varianzen und Kovarianzen	HARTUNG (2002) PETERSMEIER (2003)

Tab. 2.2.2.-1.: Prognoseverfahren für die Inputparameter der Portfoliooptimierung

Daneben gibt es eine weitere Vielzahl von Ansätzen und Methoden zur Schätzung der Inputparameter für die Portfoliooptimierung. Eine sachgerechte Anwendung und Kreativität bezüglich des jeweils gewählten Ansatzes sind dabei entscheidend für die spätere Portfolioperformance. Einfache und zugleich leistungsfähige „ad hoc“ Prognoseverfahren können jedoch nicht erwartet werden. So sind z.B. einfache historisch basierte Schätzungen von Renditen und Risiken ein beliebter Ansatz, um die Anwendung der verschiedenen Optimierungsansätze zu veranschaulichen. Aus diesem Grund wird für die anschließenden Fallstudien ebenfalls dieser Weg gewählt. Dabei muss dem Anwender jedoch klar sein, dass es sich zwar um in der Anwendung relativ einfache Methoden handelt, welche aber nur einen ersten Ansatz darstellen können. Beim praktischen Einsatz erweisen sie sich nicht als besonders leistungsfähig.[100]

2.3. Fallstudie zur absoluten Optimierung

Die vorgestellten Konzepte werden nun mit Excel und anhand einer konkreten Fallstudie umgesetzt. Vor der Umsetzung der vorgestellten Konzepte sollen jedoch zunächst allgemeine Anmerkungen zu denkbaren Softwarepaketen gegeben und einige vorbereitende Maßnahmen getroffen werden.

2.3.1. Softwarelösungen in Praxis und Wissenschaft

Die vorgestellten Konzepte zur Portfoliooptimierung werden in der Praxis als auch in der Wissenschaft mit speziellen Softwarelösungen umgesetzt. In der Praxis haben sich vielfach Softwarelösungen durchgesetzt, die alle Teilbereiche des Portfoliomanagementprozesses als eine Art „All-in-One-Lösung“ abdecken. Solche umfassenden Softwarelösungen werden häufig von institutionellen Anlegern eingesetzt. Als Beispiele können BARRA, NORTHFIELD oder auch WILSHIRE angeführt werden.[101] Vorteile sind hier die integrierte Lösung aller Teilaufgaben aus dem Portfoliomanagementprozess in einem elaborierten Softwarepaket sowie umfassende zusätzliche Dienstleistungen wie z.B. die Bereitstellung der Daten und deren Pflege oder die Bereitstellung von Faktormodellen zur Schätzung der Inputparameter für die Portfoliooptimierung. Jedoch lassen sich individuelle Lösungen und Vorgehensweisen nicht immer umsetzen. Ferner werden Lösungen generiert, bei denen der Lösungsweg nicht

---

100 Vgl. hierzu die Gegenüberstellung verschiedener Untersuchungen zur Prognosegüte von einfachen Verfahren zur Schätzung der Inputparameter für die Portfoliooptimierung bei Dichtl (2001), S. 138 ff.

101 Die Internetseiten sind entsprechend: http://www.barra.com, http://www.northinfo.com, http://www.wilshire.com.

offenkundig ist, sondern als eine Art Black Box erscheint. Die Anschaffung einer solchen Komplettlösung ist außerdem mit relativ hohen Rüstkosten, zum einen für die Anschaffung und zum anderen auch für die Einarbeitung, verbunden.

In der Wissenschaft stehen diese (kostenintensiven) Lösungen zumeist nicht zur Verfügung. Hier wird auf mathematisch statistische Software zur Lösung der Aufgaben aus dem Portfoliomanagementprozess zurückgegriffen. Beispielhaft seien GAUSS, SAS oder Mathlab genannt. Aber auch die Eigenprogrammierung ist ein häufig genutztes Werkzeug. Vorteil dieses Lösungsweges ist die sehr flexible Gestaltungsmöglichkeit der Lösungswege und deren Transparenz. Auch hier entstehen Kosten für die Anschaffung der Software, welche aber i.d.R. niedriger als die Kosten für eine Komplettlösung sind, und die Einarbeitung. Dem möglicherweise niedrigeren Erstanschaffungs- und Einarbeitungskosten steht jedoch ein hoher Aufwand der Eigenprogrammierung, der Datenbeschaffung und -pflege sowie laufender Wartung des eigenen Systems gegenüber.

Gegen den Einsatz einer Komplettlösung (wie z.B. BARRA, NORTHFIELD oder WILSHIRE) für Zwecke dieses Buches sprechen ganz klar die hohen Anschaffungskosten und die mangelnde Transparenz an verschiedenen Stellen der Lösungsumsetzung. Der Einsatz spezieller Softwarepakete, so wie sie in der Wissenschaft genutzt werden, ist zur Bearbeitung der Fallstudien in diesem Buch aber ebenso nicht sinnvoll. Der Rüstaufwand, welcher sich aufgrund der Einarbeitung in verschiedene Softwareprogramme oder gar für das Erlernen einer Programmiersprache ergeben würde, wäre für die hier verfolgten Zwecke zu hoch und an dieser Stelle auch didaktisch nicht sinnvoll. Für den grundlegenden Einstieg in die hier behandelte Problematik wäre ein solcher Ansatz „überdimensioniert“.

Daher wird auf einen Lösungsweg zurückgegriffen, welcher in beiden Bereichen, Praxis und Wissenschaft, zunehmend eingesetzt wird, nämlich der Einsatz von Tabellenkalkulationsprogrammen wie z.B. Excel. Sie vereinen Vor- aber auch Nachteile beider bisher genannten Lösungswege. Für den Einsatz spricht die Verfügbarkeit dieser Programme. Die meisten Anwender haben bereits eine Tabellenkalkulation auf ihrem PC installiert oder ihnen steht eine Version zur Verfügung. Ferner ermöglichen sie es, in einem gewissen Umfang auf Routinen aus mathematisch statistischen Programmbibliotheken (etwa aus kommerziellen oder freien Add-Ins) zurückzugreifen. Beispielsweise steht dem Anwender von Excel der sog. *Solver* als Optimierungswerkzeug bereits als Add-In zur Verfügung. Zusätzlich erweist sich das Internet als eine umfangreiche, aber auch unüberschaubare Fundgrube. Sie bieten genügend Individualität für die hier vorgestellten Anwendungen. Die Rüstkosten für die Einarbeitung sind zumeist nicht so hoch, da viele Anwender mit Tabellenkalkulationsprogrammen vertraut sind. Zusätzlich bietet sich außerdem die Möglichkeit der Eigenprogrammierung, ist aber zumeist nicht erforderlich. Als Nachteile sind ganz klar der geringe Leistungsumfang und die mangelnde Flexibilität dieser Programme im Vergleich zu den speziellen mathematisch statistischen Programmen zu nennen. Der für Excel bereitgestellte Solver ist beispielsweise eine kostenlose, aber in der Funktionalität „abgespeckte" Version des von der Firma FRONTLINE SYSTEMS entwickelten Premium Solvers.[102] Daher wird für den Einstieg in die Umsetzung der Portfoliooptimierung exemplarisch Excel gewählt. Eine Grundvertrautheit mit dieser Software ist Basis für die weiteren Ausführungen, sodass nicht jeder Schritt bei der Umsetzung detailliert aufgezeigt wird. Jedoch wird in den Fallstudien auf Besonderheiten und Fallstricke bei der Anwendung hingewiesen.

2.3.2. Vorbereitende Maßnahmen für den Einsatz von Excel

Arbeitshinweise: In den folgenden Abschnitten wird nun der Einsatz von Excel zur Lösung der sich bei der Portfoliooptimierung ergebenden Problemstellungen vorgestellt. Es empfiehlt sich daher für den Leser, um einzelne Schritte aktiv nachvollziehen zu können, nebenher Excel und bei den späteren Fallstudien ebenfalls die entsprechende Datei geöffnet zu haben. Parallel kann der Leser sich aus der bereits kompletten Fallstudie die Ausgangsdaten in eine neue Excel Arbeitsmappe kopieren, um die einzelnen Schritte eigenständig nachzuvollziehen und umzusetzen.

102 Für nähere Informationen siehe http://www.frontsys.com oder http://www.solver.com.

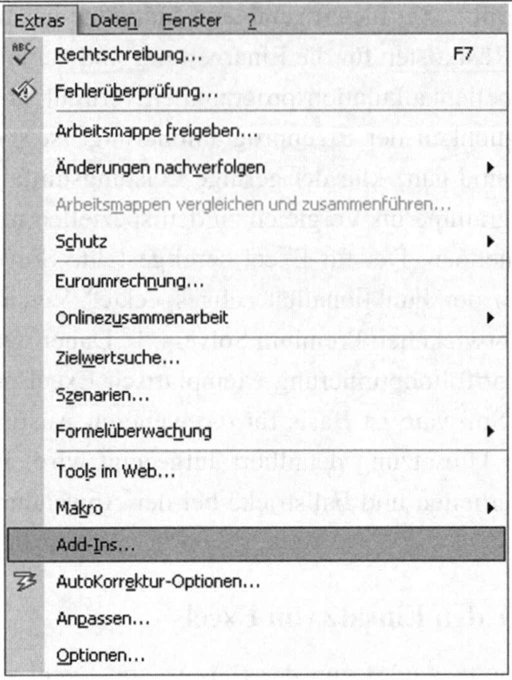

Abb. 2.3.2.-1.: Aufruf des Add-Ins-Manager

Zunächst sollte der Anwender prüfen, ob die für die hier vorgestellten Anwendungen benötigten „Werkzeuge" auch in Excel zur Verfügung stehen. Dies sind speziell das Instrument zur Lösung von Optimierungsaufgaben in Excel, der *Solver*, sowie schon vorgefertigte *Analyseroutinen in Excel*. Damit dem Anwender diese beiden Instrumente beim Benutzen von Excel zur Verfügung stehen, sollte deren Installation überprüft werden. Hierzu ruft man in Excel im Menü Extras den Add-Ins-Manager auf (vgl. Abb. 2.3.2.-1.).

Dieser bietet die Möglichkeit, bereits installierte „Zusatzfunktionen" bereitzustellen. In dem sich öffnenden Auswahlmenü sollten bei den Unterpunkten Analyse-Funktionen, Analyse-Funktionen-VBA sowie bei Solver ein Häkchen sein (vgl. Abb. 2.3.2.-2.). Gegebenenfalls muss dies nachgeholt und das Menü über OK verlassen werden.[103]

103 Es kann sein, dass nach Bestätigung die Installations-CD, von der Excel installiert wurde, vom System angefordert wird, je nachdem, welcher Installationsmodus ehemals gewählt wurde.

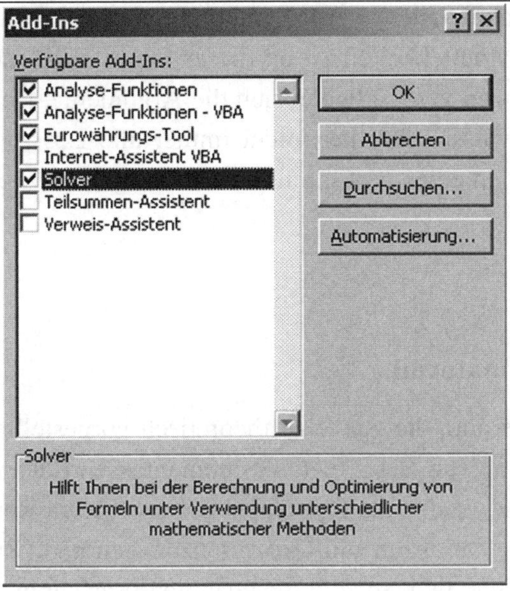

Abb. 2.3.2.-2.: Der Add-Ins-Manager

In Excel existieren vielfach mehrere Wege, um gewünschte Ergebnisse berechnen zu lassen. Dies betrifft zunächst die grundsätzliche Vorgehensweise, z.B. verschiedene Berechnungen mit den o.g. *VBA-Analysefunktionen* oder aber mithilfe eingebauter Funktionen durchzuführen. Aber auch die Details innerhalb der einzelnen Lösungswege können verschiedentlich ausgeführt werden. In diesem Buch werden beispielhaft Lösungswege aufgezeigt, ohne dass diese in den Details den Anspruch auf Vollständigkeit (eine Zusammenstellung aller Möglichkeiten zu sein) erheben können (das würde den Rahmen dieses Buches bei weitem sprengen und ist auch nicht Ziel des Buches). Hier ist dann die Erfahrung und/oder Experimentierfreude des Anwenders gefragt.

Bezüglich der möglichen Berechnungswege gibt es zunächst die Variante, in Excel eingebaute Funktionen aufzurufen. Diese können über das Menü Einfügen im Unterpunkt Funktionen abgerufen werden oder bei Kenntnis der Syntax direkt in die Bearbeitungsleiste eingegeben werden. Alternativ kann man in bestimmten Fällen die VBA-Analysefunktionen benutzen. Diese sind im Menü Extras unter dem Punkt Analyse-Funktionen zu finden.

Beide Möglichkeiten bieten dem Nutzer Vor- und Nachteile bei der Anwendung. Nutzt man die eingebauten Funktionen unter dem Menü Einfügen im Unterpunkt Funktionen, so ist gewährleistet, dass nachträgliche Änderungen in Bezugszellen bei der Ergebnisberechnung berücksichtigt werden. Bei komplexeren Berechnungen ist der Aufwand für die Eingaben jedoch relativ hoch. Außerdem werden die Ergebnisse in keiner Weise optisch aufbereitet, d.h., sie werden schlicht nur ausgegeben (was ein Vor-, aber auch ein Nachteil sein kann). Nutzt man die VBA-Analysefunktionen, so liegt der Vorteil in der einfachen Handhabung und in der komfortablen Anwendung bei größeren Datenmengen. Nachteilig wirkt sich hier jedoch aus, dass bei nachträglichen Änderungen in Bezugszellen die Berechnungen nicht automatisch erneut durchgeführt werden, d.h. jedes Mal manuell aktualisiert werden müssen. Die Diskussion über die Vor- und Nachteile der beiden Möglichkeiten ist an dieser Stelle noch sehr abstrakt, aber bei den weiteren Anwendungen verdeutlichen sich die Argumente. Dem Leser sollte aber schon im Vorhinein bewusst sein, dass nicht immer alle Lösungsmöglichkeiten den speziellen Anforderungen eines bestimmten Problems gerecht werden.

2.3.3. Optimierung mit Excel

2.3.3.1. Aufgabenstellung und Datenmaterial

Die Aufgabenstellung der Fallstudie ist es nun, die zunächst theoretisch vorgestellten Konzepte praktisch umzusetzen. Für die in Tab. 2.1.2.6.-1. zusammenfassend dargestellten Konzepte der Portfoliooptimierung werden als Inputdaten die erwarteten Renditen der Assets sowie deren zukünftige Varianzen und Kovarianzen benötigt. Zur Schätzung dieser Inputgrößen kommen alle in Kap. 2.2.2. genannten Verfahren in Frage, jedoch wird aus verschiedenen Gründen (vgl. Kap. 2.2.2.) auf eine einfache historisch basierte Schätzung von Renditen und Risiken zurückgegriffen. Für diese sind historische Kurszeitreihen oder auch Renditereihen als Ausgangsbasis für die Berechnung bereitzustellen.

Wie schon in Kap. 1.2. geschildert wurde, ist der Schwerpunkt der *Portfoliorealisierung* die systematische Aufteilung des Anlagebetrages auf die Anlageobjekte, die sog. *Asset Allocation.* Hierzu hat sich in der Praxis die hierarchische Strukturierung der Anlageentscheidungen zur Bewältigung der Komplexitätsproblematik als sinnvoll erwiesen (vgl. Kap. 1.2., insbesondere Abb. 1.2.-2.). Betrachtet man beispielsweise die Vorgehensweise nach dem Top-down Ansatz, die durchaus in der Anlagepraxis üblich ist, so steht hier zunächst die strategische Asset Allocation im Mittelpunkt. Die strategische Asset Allocation findet auf der Ebene ganzer Märkte statt, daher ist zunächst die Auswahl unter allen nach der Anlegeranalyse in Frage kommenden Märkten vorzunehmen. Da in der hier durchgeführten Fallstudie keine vorgeschaltete Anlegeranalyse durchgeführt wurde, wird angenommen, die Anlegeranalyse hätte ein global ausgerichtetes Portfolio unter Einbezug von Renten sowie auch Aktienmärkten ergeben. Die Einteilung der Assetklassen soll durch die Aufteilung des „globalen Marktes" in verschiedene Regionen erfolgen. Um die Übersichtlichkeit der Fallstudie zu gewährleisten, wird weiterhin die vereinfachende Annahme gesetzt, der globale Aktien- sowie Rentenmarkt ließe sich jeweils durch vier verschiedene Märkte abbilden. Dieses seien die Aktien- (A) und Rentenmärkte (R) aus den

Regionen/Ländern Eurozone, Großbritannien, USA und Japan, die jeweils durch einen Performanceindex repräsentiert werden. Dabei handelt es sich durchaus um eine typische Aufgabenstellung der angewandten strategischen Asset Allocation. Eine internationale bzw. globale Ausrichtung, welche durch die Aufteilung in verschiedene Regionen unter Einbezug von Aktien- und Rentenmärkten repräsentiert wird, ist beispielsweise für einen global agierenden Fonds eine denkbare Ausgangssituation.

Mit diesen Vorgaben aus der „fiktiven" Anlegeranalyse und den Ergebnissen aus der Finanzanalyse (welche sich in der Fallstudie auf eine einfache, historisch basierte Schätzung von zukünftigen Renditen und Risiken aus originären Kurs- bzw. Indexreihen beschränkt, vgl. Kap. 2.3.3.2.) stellt sich bei der Portfoliorealisierung die Frage, wie die wertmäßige Aufteilung des Anlagebetrages auf die hier betrachteten acht Assetklassen vorgenommen werden soll. Dies wird mittels der bereits vorgestellten Portfoliooptimierung beantwortet.

Die hier verwendeten Datenreihen beinhalten Indexreihen der Aktien- (A) und Rentenmärkte (R) aus den Regionen/Ländern Eurozone, Großbritannien, USA und Japan. Es handelt sich dabei um Monatsschlussstände der jeweiligen Performanceindices für den fiktiven Zeitraum 01/1993 bis 02/2002.[104] Ferner wird für die gesamten Fallstudien ein risikofreier Zinssatz von 4% p.a., was einem Monatszinssatz von 0,32737% entspricht, angenommen (vgl. Abb. 2.3.3.1.-1.).

	A	B	C	D	E	F	G	H	I
8	**Tabellenbereich A: Rohdaten**								
9									
10	Datum	A_EMU	A_UK	A_USA	A_Japan	R_EMU	R_UK	R_USA	R_Japan
11	29.01.1993	100	100	100	100	100	100	100	100
12	26.02.1993	101,38	102,42	104,03	110,28	100,52	101,40	102,25	108,70
13	31.03.1993	105,44	106,10	108,56	113,26	101,56	103,61	104,45	110,16
14	30.04.1993	105,47	107,01	110,33	117,97	102,25	104,92	106,13	115,23
15	31.05.1993	105,56	107,32	111,39	122,55	102,30	104,77	106,29	119,69
16	30.06.1993	109,30	114,34	120,61	132,81	106,17	113,72	116,06	129,69
17	30.07.1993	110,58	118,26	126,02	139,19	108,91	120,02	122,97	137,38

Abb. 2.3.3.1.-1.: Rohdaten (Ausschnitt)

104 Die Verwendung des Begriffes „fiktiver Zeitraum" mag erst einmal verwunderlich klingen, kann jedoch an dieser Stelle außer Acht gelassen werden. Die Sprachwahl begründet sich durch den verwendeten Datensatz. Es handelt sich um künstliche Daten, welche auf realen Datenreihen basieren und diesen angenähert sind, die damit aber unabhängig von einem Zeitraum sind. Weitere Informationen zum Datenmaterial und zu den Beweggründen der Anonymisierung des Datenmaterials finden sich in Kap. 7.

2.3.3.2. Einfache historisch basierte Schätzung

Wie schon in Kap. 2.2.2. erwähnt, wird in dieser Fallstudie zur Prognose der erwarteten Renditen und zukünftigen Varianzen bzw. Kovarianzen eine einfache, auf historischen Daten basierende Schätzung durchgeführt. In diesem Abschnitt erfolgt zunächst die formale Darstellung der Vorgehensweise für die einfache historisch basierte Schätzung und danach die Anwendung auf das Fallbeispiel.

Die diskrete ex post Rendite einer Anlage zum Zeitpunkt t ergibt sich als (vgl. auch Kap. 1.5.1.1.):

(1) $$r_{it} = \frac{p_{it} - p_{it-1} + d_{it}}{p_{it-1}}$$

mit r_{it}: Rendite des i-ten Assets zum Zeitpunkt t
p_{it}: Kurs- bzw. Indexstand des i-ten Assets zum Zeitpunkt t
d_{it}: Dividendenzahlung beim i-ten Asset zum Zeitpunkt t (oftmals zu vernachlässigen; vgl. Kap. 1.5.1.1.).

Dann ergibt sich die Schätzung der erwarteten Rendite mithilfe des empirischen Mittelwertes der historischen Renditen:

(2) $$\bar{r}_i = \frac{1}{T} \sum_{t=1}^{T} r_{it}$$

mit $\bar{r}_i$: empirischer Renditemittelwert über T Perioden
T: Anzahl der Beobachtungsperioden.[105]

105 Streng genommen ist die Gleichung (2) noch um einen Zeitindex ξ zu ergänzen, sodass folgt $\bar{r}_{i\xi} = \frac{1}{T} \sum_{t=0}^{T-1} r_{i\xi-t}$, mit $\bar{r}_{i\xi}$: empirischer Renditemittelwert über T Perioden zum Zeitpunkt ξ. So ist es möglich, zu verschiedenen Zeitpunkten ξ mit gleich großen Stichproben im Umfang von T den historischen Renditemittelwert zu berechnen. Da an dieser Stelle keine sog. rollierenden Schätzungen vorgenommen werden, bleibt der Zeitindex ξ im Folgenden unberücksichtigt.

Die Schätzung des zukünftigen Risikos vollzieht sich bei diesem Ansatz über die Berechnung der empirischen Varianz und der empirischen Kovarianz:

(3) $$s_i^2 = \frac{1}{T-1} \sum_{t=1}^{T} (r_{it} - \bar{r}_i)^2$$

mit s_i^2: empirische Varianz der historischen Renditen des i-ten Assets

(4) $$s_{ij} = \frac{1}{T-1} \sum_{t=1}^{T} \left((r_{it} - \bar{r}_i)(r_{jt} - \bar{r}_j) \right)$$

mit s_{ij}: empirische Kovarianz der (historischen) Renditen der Assets i und j über den Zeitraum $t = 1, \ldots, T$.

Diese Schätzung ist für das gegebene Datenmaterial durchgeführt worden.

Zunächst wurden aus den Indexständen (Rohdaten) der genannten Performanceindices zum Monatsende (vgl. Abb. 2.3.3.1.-1.) diskrete Monatsrenditen der jeweiligen Performanceindices berechnet, die sich in Tabellenbereich B befinden (vgl. Abb. 2.3.3.2.-1.).

	K	L	M	N	O	P	Q	R	S
8	**Tabellenbereich B: Diskrete Monatsrenditen**								
9									
10		A_EMU	A_UK	A_USA	A_Japan	R_EMU	R_UK	R_USA	R_Japan
11	29.01.1993								
12	26.02.1993	0,01376	0,02421	0,04032	0,10284	0,00518	0,01405	0,02247	0,08696
13	31.03.1993	0,04009	0,03588	0,04353	0,02698	0,01033	0,02177	0,02154	0,01344
14	30.04.1993	0,00029	0,00864	0,01628	0,04156	0,00683	0,01265	0,01611	0,04609
15	31.05.1993	0,00088	0,00287	0,00962	0,03883	0,00046	-0,00143	0,00149	0,03863
16	30.06.1993	0,03544	0,06544	0,08277	0,08377	0,03781	0,08537	0,09191	0,08361
17	30.07.1993	0,01168	0,03427	0,04488	0,04805	0,02588	0,05541	0,05953	0,05928

Abb. 2.3.3.2.-1.: Diskrete Monatsrenditen (Ausschnitt)

Aus den diskreten Monatsrenditen der jeweiligen Performanceindices wurde dann als Nächstes der Tabellenbereich C mit empirischen Renditemittelwerten, Varianzen und Kovarianzen (wie im Folgenden beschrieben wird) berechnet.

Die Schätzung der erwarteten Rendite mittels des empirischen Mittelwertes der historischen Renditen nach Formel (2) kann mit Excel auf zwei verschiedene Arten berechnet werden. Man muss hierzu zunächst die Zelle anwählen, in der das Ergebnis ausgewiesen werden soll (beispielsweise Zelle L125; vgl. Abb. 2.3.3.2.-2.).

L125 = MITTELWERT(L12:L120)

	K	L	M	N	O	P	Q	R	S
122	Tabellenbereich C: Statistische Kenngrößen der Märkte und Portfolios								
123									
124		A_EMU	A_UK	A_USA	A_Japan	R_EMU	R_UK	R_USA	R_Japan
125	Rendite (hist.)	0,01320	0,01169	0,01485	0,00372	0,00650	0,01016	0,00920	0,00733
126	StdAbw. (hist.)	0,04860	0,04066	0,04871	0,05739	0,01077	0,02537	0,02646	0,03563

Abb. 2.3.3.2.-2.: Berechnung des empirischen Renditemittelwertes

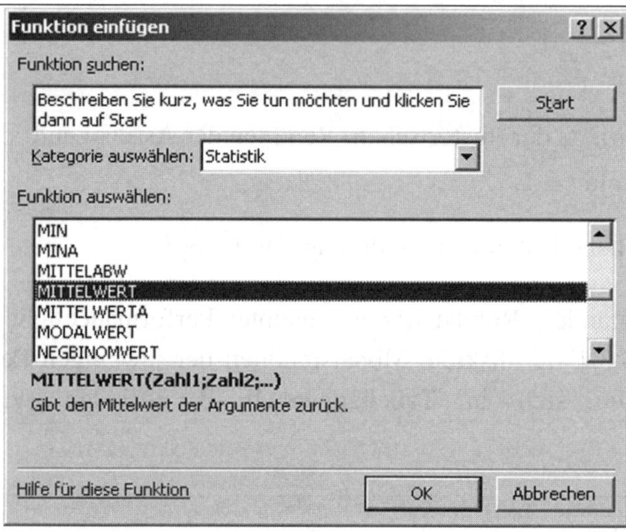

Abb. 2.3.3.2.-3.: Mittelwertberechnung (Aufruf)

Zunächst wird die Berechnung mittels der eingebauten Funktion Mittelwert vorgenommen, welche sich im Menü Einfügen im Unterpunkt Funktionen im sich dann öffnenden Auswahlmenü befindet (vgl. Abb. 2.3.3.2.-3.). In dem Menü Funktionen einfügen kann man unter dem Bereich Funktionskategorie eine Kategorie auswählen; es werden dann nur die diesem Bereich zugeordneten Funktionen ausgewählt. Die Gesamtheit aller zur Verfügung stehenden Funktionen befindet sich in der Kategorie Alle. Nach Bestätigung der Auswahl öffnet sich ein weiteres Eingabefenster, in dem man den Bezug zu den Zellen herstellt, von denen man sich den Mittelwert berechnen lassen will (vgl. Abb. 2.3.3.2.-4.). Die Eingabe der Zellen kann hier direkt mittels Tastatur oder durch Markieren der Zellen erfolgen (Excel schlägt oft auch von sich aus einen vermeintlich logischen Zellenbezug vor, z.B. die gesamte, oberhalb der Ergebniszelle liegende Spalte; dieser sollte aber immer gewissenhaft überprüft werden).

Die Bestätigung mittels der OK-Schaltfläche oder der Enter-Taste veranlasst die Berechnung. Das Ergebnis wird in der Zielzelle ausgewiesen.

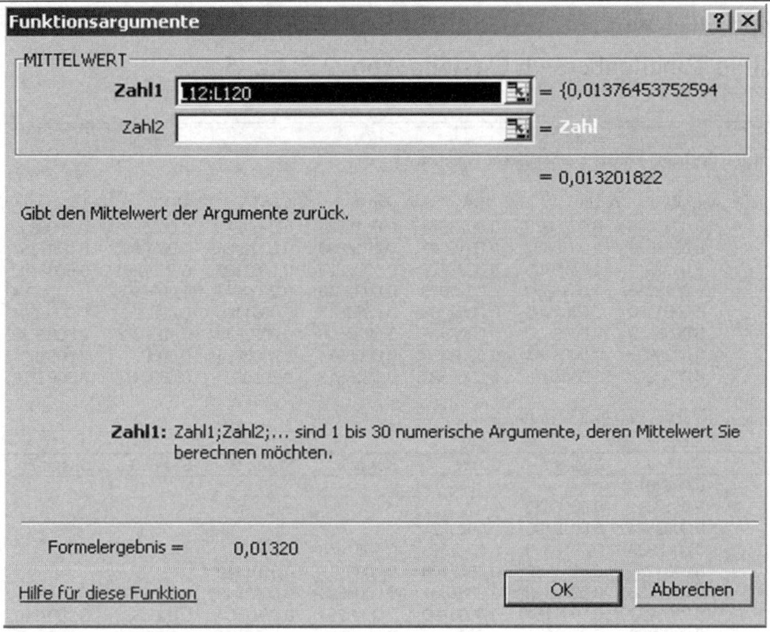

Abb. 2.3.3.2.-4.: Mittelwertberechnung (Eingabeaufforderung)

Markiert man nach der Berechnung die Zielzelle, so kann man sich in der Bearbeitungsleiste die Syntax der von Excel berechneten Formel anschauen (vgl. Abb. 2.3.3.2.-2.). Daraus ergibt sich auch die zweite Möglichkeit, nämlich die direkte Eingabe dieser Formel in die Bearbeitungsleiste. Die Betätigung der Enter- oder der Tabulator-Taste löst dann die Berechnung aus. Damit Excel erkennt, dass hier eine Formel berechnet werden soll und nicht „nur" ein Eintrag in die entsprechende Zelle vorgenommen wurde, muss als Erstes ein Gleichheitszeichen eingegeben werden.

Damit wäre die Schätzung der erwarteten Rendite mittels des empirischen Mittelwertes der historischen Renditen unter Verwendung von Excel durchgeführt. Als nächster Schritt folgt die Berechnung der empirischen Varianzen und Kovarianzen.

Hier kommen zwei der schon in Kapitel 2.3.2. genannten Möglichkeiten zur Berechnung in Betracht. Der eine Weg bedient sich der eingebauten Funktion KOVAR(), welche im Menü Einfügen unter Funktionen zu finden ist (sie ist der Kategorie Statistik zugeordnet). Der zweite Weg bedient sich der Nutzung der VBA-Analysefunktion Kovarianz. Diese ist im Menü Extras im Unterpunkt Analyse-Funktionen zu finden. Anhand des Beispiels der Berechnung der empirischen Varianzen und Kovarianzen sollen die Vor- und Nachteile der beiden Möglichkeiten, welche schon in Kap. 2.3.2. angesprochen wurden, verdeutlicht werden. Die Ergebnisse der Berechnungen befinden sich in Tabellenbereich C (siehe Abb. 2.3.3.2.-5.).

	K	L	M	N	O	P	Q	R	S
128	Kovarianzmatrix der Märkte (mittels eingebauter Funktionen)								
129									
130		A_EMU	A_UK	A_USA	A_Japan	R_EMU	R_UK	R_USA	R_Japan
131	A_EMU	0,0023618	0,0019079	0,0022574	0,0018336	0,0001290	0,0005533	0,0005892	0,0002068
132	A_UK	0,0019079	0,0016532	0,0019709	0,0016890	0,0001966	0,0006630	0,0007154	0,0004076
133	A_USA	0,0022574	0,0019709	0,0023725	0,0022023	0,0002188	0,0007681	0,0008490	0,0006383
134	A_Japan	0,0018336	0,0016890	0,0022023	0,0032940	0,0000517	0,0004508	0,0006554	0,0016515
135	R_EMU	0,0001290	0,0001966	0,0002188	0,0000517	0,0001160	0,0002649	0,0002664	0,0000551
136	R_UK	0,0005533	0,0006630	0,0007681	0,0004508	0,0002649	0,0006438	0,0006632	0,0002455
137	R_USA	0,0005892	0,0007154	0,0008490	0,0006554	0,0002664	0,0006632	0,0007001	0,0003928
138	R_Japan	0,0002068	0,0004076	0,0006383	0,0016515	0,0000551	0,0002455	0,0003928	0,0012696
139									
140	Kovarianzmatrix der Märkte (mittels VBA-Funktionen)								
141									
142		*Spalte 1*	*Spalte 2*	*Spalte 3*	*Spalte 4*	*Spalte 5*	*Spalte 6*	*Spalte 7*	*Spalte 8*
143	Spalte 1	0,0023618							
144	Spalte 2	0,0019079	0,0016532						
145	Spalte 3	0,0022574	0,0019709	0,0023725					
146	Spalte 4	0,0018336	0,0016890	0,0022023	0,0032940				
147	Spalte 5	0,0001290	0,0001966	0,0002188	0,0000517	0,0001160			
148	Spalte 6	0,0005533	0,0006630	0,0007681	0,0004508	0,0002649	0,0006438		
149	Spalte 7	0,0005892	0,0007154	0,0008490	0,0006554	0,0002664	0,0006632	0,0007001	
150	Spalte 8	0,0002068	0,0004076	0,0006383	0,0016515	0,0000551	0,0002455	0,0003928	0,0012696

Abb. 2.3.3.2.-5.: Berechnung der Kovarianzmatrix

Zunächst wird die Berechnung mittels der eingebauten Funktion KOVAR() erläutert. Dazu muss als Erstes für die Ausgabe des zu berechnenden Ergebnisses ein Feld markiert werden. Danach erfolgt der Aufruf der Funktion auf dem schon genannten Weg. Es erscheint ein Eingabefenster, in dem nun die Felder eingegeben werden, aus denen die Varianz bzw. Kovarianz berechnet werden sollen (vgl. Abb. 2.3.3.2.-6.). Dabei wird hier nur die Funktion KOVAR() benutzt, da die Kovarianz einer Reihe mit sich selbst die Varianz ergibt. Es besteht aber auch die Möglichkeit, in diesem speziellen Fall alternativ die eingebaute Funktion VARIANZ() zu benutzen. Das berechnete Ergebnis unterscheidet sich jedoch voneinander. Nach Formel (3) und Formel (4) wird bei der Berechnung der empirischen Varianz bzw. auch bei der Berechnung der empirischen Kovarianz mit dem Faktor $1/(T\text{-}1)$ multipliziert. Bei der Formel VARIANZ() wird in Excel dieser Faktor genauso berücksichtigt, bei der Formel KOVAR() in Excel aber nicht. Dort wird mit dem Faktor $1/T$ multipliziert (dies ist auch bei der VBA-Analysefunktion Kovarianz der Fall). Dieses Vorgehen von Excel ist in der Tat eigentümlich und nicht nachvollziehbar. Um zu gewährleisten, dass die Berechnungen (innerhalb der Kovarianzmatrix) dennoch konsistent sind, wird (obwohl dies nicht widerspruchsfrei mit den Ausführungen zur Berechnung der empirischen Varianz bzw. Kovarianz nach den Formeln (3) und (4) ist) dieses Vorgehen gewählt, um den Einsatz der von Excel bereitgestellten Möglichkeiten aufzuzeigen. Es gibt auch die Möglichkeit, die Kovarianzfunktion (für Stichproben) eigenständig zu programmieren und einzusetzen, um eine exakte Berechnung durchzuführen. Alternativ kann die Berechnung von Excel durch die Multiplikation mit dem Faktor $T/(T\text{-}1)$ korrigiert werden. Dies übersteigt aber den einführenden Charakter dieses Buches. Ferner sei aber angemerkt, dass der Fehler bei der Berechnung mit zunehmendem Stichprobenumfang (Datenmaterial) vernachlässigbar wird und bei praktischer Anwendung kaum von Bedeutung ist.

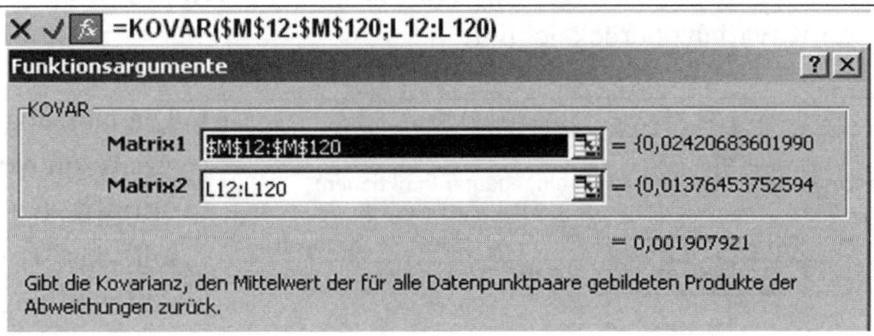

Abb. 2.3.3.2.-6.: Eingabemaske der Funktion KOVAR()[106]

Die Eingabe der Bereiche, in denen sich jene Zeitreihen befinden, deren historische Kovarianzen berechnet werden sollen, erfolgt wieder durch direkte Eingabe mittels Tastatur oder durch Markieren der Zellen.[107] Nach der Berechnung kann man sich die Syntax der Funktion durch Anwahl der Ergebniszelle in der Bearbeitungsleiste anschauen (wenn die Syntax bekannt ist, kann die Funktion auch direkt in die Bearbei-

106 Im Vergleich zu Abb. 2.3.3.2.-4. wurde der untere Teil der Eingabemaske nicht abgebildet, da dieser Bereich keine neuen Informationen enthält und somit vernachlässigt werden kann. Diese Vorgehensweise wird im Folgenden beibehalten, um Abbildungen auf die wesentlichen Aspekte zu beschränken.

107 Um zu verhindern, dass Excel die Bezüge beim Kopieren einer Formel in eine andere Zelle anpasst, verwendet man einen sog. absoluten Bezug. Absolute Bezüge werden durch die Eingabe eines Dollarzeichens vor die Angabe des Zeilen- bzw. Spaltenbezugs gesetzt. Absolute Zellbezüge verhindern beim Kopieren des Zellinhaltes und Einfügen in eine weitere Zelle das automatische Inkrementieren des Zellbezugs (vgl. hierzu auch die Microsoft Excel-Hilfe). Das Setzen der $-Zeichen erfolgte hier (bei der Verwendung der Kovarianzfunktion in Excel) um die Formel für die weiteren Berechnungen, ohne spätere Anpassungen auszuführen, kopieren zu können.

tungsleiste eingegeben werden). So wird jedoch nur die Kovarianz zweier Datenreihen untereinander berechnet. Das Ergebnis wird anschließend schlicht (d.h. ohne eine Beschreibung) ausgewiesen. Eine Darstellung in Form einer Matrix, wie dies im Tabellenbereich C *Kovarianzmatrix der Märkte (mittels eingebauter Funktionen)* der Fall ist, muss vom Anwender selbst erstellt werden. Die Beschriftung der Matrix ist eigenständig vorzunehmen. Auch ist die Berechnung jeder Kovarianz jedes Mal wieder einzugeben (für das hier gewählte Beispiel ist jede Zelle von L131 bis S138 zu berechnen; vgl. Abb. 2.3.3.2.-5. und Abb. 2.3.3.2.-7.). Der große Vorteil dieses umständlichen und zeitaufwändigen Vorgehens ist jedoch, dass Veränderungen in den Ursprungsdaten automatisch berücksichtigt werden. Sollten sich beispielsweise Datenfehler in den Datenreihen der Tabellenbereiche A oder B eingeschlichen haben, so kann man diese dort korrigieren und die Änderungen werden gleichzeitig in den Berechnungen zur Kovarianz berücksichtigt.

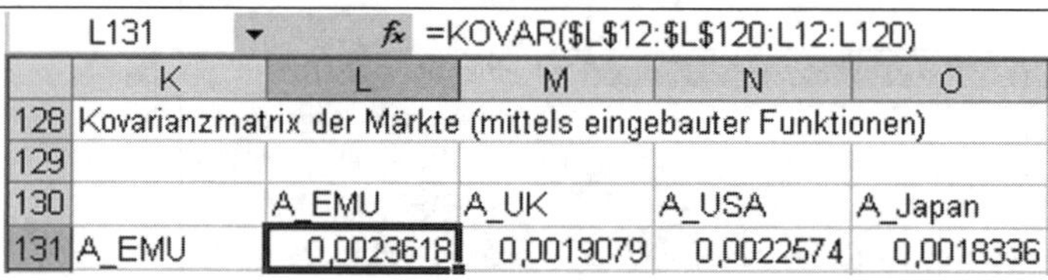

Abb. 2.3.3.2.-7.: Anwendung der Funktion KOVAR()

Die Nutzung der VBA-Analysefunktion Kovarianz hat den Vorteil, dass eine optische Aufbereitung der Ergebnisse automatisch vorgenommen wird. Die VBA-Analysefunktion Kovarianz befindet sich unter dem Menü Extras/Analyse-Funktionen. Es öffnet sich ein Auswahlfenster, welches alle zur Verfügung stehenden Analysefunktionen enthält.

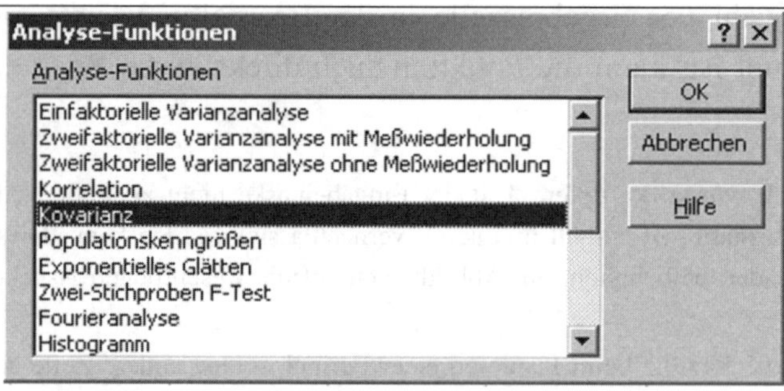

Abb. 2.3.3.2.-8.: VBA-Analysefunktionen

Nach Auswahl der Kovarianzfunktion öffnet sich das zugehörige Eingabemenü (vgl. Abb. 2.3.3.2.-9.). Hier hat man die Möglichkeit, das gesamte Datenmaterial im Feld Eingabebereich anzugeben (d.h. den gesamten Tabellenbereich B von Zelle L12 bis S120). Danach muss die Anordnung der Datenreihen festgelegt werden, hier beispielsweise in Spaltenform. Ferner kann, wenn in der ersten Zeile des Datenbereichs die Beschriftung der Datenreihen steht, das Feld Beschriftung in erster Zeile bzw. Spalte aktiviert werden. In diesem Fall wird die Beschriftung für die Ausgabe der Kovarianzmatrix übernommen. Ansonsten erfolgt eine neutrale Beschreibung unter Angabe der Spalten- bzw. Zeilennummer. Für die Ausgabe kann ein bestimmter Bereich des aktuellen Tabellenblattes (bei der Angabe genügt es, die erste Zelle des Ausgabebereiches links oben festzulegen), ein neues Tabellenblatt oder auch eine neue Arbeitsmappe gewählt werden. Die Ausgabe erfolgt dann in Form einer Matrix wie in Abb. 2.3.3.2.-5. Vorteil ist hier die Darstellung mit gleichzeitiger Beschriftung und die einmalige Eingabe der Daten. Nachteil ist, da die Kovarianzmatrix symmetrisch ist, dass nur die untere Dreiecksmatrix der Ergebnisse dargestellt wird (um Redundanzen zu vermeiden). Die vollständige Matrix muss also noch manuell erzeugt werden. Möglich ist dies z.B., indem man die gesamte Matrix, hier L142 bis S150, markiert, kopiert und einmal in einen neuen Bereich einfügt (über das Menü Bearbeiten, den Unterpunkt Inhalte einfügen anwählen) und sogleich ein zweites Mal in den gleichen Bereich einfügt, aber unter den Angaben „Leerzeilen überspringen" und „Transponieren". Ein weiterer Nachteil beim Arbeiten mit der VBA-Analysefunktion besteht ferner darin, dass bei Veränderungen der Ausgangsdaten keine automatische Neuberechnung erfolgt, also die Berechnung der Kovarianzmatrix dann erneut manuell durchgeführt werden muss.

Abb. 2.3.3.2.-9.: Eingabemenü der VBA-Analysefunktion Kovarianz

Beide Varianten eignen sich insgesamt eher bei kleinen Kovarianzmatrizen und/oder fallweisen Analysen. Sofern Kovarianzmatrizen ständig neu berechnet und/-oder große Kovarianzmatrizen behandelt werden müssen, ist die Programmierung per VBA sinnvoll.

An dieser Stelle sei noch einmal darauf hingewiesen, dass von der Berechnung der Formeln (3) und (4) für die einfache historisch basierte Schätzung von zukünftigen Renditen und Risiken aus Renditereihen aufgrund der vorgegebenen Eigentümlichkeiten bei Excel zur Berechnung der Kovarianz in dieser Fallstudie abgewichen wird. Um konsistente Ergebnisse zu erhalten, wird dieser „Fehler“ dann bei anderen Berechnungen ebenfalls in Kauf genommen.[108]

2.3.3.3. Bestimmung optimaler Portfolios

Nach Bestimmung der erwarteten Renditen sowie zukünftigen Varianzen und Kovarianzen werden abschließend einige Portfoliooptimierungen durchgeführt. In Excel steht dem Anwender zur Lösung von Optimierungsproblemen ein schon vorgefertigtes Werkzeug zur Verfügung, der Solver. Bevor der Solver für die Aufgabenstellungen aus der Portfoliooptimierung zum Einsatz kommt, werden zunächst einige allgemeine Anmerkungen folgen.

2.3.3.3.1. Der Solver

Um den Solver benutzen zu können, muss dessen Verfügbarkeit (Installation) sicher gestellt sein. Hierzu sei noch einmal auf die vorbereiteten Maßnahmen (vgl. Kap. 2.3.2.) für die Verwendung von Excel hingewiesen.

Ist der Solver als Add-In verfügbar, so findet man ihn im Menü Extras. Nach Aufruf des Solvers erscheint dessen Eingabemaske (vgl. Abb. 2.3.3.3.1.-1.).

---

108 Vgl. beispielsweise Tabellenbereich C, die Berechnung der Zeile „StdAbw. (hist.)“. Korrekt müsste hier die eingebaute Funktion Stabw gewählt werden, da diese von einer Stichprobe als Berechnungsgrundlage ausgeht und dies durch den Faktor $1/(T\text{-}1)$ berücksichtigt. Da bei der Berechnung der Kovarianz von Excel aus aber durch T geteilt wird, wurde auch hier, um Inkonsistenzen zu vermeiden, die eingebaute Funktion StabwN benutzt, welche ebenfalls durch T teilt. Die Resultate weichen in Höhe des Faktors $T/(T\text{-}1)$ ($1/T$ multipliziert mit $T/(T\text{-}1)$ ist gleich $1/(T\text{-}1)$) ab (StabwN = $T/(T\text{-}1)\cdot$Stabw), wobei für große T gilt: $\lim_{N\to\infty} \frac{T}{T-1} \to 1$. Schon im hier gewählten Fallbeispiel ergibt sich $109/108 = 1{,}009259259... \approx 1$. Mit steigender Anzahl der Beobachtungen ist die bewusst in Kauf genommen Ergebnisabweichung gegenüber der eigentlich korrekten Berechnungsweise also zu vernachlässigen.

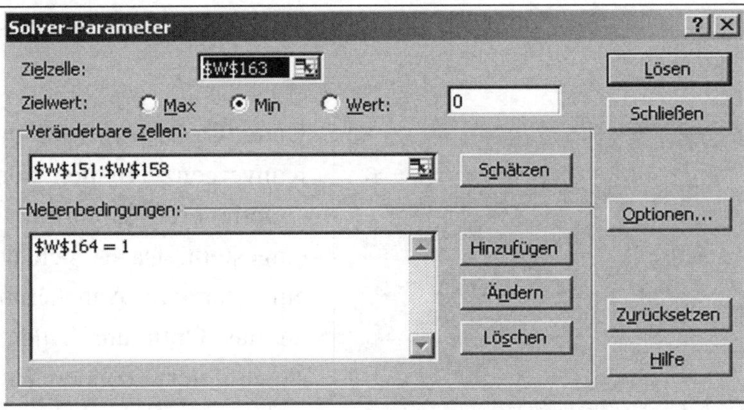

Abb. 2.3.3.3.1.-1.: Solver-Parameter

Hier erfolgt die Eingabe aller für das Optimierungsproblem relevanten Parameter. Zunächst wird die Zielzelle eingegeben. Dies ist diejenige Zelle, welche die Zielfunktion als Berechnungsformel enthält. Danach wird der Typ des Optimierungsproblems festgelegt. Der Solver unterscheidet zwischen einem Maximierungs- oder Minimierungsproblem.[109] Im Eingabebereich Veränderbare Zellen sind diejenigen Variablen des Optimierungsproblems anzugeben, für welche ein Optimum bestimmt werden soll (welche folglich veränderbar sind), z.B. die Gewichte der einzelnen Assets im Portfolio. Im Feld Nebenbedingungen können alle schon genannten Formen von Nebenbedingungen (und auch weitere) eingetragen werden, welche für die jeweilige Portfoliooptimierung relevant sind.

109 Als dritte Variante kann aber auch ein konkreter Zielfunktionswert gefordert werden.

Weitere Einstellungen kann man unter Optionen vornehmen. Es öffnet sich folgendes Eingabefenster:

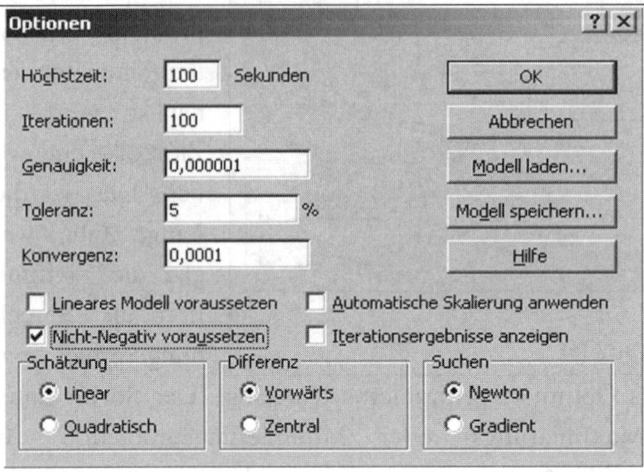

Abb. 2.3.3.3.1.-2.: Optionen: Solver-Parameter

Unter Optionen wird das Konvergenzverhalten des Optimierungsalgorithmus eingestellt. Da es sich um eine iterative Annäherung an das Optimum handelt, steuern hier besondere Einstellungen das Abbruchverhalten des Optimierungsalgorithmus. Insbesondere sind dabei folgende Einstellungen von Bedeutung:

- Höchstzeit: Zeitdauer, nach dessen Ablauf der Optimierungsalgorithmus abgebrochen wird;
- Iterationen: Maximale Anzahl der Iterationen innerhalb des Optimierungsalgorithmus, nach der abgebrochen wird;
- Genauigkeit: Numerische Genauigkeit, mit der die zu optimierenden Variablen zu bestimmen sind;
- Toleranz: Hier nicht relevant (nur bei ganzzahligen Optimierungsproblemen);
- Konvergenz: Abbruch des Optimierungsalgorithmus in Bezug auf die Veränderung des Zielfunktionswertes im Verlauf der Optimierung.

Weitere Einstellungen betreffen das Setzen eines linearen Optimierungsproblems oder das der Nichtnegativitätsbedingung für alle zu optimierenden Parameter. Bei nichtlinearen Optimierungsproblemen sind noch Einstellungen zur Art des Suchalgorithmus möglich (vgl. Abb. 2.3.3.3.1.-2.). Da im Weiteren mit den Standardeinstellungen des Solvers gearbeitet wird, wird an dieser Stelle auf genauere Ausführungen zum Solver verzichtet. Detailliertere Informationen sind beispielsweise über die Internetpräsenz der Herstellerfirma des Solvers zu erhalten (http://www.frontsys.com oder http://www.solver.com). Dort ist unter anderem ein ausführliches Tutorial zum Solver verfügbar (leider erfolgt jedoch keine genaue Offenlegung des Optimierungsalgorithmus). Ebenso finden sich in der Excel Online-Hilfe ebenfalls weiterführende Erläuterungen zu den o.g. Einstellmöglichkeiten.

Nach Einführung des Solvers wird nun die Anwendung auf die geschilderten Portfoliooptimierungsprobleme anhand verschiedener Varianten innerhalb dieser Fallstudie demonstriert. Die für die Optimierung benötigten Inputdaten (die erwarteten Renditen der verschiedenen Märkte sowie die Schätzungen der zugehörigen, zukünftigen Varianzen/Kovarianzen, deren Berechnung in Tabellenbereich C erfolgt ist) wurden aus Übersichtsgründen im Tabellenbereich D noch einmal zusammengestellt (vgl. Abb. 2.3.3.3.1.-3.).

	V	W	X	Y	Z	AA
128	**Tabellenbereich D: Inputdaten für die Portfoliooptimierung und optimierte Portfolios**					
129	Portfoliogewichte (Benchmark):					
130	Markt	Gewicht (**w**)				
131	A_EMU	0,1250				
132	A_UK	0,1250				
133	A_USA	0,1250				
134	A_Japan	0,1250				
135	R_EMU	0,1250				
136	R_UK	0,1250				
137	R_USA	0,1250				
138	R_Japan	0,1250				

Schätzer für Renditen (**r**) und Kovarianzen (**V**)

EW(**r**)	A_EMU	A_UK	A_USA	A_Japan	R_EMU	R_UK	R_USA	R_Japan
0,0132018	0,0023618	0,0019079	0,0022574	0,0018336	0,0001290	0,0005533	0,0005892	0,0002068
0,0116914	0,0019079	0,0016532	0,0019709	0,0016890	0,0001966	0,0006630	0,0007154	0,0004076
0,0148471	0,0022574	0,0019709	0,0023725	0,0022023	0,0002188	0,0007681	0,0008490	0,0006383
0,0037165	0,0018336	0,0016890	0,0022023	0,0032940	0,0000517	0,0004508	0,0006554	0,0016515
0,0065026	0,0001290	0,0001966	0,0002188	0,0000517	0,0001160	0,0002649	0,0002664	0,0000551
0,0101577	0,0005533	0,0006630	0,0007681	0,0004508	0,0002649	0,0006438	0,0006632	0,0002455
0,0092000	0,0005892	0,0007154	0,0008490	0,0006554	0,0002664	0,0006632	0,0007001	0,0003928
0,0073284	0,0002068	0,0004076	0,0006383	0,0016515	0,0000551	0,0002455	0,0003928	0,0012696

Abb. 2.3.3.3.1.-3.: Zusammenfassung der Inputparameter[110]

110 Die Zeilen im unteren Teil von Abb. 2.3.3.3.1.-3. sind ebenfalls mit den Märkten (A_EMU, A_UK, A_USA, A_Japan, R_EMU, R_UK, R_USA, R_Japan) in der gleichen Reihenfolge wie im oberen Teil der Abbildung beschriftet. Sie wurden hier lediglich aus Platzgründen weggelassen.

2.3.3.3.2. Bestimmung des Minimum-Varianz-Portfolios

Zunächst soll das in Kapitel 2.1.3. bereits erwähnte Minimum-Varianz-Portfolio bestimmt werden.[111] Dabei wird dasjenige Portfolio gesucht, welches das geringste zu erwartende Risiko aufweist. Das Optimierungsproblem lautet:

(1a) $ZF(\mathbf{w}) = \sigma_P^2 = \mathbf{w}^{\mathbf{T}}\mathbf{V}\mathbf{w} \rightarrow \min!$ bzw.

(1b) $ZF(w_1,...,w_N) = \sigma_P^2 = \sum_{i=1}^{N}\sum_{j=1}^{N} w_i w_j \sigma_{ij} \rightarrow \min!$

unter den Nebenbedingungen

(2a) $\mathbf{1}^{\mathbf{T}}\mathbf{w} = 1$ Budgetrestriktion (zwingend) bzw.

(2b) $\sum_{i=1}^{N} w_i = 1$

(3) $w_i \geq 0$ für alle $i = 1, ..., N$; Nichtnegativitätsbedingungen (Leerverkaufsverbot, gilt in der Regel).

Die Umsetzung der Zielfunktion erfordert es, zunächst einen Gewichtevektor **w** als Startlösung willkürlich festzulegen, z.B. von einer Gleichgewichtung aller zur Verfügung stehenden Assets (vgl. Abb. 2.3.3.3.2.-1., Zelle W151 bis W158) auszugehen. Danach ist die Zielfunktion zu formulieren. Diese befindet sich in Zelle W163, die komplette Formel ist auch der Bearbeitungsleiste zu entnehmen. Sie entspricht Gleichung (1a). An diesem Beispiel werden noch einige Besonderheiten der Matrizenmultiplikation in Excel offenbar. Die Matrizenmultiplikation nimmt nur zwei Argumente zur Berechnung auf. Daher ist die Matrizenmultiplikation zur Berechnung des Portfoliorisikos zweimal auszuführen. Dazu sind die Funktionen ineinander zu schachteln. Bei der Berechnung der ineinander geschachtelten Funktionen geht Excel von innen nach außen vor. Zunächst wird also der Gewichtevektor **w** transponiert (MTRANS). Dieser wird dann mit der Varianz-Kovarianzmatrix **V** multipliziert (innere MMULT Anweisung). Das Ergebnis dieser Multiplikation wird dann wieder mit dem Gewichtevektor **w** multipliziert (äußere MMULT Anweisung). An dieser Stelle sei erinnert,

---

111 Vgl. zu empirischen Befunden und den Eigenschaften des Minimum-Varianz-Portfolios KLEEBERG (1995).

dass die Matrizenmultiplikation nicht kommutativ ist. Die Reihenfolge der eingehenden Argumente ist also zu beachten, jedoch gilt das Assoziativgesetz (vgl. A1.1.2.2.).

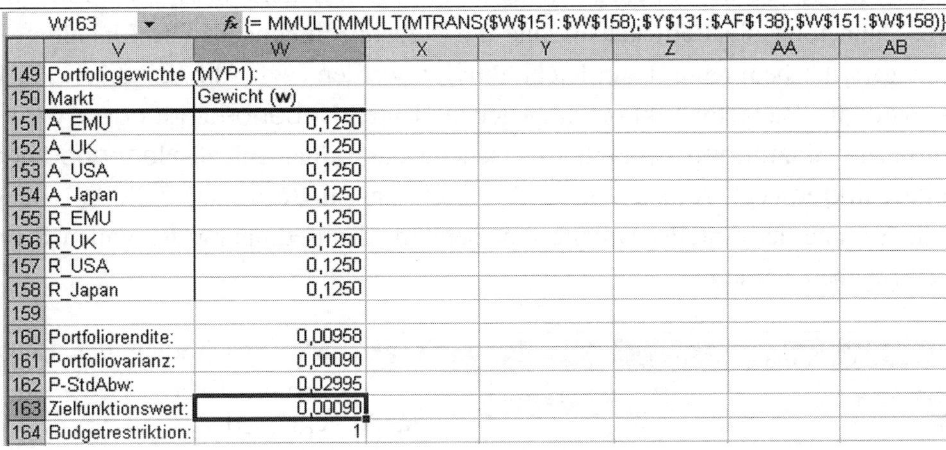

W163 = {= MMULT(MMULT(MTRANS($W$151:$W$158);$Y$131:$AF$138);$W$151:$W$158)}

	V	W	X	Y	Z	AA	AB
149	Portfoliogewichte (MVP1):						
150	Markt	Gewicht (**w**)					
151	A_EMU	0,1250					
152	A_UK	0,1250					
153	A_USA	0,1250					
154	A_Japan	0,1250					
155	R_EMU	0,1250					
156	R_UK	0,1250					
157	R_USA	0,1250					
158	R_Japan	0,1250					
159							
160	Portfoliorendite:	0,00958					
161	Portfoliovarianz:	0,00090					
162	P-StdAbw:	0,02995					
163	Zielfunktionswert:	0,00090					
164	Budgetrestriktion:	1					

Abb. 2.3.3.3.2.-1.: Berechnung der Zielfunktion für das Minimum-Varianz-Portfolio

Die Budgetrestriktion (2) und die Nichtnegativitätsbedingungen (3) werden ebenfalls bei der Parametereingabe im Solver berücksichtigt. Für die Berücksichtigung von (2) wurde noch die Summe der Anteilsgewichte gebildet (vgl. in Abb. 2.3.3.3.2.-1. Zelle W164), um auf die Zelle als Bezug für die Budgetrestriktion zurückgreifen zu können. Es sind nun alle für die Optimierung benötigten Daten vorbereitet bzw. bereitgestellt worden (vgl. Abb. 2.3.3.3.2.-1. und Abb. 2.3.3.3.1.-3.).

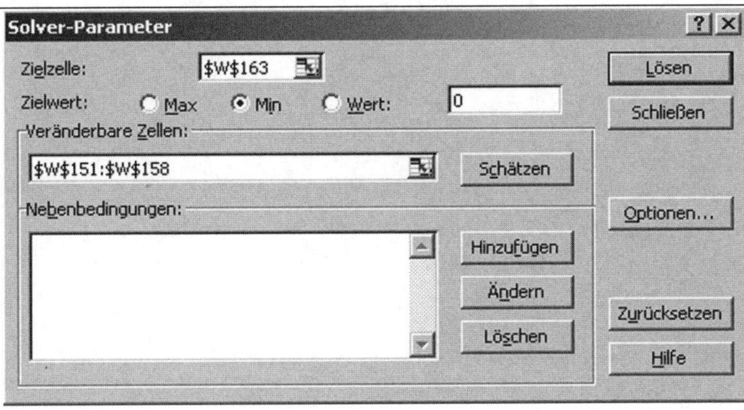

Abb. 2.3.3.3.2.-2.: Minimum-Varianz-Portfolio: Solver-Parameter

Die Optimierung kann nun mittels des Solvers durchgeführt werden. Der Solver wird aufgerufen und die relevanten Daten werden eingegeben (vgl. Abb. 2.3.3.3.2.-2.). Die Zielzelle ist hier W163, da diese die Formel für die

Berechnung der Zielfunktion (1) enthält. Es handelt sich um ein Minimierungsproblem, was in der Zielwertzeile aktiviert werden muss. Danach werden die veränderlichen Parameter, also die Anteilsgewichte im Portfolio, Zellen W151 bis W158, eingegeben. Dann folgt die Berücksichtigung der Nebenbedingungen. Die Einhaltung der Nichtnegativitätsbedingung kann leicht aktiviert werden (vgl. Abb. 2.3.3.3.1.-2.). Danach wird die Budgetrestriktion eingegeben. Unter Nebenbedingungen wird die Schaltfläche Hinzufügen betätigt. Es erscheint das Eingabemenü Nebenbedingungen hinzufügen (vgl. Abb. 2.3.3.3.2.-3.). Dort kann in Bezug auf Zelle W164, welche die Summe der Anteilsgewichte repräsentiert, die Bedingung der vollen Investition eingegeben werden.

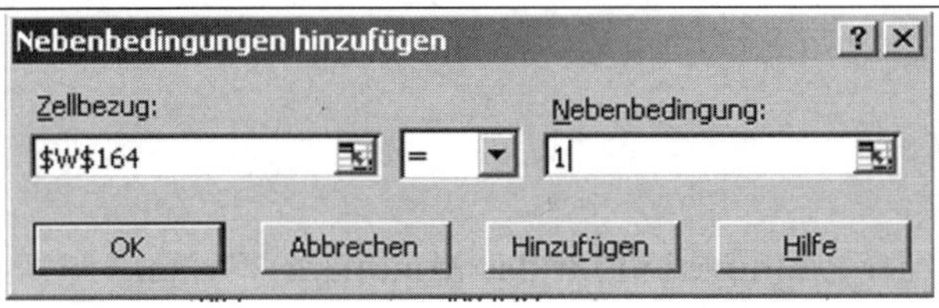

Abb. 2.3.3.3.2.-3.: Berücksichtigung der Budgetrestriktion

Mit Bestätigung der Eingabe springt Excel wieder in die Solver-Parametereingabe zurück. Die Berechnung kann schließlich mittels der Lösen-Schaltfläche veranlasst werden. Es erfolgt eine Meldung des Solvers, ob eine zulässige Lösung gefunden werden konnte. Wenn alles in Ordnung ist, kann man die Verwendung des Ergebnisses bestätigen oder zur Überprüfung wieder zu den Ausgangsdaten zurückkehren.

	V	W
149	Portfoliogewichte (MVP1):	
150	Markt	Gewicht (**w**)
151	A_EMU	0,0000
152	A_UK	0,0000
153	A_USA	0,0000
154	A_Japan	0,0000
155	R_EMU	0,9523
156	R_UK	0,0000
157	R_USA	0,0000
158	R_Japan	0,0477
159		
160	Portfoliorendite:	0,00654
161	Portfoliovarianz:	0,00011
162	P-StdAbw:	0,01063
163	Zielfunktionswert:	0,00011
164	Budgetrestriktion:	1

Abb. 2.3.3.3.2.-4.: Minimum-Varianz-Portfolio: Ergebnisse

Abb. 2.3.3.3.2.-4. zeigt die Ergebnisse der Optimierung. Das *MVP* besteht zu ca. 95% aus dem Index für Renten der Europäischen Währungsunion und zu ca. 5% aus dem Index für Renten des japanischen Marktes. Die zu erwartende Rendite des *MVP* beträgt 0,00654 p.M. ($\mathbf{w}^T\mathbf{r}$) und das Risiko, ausgedrückt in der geschätzten, zukünftigen Standardabweichung, 0,01063 ($\sqrt{\mathbf{w}^T\mathbf{V}\mathbf{w}}$).

Die Möglichkeit, Leerverkäufe tätigen zu können, soll an dieser Stelle anhand des gerade berechneten MVP aufgezeigt werden. Ohne Berücksichtigung der Nebenbedingung (3) ergibt sich die in Abb. 2.3.3.3.2.-5. dargestellte Portfoliostruktur.

	V	W
149	Portfoliogewichte (MVP1):	
150	Markt	Gewicht (**w**)
151	A_EMU	0,4837
152	A_UK	-0,1755
153	A_USA	-0,3136
154	A_Japan	-0,0344
155	R_EMU	1,2298
156	R_UK	-0,1944
157	R_USA	-0,2313
158	R_Japan	0,2357
159		
160	Portfoliorendite:	0,00517
161	Portfoliovarianz:	0,00000
162	P-StdAbw:	0,00000
163	Zielfunktionswert:	0,00000
164	Budgetrestriktion:	1

Abb. 2.3.3.3.2.-5.: Minimum-Varianz-Portfolio: Aufhebung des Leerverkaufsverbotes

Augenfällig ist in diesem Fall die Annäherung des erwarteten Portfoliorisikos an null. Die hier berechnete Portfoliostandardabweichung ist nur geringfügig von null verschieden (0,000000010528699), jedoch bei gleichzeitigem Absinken der erwarteten Portfoliorendite auf 0,5% p.M. Auf den ersten Blick ergibt sich eine völlig andere Portfoliostruktur. Alle Assets finden bei der Zusammenstellung Berücksichtigung. Jedoch erhält auch hier der Rentenmarkt der Eurozone mit etwa 123% das höchste Einzelgewicht. Positive Gewichte erhalten zudem der Aktienmarkt der Eurozone (ca. 48%) und der Rentenmarkt Japans (ca. 24%). Alle anderen Assets weisen ein negatives Gewicht auf und werden somit leerverkauft. In den folgenden Betrachtungen finden Leerverkäufe keine weitere Anwendung, obwohl dies problemlos umzusetzen ist.[112]

Auffällig bei der Bestimmung des *MVP* (bei Leerverkaufsverbot) ist die Zusammensetzung aus nur zwei der acht möglichen Marktindices. Um ein stärker diversifiziertes Portfolio zu erhalten, werden bei der Berechnung eines zweiten *MVP* (*MVP*2) zusätzliche Nebenbedingungen eingeführt. Die einzelnen Assets (hier Märkte) sollen mindestens mit einem Anteilsgewicht von 5%, aber maximal mit einem Höchstanteil von 40% im Portfolio enthalten sein. Die Eingabe dieser Nebenbedingungen kann einzeln für jedes Anteilsgewicht erfolgen. Es ist aber auch zulässig, im Eingabemenü Nebenbedingungen hinzufügen im Feld Zellbezug den ganzen Gewichtevektor (beispielsweise per Markierung des Zellbereiches) einzugeben, für den die einheitlichen Bedingungen gelten sollen (vgl. Abb. 2.3.3.3.2.-6.).

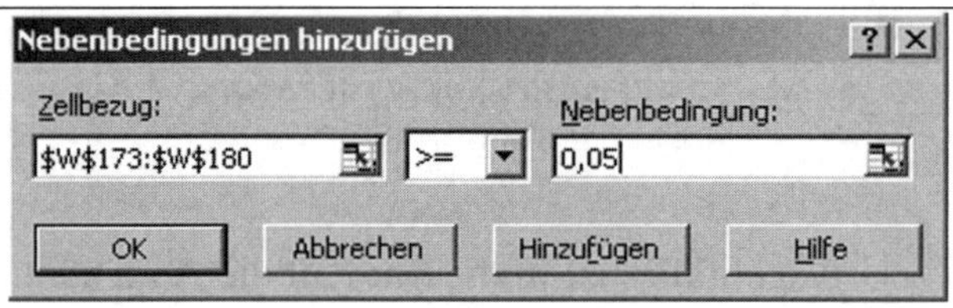

Abb. 2.3.3.3.2.-6.: Gleiche Beschränkungen für alle Anteilsgewichte

Den Eingabekomfort erkauft man sich aber mit dem Nachteil, dass man das Modell nicht speichern kann. Daher wurden in allen Fallstudien die Nebenbedingungen einzeln eingegeben oder die Möglichkeit genutzt, die Nebenbedingung als Vektor (entsprechend der Eingabe des Zellbezuges; also beispielsweise $X$173:$X$180 bzw. $Y$173:$Y$180, vgl. Abb. 2.3.3.3.2.-7.) einzugeben. Dabei erhält man sich die Möglichkeit, das Modell zu speichern.

---

112 Im Anhang 3 erfolgt eine gesonderte, ausführliche Betrachtung der Leerverkaufsproblematik ohne diese bei allen Fallbeispielen zu implementieren.

	V	W	X	Y
171	Portfoliogewichte (MVP2):			
172	Markt	Gewicht (**w**)	Minimal	Maximal
173	A_EMU	0,0500	0,0500	0,4000
174	A_UK	0,0500	0,0500	0,4000
175	A_USA	0,0500	0,0500	0,4000
176	A_Japan	0,0500	0,0500	0,4000
177	R_EMU	0,4000	0,0500	0,4000
178	R_UK	0,2000	0,0500	0,4000
179	R_USA	0,0500	0,0500	0,4000
180	R_Japan	0,1500	0,0500	0,4000
181				
182	Portfoliorendite:	0,00836		
183	Portfoliovarianz:	0,00038		
184	P-StdAbw:	0,01954		
185	Zielfunktionswert:	0,00038		
186	Budgetrestriktion:	1		

Abb. 2.3.3.3.2.-7.: Minimum-Varianz-Portfolio 2: Ergebnisse

Es ergibt sich wieder ein zum vorherigen *MVP* im Prinzip ähnliches Lösungsbild (vgl. Abb. 2.3.3.3.2.-7.).[113] Ansonsten ergeben sich die erwarteten Verschiebungen bei den Anteilsgewichten. Jedes Asset ist zu mindestens 5% im Portfolio enthalten. Der Anteil des Rentenmarktes der Eurozone wird durch die Höchstgrenze beschränkt. Ansonsten stellen sich nur „kleinere" Veränderungen ein. Die zu erwartende Rendite des *MVP*2 beträgt 0,00836 p.M. und die Standardabweichung 0,01954. Sie ist damit im Gegensatz zur Standardabweichung des (zuvor ermittelten) *MVP* erwartungsgemäß höher, da die zusätzlichen Nebenbedingungen den Lösungsbereich einschränken und damit die (optimale) Lösung stärker restringieren.

2.3.3.3.3. Bestimmung des Tangentialportfolios

Wie schon in Kapitel 2.1.1. geschildert, ergibt sich unter der Annahme der Existenz einer risikofreien Anlage eine neue Effizienzlinie (vgl. Abb. 2.1.1.-3.). Die Bestimmung des Tangentialportfolios *TP* (das Portfolio mit der maximalen *Sharpe-Ratio*) beinhaltet die Frage: Welches Portfolio maximiert die Überschussrendite (über den risikofreien Zins hinaus) relativ zum Portfoliorisiko?

113 Die Budgetrestriktion wird zwar leicht verletzt (bei Berücksichtigung weiterer Nachkommastellen), dies liegt aber nur an Rundungsungenauigkeiten bei der Lösungsbestimmung und Summierung der Anteilsgewichte und kann vernachlässigt werden.

Die Zielfunktion lautet also:

(1a) $$ZF = \frac{\mu_P - r_F}{\sigma_P} \rightarrow \max!$$ bzw. in Matrizenschreibweise

(1b) $$ZF = \frac{\mathbf{w}^{\mathbf{T}}\mathbf{r} - r_F}{\sqrt{\mathbf{w}^{\mathbf{T}}\mathbf{V}\mathbf{w}}} \rightarrow \max!$$

Im Gegensatz zu der Zielfunktion (1) in Kapitel 2.3.3.3.2. handelt es sich hier um ein Maximierungsproblem, was bei der Einstellung des Solvers zu beachten ist.

Der Ausgangspunkt für die Durchführung dieser Optimierungsvariante in der Fallstudie wird durch die schon bekannten Inputdaten im Tabellenbereich D (vgl. Abb. 2.3.3.3.1.-3.) und die zufällig ausgewählten Werte für die Einzelgewichte aller für die Optimierung in Frage kommenden Assets (der Einfachheit halber wurde wieder ein gleichgewichtetes Portfolio als Startlösung gewählt) gebildet.

Die Umsetzung der Zielfunktion erfolgte hier unter Einbezug zweier Zwischenschritte, um die Rendite und das Risiko des *TP* explizit auszuweisen. In Zelle W210 wurde zunächst die Portfoliorendite unter Anwendung von Matrizenoperationen berechnet, also mit $\mathbf{w}^{\mathbf{T}}\mathbf{r}$ (vgl. Abb. 2.3.3.3.3.-1.). Dann wurde in Zelle W211 die Portfoliovarianz auf die gleiche Weise bestimmt, also mit $\mathbf{w}^{\mathbf{T}}\mathbf{V}\mathbf{w}$ berechnet (die Standardabweichung des Portfolios, Zelle W212, ergibt sich als Wurzel aus Zelle W211). Die Budgetrestriktion wurde wie in Kapitel 2.3.3.3.2. beschrieben umgesetzt. Die Zielfunktion wurde dann in Zelle W213 mit Bezug auf die bereits geschätzte Portfoliorendite und das Portfoliorisiko umgesetzt (vgl. Abb. 2.3.3.3.3.-1.). In der Bearbeitungsleiste ist die Berechnungsformel für die Zielfunktion ersichtlich (der Wert für den risikofreien Zinssatz befindet sich in Zelle D6).

W213 = (W210 - D6) / W212

	V	W	X	Y
199	Portfoliogewichte (TP):			
200	Markt	Gewicht (**w**)	Minimal	Maximal
201	A_EMU	0,1250	0,0500	0,4000
202	A_UK	0,1250	0,0500	0,4000
203	A_USA	0,1250	0,0500	0,4000
204	A_Japan	0,1250	0,0500	0,4000
205	R_EMU	0,1250	0,0500	0,4000
206	R_UK	0,1250	0,0500	0,4000
207	R_USA	0,1250	0,0500	0,4000
208	R_Japan	0,1250	0,0500	0,4000
209				
210	Portfoliorendite:	0,00958		
211	Portfoliovarianz:	0,00090		
212	P-StdAbw:	0,02995		
213	Zielfunktionswert:	0,21060		
214	Budgetrestriktion:	1		

Abb. 2.3.3.3.3.-1.: Tangentialportfolio mit zusätzlichen Nebenbedingungen: Startlösung

Der Einsatz des Solvers erfolgt analog zu den Ausführungen in Kap. 2.3.3.3.2., weshalb an dieser Stelle auf genauere Erläuterungen verzichtet werden kann. Es sei aber nochmals auf die zu beachtenden Nebenbedingungen hingewiesen (Budgetrestriktion, Nichtnegativitätsbedingungen).

Die Lösung für $r_F = 4\%$ p.a. (entsprechend 0,33% p.M.) und den Bestandsnebenbedingungen wie in Kap. 2.3.3.3.2. beim *MVP*2 zeigt Abb. 2.3.3.3.3.-2.

	V	W	X	Y
199	Portfoliogewichte (TP):			
200	Markt	Gewicht (**w**)	Minimal	Maximal
201	A_EMU	0,0586	0,0500	0,4000
202	A_UK	0,0500	0,0500	0,4000
203	A_USA	0,0500	0,0500	0,4000
204	A_Japan	0,0500	0,0500	0,4000
205	R_EMU	0,4000	0,0500	0,4000
206	R_UK	0,2914	0,0500	0,4000
207	R_USA	0,0500	0,0500	0,4000
208	R_Japan	0,0500	0,0500	0,4000
209				
210	Portfoliorendite:	0,00867		
211	Portfoliovarianz:	0,00040		
212	P-StdAbw:	0,01999		
213	Zielfunktionswert:	0,27007		
214	Budgetrestriktion:	1		

Abb. 2.3.3.3.3.-2.: Tangentialportfolio mit zusätzlichen Nebenbedingungen: Ergebnisse

2.3.3.3.4. Bestimmung des Maximum-Ertrag-Portfolios

An dieser Stelle wird auf einen schon in Kap. 2.1.3. genannten Extremfall der Portfoliooptimierung zurückgegriffen, nämlich auf das Maximum-Ertrag-Portfolio (*MEP*). Nach Formel (4b) in Kap. 2.1.3. lautet hier die Zielfunktion:

(1) $ZF(\mathbf{w}) = \mathbf{w}^T\mathbf{r} \rightarrow \max!$

Die Bestimmung des *MEP* kann als eine Art der Überprüfung der Vorgehensweise genutzt werden. Ohne (Bestands-) Nebenbedingungen muss sich als Lösung des Optimierungsproblems ein Portfolio ergeben, welches ausschließlich aus einer Anlage besteht, nämlich derjenigen mit der höchsten erwarteten Rendite (vgl. Kap. 2.1.3.). Aber auch bei der Vorgabe von einzuhaltenden (Bestands-) Nebenbedingungen ist das Ergebnis intuitiv nachvollziehbar, wie die Fallstudie zeigen wird.

Die gewählten Nebenbedingungen entsprechen denjenigen der vorhergehenden Optimierungsvariante, nämlich Budgetrestriktion, Nichtnegativitätsbedingung und Mindest- sowie Höchstbestandsgrenzen. Die Optimierung erfolgt analog den oben bereits geschilderten Schritten. Es ergibt sich das in Abb. 2.3.3.3.4.-1. dargestellte Ergebnis.

	V	W
227	Portfoliogewichte (MEP):	
228	Markt	Gewicht (**w**)
229	A_EMU	0,3000
230	A_UK	0,0500
231	A_USA	0,4000
232	A_Japan	0,0500
233	R_EMU	0,0500
234	R_UK	0,0500
235	R_USA	0,0500
236	R_Japan	0,0500
237		
238	Portfoliorendite:	0,01233
239	Portfoliovarianz:	0,00162
240	P-StdAbw:	0,04022
241	Zielfunktionswert:	0,01233
242	Budgetrestriktion:	1

Abb. 2.3.3.3.4.-1.: Maximum-Ertrag-Portfolio: Ergebnisse

Das Ergebnis ist auch leicht ohne Anwendung von Excel nachzuvollziehen. Zunächst muss jedes Asset zumindest mit der Mindestbestandsgrenze im Portfolio gehalten werden. Dadurch sind prinzipiell schon einmal 40% des Anlagebetrages gebunden. Dann wird zur Maximierung der erwarteten Rendite des Portfolios das Asset mit der höchsten zu erwartenden Einzelrendite (der Index des US-amerikanischen Aktienmarktes) bis zur Höchstbestandsgrenze von 40% aufgenommen. Daher sind nun 75% des Anlagebetrages verteilt. Die restlichen 25% werden in das Asset investiert, welches die zweithöchste zu erwartende Einzelrendite aufweist (der Aktienmarktindex der Eurozone). Somit ist der Aktienmarkt der Eurozone mit 30% vertreten. Es ergibt sich also die in Abb. 2.3.3.3.4.-1. dargestellte, durch die Optimierung ermittelte Anteilsgewichtung. Das Portfolio weist eine zu erwartende Rendite von 0,01233 p.M. und eine

Standardabweichung von 0,04022 aus. An dieser Stelle sei auf die Ergebnisse des *MVP*2 aus Kapitel 2.3.3.3.2. hingewiesen (erwartete Portfoliorendite: 0,00836 p.M.; die Standardabweichung beträgt dort 0,01954). Bei einem Vergleich ergibt sich das vermutete Bild. Das *MVP*2 lässt bei geringerem Risiko auch eine geringere Rendite als das *MEP* erwarten.

2.3.3.3.5. Bestimmung eines beliebigen effizienten Portfolios

Für die Bestimmung eines beliebigen effizienten Portfolios kann die in Kapitel 2.1.1. bereits geschilderte Vorgehensweise herangezogen werden (vgl. dort Formeln (1) bis (7)). Für ein effizientes Portfolio gilt demnach:

(1) $$ZF(\mathbf{w}) = \sigma_P^2 = \mathbf{w}^\mathbf{T}\mathbf{V}\mathbf{w} \rightarrow \min!$$

unter der Nebenbedingung

(2) $$\mathbf{w}^\mathbf{T}\mathbf{r} = r^*$$

mit r^*: geforderte Portfoliorendite

wobei $\mu_{MVP} \leq r^* \leq \mu_{MEP}$.

Daneben sind alle übrigen oben schon genannten Nebenbedingungen (Budgetrestriktion, Nichtnegativitätsbedingung und Mindest- sowie Höchstbestandsgrenzen) zu beachten.

	V	W	X	Y
255	Portfoliogewichte (Eff.-P.):			
256	Markt	Gewicht (**w**)	Minimal	Maximal
257	A_EMU	0,0820	0,0500	0,4000
258	A_UK	0,0500	0,0500	0,4000
259	A_USA	0,0826	0,0500	0,4000
260	A_Japan	0,0500	0,0500	0,4000
261	R_EMU	0,2353	0,0500	0,4000
262	R_UK	0,4000	0,0500	0,4000
263	R_USA	0,0500	0,0500	0,4000
264	R_Japan	0,0500	0,0500	0,4000
265				
266	Portfoliorendite:	0,00950	gefordert:	0,00950
267	Portfoliovarianz:	0,00055		
268	P-StdAbw:	0,02336		
269	Zielfunktionswert:	0,00055		
270	Budgetrestriktion:	1		

Abb. 2.3.3.3.5.-1.: Beliebiges effizientes Portfolio: Ergebnisse

Die Werte für die geforderte Portfoliorendite können dabei mit den beiden Renditen der „Extrempositionen“ *MVP*2 und *MEP* auf den dazwischenliegenden Bereich beschränkt werden. In dem hier gewählten Fallbeispiel wurde $r^* = 0{,}0095$ als geforderte Portfoliorendite willkürlich gewählt. Es ergibt sich das in Abb. 2.3.3.3.5.-1. dokumentierte Portfolio. Durch die Variation der geforderten Portfoliorendite lässt sich die Effizienzkurve (vgl. Abb. 2.1.1.-2.) punktweise konstruieren.

2.3.3.3.6. Optimales Portfolio ohne risikofreie Anlagemöglichkeit

Bei der Bestimmung eines nutzenoptimalen Portfolios ohne risikofreie Anlagemöglichkeit, wie auch in der nächsten Variante der Fallstudie mit der risikofreien Anlagemöglichkeit, wird die Nutzenmaximierung mit der in Kapitel 2.1.2.1. dargestellten, vereinfachten Zielfunktion (dort Formel (3)) operationalisiert:

(1) $ZF(\mathbf{w}) = \mu_P - \lambda \cdot \sigma_P^2 \rightarrow \max!$

bzw. in Matrizenschreibweise

(2) $ZF(\mathbf{w}) = \mathbf{w}^{\mathbf{T}}\mathbf{r} - \lambda \cdot \mathbf{w}^{\mathbf{T}}\mathbf{V}\mathbf{w} \rightarrow \max!$

Die Optimierung erfolgt unter den bekannten Nebenbedingungen (Budgetrestriktion, Nichtnegativitätsbedingung und den Bestandsnebenbedingungen) und der Annahme $\lambda \approx 3{,}5$.

Wie auch in Abb. 2.3.3.3.6.-1. aus der Bearbeitungsleiste zu ersehen ist, wurde die Zielfunktion wieder über die Zwischenschritte (analog zu Kapitel 2.3.3.3.3.) der Berechnung der Portfoliorendite ($\mathbf{w}^{\mathbf{T}}\mathbf{r}$) und der Portfoliovarianz ($\mathbf{w}^{\mathbf{T}}\mathbf{V}\mathbf{w}$) implementiert.

W298 = W294 - W297 * W295

	V	W	X	Y
283	Portfoliogewichte:			
284	Markt	Gewicht (w)	Minimal	Maximal
285	A_EMU	0,0500	0,0500	0,4000
286	A_UK	0,0500	0,0500	0,4000
287	A_USA	0,2869	0,0500	0,4000
288	A_Japan	0,0500	0,0500	0,4000
289	R_EMU	0,0631	0,0500	0,4000
290	R_UK	0,4000	0,0500	0,4000
291	R_USA	0,0500	0,0500	0,4000
292	R_Japan	0,0500	0,0500	0,4000
293				
294	Portfoliorendite:	0,01099		
295	Portfoliovarianz:	0,00090		
296	P-StdAbw:	0,03007		
297	Lambda λ:	3,51614		
298	Zielfunktionswert:	0,00781		
299	Budgetrestriktion:	1		

Abb. 2.3.3.3.6.-1.: Nutzenoptimalen Portfolios ohne risikofreie Anlagemöglichkeit: Ergebnisse

Unter den gesetzten Annahmen würde der betrachtete Investor die Zusammensetzung seines individuellen Portfolios nach der in Abb. 2.3.3.3.6.-1. ausgewiesenen Gewichtung als optimal ansehen.

An dieser Stelle drängt sich aber die Frage nach der Wahl des Risikoaversionsparameters noch einmal in den Vordergrund. Daher wird der folgende Exkurs innerhalb dieser Fallstudie die Bestimmung des Risikoaversionsparameters aus einem Benchmarkportfolio behandeln.

2.3.3.3.7. Exkurs: Bestimmung des Risikoaversionsparameters

Die Bestimmung von λ basiert hier auf dem in Kap. 2.1.2.4. geschilderten Ansatz. Den Ausgangspunkt bildet somit ein während der Anlegeranalyse bestimmtes Benchmarkportfolio. Vereinfachend wird hier jedoch angenommen, dieses Benchmarkportfolio *B* sei ein durch die Gleichgewichtung jedes Assets zustande gekommenes Portfolio (dessen Gewichte werden in den Zellen AG279 bis AG286 ausgewiesen; vgl. Abb. 2.3.3.3.7.-1.). Ferner wird ein risikofreier Zinssatz von 4% p.a. (Monatszinssatz von 0,00327) als gegeben vorausgesetzt.

AG291 fx = (AG288 -D6) / (2 * AG289)

	AF	AG	AH	AI
274	**Bestimmung des Risikoaversionsparameters**			
275	mit λ = (r(B) - rf) / (2 * Var(B))			
276				
277	Portfoliogewichte im Benchmarkportfolio B:			
278	Markt	Gewicht (**w**)		
279	A_EMU	0,125		
280	A_UK	0,125		
281	A_USA	0,125		
282	A_Japan	0,125		
283	R_EMU	0,125		
284	R_UK	0,125		
285	R_USA	0,125		
286	R_Japan	0,125		
287				
288	Portfoliorendit	0,00958		
289	Portfoliovariar	0,00090		
290	P-StdAbw:	0,02995		
291	Lambda λ:	3,51614		
292				
293	Budgetrestrik	1		

Abb. 2.3.3.3.7.-1.: Berechnung von λ aus Benchmarkportfolio *B*

Für das Benchmarkportfolio ergibt sich eine erwartete Rendite von 0,00958 ($\mathbf{w}_B{}^{\mathbf{T}}\mathbf{r}$) und ein zukünftiges Risiko (gemessen durch die Standardabweichung der Portfoliorendite) von 0,02995 ($\sqrt{\mathbf{w}_B^{\mathbf{T}}\mathbf{V}\mathbf{w}_B}$). Der Berechnung dieser Größen liegt wieder die historisch basierte Schätzung der erwarteten Renditen und zukünftigen Risiken, wie in Kap. 2.3.3.2. vorgenommen, zugrunde. Die erwartete Benchmarkrendite und dessen zukünftiges Risiko sind also genauso geschätzte Größen wie die für ein beliebiges Portfolio. Daraus folgt für die Ermittlung von λ nach Formel (8) aus Kap. 2.1.2.4.:

$$\lambda = \frac{0{,}00958 - 0{,}00327}{2 \cdot 0{,}02995^2} \approx 3{,}51614\,.$$

Entsprechend findet das berechnete λ Eingang in die hier betrachteten Optimierungsvarianten der Fallstudie.

2.3.3.3.8. Optimales Portfolio bei risikofreier Anlagemöglichkeit

Bei der Einführung einer risikofreien Anlagemöglichkeit unter ansonsten gleich bleibenden Bedingungen (wie in Kapitel 2.3.3.3.6.) ergibt sich für den Investor, wie schon in Kapitel 2.1.1. beschrieben, eine neue Effizienzlinie (vgl. auch Abb. 2.3.3.3.8.-1.).

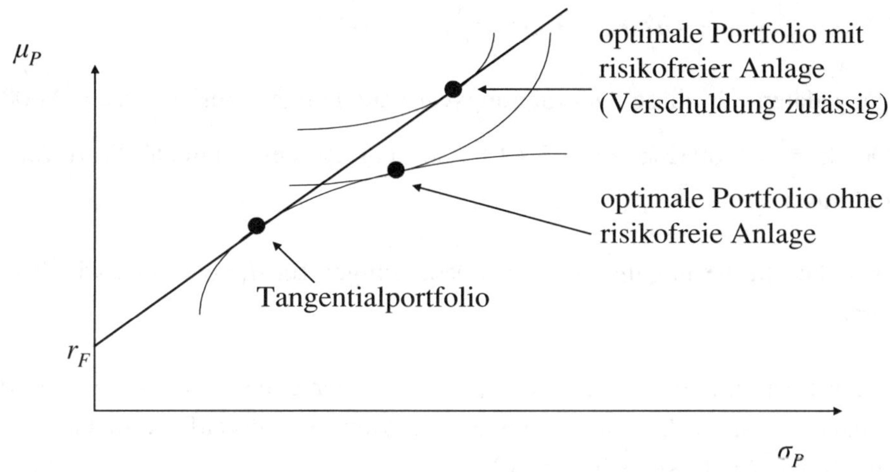

Abb. 2.3.3.3.8.-1.: Optimales Portfolio mit risikofreier Anlage

Für ein Mischportfolio bestehend aus Tangentialportfolio *TP* und risikofreier Anlage- bzw. Aufnahmemöglichkeit gilt:

(1) $$\mu_{Misch} = a \cdot \mu_{TP} + (1-a) \cdot r_F$$

(2) $$\sigma^2_{Misch} = a^2 \cdot \sigma^2_{TP}$$

mit μ_{Misch}: erwartete Rendite des Mischportfolios
σ^2_{Misch}: Varianz der Rendite des Mischportfolios
a: Anteil des Tangentialportfolios *TP* am Mischportfolio.

Das Tangentialportfolio wurde bereits in Kapitel 2.3.3.3.3. bestimmt. Die Aufgabe innerhalb dieser Optimierungsvariante besteht also lediglich in der Bestimmung des Anteils *a*, für den sich das anlegerindividuell (nutzen-) optimale Mischportfolio ergibt.

Es ist die bekannte Zielfunktion zu maximieren:

(3) $ZF = \mu_{Misch} - \lambda \cdot \sigma^2_{Misch} \rightarrow \max!$

also

(4) $ZF = a \cdot \mu_{TP} + (1-a) \cdot r_F - \lambda \cdot a^2 \cdot \sigma^2_{TP} \rightarrow \max!$

Die Ausgangsdaten für diese Optimierungsvariante lauten konkret: $\mu_{TP} = 0{,}00867$; $\sigma^2{}_{TP} = 0{,}0004$; $r_F = 0{,}00327$; $\lambda = 3{,}51614$. Gesucht ist der optimale Wert für das Mischverhältnis a.

Wichtig ist dabei die Festlegung der Nebenbedingungen für a, denn a ist wie folgt zu interpretieren:

- $a < 0$: Leerverkauf des Tangentialportfolios, der Erlös wird in die risikofreie Anlage investiert. Dies ist bei unbeschränkten Leerverkaufsmöglichkeiten ein unmöglicher Fall (siehe hierzu A2.2.).
- $0 \leq a \leq 1$: Aufteilung des Anlagekapitals auf risikofreie Anlage und Tangentialportfolio, jedoch keine Verschuldung. Dieser Lösungsbereich für a entspricht im Regelfall den Rahmenbedingungen der realen Kapitalanlagesituation.
- $0 \leq a \leq b$, mit $b > 1$: Im Grenzfall $a = b$ wird das $(b - 1)$ Vielfache des Anlagekapitals zum risikofreien Zinssatz aufgenommen (Verschuldung) und zusätzlich in das Tangentialportfolio investiert. Bei einem derartigen Lösungsbereich für a kann es also zu einer Verschuldung (Kreditaufnahme) zum Zwecke der verstärkten Investition in das risikobehaftete Tangentialportfolio kommen. In einer realen Kapitalanlagesituation ist jedoch die Zulässigkeit der Verschuldung oftmals nicht gegeben. Ob $b > 1$ gewählt werden darf, hängt aber von der anlegerindividuellen Situation ab.

In dieser Variante der Fallstudie wurde eine Situation unterstellt, bei der a auf $a \leq 1{,}5$ beschränkt wurde. Dies entspricht einer Kreditbeschränkung (Verschuldungsbeschränkung). Der Investor darf sich höchstens in Höhe der Hälfte seines zur Verfügung stehenden Kapitals zum risikofreien Zinssatz verschulden, um die Gesamtsumme in das *TP* zu investieren.

W324 | f_x = W320-W317*W321

	V	W	X
312	Ausgangsdaten:		
313			
314	r(TP):	0,00867	
315	Var(TP):	0,00040	
316	rf:	0,00327	
317	λ:	3,51614	
318			
319	Anteil a an TP:	1,5	
320	r(Misch):	0,01137	
321	Var(Misch):	0,00090	
322	StdAbw(Misch):	0,02999	
323			
324	Zielfunktionswert:	0,00821	

Abb. 2.3.3.3.8.-2.: Optimales Portfolio mit risikofreier Anlage: Ergebnisse

Es ergibt sich in diesem Fall ein Randoptimum; das Ergebnis der Optimierung ist $a = 1{,}5$. Das liegt an den „optimistischen" Erwartungen sowie an dem eher „niedrigen" Risikoaversionsparameter (vgl. Kapitel 2.1.2.6.).

Der Investor würde also die Verschuldungsmöglichkeit, die sich ihm bietet, unter den angenommenen Voraussetzungen voll ausnutzen, um das 1,5-fache seines ursprünglichen Anlagebetrages in das risikobehaftete *TP* zu investieren. Ohne eine Beschränkung von a würde sich sogar ein Mischportfolio mit $a = 1{,}92$ ergeben.

2.3.3.3.9. Abschluss der Fallstudie

In Tab. 2.3.3.3.9.-1. sind die Ergebnisse der betrachteten Fallstudie in Form der erwarteten Portfoliorendite und der zukünftigen Portfoliostandardabweichung als charakteristische Merkmale der einzelnen Portfolios zusammengefasst. Dabei handelt es sich aber genau genommen nur um Schätzungen. Ob sich diese Ergebnisse später (ex post) genauso einstellen werden, sei dahingestellt.

		Geschätzte zukünftige Portfoliostandardabweichung:	**Geschätzter Erwartungswert der Portfoliorendite:**
r_F		0	0,00327
*MVP*1		0,01063	0,00654
*MVP*2		0,01954	0,00836
TP		0,01999	0,00867
MEP		0,04022	0,01233
Eff.-P.		0,02336	0,00950
Optimales Portfolio	$\lambda = 3{,}5$	0,03007	0,01099
Optimales Mischportfolio	$\lambda = 3{,}5$ $a \leq 1{,}5$	0,02999	0,01137
Benchmark		0,02995	0,00958

Tab. 2.3.3.3.9.-1.: Zusammenfassung der Ergebnisse der Fallstudie

Die Abb. 2.3.3.3.9.-1. zeigt einen Teil der Ergebnisse nochmals in einem Rendite-Risiko-Diagramm.

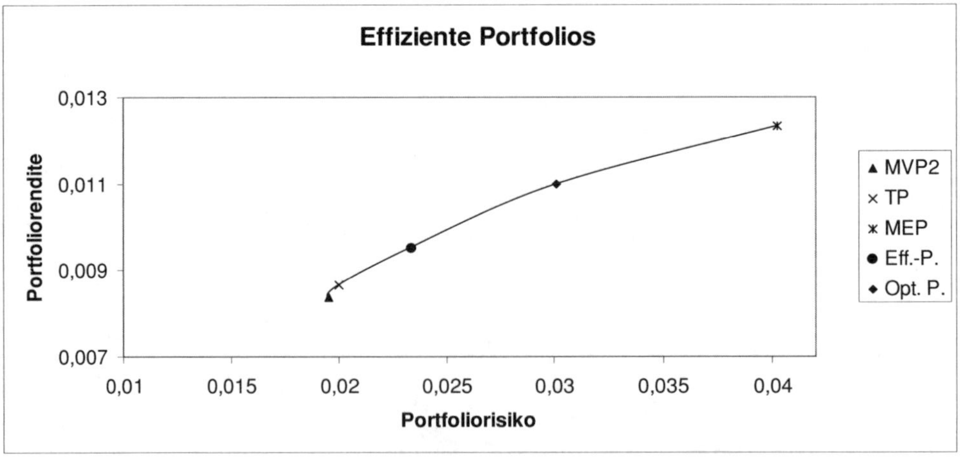

Abb. 2.3.3.3.9.-1.: Zusammenfassung der effizienten Portfolios

Die grafische Darstellung kann unter Anwendung des Diagramm-Assistenten (Menü/Einfügen/Auswahl/Diagramm) erstellt werden, wobei die Effizienzkurve nachträglich eingezeichnet wurde.

In der Abb. 2.3.3.3.9.-1. sind die fünf Portfolios enthalten, die unter den gleichen Nebenbedingungen optimiert wurden (*MVP*2, *TP*, *Eff.-P.*, *MEP*, *Optimales Portfolio*). Wie der Abbildung zu entnehmen ist, befinden sich die Portfolios *TP* und *Eff.-P.* und *Optimales Portfolio* zwischen dem *MVP*2 und *MEP*.

Das *MVP1* liegt, da es unter anderen Nebenbedingungen als die anderen genannten Portfolios ermittelt wurde, ebenso wie das Benchmarkportfolio nicht auf der gezeichneten Effizienzkurve in Abb. 2.3.3.3.9.-2., es wurde aus diesem Grund in der Abbildung nicht dargestellt. Die Lage des Benchmarkportfolios (vgl. Abb. 2.3.3.3.9.-2.) verdeutlicht hier noch einmal das Konzept effizienter Portfolios (vgl. Kap. 2.1.1.). Da das Benchmarkportfolio (so wie es hier konstruiert wurde) kein effizientes Portfolio ist, seine Konstruktion jedoch die gleichen Nebenbedingungen beinhaltet, die auch im Falle des *MVP*2, des *TP*, des *Eff.-P.* und des *MEP* berücksichtigt wurden, vereinigt es im Vergleich zu diesen bei einem relativ hohen Risiko eine vergleichsweise niedrige Rendite. Das optimale Mischportfolio bei $\lambda = 3{,}5$ und zusätzlicher Beschränkung der Kreditaufnahme ($a \leq 1{,}5$) liegt auf der Effizienzlinie wie erwartet rechts vom *TP*.

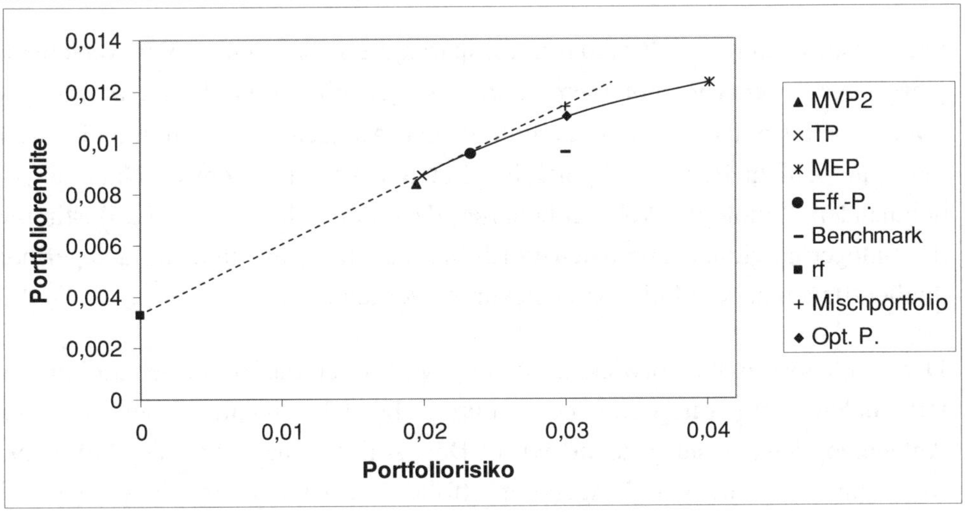

Abb. 2.3.3.3.9.-2.: Zusammenfassung der Fallstudie

Die Ergebnisse in der Tab. 2.3.3.3.9.-1. und deren grafische Veranschaulichung durch Abb. 2.3.3.3.9.-1. verdeutlichen das in Kap. 2.1.2.5. beschriebene Tautologie-Problem. Die Lösungen für die optimalen Portfolios ohne und mit risikofreier Anlage sind im Grunde nur die effizienten Pendants zur Benchmark.

2.4. Zusammenfassung

- Als klassischer Ansatz der Modernen Portfoliotheorie gilt der von MARKOWITZ entwickelte Mean-Variance-Ansatz, der die systematische Aufteilung des Anlagebetrages auf die im Anlageuniversum enthaltenen Assets mittels einer zweidimensionalen Zielfunktion löst. Die für den Anleger relevanten Zielgrößen sind die erwartete Portfoliorendite und das zukünftige Portfoliorisiko.

- Die Umsetzung der systematischen Aufteilung wird durch Konstruktion einer geeigneten Zielfunktion zur Identifikation anlegerindividueller, nutzenoptimaler Portfolios realisiert. Die in Wissenschaft und Praxis häufig verwendete Zielfunktion kann mit der Förstner-Regel motiviert werden. Theoretisch wird sie jedoch unter Verwendung des Bernoulli-Prinzips und zusätzlicher Annahmen hergeleitet. Hier wird (im Falle der Portfoliooptimierung) die nutzenäquivalente Zielfunktionsgröße eines Portfolios durch die um den λ-fachen Betrag des geschätzten Portfoliorisikos korrigierte erwartete Portfoliorendite gemessen.

- Die Bestimmung des Risikoaversionsparameters λ kann durch verschiedene Vorgehensweisen vorgenommen werden. Vorgestellt wurde die Bestimmung von λ aus zwei als nutzenäquivalent empfundenen Anlagealternativen und die Bestimmung aus einem Benchmarkportfolio. Letztere ist mit einem durchaus ernst zu nehmenden Tautologie-Problem behaftet, da sie dazu führt, dass die Bestimmung des anlegerindividuell optimalen Portfolios auf die Projektion der anlegerindividuellen Benchmark auf die Effizienzkurve „verkümmert".

- Der von MARKOWITZ entwickelte Ansatz wird durch die Tobin-Separation erweitert, indem das Anlageuniversum durch die Hinzunahme einer risikofreien Anlagemöglichkeit ausgedehnt wird. Der Anleger hat nun die Möglichkeit, Mischportfolios aus dem Tangentialportfolio und der risikofreien Anlage zu bilden.

- Verschiedene Portfoliomanagementstrategien werden bedingt durch die Problematik der Schätzung der Inputparameter für die Portfoliooptimierung abgeleitet.

Beim aktiven Portfoliomanagement wird davon ausgegangen, dass die Prognose von Renditen (absolute Renditen, Überschussrenditen oder auch autonome Eigenrenditen) und zukünftigen Varianzen und Kovarianzen als Risikomaß (oder auch andere, z.B. ausfallorientierte Maße für das Risiko wie Lower Partial Moments) zumindest mit hinreichender Güte möglich ist, also die mit der Prognose verbundenen Kosten durch systematische Extragewinne zumindest kompensiert werden. Ziel ist dann die Bestimmung des nutzenmaximierenden Portfolios. Beim passiven Portfoliomanagement wird davon ausgegangen, dass die o.g. Finanzmarktprognosen nicht möglich sind oder nicht die Güte besitzen, um die mit ihnen verbundenen Kosten zu decken. Daher ist hier das Ziel, eine möglichst exakte und kostengünstige Replikation des gewählten Benchmarkportfolios zu erreichen. Die hier betrachteten Modelle und Fallstudien sind dem Bereich des aktiven Portfoliomanagements zuzuordnen.

- Die vorgestellten Konzepte zur Portfoliooptimierung werden in der Praxis als auch in der Wissenschaft mit speziellen Softwarelösungen umgesetzt. In der Praxis haben sich vielfach Softwarelösungen durchgesetzt, die alle Teilbereiche des Portfoliomanagementprozesses als eine Art „All-in-One-Lösung" abdecken. In der Wissenschaft stehen diese (kostenintensiven) Lösungen zumeist nicht zur Verfügung. Hier wird auf mathematisch statistische Software zur Lösung der Aufgaben aus dem Portfoliomanagementprozess zurückgegriffen.

- Für die Fallstudien wird auf einen Lösungsweg zurückgegriffen, welcher in Praxis und Wissenschaft zunehmend eingesetzt wird, nämlich der Einsatz von Tabellenkalkulationsprogrammen wie z.B. Excel. Sie bieten einen ausreichenden Leistungsumfang für die hier vorgestellten Anwendungen. Bei komplexeren Aufgabenstellungen stoßen sie indessen schnell an die Grenzen ihrer Leistungsfähigkeit.

Literaturhinweise

Das klassische Werk zur Portfoliooptimierung liefert MARKOWITZ (1952). Bei diesem von ihm veröffentlichten Artikel handelt es sich um eine kompakte Darstellung des von ihm entwickelten Portfoliooptimierungsansatzes. Eine umfassendere Ausarbeitung des Themenkomplexes der Portfoliooptimierung erfolgt in MARKOWITZ (1998).

Fragen zur Statistik, Ökonometrie und Optimierung werden im gleichnamigen Buch von PODDIG/DICHTL/PETERSMEIER (2003) behandelt und mit umfangreichen Beispielen und praktischen Anwendungen verdeutlicht.

Konzepte der Modernen Portfoliotheorie, insbesondere auch des Mean-Variance-Ansatzes werden bei ELTON ET AL. (2003) anschaulich aufgearbeitet, wobei auch Techniken zur Bestimmung der Effizienzkurve gezeigt werden.

Für entscheidungstheoretische Fragestellungen bietet REHKUGLER/SCHINDEL (1990) einen guten Überblick und Einstieg. Alternativ wird auch auf LAUX (2003) oder VON NITZSCH (2002) verwiesen.

A2.1. Grundstruktur eines Optimierungsproblems

Grundsätzlich lassen sich alle *Optimierungsprobleme* durch die Ausgestaltung ihrer *Zielfunktion* und ihrer *Nebenbedingungen* charakterisieren. Man unterscheidet bezüglich der Zielfunktion

- Minimierungs- vs. Maximierungsprobleme,
- Lineare vs. nichtlineare Optimierungsprobleme

und bei der Art der Nebenbedingungen

- Lineare vs. nichtlineare Nebenbedingungen,
- Größer-Gleich-, Kleiner-Gleich- oder Gleichheitsbedingungen.

Betrachten wir zunächst die Unterscheidungskriterien bezüglich der Zielfunktion.

A2.1.1. Maximierungs- vs. Minimierungsproblem

Diese Art der Unterscheidung von Optimierungsproblemen lässt sich formal wie folgt darstellen:

(1) $f(\theta) \rightarrow \max!$ Maximierungsproblem

mit $f(.)$: zu optimierende Zielfunktion
θ: Parameter (oder Parametervektor $\boldsymbol{\theta}$), dessen optimaler Wert (bzw. Werte) zu bestimmen ist

(2) $f(\theta) \rightarrow \min!$ Minimierungsproblem.

Hierbei handelt es sich grundsätzlich um zwei verschiedene Ansätze, welche aber leicht ineinander zu überführen sind:

(3a) $f(\theta) \rightarrow \max!$ $\Leftrightarrow$ $-f(\theta) \rightarrow \min!$

(3b) $f(\theta) \rightarrow \min!$ $\Leftrightarrow$ $-f(\theta) \rightarrow \max!$

Die Multiplikation der Zielfunktion f mit dem Faktor (–1) überführt jedes Maximierungsproblem in ein Minimierungsproblem und jedes Minimierungsproblem in ein Maximierungsproblem. Dies bedeutet zugleich, dass die Behandlung eines der beiden Problemtypen ausreichend ist. Da sich durch eine entsprechende Transformation des Optimierungsproblems Redundanzen vermeiden lassen, ohne die Funktionalität einzuschränken, besteht in einigen Softwareprogrammen zur Lösung von Optimierungsproblemen ausschließlich die Möglichkeit, entweder ein Maximierungs- oder ein Minimierungsproblem zu lösen. Der in Excel zur Verfügung gestellte Optimierer, der Solver, ist nicht auf einen der Ansätze festgelegt (vgl. Kap. 2.3.3.3.1.).

Ein weiteres Unterscheidungskriterium bildet die Frage, ob es sich bei der Zielfunktion um einen linearen Zusammenhang handelt oder nicht.

A2.1.2. Lineare Zielfunktion

Eine *lineare Zielfunktion* besitzt die folgende Struktur:

(1) $$f(\theta_1,...,\theta_N) = \sum_{i=1}^{N} \varphi_i \theta_i \rightarrow \max! \qquad \text{(oder min!)}$$

mit $f(.)$: Zielfunktion
θ_i: zu optimierender Parameter, $i = 1,..., N$
φ_i: Koeffizient.

In Matrizenschreibweise:

(2) $$f(\boldsymbol{\theta}) = \boldsymbol{\varphi}^{\mathbf{T}} \boldsymbol{\theta} \rightarrow \max! \qquad \text{(oder min!)}$$

mit: $\boldsymbol{\varphi}$: Koeffizientenvektor $\boldsymbol{\varphi}^{\mathbf{T}} = (\varphi_1, \ldots, \varphi_N)$
$\boldsymbol{\theta}$: Vektor der zu optimierenden Parameter $\boldsymbol{\theta}^{\mathbf{T}} = (\theta_1, \ldots, \theta_N)$.

Eine lineare Zielfunktion in Verbindung mit ausschließlich linearen Nebenbedingungen bildet ein Problem der linearen Optimierung, deren Anwendung z.B. im Bereich der Produktionswirtschaft häufig anzutreffen ist. Im Bereich des Portfoliomanagements sind Index Tracking (vgl. Kap. 4.) und Downside-Risk-Optimierung (vgl. Kap. 5.) denkbare Anwendungsfelder.

A2.1.3. Nichtlineare Zielfunktion

Anstelle einer allgemeinen Betrachtung einer *nichtlinearen Zielfunktion* soll hier, aufgrund der betrachteten Anwendungen, der Spezialfall der quadratischen Zielfunktion vorgestellt werden:

(1) $$f(\theta_1,\dots,\theta_N) = \sum_{i=1}^{N} \varphi_i \theta_i + \sum_{i=1}^{N} \sum_{j=1}^{N} \phi_{ij} \theta_i \theta_j \rightarrow \text{max!} \quad \text{(oder min!)}$$

mit φ_i, ϕ_{ij} : Koeffizienten

N: Anzahl zu optimierender Parameter.

In Matrizenschreibweise:

(2) $$f(\boldsymbol{\theta}) = \boldsymbol{\varphi}^{\mathrm{T}}\boldsymbol{\theta} + \boldsymbol{\theta}^{\mathrm{T}}\boldsymbol{\phi}\boldsymbol{\theta} \rightarrow \text{max!} \quad \text{(oder min!)}$$

mit: $\boldsymbol{\varphi}$: Koeffizientenvektor

$\boldsymbol{\phi}$: Koeffizientenmatrix

$\boldsymbol{\theta}$: Vektor der zu optimierenden Parameter.

Ein *quadratisches Optimierungsproblem* entsteht aus einer quadratischen Zielfunktion und ausschließlich linearen Nebenbedingungen. Im Portfoliomanagement finden sich als typische Anwendungsfelder die Standard-Markowitz-Portfoliooptimierung (wie in Kap. 2. betrachtet) oder das Index Tracking nach MARKOWITZ (vgl. Kap. 4.).

Die Zielfunktion der Standard-Markowitz-Optimierung lässt sich unter Anwendung der in Kap. 2.1.2. vorgestellten vereinfachten Zielfunktion wie folgt konkretisieren:

(3) $$ZF(\mathbf{w}) = \mu_P - \lambda \sigma_P^2 \rightarrow \max!$$

mit
ZF: Zielfunktion
$\mathbf{w}$: Vektor der Anteilsgewichte w_i der einzelnen Wertpapiere im Portfolio
λ: Risikoaversionsparameter
μ_P: erwartete Portfoliorendite
σ_P^2: zukünftige Varianz der Portfoliorendite.

In Matrizen- bzw. Summenschreibweise ergibt sich damit:

(4a) $$ZF\,(\mathbf{w}) = \mathbf{w}^{\mathbf{T}}\mathbf{r} - \lambda \mathbf{w}^{\mathbf{T}}\mathbf{V}\mathbf{w} \rightarrow \max!$$

(4b) $$ZF\,(w_1, ..., w_N) = \sum_{i=1}^{N} w_i \mu_i - \lambda \sum_{i=1}^{N} \sum_{j=1}^{N} w_i w_j \sigma_{ij} \rightarrow \max! \qquad \text{(vgl. mit (1))}.$$

Ein konkretes Verfahren zur Lösung eines quadratischen Optimierungsproblems ist z.B. bei DOMSCHKE/DREXL (2002) dargestellt.[114]

Weitere Charakterisierungen von Optimierungsproblemen sind anhand der einzuhaltenden Nebenbedingungen möglich. Auch hier werden lineare und nichtlineare Zusammenhänge unterschieden.

A2.1.4. Lineare Nebenbedingungen

Bei einer linearen Nebenbedingung wird gefordert, dass eine Linearkombination der zu optimierenden Parameter einen geforderten Wert b nicht übersteigt, nicht unterschreitet oder gleich diesem Wert ist.

114 Vgl. Domschke/Drexl (2002), S. 178 ff.

A. Kleiner-Gleich-Bedingung

(1) $\sum_{i=1}^{N} \gamma_i \theta_i \leq b$

mit γ_i: Koeffizient
b: beliebiger Wert für die zulässige Obergrenze

B. Größer-Gleich-Bedingung

(2) $\sum_{i=1}^{N} \gamma_i \theta_i \geq b$

C. Gleichheitsbedingung

(3) $\sum_{i=1}^{N} \gamma_i \theta_i = b$ (z.B. geforderte Portfoliorendite)

Bezogen auf die Standard-Markowitz-Portfoliooptimierung als Anwendungsfall der quadratischen Optimierung, kommen grundsätzlich Nebenbedingungen aller unter A. bis C. genannten linearen Zusammenhänge in Frage. Ein wichtiger Spezialfall von B. ist in diesem Zusammenhang die Nicht-Negativitätsbedingung. Wegen des im Allgemeinen gegebenen Leerverkaufsverbots gilt – als Spezialfall von (2) – regelhaft die Nicht-Negativitätsbedingung für alle N zu optimierenden Parameter (Anteilsgewichte der einzelnen Assets im Portfolio):

(4) $w_i \geq 0$ für alle $i = 1,..., N$ (keine Leerverkäufe).

Ein wichtiger Spezialfall von A. im Portfoliomanagement ist die Nicht-Überschreitung von Obergrenzen:

(5) $w_i \leq maxw_i$ für alle $i = 1,..., N$ (z.B. Einhaltung von Obergrenzen nach KAGG)

mit $maxw_i$: zulässiger Höchstanteil des i-ten Wertpapiers im Portfolio.

Die Art von Nebenbedingung nach C. wird z.B. bei der Bestimmung eines Punktes der Effizienzkurve (vgl. Kap 2.1.1.) oder beim Setzen der Budgetrestriktion eingesetzt:

(6) $\sum_{i=1}^{N} w_i = 1$ (Budgetrestriktion).

Ggf. können weitere Nebenbedingungen gesetzt werden, wie z.B. in Kap. 2.1.4. dargestellt.

A2.1.5. Nichtlineare Nebenbedingungen

Hierunter fallen alle diejenigen Bedingungen, welche nichtlineare Kombinationen der zu optimierenden Parameter beinhalten. Zwei Beispiele sind etwa:

(1) $\sum_{i=1}^{N} \gamma_i v_i(\theta_i) \leq b$

mit $v_i()$: beliebige, nichtlineare Funktion, z.B. ln(), exp(), ...

(2) $\sum_{i=1}^{N} \sum_{j=1}^{N} \gamma_{ij} \theta_i \theta_j \leq b$.

Derartige Nebenbedingungen werden in diesem Buch jedoch nicht betrachtet.

A2.1.6. Typisierung von Optimierungsproblemen

Je nach Art von Zielfunktion und Nebenbedingungen können folgende Kategorien von Optimierungsproblemen unterschieden werden, die dann jeweils eigenständige Lösungsverfahren besitzen. Handelt es sich um eine lineare Zielfunktion und nur lineare Nebenbedingungen, liegt ein *Lineares Optimierungsproblem* vor. Das Standardverfahren zur Lösung linearer Optimierungsprobleme ist der Simplex-Algorithmus, der in Standardlehrbüchern des Operations Research beschrieben ist.[115]

Handelt es sich um eine quadratische Zielfunktion und nur lineare Nebenbedingungen, liegt ein *Quadratisches Optimierungsproblem* (besonderer Spezialfall eines nichtlinearen Optimierungsproblems) vor. Verfahren zur Lösung eines quadratischen Optimierungsproblems werden z.B. in DOMSCHKE/DREXL (2002) dargestellt.

---

115 Vgl. Poddig/Dichtl/Petersmeier (2003), S. 487 ff.

Weist ein Optimierungsproblem eine nichtlineare Zielfunktion und/oder (nur eine) nichtlineare Nebenbedingung auf, so handelt es sich um ein (allgemeines) *Nichtlineares Optimierungsproblem.* Zu deren Lösung gibt es jedoch nicht „das" Verfahren. Wenig verwunderlich existiert hierzu eine Vielzahl an Lehrbüchern, von denen exemplarisch auch auf DOMSCHKE/DREXL (2002) verwiesen sei.[116]

In diesem Buch werden ausschließlich lineare oder quadratische Optimierungsprobleme betrachtet bzw. zur Lösung von Aufgaben des Portfoliomanagements angewandt.

A2.2. Leerverkäufe

In diesem Anhang wird die Leerverkaufsproblematik, welche bisher bereits mehrfach gennant und in Kap. 2.1.4. sowie in Kap. 2.3.3.3.2. erörtert wurde, gesondert näher behandelt. Im Vordergrund steht hier nicht die Frage nach der Veränderung einzelner Positionen im Portfolio, sondern welche weiteren Möglichkeiten sich bei der Hinzunahme von Leerverkäufen ergeben.

Um das geschilderte Problem adäquat umsetzen zu können, wird an dieser Stelle auf einen weiteren Datensatz zurückgegriffen. Die Auswahl ist rein exemplarischer Natur, soll aber an dieser Stelle auch die Möglichkeit des Bezugs von Kurszeitreihen aus einer öffentlichen Quelle darstellen. Bei dem genutzten Datenmaterial handelt es sich um acht Einzeltitel aus dem DOW JONES EURO STOXX 50. Die Daten sind bei Yahoo! Deutschland im Bereich Finanzen zu finden. Auf der Seite http://de.finance.yahoo.com/q?s=@^STOXX50E befindet sich eine Auflistung der einzelnen Titel und des Index. Über die Auswahl eines Titels gelangt man zu einer Kursübersicht. Hier hat man die Möglichkeit, historische Kurse anzuwählen und anschließend abrufen zu können (ein Export in Excel ist mit der sich unten auf der Internetseite befindlichen Funktion „Aufbereitet für Tabellenkalkulationsprogramm" möglich). Bei den Kurszeitreihen ist die Euroumstellung nicht berücksichtigt und ist daher nachträglich eingerechnet worden. Es handelt sich bei den Kursreihen um Monatsdaten von 01/93 bis 02/02 für acht europäische Aktien der Eurozone. Die Auswahl der Einzeltitel erfolgte nach Datenverfügbarkeit auf Basis der Marktkapitalisierung.[117]

---

116 Vgl. Domschke/Drexl (2002), S. 20 ff. sowie S. 159 ff. und S. 178 ff., oder auch Poddig/ Dichtl/Petersmeier (2003), S. 487 ff.

117 Zunächst wurde die Marktkapitalisierung (Stand 31.03.2003) der verschiedenen Branchen des Index betrachtet und die acht Branchen mit den höchsten Marktkapitalisierungen wurden berücksichtigt. Aus den gewählten acht Branchen ist jeweils stellvertretend der Einzelwert mit der wiederum höchsten Marktkapitalisierung selektiert worden. Die Zusammensetzung des DOW JONES

Aus den Kursreihen wurden zunächst die diskreten Monatsrenditen für die Einzeltitel berechnet. Aus den Renditereihen ergeben sich die in Abb. A2.4.-1. dargestellten, historisch basierten Schätzer für die erwarteten Renditen und die zukünftigen Varianzen/Kovarianzen.

	W	X	Y	Z	AA	AB	AC	AD	AE	AF
122	**Tabellenbereich A: Inputdaten für die Portfoliooptimierung**									
123	Schätzer für Renditen (r)		Schätzer für Kovarianzen (V)							
124	Markt	EW(r)	Total Fina Elf	BCO Santande	Telecom Italia	SIEMENS	Ass. Generali	E.ON	Sanofi	Danone
125	Total Fina Elf	0,01726	0,0050158	0,0017949	0,0017568	0,0017837	0,0008456	0,0014324	0,0014053	0,0016910
126	BCO Santander	0,01865	0,0017949	0,0073260	0,0032682	0,0037274	0,0019913	0,0014220	0,0006595	0,0021492
127	Telecom Italia	0,02623	0,0017568	0,0032682	0,0116316	0,0059835	0,0036589	0,0010213	0,0005309	0,0010577
128	SIEMENS	0,01620	0,0017837	0,0037274	0,0059835	0,0105287	0,0025009	0,0012824	0,0008613	0,0014178
129	Ass. Generali	0,00934	0,0008456	0,0019913	0,0036589	0,0025009	0,0045766	0,0013864	0,0012979	0,0021076
130	E.ON	0,01206	0,0014324	0,0014220	0,0010213	0,0012824	0,0013864	0,0037990	0,0015781	0,0018070
131	Sanofi	0,02272	0,0014053	0,0006595	0,0005309	0,0008613	0,0012979	0,0015781	0,0050862	0,0018044
132	Danone	0,00798	0,0016910	0,0021492	0,0010577	0,0014178	0,0021076	0,0018070	0,0018044	0,0046713

Abb. A2.4.-1.: Inputdaten für Portfoliooptimierung des Leerverkaufsbeispiels

Um die Auswirkungen der Leerverkaufsmöglichkeit darzustellen, werden mit diesen Inputdaten die Effizienzkurven einmal ohne Leerverkäufe und einmal mit Leerverkäufen gegenübergestellt. Hierzu wurde auf die in Kap. 2.1.1. bereits geschilderte Vorgehensweise zur punktweisen Konstruktion der Effizienzkurve zurückgegriffen. Zunächst wurden für die Daten das Minimum-Varianz-Portfolio und das Maximum-Ertrag-Portfolio ohne Leerverkäufe bestimmt (vgl. Abb. A2.4.-2).

EURO STOXX 50 ist beispielsweise unter http://www.stoxx.com/indexes/factsheets/eurostoxx50_fs.pdf veröffentlicht. Es wurden bei der Auswahl der Einzeltitel nur Werte berücksichtigt, deren Kurszeitreihe für den Zeitraum 01/93 bis 02/02 vorhanden war.

	A	B	C	D	E
1	Portfoliogewichte (MVP1):			Portfoliogewichte (MEP):	
2	Markt	Gewicht (**w**)		Markt	Gewicht (**w**)
3	A_EMU	0,1883		A_EMU	0,0000
4	A_UK	0,0752		A_UK	0,0000
5	A_USA	0,0152		A_USA	1,0000
6	A_Japan	0,0268		A_Japan	0,0000
7	R_EMU	0,1940		R_EMU	0,0000
8	R_UK	0,2464		R_UK	0,0000
9	R_USA	0,1840		R_USA	0,0000
10	R_Japan	0,0702		R_Japan	0,0000
11					
12	Portfoliorendite:	0,01501		Portfoliorendite:	0,02623
13	Portfoliovarianz:	0,00205		Portfoliovarianz:	0,01163
14	P-StdAbw:	0,04526		P-StdAbw:	0,10785
15	Zielfunktionswert:	0,00205		Zielfunktionswert:	0,02623
16	Budgetrestriktion:	1		Budgetrestriktion:	1

Abb. A2.4.-2.: Minimum-Varianz-Portfolio und Maximum-Ertrag-Portfolio ohne Leerverkäufe

Danach wurde die Differenz der Portfoliorenditen berechnet und in zehn gleich große Intervalle eingeteilt. Ausgehend von der Rendite des Minimum-Varianz-Portfolios wurden dann weitere zehn Portfoliostrukturen nach folgendem Optimierungsansatz ermittelt:

(1) $$ZF(w_1,...,w_N) = \sigma_P^2 = \sum_{i=1}^{N}\sum_{j=1}^{N} w_i w_j \sigma_{ij} \rightarrow \min!$$

(Minimierung des Portfoliorisikos)

bzw. in Matrizenschreibweise

(2) $$ZF(\mathbf{w}) = \sigma_P^2 = \mathbf{w}^{\mathbf{T}}\mathbf{V}\mathbf{w} \rightarrow \min!$$

unter der Nebenbedingung

(3) $$\sum_{i=1}^{N} w_i \mu_i = r^*$$ (bei gegebener erwarteter Portfoliorendite)

mit r^*: beliebige, aber fest vorgegebene Portfoliorendite, wird hier sukzessive auf die zehn Intervallgrenzen gesetzt bzw. entsprechend in Matrizenschreibweise

(4) $\mathbf{w}^{\mathbf{T}}\mathbf{r} = r^*$.

Ferner wird die Einhaltung folgender Nebenbedingungen gefordert:

(5) $\sum_{i=1}^{N} w_i = 1$ (Budgetrestriktion)

bzw. in Matrizenschreibweise

(6) $\mathbf{1}^{\mathbf{T}}\mathbf{w} = 1$

(7) $w_i \geq 0$ für alle $i = 1, ..., N$ (Leerverkaufsverbot).

Für eine beliebige, fest vorgegebene Portfoliorendite r^* werden also die Gewichte w_i derart bestimmt, dass das resultierende Portfoliorisiko minimal wird. Dies entspricht der Bestimmung eines effizienten Portfolios. Das Optimierungsproblem wurde für variierende r^* (entsprechend der ermittelten Intervallgrenzen) gelöst. So lässt sich die Effizienzkurve punktweise aus den sich ergebenden elf Portfolios approximieren, ohne auf den *CLA* zurückgreifen zu müssen.

Dann wurde das Minimum-Varianz-Portfolio mit Leerverkäufen bestimmt, wobei sich in diesem Fall zufällig keine Änderungen der Gewichtsanteile ergeben.

Das Maximum-Ertrag-Portfolio mit Leerverkäufen kann ohne weitere Einschränkungen nicht mehr bestimmt werden. Erfolgt keine Beschränkung der Leerverkaufsvolumina, so lässt sich die Rendite bis ins Unendliche steigern (unbeschränkte Leerverkaufsvolumina sind jedoch unrealistisch). Die Rendite des Minimum-Varianz-Portfolios mit Leerverkäufen wurde dann in 25 gleich großen Schritten erhöht (entsprechend den Intervallgrößen bei der Betrachtung ohne Leerverkäufe). Mit den sich ergebenden 26 Portfolios wurde die Effizienzkurve mit Leerverkäufen punktweise konstruiert. Beide Effizienzkurven sind in Abb. A2.4.-3. dargestellt.

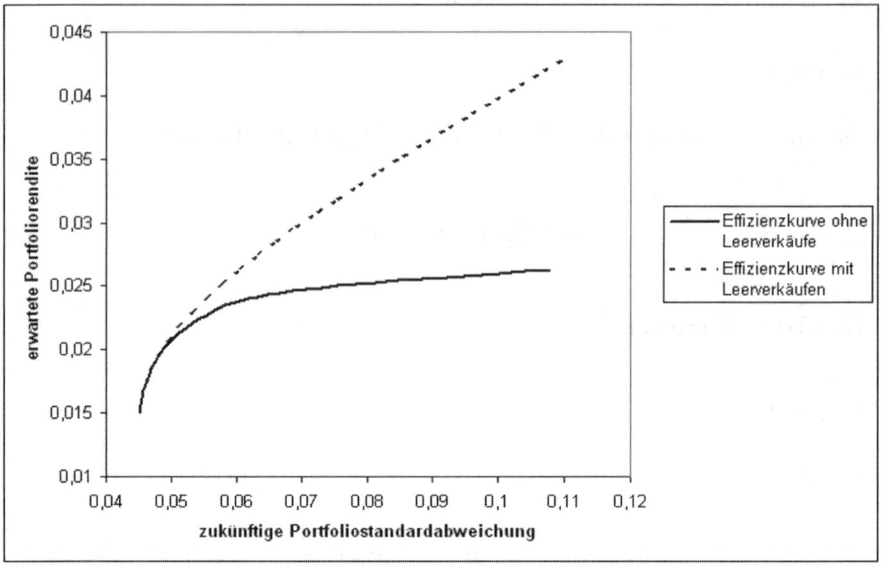

Abb. A2.4.-3.: Effizienzkurve mit und ohne Leerverkaufsbeschränkung

Wie zu erwarten war, liegt die Effizienzkurve mit Leerverkäufen oberhalb oder zumindest auf der Effizienzkurve ohne Leerverkäufe. Die Möglichkeit, Leerverkäufe tätigen zu können, gibt dem Anleger neue Möglichkeiten zur Portfoliobildung, welche aber auch die alten Portfoliostrukturen (ohne Leerverkäufe) als Teilmenge beinhalten.

Dass die Effizienzkurve mit Leerverkäufen im Fall ohne weitere Beschränkungen nicht in einem Maximum-Ertrag-Portfolio endet, sondern fortlaufend ist, kann auch analytisch bei der Betrachtung eines Zwei-Anlagen-Falls verdeutlicht werden. Die erwartete Rendite des Portfolios ergibt sich dann durch:

(8) $\mu_P = w_1\mu_1 + (1 - w_1)\mu_2.$

Dies lässt sich umformen zu:

(9) $\mu_P = \mu_2 + w_1(\mu_1 - \mu_2).$

Im Folgenden sei angenommen $\mu_1 > \mu_2$, wobei $\mu_1 > 0$ und $\mu_2 > 0$. Folglich gilt für die Differenz $d = \mu_1 - \mu_2 > 0$. Die Gleichung (9) kann damit vereinfacht dargestellt werden:

(10) $\mu_P = \mu_2 + w_1 d.$

Bei einer Beschränkung der Leerverkäufe kann w_1 nur Werte zwischen 0 und 1 annehmen (Budgetbeschränkung). Das Maximum der erwarteten Rendite des Portfolios P ergibt sich damit unter den gewählten Annahmen bei $w_1 = 1$ mit $\mu_P = \mu_1$ und ist nach oben beschränkt. Hebt man die Leerverkaufsbeschränkung auf, so steigt μ_P mit wachsendem w_1 weiter an. Es gilt für

(11) $w_1 \to \infty \qquad \Rightarrow \qquad \mu_P \to \infty.$

Somit endet der Verlauf der Effizienzkurve nicht wie im Falle ohne Leerverkäufe im Maximum-Ertrag-Portfolio, sondern wächst fortlaufend bis ins Unendliche an. Eine zweite Folgerung ist, dass mit Leerverkaufsmöglichkeit ein Teil der Effizienzkurve immer über r_F liegt. Damit kann der in Kap. 2.3.3.3.8. geschilderte Fall des Leerverkaufs des Tangentialportfolios ($a < 0$ bei der Konstruktion des Mischportfolios) nicht eintreten, da immer eine Effizienzlinie mit positiver Steigung konstruiert werden kann. Existieren jedoch auch Beschränkungen für die Leerverkaufsvolumina, so endet die Effizienzkurve wie gewohnt in einem Maximum-Ertrag-Portfolio und es ist nicht gewährleistet, dass der Zinssatz r_F der risikofreien Anlage unterhalb der Rendite des Maximum-Ertrag-Portfolios liegt. In diesem Spezialfall ist es zweckmäßig, die risikofreie Anlage in das Anlageuniversum aufzunehmen und dann die Optimierung durchzuführen.

A2.3. Erwartungsnutzenmaximierung

A2.3.1. Das Bernoulli-Prinzip

In Kap. 2.1. wurden die theoretischen Grundlagen des klassischen Modells der Portfolio Selection nach MARKOWITZ und TOBIN in Bezug auf die Bestimmung des (nutzen-) optimalen Portfolios für einen Investor behandelt. Dabei wurde in Kap. 2.1.2. die Zielfunktion für die praktische Portfoliooptimierung genannt und deren Struktur mit der Förstner-Regel motiviert. Eine strenge theoretische Herleitung und Begründung dieser Zielfunktion wurde jedoch bewusst ausgelassen. Es wurde lediglich darauf verwiesen, dass MARKOWITZ zur Lösung des Portfoliooptimierungsproblems das Bernoulli-Prinzip (Erwartungsnutzenmaximierung) zugrunde legte und dass die in Kap. 2.1.2. genannte Zielfunktion unter zusätzlichen Annahmen als eine zu einer Erwartungsnutzenmaximierung äquivalente Zielfunktion hergeleitet werden kann. Die klassische Erwartungsnutzenmaximierung, auf welcher die Theorie der Portfolio Selection basiert, wurde jedoch konsequent ausgeblendet. Dies erklärt sich mit dem Fokus dieses Buches, welches sich vorrangig auf Fragen der praktischen Umsetzung dieser Theorie konzentriert. Aus diesem Blickwinkel heraus erscheint die eingeschlagene Vorgehensweise ausreichend, zumal selbst die einfache Zielfunktion in Kap. 2.1.2. bei der praktischen Anwendung auf große Schwierigkeiten stößt. So mögen etwa die in den Kap. 2.1.2.3. bis 2.1.2.5. vorgestellten Ansätze zur Bestimmung des Risikoaversionsparameters als unbefriedigend erscheinen, insbesondere mit Hinblick auf das Tautologie-Problem. Die praktischen Umsetzungsprobleme der Erwartungsnutzenmaximierung sind dagegen ungleich größer, weshalb diese hier bewusst umgangen wurde.

Verfahrenstechnisch ist dagegen eine Erwartungsnutzenmaximierung, z.B. mit Excel, einfach umsetzbar. Dieser Anhang soll daher dem möglicherweise entstandenen Eindruck begegnen, dass die Erwartungsnutzenmaximierung nur an der „Rechentechnik" scheitert. Es wird gezeigt, wie problemlos *verfahrenstechnisch* eine Erwartungsnutzenmaximierung, z.B. im Rahmen der Fallstudie aus Kap. 2.3.3., umsetzbar ist. Die Probleme sind hier völlig anders geartet, was ebenfalls aus den folgenden Betrachtungen deutlich wird und nachträglich begründet, warum die Erwartungsnutzenmaximierung im Hauptteil nicht explizit behandelt wurde.

Die Erwartungsnutzentheorie und das Bernoulli-Prinzip sind ausführlich Gegenstand zahlreicher Lehrbücher zur Entscheidungstheorie, von denen exemplarisch auf REHKUGLER/SCHINDEL (1990)[118] oder LAUX (2003)[119] verwiesen wird. Eine spezielle Darstellung in Bezug auf die Umsetzung und Anwendung im Portfoliokontext findet sich z.B. bei ELTON ET AL. (2003).[120] Hier wird auf eine ausführliche Behandlung der theoretischen Grundlagen verzichtet. Es werden vielmehr die wesentlichen Aussagen der Theorie im behandelten Kontext aufgegriffen und die verfahrenstechnische Umsetzung gezeigt.

Bei dem Bernoulli-Prinzip handelt es sich um eine Entscheidungsregel bei Entscheidungen unter Risiko. Eine Entscheidungssituation unter Risiko liegt dann vor, wenn der Entscheider den zukünftig denkbaren, möglicherweise eintretbaren Umweltzuständen subjektive oder objektive Eintrittswahrscheinlichkeiten zuordnen kann.[121] Die

118 Vgl. Rehkugler/Schindel (1990), S. 154 ff.

119 Vgl. Laux (2003), S. 164 ff.

120 Vgl. Elton et al. (2003), S. 210 ff.

121 Vgl. Kap. 1.1., Fußnote 2.

Auswahl der optimalen Handlungsalternative gemäß dem Bernoulli-Prinzip erfolgt nach folgenden Verfahrensschritten:

1. Ordne jedem Ergebnis e_{iz} der i-ten verfügbaren Handlungsalternative bei Eintritt des z-ten möglichen Umweltzustandes einen Nutzenwert $U(e_{iz})$ zu. Der Nutzen $U(e)$ eines Ergebnisses drückt dabei die subjektiv empfundene Wertschätzung der Höhe des Ergebnisses e durch den Entscheider aus. Dadurch wird die Ergebnismatrix einer Entscheidungssituation in ihre zugehörige Entscheidungsmatrix transformiert. Betrachtet man beispielsweise Tab. 1.5.2.-1. (jene Tabelle ist dabei die Ergebnissmatrix der betrachteten Entscheidungssituation), wären dort die jeweiligen Renditewerte durch Nutzenwerte $U(r_{iz})$ zu ersetzen.[122]

2. Bilde von den Nutzenwerten $U(e_{iz})$ einer Handlungsalternative i den zugehörigen Erwartungsnutzenwert $EU_i = \sum_{z=1}^{Z} U(e_{iz}) p_z$, wobei Z die Anzahl zukünftig möglich erachteter Umweltzustände darstellt und p_z die Wahrscheinlichkeit des Eintritts des z-ten Umweltzustandes beschreibt.

3. Wähle diejenige Handlungsalternative aus, welche den maximalen Erwartungsnutzenwert besitzt.

Soweit eine bestimmte Nutzenfunktion gegeben ist, könnte z.B. das in Tab. 1.5.2.-1. dargestellte Kapitalanlageproblem unter Anwendung des Bernoulli-Prinzips gelöst werden. Ebenso kann damit das optimale Portfolio bestimmt werden. Wird aus Vereinfachungsgründen eine diskrete Renditeverteilung aller betrachteten Assets im Anlageuniversum unterstellt, so ergibt sich bei gegebenem Gewichtevektor **w** die zugehörige Rendite r_{Pz} des Portfolios P nach Gleichung (1) im Umweltzustand z:

(1) $$r_{Pz} = \mathbf{w}^{\mathbf{T}} \mathbf{r}_z$$

mit $\mathbf{r}_z$: $(N \times 1)$ (Spalten-) Vektor der Assetrenditen im zukünftigen Umweltzustand z
N: Anzahl der Assets.

122 Ein weiteres Beispiel wird im folgenden Abschnitt A2.3.2. behandelt.

Sei $U(r)$ die Nutzenfunktion des Investors, ergibt sich der Nutzen der Portfoliorendite im Umweltzustand z nach Gleichung (2):

$$(2) \qquad U(r_{Pz}) = U(\mathbf{w}^{\mathbf{T}}\mathbf{r}_z)\,.$$

Der Erwartungsnutzen eines Portfolios bei gegebenem Gewichtevektor **w** ergibt sich nach Gleichung (3):

$$(3) \qquad EU_P(\mathbf{w}) = \sum_{z=1}^{Z} U(\mathbf{w}^{\mathbf{T}}\mathbf{r}_z)\,p_z\,.$$

Nach dem Bernoulli-Prinzip ist nun der Gewichtevektor **w** so zu bestimmen, dass der Erwartungsnutzen des Portfolios maximal wird. Das Optimierungsproblem lautet also nach Gleichung (4):

$$(4) \qquad ZF(\mathbf{w}) = EU_P(\mathbf{w}) = \sum_{z=1}^{Z} U(\mathbf{w}^{\mathbf{T}}\mathbf{r}_z)\,p_z \rightarrow \max!$$

Zur Lösung des Optimierungsproblems nach dem Bernoulli-Prinzip muss zunächst die Nutzenfunktion des Investors bekannt sein. Verschiedene Typen von Nutzenfunktionen werden im folgenden Abschnitt kurz angesprochen.

A2.3.2. Nutzenfunktionen

In der Literatur werden, insbesondere im Portfoliokontext, verschiedene Arten von Nutzenfunktionen mit variierenden Eigenschaften diskutiert. Eine knappe Darstellung mit weiterführenden Literaturhinweisen gibt z.B. SCHMIDT-VON RHEIN (1996).[123] Drei wichtige Vertreter sind die quadratische, die exponentielle und die logarithmische Nutzenfunktion, welche in den Gleichungen (1) bis (3) dargestellt sind.[124] Daneben gibt es die Potenzfunktion und Varianten der logarithmischen Nutzenfunktion, die hier

123 Vgl. Schmidt-von Rhein (1996), S. 259 ff.

124 Üblicherweise werden die Nutzenfunktionen in Abhängigkeit vom (End-) Vermögen v des Investors betrachtet, so auch z.B. bei Schmidt-von Rhein (1996), S. 259 ff. oder Elton et al. (2003), S. 221 ff. (in jenen Quellen wird auch das Symbol w für das Vermögen benutzt). Im Ein-Perioden-Fall der Portfoliooptimierung kann jedoch dazu äquivalent auch die Rendite r betrachtet werden (vgl. Schmidt-von Rhein (1996), S. 263 f.). Aus Gründen der einheitlichen Darstellung in Bezug auf die vorhergehenden Betrachtungen wird hier die Rendite anstelle des (End-) Vermögens w betrachtet. Unterschiede ergeben sich nur im Mehrperiodenfall der Portfoliooptimierung, der hier nicht betrachtet wird.

nicht aufgeführt sind. Bei den exemplarisch aufgeführten Nutzenfunktionen nach Gleichungen (1) bis (3) (und den erwähnten, weiteren Varianten) handelt es sich um *konkave* Nutzenfunktionen, die einen riskoaversen Investor charakterisieren:

(1) $U(r) = a + br - cr^2$

mit a, b, c: Koeffizienten der quadratischen Nutzenfunktion ($a, b \geq 0, c > 0$)[125]

(2) $U(r) = -e^{-cr}$

mit c: Koeffizient der exponentiellen Nutzenfunktion ($c > 0$)
e: Eulersche Zahl

(3) $U(r) = \ln(r + b)$

mit b: Koeffizient der logarithmischen Nutzenfunktion
ln(): natürlicher Logarithmus.[126]

Die dargestellten Nutzenfunktionen sind außerdem invariant gegenüber positiv linearen Transformationen, d.h. weder eine bestehende Präferenzordnung noch die grundlegenden Eigenschaften der Nutzenfunktion werden durch eine Transformation nach Gleichung (4) verändert:[127]

125 Eine weitere Parameterrestriktion ist: $r \leq b/2c$. Diese ist notwendig, weil die quadratische Nutzenfunktion letztendlich durch eine umgekehrte Parabel beschrieben wird, die nach Erreichen eines (Nutzen-) Maximums bei weiter ansteigender Rendite r bzw. Vermögen v wieder absinkt. In der ökonomischen Theorie wird jedoch üblicherweise die Nichtsättigung einer Nutzenfunktion gefordert, sodass ein sinkender Nutzen mit zunehmender Rendite r bzw. Vermögen v (nach Überschreitung eines Maximums) unplausibel ist. Daraus resultiert die Parameterbeschränkung. Parameterbeschränkungen sind auch bei anderen Nutzenfunktionen notwendig, um z.B. sicherzustellen, dass der Wert der Nutzenfunktion überhaupt definiert ist oder um die gerade geschilderten Effekte auszuschließen.

126 Dabei gilt die Parameterrestriktion $r > -b$, weil der Logarithmus von null oder einer negativen Zahl nicht definiert ist.

127 Vgl. zu den Eigenschaften der betrachteten Nutzenfunktion Elton et al. (2003), S. 219 ff. oder Schmidt-von Rhein (1996), S. 262 sowie die dort jeweils angegebene Literatur.

(4) $U_{transformiert} = a + b\,U$

mit a, b: Koeffizienten, wobei $b > 0$ sein muss.[128]

Die Nutzenfunktionen nach (1) bis (3) sind beispielhaft in den Abbildungen A2.3.2.-1. bis A2.3.2.-3. für das Renditeintervall von -25% bis +25% dargestellt.

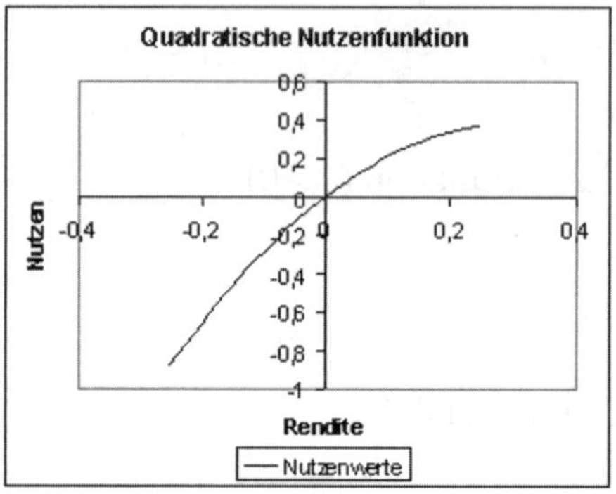

Abb. A2.3.2.-1.: Quadratische Nutzenfunktion[129]

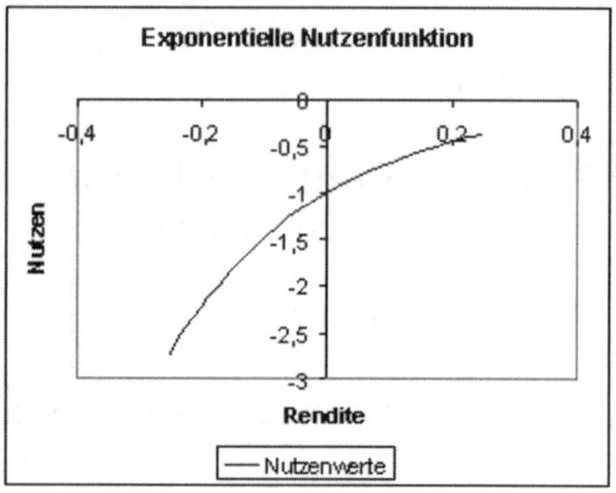

Abb. A2.3.2.-2.: Exponentielle Nutzenfunktion[130]

Die betragsmäßige Höhe der Nutzenwerte spielt dabei keine Rolle, d.h., in den Beispielen ist es unerheblich, ob die Nutzenwerte negative oder positive Zahlen sind. Wegen der jederzeit möglichen positiv linearen Transformation einer Nutzenfunktion nach Gleichung (4), könnte in allen drei Beispielen der Verlauf der Nutzenfunktion derart angepasst werden, dass z.B. nur positive Nutzenwerte auftreten. Um für Illustrationszwecke die Beispiele einfach zu halten, wurde hierauf verzichtet. Auch in der praktischen Anwendung spielt das Niveau der Nutzenwerte (ob diese nun im positiven oder negativen Bereich liegen) keine Rolle. Entscheidend ist allein der Verlauf der Nutzenfunktion, also die Relation der Nutzenwerte zueinander.

---

128 Die Bedingung wird gesetzt, damit die Art der grundlegenden Risikopräferenz nicht verändert wird.

129 Die zugehörigen Parameter sind $a = 0$, $b = 2{,}5$ und $c = 4$; sie wurden willkürlich gewählt.

130 Der zugehörige Parameter ist $c = 4$, der ebenfalls willkürlich gewählt wurde.

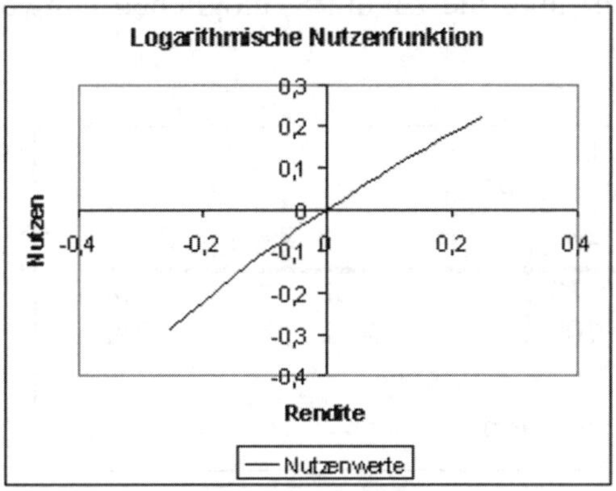

Abb. A2.3.2.-3.: Logarithmische Nutzenfunktion[131]

Der Grad der Risikoaversion kommt dabei implizit in der Krümmung der Nutzenfunktionen zum Ausdruck. Je stärker die Krümmung, umso höher ist die Risikoaversion des Investors ausgeprägt. Die Nutzenfunktion in Abb. A2.3.2.-3. beschreibt einen eher weniger risikoaversen Investor, während in Abb. A2.3.2.-2. die Risikoaversion deutlich ausgeprägter ist.

Ein risikoindifferenter Investor besitzt eine lineare, ein risikofreudiger Investor eine konvexe Nutzenfunktion. Die Gleichungen (5) und (6) sind Beispiele für derartige Nutzenfunktionen:

(5) $U(r) = a + br$ (lineare Nutzenfunktion, Risikoindifferenz)

mit a, b: Koeffizienten der linearen Nutzenfunktion ($a \geq 0, b > 0$)

(6) $U(r) = a + br + cr^2$ (quadratisch konvexe Nutzenfunktion, Risikofreude)

mit a, b, c: Koeffizienten der quadratisch konvexen Nutzenfunktion ($a,b \geq 0, c > 0$).[132]

Die gesamte Risikopräferenz des Investors wird also durch Art und Form der Nutzenfunktion abgebildet. Um diese Aussage an einem Beispiel zu illustrieren, sei folgende einfache Anlagesituation angenommen: Einem Investor mögen zwei Anlagen A1 und A2 zur Auswahl stehen. Der Investor rechnet in der Zukunft mit zwei Szenarien („gut" und „schlecht"), die beide gleich wahrscheinlich seien. Je nach Wahl der Anlage und Eintritt des Umweltzustandes mögen die in Tab. A2.3.2.-1. dargestellten Renditen angenommen werden. Die Tabelle enthält ebenfalls die Berechnung des Ergebniserwartungswertes (hier: Renditeerwartungswert) und die Standardabweichung des Ergebnis-

131 Der zugehörige Parameter ist $b = 1$.

132 Streng genommen muss hier auch eine Parameterrestriktion $r \geq -b/2c$ gefordert werden, da sonst die quadratisch konvexe Nutzenfunktion nach Erreichen eines Nutzenminimums bei weiter sinkender Rendite r bzw. Vermögen v wieder ansteigen würde.

ses (hier: Standardabweichung der Renditen) über die zukünftig möglichen Umweltzustände.

	Umweltsituation		Ergebnis	
	schlecht	gut		
Anlage	50%	50%	E(e)	StdAbw(e)
A1	-1%	1%	0,00%	1,00%
A2	-10%	10%	0,00%	10,00%

Tab. A2.3.2.-1.: Beispielhafte Anlagesituation

Ein risikoaverser Investor wird bei zwei Entscheidungsalternativen mit gleichem Ergebniserwartungswert (hier: Renditeerwartungswert) immer diejenige mit der geringeren Standardabweichung (oder äquivalent Varianz) des Ergebnisses (hier: Rendite) wählen. Im Beispiel der Tab. A2.3.2.-1. entscheidet sich ein risikoaverser Investor für die Anlage A1.

Zur Anwendung des Bernoulli-Prinzips sind die in Tabelle A2.3.2.-1. dargestellten Ergebnisse der einzelnen Anlagen bei Eintritt des jeweiligen Umweltzustandes in Nutzenwerte umzurechnen. Danach ist dann der Erwartungswert der Nutzenwerte bezüglich der jeweiligen Anlagen zu bilden und schließlich diejenige mit dem höchsten Erwartungsnutzen auszuwählen. Dieses Vorgehen ist in Tab. A2.3.2.-2. für eine quadratische (konkave) Nutzenfunktion (vgl. Gleichung (1) mit den Parametern $a = 0$, $b = 2{,}5$ und $c = 4$) dargestellt.

Quadratische Nutzenfunktion (konkav, riskoavers)

	Umweltsituation		Nutzen
	schlecht	gut	
Anlage	50%	50%	EU(e)
A1	-0,0254	0,0246	-0,0004
A2	-0,2900	0,2100	-0,0400

Tab. A2.3.2.-2.: Entscheidung bei quadratisch konkaver Nutzenfunktion

Der höchste Erwartungsnutzen ergibt sich hier für die Anlage A1, es resultiert also ein risikoaverses Entscheidungsverhalten. Der Grund wird aus dem Beispiel andeutungsweise ersichtlich. Bei einer konkaven Nutzenfunktion führen negative Abweichungen vom Ergebniserwartungswert (hier: Renditeerwartungswert) zu höheren Nutzeneinbußen als ansonsten gleich große positive Abweichungen zu Nutzengewinnen, d.h., die Nutzengewinne positiver Abweichungen können nicht die Nutzeneinbußen negativer Abweichungen kompensieren. Je größer die Streuung der Ergebnisse bei gleichem Erwartungswert, umso stärker sinkt der Erwartungsnutzenwert ab.

Lineare Nutzenfunktion (risikoindifferent)

	Umweltsituation schlecht	gut	Nutzen
Anlage	50%	50%	EU(e)
A1	0,9800	1,0200	1,0000
A2	0,8000	1,2000	1,0000

Tab. A2.3.2.-3.: Entscheidung bei linearer Nutzenfunktion

Die Tab. A2.3.2.-3. stellt die Situation für eine lineare Nutzenfunktion nach Gleichung (5) mit $a = 1$ und $b = 2$ dar. Hier ist der Investor zwischen beiden Anlagealternativen indifferent, da sie beide denselben Erwartungsnutzenwert aufweisen. Die lineare Nutzenfunktion bewirkt, dass die Nutzeneinbußen bei negativen Abweichungen vom Ergebniserwartungswert exakt durch die Nutzengewinne gleich großer positiver Abweichungen kompensiert werden. Eine zunehmende Streuung der Ergebnisse bei gleich bleibendem Ergebniserwartungswert führt hier zu keiner Änderung des Erwartungsnutzens.

Quadratische Nutzenfunktion (konvex, risikofreudig)

	Umweltsituation schlecht	gut	Nutzen
Anlage	50%	50%	EU(e)
A1	-0,0246	0,0254	0,0004
A2	-0,2100	0,2900	0,0400

Tab. A2.3.2.-4.: Entscheidung bei quadratisch konvexer Nutzenfunktion

Schließlich stellt Tab. A2.3.2.-4. die Verhältnisse für eine quadratisch konvexe Nutzenfunktion dar (vgl. Gleichung (6) mit den Parametern $a = 0$, $b = 2{,}5$ und $c = 4$). Hier besitzt die Anlagealternative A2 den höchsten Erwartungsnutzen, d.h., es liegt risikofreudiges Entscheidungsverhalten vor. Die Situation ist genau entgegengesetzt zu Tab. A2.3.2.-2. Negative Ergebnisabweichungen vom Ergebniserwartungswert führen hier zu kleineren Nutzeneinbußen als ansonsten gleich große positive Abweichungen zu Nutzengewinnen. Da Letztere die Ersteren überkompensieren, führen zunehmende Streuungen der Ergebnisse bei gleich bleibendem Ergebniserwartungswert zu einem steigenden Erwartungsnutzen.

Ist die Nutzenfunktion des Investors bekannt, kann das Problem der Portfolio Selection mit der Zielfunktion nach Gleichung (4) aus Kap. A2.3.1. gelöst werden.

A2.3.3. Optimierung mit Nutzenfunktionen

Das Optimierungsproblem nach Gleichung (4) aus Kap. A2.3.1. erfordert die Berücksichtigung der gesamten Renditeverteilung aller betrachteten Assets. Um dieses Problem zu lösen, wurde gefragt, unter welchen Bedingungen sich das Optimierungsproblem nach dem Bernoulli-Prinzip auf das einfachere μ-σ-Prinzip (Förstner-Regel) zurückführen lässt. Dies ist möglich, wenn der Investor eine quadratische Nutzenfunktion besitzt oder normal verteilte Renditen (bei einer konkaven Nutzenfunktion, d.h. bei Risikoaversion) vorliegen. Die Betrachtungen im Hauptteil gehen von der letztgenannten Annahme aus und führen schließlich zur vereinfachten Standard-Zielfunktion der Portfoliooptimierung im klassischen Modell (vgl. Kap. 2.1.2.). Um die verfahrenstechnische Umsetzung der Erwartungsnutzenmaximierung zu demonstrieren, werden hier aber beide Annahmen aufgegeben.

Für die praktische Umsetzung der Erwartungsnutzenmaximierung ist also eine Schätzung der Zielfunktion nach Gleichung (4) aus Kap. A2.3.1. erforderlich, welche z.B. auf den historisch beobachteten Renditereihen der betrachteten Assets aufsetzen könnte. Die (ex ante) Zielfunktion nach Gleichung (4) aus Kap. A2.3.1. wird dazu durch ihre ex post Formulierung nach Gleichung (1) ersetzt. Implizit wird damit angenommen, dass die in der Vergangenheit beobachtete Renditeverteilung aller betrachteten Assets repräsentativ für deren zukünftige Verteilung ist:

$$(1) \qquad ZF(\mathbf{w}) = EU_P(\mathbf{w}) = \frac{1}{T}\sum_{t=1}^{T} U(\mathbf{w}^{\mathbf{T}}\mathbf{r}_t) \to \max! \qquad \text{(ex post Formulierung)}$$

mit $\mathbf{r}_t$: beobachteter Renditevektor zum Zeitpunkt t.

Das Optimierungsproblem ist dabei unter Verwendung der bekannten Nebenbedingungen wie Budgetrestriktion, Nichtnegativitätsbedingung für die Anteilsgewichte (bei Leerverkaufsverbot), geforderte Mindestbestands-, zulässige Höchstbestandsgrenzen usw. zu lösen. Die beispielhafte Umsetzung wird anhand der Fallstudie aus Kap. 2.3.3. demonstriert. Es wird außerdem angenommen, der Investor besitze eine exponentielle Nutzenfunktion nach Gleichung (2) aus A2.3.2. mit $c = 8$.

Zur Lösung des Optimierungsproblems ist eine willkürlich gewählte Startlösung vorzugeben, wofür hier das naive Portfolio gewählt wird. Diese Startlösung dient dazu, das Optimierungsproblem aufzubauen und den Wert der Zielfunktion nach Gleichung

(1) für die Startlösung zu ermitteln. Abb. A2.3.3.-1. zeigt die Ergebnisse für die Startlösung.

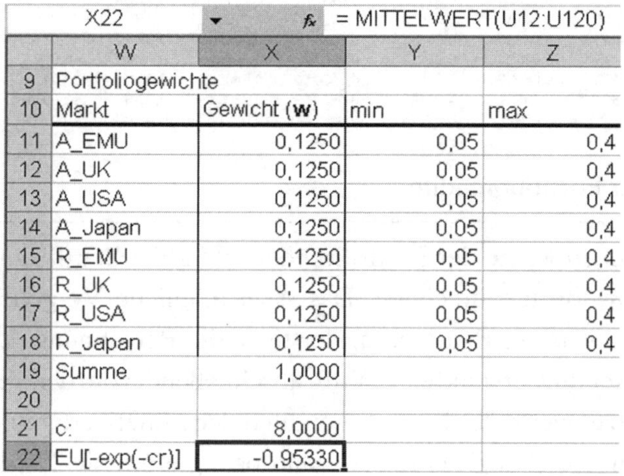

X22 = MITTELWERT(U12:U120)

	W	X	Y	Z
9	Portfoliogewichte			
10	Markt	Gewicht (**w**)	min	max
11	A_EMU	0,1250	0,05	0,4
12	A_UK	0,1250	0,05	0,4
13	A_USA	0,1250	0,05	0,4
14	A_Japan	0,1250	0,05	0,4
15	R_EMU	0,1250	0,05	0,4
16	R_UK	0,1250	0,05	0,4
17	R_USA	0,1250	0,05	0,4
18	R_Japan	0,1250	0,05	0,4
19	Summe	1,0000		
20				
21	c:	8,0000		
22	EU[-exp(-cr)]	-0,95330		

Abb. A2.3.3.-1.: Startlösung für die Erwartungsnutzenoptimierung

In der Zelle X22 befindet sich der Wert der Zielfunktion nach Gleichung (1), also der ex post Variante von Gleichung (4) aus A2.3.1. Um diesen Wert zu ermitteln, ist eine Nebenrechnung erforderlich, von der Abb. A2.3.3.-2. einen Ausschnitt zeigt. In einem ersten Schritt sind, basierend auf dem Gewichtevektor der Startlösung, die resultierenden Portfoliorenditen aus den einzelnen Assetrenditen für alle historischen Beobachtungszeitpunkte zu bestimmen. Die konkrete Berechnung in Abb. A2.3.3.-2. ermittelt die Portfoliorendite aus dem Gewichtevektor der Startlösung und dem Renditevektor eines Zeitpunktes t nach $r_P = \mathbf{w}^{\mathbf{T}}\mathbf{r}_t = \sum_{i=1}^{N} w_i r_{it} = \sum_{i=1}^{N} r_{it} w_i = \mathbf{r}_t^{\mathbf{T}}\mathbf{w}$, wobei hier der Ausdruck $\mathbf{r}_t^{\mathbf{T}}\mathbf{w}$ benutzt wird. Dies wird aus der Bearbeitungsleiste in Abb. A2.3.3.-2. ersichtlich. Der Grund für die Verwendung von $\mathbf{r}_t^{\mathbf{T}}\mathbf{w}$ liegt lediglich in dem speziellen Aufbau des Tabellenblattes. Die „übliche“ Berechnungsformel $r_P = \mathbf{w}^{\mathbf{T}}\mathbf{r}_t$ hätte hier unnötigerweise ein zweimaliges Transponieren des Gewichte- und Renditevektors erfordert.

T12 {= MMULT(L12:S12;$X$11:$X$18)}

	K	L	M	N	O	P	Q	R	S	T
10		A_EMU	A_UK	A_USA	A_Japan	R_EMU	R_UK	R_USA	R_Japan	P-Rendite
11	29.01.1993									
12	26.02.1993	0,01376	0,02421	0,04032	0,10284	0,00518	0,01405	0,02247	0,08696	0,03872
13	31.03.1993	0,04009	0,03588	0,04353	0,02698	0,01033	0,02177	0,02154	0,01344	0,02669
14	30.04.1993	0,00029	0,00864	0,01628	0,04156	0,00683	0,01265	0,01611	0,04609	0,01856
15	31.05.1993	0,00088	0,00287	0,00962	0,03883	0,00046	-0,00143	0,00149	0,03863	0,01142
16	30.06.1993	0,03544	0,06544	0,08277	0,08377	0,03781	0,08537	0,09191	0,08361	0,07076
17	30.07.1993	0,01168	0,03427	0,04488	0,04805	0,02588	0,05541	0,05953	0,05928	0,04237
18	31.08.1993	0,05089	0,02005	0,02300	0,00211	-0,01118	-0,02624	-0,03033	-0,02971	-0,00018
19	30.09.1993	-0,03068	-0,03390	-0,04165	-0,05927	-0,00278	-0,01713	-0,02178	-0,02541	-0,02908

Abb. A2.3.3.-2.: Berechnung der Portfoliorendite

Nach der Berechnung der historischen Reihe der Portfoliorenditen für die Startlösung ist diese in die Reihe der Nutzenwerte umzurechnen. Das dazu mögliche Vorgehen wird in Abb. A2.3.3.-3. dargestellt. Aus der Bearbeitungsleiste ist die Berechnung des Nutzenwertes einer (Portfolio-) Rendite ersichtlich. Wird abschließend von der gesamten Reihe der historischen Nutzenwerte der Portfoliorenditen der Mittelwert gebildet, ist der Zielfunktionswert nach Gleichung (1) für die Startlösung ermittelt. Damit sind alle vorbereitenden Schritte für die eigentliche Portfoliooptimierung abgeschlossen.

U12 = -EXP(-$X$21*T12)

	T	U	V	W	X
10	P-Rendite	Nutzen		Markt	Gewicht (**w**)
11				A_EMU	0,1250
12	0,03872	-0,73360		A_UK	0,1250
13	0,02669	-0,80771		A_USA	0,1250
14	0,01856	-0,86205		A_Japan	0,1250
15	0,01142	-0,91271		R_EMU	0,1250
16	0,07076	-0,56773		R_UK	0,1250
17	0,04237	-0,71250		R_USA	0,1250
18	-0,00018	-1,00141		R_Japan	0,1250
19	-0,02908	-1,26189		Summe	1,0000
20	0,03737	-0,74157			
21	0,00057	-0,99544		c:	8,0000
22	0,04188	-0,71531		EU[-exp(-cr)]	-0,95330

Abb. A2.3.3.-3.: Berechnung der Nutzenwerte

Die Portfoliooptimierung erfolgt hier unter denselben Rahmenbedingungen wie in der Fallstudie aus Kap. 2.3.3. Dabei sind also Budgetrestriktion, Nichtnegativitätsbedingung sowie Mindestanteils- und Höchstbestandsgrenzen zu beachten. Das vollständige Optimierungsproblem besteht damit aus der Zielfunktion nach Gleichung (1) sowie den Nebenbedingungen nach Gleichungen (2) bis (5):

(2) $$\sum_{i=1}^{N} w_i = 1 \qquad \text{(Budgetrestriktion)}$$

(3) $w_i \geq 0$ (Leerverkaufsverbot)

(4) $w_i \geq minw_i = 0{,}05$ (geforderter Mindestanteil)

(5) $w_i \leq maxw_i = 0{,}4$ (zulässiger Höchstanteil).

Die Lösung des Optimierungsproblems sowie die dafür notwendigen Eingabeparameter im Solver sind aus Abb. A2.3.3.-4. ersichtlich.[133]

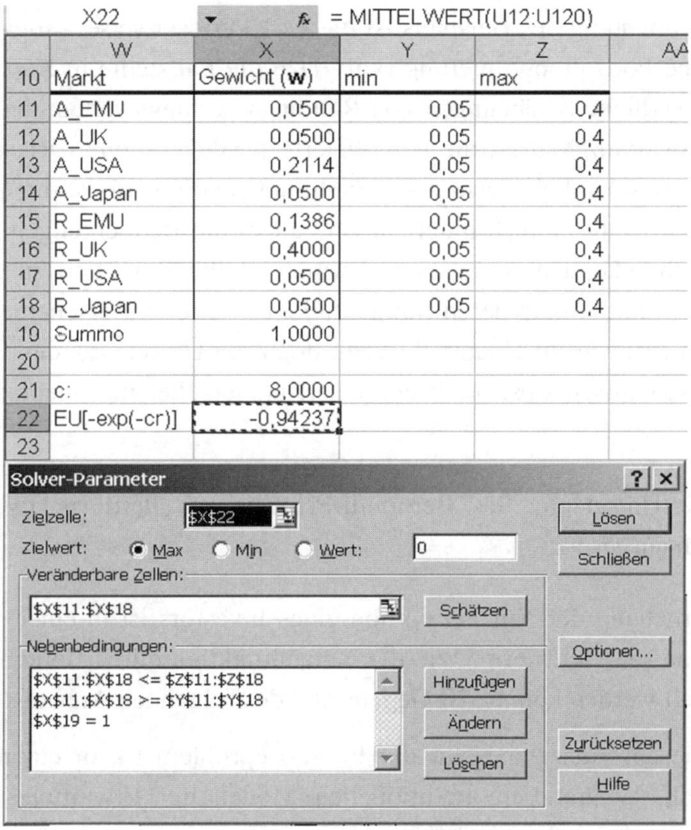

Abb. A2.3.3.-4.: Eingabeparameter für den Solver und Lösung

133 Aufgrund der Vorgehensweise und den unterschiedlichen Parametersetzungen sind die resultierenden Portfoliostrukturen mit denen aus Kap. 2.3.3. nicht vergleichbar.

In der Fallstudie ist es interessant, den Parameter c der Nutzenfunktion zu variieren. Senkt man diesen ab, z.B. auf $c = 2$, verläuft die Nutzenfunktion kaum noch gekrümmt, was eine sehr geringe Risikoaversion impliziert. In diesem Fall resultiert als Ergebnis der Optimierung ein hoher Aktienanteil, während Renten nur noch mit den geforderten Mindestbeständen gehalten werden. Hebt man den Parameter c an, werden nur noch Renten (abgesehen von den geforderten Mindestanteilen an Aktien) in das Portfolio aufgenommen. Ebenso kann die Nutzenfunktion auch gänzlich ausgetauscht werden, z.B. gegen eine logarithmische.

Bei näherer Betrachtung des Beispiels ist dieses – kurioserweise – sogar einfacher als die gewöhnliche Portfoliooptimierung (vgl. dazu die Fallstudie in Kap. 2.3.3.). Während dort umständliche Schätzungen von Renditeerwartungswerten, die Schätzung einer Varianz-Kovarianz-Matrix, die komplizierte Festlegung eines Risikoaversionsparameters und unanschauliche Matrizenformeln notwendig sind, ist die Umsetzung des Bernoulli-Prinzips sehr einfach möglich. Da zudem die Betrachtungen des Hauptteils nur unter einschränkenden Annahmen (normalverteilte Renditen) zu einem äquivalenten Ergebnis führen, mag deren Sinnhaltigkeit zweifelhaft erscheinen. Warum das umständliche Vorgehen im Hauptteil, wenn doch die Umsetzung des Bernoulli-Prinzips verfahrenstechnisch wesentlich einfacher, universeller und theoretisch einwandfrei ist?[134]

Die praktische Umsetzung des Bernoulli-Prinzips ist allerdings zwei erheblichen Problemfeldern ausgesetzt:

1. Die Erhebung der Nutzenfunktion eines Investors ist in einer realen Anlagesituation sehr schwierig. Wie die Nutzenfunktion durch Befragung prinzipiell ermittelt werden könnte, ist Gegenstand des folgenden Anhangs A2.3.4.
2. Bei diesem Ansatz besteht die Prognoseproblematik in einem verschärften Ausmaß. Während im traditionellen Modell nur Erwartungswerte der Assetrenditen und die zukünftige Varianz-Kovarianzmatrix zu prognostizieren sind, muss hier die ***gesamte*** Verteilung ***aller*** Assetrenditen geschätzt werden und nicht nur Verteilungsmomente! Im Kap. 7.3.3. wird zwar ein Verfahren vorgestellt, mit dem dies verfahrenstechnisch möglich ist. Trotzdem sollte die sich hier verschärfende Prognoseproblematik nicht übersehen werden.

134 Sofern hier von der grundsätzlichen Kritik am Bernoulli-Prinzip abgesehen wird.

Die Portfoliooptimierung unter Verwendung des Bernoulli-Prinzips ist verfahrenstechnisch sehr einfach, sogar einfacher als das im Hauptteil vorgestellte Vorgehen. Jedoch müssen dafür die Nutzenfunktion des Investors bekannt und Prognosen der gesamten Verteilungen aller Assetrenditen möglich sein. In der Fallstudie wurden beide Probleme sehr einfach gelöst. Es wurde eine bestimmte Nutzenfunktion willkürlich angenommen und die Renditeverteilungen mithilfe der historischen Beobachtungen geschätzt. Wie die Nutzenfunktion für einen Investor gewonnen werden kann, ist Gegenstand der folgenden Betrachtungen. Die Schätzung kompletter Renditeverteilungen ist dagegen komplizierter und wird erst in Kap. 7. (dort speziell in Kap. 7.3.3.) behandelt.

A2.3.4. Konstruktion von Nutzenfunktionen

Das zentrale Problem – wenn vom Prognoseproblem abgesehen wird – bei der Anwendung der Erwartungsnutzenmaximierung besteht in der Spezifikation der Nutzenfunktion. Dazu werden insbesondere in der entscheidungstheoretischen Literatur einige Ansätze diskutiert, wie diese mithilfe von Befragungen des Entscheiders gewonnen werden kann. Exemplarisch sollen drei mögliche Ansätze vorgestellt werden.[135] Gemeinsam ist diesen drei Ansätzen, dass die Nutzenfunktion aus dem Vergleich von sicheren Ergebnissen mit Lotterien bzw. von Lotterien untereinander punktweise konstruiert wird. Verfahrenstechnisch können zwei zentrale Hauptschritte unterschieden werden. Im ersten Hauptschritt werden Stützstellen für die Nutzenfunktion erhoben, im zweiten Hauptschritt erfolgt die Schätzung ihres Verlaufs.

Für den ersten Hauptschritt werden nachfolgend (i) die Halbierungsmethode, (ii) die Methode variabler Wahrscheinlichkeiten und (iii) die Lotterievergleichsmethode näher betrachtet. Der erste Teilschritt ist für alle drei Verfahren gleich. Er besteht in der Festlegung des maximal möglichen Ergebnisses e^+, des minimal möglichen Ergebnisses e^- und der Normierung der Nutzenfunktion, indem $U(e^+) = 1$ und $U(e^-) = 0$ definiert wird. Im hier betrachteten Kontext wird beispielhaft eine Kapitalanlage betrachtet, bei der im günstigsten Fall der Kapitaleinsatz verdoppelt werden könnte ($e^+ = +100\%$), bei der aber auch ein Totalverlust möglich ist ($e^- = -100\%$).[136]

---

135 Zu den verschiedenen Ansätzen vgl. näher von Nitzsch (2002), S. 170 ff.

136 Besonders kritisch ist hier die Frage, ob die Nutzenfunktion auf Basis von absoluten Vermögenswerten (Vermögensendwerten) zu formulieren ist oder ob auch eine Formulierung auf Basis von Renditen möglich ist (vgl. dazu die Hinweise im Anhang A2.3.2.). Dies ist im Ein-Perioden-Fall

Bei der *Halbierungsmethode* wird eine Lotterie konstruiert. Die Lotterie hat eine Erfolgswahrscheinlichkeit von $p = 0,5$ für das Eintreten von e^+ und von $1\text{-}p$ für das Eintreten von e^-. Der Entscheider wird nach der Höhe des sicheren Ergebnisses e befragt, bei dem Indifferenz zwischen der Wahl von e oder der Lotterie $[e^+, 0,5, e^-]$[137] besteht. Welchen Wert e nun der Entscheider nennt, wird individuell verschieden sein und ist Ausdruck seiner Risikopräferenz. Praktische Erfahrungen in der Anwendung dieser und der folgenden Methoden zeigen, dass die Methoden an sich sehr einfach sind, aber die befragten Versuchspersonen anfänglich oftmals erhebliche Schwierigkeiten besitzen, die Konstruktion der Befragung zu verstehen. Aus diesem Grund wird kurz die hier betrachtete Fragestellung am Beispiel umfänglich erläutert. Die später zu behandelnden Fragen an den Investor sind in analoger Weise zu verstehen und werden dann nur noch knapp abgehandelt.

Im betrachteten Beispiel wird der Investor (bzw. die zu befragende Versuchsperson) vor die Wahl gestellt, einmalig zwischen einer Lotterie [+100%, 0,5, -100%] einerseits oder einem sicheren Ergebnis e der Kapitalanlage andererseits zu wählen. Es wird gefragt, bei welcher Höhe von e beide Alternativen als gleichwertig angesehen werden. Oder die Fragestellung lautet, wann eine subjektiv empfundene ***Gleichwertigkeit*** beider Alternativen besteht.

Die Fragestellung im Beispiel kann auch anders erklärt werden. Man stelle sich vor, an einer Lotterie teilnehmen ***zu müssen***, bei der 100% gewonnen, aber auch mit einer Wahrscheinlichkeit von 50% alles verloren werden kann. Dem Investor droht also mit 50% Wahrscheinlichkeit ein Totalverlust! Nun wird eine Rettungsalternative angeboten: Gegen Akzeptanz eines sicheren Verlustes e wird der Investor von dem Zwang befreit, die Lotterie spielen zu müssen. Eine weitere, alternative Darstellung ist die folgende: Dem Investor wird eine „Versicherung" angeboten, welche für ihn die unsichere Lotterie komplett übernimmt. Wie hoch ist die Prämie e (sicheres Ergebnis), die

möglich, sodass im Folgenden keine strenge Unterscheidung mehr zwischen Rendite- und absoluten Werten vorgenommen wird. Im Wesentlichen geht es hier auch nur um die verfahrenstechnische Darstellung. Dennoch ist die Verwendung von Renditen nicht unproblematisch. In den folgenden Befragungen kann es für den Investor sehr wohl einen Unterschied bedeuten, ob sich die Renditenangaben auf einen Kapitaleinsatz von 10 € oder 10 Mio € beziehen. Dieses Problem ist aber Ausfluss der Abhängigkeit der Nutzenfunktion von der Ergebnisverteilung in einer konkreten Entscheidungssituation, welches am Ende dieses Abschnitts kurz diskutiert wird.

137 Im Folgenden wird eine Lotterie allgemein als $[e^+, p, e^-]$ bezeichnet, wobei e^+: maximal mögliches Ergebnis, p: Erfolgswahrscheinlichkeit und e^-: minimal mögliches Ergebnis darstellen.

der Investor gerade noch bereit ist zu zahlen, um sich gegen die Lotterie zu versichern. Anders als bei einer „echten“ Versicherung kann hier aber nicht der „Schaden“ (Verlust) isoliert versichert werden, sondern nur die Lotterie als Ganzes abgetreten werden. Bei welcher Höhe von *e* ist der Investor unentschieden, die Rettungsalternative zu wählen oder die Zwangslotterie zu spielen (mit der Gefahr des Totalverlustes)? Da Menschen i.d.R. risikoavers sind, würden sie im Beispiel vielleicht einen Wert in Höhe $e = -10\%$ wählen. Die (Zwangs-) Lotterie würde gegen Akzeptanz eines sicheren Verlustes von 10% gerade noch eingetauscht werden (oder umgekehrt das sichere Ergebnis gegen die Lotterie). Der Investor ist also bei diesem Wert von *e* unentschieden (indifferent), mit Sicherheit 10% zu verlieren gegenüber einem Totalverlust mit 50% Wahrscheinlichkeit (aber auch bei gleichzeitiger Chance, den Kapitaleinsatz zu verdoppeln).

Welchen Wert *e* der Investor in der Befragung wählt, hängt natürlich von dem Ausmaß seiner Risikoaversion ab. Extrem ängstliche Investoren würden eventuell sogar bereit sein, einen sicheren Verlust („Versicherungsprämie“) von 20% oder 30% zu akzeptieren, nur um das Risiko eines Totalverlustes mit 50% Wahrscheinlichkeit bei der (Zwangs-) Lotterie zu vermeiden.

Natürlich kann es auch sehr *risikofreudige* Investoren geben. Diese würden sich weniger vor dem Totalverlust fürchten, sondern an ihre 50%-Chance auf einen 100%-Gewinn glauben. Die Rettungsalternative gegen Akzeptanz eines sicheren Verlustes („Versicherungsprämie“) käme für sie überhaupt nicht in Betracht. Im Gegenteil, erst gegen einen sicheren Gewinn („negative Versicherungsprämie“), z.B. $e = +10\%$, wären diese Optimisten bereit, gerade noch auf das Spielen der Lotterie zu verzichten. Ein risikoneutraler Investor würde dagegen $e = 0\%$ im Beispiel wählen. Die Gefahr des Totalverlustes und die Chance auf 100% Gewinn werden bei Risikoneutralität als ausgeglichen bewertet. Ob er eine sichere Verzinsung von 0% erhält oder die Lotterie spielen muss, wäre ihm egal.

Es sei noch einmal betont, dass die Antwort *e* des Investors individuell verschieden ausfallen wird und Ausdruck der Risikopräferenz ist. Im Beispiel sind also Werte von $e > 0\%$, $e = 0\%$ oder $e < 0\%$ prinzipiell denkbar. Antworten wie $e > 0\%$ oder $e = 0\%$ sind aber im Regelfall untypisch! Meist resultieren sie aus einem falschen Verständnis der Befragung. In diesem Falle müsste die befragte Person noch einmal angeregt werden, die Fragestellung und gegebene Antwort genauestens zu reflektieren. Im Folgenden wird von einer typischen Antwort, wie z.B. $e = -10\%$, ausgegangen.

Aus diesem Wahlakt folgt aber auf jeden Fall:

(1) $U(e) = EU(e) = EU(\,[e^+, 0{,}5, e^-]\,) = p\ U(e^+) + (1\text{-}p)\ U(e^-) = p.$

Im Beispiel ist also $U(e = -10\%) = 0{,}5$.[138] Der gerade gewählte Wert für e soll im Folgenden mit $e^{0,5}$ bezeichnet werden.[139] Jetzt erfolgt der sog. Halbierungsschritt, indem zwei neue Lotterien $[e^+, 0{,}5, e^{0,5}]$ und $[e^{0,5}, 0{,}5, e^-]$ konstruiert werden. Im Beispiel sind dies die Lotterien [+100%, 0,5, -10%] und [-10%, 0,5, -100%]. Der Entscheider muss nun die Frage beantworten, welches sichere Ergebnis $e^{0,75}$ als nutzenäquivalent zu der Lotterie $[e^+, 0{,}5, e^{0,5}]$ betrachtet wird. Im Beispiel möge der Investor ein sicheres Ergebnis $e^{0,75} = +35\%$ als nutzenäquivalent zur Lotterie [100%, 0,5, -10%] empfinden. Aus diesem Wahlakt folgt allgemein:

(2) $$U(e^{0,75}) = EU(\,[e^+, 0{,}5, e^{0,5}]\,) = p\ U(e^+) + (1\text{-}p)\ U(e^{0,5})$$
$$= 0{,}5 + 0{,}5\ \ U(e^{0,5}).$$

Im Beispiel wurde im ersten Wahlakt bereits $U(e^{0,5} = -10\%) = 0{,}5$ bestimmt, sodass $U(e^{0,75} = +35\%) = 0{,}75$ folgt. Dieselbe Fragestellung wird auf den Vergleich des sicheren Ergebnisses $e^{0,25}$ mit der Lotterie $[e^{0,5}, 0{,}5, e^-]$ angewandt. Im Beispiel wird also nach dem als nutzenäquivalent empfundenen sicheren Ergebnis $e^{0,25}$ zu der Lotterie [-10%, 0,5, -100%] gefragt. Es sei angenommen, der Investor wähle $e^{0,25} = -60\%$, woraus $U(e^{0,25} = -60\%) = 0{,}25$ folgt. Damit sind im Beispiel die in Tab. A2.3.4.-1. verzeichneten Stützstellen der Nutzenfunktion gewonnen worden.

---

138 Formel (1) gilt natürlich für jede gegebene Antwort bezüglich der Höhe von e, also auch für Antworten wie $e = 0\%$ oder $e > 0\%$. Bei diesem Beispiel und richtig verstandener Konstruktion der Fragestellung durch die befragte Person sind solche Antworten aber nicht regelhaft, sondern nur äußerst selten „ehrlich gemeint".

139 Der hoch gestellte Wert 0,5 ist hier keinesfalls als Exponent zu verstehen, sondern ist lediglich ein Bezeichner. Er drückt aus, dass dieses Ergebnis e einen normierten Nutzenwert von 0,5 besitzt.

Ergebniswert	Nutzenwert
-100%	0,00
-60%	0,25
-10%	0,50
+35%	0,75
+100%	1,00

Tab. A2.3.4.-1.: Stützstellen nach der Halbierungsmethode

Die Halbierungsmethode kann nun in der beschriebenen Weise weiter fortgesetzt werden, um zusätzliche Stützstellen zu erhalten, was hier aber nicht weiter verfolgt werden soll. Als eine Variante der Halbierungsmethode könnte die *Fraktilmethode* angesehen werden. Hier wird der Entscheider ebenso nach der Höhe des sicheren Ergebnisses e befragt, bei dem Indifferenz zwischen der Wahl von e oder der Lotterie $[e^+, p, e^-]$ besteht. Die Befragung wird mehrfach wiederholt, indem p systematisch variiert wird, also z.B. für $p = 0{,}1,\ 0{,}2,\ \ldots,\ 1$. Unter Verwendung der gegebenen Antworten und der Gleichung (1) können die Stützstellen gewonnen werden.

Bei der *Methode variabler Wahrscheinlichkeiten* wird im Gegensatz zum bisherigen Vorgehen das sichere Ergebnis e fest vorgegeben und stattdessen nach der Wahrscheinlichkeit p gefragt, für welche dann Indifferenz zwischen der Wahl von e und der Lotterie $[e^+, p, e^-]$ besteht. Dies sei wieder am Beispiel verdeutlicht. Dem Investor werden $e = 0\%$ und die Lotterie $[+100\%, p, -100\%]$ zur Auswahl angeboten. Gefragt wird nach der Erfolgswahrscheinlichkeit p, für welche beide Alternativen als zueinander nutzenäquivalent empfunden werden. Im Beispiel möge der Investor $p = 0{,}7$ antworten. Unter Verwendung der Gleichung (1) folgt allgemein:

(3) $$U(e) = EU(\,[e^+, p, e^-]\,) = p\,U(e^+) + (1-p)\,U(e^-) = p.$$

Im Beispiel folgt also $U(e = 0\%) = 0{,}7$. Weitere Stützstellen der Nutzenfunktion können durch systematische Variation der Befragung gewonnen werden. In Anlehnung an die Halbierungsmethode können z.B. zwei weitere Wahlakte konstruiert werden. Im ersten Wahlakt soll der Investor das sichere Ergebnis $e = +50\%$ mit der Lotterie $[+100\%, p, 0\%]$ vergleichen, im zweiten das sichere Ergebnis $e = -50\%$ mit $[0\%, p, -100\%]$. Im ersten Fall möge der Investor $p = 0{,}8$ nennen, im zweiten $p = 0{,}5$. Um die Nutzenwerte auszurechnen, wird auf Gleichung (1) bzw. (3) zurückgegriffen sowie der bereits bestimmte Nutzenwert für $e = 0\%$ (dieses Ergebnis sei mit e^* bezeichnet) eingesetzt.

(4a) $$U(e = 50\%) = EU(\,[e^+, p, e^*]\,) = p\,U(e^+) + (1-p)\,U(e^*)$$
$$= 0{,}8 \cdot 1 + 0{,}2 \cdot 0{,}7 = 0{,}94$$

(4b) $U(e = -50\%) = EU([e^*, p, e^-]) = p\ U(e^*) + (1-p)\ U(e^-)$
$= 0{,}5 \cdot 0{,}7 + 0{,}5 \cdot 0 = 0{,}35.$

Die Tab. A2.3.4.-2. fasst die gewonnenen Stützstellen zusammen. Auch hier könnte der Prozess beliebig fortgesetzt werden, um weitere Stützstellen zu erhalten, was aber ebenfalls aus Platzgründen nicht weiter verfolgt werden soll. Kritisch kann gegen beide Methoden eingewandt werden, dass hier stets sichere Ergebnisse mit unsicheren Lotterien verglichen werden. Gerade im Kapitalanlagekontext, wo Entscheidungen auf Basis von unsicheren Ergebnissen zu fällen sind, könnte diese Vorgehensweise zu systematischen Verzerrungen führen.[140]

Ergebniswert	Nutzenwert
-100%	0,00
-50%	0,35
0%	0,70
+50%	0,94
+100%	1,00

Tab. A2.3.4.-2.: Stützstellen nach der Methode variabler Wahrscheinlichkeiten

Bei der *Lotterievergleichsmethode* werden aus diesem Grund nur Lotterien miteinander verglichen. Dazu werden dem Entscheider zwei Lotterien zur Auswahl gestellt. Die erste Lotterie $[e^+, p, e^-]$ beinhaltet das maximale und minimale Ergebnis, lässt aber die Erfolgswahrscheinlichkeit p (für das Eintreten von e^+) offen. Nach diesem Wert wird später gefragt. Die zweite Lotterie $[e, 0{,}5, e^-]$ beinhaltet ein variierbares, aber für eine konkrete Befragung fest vorgegebenes Ergebnis e (mit $e < e^+$), welches mit der Erfolgswahrscheinlichkeit 0,5 eintritt, und das minimale Ergebnis, das ebenfalls mit einer Wahrscheinlichkeit von 1-0,5 = 0,5 eintreten kann. Im Beispiel könnte der Investor gebeten werden, die Lotterie [+100%, p, -100%] mit der Lotterie [+50%, 0,5, -100%] zu vergleichen. Er soll entscheiden, für welche Erfolgswahrscheinlichkeit p bei der ersten Lotterie beide Lotterien als nutzenäquivalent angesehen werden. Der Investor möge im Beispiel $p = 0{,}4$ wählen.

Allgemein folgt aus der Konstruktion der Befragung, dass offensichtlich (5) gelten muss:

(5) $EU([e^+, p, e^-]) = \mathrm{EU}([e, 0{,}5, e^-]).$

Daraus folgt:

(6) $p \cdot U(e^+) + (1-p) \cdot U(e^-) = 0{,}5 \cdot U(e) + 0{,}5 \cdot U(e^-).$

140 Zu systematischen Verzerrungen bei diesen Methoden vgl. auch von Nitzsch (2002), S. 177.

Mit $U(e^+) = 1$ und $U(e^-) = 0$ folgt:

(6a) $p = 0{,}5 \cdot U(e)$ bzw. (6b) $U(e) = 2 \cdot p$.

Im Beispiel wäre also $U(e = +50\%) = 0{,}8$. Um weitere Stützstellen zu gewinnen, sind wiederum systematische Variationen der Befragung notwendig. Beispielhaft werde nach dem Vergleich der Lotterien [+100%, *p*, -100%] mit der Lotterie [+20%, 0,5, -100%] und dem Vergleich von [+100%, *p*, -100%] mit [-50%, 0,5, -100%] gefragt. Im ersten Fall möge der Investor $p = 0{,}35$ wählen, im zweiten Fall $p = 0{,}2$. Daraus folgen $U(e = +20\%) = 0{,}7$ und $U(e = -50\%) = 0{,}4$. Die gewonnenen Stützstellen sind in Tab. A2.3.4.-3. zusammengefasst.

Ergebniswert	Nutzenwert
-100%	0,00
-50%	0,40
+20%	0,70
+50%	0,80
+100%	1,00

Tab. A2.3.4.-3.: Stützstellen nach der Lotterievergleichsmethode

Im zweiten Hauptschritt ist mithilfe der Stützstellen die Nutzenfunktion zu schätzen. Ein einfacher Ansatz besteht darin, einfach zwischen den Stützstellen linear zu interpolieren, d.h. die Nutzenfunktion abschnittsweise linear zu konstruieren. Besser ist es jedoch, die Stützstellen als Messpunkte für eine der typischen Nutzenfunktionen anzusehen (vgl. Anhang A2.3.2.) und deren Parameter über einen Optimierungsansatz auf Basis der Stützstellen zu schätzen.

Dieses Vorgehen sei exemplarisch anhand der *exponentiellen Nutzenfunktion* erläutert. In einer auf das Intervall $[e^-, e^+]$ mit $U(e^-) = 0$ und $U(e^+) = 1$ normierten Darstellung gilt: [141]

(7) $$U(e) = \frac{1 - \exp\left(-c \dfrac{e - e^-}{e^+ - e^-}\right)}{1 - \exp(-c)}$$

mit *exp*(*x*): Exponentialfunktion e^x
c: zu bestimmender Parameter.

In der Fallstudie aus Anhang A2.3.3. wurde deutlich, dass der Parameter *c* der exponentiellen Nutzenfunktion den Grad der Risikoaversion ausdrückt. Dieser ist nun mit-

141 Für eine vertiefende Darstellung vgl. von Nitzsch (2002), S. 175 ff.; zur normierten exponentiellen Nutzenfunktion vgl. von Nitzsch (2002), S. 179 ff.

hilfe der gewonnenen Stützstellen zu bestimmen. Ein einfacher Ansatz würde in der Formulierung einer quadratischen Fehlerfunktion bestehen. Die Fehlerfunktion könnte nach Gleichung (8) formuliert werden:

$$(8) \qquad MSE(c) = \sum_{s=1}^{S} (U^*(e_s) - \hat{U}(e_s, c))^2 \rightarrow \text{min!}$$

mit MSE: Mean Square Error (der mittlere quadratische Fehler)
S: Anzahl der Stützpunkte aus der Befragung des Investors
$U^*(e_s)$: gemessener Nutzenwert beim Ergebnis e_s
$\hat{U}(e_s, c)$: mittels der angenommenen Nutzenfunktion (z.B. nach Gleichung (7)) geschätzter Nutzenwert beim Ergebnis e_s.

Unter Verwendung des Solvers lässt sich dieser Ansatz leicht in Excel umsetzen. Da die Umsetzung nicht weiter schwierig ist, soll auf eine explizite Darstellung der Umsetzung mit Excel verzichtet und diese dem Leser als Übung überlassen werden. Je nachdem, ob für die Schätzung die Stützstellen der Tabellen A2.3.4.-1., -2. oder -3. verwendet werden, resultieren unterschiedliche Ergebnisse. Um eine qualitativ hochwertige Nutzenfunktion zu bestimmen, wird in der Literatur empfohlen, bei der Ermittlung der Stützstellen mehrere Ermittlungsmethoden anzuwenden, möglichst viele Stützstellen zu bestimmen und schließlich alle für den Schätzansatz zu verwenden. Würde man im hier betrachteten Beispiel alle Stützstellen in die Optimierung einbeziehen, würde sich ein Wert von $c \approx 1{,}03$ ergeben.[142] Die Abb. A2.3.4.-1. zeigt, dass durch diese Schätzung die empirisch bestimmten Messpunkte durch die angenommene und geschätzte Nutzenfunktion recht gut beschrieben werden. Die so geschätzte Nutzenfunktion kann dann wiederum im Rahmen der Erwartungsnutzenmaximierung zugrunde gelegt werden.

---

142 Für die Schätzung mithilfe des Solvers wurden aus Vereinfachungsgründen die Daten aller drei Tabellen einfach zusammengefasst. Dadurch sind die (Mess-) Punkte für das minimale und das maximale Ergebnis zwar mehrfach vorhanden, gehen aber faktisch nicht in die Schätzung mit ein.

Durch die Normierung und die Definitionen $U(e^+) = 1$ und $U(e^-) = 0$ stimmen gemessene und angenommene Nutzenfunktion beim minimalen und maximalen Ergebnis exakt überein. Diese Punkte tragen daher faktisch nicht zur Fehlerfunktion bei und beeinflussen somit auch nicht das Ergebnis der Optimierung.

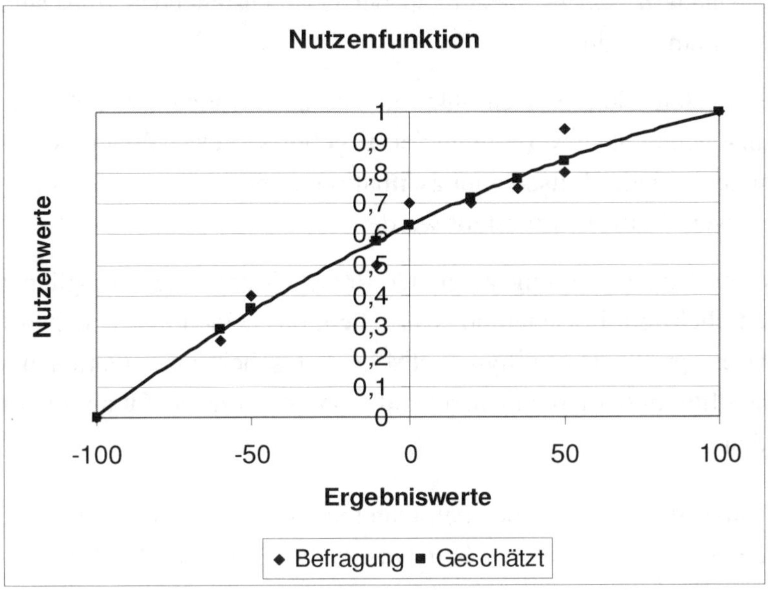

Abb. A2.3.4.-1.: Gemessene und geschätzte Nutzenfunktion

Die Darstellungen sollen zeigen, dass die Aufstellung einer Nutzenfunktion für einen Investor prinzipiell möglich ist und auch nicht auf besondere verfahrenstechnische Schwierigkeiten stößt. Insgesamt sprechen damit anscheinend keine Argumente mehr gegen eine Anwendung der Erwartungsnutzenmaximierung, denn mit heutigen Computerkapazitäten ist eine Optimierung basierend auf den gesamten Renditeverteilungen aller betrachteten N Assets (aus denen ja erst die Verteilung der Portfoliorenditen folgt) möglich, ebenso wie die Konstruktion einer Nutzenfunktion. Ungeachtet der Frage, ob die hier exemplarisch vorgestellten Verfahren zur Konstruktion einer Nutzenfunktion noch im Detail verbessert werden könnten, sind vier wesentliche Kritikpunkte gegenüber derartigen Konstruktionsverfahren zu nennen:[143]

- Für praktische Zwecke ist es oftmals viel zu zeitaufwändig, eine Konstruktion der Nutzenfunktion vorzunehmen, da Entscheidungen häufig unter Zeitdruck zu fällen sind.
- Die Entscheidung nach der Bernoulli-Regel (Erwartungsnutzenmaximierung) erfordert die Zeitstabilität der Nutzenfunktion. Diese kann sich aber im Zeit-

143 Vgl. Rehkugler/Schindel (1990), S. 156 f.

ablauf ändern, sodass diese dann bei jeder anstehenden Entscheidung erneut zu bestimmen wäre.

- Die Gestalt der Nutzenfunktion ist unter anderem abhängig von der Wahrscheinlichkeitsverteilung der Ergebnisse. Deshalb muss sie streng genommen in jeder Entscheidungssituation erneut für die jeweils gegebenen Ergebnisverteilungen aufgestellt werden.

- Bei der Nutzenmessung zeigt der Entscheidungsträger möglicherweise (unwissentlich) ein Entscheidungsverhalten, das seinen tatsächlichen Präferenzen nicht entspricht. Die in hypothetischen Entscheidungssituationen konstruierte Nutzenfunktion ist damit nicht auf konkrete Entscheidungssituationen übertragbar.

Der letzte Punkt wird an dem hier betrachteten Beispiel schnell deutlich. So mag zu Recht angezweifelt werden, ob die hier beispielhaft konstruierten Spielsituationen einer „echten" Anlagesituation entsprechen und ob das in diesen Spielsituationen gemessene Verhalten des Investors wirklich auf eine reale Entscheidungssituation übertragbar wäre. Teilweise hängt dies mit dem dritten Punkt zusammen, denn wenn die Wahrscheinlichkeitsverteilungen der Spielsituationen mit denen der realen Situationen nicht übereinstimmen, muss es zu einer Abweichung kommen. Aber selbst wenn diese übereinstimmen würden, könnten Freude am Spiel oder ein falsches Verständnis der Spielsituation zu einer Verzerrung der Messergebnisse führen.[144]

---

144 In eigenen Befragungen von Versuchspersonen wurden zwei weitere kritische Aspekte festgestellt. Zum einen durchschauen viele Versuchspersonen das Ziel und die Konstruktion der Befragung nur sehr schwer. Die genaue Erläuterung der durchzuführenden Befragung ist aber kaum ohne eine Beeinflussung der Versuchsperson möglich. Z.B. müsste bei der ersten hier beispielhaft betrachteten Frage eine Antwort der Versuchsperson wie z.B. $e = 0\%$ oder $e > 0\%$ hinterfragt werden, da es wahrscheinlich ist, dass die Versuchsperson die Fragestellung nicht richtig verstanden hat. Die notwendige Nachfrage und die nochmalige Erläuterung der Befragung üben aber unvermeidlich auf die befragte Versuchsperson einen Druck aus, sich bei der revidierten Antwort risikoavers zu zeigen. Der Befrager kann also das Ergebnis der Befragung unbewusst und unwissentlich verzerren. Zum anderen zeigen sich mitunter erheblich abweichende Messergebnisse, je nachdem, ob die erstgenannten Methoden (Halbierungsmethode, Fraktilmethode, Methode variabler Wahrscheinlichkeiten) oder die Lotterievergleichsmethode angewendet werden. Dies ist auch erklärbar. Nach Erkenntnissen der empirischen Entscheidungsforschung neigen Menschen dazu, beim Vergleich sicherer mit unsicheren Ergebnissen die sicheren unangemessen hoch zu schätzen (Ambiguitätsaversion). Bei den erstgenannten Methoden besteht daher die Gefahr, das sichere Ergebnis stärker als „angemessen" zu präferieren (Certainty-Effekt), womit die gemessene

Rehkugler/Schindel folgern: „Zusammenfassend kann festgehalten werden, daß die Bewertung nach der Bernoulli-Regel einen beachtlichen Aufwand bedeutet. Da selbst bei sorgfältigem Vorgehen bei der Nutzenmessung der tatsächliche Nutzen nicht genau ermittelt werden kann, weil dieser Nutzen weder zeitstabil noch situationsunabhängig ist, muß die Frage gestellt werden, ob die vorher geschilderten Entscheidungsregeln [z.B. Förstner-Regel, Anm. d. Verf.] als Ersatzgrößen für die Bernoulli-Regel nicht ebenso leistungsfähig sein können“.[145]

Schlussendlich muss der Leser selbst urteilen, ob die Verwendung der wahren Erwartungsnutzenmaximierung den approximativen Verfahren (zu denen letztendlich das Standard-Markowitz-Tobin-Modell auch gehört) vorzuziehen ist. Verfahrenstechnisch enthält aber dieses Buch alle Bausteine, um die wahre Erwartungsnutzenmaximierung durchzuführen:

- Die Konstruktion der Nutzenfunktion kann wie hier beschrieben vorgenommen werden.
- Die Erwartungsnutzenoptimierung ist in den Anhängen A2.3.1. bis A2.3.3. beschrieben.
- Die Schätzung der Renditeverteilungen aller betrachteten N Assets kann mit dem in Kap. 7.3.3. beschriebenen Verfahren vorgenommen werden.
- Für die dazu notwendige Schätzung und Prognose der Faktorreihen können auch die Verfahren in Kap. 6. dienen.

Die Umsetzung der wahren Erwartungsnutzenmaximierung ist damit in diesem Buch vollständig beschrieben. Aufgrund der genannten Kritikpunkte werden jedoch im Haupttext ausschließlich approximative Verfahren behandelt.

Nutzenfunktion eine zu große Risikoscheu widerspiegelt. Dieser verzerrende Effekt wird bei der Lotterievergleichsmethode ausgeschaltet, womit aber die gemessenen Werte auf einmal deutlich von den vorhergehenden abweichen können. Die Ergebnisse in Abb. A2.3.4.-1., die ja die Messungen aller Methoden umfasst, sind vergleichsweise homogen und nicht unbedingt repräsentativ für den Ausgang derartiger Befragungen. Der Parameter c bei der exponentiellen Nutzenfunktion kann deutliche Unterschiede in Abhängigkeit von den jeweiligen (Mess-) Methoden aufweisen. Tendenziell fällt er bei der Lotterievergleichsmethode kleiner als bei den erstgenannten Methoden aus.

145 Rehkugler/Schindel (1990), S. 157; alte Rechtschreibung im Original.

3. Relative Optimierung

Arbeitshinweise: Im folgenden Kapitel wird der zweite in Abb. 2.2.1.-1. genannte Ansatz des aktiven Portfoliomanagements, die *relative Optimierung*, vorgestellt und anhand des im vorhergehenden Kapitel vorgestellten Datensatzes mit Excel implementiert. Die Betrachtungen orientieren sich dabei grundsätzlich an den Ausführungen von GRINOLD/KAHN (2000), folgen jedoch auch oftmals eigenen Überlegungen oder Ergänzungen.

In Kap. 3.1. wird der Einsatz der relativen Optimierung motiviert. Grundbegriffe und Grundlagen der relativen Optimierung werden in Kap. 3.2. vorgestellt und sollten einleitend von jedem Leser bearbeitet werden, um dann in Kap. 3.3. speziell auf die Annahme eines linearen Renditegenerierungsprozesses einzugehen. Das Kap. 3.3. kann von demjenigen Leser, dem das Konzept des linearen Renditegenerierungsprozesses bekannt ist, übersprungen werden, sollte ansonsten aber von jedem Leser bearbeitet werden. Entsprechend der Vorgehensweise in Kap. 2. werden die Grundbegriffe und Grundlagen in die für die Portfoliooptimierung relevanten Formeln transferiert. Die Entwicklung der portfoliorelevanten Formeln in Kap. 3.4. ist für das Verständnis der relativen Optimierung von zentraler Bedeutung und sollte daher von jedem Leser bearbeitet werden. Die Umsetzung in einer Fallstudie erfolgt in Kap. 3.5. In Kap. 3.5.2. wird die Problematik der Schätzung weiterer für die relative Portfoliooptimierung benötigter Inputparameter dargelegt. Dieses Kapitel kann bei knappem Zeitbudget und unter der Annahme, dass die für die Portfoliooptimierung benötigten Inputparameter bereits vorhanden sind (beispielsweise durch eine Finanzanalyseabteilung geliefert wurden), auch ausgelassen werden. Das Kap. 3.5.6. verdeutlicht anschließend anhand eines zusätzlichen Fallbeispiels den Umgang mit Einzeltiteln. Es betrachtet interessante Aspekte, die gerade für die praktische Umsetzung von Bedeutung sind.

Im Anhang 3.1. wird eine weitere Systematisierung der Rendite in absolute und überschüssige Rendite vorgenommen und die jeweilige Verwendung begründet. Der Leser, der bereits eingehend mit dieser Thematik vertraut ist, kann diesen Anhang überspringen. Ansonsten sollte dieser Anhang von jedem Leser bearbeitet werden, da er insbesondere auch die Verwendung der jeweiligen Renditeart innerhalb dieses Buches motiviert. Im Anhang 3.2. erfolgt eine detaillierte Herleitung des aktiven Risikos, die in Kap. 3.4.3. aus Übersichtsgründen bewusst ausgelassen wurde, da die Herleitung des aktiven Risikos für die praktische Anwendung nicht zwingend erforderlich ist, jedoch zum Erkenntnisgewinn beiträgt und daher im Anhang nachgeliefert wird.[146]

3.1. Vorbemerkungen

Um den Einsatz der relativen Optimierung zu motivieren, sollen zunächst mögliche Gründe für deren Anwendung aufgezeigt werden, woraus auch die Begrifflichkeit deutlich wird. Zum einen wird auf das schon in Kap. 1.2.4. genannte stufenweise Vorgehen bei der Asset Allocation sowie auf eine Trennung der Ergebnisverantwortlichkeit zurückgegriffen. Zum anderen wird ausgehend von einigen Kritikpunkten zur Vorgehensweise bei der absoluten Optimierung der Einsatz der relativen Optimierung begründet.

Schwerpunkt der Portfoliorealisierung ist die Asset Allocation. Im praktischen Asset Management ist eine hierarchische Strukturierung von Anlageentscheidungen zur Bewältigung der Komplexitätsproblematik sinnvoll (vgl. auch Abb. 1.2.4.-1.). Wie schon in Kap. 1.2.4. beschrieben, unterscheidet man die strategische sowie die taktische Asset Allocation. Strategisch werden solche Entscheidungen bezeichnet, die weit reichende zeitliche und inhaltliche Bedeutung haben. Im Gegensatz hierzu hat die taktische Asset Allocation einen eher kurzfristigen Charakter. Betrachtet man diese beiden Ebenen zur Asset Allocation bei der systematischen Aufteilung des Anlagebetrages, so lässt sich ein zweistufiger Entscheidungsprozess ableiten. Im Sinne eines Top-down Ansatzes wird die strategische Asset Allocation vor die taktische Asset Allocation geschaltet. Hier sind verschiedene Konstellationen denkbar. Zunächst kann man einen Portfoliomanager betrachten, der eigenverantwortlich für das gesamte Portfoliomanagement ist und quasi sein „eigenes“ Vermögen (oder das „seiner“ Institution) allein verwaltet (keine Trennung von Vermögensverwaltung und Investor). Eine mögliche Vorgehensweise wäre dann, für die strategische Ausrichtung langfristige Erwartungen bezüglich der einzelnen Assets oder Assetklassen des Anlageuniversums zu formulieren und mit diesen eine absolute Optimierung durchzuführen. Als Ergebnis resultiert das „strategische“ Portfolio. Kommt es im Bereich der kurzfristigen Erwartungen zu Abweichungen von den langfristigen Erwartungen, etwa aufgrund singulärer ökonomischer Schocks, ohne dass die langfristigen Erwartungen verworfen werden, kann es sinnvoll sein, diese taktisch auszunutzen. In diesem Fall wäre eine (temporäre) Adjustierung des Portfolios relativ zum vorher durch die absolute Optimierung gebildeten

146 Das Begleit- und Fallstudienmaterial zu diesem Buch findet sich unter der Internet-Adresse des Lehrstuhls: www.fiwi.uni-bremen.de.

„strategischen“ Portfolio sinnvoll. Die dazu notwendige Optimierung wird entsprechend als relative Optimierung bezeichnet.

Ein weiterer Ausgangspunkt für einen relativen Optimierungsansatz kann sich durch die häufige Trennung der Ergebnisverantwortlichkeit beim aktiven Management ergeben. So ist bei Fremdverwaltung des Portfolios streng genommen eine Separierung der Rendite- und Risikoverantwortung notwendig. Der Investor überträgt hier die Vermögensverwaltung auf einen (Fremd-) Manager unter Vorgabe einer für den Portfoliomanager bindenden Benchmark. Der Investor (auch Sponsor genannt) akzeptiert also die Rendite und das Risiko der Benchmark. Er ist bereit, dieses zu tragen. Der Manager trägt demzufolge nicht die Verantwortung für die Benchmarkrendite und das Benchmarkrisiko, sondern nur für die *zusätzliche Rendite* und das *zusätzliche Risiko* des aktiven Portfolios. Konsequenz für den (Portfolio-) Manager ist, dass die absolute Optimierung eines Portfolios für ihn gar nicht sinnvoll ist. Relevant ist hier nur die zusätzliche Rendite (aktive Rendite) gegenüber dem dabei entstehenden zusätzlichen Risiko (aktives Risiko). Das optimale „relative“ Portfolio ist gekennzeichnet durch den bestmöglichen Trade-off zwischen aktiver Rendite und aktivem Risiko relativ zur Benchmark. Gesucht ist also das optimale Portfolio *relativ* zur Benchmark. Eine solche Trennung der Ergebnisverantwortlichkeit ergibt sich beispielsweise auch bei der Verwaltung von Publikumsfonds, deren strategische Ausrichtung für den Portfoliomanager zumeist gegeben ist und durch eine Benchmark fixiert wird. Eine aktive Portfoliostrategie kann dann mit der relativen Optimierung umgesetzt werden.

Beim erstgenannten Ansatz zur Motivation der relativen Optimierung kann das durch die absolute Optimierung unter Berücksichtigung der langfristigen Erwartungen abgeleitete Portfolio als eine Art von Benchmarkportfolio interpretiert werden. So ist der grundlegende Ankerpunkt der relativen Optimierung ein Benchmarkportfolio. Die Wahl eines Benchmarkportfolios als Ankerpunkt für die relative Optimierung kann auch durch die Bedeutung der Benchmark begründet werden. Das Benchmarkportfolio ist (idealerweise) das Kondensat der Anlegeranalyse und der Anlegerpräferenzen. Es handelt sich um einen bewussten Wahlakt des Anlegers. Es ist ex ante unter den Rahmenbedingungen des Wahlaktes und den grundlegenden („strategischen“) Kapitalmarkterwartungen für den Anleger nutzenoptimal, es sei denn, der Anleger entscheidet irrational oder inkonsistent (vgl. Kap. 1.3. sowie auch Kap. 2.1.2.4. und Kap. 2.1.2.5.). Ohne Änderungen der Rahmenbedingungen (Erwartungen, Präferenzen) ist eine Abweichung vom Benchmarkportfolio nicht zu rechtfertigen. Sollten sich jedoch (temporär) abweichende Erwartungen ergeben, so ist das Benchmarkportfolio nicht mehr nutzenoptimal und Abweichungen sind geboten. Damit eignet sich die Benchmark zur o.g. Separierung der Ergebnisverantwortlichkeit bei Fremdverwaltung. Diese Überlegungen führen zu einer Reformulierung der Theorie der Portfolio Selection mit der Benchmark als zentralem Bezugspunkt. Diese Überlegungen gelten auch für in Personalunion handelnde Manager (als Vermögensverwalter und Investor), soweit sie eine Hierarchisierung der Entscheidungsfindung in strategische und taktische Asset Allocation, wie beschrieben, vornehmen.

Ausgehend von einigen Kritikpunkten zur Vorgehensweise bei der absoluten Optimierung kann der Einsatz der relativen Optimierung ebenfalls begründet werden. Zentrale Voraussetzungen der absoluten Optimierung sind die „genaue“ Prognostizierbarkeit der benötigten Inputparameter (im Sinne der ersten beiden Momente der Renditeverteilung) und die Tatsache, dass der Investor seine Nutzenfunktion kennt und diese auch genau beschreiben kann. Unter diesen Voraussetzungen liefert die absolute Optimierung konsequent das optimale Portfolio.

Ein Hauptkritikpunkt setzt an den Voraussetzungen der Erwartungsnutzentheorie an. Im Wesentlichen geht es um die Identifikation der Nutzenfunktion, welche sich in der Praxis als schwierig erweist. Wenn der Investor aber seine Nutzenfunktion nicht adäquat beschreiben kann, so ist eine Entscheidung gemäß der Erwartungsnutzentheorie gar nicht möglich. Häufig treten auch sog. Entscheidungsanomalien auf. Zur Problematik der Nutzenfunktion wurden einige Ausführungen schon in Kap. 2.1.2.1., in Kap. 2.1.2.6. und in A2.3.4. vorgenommen. Für eine weiterführende Diskussion wird an dieser Stelle auch auf die Literatur verwiesen.[147]

Die Prognose der Inputparameter ist aus der Sache heraus mit Unsicherheit behaftet. Finanzmarktprognosen sind nicht in der eigentlich benötigten Präzision bereitstellbar, selbst wenn es „nur“ um die Momente der Verteilung von Zufallsvariablen geht. Aber gerade dies führt bei der absoluten Portfoliooptimierung zu Problemen. Die Sensitivität der Portfoliooptimierung in Bezug auf relativ kleine Veränderungen der geschätzten Inputparameter, gerade bei den prognostizierten Renditeerwartungswerten, ist im Allgemeinen vergleichsweise hoch. Aufgrund dessen ergeben sich schon bei kleinen Veränderungen der Renditeschätzungen ein relativ großer Umschichtungsbedarf bei

147 Vgl. beispielsweise Dichtl (2001), S. 125 f. oder Rehkugler/Schindel (1990), S. 156 f.

der Portfoliobildung und somit auch eine gewisse „Instabilität“ der Portfoliostruktur.[148]

Neben der Instabilität ist bei der praktischen Portfoliooptimierung ferner eine Neigung zu „extremen“ Positionen beim optimalen Portfolio und sogar die Bildung ökonomisch unplausibler Portfoliostrukturen zu beobachten. Dies ist zwar auch eine Folge der Prognoseproblematik, nicht der Optimierung an sich, aber die absolute Optimierung liefert aufgrund dieser Problematik oftmals Portfolios, welche der Investor wegen extremer Positionen in den einzelnen Assets nicht halten möchte.[149]

Damit sind weder die Effizienzkurve (wegen der Prognoseproblematik) noch die Nutzenfunktion (wegen der Identifikationsproblematik) hinreichend präzise bestimmbar. Nur mit beiden zusammen ist jedoch streng genommen das optimale Portfolio auffindbar.

Zur Lösung dieses Problems sind in Wissenschaft und Praxis verschiedene Ansätze entwickelt worden. Eine konsequente Umsetzung der Annahme „unpräziser“ Finanzmarktprognosen ist der Verzicht auf das aktive Portfoliomanagement und stattdessen die Durchführung eines passiven Managements mit Index Tracking (vgl. Kap. 4.). Wird jedoch das aktive Management beibehalten, so ist die Theorie der Portfolio Selection unter den gegebenen Bedingungen so zu gestalten, dass sie zu akzeptablen (im Sinne von ökonomisch plausiblen) Lösungen führt. Eine pragmatische Vorgehensweise ist der Einsatz verschiedenster Nebenbedingungen (vgl. Kap. 2.1.4.). Streng genommen wird aber so die eigentliche Ursache der Problematik nicht behoben, sondern nur deren Auswirkungen begrenzt. Eine weitere Vorgehensweise ist der Portfoliooptimierungsansatz nach Black-Litterman, in dem die Optimierung unter Bezug auf ein Benchmarkportfolio durchgeführt wird. Durch den Benchmarkbezug ist es dann nicht mehr zwingend notwendig, die Inputparameter für alle Assets aus dem Anlageuniversum zu prognostizieren. Durch eine Beschränkung auf die Assets, deren Inputparameter man „gut“ prognostizieren kann, ist es möglich, die oben beschriebene Portfoliosensitivität zu verringern.[150] Ein weiterer Ansatz ist die relative Optimierung. Hier werden die Inputparameter der Assets des Anlageuniversums in Relation zu einer Benchmark betrachtet und die Optimierung der Portfoliostruktur wird mit diesen rela-

148 Vgl. Black/Litterman (1992), S. 28; Drobetz (2003), S. 206 ff.

149 Eine ausführlichere Diskussion um die Schwächen des Mean-Variance-Ansatzes mit entsprechenden Beispielen findet sich in Drobetz (2003), S. 206 ff.

150 Zum Black-Litterman-Ansatz vgl. Black/Litterman (1992), S. 28 ff.; Drobetz (2003), S. 203 ff.

tiven Größen durchgeführt. So bleibt eine Bindung des optimalen Portfolios an die Benchmark erhalten, womit inakzeptable Lösungen tendenziell vermieden werden.

Der relative Portfoliooptimierungsansatz soll nun im Fokus der Betrachtungen stehen, wobei der Übergang zum Index Tracking, wie später gezeigt wird (vgl. Kap. 4.2.2.1.), verfahrenstechnisch fließend gestaltet werden kann.

3.2. Grundlagen und Grundbegriffe der relativen Optimierung

Im Folgenden werden die Symbolik und Formeln zur absoluten Optimierung auch bei der relativen Optimierung beibehalten, soweit dies nicht anders festgelegt wird.

Bei der relativen Optimierung ist es üblich und zweckmäßig, die Rendite der Assets, des Portfolios, der Benchmark, etc. als *Überschussrendite* über den risikofreien Zinssatz hinaus aufzufassen:[151]

(1) $r'_i = r_i - r_F$

mit r'_i: Überschussrendite des Assets i
r_i: absolute Rendite des Assets i
r_F: risikofreier Zinssatz.

Für die Überschussrendite und die Varianz (der Überschussrendite) eines Portfolios gilt:

(2) $r'_P = \mathbf{w}_P^\mathbf{T}\mathbf{r}'$

mit r'_P: Überschussrendite des Portfolios P
$\mathbf{w}_P^\mathbf{T}$: transponierter Gewichtevektor der einzelnen Assets i im Portfolio P
$\mathbf{r}'$: Vektor der Überschussrenditen der im Anlageuniversum enthaltenen Assets

151 Eine genauere Betrachtung zur Verwendung der Überschussrendite im Zusammenhang mit der relativen Optimierung und Abgrenzung zur absoluten Rendite erfolgt in A3.1.

(3) $\sigma'^2_P = \mathbf{w}_P^{\mathbf{T}} \mathbf{V}' \mathbf{w}_P$

mit σ'^2_P: Varianz der Überschussrenditen des Portfolios P
$\mathbf{V}'$: Varianz-Kovarianzmatrix der Überschussrenditen der einzelnen Anlagen.

Wegen $\mathbf{V}' = \mathbf{V}$ gilt allerdings: [152]

(4) $\sigma'^2_P = \mathbf{w}_P^{\mathbf{T}} \mathbf{V}' \mathbf{w}_P = \mathbf{w}_P^{\mathbf{T}} \mathbf{V} \mathbf{w}_P = \sigma_P^2$

mit $\mathbf{V}$: Varianz-Kovarianzmatrix der Assetrenditen der einzelnen Anlagen.

Beim Risiko (Varianz, Standardabweichung) ist die genaue Unterscheidung zwischen absoluten Renditen und Überschussrenditen nicht notwendig.

3.3. Linearer Renditegenerierungsprozess

Für die weitere Betrachtung der relativen Optimierung wird eine entscheidende, zusätzliche Annahme bezüglich des renditegenerierenden Prozesses gesetzt.[153] Demnach lässt sich die Rendite jedes einzelnen Assets (für jeden Zeitpunkt t) linear durch einen exogenen Einflussfaktor, hier durch das Benchmarkportfolio, erklären:

---

152 Für die Varianz einer Zufallsvariablen X und einer Konstante a gilt: $\text{Var}(X + a) = \text{Var}(X)$; vgl. auch Poddig/Dichtl/Petersmeier (2003), S. 50 f. Für die Kovarianz zweier Zufallszahlen X und Y und zweier Konstanten b und c gilt: $\text{Cov}(X + b; Y + c) = \text{Cov}(X; Y)$; vgl. Poddig/Dichtl/Petersmeier (2003), S. 54. Daraus folgt die Eigenschaft $\mathbf{V}' = \mathbf{V}$.

153 Generell unterscheidet man drei Arten von Renditegenerierungsprozessen. Je nach Art des Zustandekommens einer Finanzmarktzeitreihe können aus sich selbst heraus, d.h. aus den eigenen, früheren Realisationen, durch exogene Einflussfaktoren oder aus diesen beiden gemeinsam generierte Zeitreihen unterschieden werden. Unter den fremd generierten (exogenen) Renditegenerierungsprozessen ist auch heute noch der des Single-Index-Modells als einer der wichtigsten Vertreter zu nennen; vgl. Poddig (1999), S. 51 f., zum Single-Index-Modell vgl. Kap. 6.2.

(1) $r'_i = \alpha_i + \beta_i \cdot r'_B + \varepsilon_i$

mit: r'_i: Überschussrendite des i-ten Assets
r'_B: Überschussrendite des Benchmarkportfolios B
α_i: autonome Eigenrendite des i-ten Assets, Konstante
β_i: Sensitivität gegenüber dem Benchmarkportfolio B
ε_i: unsystematische, zufällige, nicht erklärbare Restgröße (auch *Residualrendite* oder *residuale Rendite* genannt).

Dabei wird ferner für die Residualrenditen angenommen:

(2) $E(\varepsilon_i) = 0$ für alle i;

mit: $E()$: Erwartungswertoperator

(3) $Var(\varepsilon_i) = \sigma_{\varepsilon i}^2$ endlich und konstant für alle i

(4) $Cov(\varepsilon_i, r'_B) = E((\varepsilon_i - 0)(r'_B - \mu'_B)) = 0$

mit $\mu'_B = E(r'_B)$: Erwartungswert der Benchmarkrendite

(5) $Cov(\varepsilon_i, \varepsilon_j) = E((\varepsilon_i - 0)(\varepsilon_j - 0)) = 0$ für alle $i, j, i \neq j$.

Damit lassen sich leicht die Erwartungswerte der Assetrenditen, deren Varianzen und die Kovarianzen zwischen den Assetrenditen bestimmen.

Für die erwartete (Überschuss-) Rendite, Varianz und Kovarianz des Assets i gilt damit unter den gesetzten Annahmen: [154]

(6) $E(r'_i) = \mu'_i = \alpha_i + \beta_i \cdot \mu'_B$

(7) $\sigma_i^2 = \beta_i^2 \cdot \sigma_B^2 + \sigma_{\varepsilon i}^2$

(8) $\sigma_{ij} = \beta_i \cdot \beta_j \cdot \sigma_B^2$.

154 Vgl. Elton et al. (2003), S. 134 ff.; auch ausführlicher Kap. 6.2.2.

Die Varianz, also das mit Asset i verbundene Risiko, kann nach (7) in zwei Komponenten zerlegt werden. Ein Teil des Risikos ($\beta_i^2 \sigma_B^2$) wird durch die Benchmark erklärt. Der zweite Teil ($\sigma_{\varepsilon i}^2$) ist das sog. Restrisiko, auch *residuales Risiko* („residual risk") genannt.[155]

In der Literatur werden teilweise unterschiedliche Definitionen des residualen Risikos verwendet, die aber letztendlich zueinander äquivalent sind. Dies wird anhand einer gängigen Variante illustriert. Die grundlegende Gleichung des linearen Renditegenerierungsprozesses nach (1) wird auch geschrieben als:

$$(9) \qquad r'_i = \alpha_i^* + \beta_i \cdot r'_B \qquad \text{mit} \qquad \alpha_i^* = \alpha_i + \varepsilon_i .$$

In der Literatur wird ausgehend von Gleichung (9) auch die Varianz von α_i^* als residuales Risiko bezeichnet. Da α_i eine Konstante ist, gilt jedoch:

$$(10) \qquad Var(\alpha_i^*) = Var(\alpha_i + \varepsilon_i) = Var(\varepsilon_i) = \sigma_{\varepsilon i}^2 .$$

Die Bezeichnungen von $Var(\alpha_i^*)$ und $\sigma_{\varepsilon i}^2$ als residuales Risiko sind somit also äquivalent. Aus den bisherigen Annahmen und Definitionen ergeben sich nun die für die relative Portfoliooptimierung relevanten Formeln.

3.4. Entwicklung der portfoliorelevanten Formeln

3.4.1. Portfolio-Alpha und Beta

Für die Portfolioüberschussrendite gilt:

$$(1) \qquad r'_P = \alpha_P + \beta_P \cdot r'_B + \varepsilon_P = \alpha_P^* + \beta_P \cdot r'_B .$$

Das Portfolio-Alpha und Beta wird durch die Gewichtung der Assets im Portfolio und deren Alpha- und Beta-Werte determiniert:

$$(2) \qquad \alpha_P = \mathbf{w}_P^{\mathbf{T}} \boldsymbol{\alpha}$$

mit $\boldsymbol{\alpha}$: Vektor der autonomen Eigenrenditen der Assets

155 Zur Risikozerlegung vergleiche auch Kap. 1.6.

(3) $\beta_P = \mathbf{w}_P^\mathbf{T}\boldsymbol{\beta}$

mit $\boldsymbol{\beta}$: Vektor der Sensitivitäten der enthaltenen Assets gegenüber dem Benchmarkportfolio B.

Das Risiko (die Varianz) eines Portfolios kann ebenso wie nach Gleichung (7) in Kap. 3.3. in zwei Komponenten zerlegt werden. Ein Teil des Risikos ($\beta_P{}^2\sigma_B{}^2$) wird durch die Benchmark erklärt. Der zweite Teil ($\sigma_{\varepsilon P}^2$) stellt das Restrisiko (residuales Risiko) dar:

(4) $\sigma_P^2 = \beta_P^2 \cdot \sigma_B^2 + \sigma_{\varepsilon P}^2$

bzw. ergibt sich das residuale Risiko des Portfolios als

(5) $\sigma_{\varepsilon P}^2 = \sigma_P^2 - \beta_P^2 \cdot \sigma_B^2$.

Das Risiko von Portfolio P und Benchmark B berechnen sich wie bekannt:

(6) $\sigma_P^2 = \mathbf{w}_P^\mathbf{T}\mathbf{V}\mathbf{w}_P$

(7) $\sigma_B^2 = \mathbf{w}_B^\mathbf{T}\mathbf{V}\mathbf{w}_B$.

Eingesetzt in (5) folgt:

(8) $\sigma_{\varepsilon P}^2 = \mathbf{w}_P^\mathbf{T}\mathbf{V}\mathbf{w}_P - (\mathbf{w}_P^\mathbf{T}\boldsymbol{\beta})^2 \cdot \mathbf{w}_B^\mathbf{T}\mathbf{V}\mathbf{w}_B$.

3.4.2. Aktive Position und aktives Risiko

Die relative Optimierung zeichnet sich, wie bereits ausgeführt, im Gegensatz zur absoluten Optimierung durch den Bezug zur Benchmark aus, ohne jedoch zum passiven Portfoliomanagement zu zählen. Die Abweichung der Assetgewichte im Portfolio zu den jeweiligen Assetgewichten in der Benchmark wird auch als *aktive Position* bezeichnet. Die aktive Position ist folglich definiert als Differenzgewichte zwischen gehaltenem Portfolio P und Benchmark B:

(1) $\mathbf{w}_A = \mathbf{w}_P - \mathbf{w}_B$.

Das auf die aktive Position zurückzuführende Risiko wird auch *aktives Risiko* (aktive Varianz) bezeichnet und ergibt sich als:

(2) $$\sigma_{AP}^2 = \mathbf{w}_A^\mathbf{T} \mathbf{V} \mathbf{w}_A .$$

Zur besseren Unterscheidung und Vermeidung von Verwechslungen von residualem Risiko und aktivem Risiko werden zwei neue Symbole eingeführt:

(3) $$\omega_P^2 = \sigma_{\varepsilon P}^2$$ (residuales Risiko von P)

(4) $$\psi_P^2 = \sigma_{AP}^2$$ (aktives Risiko von P).

3.4.3. Aktives Beta

Analog zur Bestimmung des aktiven Risikos ergibt sich auch ein *aktives Beta.* Das aktive Beta ist die Differenz zwischen Portfolio- und Benchmark-Beta (welches definitionsgemäß eins beträgt):

(1) $$\beta_{AP} = \beta_P - \beta_B = \beta_P - 1$$

mit β_{AP}: aktives Beta.

Für die aktive Varianz (das aktive Risiko) gilt damit:[156]

(2) $$\psi_P^2 = \beta_{AP}^2 \sigma_B^2 + \omega_P^2 .$$

Für die weitere Interpretation der Gleichung (2) sind verschiedene Risikoarten zu definieren. Man unterscheidet Risiko aufgrund von Selektion und Risiko aufgrund von Timing. Selektionsfähigkeit beschreibt das Können eines Portfoliomanagers, überdurchschnittlich renditeträchtige Wertpapiere zu identifizieren. Dies bedeutet eine gute Portfolioperformance aufgrund der Auswahl der einzelnen Assets. Einem Portfoliomanager wird Selektionsfähigkeit beispielsweise dann zugeschrieben, wenn das von ihm zusammengestellte Portfolio ein signifikant positives Alpha aufweist. Timingfähigkeit beschreibt hingegen die Fähigkeit des Portfoliomanagers in Zeiträumen, in denen die Benchmark eine positive (Überschuss-) Rendite aufweist, mit dem gemanagten Portfolio eine zur Benchmarkrendite stärker steigende (Überschuss-)

---

156 Die Herleitung der Formel (2) ist im A3.2. zu finden.

Rendite durch aktive Gestaltung der Sensitivität β zu erzielen. Umgekehrt sollte das aktiv gemanagte Portfolio bei Timingfähigkeit in fallenden Marktphasen eine zur Benchmark weniger stark fallende (Überschuss-) Rendite erzielen. Die Abb. 3.4.3.-1. verdeutlicht den Gedanken der Timingfähigkeit.[157]

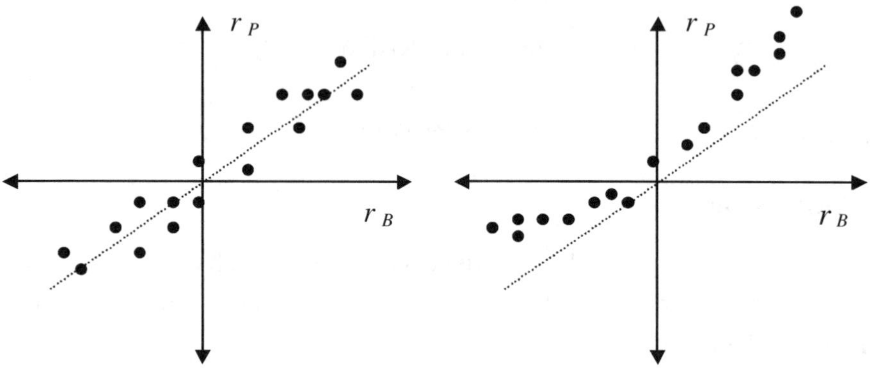

Abb. 3.4.3.-1.: Charakterisierung der Timingfähigkeit

Das aktive Risiko (vgl. Formel (2)) ist infolgedessen in das Risiko aufgrund von Timing $\beta_{AP}^2\sigma_B^2$ und das durch ω_P^2 repräsentierte Risiko aufgrund von Selektion zu trennen.

Sofern bei der relativen Optimierung die Timingkomponente bewusst ausgeschlossen wird, also:

(3) $$\beta_P = \beta_B = 1 \Leftrightarrow \beta_{AP} = 0$$

explizit gefordert wird, so vereinfacht sich (2) zu:

(4) $$\psi_P^2 = \omega_P^2 .$$

157 Vgl. Poddig/Dichtl/Petersmeier (2003), S. 347 ff.; siehe auch Steiner/Bruns (2002), S. 615 und die dort angegebene Literatur.

Dies impliziert die Gleichsetzung des aktiven Risikos mit dem residualen Risiko, welches das „Selektionsrisiko“ widerspiegelt. Die Forderung nach (3) wird aus den in Kap. 3.4.4. geschilderten Gründen im Folgenden stets gesetzt.[158]

3.4.4. Von der absoluten zur relativen Optimierung

An dieser Stelle wird der im vorherigen Abschnitt beschriebene, bewusste Ausschluss der Timingkomponente durch Bedingung (3) in Kap. 3.4.3. diskutiert. Hierzu kann man sich die Frage stellen, welche Wertsteigerung das aktive Portfoliomanagement zu leisten im Stande ist. Ausgehend von der Berechnung für die Portfoliorendite und das Portfoliorisiko kann diese Frage beantwortet werden. Zunächst wird die Portfoliorendite näher betrachtet:

(1) $$E(r'_P) = \alpha_P + \beta_P E(r'_B).$$

Aus Übersichtlichkeitsgründen wird im Folgenden der Erwartungswertoperator nicht mehr explizit genannt, r'_P repräsentiert den Erwartungswert der Überschussrendite des Portfolios und r'_B wird stellvertretend für den vom aktiven Management prognostizierten Erwartungswert der Überschussrendite der Benchmark gesetzt. Um eine Separierung der Beiträge von Timing und Selektion zur Portfoliorendite herstellen zu können, sei angenommen, dass ein Konsens über die langfristige Renditeprognose für die Benchmark existiert, welche durch μ_B repräsentiert wird. Mit der Differenz des vom aktiven Management prognostizierten Erwartungswerts der Überschussrendite der Benchmark (r'_B) und der langfristig erwarteten (Konsens-) Überschussrendite der Benchmark μ_B, kann eine weitere Separierung der Renditekomponenten vorgenommen werden:

(2) $$\Delta f_B = r'_B - \mu_B \qquad \Rightarrow \qquad r'_B = \Delta f_B + \mu_B$$

mit
- Δf_B: vom aktiven Management *erwartete* Renditeabweichung
- r'_B: vom aktiven Management *erwartete* Überschussrendite der Benchmark
- μ_B: langfristig *erwartete* (Konsens-) Überschussrendite der Benchmark.

158 Vgl. Grinold/Kahn (2000), S. 102.

Unter Berücksichtigung der Formel (1) in Kap. 3.4.3. ($\beta_P = 1 + \beta_{AP}$) ergibt sich zunächst:

(3) $$r'_P = \alpha_P + (1 + \beta_{AP}) r'_B = \alpha_P + r'_B + \beta_{AP} r'_B \, .$$

Setzt man nun Gleichung (2) ein, so ergibt sich:

(4) $$r'_P = \alpha_P + \Delta f_B + \mu_B + \beta_{AP}(\Delta f_B + \mu_B) = \alpha_P + \mu_B + \beta_P \Delta f_B + \beta_{AP} \mu_B \, .$$

Damit lässt sich die erwartete Rendite des Portfolios *P* in vier Komponenten separieren, die unterschiedlich interpretiert werden.

- Das α_P repräsentiert den Anteil, der auf die autonomen Eigenrenditen der Assets zurückzuführen ist, also in der Selektion begründet ist.
- Durch μ_B wird der Anteil der Rendite, welcher durch die langfristig erwartete (Konsens-) Überschussrendite der Benchmark erklärt wird, dargestellt.
- Der Anteil $\beta_P \Delta f_B$ ist auf das Portfolio-Beta und die vom aktiven Management prognostizierte Überschussrendite über die langfristig erwartete (Konsens-) Überschussrendite der Benchmark zurückzuführen.
- Die Größe $\beta_{AP} \mu_B$ stellt den auf das aktive Beta und die langfristig erwartete (Konsens-) Überschussrendite der Benchmark begründeten Teil dar.

Ferner ist für die Interpretation zu berücksichtigen, dass sich der Vektor der Gewichte der einzelnen Assets im Portfolio *P* auch durch die Gewichte der einzelnen Assets in der Benchmark sowie der Assetgewichte der aktiven Position darstellen lässt:

(5) $$\mathbf{w}_P = \mathbf{w}_B + \mathbf{w}_A .$$

Nicht alle dieser Größen können durch das aktive Management beeinflusst werden. So ist die langfristig erwartete (Konsens-) Überschussrendite der Benchmark (μ_B) für das aktive Management eine gegebene Größe. Berücksichtigt man (5), so verbindet das Portfolio-Alpha ($\alpha_P = \mathbf{w}_P^{\mathbf{T}} \boldsymbol{\alpha} = (\mathbf{w}_B + \mathbf{w}_A)^{\mathbf{T}} \boldsymbol{\alpha}$) die außerordentlichen (Einzeltitel bezogenen) Prognosen des aktiven Managements ($\boldsymbol{\alpha}$) mit der aktiven Position des Portfolios ($\mathbf{w}_A$). Dieser Teil repräsentiert die Selektionskomponente des aktiven Managements. Der Anteil $\beta_P \Delta f_B$ verbindet das Portfolio-Beta mit der außerordentlichen

Prognose des aktiven Managements für die erwartete (Differenz-) Überschussrendite (Δf_B) und beschreibt somit die Timingkomponente. Die Größe $\beta_{AP}\mu_B$ kann als ein Effekt gedeutet werden, der durch die langfristig erwartete (Konsens-) Überschussrendite der Benchmark und die aktive Position induziert wird.

Als Nächstes wird eine Aufteilung des Portfoliorisikos vorgenommen. Ausgegangen wird von der Formel für das Portfoliorisiko (vgl. Formel (4) in Kap. 3.4.1. und Formel (3) aus Kap. 3.4.2.):

(6) $$\sigma_P^2 = \beta_P^2 \cdot \sigma_B^2 + \omega_P^2 .$$

Unter Berücksichtigung der Formel (1) in Kap. 3.4.3. ($\beta_P = 1 + \beta_{AP}$) ergibt sich:

(7) $$\sigma_P^2 = (1 + \beta_{AP})^2 \cdot \sigma_B^2 + \omega_P^2 = \sigma_B^2 + 2\beta_{AP}\sigma_B^2 + \beta_{AP}^2\sigma_B^2 + \omega_P^2 .$$

Es resultieren vier verschiedene Risikokomponenten:

- Die Varianz der Benchmark (σ_B^2),
- Risikoanteile, die aufgrund der Varianz der Benchmark und des aktiven Beta entstehen ($2\beta_{AP}\sigma_B^2$)
- und ($\beta_{AP}^2\sigma_B^2$) sowie
- das residuale Risiko (ω_P^2), welches auch das Selektionsrisiko darstellt.

Betrachtet man nun die aus Kap. 2.1.2.1. bekannte Zielfunktion unter Berücksichtigung der vorgenommenen Separierung von Rendite und Risiko, so ist eine Zuordnung von Rendite- und Risikokomponenten nach ihrem Ursprung möglich. Insgesamt ergibt sich:

(8) $$\begin{aligned} ZF = {} & \alpha_P + \mu_B + \beta_P \Delta f_B + \beta_{AP}\mu_B \\ & - \lambda(\sigma_B^2 + 2\beta_{AP}\sigma_B^2 + \beta_{AP}^2\sigma_B^2 + \omega_P^2) \rightarrow \max! \end{aligned}$$

Die unter (8) aufgeführte Zielfunktion entspricht in dieser Form der Zielfunktion der absoluten Optimierung, lediglich unter Annahme des Single-Index-Modells, welches allein zur nun folgenden analytischen Trennung eingeführt wurde.

Eine Umstellung der Gleichung ergibt vier „Rendite-Risiko-Paare", die jeweils auf eine gemeinsame Quelle zurückzuführen sind:[159]

(9)	$\mu_B - \lambda\sigma_B^2$	Benchmarkbeitrag
(10)	$\beta_{AP}\mu_B - \lambda 2\beta_{AP}\sigma_B^2 = \beta_{AP}(\mu_B - \lambda 2\sigma_B^2)$	resultiert aus der grundlegenden Risikoeinstellung
(11)	$\beta_P \Delta f_B - \lambda\beta_{AP}^2\sigma_B^2$	Timing-Beitrag
(12)	$\alpha_P - \lambda\omega_P^2$	Selektions-Beitrag.

Das Paar (9) stellt den durch den Konsens über die langfristige Renditeprognose für die Benchmark repräsentierten Teil dar, welcher nicht vom aktiven Management beeinflusst werden kann. Er ist allein in der langfristigen Prognose begründet. Der Teil (10) repräsentiert die erwartete Extrarendite begründet durch die aktive Position und den Konsensus über die langfristige Renditeprognose in Bezug zum durch die aktive Position und die Benchmark hervorgerufenen Risiko, welches mit der individuellen Risikoaversion bewertet wird. Der Ausdruck (11) ist im Benchmarktiming begründet und wird sowohl durch die Prognose als auch durch die aktive Handlung des Managements beeinflusst. Die Selektion kommt in (12) zum Ausdruck und wird ebenfalls durch die Prognose und das aktive Management bestimmt.

Der Term (9) kann bei der relativen Optimierung vernachlässigt werden, da er nicht durch das aktive Management zu beeinflussen ist. Der Term (10) resultiert aus der grundlegenden Risikoeinstellung des Anlegers, welche nicht durch das aktive Management zu beeinflussen ist. Konsequenterweise wird der Term (10), unter der Annahme, dass der Risikoaversionsparameter aus dem Benchmarkportfolio abgeleitet ist,

159 Streng genommen ist bei dieser Betrachtung auch eine Separierung des Risikoaversionsparameters vorzunehmen (vgl. Grinold/Kahn (2000), S. 107). Es ist zwar plausibel, dass der Investor bezüglich der Benchmark, des Benchmarktimings und der Selektion verschiedene Risikoaversionsparameter haben kann, an dieser Stelle wird jedoch die Annahme getroffen, dass wenn man nichts anderes annehmen kann, man von der Gleichheit der verschiedenen Risikoaversionsparameter ausgehen sollte. Daher wird hier auf eine getrennte Darstellung verzichtet.

null.[160] Er kommt nur zum Tragen, wenn von der aus der Benchmark abgeleiteten Risikoaversion abgewichen wird. Diese Abweichung von der vereinbarten Benchmark liegt aber nicht im Verantwortungsbereich des Portfoliomanagements. Sinnvoll gehen also nur die Teile (11) und (12) in die Zielfunktion für die relative Optimierung ein. Diese beiden berücksichtigen die Timing- sowie die Selektionskomponente, welche bei der relativen Optimierung genau das aktive Portfoliomanagement und dessen Handlungsspielraum repräsentieren. Es ergibt sich somit die Zielfunktion für die relative Optimierung unter Berücksichtigung von Timing und Selektion:

$$(13) \qquad ZF = \alpha_P - \lambda\omega_P^2 + \beta_P \Delta f_B - \lambda\beta_{AP}^2\sigma_B^2 .$$

Die Frage danach, ob man Timing oder Selektion oder beides im aktiven Management implementieren soll, kann mit dem Konzept des fundamentalen Gesetzes des aktiven Managements nach GRINOLD/KAHN (2000) beantwortet werden, welches hier kurz vorgestellt wird.

Unter der Annahme, dass der Portfoliomanager seine Möglichkeiten und Fähigkeiten im Sinne des Mean-Variance-Ansatzes effizient ausnutzt, definieren GRINOLD/KAHN (2000) ein sog. *Information Ratio* (*IR*). Unter dieser Annahme lässt sich herleiten, dass der Mehrwert, den der Manager durch aktives Management produziert, proportional zum Quadrat des *IR* ist. Das *IR* stellt ein Maß zur Beurteilung der Fähigkeiten des aktiven Managements dar; es ergibt sich aus zwei Komponenten der Managementstrate-

160 Bei Verwendung der (Konsensus-) Überschussrendite der Benchmark resultiert die folgende Formel für die Berechnung des Risikoaversionsparameters (unter Beachtung, dass es sich bei den hier betrachteten Renditen bereits um Überschussrenditen handelt): $\lambda = \frac{\mu_B}{2\sigma_B^2}$ (vgl. Kap. 2.1.2.4.). Setzt man diesen Ausdruck in Gleichung (10) ein, so folgt für die grundlegende Risikoeinstellung: $\beta_{AP}(\mu_B - \left(\frac{\mu_B}{2\sigma_B^2}\right) \cdot 2\sigma_B^2) = \beta_{AP}(\mu_B - \mu_B) = 0$. Wird die Berechnung des Risikoaversionsparameters durch das aktive Management vorgenommen, könnte man auch annehmen, dass zur Berechnung des Risikoaversionsparameters die vom aktiven Management erwartete Überschussrendite der Benchmark herangezogen wird, welche $r'_B = \Delta f_B + \mu_B$ beträgt. Es ergibt sich folglich: $\lambda = \frac{\mu_B + \Delta f_B}{2\sigma_B^2}$. Eingesetzt in (10) resultiert $\beta_{AP}(\mu_B - \frac{\mu_B + \Delta f_B}{2\sigma_B^2} \cdot 2\sigma_B^2) = -\beta_{AP}\Delta f_B$. Da es sich beim aktiven Beta (β_{AP}) als auch bei der vom aktiven Management erwarteten Renditeabweichung (Δf_B) jeweils um „kleine" Werte handelt, kann davon ausgegangen werden, dass ihr Produkt nicht wesentlich von null verschieden ist.

gie, zum einen aus der Güte der Prognose durch den Manager und zum anderen aus der Prognosehäufigkeit:[161]

(14) $IR = IC \cdot \sqrt{BR}$

mit IR: Information Ratio
IC: Information Coefficient (Prognosegüte)
BR: Breadth (Prognosehäufigkeit).

Der Wert für den *Information Coefficient (IC)* wird durch die Übereinstimmung der Prognosen eines Managers und den tatsächlich realisierten Entwicklungen einer Periode bestimmt und entspricht dem Korrelationskoeffizienten der prognostizierten und der realisierten Renditen. Die Prognosehäufigkeit stellt einfach die Anzahl der Prognosen pro Periode dar.

Wenn nun der Mehrwert, den ein Manager generieren kann, auf dessen Prognosegüte und die Prognosehäufigkeit zurückzuführen ist, so kann man relativ leicht die Frage nach der Managementstrategie beantworten. Dies verdeutlicht ein Beispiel. Ein Manager, der eine Timingstrategie implementiert, prognostiziert quartalsweise die Marktrendite, um entsprechend das Portfolio-Beta der Prognose anzupassen. So ergeben sich vier Prognosen pro Jahr. Ein anderer Manager, der eine Selektionsstrategie verfolgt, prognostiziert für 100 Einzeltitel deren Rendite, um das Portfolio entsprechend zusammen zu stellen. Unter der Annahme, dass die Prognosen ebenfalls quartalsweise erfolgen, ergeben sich 400 Prognosen pro Jahr. Damit beide Manager nach Formel (14) dasselbe IR erreichen, muss die Prognosegüte für die Timingstrategie 10-mal so hoch sein, wie die Prognosegüte der Selektionsstrategie (vgl. Formel (15) und (16)):

(15) $IC_S \cdot \sqrt{BR_S} = IC_T \cdot \sqrt{BR_T}$

mit IC_S: Güte der Selektionsprognosen
IC_T: Güte der Timingprognosen
BR_S: Häufigkeit der Selektionsprognosen
BR_T: Häufigkeit der Timingprognosen.

Setzt man die Prognosehäufigkeit des Beispiels ein, so ergibt sich:

161 Die genaue Herleitung des Zusammenhangs von IR und Mehrwert, welcher durch das aktive Management generiert wird, sowie das Konzept des fundamentalen Gesetzes des aktiven Managements finden sich bei Grinold/Kahn (2000), S. 147 ff.

(16) $IC_S \cdot \sqrt{400} = IC_T \cdot \sqrt{4} \quad \Rightarrow \quad 10 IC_S = IC_T.$

Ein dermaßen auffallender Unterschied in der Prognosegüte ist jedoch nicht zu erwarten und kann als eher unwahrscheinlich angenommen werden. Geht man von annähernd gleichen *IC* für beide Strategien aus, so ist die Selektionsstrategie aufgrund der Prognosehäufigkeit zu bevorzugen und die Timingstrategie sollte (wie es im Folgenden gehandhabt wird) ausgeschlossen werden. Aus diesen Überlegungen resultieren zwei mögliche Zielfunktionen für die relative Optimierung:

(17a) $ZF = \alpha_P - \lambda\omega_P^2$ ohne Timing oder

(17b) $ZF = \alpha_P - \lambda\omega_P^2 + \beta_P \Delta f_B - \lambda\beta_{AP}^2\sigma_B^2$ mit Timing.

Die Zielfunktion ohne Berücksichtigung von Timing (17a) wird im Folgenden als Standard betrachtet.

3.4.5. Zielfunktion der relativen Optimierung

Aus den bisher angestellten Überlegungen resultiert die Zielfunktion für die relative Portfoliooptimierung und die entsprechenden Nebenbedingungen. Die Zielfunktion ergibt sich entsprechend den Darstellungen in Kap. 2.1.2.1. als (vgl. auch Kap. 3.4.4., Gleichung (17a)):

(1) $ZF = \alpha_P - \lambda\,\omega_P^2 \rightarrow \max!$

In Matrizenschreibweise erhält man:

(2) $ZF = \mathbf{w}_P{}^{\mathbf{T}}\boldsymbol{\alpha} - \lambda(\mathbf{w}_P{}^{\mathbf{T}}\mathbf{V}\mathbf{w}_P - (\mathbf{w}_P{}^{\mathbf{T}}\boldsymbol{\beta})^2 \cdot \mathbf{w}_B{}^{\mathbf{T}}\mathbf{V}\mathbf{w}_B)$

bzw. alternativ (da $\beta_P = 1$ bzw. $\beta_{AP} = 0$ im Folgenden gesetzt werden)

(3) $ZF = \mathbf{w}_P{}^{\mathbf{T}}\boldsymbol{\alpha} - \lambda(\mathbf{w}_{\mathrm{A}}{}^{\mathbf{T}}\mathbf{V}\mathbf{w}_{\mathrm{A}}).$

Dies entspricht der Maximierung der Differenz von Portfolio-Alpha und dem mit dem Risikoaversionsparameter (vgl. Kap. 2.1.2.) gewichteten Selektionsrisiko (oder residualen Risiko), welches unter der Annahme einer nicht existenten Timingkomponente zugleich dem aktiven Risiko entspricht (vgl. Kap. 3.4.3.).

Die zentralen Nebenbedingungen (Budgetrestriktion und Verbot von Leerverkäufen) werden um den Ausschluss der Timingkomponente ergänzt:

(4) $\sum_{i=1}^{N} w_{Pi} = 1$ bzw. $\sum_{i=1}^{N} w_{APi} = 0$ entspricht

$\mathbf{1}^{\mathrm{T}}\mathbf{w}_P = 1$ bzw. $\mathbf{1}^{\mathrm{T}}\mathbf{w}_{AP} = 0$

(5) $w_{Pi} \geq 0$ für alle $i = 1, ..., N$ (keine Leerverkäufe)

(6) $\beta_P = 1 \Leftrightarrow \beta_{AP} = 0$ (kein Timing).

Damit ist das Optimierungsproblem für die relative Optimierung formuliert. Es wird im nächsten Kapitel im Rahmen einer Fallstudie näher veranschaulicht.

3.5. Fallstudie zur relativen Optimierung

Wie im zweiten Kapitel werden die theoretischen Konzepte anhand einer Fallstudie veranschaulicht und mittels Excel konkret umgesetzt.

Es wird an dieser Stelle wieder auf den schon aus Kap. 2. bekannten Datensatz zurückgegriffen. Somit sind die Ergebnisse mit denen der absoluten Portfoliooptimierung vergleichbar. Er beinhaltet acht (künstliche) Datenreihen für den (fiktiven) Zeitraum 01/1993 bis 02/2002, für Aktien- (A) und Rentenmärkte (R) aus den Regionen/Ländern Eurozone, Großbritannien, USA und Japan (vgl. Abb. 2.3.3.1.-1.).[162] Ferner wird für die gesamte Fallstudie ein risikofreier Zinssatz von 4% p.a., was einem Monatszinssatz von 0,327374% entspricht, unterstellt.

3.5.1. Vorbereitungen für die Portfoliooptimierung

Die absoluten Renditen sind zunächst nach Formel (1) in Kap. 3.2. in Überschussrenditen zu überführen (vgl. Abb. 3.5.1.-1.).

162 Es sei nochmals darauf hingewiesen, dass es sich dabei um „künstlich" generierte Monatsrenditen der jeweiligen Performanceindices handelt. Weitere Informationen zum Datenmaterial und zu den Beweggründen der Verwendung „künstlicher" Daten finden sich im Kap. 7.

L12 | f_x =B12-$D$6

	K	L	M	N	O	P	Q	R	S
7									
8	**Tabellenbereich B: Diskrete Monatsrenditen als ÜBERSCHUSSRENDITEN**								
9									
10		A_EMU	A_UK	A_USA	A_Japan	R_EMU	R_UK	R_USA	R_Japan
11	29.01.1993								
12	26.02.1993	0,01049	0,02093	0,03704	0,09956	0,00191	0,01077	0,01920	0,08369
13	31.03.1993	0,03682	0,03260	0,04026	0,02370	0,00706	0,01850	0,01827	0,01017
14	30.04.1993	-0,00299	0,00537	0,01300	0,03828	0,00356	0,00937	0,01283	0,04282
15	31.05.1993	-0,00239	-0,00040	0,00634	0,03555	-0,00282	-0,00470	-0,00179	0,03536
16	30.06.1993	0,03217	0,06216	0,07950	0,08049	0,03454	0,08210	0,08863	0,08033

Abb. 3.5.1.-1. Ermittlung der Überschussrenditen

Aus den so berechneten Überschussrenditen werden dann analog zu Kap. 2.3.3.2. die für die Optimierung benötigten statistischen Kenngrößen ermittelt (vgl. Abb. 3.5.1.-2.).

	K	L	M	N	O	P	Q	R	S	T
122	**Tabellenbereich C: Statistische Kenngrößen der Märkte und Portfolios**									
123										
124		A_EMU	A_UK	A_USA	A_Japan	R_EMU	R_UK	R_USA	R_Japan	Benchmark
125	Rendite (hist.)	0,00993	0,00842	0,01157	0,00044	0,00323	0,00688	0,00593	0,00405	0,00631
128	StdAbw. (hist.)	0,04860	0,04068	0,04871	0,05739	0,01077	0,02537	0,02646	0,03563	0,02995
127										
128	Kovarianzmatrix der Märkte (mittels eingebauter Funktionen)									
129										
130		A_EMU	A_UK	A_USA	A_Japan	R_EMU	R_UK	R_USA	R_Japan	
131	A_EMU	0,0023618	0,0019079	0,0022574	0,0018336	0,0001290	0,0005533	0,0005892	0,0002068	
132	A_UK	0,0019079	0,0016532	0,0019709	0,0016890	0,0001966	0,0006630	0,0007154	0,0004076	
133	A_USA	0,0022574	0,0019709	0,0023725	0,0022023	0,0002188	0,0007681	0,0008490	0,0006383	
134	A_Japan	0,0018336	0,0016890	0,0022023	0,0032940	0,0000517	0,0004508	0,0006554	0,0016515	
135	R_EMU	0,0001290	0,0001966	0,0002188	0,0000517	0,0001160	0,0002649	0,0002664	0,0000551	
136	R_UK	0,0005533	0,0006630	0,0007681	0,0004508	0,0002649	0,0006438	0,0006632	0,0002455	
137	R_USA	0,0005892	0,0007154	0,0008490	0,0006554	0,0002664	0,0006632	0,0007001	0,0003928	
138	R_Japan	0,0002068	0,0004076	0,0006383	0,0016515	0,0000551	0,0002455	0,0003928	0,0012696	

Abb. 3.5.1.-2. Statistische Kenngrößen für die Portfoliooptimierung

Das Benchmarkportfolio wird auch hier willkürlich als gleich gewichtetes Portfolio aller Märkte (vgl. Fallstudie zur absoluten Optimierung) gewählt.

3.5.2. Schätzung weiterer Inputparameter

Die nächsten beiden Abschnitte sind der Schätzung der Alpha- und Beta-Werte der einzelnen Assets als zentrale Inputparameter für die relative Optimierung gewidmet.

3.5.2.1. Schätzung der Alpha-/Beta-Parameter

Als zentrale Inputparameter für die relative Optimierung gehen die Alpha- und Beta-Parameter in die Berechnungen ein. Diese erklären die Überschussrenditen der einzelnen Assets als Summe der autonomen Eigenrendite des jeweiligen Assets und aus einem von der Benchmark abhängigen Renditeanteil (vgl. Kap. 3.3. sowie Kap. 3.4.). Wird gemäß Kap. 3.3. ein linearer Renditegenerierungsprozess unterstellt, so ist eine einfache historisch basierte Schätzung in diesem Fall über eine Regression der Renditen (gewonnen aus den Kurszeitreihen) der Assets auf die Benchmark möglich. Es sind jedoch, wie in Kap. 3.5.2.2. kurz erläutert, zahlreiche andere Varianten und Verfahren denkbar (und ggf. auch sinnvoller). In diesem Zusammenhang sei auch auf die Anmerkungen zur einfachen historisch basierten Schätzung von Rendite und Risiko in Kap. 2.2.2. hingewiesen, welche hier analog Geltung finden.

Für Zwecke der Fallstudie wird jedoch zunächst der pragmatische Ansatz der einfachen historisch basierten Schätzung mittels univariater linearer Regression umgesetzt. Der Regressionsansatz (gemäß unterstelltem Renditegenerierungsprozess; vgl. Kap. 3.3.) lautet:

(1) $$r'_{it} = \alpha_i + \beta_i \cdot r'_{Bt} + \varepsilon_{it} \,.$$

An dieser Stelle erfolgt keine detaillierte Betrachtung der Regressionsanalyse, da hierzu bereits eine Vielzahl an Literatur existiert. Es wird lediglich kurz die Berechnung der Größen erläutert. Eine zusammenfassende Darstellung der Regressionsanalyse und deren Umsetzung mit Excel befindet sich in A6.1., für ausführlichere Betrachtungen sei auf die Literatur verwiesen.[163]

Die Schätzung der Alpha- und Beta-Parameter wurde an dieser Stelle mit der in Excel implementierten Funktion RGP() umgesetzt. Diese findet man unter Einfügen/Funktion/Statistik/RGP. Es öffnet sich das in Abb. 3.5.2.1.-1. dargestellte Eingabemenü.

163 Vgl. beispielsweise Backhaus et al. (2003), S. 45 ff.; Poddig/Dichtl/Petersmeier (2003), S. 217 ff. sowie auch S. 783 ff. oder Hartung/Elpelt (1999), S. 77 ff.

Abb. 3.5.2.1.-1.: Ermittlung der Alpha und Beta-Werte

Die Y-Werte der Regressionsgleichung werden jeweils durch die Renditereihen der einzelnen Assets repräsentiert (im Beispiel hier: A_EMU). Diese sollen durch die Benchmark erklärt werden, d.h., die unabhängige Variable der Regressionsgleichung (die X-Werte) ist durch die Renditereihe der Benchmark bestimmt. Das Feld Konstante muss mit WAHR belegt werden, da ansonsten eine Regression unter der Annahme $\alpha = 0$ durchgeführt wird; aber gerade die Regressionskonstante drückt die autonome Eigenrendite des Assets aus und soll dementsprechend hier auch geschätzt werden. Da an dieser Stelle keine weiteren Angaben aus der Regressionsanalyse (außer der Schätzung der Alpha- und Beta-Werte) benötigt werden, wird das Feld „Stats" mit „Falsch" belegt. Die Berechnung ist dann für alle weiteren Assets in analoger Weise auszuführen.

X11 {= RGP(L12:L120;$T$12:$T$120;WAHR;FALSCH)}

	W	X	Y	Z	AA	AB
8	**Tabellenbereich D: Alphas und Betas der Märkte gegenüber der Benchmark**					
9						
10	Markt	Beta	Alpha			
11	A_EMU	1,37133	0,00128			
12	A_UK	1,28276	0,00033			
13	A_USA	1,57181	0,00166			
14	A_Japan	1,64860	-0,00995			
15	R_EMU	0,18100	0,00209			
16	R_UK	0,59272	0,00315			
17	R_USA	0,67340	0,00168			
18	R_Japan	0,67839	-0,00022			
19	Benchmark:	1,00000	0,00000			

Abb. 3.5.2.1.-2.: Berechnete Alpha- und Beta-Parameter

Die Abb. 3.5.2.1.-2. gibt die so ermittelten Ergebnisse wieder. Erwartungsgemäß ergeben sich ein Benchmark-Alpha von null und ein Benchmark-Beta von eins.

Auch bei Berechnungen mittels der Funktion RGP() ist, analog zu den Matrizen-Operationen in Excel (vgl. A1.1.3.), die Eingabe mit Strg+Umschalt+Return abzuschließen.

3.5.2.2. Zur Prognoseproblematik von Alpha- und Beta-Parametern

Grundsätzlich gelten für Alpha- und Beta-Parameter dieselben Überlegungen wie hinsichtlich der erwarteten Renditen und zukünftigen Risiken bei der absoluten Optimierung. Die Alpha- und Beta-Werte sind ex ante Größen, womit Prognosen (Schätzungen) dieser Größen unvermeidbar sind. Ebenso ist hier zu bedenken, dass die Güte der Alpha- und Beta-Prognosen die spätere Performance des aktiven Portfolios bestimmt. Auch hier ist die Prognose der wertgenerierende Prozess.[164]

Prinzipielle Verfahren zur Prognose der Inputparameter für die Portfoliooptimierung wurden bereits in Kap. 2.2.2. genannt. Für die Prognose speziell von Alpha- und Beta-Parametern sei an dieser Stelle nochmals ein kurzer, keineswegs vollständiger Hinweis auf ausgewählte Verfahren und zugehörige Literatur vorgenommen. Alpha- und Beta-Werte verändern sich im Zeitablauf, weshalb sie wie gewöhnliche Zeitreihen angesehen werden können. Die Abb. 3.5.2.2.-1. verdeutlicht dies an einem Beispiel aus dem hier verwendeten Datenmaterial. Hierzu wurde eine „gleitende“ Regression zur Bestimmung der Alpha- und Beta-Parameter durchgeführt. Es wurden jeweils 60 diskrete Überschussrenditen des Aktienmarktes Großbritannien (A_UK) auf die entsprechenden Überschussrenditen des Benchmarkportfolios regressiert. Beginnend mit dem (fiktiven) Zeitraum Februar 1993 bis Januar 1998 ist somit eine Bestimmung der Alpha- und Beta-Werte vorgenommen worden. Der Folgezeitraum beinhaltet dann für die Bestimmung der Alpha- und Beta-Werte die Monate vom März 1993 bis zum Februar 1998. Entsprechend sind die Schätzungen für die Alpha- und Beta-Größen bis zum Ende der vorhandenen Datenreihen durchgeführt worden. Somit wurden 50 Alpha- sowie Beta-Werte für die aufeinander folgenden Zeiträume 02/1993 - 01/1998 bis 03/1997 - 02/2002 geschätzt.

164 Vgl. auch die Ausführungen zur Bestimmung der Inputparameter in Kap. 2.2.

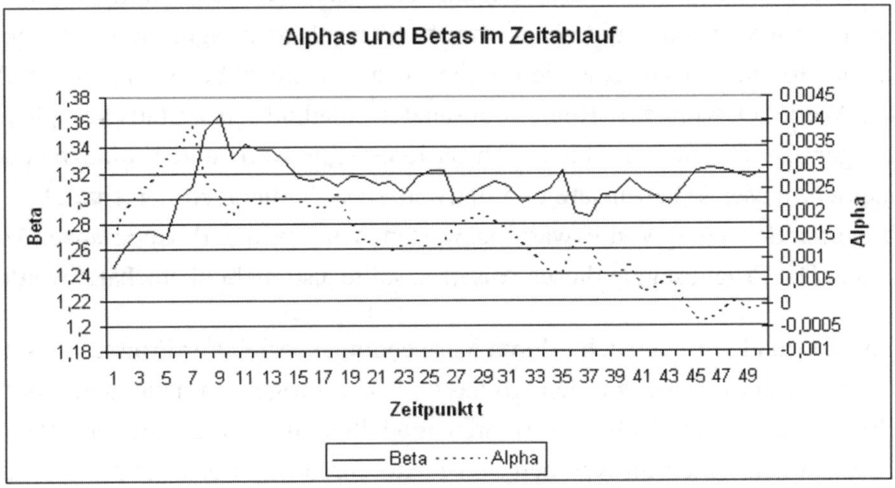

Abb. 3.5.2.2.-1.: Alpha- und Beta-Werte im Zeitablauf

Wie der Grafik zu entnehmen ist, schwanken die Werte für die auf diese Weise prognostizierten Alpha- und Beta-Parameter (bei historisch basierter Schätzung) in dem hier betrachteten Zeitraum massiv. Die Beta-Schätzungen liegen in einem Bereich zwischen ca. 1,24 und 1,37. Dies entspricht in etwa einer Abweichung von 10% zwischen minimalem und maximalem Wert. Das Bild bei den Alpha-Schätzungen ist noch extremer. Das Minimum der Alpha-Werte liegt unter null und das Maximum bei ca. 0,00387. Schon in dem hier relativ klein gewählten Untersuchungszeitraum ist ein Vorzeichenwechsel der autonomen Eigenrendite enthalten. Diese Betrachtungen verdeutlichen, warum eine gewissenhafte Prognose der Alpha- und Beta-Parameter unumgänglich ist.

Die im Zusammenhang mit der Prognose von Renditereihen (vgl. Kap. 2.2.2.) angesprochenen Verfahren können hier grundsätzlich genauso angewendet werden. So ist es z.B. denkbar, unter Anwendung zeitreihenanalytischer Verfahren die historisch beobachteten Verläufe von Alpha- und/oder Beta-Werten zu modellieren und darauf basierend in die Zukunft fortzuschreiben. Jedoch werden in Literatur und Praxis im Zusammenhang mit der Modellierung und Prognose von Alpha- und Beta-Parametern einige wenige Ansätze verfolgt, ohne dass dies aber rein methodisch gesehen zwingend wäre.

Der klassische Standardansatz zur Schätzung von Alpha- und Beta-Parametern bedient sich einer (linearen) uni- oder multivariaten Regressionsanalyse. Dabei wird die historisch beobachtete Renditereihe des betrachteten Assets auf die (Rendite-) Reihe eines oder mehrerer Indices oder anderer werttreibender Faktoren regressiert. Die uni- oder multivariate Regressionsanalyse liefert die entsprechenden Schätzungen für Alpha- und Beta-Werte. Obwohl eine Regressionsanalyse methodisch weitaus komplexer und aufwändiger als eine einfache historisch basierte Mittelwert- und Varianzberechnung ist, entspricht dieser Schätzansatz qualitativ in etwa demjenigen der einfachen historisch basierten Schätzung von Erwartungswerten, Varianzen und Kovarianzen von Assetrenditen. Die Prognosegüte dieses Ansatzes sollte also nicht überschätzt werden.

Aus diesem Grund wird versucht, durch Verwendung speziellerer Prognoseansätze deren Güte zu steigern. Dabei werden Alpha- und Beta-Prognosen meist getrennt behandelt, also mit unterschiedlichen Verfahren modelliert und prognostiziert. Beta-Parameter werden zum einen im Rahmen von Faktorenmodellen geschätzt (vgl. Kap. 6.), wobei der prinzipielle Ansatz ähnlich dem klassischen Standardansatz ist, jedoch im Detail komplexere Verfahrensschritte angewendet werden. Ebenso existieren Ansätze, bei denen das Beta selbst die abhängige Größe eines Modells darstellt und nicht nur Modellkoeffizient ist.

Besondere Bedeutung für die relative Optimierung besitzt das Alpha, weshalb hier auch mitunter besonders aufwändige Verfahren zur Schätzung eingesetzt werden. Alpha-Prognosen werden oftmals im Rahmen einer fundamentalen Unternehmensanalyse unter Verwendung von Discounted-Cash-Flow-Modellen (kurz: DCF-Modelle) geschätzt. Diese Schätzungen werden jedoch nicht immer als ein konkreter Alpha-Wert ausgedrückt, sondern eher in Form eines Ratings, wie z.B. „strong buy", „buy", „hold", usw. Anstelle fundamentaler Unternehmensbewertungsmodelle kommen auch rein markttechnisch orientierte Verfahren zum Einsatz, um Ratings über die Kaufwürdigkeit von Assets abzuleiten. Diese Ratings müssen dann mit weiteren Verfahren in konkrete Alpha-Werte umgerechnet werden, wie sie von einer relativen Optimierung verarbeitet werden können.[165] Die Tab. 3.5.2.2.-1. fasst diese kurzen Betrachtungen zusammen und gibt einige weiterführende Literaturhinweise.

---

165 Vgl. Grinold/Kahn (2000), S. 261 ff. oder Kleeberg/Schlenger (2002), S. 253 ff.

Mögliche Verfahren	Prognoseziel	Literaturhinweis
Faktormodelle, auf Basis von makroökonomischen (z.B. Konjunkturdaten), mikroökonomischen (z.B. Jahresabschlussdaten) oder gemischten Ansätzen (vgl. Kap. 6.)	• vorrangig zur Schätzung von Beta-Parametern	Elton et al. (2003) Grinold/Kahn (2000) Poddig (1999)
Fundamentale Bewertungsmodelle (verbreitet: DCF-Modelle, „Ratingverfahren")	• Vorrangig zur Schätzung von Alpha-Parametern	Elton et al. (2003) Hielscher (1999)
Technische Modelle (Modelle der mathematisch statistischen Zeitreihenanalyse)	• Alpha- und Beta-Parameter	Loistl (1996) Poddig (1999)
Technische Indikatorenmodelle	• vorrangig Alpha-Parameter	Bauer/Dahlquist (1999)
Historische (empirische) Schätzung	• Alpha- und Beta-Parameter	Poddig/Dichtl/Petersmeier (2003)

Tab. 3.5.2.2.-1.: Verfahren zur Schätzung von Alpha- und Beta-Parametern

Zusammenfassend ist die Schätzung der Alpha- und Beta-Parameter über eine univariate lineare Regression anhand historischer Kursdaten nur als ein erster Ansatz zu beurteilen, der in der Art als gleichwertig zur einfachen historisch basierten Schätzung von Renditemittelwerten als Prognose des zukünftigen Renditeerwartungswertes zu bewerten ist. Als erster Ansatz und für Illustrationszwecke ist diese Methode völlig ausreichend. Für die spätere Portfolioperformance ist hier aber die Expertise und Qualität der Finanzanalyse (-abteilung) entscheidend.

3.5.3. Zusammenstellung aller Inputparameter

Mit Abschluss der Berechnungen der Alpha- und Beta-Werte (vgl. Kap. 3.5.2.1.) und der historisch geschätzten Varianz-Kovarianzmatrix (vgl. Kap. 3.5.1.) sind die Inputdaten für die relative Optimierung komplett (vgl. Abb. 3.5.3.-1.).

	W	X	Y	Z	AA	AB	AC	AD	AE	AF	AG
40	**Tabellenbereich F: Inputdaten für die Optimierung**										
41											
42		Schätzer für Alphas (α), Betas(β) und Kovarianzen (V)									
43	Markt	α^	β^	A_EMU	A_UK	A_USA	A_Japan	R_EMU	R_UK	R_USA	R_Japan
44	A_EMU	0,00128	1,37133	0,0023618	0,0019079	0,0022574	0,0018336	0,0001290	0,0005533	0,0005892	0,0002068
45	A_UK	0,00033	1,28276	0,0019079	0,0016532	0,0019709	0,0016890	0,0001966	0,0006630	0,0007154	0,0004076
46	A_USA	0,00166	1,57181	0,0022574	0,0019709	0,0023725	0,0022023	0,0002188	0,0007681	0,0008490	0,0006383
47	A_Japan	-0,00995	1,64860	0,0018336	0,0016890	0,0022023	0,0032940	0,0000517	0,0004508	0,0006554	0,0016515
48	R_EMU	0,00209	0,18100	0,0001290	0,0001966	0,0002188	0,0000517	0,0001160	0,0002649	0,0002664	0,0000551
49	R_UK	0,00315	0,59272	0,0005533	0,0006630	0,0007681	0,0004508	0,0002649	0,0006438	0,0006632	0,0002455
50	R_USA	0,00168	0,67340	0,0005892	0,0007154	0,0008490	0,0006554	0,0002664	0,0006632	0,0007001	0,0003928
51	R_Japan	-0,00022	0,67839	0,0002068	0,0004076	0,0006383	0,0016515	0,0000551	0,0002455	0,0003928	0,0012696

Abb. 3.5.3.-1.: Inputdaten für die relative Optimierung

Das eigentliche Optimierungsproblem kann nun in Abhängigkeit der Inputparameter formuliert werden.

3.5.4. Aufbau des Optimierungsproblems

Der Aufbau des relativen Optimierungsproblems kann wie in Abb. 3.5.4.-1. vorgenommen werden. Zum besseren Verständnis werden die einzelnen Komponenten im Folgenden erklärt. Zunächst wird wieder ein willkürlich gewähltes Portfolio als Ausgangspunkt der Optimierung so bestimmt, dass die Summe der Anteilgewichte eins beträgt (hier beispielsweise abwechselnd 2,5 Prozentpunkte unter bzw. über den Benchmarkgewichten). Es sollen ferner die Bestandsnebenbedingungen (für jedes Asset) für den Mindestanteil von 5% bzw. den Höchstanteil von 40% am Portfolio gelten. Danach ist das Benchmarkportfolio aufgeführt, welchem eine Gleichgewichtung aller Assets zugrunde liegt. Die aktiven Gewichte ergeben sich durch die Subtraktion der Benchmarkgewichte von den Portfoliogewichten (vgl. Formel (1) in Kap. 3.4.2.).

	W	X	Y	Z	AA	AB
62	Portfoliogewichte:					
63	Markt	Gewicht (**w**)	Minimal	Maximal	Benchmarkgew	aktive Gewichte
64	A_EMU	0,1000	0,0500	0,4000	0,1250	-0,0250
65	A_UK	0,1500	0,0500	0,4000	0,1250	0,0250
66	A_USA	0,1000	0,0500	0,4000	0,1250	-0,0250
67	A_Japan	0,1500	0,0500	0,4000	0,1250	0,0250
68	R_EMU	0,1000	0,0500	0,4000	0,1250	-0,0250
69	R_UK	0,1500	0,0500	0,4000	0,1250	0,0250
70	R_USA	0,1000	0,0500	0,4000	0,1250	-0,0250
71	R_Japan	0,1500	0,0500	0,4000	0,1250	0,0250
72	Summe:	1,0000			1,0000	0,0000
73	Beta:	1,0101230			1,0000000	0,0101230
74	Alpha:	-0,0003353			0,0000000	-0,0003353
75	Varianzen:	0,0009182			0,0008969	0,0000032
76	rVar:	0,0000031				
77						
78						
79	α(P):	-0,00034				
80	rVar(P):	0,00000				
81	rStdAbw(P)	0,00176				
82	Lambda λ:	3,51614				
83	Zielfunktionsv	-0,00035				
84	Budgetrestrik	1,00000				
85	Timingrestrikt	0,01012				

Abb. 3.5.4.-1.: Aufbau des relativen Optimierungsproblems

Die Summen der Anteilsgewichte für das aktive Portfolio (Zelle X72) und auch für die Benchmark (Zelle AA72) ergeben eins. Die aktiven Positionen summieren sich zu null (Zelle AB72).

Das Portfolio-Beta (Zelle X73) ergibt sich nach Formel (3) aus Kap. 3.4.1. als $\beta_P = \mathbf{w}_P^{\mathbf{T}}\boldsymbol{\beta}$ bzw. ausgedrückt in Form der Matrizenmultiplikation in Excel als MMULT(MTRANS(X64:X71);Y44:Y51). Das Beta der Benchmark ist definitorisch eins, was durch Berechnung der Formel MMULT(MTRANS(AA64:AA71);Y44:Y51) leicht überprüft werden kann. Das aktive Beta kann über verschiedene Möglichkeiten berechnet werden. Zum einen kann es durch die Formel $\beta_{AP} = \mathbf{w}_A^{\mathbf{T}}\boldsymbol{\beta}$ berechnet werden, zum anderen ergibt es sich aber auch durch Bildung der Differenz des Portfolio- und des Benchmark-Betas (vgl. Formel (1) in Kap. 3.4.3.).

Das Portfolio-Alpha resultiert aus der Formel (2) in Kap. 3.4.1. ($\alpha_P = \mathbf{w}_P^{\mathbf{T}}\boldsymbol{\alpha}$) und ergibt sich analog in Excel durch die Formel MMULT(MTRANS(X64:X71);X44:X51) und ist in Zelle X74 berechnet worden. Das Alpha des Benchmarkportfolios muss konstruktionsbedingt null sein, was durch Berechnung der Formel MMULT(MTRANS(AA64:AA71);X44:X51) bestätigt wird (Zelle AA74).[166] Das „aktive“ Alpha ergibt sich durch Multiplikation des Vektors der aktiven Gewichte mit dem Vektor der Alpha-Werte der einzelnen Assets (Zelle AB74). Die Matrizenmultiplikation in Excel lautet in diesem Fall MMULT(MTRANS(AB64:AB71);X44:X51). Da konstruktionsbedingt das Portfolio-Alpha zugleich das „aktive“ Alpha sein muss (da das Alpha des Benchmarkportfolios null ist), müssen die Werte der Zellen X74 und AB74 übereinstimmen.

Die Varianz des aktiven Portfolios (Zelle X75) ergibt sich analog zu Formel (6) aus Kap. 3.4.1. ($\sigma_P^2 = \mathbf{w}_P^\mathbf{T} \cdot \mathbf{V} \cdot \mathbf{w}_P$) und kann in Excel mit der Formel für die Matrizenmultiplikation MMULT(MMULT(MTRANS(X64:X71);Z44:AG51);X64:X71) berechnet werden. Analog ergibt sich die Varianz der Benchmark durch Berechnung der Formel MMULT(MMULT(MTRANS(AA64:AA71);Z44:AG51);AA64:AA71), welche in Zelle AA75 wiedergegeben ist. Dies entspricht Formel (7) in Kap. 3.4.1. ($\sigma_B^2 = \mathbf{w}_B^\mathbf{T} \cdot \mathbf{V} \cdot \mathbf{w}_B$). Die aktive Varianz wurde in Zelle AB75 mit der Formel MMULT(MMULT(MTRANS(AB64:AB71);Z44:AG51);AB64:AB71) berechnet, was der Formel (2) aus Kap. 3.4.2. ($\sigma_{AP}^2 = \mathbf{w}_A^\mathbf{T} \cdot \mathbf{V} \cdot \mathbf{w}_A$) entspricht.

Ferner wurde die residuale Varianz nach Formel (5) in Kap. 3.4.1. ($\sigma_{\varepsilon P}^2 = \sigma_P^2 - \beta_P^2 \cdot \sigma_B^2$) bestimmt (Zelle X76).

Nachrichtlich und für den besseren Überblick bei der Konstruktion der Zielfunktion für die relative Optimierung geben die Zellen X79 bis X81 das Portfolio-Alpha, die residuale Portfoliovarianz und die residuale Portfoliostandardabweichung nochmals wieder.

Die Berechnung des Risikoaversionsparameters λ (Zelle X82) erfolgte nach Formel (8) aus Kap. 2.1.2.4. entsprechend der Bestimmung aus dem Benchmarkportfolio (vgl. hierzu auch Kap. 2.3.3.3.7.).

3.5.5. Lösung in Excel mithilfe des Solvers

Die Zielfunktion (vgl. in Abb. 3.5.4.-1. die Zelle X83) ergibt sich dann als X79 - X82 * X80 (vgl. Formel (1) in Kap. 3.4.5.), was in mathematischen Symbolen ausgedrückt

---

166 Es ergeben sich marginale Abweichungen aufgrund von Rundungsdifferenzen.

$ZF = \alpha_P - \lambda \cdot \omega_P^2$ bzw. in Matrizenschreibweise $ZF = \mathbf{w}_P{}^{\mathbf{T}}\boldsymbol{\alpha} - \lambda(\mathbf{w}_P{}^{\mathbf{T}}\mathbf{V}\mathbf{w}_P - (\mathbf{w}_P{}^{\mathbf{T}}\boldsymbol{\beta})^2 \cdot \mathbf{w}_B{}^{\mathbf{T}}\mathbf{V}\mathbf{w}_B)$ entspricht. Dies bedeutet inhaltlich die Maximierung der Differenz von Portfolio-Alpha und dem mit dem Risikoaversionsparameter gewichteten Selektionsrisiko (auch residuales Risiko), welches unter Ausschluss der Timingkomponente dem aktiven Risiko entspricht (vgl. Kap. 3.4.3.).

Schlussendlich wurden die Nebenbedingungen durch die Budgetrestriktion (Zelle X84), die Timingrestriktion (Zelle X85) und die Mindest- und Höchstbestandsgrenzen gebildet. Die Summe der Anteilsgewichte im Portfolio muss eins ergeben ($\mathbf{1}^{\mathbf{T}}\mathbf{w} = 1$), und die Mindest- und Höchstbestandsgrenzen dürfen nicht unter- bzw. überschritten werden. Das aktive Beta ($w_A^T \cdot \beta$) muss null betragen (Zelle AB73, auch W85).

Die Optimierung kann nun mit dem Solver durchgeführt werden (vgl. Abb. 3.5.5.-1.). Dabei ergeben sich bei der Verwendung des Solvers keine weiteren Besonderheiten zu den Ausführungen im Kap. 2.3.3.

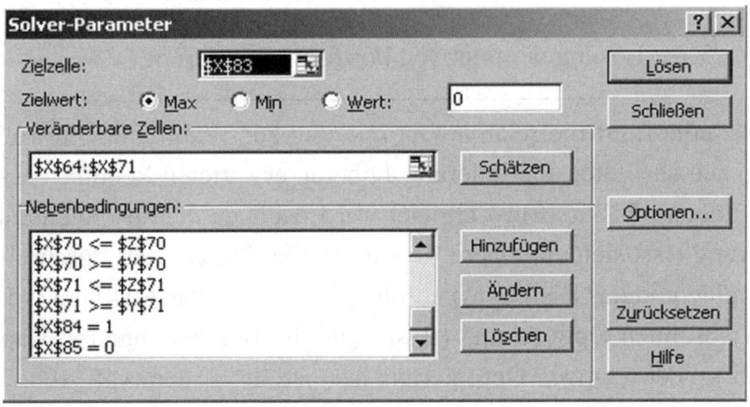

Abb. 3.5.5.-1.: Verwendung des Solvers bei der relativen Optimierung

Die Lösung des relativen Portfoliooptimierungsproblems unter Einhaltung der Nebenbedingungen (bis auf geringfügige und somit zu vernachlässigende Abweichungen) zeigt Abb. 3.5.5.-2.

	W	X	Y	Z	AA	AB
62	Portfoliogewichte:					
63	Markt	Gewicht (w)	Minimal	Maximal	Benchmarkgew	aktive Gewichte
64	A_EMU	0,0500	0,0500	0,4000	0,1250	-0,0750
65	A_UK	0,0500	0,0500	0,4000	0,1250	-0,0750
66	A_USA	0,2997	0,0500	0,4000	0,1250	0,1747
67	A_Japan	0,0500	0,0500	0,4000	0,1250	-0,0750
68	R_EMU	0,0503	0,0500	0,4000	0,1250	-0,0747
69	R_UK	0,4000	0,0500	0,4000	0,1250	0,2750
70	R_USA	0,0500	0,0500	0,4000	0,1250	-0,0750
71	R_Japan	0,0500	0,0500	0,4000	0,1250	-0,0750
72	Summe:	1,0000			1,0000	0,0000
73	Beta:	1,0000000			1,0000000	0,0000000
74	Alpha:	0,0015161			0,0000000	0,0015161
75	Varianzen:	0,0009351			0,0008969	0,0000383
76	rVar:	0,0000383				
77						
78						
79	α(P):	0,00152				
80	rVar(P):	0,00004				
81	rStdAbw(P)	0,00619				
82	Lambda λ:	3,51614				
83	Zielfunktionsv	0,00138				
84	Budgetrestrik	1,00000				
85	Timingrestrikt	0,00000				

Abb. 3.5.5.-2.: Lösung der relativen Portfoliooptimierung

In dieser Fallstudie führt die relative Optimierung zur Wahl eines Portfolios mit vergleichsweise zur absoluten Optimierung höherer erwarteter Rendite bei gleichzeitig höherem erwartetem Risiko. Ein Vergleich der Lösungen der absoluten und der relativen Optimierung lässt sich mit einem Rendite-Risiko-Diagramms durchführen, in welchem die Rendite und das Risiko (als absolute Werte) für das Benchmarkportfolio, das Portfolio der absoluten Optimierung (Basis sind die Berechnungen in Kap. 2.3.3.3.6.) und das Portfolio der relativen Optimierung dargestellt werden (vgl. Abb. 3.5.5.-3.).

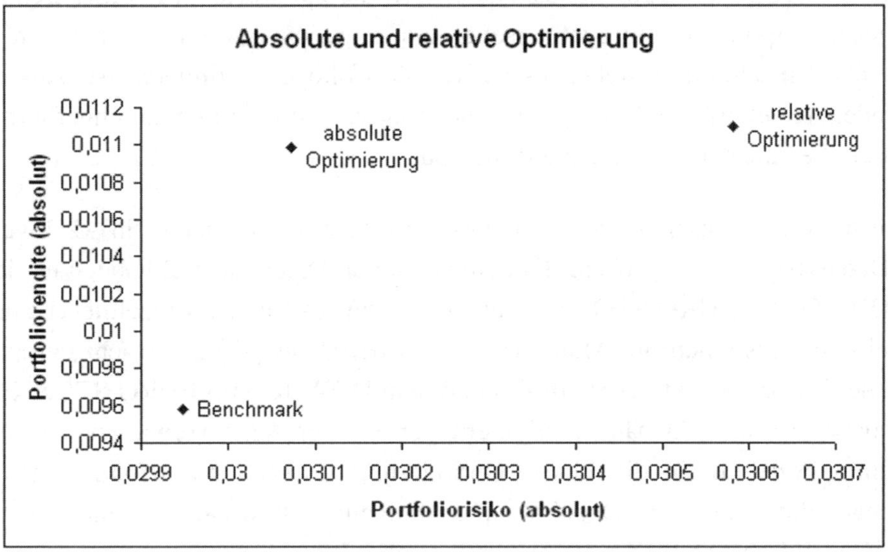

Abb. 3.5.5.-3.: Lösungen der absoluten und der relativen Optimierung

Hier kann nochmals der Hauptunterschied von absoluter und relativer Optimierung verdeutlicht werden. Trägt der Portfoliomanager die Gesamtergebnisverantwortung allein, so ist der Ansatz der absoluten Optimierung zu wählen. Der Portfoliomanager „allein" maximiert eine individuelle Zielfunktion. Die absolute Optimierung liefert somit konsequenterweise die sachgerechte Lösung. Hat der Portfoliomanager jedoch nur Teilverantwortung für das aktive Ergebnis, so ist die relative Optimierung anzuwenden. Er ist nur noch verantwortlich für die „Extrarendite" und das „Extrarisiko" über das vorgegebene Benchmarkniveau hinaus. Folge aus dieser Vorgehensweise ist, dass, je nach Wahl der Benchmark, das Portfolio, welches mit der relativen Optimierung ermittelt wird, im Gegensatz zum Portfolio der absoluten Optimierung nicht effizient sein muss, wenn die Benchmark (ex ante) bereits nicht effizient ist.

3.5.6. Relative Optimierung bei unterschiedlichen Anlageuniversen

In der im vorangegangenen Kapitel vorgestellten Fallstudie ist das Anlageuniversum für das aktive Portfolio und die Benchmark *identisch*. Dies ist jedoch ein Idealfall, der in der Praxis so nicht immer vorliegt. Dass aktives Portfolio und Benchmark ein identisches Anlageuniversum aufweisen sollten, ist zwar eine idealtypische Benchmarkanforderung (vgl. Kap. 1.3.). In der Praxis jedoch ergibt sich häufig das Problem unterschiedlicher Anlageuniversen. Oftmals stehen also nicht alle Anlagen des Benchmarkportfolios für eine Aufnahme in das aktive Portfolio zur Verfügung. Im Extremfall ist das Benchmarkportfolio ein synthetischer Index, gegen das ein aus nicht im Index enthaltenen Einzeltiteln bestehendes aktives Portfolio zu optimieren ist. Aus diesen Umständen resultiert die Frage, wie eine relative Optimierung durchgeführt wird, wenn sich die Anlageuniversen unterscheiden.

Zur Illustration des geschilderten Problems, wird hier auf den bereits in A2.2. verwendeten Datensatz zurückgegriffen. Bei dem genutzten Datenmaterial handelt es sich um den DOW JONES EURO STOXX 50 und die darin enthaltenen Einzeltitel. Es handelt sich bei den Kursreihen um Monatsdaten von 01/93 bis 02/02 für acht europäische Aktien der Eurozone (aktives Portfolio) und dem DOW JONES EURO STOXX 50 als Benchmarkportfolio. Für nähere Erläuterungen sei auf A2.2. verwiesen. Die Aufgabenstellung besteht darin, die relative Optimierung des aktiven Portfolios gegen diese Benchmark durchzuführen. Dabei wird im Folgenden bewusst so getan, als ob der DOW JONES EURO STOXX 50 ein synthetischer Index sei.

Die grundsätzliche Vorgehensweise ändert sich im Vergleich zu Kap. 3.5. nicht. Zunächst erfolgt eine Umrechnung der Kursreihen in diskrete Einmonatsrenditen, die als Überschussrenditen über den risikolosen Zinssatz formuliert werden (vgl. Abb. 3.5.6.-1.).

	A	B	C	D	E	F	G	H	I	J
8	**Tabellenbereich A: Rohdaten in originärer Form, so wie bereitgestellt**									
9										
10		Total Fina Elf	BCO Santander	Telecom Italia	SIEMENS	Ass. Generali	E.ON	Sanofi	Danone	DJ Euro Stoxx 50
11	29.01.1993	34,30	1,85	1,00	20,54	13,24	18,84	8,52	71,59	1043,55
12	26.02.1993	39,14	1,97	1,04	22,56	13,82	19,68	9,23	77,31	1128,36
13	31.03.1993	40,40	2,03	0,95	22,01	12,96	19,43	8,87	77,70	1140,82
14	30.04.1993	40,32	2,11	1,17	21,03	14,43	19,66	8,52	70,43	1114,25
15	31.05.1993	41,17	2,39	1,43	20,52	14,54	19,08	7,96	69,03	1113,68
16	30.06.1993	42,60	2,41	1,66	21,12	14,80	19,36	8,22	70,58	1157,58
17	30.07.1993	46,99	2,67	1,83	22,26	15,82	20,63	8,71	67,49	1236,14

L12 = (B12-B11)/B11 - $D$6

	K	L	M	N	O	P	Q	R	S	T
10		Total Fina Elf	BCO Santander	Telecom Italia	SIEMENS	Ass. Generali	E.ON	Sanofi	Danone	DJ Euro Stoxx 50
11	29.01.1993									
12	26.02.1993	0,13783	0,06413	0,03545	0,09506	0,04031	0,04150	0,08006	0,07663	0,07800
13	31.03.1993	0,02892	0,02620	-0,08894	-0,02753	-0,06506	-0,01626	-0,04228	0,00177	0,00777
14	30.04.1993	-0,00525	0,03560	0,22537	-0,04787	0,10953	0,00857	-0,04273	-0,09684	-0,02656
15	31.05.1993	0,01781	0,13256	0,21838	-0,02734	0,00440	-0,03292	-0,06900	-0,02315	-0,00379
16	30.06.1993	0,03146	0,00192	0,15779	0,02587	0,01467	0,01174	0,02939	0,01918	0,03615
17	30.07.1993	0,09978	0,10705	0,10285	0,05047	0,06548	0,06195	0,05634	-0,04705	0,06459

Abb. 3.5.6.-1.: Bestimmung der monatlichen Überschussrenditen

Diese bilden die Ausgangsbasis für eine historisch basierte Schätzung der Alpha- und Beta-Parameter, welche mittels univariater linearer Regression der jeweiligen Assetrenditen auf die Benchmarkrendite ermittelt werden (vgl. Abb. 3.5.6.-2.).

10	Markt	Beta	Alpha
11	Total Fina Elf	0,58054	0,00841
12	BCO Santander	1,05459	0,00525
13	Telecom Italia	1,26324	0,01083
14	SIEMENS	1,47692	-0,00126
15	Ass. Generali	0,69984	-0,00065
16	E.ON	0,55604	0,00345
17	Sanofi	0,39132	0,01569
18	Danone	0,60231	-0,00108
19	DJ Euro Stoxx 50	1,00000	0,00000

Abb. 3.5.6.-2.: Bestimmung der Alpha- und Beta-Werte

Die Formulierung des relativen Optimierungsansatzes und die Bestimmung des aktiven Portfolios erfolgt wie bisher. Die Besonderheit dieser Fallstudie bzw. des gewählten Datenmaterials liegt allerdings in der Wahl unterschiedlicher Anlageuniversen. Ein genereller Lösungsansatz zum Umgang mit unterschiedlichen Anlageuniversen besteht darin, bei zwei gegebenen Portfolios *P* und *B* mit Anlageuniversen X und Y ein gemeinsames Anlageuniversum Z als Vereinigungsmenge von X und Y, d.h. $Z = X \cup Y$, zu bilden. Damit sind die Anlagen beider Portfolios *P* und *B* nun Elemente des identischen Anlageuniversums Z. Assets, die in *P*, aber nicht in *B* gehalten werden, haben in *B* ein (fixiertes) Gewicht von null und entsprechend erhalten Assets, die in *B*, aber nicht in *P* gehalten werden, in *P* ein (fixiertes) Gewicht von null.

Das Anlageuniversum in der Fallstudie hat nunmehr neun Assets, nämlich die betrachteten acht Einzeltitel sowie den DOW JONES EURO STOXX 50 als „virtuelle" Anlage. Die (historisch basierte) Berechnung der Kovarianzmatrix erfolgt nun für diese neun Anlagen (vgl. Abb. 3.5.6.-3).

	K	L	M	N	O	P	Q	R	S	T
128	Kovarianzmatrix der neun Assets (mittels eingebauter Funktionen)									
129										
130		Total Fina Elf	BCO Santander	Telecom Italia	SIEMENS	Ass. Generali	E.ON	Sanofi	Danone	DJ Euro Stoxx 50
131	Total Fina Elf	0,0050158	0,0017949	0,0017568	0,0017837	0,0008456	0,0014324	0,0014053	0,0016910	0,0016070
132	BCO Santander	0,0017949	0,0073260	0,0032682	0,0037274	0,0019913	0,0014220	0,0006595	0,0021492	0,0029192
133	Telecom Italia	0,0017568	0,0032682	0,0116316	0,0059835	0,0036589	0,0010213	0,0005309	0,0010577	0,0034967
134	SIEMENS	0,0017837	0,0037274	0,0059835	0,0105287	0,0025009	0,0012824	0,0008613	0,0014178	0,0040882
135	Ass. Generali	0,0008456	0,0019913	0,0036589	0,0025009	0,0045766	0,0013864	0,0012979	0,0021076	0,0019372
136	E.ON	0,0014324	0,0014220	0,0010213	0,0012824	0,0013864	0,0037990	0,0015781	0,0018070	0,0015392
137	Sanofi	0,0014053	0,0006595	0,0005309	0,0008613	0,0012979	0,0015781	0,0050862	0,0018044	0,0010832
138	Danone	0,0016910	0,0021492	0,0010577	0,0014178	0,0021076	0,0018070	0,0018044	0,0046713	0,0016672
139	DJ Euro Stoxx 50	0,0016070	0,0029192	0,0034967	0,0040882	0,0019372	0,0015392	0,0010832	0,0016672	0,0027681

Abb. 3.5.6.-3.: Kovarianzen der neun Anlagen

Die Darstellung der Gewichte im aktiven Portfolio (die Werte sind zunächst willkürlich gewählt), in der Benchmark sowie der aktiven Gewichte ist aus Abb. 3.5.6.-4. ersichtlich.

	W	X	Y	Z
21	**Tabellenbereich E: Aktive Portfolio versus Benchmark**			
22	Markt	Aktives Portfolio	Benchmark	aktive Gewichte
23	Total Fina Elf	0,1000	0,0000	0,1000
24	BCO Santander	0,1500	0,0000	0,1500
25	Telecom Italia	0,1000	0,0000	0,1000
26	SIEMENS	0,1500	0,0000	0,1500
27	Ass. Generali	0,1000	0,0000	0,1000
28	E.ON	0,1500	0,0000	0,1500
29	Sanofi	0,1000	0,0000	0,1000
30	Danone	0,1500	0,0000	0,1500
31	DJ Euro Stoxx 50	0,0000	1,0000	-1,0000
32	Summe:	1	1	0
33	Beta:	0,84697	1,00000	-0,15303
34	Alpha:	0,00438	0,00000	
35				
36		Var(P)	Var(B)	aVar(P)
37	Varianz:	0,00250	0,00277	0,00058
38	rVar(P) residuale Varianz:	0,00052		

Abb. 3.5.6.-4.: Darstellung der Gewichte

Ausgehend von den zunächst willkürlich gewählten Gewichten der Einzeltitel im aktiven Portfolio wurden zusätzlich die Alpha- und die Beta-Werte sowie das Portfolio-, das Benchmark-, das aktive und das residuale Risiko bestimmt (vgl. Kap. 3.5.4.).

Mithilfe der historisch geschätzten Inputparameter und der gewählten Darstellungsform kann der Optimierungsansatz formuliert werden.

Die Zielfunktion ist definiert durch:

(1a) $ZF = \alpha_P - \lambda \cdot \omega_P^2 \rightarrow \max!$ bzw.

(1b) $ZF = \mathbf{w}_P^{\mathbf{T}}\boldsymbol{\alpha} - \lambda(\mathbf{w}_P^{\mathbf{T}}\mathbf{V}\mathbf{w}_P - (\mathbf{w}_P^{\mathbf{T}}\boldsymbol{\beta})^2 \cdot \mathbf{w}_B^{\mathbf{T}}\mathbf{V}\mathbf{w}_B) \rightarrow \max!$

oder wenn $\beta_P = 1$ bzw. $\beta_{AP} = 0$

(1c) $ZF = \mathbf{w}_P^{\mathbf{T}}\boldsymbol{\alpha} - \lambda(\mathbf{w}_A^{\mathbf{T}}\mathbf{V}\mathbf{w}_A).$

Zentrale Nebenbedingungen sind:

(2a) $\sum_{i=1}^{N} w_{Pi} = 1$ bzw. $\sum_{i=1}^{N} w_{APi} = 0$ entsprechend

(2b) $\mathbf{1}^{\mathbf{T}}\mathbf{w}_P = 1$ bzw. $\mathbf{1}^{\mathbf{T}}\mathbf{w}_{AP} = 0.$

Ferner gelten die Timingrestriktion und das Leerverkaufsverbot:

(3) $\beta_P = 1 \Leftrightarrow \beta_{AP} = 0$ (kein Timing)

(4) $w_{Pi} \geq 0$ für alle $i = 1, ..., N$ (keine Leerverkäufe).

Der Optimierungsansatz als Excel-Tabelle stellt sich im Ausgangszustand gemäß Abb. 3.5.6.-5. dar:

	W	X	Y	Z	AA	AB
62	Portfoliogewichte:					
63	Markt	Gewicht (**w**)	Minimal	Maximal	Benchmarkgewichte	aktive Gewichte
64	Total Fina Elf	0,1000	0,0500	0,4000	0,0000	0,1000
65	BCO Santander	0,1500	0,0500	0,4000	0,0000	0,1500
66	Telecom Italia	0,1000	0,0500	0,4000	0,0000	0,1000
67	SIEMENS	0,1500	0,0500	0,4000	0,0000	0,1500
68	Ass. Generali	0,1000	0,0500	0,4000	0,0000	0,1000
69	E.ON	0,1500	0,0500	0,4000	0,0000	0,1500
70	Sanofi	0,1000	0,0500	0,4000	0,0000	0,1000
71	Danone	0,1500	0,0500	0,4000	0,0000	0,1500
72	DJ Euro Stoxx 50	0,0000			1,0000	-1,0000
73	Summe:	1,0000			1,0000	0,0000
74	Beta:	0,84697			1,00000	-0,15303
75	Alpha:	0,00438			0,00000	0,00438
76	Varianzen:	0,0025042			0,0027681	0,0005834
77	rVar:	0,0005185				
78						
79	α(P):	0,00438				
80	rVar(P):	0,00052				
81	rStdAbw(P)	0,02277				
82	Lambda λ:	1,73493				
83	Zielfunktionswert:	0,00348				
84	Budgetrestriktion:	1,00000				
85	Timingrestriktion:	-0,15303				

Abb. 3.5.6.-5.: Der Optimierungsansatz als Excel-Tabelle

Der Wert für den Risikoaversionsparameter λ wurde gemäß Formel (8) in Kap. 2.1.2.4. aus der Benchmark bestimmt. Es ergibt sich daher im Vergleich zur Berechnung in Kap. 2.3.3.3.7. (aufgrund der anderen Benchmark) ein anderer Wert:

$$\lambda = \frac{0{,}01288 - 0{,}00327}{2 \cdot 0{,}05261^2} \approx 1{,}73493 .$$

Da bei der relativen Optimierung hier die Timingkomponente bewusst ausgeschlossen wird, also $\beta_P = \beta_B = 1 \Leftrightarrow \beta_{AP} = 0$ explizit gefordert wird, sind aktives Risiko und residuales Risiko, welches das „Selektionsrisiko" widerspiegelt, (nach der Optimierung und bei Einhaltung dieser Nebenbedingung) identisch ($\psi_P^2 = \omega_P^2$).

Die Optimierung wird unter Verwendung des Solvers in gewohnter Weise durchgeführt. Änderbare Parameter sind nur die ersten acht Gewichte in *P*, das neunte Gewicht in *P* (DOW JONES EURO STOXX 50) ist fest auf null fixiert und nicht Gegenstand der Optimierung. Dieses Prinzip gilt immer für alle Gewichte in *P*, die explizit auf null gesetzt und fixiert wurden, weil die zugehörigen Anlagen nicht Elemente des Anlageuniversums von *P* sind. Das Ergebnis der relativen Optimierung ist Abb. 3.5.6.-6. zu entnehmen.

	W	X	Y	Z	AA	AB
62	Portfoliogewichte:					
63	Markt	Gewicht (**w**)	Minimal	Maximal	Benchmarkgewichte	aktive Gewichte
64	Total Fina Elf	0,0500	0,0500	0,4000	0,0000	0,0500
65	BCO Santander	0,1564	0,0500	0,4000	0,0000	0,1564
66	Telecom Italia	0,4000	0,0500	0,4000	0,0000	0,4000
67	SIEMENS	0,1036	0,0500	0,4000	0,0000	0,1036
68	Ass. Generali	0,0500	0,0500	0,4000	0,0000	0,0500
69	E.ON	0,0500	0,0500	0,4000	0,0000	0,0500
70	Sanofi	0,1400	0,0500	0,4000	0,0000	0,1400
71	Danone	0,0500	0,0500	0,4000	0,0000	0,0500
72	DJ Euro Stoxx 50	0,0000			1,0000	-1,0000
73	Summe:	1,0000			1,0000	0,0000
74	Beta:	1,00000			1,00000	0,00000
75	Alpha:	0,00772			0,00000	0,00772
76	Varianzen:	0,0040560			0,0027681	0,0012879
77	rVar:	0,0012879				
78						
79	α(P):	0,00772				
80	rVar(P):	0,00129				
81	rStdAbw(P)	0,03589				
82	Lambda λ:	1,73493				
83	Zielfunktionswert:	0,00549				
84	Budgetrestriktion:	1,00000				
85	Timingrestriktion:	0,00000				

Abb. 3.5.6.-6.: Ergebnis der relativen Optimierung mit Einzeltiteln

Das hier vorgestellte Konzept der relativen Optimierung unter „Angleichung" der Anlageuniversen wurde aus Übersichtsgründen nur mit acht Einzeltiteln durchgeführt. Selbstverständlich ist das Konzept auch unter Berücksichtigung einer größeren Anzahl von Assets anwendbar. Je nach Konstruktion der Benchmark, beispielsweise einer Kombination aus Aktienindices verschiedener Länder, kann eine Optimierung mit mehreren hundert Einzeltiteln erforderlich sein.

3.6. Zusammenfassung

- Die relative Optimierung ist ein weiterer Ansatz des aktiven Portfoliomanagements zur Realisierung der Asset Allocation. Der Einsatz der relativen Optimierung kann mit der Trennung der Ergebnisverantwortlichkeit beim Portfoliomanagement und durch die Trennung strategischer und taktischer Anlageentscheidungen motiviert werden.

- Zentraler Ausgangspunkt der relativen Optimierung ist die Annahme eines linearen Renditegenerierungsprozesses. Dadurch wird die Rendite jedes einzelnen Assets für jeden Zeitpunkt linear durch einen exogenen Einflussfaktor, hier durch das Benchmarkportfolio, erklärt. So gelingt es, die Portfoliorendite sowie auch das

Portfoliorisiko in zwei Komponenten zu trennen. Ein Teil wird durch die Benchmark bestimmt und der andere Teil durch das jeweilige Portfolio (bzw. Asset). Die hauptsächliche Handlungsmöglichkeit des Portfoliomanagements besteht in der gezielten Auswahl von Titeln (Selektion).

- Die relative Optimierung zeichnet sich im Gegensatz zur absoluten Optimierung durch den Bezug zur Benchmark aus, ohne jedoch zum passiven Portfoliomanagement zu zählen. Die Abweichung der Assetgewichte im Portfolio zu den jeweiligen Assetgewichten in der Benchmark wird als aktive Position bezeichnet.

- Unter Annahme des linearen Renditegenerierungsprozesses ist es möglich, die ursprüngliche Zielfunktion der absoluten Optimierung in vier „Rendite-Risiko-Paare" aufzuteilen, die jeweils auf eine gemeinsame Quelle zurückzuführen sind. Es handelt sich um den Benchmarkbeitrag, den aus der grundlegenden Risikoeinstellung resultierenden Beitrag, den Timing- und den Selektions-Beitrag.

- Der Benchmarkbeitrag kann bei der relativen Optimierung vernachlässigt werden, da er nicht durch das aktive Management zu beeinflussen ist. Der aus der grundlegenden Risikoeinstellung des Anlegers resultierende Beitrag kann ebenfalls nicht durch das aktive Management beeinflusst werden und ist auch nicht zu berücksichtigen. Konsequenterweise wird dieser Beitrag, unter der Annahme, dass der Risikoaversionsparameter aus dem Benchmarkportfolio abgeleitet ist, (nahezu) null. Sinnvoll gehen also nur der Timing- und der Selektionsbeitrag in die Zielfunktion für die relative Optimierung ein.

- Die Timing- sowie die Selektionskomponente repräsentieren bei der relativen Optimierung genau das aktive Portfoliomanagement und dessen Handlungsspielraum.

- Die Frage danach, ob man Timing oder Selektion oder beides im aktiven Management implementieren soll, kann mit dem Konzept des fundamentalen Gesetzes des aktiven Managements nach GRINOLD/KAHN (2000) beantwortet werden. Sie empfehlen, auf ein Timing zu verzichten.

Literaturhinweise

Die Betrachtungen zur relativen Optimierung orientieren sich grundsätzlich an den Ausführungen von GRINOLD/KAHN (2000). Hier findet sich eine umfassende Aufarbeitung dieser Thematik.

Als deutschsprachiges Pendant zu dem Standardwerk von GRINOLD/KAHN (2000) kann das Buch von SCHLENGER (1998) angesehen werden.

Ausführungen zu den Grundlagen von Renditegenerierungsprozessen und die Darstellung verschiedener Renditegenerierungsprozesse finden sich bei PODDIG (1999), wobei der Schwerpunkt des Buches auf dem Einsatz quantitativer Verfahren zur Kursprognose liegt.

A3.1. Absolute und überschüssige Rendite

Eine weitere Unterscheidung der Renditen ist für das Portfoliomanagement bzw. die Portfoliooptimierung von großer Bedeutung. Man unterscheidet zwischen einer *absoluten* und einer *überschüssigen* Rendite (auch *Überschussrendite* oder „*excess return*" genannt). Noch vor der Durchführung der Finanzanalyse oder der Portfoliooptimierung muss der Analyst bzw. der Portfoliomanager die zu verwendende Renditeart klar definieren und später konsistent anwenden.

Unter einer absoluten Rendite versteht man die totale, relative Wertänderung r_{it} eines Assets. Sie kann direkt aus den Preisen eines Assets (z.B. aus der Kurs- oder Indexreihe eines Finanztitels) berechnet werden (vgl. Kap. 1.5.1.1. Formel (1) und 1.5.1.2. Formel (1)). Der Begriff „absolut" mag dabei missverständlich gewählt sein, denn wie aus den Berechnungsformeln ersichtlich ist, wird hier kein Absolutbetrag einer Wertänderung, sondern die totale Wertänderung berechnet. Obwohl der Begriff der *totalen* Rendite sinnvoller wäre, soll trotzdem hier der in Literatur und Praxis eingeführte Begriff der absoluten Rendite beibehalten werden. Die absolute Rendite wird in Gleichung (1), welche ein typisches Single-Index-Modell darstellt, in Relation zu der absoluten (totalen) Rendite des Marktindex gesetzt:

(1) $r_{it} = \alpha_i + \beta_i r_{Mt} + \varepsilon_{it}$ für $i = 1, ..., N$

mit r_{it}: absolute (totale) Rendite des i-ten Assets zum Zeitpunkt t
α_i: Eigenrendite des i-ten Assets
r_{Mt}: absolute (totale) Rendite des Marktindex zum Zeitpunkt t
β_i: Abhängigkeit der allgemeinen Entwicklung der Rendite des i-ten Assets von der Rendite des Marktindex (*Beta-Faktor*)
ε_{it}: zufälliger Störeinfluss, auch als *Residualrendite* bezeichnet.

In der Portfoliooptimierung geht man zumeist von der Verwendung einer absoluten (totalen) Rendite aus. Manchmal wird dies explizit durch den Begriff der *absoluten Optimierung* ausgedrückt. Oftmals wird aber diese explizite Bezeichnung des Optimierungsmodus (absolute Optimierung) nicht gesondert ausgewiesen und einfach nur von Optimierung gesprochen.

Die *Überschussrendite* eines Assets bezeichnet die Differenz der totalen, relativen Wertänderung zum risikofreien Zinssatz. Renditegenerierungsprozesse, z.B. nach dem Single-Index-Modell, lassen sich alternativ auch auf Basis von Überschussrenditen beschreiben. Eine neue Formulierung von Gleichung (1) unter Verwendung der Überschussrendite führt zu einem gänzlich anderem Ansatz. In Abwandlung des vorgehenden Beispiels würde die überschüssige Aktienrendite in dem Renditegenerierungsprozess nach Gleichung (1) nicht zu der absoluten (totalen) Rendite des Marktindex in Abhängigkeit gestellt, sondern in Relation zu dem um den risikofreien Zinssatz korrigierten Marktindex:

(2) $(r_{it} - r_F) = \alpha_i + \beta_i \cdot (r_{Mt} - r_F) + \varepsilon_{it}$ für $i = 1, ..., N$

mit r_F: risikofreier Zinssatz.

Dabei ist es allerdings nicht unerheblich, auf welcher Basis der Renditegenerierungsprozess formuliert wird, wie kurz gezeigt werden soll. Die Formel (2) lässt sich zu Gleichung (3a) bzw. (3b) umformen:

(3a) $r_{it} = \alpha_i + \beta_i \cdot r_{Mt} - \beta_i \cdot r_F + \varepsilon_{it} + r_F$

(3b) $r_{it} = \alpha_i + \beta_i \cdot r_{Mt} + (1 - \beta_i) \cdot r_F + \varepsilon_{it}$.

Definiert man

(4) $\quad \alpha^{*} = \alpha_i + (1 - \beta_i) \cdot r_F$

lässt sich der nach Formel (2) formulierte Renditegenerierungsprozess nach Gleichung (5) schreiben:

(5) $\quad r_{it} = \alpha_i^{*} + \beta_i \cdot r_{Mt} + \varepsilon_{it}$.

Die Renditegenerierungsprozesse auf Basis der absoluten (totalen) und überschüssigen Renditen unterscheiden sich also nur im Alpha. Für einfache historisch basierte Beta-Schätzungen, z.B. mit einer univariaten Regressionsanalyse, ist es also egal, ob die Schätzung auf Basis von absoluten oder überschüssigen Renditen erfolgt. Jedoch werden die Alpha-Schätzungen unterschiedlich ausfallen. Werden die Alpha-Schätzungen mit anderen Verfahren gewonnen, so ist sicher zu stellen, dass sie sich auf den jeweils verwendeten Renditegenerierungsprozess beziehen. Die Alpha-Schätzungen lassen sich aber nach Gleichung (4) ineinander umrechnen, d.h., eine α-Schätzung kann in eine α^{*}-Schätzung überführt werden und umgekehrt. Insofern ist die Wahl der betrachteten Renditeart (absolute Rendite oder Überschussrendite) eigentlich unerheblich, soweit im weiteren Verlauf von Finanzanalyse und Portfoliooptimierung auf die konsistente Verwendung geachtet und ggf. erforderliche Umrechnungen vorgenommen werden.

Die betrachtete relative Optimierung ist nicht zwangsläufig an die Verwendung von Überschussrenditen gekoppelt. Die theoretischen Grundlagen in den Kap. 3.2. und 3.3. könnten genauso unter Verwendung absoluter Renditen entwickelt werden, wobei dann für die spätere relative Optimierung entsprechend dazu konsistente Alpha-Prognosen verwendet werden müssen.

GRINOLD/KAHN begründen die Formulierung des Renditegenerierungsprozesses nach Gleichung (1) in Kap. 3.3. auf Basis von Überschussrenditen mit der größeren Flexibilität. Würde man nämlich für die risikofreie Anlage z.B. einfach $r_F = 0$ setzen (z.B. bei Bargeldhaltung), wäre der Renditegenerierungsprozess nach Gleichung (2) identisch mit dem nach Gleichung (1). Der Renditegenerierungsprozess auf Basis der absoluten Renditen (Gleichung (1)) wäre demnach also eine Art „Spezialfall" des Renditegenerierungsprozesses auf Basis der Überschussrenditen nach Gleichung (2). Jedoch wird bei diesem Vorgehen die risikofreie Verzinsung implizit in die Assetrenditen einbezogen und nicht mehr explizit ausgewiesen.

Insgesamt ist die Entscheidung für die Verwendung der jeweiligen Renditeart wahlfrei und von dem Verwendungszweck abhängig zu gestalten. In der Literatur werden beim Standard-Markowitz-Tobin-Modell (Kap. 2.), beim Index Tracking (Kap. 4.) oder bei den alternativen Portfolioplanungsmodellen (Kap. 5.) überwiegend absolute Renditen und ein explizit ausgewiesener risikofreier Zinssatz betrachtet, während die relative Optimierung überwiegend unter Verwendung der Überschussrendite dargestellt wird. Hier wird jeweils der überwiegenden Darstellung in der Literatur gefolgt, wobei sich aber die Vorgehensweisen im Extremfall sogar jeweils umkehren ließen.

A3.2. Bestimmung des aktiven Risikos

Ausgangspunkt ist Formel (4) in Kap. 3.4.2.:

(1) $$\psi_P^2 = \sigma_{AP}^2 .$$

Das aktive Risiko ist definiert als (vgl. Formel (2) in Kap. 3.4.2.):

(2) $$\sigma_{AP}^2 = \mathbf{w}_A^{\mathbf{T}} \mathbf{V} \mathbf{w}_A .$$

Mit Formel (1) aus Kap. 3.4.2. ($w_A = w_P - w_B$) ergibt sich:

(3) $$\psi_P^2 = (\mathbf{w}_P - \mathbf{w}_B)^{\mathbf{T}} \cdot \mathbf{V} \cdot (\mathbf{w}_P - \mathbf{w}_B) .$$

Durch Umformung ergibt sich:

(4) $$\psi_P^2 = \mathbf{w}_P^{\mathbf{T}} \cdot \mathbf{V} \cdot \mathbf{w}_P - \mathbf{w}_P^{\mathbf{T}} \cdot \mathbf{V} \cdot \mathbf{w}_B - \mathbf{w}_B^{\mathbf{T}} \cdot \mathbf{V} \cdot \mathbf{w}_P + \mathbf{w}_B^{\mathbf{T}} \cdot \mathbf{V} \cdot \mathbf{w}_B .$$

Da für einen Zufallsvektor **x** die Beziehung Var (**x**) = Cov (**x**,**x**) gilt,[167] folgt:

(4a) $$\mathbf{w}_P^{\mathbf{T}} \cdot \mathrm{Var}(\mathbf{r}) \cdot \mathbf{w}_B = \mathbf{w}_P^{\mathbf{T}} \cdot \mathrm{Cov}(\mathbf{r},\mathbf{r}) \cdot \mathbf{w}_B$$

(4b) $$\mathbf{w}_B^{\mathbf{T}} \cdot \mathrm{Var}(\mathbf{r}) \cdot \mathbf{w}_P = \mathbf{w}_B^{\mathbf{T}} \cdot \mathrm{Cov}(\mathbf{r},\mathbf{r}) \cdot \mathbf{w}_P .$$

Ferner gilt für zwei Zufallsvektoren **x** und **y** und zwei beliebigen Matrizen **A** und **C** die Beziehung $\mathbf{A} \cdot \mathrm{Cov}(\mathbf{x},\mathbf{y}) \cdot \mathbf{C}^{\mathbf{T}} = \mathrm{Cov}(\mathbf{A} \cdot \mathbf{x}, \mathbf{C} \cdot \mathbf{y})$.[168] Somit ergibt sich:

---

167 Vgl. Pruscha (1996), S. 17.

168 Vgl. Pruscha (1996), S. 17.

(4c) $\mathbf{w}_P^{\mathbf{T}} \cdot \mathrm{Cov}(\mathbf{r},\mathbf{r}) \cdot \mathbf{w}_B = \mathrm{Cov}(\mathbf{w}_P^{\mathbf{T}}\mathbf{r}, \mathbf{w}_B^{\mathbf{T}}\mathbf{r}) = \mathrm{Cov}(r_P, r_B)$

(4d) $\mathbf{w}_B^{\mathbf{T}} \cdot \mathrm{Cov}(\mathbf{r},\mathbf{r}) \cdot \mathbf{w}_P = \mathrm{Cov}(\mathbf{w}_B^{\mathbf{T}}\mathbf{r}, \mathbf{w}_P^{\mathbf{T}}\mathbf{r}) = \mathrm{Cov}(r_B, r_P)$.

Da für die Kovarianz zweier Zufallsvariablen Cov (X,Y) = Cov (Y,X)[169] gilt, lässt sich (4) umformulieren zu:

(5) $\psi_P^2 = \sigma_P^2 - 2\sigma_{P,B} + \sigma_B^2$.

Unter Beachtung von Formel (4) aus Kap. 3.4.1. ($\sigma_P^2 = \beta_P^2\sigma_B^2 + \sigma_{\varepsilon P}^2$) und Formel (8) aus Kap. 3.3. ($\sigma_{ij} = \beta_i\beta_j\sigma_B^2$) sowie der Tatsache, dass $\beta_B = 1$, lässt sich dies umformulieren zu:

(6) $\psi_P^2 = \beta_P^2\sigma_B^2 + \sigma_{\varepsilon P}^2 - 2\,\beta_P\,\beta_B\,\sigma_B^2 + \beta_B^2\,\sigma_B^2$.

Dies kann zusammengefasst werden zu:

(7) $\psi_P^2 = (\beta_P^2 - 2\beta_P\beta_B + \beta_B^2)\sigma_B^2 + \sigma_{\varepsilon P}^2$.

Damit ergibt sich:

(8) $\psi_P^2 = (\beta_P - \beta_B)^2 \cdot \sigma_B^2 + \sigma_{\varepsilon P}^2$.

Dies ist, unter Beachtung von Formel (1) aus Kap. 3.4.3. ($\beta_{AP} = \beta_P - \beta_B$), gleichbedeutend mit (vgl. Formel (2) in Kap. 3.4.3.):

(9) $\psi_P^2 = \beta_{AP}^2\sigma_B^2 + \omega_P^2$.

169 Vgl. Poddig/Dichtl/Petersmeier (2003), S. 54.

4. Index Tracking

Das vorliegende Kapitel beschäftigt sich mit dem Index Tracking, worunter man die (möglichst kostengünstige und genaue) Replikation eines in seiner Wertentwicklung zu verfolgenden Target Portfolios (z.B. das Benchmarkportfolio oder ein Kapitalmarktindex) versteht. In die grundsätzliche Problematik wird in Kap. 4.1. eingeführt. Verschiedene Ansätze zum Index Tracking werden dann auf theoretischer Ebene in Kap. 4.2. behandelt. Dort zeigt insbesondere Kap. 4.2.2.1., wie leicht verfahrenstechnisch der Übergang von der relativen Optimierung zum Index Tracking vollzogen werden kann, obgleich beide Ansätze inhaltlich völlig konträr zueinander stehen. Kap. 4.3. demonstriert anhand einer durchgehenden Fallstudie, wie die theoretischen Verfahren mithilfe von Excel praktisch umgesetzt werden können.

Ziel dieses Kapitels ist es, in eine andere Sichtweise des Portfoliomanagements einzuführen und damit in Zusammenhang stehende methodische Fragestellungen theoretisch und praktisch aufzuarbeiten. Daneben soll aber auch der mitunter anzutreffende Irrtum behandelt werden, dass ein passives Portfoliomanagement die Prognoseprob lematik (von Renditen und Risiken) vermeidet. Wie zu zeigen sein wird, trifft dies leider auch beim Index Tracking nicht zu. Unter gewissen Voraussetzungen ist die Bedeutung der Prognoseproblematik hier geringer als beim aktiven Management, prinzipiell vermeiden lässt sie sich aber nicht.

Arbeitshinweise: Nachdem die Kap. 1. bis 3. vorrangig Fragen des aktiven Portfoliomanagements gewidmet waren, geht es hier um methodische Fragestellungen, die vorrangig beim passiven Portfoliomanagement relevant sind. Die grundlegende Einführung in Kap. 4.1. sollte von jedem Leser bearbeitet werden. Bei eingeschränktem Zeitbudget ist die Bearbeitung bis Kap. 4.2.2. einschließlich notwendig, um ein erstes theoretisches Verständnis zu erlangen und anhand einer kleinen Fallstudie die konkrete Umsetzung zu sehen. Die theoretischen Betrachtungen werden mit weiteren Verfahren in Kap. 4.2.3. bis 4.2.5. vertieft. Die praktische Umsetzung in Kap. 4.3. ist für das Verständnis auf jeden Fall hilfreich, aber nicht zentral. Bei geringem Zeitbudget ist eventuell die Betrachtung der Kap. 4.3.1. und 4.3.2. als Fortführung von Kap. 4.2.2. sinnvoll. Im Allgemeinen ist aber die Bearbeitung des gesamten Kapitels zu empfehlen, da hier eine andere Sichtweise innerhalb des Portfoliomanagements behandelt wird. Ebenso werden einige im Zusammenhang mit dem Index Tracking verbreitete Irrtümer angesprochen.[170]

4.1. Begriff und Anwendungen

Unter dem Begriff „Index Tracking" wird die Nachbildung eines vorgegebenen Zielportfolios (*Target Portfolio*) durch ein tatsächlich zu haltendes bzw. zu realisierendes Portfolio (*Tracking Portfolio*) verstanden. Das Target Portfolio kann dabei das Benchmarkportfolio sein, welches als Ergebnis der Anlegeranalyse (vgl. Kap. 1.2.1. und Kap. 1.3.) resultiert. Oftmals handelt es sich aber um einen Marktindex für einen speziellen Wertpapiermarkt, z.B. für einen bestimmten nationalen oder regionalen Aktien- oder Rentenmarkt. Andere Markttypen, wie z.B. ein Markt für derivative Finanztitel oder gar Realgüter wie Immobilien, sind dabei prinzipiell ebenso denkbar.[171] Im Zuge des Index Tracking geht es nun um die möglichst genaue Replikation (Nachbildung) des Target Portfolios. Es ist eine geeignete Konstruktion des Tracking Portfolios gesucht, welche mit seiner Wertentwicklung möglichst exakt derjenigen des Target Portfolios gleichen soll. Die Differenz zwischen der Wertentwicklung des Target Portfolios und derjenigen des Tracking Portfolios, der *Tracking Error*[172], soll dabei minimal und im Idealfall null sein.

Verschiedene Gründe lassen ein Index Tracking sinnvoll erscheinen. Grundsätzlich können Gründe unterschieden werden, die (i) eher im Bereich der Anlagephilosophie und grundsätzlichen Einstellung des (Portfolio-) Managements liegen oder aus speziellen Handelsstrategien resultieren und (ii) solche, die eher „technischen" Charakter haben (wobei sich beide Arten von Gründen nicht gegenseitig ausschließen müssen). Hinsichtlich der ersten Gruppe wurde zum einen bereits in Kap. 1.3. und Kap. 2.2.1. auf die zentrale Unterscheidung in aktives und passives Portfoliomanagement

---

170 Das Begleit- und Fallstudienmaterial zu diesem Buch findet sich unter der Internet-Adresse des Lehrstuhls: www.fiwi.uni-bremen.de.

171 Wagner (2002), S. 814, benutzt dagegen den Begriff „Tracking" für die Nachbildung eines vorgegebenen Benchmarkportfolios und spricht erst dann von „Index Tracking", wenn es sich bei jenem um einen Marktindex handelt. Diese feine begriffliche Differenzierung ist aber im allgemeinen Sprachgebrauch eher seltener anzutreffen, sodass hier „Index Tracking" im o.g. Sinne (also als übergeordneter Begriff) verwendet wird.

172 Die exakte Definition des Begriffs „Tracking Error" wird später noch vorgenommen, wobei auch deutlich werden wird, dass es „den" Begriff des „Tracking Errors" nicht gibt, sondern dieser immer zweckentsprechend festgelegt werden sollte. Für Zwecke einer ersten Einführung in diese Thematik ist die gerade gegebene, eher „intuitiv" gehaltene Definition ausreichend.

hingewiesen. Dem Vorgehen in den Kap. 2. und 3. liegen die zentrale Auffassung (informations-) ineffizienter Kapitalmärkte und der Glaube an die eigenen, tendenziell überlegenen Prognosefähigkeiten zugrunde. Das Portfoliomanagement ist überzeugt, Prognosen über die zukünftige Marktentwicklung in einer Güte bereitstellen zu können, dass die aus deren Umsetzung resultierende systematische Extrarendite des (aktiven) Portfolios die Kosten der Informationsbeschaffung, -auswertung und des aktiven Managements übersteigt. Dabei müssen die eigenen Prognosefähigkeiten nicht „überragend" sein; ein aktives Management ist immer dann sinnvoll und gerechtfertigt, wenn die dabei erzielbare (risikoadjustierte[173]) Extrarendite die Extrakosten überkompensiert. Umgekehrt ist ein aktives Portfoliomanagement dann nicht zu rechtfertigen, wenn diese Bedingung nicht erfüllt werden kann. Reichen die eigenen Prognosefähigkeiten nicht aus oder erweist sich der gesamte Prozess des aktiven Portfoliomanagements als zu kostenintensiv (relativ zu den erzielbaren Extrarenditen), so ist davon konsequenterweise Abstand zu nehmen. Folgerichtig kann es in diesem Fall nur noch darum gehen, das aus der Anlegeranalyse vorgegebene Benchmarkportfolio möglichst kostengünstig zu implementieren.

Zum anderen können spezielle Handelstrategien die Replikation eines Index erfordern. Beispielsweise sei hier auf den Handel oder die Emission von Indexprodukten und –derivaten hingewiesen. Ebenso basieren bestimmte Arbitragestrategien auf Indexportfolios.[174]

Die „technischen" Gründe für ein Index Tracking können sehr vielfältig sein und natürlich auch im Zusammenhang mit der bewussten Entscheidung für ein passives Management oder bei Verwendung spezieller Handelsstrategien auftreten. Diese lassen sich im Wesentlichen auf zwei zentrale Ursachen reduzieren, nämlich dass der Erwerb des Target Portfolios oder Teilen davon (i) unmöglich bzw. unzulässig oder aber (ii) zu teuer ist. So kann z.B. als Target Portfolio ein sog. synthetischer (Kapitalmarkt-) Index vorgegeben sein, welcher ein nichtkäufliches, fiktives (Wertpapier-) Portfolio darstellt. Synthetische Indices finden sich sehr häufig bei Rentenmärkten. Ein anderer Grund, warum bestimmte Assets des Target Portfolios nicht oder nicht in dem benö-

---

173 Eine systematische Extrarendite gegenüber einer Benchmark zu erzielen, ist prinzipiell einfach dadurch möglich, indem ein höheres Portfolio-Beta als eins (bzw. ein aktives Portfolio-Beta größer null) gewählt wird. Diese stellt aber nur das Entgelt für die übernommenen, höheren systematischen Risiken dar. Insofern ist die relevante Fragestellung, ob die Erzielung einer systematischen Extrarendite unter Bereinigung dieses Effektes gelingt.

174 Vgl. dazu auch Wagner (2002), S. 815.

tigten Umfang erworben werden können, besteht in rechtlichen, statutarischen oder anlagekonzeptionellen Beschränkungen. Beispielsweise unterliegen manche institutionelle Anleger, wie z.B. Kapitalanlagegesellschaften, rechtlichen oder satzungsmäßigen Beschränkungen, die u.a. gewisse Höchstgrenzen für Anteilsgewichte vorschreiben (vgl. z.B. § 8a Abs. 1 KAGG, welcher die Gewichtsobergrenze für ein einzelnes Asset bei 10% festlegt) oder aber den Erwerb ganzer Assetgruppen ganz oder teilweise (z.B. derivative Finanztitel, wie Futures und Optionen) ausschließen. Bei der internationalen Asset Allocation können in diesem Zusammenhang ggf. auch Kapitalverkehrsbeschränkungen eine Rolle spielen, wenn etwa der Erwerb bestimmter Assets in einem Land (z.B. von Anteilen an Unternehmen, die im besonderen „nationalen" Interesse stehen) für Ausländer verboten oder aus anderen Gründen praktisch unmöglich ist.

Eine andere „technische" Ursache kann insbesondere im Zusammenhang mit sog. *Customized Benchmarks* relevant werden, wenn diese z.B. aus mehreren Kapitalmarktindices zusammengesetzt sind. Wollte man eine derartige Customized Benchmark exakt am Markt kaufen, würden dafür eventuell viele Hunderte von Assets zu erwerben sein, oftmals zu kleinsten Anteilen am Portfolio. Weiterhin sind in der Realität Assets unteilbar, sodass bei einer Nachbildung durch tatsächlichen Kauf relativ hohe Anlagebeträge benötigt werden, um annähernd genau die Gewichtungen des Target Portfolios zu erreichen. Auch können die dabei entstehenden Transaktionskosten unvertretbare Ausmaße annehmen. Erschwerend könnte die Customized Benchmark sogar synthetische Indices als einzelne Komponenten enthalten, was deren tatsächlichen Erwerb ohnehin unmöglich gestalten würde. Aber selbst im Falle der Nachbildung eines Target Portfolios, welches aus einem mit real erwerbbaren Assets zusammengesetzten Index besteht (also nicht einmal eine komplexe Customized Benchmark), könnten die entstehenden Transaktionskosten inakzeptabel hoch sein. Zusammengefasst kann sich also der reale Erwerb des Target Portfolios dadurch verbieten, dass die dafür benötigten Assets gar nicht oder nicht im benötigten Umfang erwerbbar sind bzw. dem Management nicht zu Verfügung stehen oder aber die Transaktionskosten bei realem Erwerb einfach zu hoch sind.

Schließlich ist noch an die Revision des Tracking Portfolios als technische Ursache zu denken. Solange das Target Portfolio nicht exakt nachgebildet wird, sind Abweichungen in der Wertentwicklung von Target und Tracking Portfolio unvermeidbar. Die laufende Wertentwicklung beider Portfolios ist nicht nur laufend zu überwachen, sondern es sind auch ggf. notwendige Anpassungen am Tracking Portfolio vorzunehmen. Je weniger Assets nun das Tracking Portfolio enthält, umso tendenziell einfacher und kostengünstiger ist die laufende Überwachung und Anpassung. Dem steht aber möglicherweise eine höhere „Ungenauigkeit“ bei der Verfolgung der Wertentwicklung im Target Portfolio gegenüber.

Die Anwendung des Index Tracking geht weit über die Replikation des Benchmarkportfolios im Zuge eines passiven Portfoliomanagements hinaus. Im Rahmen einer sog. semiaktiven Portfoliomanagementstrategie könnte z.B. der Ansatz verfolgt werden, die aktive Gestaltung des Portfolios auf der Ebene der strategischen Asset Allocation vorzunehmen (z.B. aktive Festlegung der Ländergewichte im aktiven Portfolio), während auf unteren Ebenen (taktische Asset Allocation) nur noch ein repräsentativer (Teil-) Marktindex (z.B. in Bezug auf einen nationalen Markt oder Teilmarkt) repliziert wird.[175] Die Kombination von aktiver und passiver Strategie kann auch auf den einzelnen Ebenen gemischt erfolgen, etwa nach Einschätzung der eigenen Fähigkeiten. Im Zuge der rangniederen Asset Allocation (z.B. auf der Ebene einzelner nationaler Märkte) könnte die Überzeugung bestehen, den Markt der Eurozone besonders gut zu beherrschen, während keine eigene Expertise für etwa den japanischen Markt angenommen wird. Bei der (Teil-) Allokation für den Markt der Eurozone könnten dann die Verfahren der Kap. 2. oder 3. Anwendung finden, während für den japanischen Markt ein geeignetes Tracking Portfolio ermittelt würde. Die Anwendung des Index Tracking könnte aber auch durch ganz spezielle Anlagestrategien notwendig werden, z.B. bei Arbitragestrategien, die auf dem Handel (z.B. von Indexfutures) oder Emission von Indexprodukten (z.B. Indexzertifikate oder Indexanleihen) basieren.

Die Anwendung von Tracking Portfolios soll hier allerdings nicht im Zentrum der Betrachtungen stehen. Vielmehr konzentrieren sich die folgenden Darstellungen auf die Frage nach der geeigneten Konstruktion von Tracking Portfolios.

4.2. Konstruktion von Tracking Portfolios

4.2.1. Überblick

Zur Nachbildung eines Target Portfolios (Benchmarkportfolio, Marktindex o.Ä.) existieren vielfältige Möglichkeiten. Wie im vorhergehenden Kapitel bereits implizit angesprochen, besteht die unmittelbar nahe liegende Variante in der effektiven Nachbildung (auch *Full Replication* genannt). Dabei werden alle im nachzubildenden Target Portfolio enthaltenen Assets mit ihrer dort zugrunde gelegten Gewichtung in das

---

175 Zur Asset Allocation allgemein vgl. auch Kap. 1.2.4.

Tracking Portfolio aufgenommen. Dieser Ansatz führt per Konstruktion zur exakten Replikation des Target Portfolios und damit zwangsläufig zu einem Tracking Error von null, ist aber in der Praxis nur selten anwendbar; die Gründe dafür wurden bereits behandelt und sollen hier nicht weiter vertieft werden. Als Folge resultiert die Notwendigkeit zu einer approximativen Nachbildung (*Sampling*). Bei der approximativen Nachbildung lassen sich wiederum verschiedene Ansätze unterscheiden. Eine erste Orientierung bezüglich der Ansätze zum Index Tracking vermittelt Abb. 4.2.1.-1.[176]

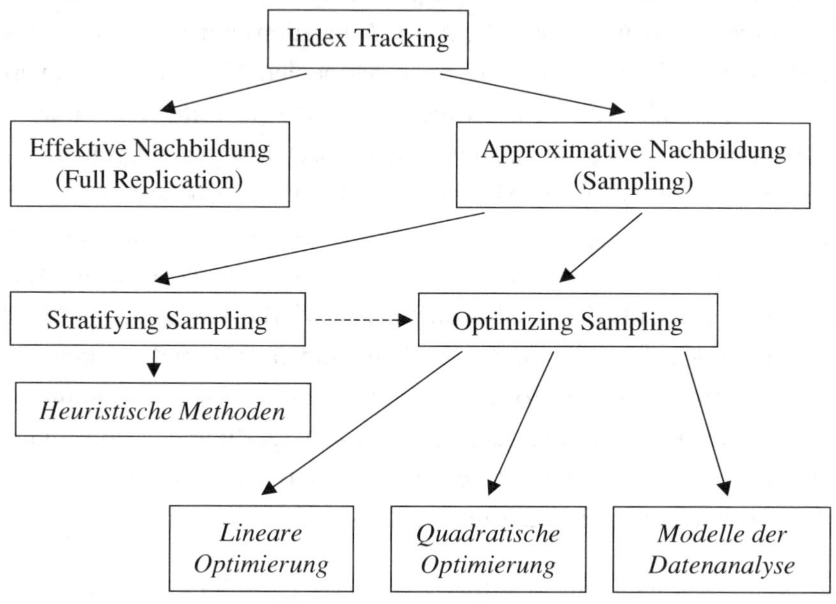

Abb. 4.2.1.-1.: Ansätze zum Index Tracking

Die folgenden Betrachtungen konzentrieren sich aus den in Kap. 4.1. genannten Gründen ausschließlich auf die Verfahren der approximativen Nachbildung (Sampling). Hier weicht das Tracking Portfolio in seiner Zusammensetzung zwar (mitunter deutlich) von dem Target Portfolio ab, soll dieses aber in seiner Wertentwicklung möglichst exakt verfolgen („*tracking*"), also einen minimalen Tracking Error besitzen (welcher im Idealfall sogar null ist). Die grundlegenden Verfahrensansätze sind dabei einerseits eher heuristischer Natur (sie werden in der Abb. 4.2.1.-1. unter dem Oberbegriff *Stratifying Sampling* zusammengefasst) oder basieren auf einem modellgestützten Vorgehen. Da den Verfahrensansätzen, die in der letztgenannten Gruppe

176 Abbildung entnommen bei Poddig/Dichtl/Petersmeier (2003), S. 528.

zusammengefasst sind, immer ein Optimierungsansatz zugrunde liegt, resultiert auch der Oberbegriff des *Optimizing Sampling*.

Beim Stratifying Sampling, auch *Zellenansatz* genannt, werden die Wertpapiere, welche im zu replizierenden Target Portfolio (z.B. Referenzindex) enthalten sind, in möglichst homogene Gruppen (auch *Zellen* genannt) eingeteilt. Die Unterteilung des vorgegebenen, zu replizierenden Target Portfolios in homogene Zellen kann ein- oder mehrdimensional anhand verschiedener Kriterien erfolgen. Dies soll an einem einfachen Beispiel illustriert werden. Soll beispielsweise ein Rentenindex repliziert werden, könnten sich als Kriterien für die Unterteilung der Zellen etwa Restlaufzeit, Kuponhöhe und Schuldnerklasse anbieten. Bei eindimensionaler Zellenunterteilung nach dem Kriterium der Restlaufzeit könnten die Klassen von bis zu 1, 2, 3, ... usw. Jahren Restlaufzeit unterschieden werden und entsprechend die Zellen bilden. Allerdings wäre die Unterteilung des Rentenindex in diesem Beispiel vielleicht noch zu grob, denn in einer Zelle könnten sich immer noch höchst unterschiedliche Rentenpapiere hinsichtlich Kuponhöhe und Schuldnerklasse (ausgedrückt durch ein entsprechendes *Rating*) befinden. Eine zweidimensionale Zelleneinteilung könnte nach den Kriterien Restlaufzeit und Kuponhöhe, eine dreidimensionale Einteilung nach Restlaufzeit, Kuponhöhe und Schuldnerklasse gehen. Die Abb. 4.2.1.-2. illustriert diese denkbare Vorgehensweise.

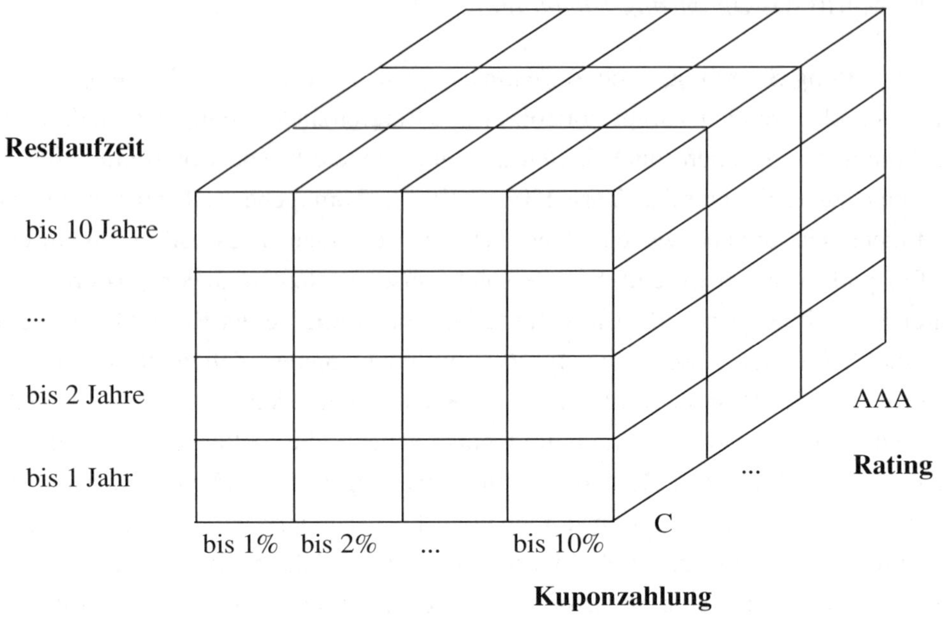

Abb. 4.2.1.-2.: Beispiel zur Zelleneinteilung

Bei einem Aktienindex könnten entsprechend Einteilungskriterien wie etwa Branche, Marktliquidität oder Unternehmensgröße herangezogen werden. Nachdem die Unterteilung in geeignete Zellen vorgenommen wurde, werden die im Target Portfolio enthaltenen Assets auf die einzelnen Zellen entsprechend der gewählten Kriterien aufgeteilt. Das Tracking Portfolio wird dann im abschließenden Schritt durch Auswahl geeigneter Repräsentanten der einzelnen Zellen gebildet, deren Auswahlkriterien wiederum z.B. Marktliquidität oder Bedeutung innerhalb der jeweiligen Zelle sein können. Der oder die gewählten Repräsentanten erhalten innerhalb des Tracking Portfolios dann (zusammen) dasjenige Gewicht, welches dem Gewicht der jeweiligen Zelle am Target Portfolio entspricht.

Dieses Vorgehen besitzt trotz oder gerade wegen seiner Einfachheit großen Interpretationsspielraum und damit zugleich zahlreiche Probleme. Zunächst ist nicht immer unmittelbar klar, welches die für eine konkrete Aufgabenstellung zweckmäßigen Kriterien der Zelleneinteilung sind, wie viele Dimensionen für die Zelleneinteilung berücksichtigt werden sollten oder wie die abschließende Auswahl der Zellenrepräsentanten aussehen könnte. Gerade die Anzahl der zu bildenden Zellen stellt einen nicht ganz durchsichtigen Trade-off zwischen Genauigkeit der Replikation und Aufwand bei der Implementation des Tracking Portfolios dar.

Verfahren des Stratifying Sampling werden im Folgenden nicht weiter vertieft. Zwar spricht ihre verfahrenstechnische Einfachheit für diese Vorgehensweise, ihnen liegt jedoch kein theoretisch fundierter Ansatz zugrunde, der es erlauben würde, eine Antwort auf die genannten Fragestellungen bezüglich der Freiheitsgrade dieser Verfahren zu geben. Deren Anwendung ist heuristischer Natur und entzieht sich insofern einer weitergehenden modelltheoretischen Behandlung.

Die folgenden Betrachtungen sind dem Optimizing Sampling gewidmet und beginnen zunächst mit Verfahren der quadratischen Optimierung zum Zwecke der Bestimmung von Tracking Portfolios (Kap. 4.2.2.), da sich ein Vertreter eines solchen Verfahrens konsequent aus den bisherigen Darstellungen zur relativen Optimierung herleiten lässt. Er illustriert insofern, wie sich der Übergang zwischen relativer Optimierung (Kap. 3.) und Index Tracking *verfahrenstechnisch* fließend gestalten lässt, obgleich es sich bei beiden Ansätzen des Portfoliomanagements um grundsätzlich unterschiedliche Philosophien handelt. Jenes noch vorzustellende Verfahren ist jedoch eher im Sinne eines verfahrenstechnischen Bindeglieds zu verstehen, denn in der praktischen Anwendung ist es so nicht vorzufinden. Es ist jedoch unter bestimmten Annahmen äquivalent zum Index Tracking nach MARKOWITZ, welches ebenfalls hier behandelt wird. In Kap. 4.2.3. werden dann Verfahren der Datenanalyse behandelt, die im Wesentlichen eine größere Nähe zu den quadratischen Optimierungsansätzen besitzen als die Ansätze der linearen Optimierung (vgl. Kap. 4.2.4.). Letztere sind als Verfahren des Index Tracking bezüglich der praktischen Verbreitung eher unüblich, dennoch aber interessant.

4.2.2. Verfahren der quadratischen Optimierung

4.2.2.1. Relative Optimierung und Index Tracking

Die folgenden Darstellungen zeigen, wie sich die in Kap. 3. vorgestellten Verfahren zur relativen Optimierung mit nur wenigen Modifikationen „umrüsten" lassen, um die Struktur eines „optimalen" Tracking Portfolios zu bestimmen. Obwohl die Ausführungen eher im Sinne einer Einführung sehr intuitiv gehalten sind, lassen sich daran bereits die zentralen Ansatzpunkte des Index Tracking illustrieren.

Ausgehend von den grundlegenden Überlegungen zum Index Tracking in Kap. 4.1. lässt sich die Aufgabenstellung in Bezug auf die Konstruktion eines Tracking Portfolios wie folgt beschreiben:

- Es ist ein Target Portfolio (Benchmarkportfolio, Referenzindex, o.Ä.) vorgegeben, dessen Wertentwicklung (und Risiko) so genau wie möglich mithilfe eines noch zu bestimmenden Tracking Portfolios verfolgt (repliziert) werden soll.
- Aufgrund verschiedener, hier nicht weiter interessierender Gründe (vgl. Kap. 4.1.) ist das Tracking Portfolio möglicherweise aus Assets zu bilden, die nicht im Target Portfolio enthalten sind. Ebenso könnten nicht alle im Target Portfolio enthaltenen Assets für eine Aufnahme in das Tracking Portfolio zur Verfügung stehen bzw. hinsichtlich des Anteilsgewichts im Tracking Portfolio beschränkt sein. Die Anlageuniversen und Restriktionen von Target und Tracking Portfolio können also sehr unterschiedlich sein.

Offensichtlich ähnelt diese Problemstruktur deutlich derjenigen bei der relativen Optimierung mit unterschiedlichen Anlageuniversen. Allerdings soll hier nicht das Portfolio-Alpha (entsprechend hier demjenigen des Tracking Portfolios) gegen das residuale Risiko maximiert werden, denn die Zielfunktion bei der relativen Optimierung trifft nicht auf die hier verfolgte Zielsetzung zu. Um den Bezug zu den Darstellungen in Kap. 3. dennoch deutlich werden zu lassen, ist der allgemein gehaltene Begriff „Target Portfolio“ durch „Benchmarkportfolio“ zu konkretisieren und die Aufgabenstellung der relativen Optimierung in eine des Index Tracking umzuwandeln. Es geht nun also um die Bestimmung des Tracking Portfolios im Rahmen eines passiven Portfoliomanagements.

Für die Bestimmung des Tracking Portfolios stellt sich daher die Frage, wann das Benchmarkportfolio „möglichst gut“ nachgebildet ist. Intuitiv muss das Tracking Portfolio folgende Eigenschaften besitzen:

- Das Tracking Portfolio-Alpha muss gleich null sein (da das Benchmark-Alpha gleich null ist).
- Das Tracking Portfolio-Beta muss gleich eins sein (da das Benchmark-Beta gleich eins ist).
- Das residuale Risiko muss minimal sein.

Die Zielfunktion für die Optimierung leitet sich von dem Gedanken ab, mit dem Tracking Portfolio so eng wie möglich die Benchmark zu verfolgen. Dies entspricht der Minimierung des aktiven Risikos, welches sich unter Ausschluss der Timingkomponente als residuales Risiko ergibt (vgl. Kap. 3.4.3.). Die Zielfunktion lautet somit (vgl. Kap. 3.4.5.):[177]

(1a) $ZF = \omega_P^2 \rightarrow \min!$

mit ω_P^2: $\sigma_{\varepsilon P}^2$, residuales Risiko des (Tracking) Portfolios P

bzw. in Matrizenschreibweise unter Verwendung der bekannten Beziehung ($\sigma_{\varepsilon P}^2 = \sigma_P^2 - \beta_P^2 \cdot \sigma_B^2$):

(1b) $ZF = \mathbf{w}_P{}^{\mathbf{T}}\mathbf{V}\mathbf{w}_P - (\mathbf{w}_P{}^{\mathbf{T}}\boldsymbol{\beta})^2 \cdot \mathbf{w}_B{}^{\mathbf{T}}\mathbf{V}\mathbf{w}_B \rightarrow \min!$

mit
$\mathbf{w}_P$: (Spalten-) Vektor der Anteilsgewichte im Tracking Portfolio
$\mathbf{V}$: Varianz-Kovarianzmatrix der zukünftigen Assetrenditen
$\boldsymbol{\beta}$: (Spalten-) Vektor der Beta-Faktoren der Assets gegenüber der Benchmark
$\mathbf{w}_B$: (Spalten-) Vektor der Anteilsgewichte im Benchmarkportfolio.

Die zentralen Nebenbedingungen entsprechen denen aus Kap. 3.4.5.:

(2a) $\sum_{i=1}^{N} w_{Pi} = 1$ bzw. $\sum_{i=1}^{N} w_{APi} = 0$

mit
w_{Pi}: Anteilsgewicht des i-ten Assets im Tracking Portfolio
w_{APi}: aktives Gewicht des i-ten Assets im Tracking Portfolio (vgl. Kap. 3.4.2.)

177 Vgl. zu den Formeln der relativen Optimierung in Kap. 3.4.

oder in Matrizenschreibweise

(2b) $\mathbf{1}^{\mathbf{T}}\mathbf{w}_P = 1$ bzw. $\mathbf{1}^{\mathbf{T}}\mathbf{w}_{AP} = 0$

mit $\mathbf{1}$: Spaltenvektor bestehend aus Einsen
$\mathbf{w}_P$: Spaltenvektor der Anteilsgewichte der Assets im Tracking Portfolio
$\mathbf{w}_{AP}$: Spaltenvektor der aktiven Gewichte im Tracking Portfolio (vgl. Kap. 3.4.2.).

Um das Benchmarkportfolio in seinen zentralen Eigenschaften nachzubilden, muss zwingend ein Portfolio-Beta von eins und ein Portfolio-Alpha von null gefordert werden (vgl. Nebenbedingungen nach Gleichungen (3) und (4)):

(3) $\beta_P = 1 \Leftrightarrow \beta_{AP} = 0$ (kein Timing)

mit β_P: Beta-Faktor des Tracking Portfolios gegenüber der Benchmark
β_{AP}: aktives Beta des Tracking Portfolios gegenüber der Benchmark (vgl. Kap. 3.4.3.)

(4) $\alpha_P = 0$ (keine Selektion)

mit α_P: Alpha des Tracking Portfolios (gegenüber der Benchmark) (vgl. Kap. 3.4.3.).

Als weitere Nebenbedingungen treten die Nichtnegativitätsbedingung (Unzulässigkeit von Leerverkäufen), Mindest- und Höchstbestandsgrenzen sowie weitere, bezogen auf die jeweilige Problemstellung sinnvoll gewählte Beschränkungen hinzu (vgl. exemplarisch die Nebenbedingungen nach Gleichungen (5) bis (7)):

(5) $w_{Pi} \geq 0$ für alle $i = 1, ..., N$ (keine Leerverkäufe)

(6) $w_{Pi} \leq maxw_i$ für alle $i = 1, ..., N$ (zulässiger Höchstanteil)

mit $maxw_i$: zulässiger Höchstanteil für das i-te Asset im Tracking Portfolio

(7) $w_{Pi} \geq minw_i$ für alle $i = 1, ..., N$ (geforderter Mindestanteil)

mit $minw_i$: geforderter Mindestanteil für das i-te Asset im Tracking Portfolio.

Dieser Optimierungsansatz leitet sich stringent aus den bisherigen Überlegungen zur relativen Optimierung und dem bisher intuitiv entwickelten Verständnis zum Index Tracking ab. Ein Tracking Portfolio, welches sich hinsichtlich seiner Renditeentwicklung bestmöglich wie das Benchmarkportfolio verhält, muss zwingend ein Portfolio-Beta von eins und ein Portfolio-Alpha von null besitzen (Nebenbedingungen (3) und (4)). Da aber das Tracking Portfolio aus anderen Assets als die Benchmark selbst zusammengestellt werden muss, kommt es zwar ungewollt, aber auch unvermeidbar zu einem Selektionseffekt. Die Nebenbedingung nach Gleichung (4) erzwingt zwar, dass kein systematischer Selektionseffekt in Form eines positiven oder negativen Portfolio-Alphas auftritt (bzw. auftreten darf), temporäre (unsystematische) Abweichungen von Portfolio- (hier: Tracking Portfolio) und Benchmarkrendite sind aber unausweichlich. Diese äußern sich unter den gesetzten Nebenbedingungen im unvermeidbaren Selektionsrisiko, welches hier ebenfalls dem unausweichlichen „aktiven" Risiko entspricht. Dieses sollte aber möglichst klein sein, weshalb dasjenige Portfolio gesucht wird, welches das geringstmögliche, unvermeidbare Selektionsrisiko (hier zugleich „aktives" Risiko) besitzt.

Der hier unter Verwendung des Instrumentariums der relativen Optimierung bisher intuitiv abgeleitete Ansatz zum Index Tracking verdient eine etwas nähere Analyse, mit welcher bereits in zentrale Konzepte der Optimierungsansätze zum Index Tracking eingeführt werden kann. Soweit das Tracking Portfolio nicht exakt dem Benchmarkportfolio entspricht, kann eine Renditedifferenz zwischen Tracking Portfolio und Benchmarkportfolio entstehen, die im Zusammenhang mit der relativen Optimierung als aktive Rendite bezeichnet wurde:[178]

---

178 Die Renditen in Formel (8) und im Folgenden können entweder als absolute Renditen oder als Überschussrenditen über den risikofreien Zinssatz hinaus aufgefasst werden. Wichtig ist dabei nur die konsistente Verwendung. Je nach anfänglicher Festlegung müssen die übrigen Arbeitsschritte darauf abgestimmt sein. Beispielsweise ergeben sich bei einer historisch basierten Schätzung von Alpha und Beta mittels einer Regressionsanalyse unterschiedliche Werte für die Werte von Alpha in Abhängigkeit von der Verwendung von absoluten oder überschüssigen Renditen. Solange aber nach anfänglicher Festlegung auf eine konsistente Verwendung geachtet wird, kann diese in geeignet erscheinender Weise erfolgen. Um die Vergleichbarkeit mit den Ergebnissen bei der relativen Optimierung zu gewährleisten, werden die Renditen hier als *Überschussrenditen* über den risikofreien Zinssatz hinaus festgelegt, ohne dies aber über die Symbolik explizit zu kennzeichnen. Zur Überschussrendite vgl. auch Anhang A3.1.

(8) $r_A = r_P - r_B$

mit r_A: aktive Rendite
r_P: Rendite des Tracking Portfolios
r_B: Rendite des Benchmarkportfolios.

Für die Rendite des (Tracking) Portfolios gilt annahmegemäß (vgl. Kap. 3.4.1):

(9) $r_P = \alpha_P + \beta_P \cdot r_B + \varepsilon_P$

mit α_P: autonome Eigenrendite des Portfolios *P*, Konstante
β_P: Sensitivität gegenüber dem Benchmarkportfolio *B*
ε_P: unsystematische, zufällige, nicht erklärbare Restgröße (auch *Residualrendite* oder *residuale Rendite* genannt).

Damit folgt für die aktive Rendite unter Verwendung der Nebenbedingungen nach Gleichungen (3) und (4):

(10) $r_A = r_P - r_B = \alpha_P + \beta_P \cdot r_B + \varepsilon_P - r_B = \alpha_P + \varepsilon_P = \varepsilon_P$.

Für den Erwartungswert der aktiven Rendite folgt unter den in Kap. 3.3. gesetzten Annahmen:

(11) $\mathrm{E}(r_A) = \mathrm{E}(\varepsilon_P) = 0.$

Die Varianz (bzw. alternativ die Standardabweichung) der aktiven Rendite wird beim Index Tracking als sog. Tracking Error (*TE*) bezeichnet:

(12a) $TE = Var(r_A) = Var(r_P - r_B)$ bzw.

(12b) $TE = \sqrt{Var(r_A)} = \sqrt{Var(r_P - r_B)}.$

Die Verwendung des Tracking Errors einerseits als Varianz, andererseits als Standardabweichung der aktiven Rendite ist in der Literatur nicht einheitlich, obgleich die Verwendung nach Gleichung (12b), also als Standardabweichung, überwiegt. Da jedoch Gleichung (12b) lediglich die Quadratwurzel aus Gleichung (12a) ist, können Varianz und Standardabweichung der aktiven Rendite als Tracking Error in den meisten Fällen wie sprachliche Synonyme verwendet werden (wenn auch dies nicht ganz präzise ist). Soweit in der Zielfunktion zur Bestimmung eines Tracking Portfolios nur der Tracking Error alleine auftaucht, hat die Verwendung der Definition nach Gleichungen (12a) oder (12b) auch keinen Einfluss auf die Lage des Optimums. Im Folgenden wird daher von der Definition nach Gleichung (12a) ausgegangen, da dies die weiteren Darstellungen vereinfacht.

Nach dem Verschiebesatz[179] lässt sich Gleichung (12a) auch nach Gleichung (13) darstellen:

$$(13)\qquad Var(r_P - r_B) = E((r_P - r_B)^2) - E(r_P - r_B)^2 = E((r_P - r_B)^2) - E(\varepsilon_P)^2 = E((r_P - r_B)^2).$$

In Kap. 3.4.2. wurde weiterhin dargestellt, dass das auf die aktive Position zurückzuführende Risiko, das aktive Risiko, auch mit Gleichung (14) definiert ist:

$$(14)\qquad \sigma_{AP}^2 = \mathbf{w}_A^{\mathbf{T}} \mathbf{V} \mathbf{w}_A = Var(r_A)$$

mit $\mathbf{w}_A$: (Spalten-) Vektor der aktiven Gewichte des Tracking Portfolios, $\mathbf{w}_A = \mathbf{w}_P - \mathbf{w}_B$ (vgl. Kap. 3.4.2.).

Im Kontext des Index Tracking stellt also Gleichung (14) zugleich den Tracking Error dar. Der Tracking Error ist in diesem Kontext also die „aktive" Varianz des Tracking Portfolios, womit gemäß Gleichung (2) in Kap. 3.4.3. auch gilt:

$$(15)\qquad TE = \psi_P^2 = \beta_{AP}^2 \sigma_B^2 + \omega_P^2 .$$

Wegen der Nebenbedingung nach Gleichung (3) verkürzt sich der Ausdruck nach Gleichung (15) bei diesem Ansatz zu Gleichung (16).

$$(16)\qquad TE = \psi_P^2 = \omega_P^2 .$$

Mit der Zielfunktion nach Gleichung (1) wird also bei diesem Ansatz zur Bestimmung des Tracking Portfolios der Tracking Error minimiert, was dem üblichen Vorgehen zur Bestimmung eines Tracking Portfolios entspricht. Unter Berücksichtigung der mit Gleichung (13) hergeleiteten Beziehung gilt bei diesem Ansatz ferner:

$$(17)\qquad TE = \psi_P^2 = \omega_P^2 = E((r_P - r_B)^2) .$$

---

179 Vgl. Poddig/Dichtl/Petersmeier (2003), S. 50.

Die Zielfunktion nach Gleichung (1) lässt sich damit bei diesem Ansatz alternativ nach Gleichung (18) schreiben:

(18) $$ZF = E((r_P - r_B)^2) \rightarrow \min!$$

Damit wird der inhaltliche Gehalt der Zielfunktion nach Gleichung (1) deutlich, denn die Minimierung von Gleichung (1) ist bei diesem Ansatz gleichbedeutend mit der Minimierung des Erwartungswertes der quadrierten Renditeabweichungen zwischen Tracking Portfolio und Benchmark. Insofern wird hier also der (erwartete) *Mean Squared Error* zwischen den Renditen des Tracking Portfolios und der Benchmark minimiert.

Das Problem der Bestimmung eines Tracking Portfolios lässt sich also *verfahrenstechnisch* insgesamt als ein Spezialfall der relativen Optimierung bei unterschiedlichen Anlageuniversen auffassen. Dazu sind lediglich eine Modifikation der Zielfunktion und das Hinzufügen der Nebenbedingung nach Gleichung (4) erforderlich.[180] Die Fallstudie des Kap. 3.5.6. kann entsprechend mit geringfügigen Modifikationen in eine Fallstudie zur Bestimmung eines Tracking Portfolios transformiert werden. Die Abb. 4.2.2.1.-1. zeigt das mit den Daten der Fallstudie aus Kap. 3.5.6. bestimmte Tracking Portfolio entsprechend der hierfür notwendigen Modifikationen am Optimierungsproblem. Ebenso illustriert sie die dafür notwendigen Eingabeparameter beim Solver (zum detaillierten Aufbau des Tabellenblattes sei hier aus Platzgründen auf Kap. 3.5.6. verwiesen).

180 Die Zielfunktion bei der relativen Optimierung lautet $ZF = \alpha_P - \lambda \cdot \omega_P^2 \rightarrow \max!$ Durch Hinzufügen der Nebenbedingung nach (4), $\alpha_P = 0$, reduziert sich die Zielfunktion zu $ZF = -\lambda \cdot \omega_P^2 \rightarrow \max!$ Da die Multiplikation mit einer Konstante λ nicht die Lage des Optimums beeinflusst und ein Maximierungsproblem durch Multiplikation der Zielfunktion mit -1 in ein Minimierungsproblem überführt werden kann, resultiert hier als äquivalente Zielfunktion $ZF = \omega_P^2 \rightarrow \min!$ (vgl. auch A2.1.1.). Diese entspricht aber der Zielfunktion nach (1). Streng genommen ist also nicht einmal eine Modifikation der Zielfunktion erforderlich, denn allein das Hinzufügen der Nebenbedingung nach (4) transformiert verfahrenstechnisch das Problem einer relativen Optimierung in das der Bestimmung eines Tracking Portfolios.

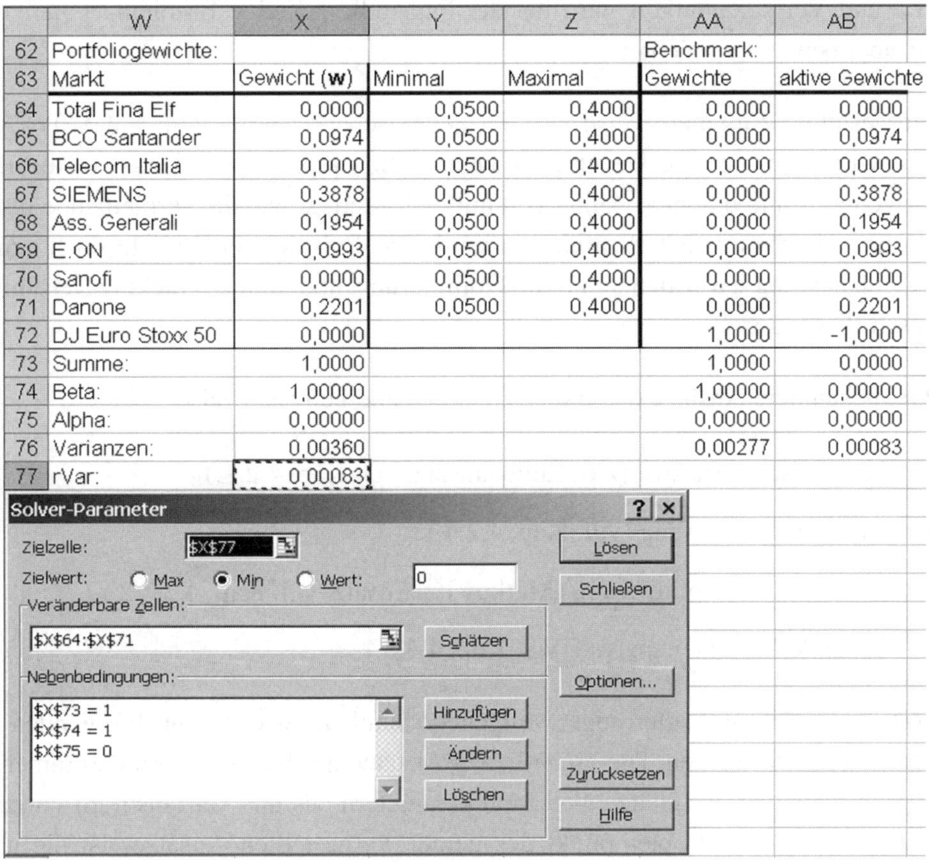

	W	X	Y	Z	AA	AB
62	Portfoliogewichte:				Benchmark:	
63	Markt	Gewicht (**w**)	Minimal	Maximal	Gewichte	aktive Gewichte
64	Total Fina Elf	0,0000	0,0500	0,4000	0,0000	0,0000
65	BCO Santander	0,0974	0,0500	0,4000	0,0000	0,0974
66	Telecom Italia	0,0000	0,0500	0,4000	0,0000	0,0000
67	SIEMENS	0,3878	0,0500	0,4000	0,0000	0,3878
68	Ass. Generali	0,1954	0,0500	0,4000	0,0000	0,1954
69	E.ON	0,0993	0,0500	0,4000	0,0000	0,0993
70	Sanofi	0,0000	0,0500	0,4000	0,0000	0,0000
71	Danone	0,2201	0,0500	0,4000	0,0000	0,2201
72	DJ Euro Stoxx 50	0,0000			1,0000	-1,0000
73	Summe:	1,0000			1,0000	0,0000
74	Beta:	1,00000			1,00000	0,00000
75	Alpha:	0,00000			0,00000	0,00000
76	Varianzen:	0,00360			0,00277	0,00083
77	rVar:	0,00083				

Abb. 4.2.2.1.-1.: Tracking Portfolio im Beispiel

Die Optimierung erfolgte in diesem Beispiel ohne zusätzliche Bestandsnebenbedingungen, d.h. ohne geforderte Mindestanteilsgewichte bzw. zulässige Höchstanteilsgewichte. Lediglich die elementaren Nebenbedingungen für die Bestimmung des Tracking Portfolios (ohne Zulässigkeit von Leerverkäufen) nach Gleichungen (2) bis (5) wurden berücksichtigt. Werden die Nebenbedingungen für Mindest- und Höchstgrenzen in diesem Beispiel mit hinzugenommen, so kann hier keine zulässige Lösung gefunden werden. Dies liegt jedoch nicht an der Unzulänglichkeit des Optimierungsansatzes, sondern nur an der zu geringen Menge an verfügbaren Assets für die Bildung des Tracking Portfolios. Werden hier mehr potenzielle Kandidaten für die Aufnahme in das Tracking Portfolio berücksichtigt (bei praktischen Anwendungen könnten hier z.B. wenigstens 30 potenzielle Assets vorgesehen werden, wobei das tatsächliche Tracking Portfolio weitaus weniger Assets beinhalten kann), so stellt die Einhaltung dieser zusätzlichen Nebenbedingungen kein Problem dar. Aus Gründen der Übersichtlichkeit und Vergleichbarkeit wird bei der Fallstudie auf eine Erhöhung potenzieller Assets aber bewusst verzichtet.

Die vorgestellte Vorgehensweise ist kein „klassischer“ Ansatz zum Index Tracking. Jedoch wird auch hier die Benchmark bestmöglich repliziert, indem derselbe Beta-Faktor von eins und dasselbe Alpha von null gefordert, sowie die verbleibende residuale Varianz (Selektionsrisiko) minimiert wird. Das Beispiel verdeutlicht noch einmal, dass der Übergang zwischen relativer Optimierung und Index Tracking verfahrenstechnisch fließend ist.

Andere, bekanntere Ansätze des Index Tracking sind beispielsweise:

- Heuristische Ansätze (z.B. Zellenansatz, vgl. Kap. 4.2.1.)
- Lineare Optimierung (vgl. Kap. 4.2.4.)
- Quadratische Optimierung (Markowitz-Ansatz, vgl. Kap. 4.2.2.2.)
- Modelle der Datenanalyse (vgl. Kap. 4.2.3.)

Die Ansatzpunkte sind allerdings weitgehend ähnlich, wie die nachfolgenden Betrachtungen zeigen werden. Die eigentlichen Ansätze des Index Tracking kommen dabei aber mit weniger zu schätzenden Inputparametern aus und sind insofern vorzuziehen. Der wesentliche Problempunkt des gerade vorgestellten Ansatzes ist die unbedingt notwendige Schätzung der zukünftig erwarteten Alpha- und Beta-Faktoren der einzelnen Assets gegenüber dem Benchmarkportfolio, ohne die die Ermittlung des Tracking Portfolios nicht möglich ist. Die in Kap. 3.5.2. kurz thematisierte Schätzproblematik trifft also bei diesem Ansatz in genau derselben Weise und Umfang zu.

Relativierend sei aber angemerkt, dass alle anderen, noch vorzustellenden Ansätze von „irgendeiner“ Schätzproblematik ebenso betroffen sind, obgleich dies teilweise weniger offensichtlich ist. Auch beim Index Tracking kommt man nicht um die Schätzung zukünftig erwarteter Größen umhin; dies wird später noch deutlich werden.

4.2.2.2. Index Tracking nach MARKOWITZ

Der im Folgenden kurz vorzustellende Ansatz nach MARKOWITZ (1987)[181] findet sich u.a. in der deutschsprachigen Literatur auch bei PODDIG (2001) oder WAGNER

181 Vgl. Markowitz (1987), S. 50.

(2002).[182] Der Ansatz von MARKOWITZ zum Index Tracking ist im Grunde weitgehend identisch mit dem gerade in Kap. 4.2.2.1. entwickelten Ansatz zum Index Tracking basierend auf dem Ansatz der relativen Optimierung. Insofern stellen die folgenden Ausführungen nichts wesentlich Neues dar, obgleich die Herkunft dieses Ansatzes nicht auf einer relativen Optimierung basiert.

Ausgangspunkt der Überlegungen ist wiederum ein Tracking Portfolio, welches in seiner Zusammensetzung (zwangsläufig) vom Target Portfolio abweichen muss, da – aus den erörterten Gründen – sich die Anlageuniversen unterscheiden können und aus Kostengründen das Tracking Portfolio i.d.R. mit weitaus weniger Assets gebildet werden soll als im Target Portfolio enthalten sind. In der Terminologie der relativen Optimierung ist also das Tracking Portfolio wie ein aktives Portfolio anzusehen. Als „aktives Portfolio" besitzt es in unvermeidbarer Weise eine aktive Rendite und ein aktives Risiko. Anders als bei der relativen Optimierung geht es hier aber nicht um eine Optimierung des Trade-off zwischen aktiver Rendite und aktivem Risiko, sondern das Target Portfolio soll bestmöglich nachgebildet werden. Ein ideales Tracking Portfolio besitzt damit also eine aktive Rendite und aktives Risiko von null. Diese grundlegenden Überlegungen werden nun wie folgt operationalisiert, wobei die bisher benutzte Symbolik weiterhin beibehalten wird.

Die aktive Position ist definiert als Differenzgewichte zwischen gehaltenem (Tracking) Portfolio P und Target Portfolio B, welches im Folgenden aus Gründen der Veranschaulichung mit dem Benchmarkportfolio (etwa resultierend aus der Anlegeranalyse) gleichgesetzt werden soll:

(1) $$\mathbf{w}_A = \mathbf{w}_P - \mathbf{w}_B .$$

Die aktive Rendite (r_A) (die auch im Kontext des Index Tracking als sog. *Bonus Return* bezeichnet wird) ist die Differenz der Rendite vom (Tracking) Portfolio P und Benchmark B (hier das Target Portfolio):

(2) $$r_A = r_P - r_B = \mathbf{w}_P^{\mathbf{T}} \cdot \mathbf{r} - \mathbf{w}_B^{\mathbf{T}} \cdot \mathbf{r} = \left(\mathbf{w}_P^{\mathbf{T}} - \mathbf{w}_B^{\mathbf{T}}\right) \cdot \mathbf{r} = \mathbf{w}_A^{\mathbf{T}} \cdot \mathbf{r}$$

mit $\mathbf{r}$: (Spalten-) Vektor der erwarteten Assetrenditen.

---

182 Vgl. Wagner (2002), S. 813 ff. Dieser Beitrag basiert in weitgehend unveränderter Fassung auf Wagner (1998), S. 543 ff.

Das aktive Risiko (die aktive Varianz) ergibt sich damit als (vgl. auch Kap. 4.2.2.1.):

(3) $Var(r_A) = \sigma_{AP}^2 = \mathbf{w}_A^{\mathbf{T}} \cdot \mathbf{V} \cdot \mathbf{w}_A.$

Dies ist zugleich die übliche Definition für den Tracking Error[183] (vgl. Kap. 4.2.2.1., Gleichung (12)):

(4) $TE = Var(r_A) = Var(r_P - r_B).$

Der Optimierungsansatz besteht nun darin, den Tracking Error unter Berücksichtigung verschiedener Nebenbedingungen zu minimieren. Die Zielfunktion lautet also:

(5) $ZF = TE = Var(r_A) = \sigma_{AP}^2 = \mathbf{w}_A^{\mathbf{T}} \cdot \mathbf{V} \cdot \mathbf{w}_A \rightarrow \min!$

Als zentrale Nebenbedingung wird dabei gefordert, dass die aktive Rendite (hier auch als Bonus Return bezeichnet) ein gefordertes Niveau von r^* besitzt, wobei im Regelfall $r^* = 0$ gesetzt wird:

(6) $r_A = \mathbf{w}_A^{\mathbf{T}} \cdot \mathbf{r} = r^*$ (= 0, i.d.R.).

Die weiteren Nebenbedingungen betreffen die Budgetrestriktion, die Nichtnegativitätsbedingung für die Anteilsgewichte (sofern Leerverkäufe ausgeschlossen sind, was zumeist den Regelfall darstellt), geforderte und zulässige Mindest- und Höchstanteilsgrenzen sowie ggf. weitere sinnvoll erscheinende Restriktionen. Diese genannten Nebenbedingungen werden durch die Gleichungen (2), (5), (6) und (7) in Kap. 4.2.2.1. ausgedrückt und sollen hier nicht explizit wiederholt werden.

Die Nebenbedingung nach Gleichung (6) und ihr Zusammenspiel mit der Zielfunktion nach Gleichung (5) verdient eine kurze Kommentierung.[184] Zunächst ist Gleichung (6) unbedingt notwendig, da die Zielfunktion nach Gleichung (5) mit der Definition des Tracking Errors nach Gleichung (4) nur auf die Minimierung der Schwankung der ak-

183 Obwohl sich in der Literatur sehr häufig die Verwendung der Standardabweichung der aktiven Rendite für den Tracking Error findet, ist diese Unterscheidung (Varianz vs. Standardabweichung) hier nicht wesentlich, da die Varianz nur das Quadrat der Standardabweichung darstellt bzw. Letztere die Quadratwurzel der Ersteren ist. Aus Gründen einer leichteren Darstellung wird hier die Varianz der aktiven Rendite (bzw. Bonus Return) als Tracking Error definiert.

184 Vgl. Poddig (2001), S. 192.

tiven Rendite abstellt, jedoch nicht dessen Höhe beachtet. Ohne diese Nebenbedingung kann - rein *theoretisch* betrachtet - eine Lösung resultieren, bei welcher die erwartete aktive Rendite negativ ausfallen kann, was natürlich mit dem Index Tracking nicht intendiert wird.[185] In der praktischen Anwendung wird oftmals die Nebenbedingung nach Gleichung (6) vernachlässigt. Dies besitzt zunächst zwei Vorteile. Zum einen wird dadurch das Optimierungsproblem vereinfacht. Zum anderen muss keine Schätzung der erwarteten Renditen bereitgestellt werden (die man ja auch gerade durch das Index Tracking vermeiden möchte). Allerdings kann jetzt eine von null abweichende aktive Rendite (auch Bonus Return genannt) entstehen. Als Argument für die Nichtberücksichtigung von Gleichung (6) könnte genannt werden, dass in *praktischen* Anwendungen die tatsächlich entstehende Abweichung (die der aktiven Rendite von null) nach aller Erfahrung vernachlässigbar sei. Ob dieses Argument jedoch zutreffend ist, muss in der jeweiligen Anwendung kritisch geprüft werden.

Die Unterschiede dieses Ansatzes zu dem in Kap. 4.2.2.1. dargestellten sind gering. Dieser Ansatz besitzt den praktischen Vorteil, mit wenigen und vergleichsweise unproblematisch zu schätzenden Größen auszukommen. Verzichtet man bei der Bestimmung des Tracking Portfolios auf die Nebenbedingung nach Gleichung (6), so ist lediglich eine Schätzung der Varianz-Kovarianzmatrix der zukünftigen Assetrenditen vorzunehmen. Diese kann mittels der empirischen Varianz-Kovarianzmatrix erfolgen, die nach vorliegenden wissenschaftlichen Untersuchungen und praktischen Erfahrungen durchaus „brauchbar" ist.[186] Auf die kritische und zugleich sehr schwierige Schätzung der Erwartungswerte der Assetrenditen (auf den Vektor **r**) wird konsequent verzichtet. Insofern kommt dieser Ansatz mit wenigen und in der Tendenz eher unkritischen sowie einfach zu schätzenden Inputparametern aus.

Im Gegensatz zu diesem Ansatz erfordert das Vorgehen nach Kap. 4.2.2.1. (zusätzlich) die eher aufwändigere und zugleich kritischere Schätzung der Alpha- und Beta-Parameter der einzelnen Assets. Im ersten Augenschein ist also der Ansatz nach Kap. 4.2.2.1. nicht nur arbeitsintensiver, sondern auch noch im viel stärkeren Ausmaß der Schätzproblematik zukünftiger Größen ausgesetzt.

---

185 Vgl. zu dieser Kritik an der Verwendung des Tracking Errors als Zielfunktion auch Poddig/Dichtl/Petersmeier (2003), S. 148.

186 Vgl. dazu Dichtl (2001), S. 533 f. und die dort insgesamt durchgeführten Untersuchungen, auch die Studie von Chopra/Ziemba (1993).

Der Markowitz-Ansatz ist jedoch nur deshalb nicht jener zusätzlichen Schätzproblematik ausgesetzt, weil diese schlichtweg ignoriert wird! Ohne Berücksichtigung der Nebenbedingung nach Gleichung (6) ist nämlich nicht ausgeschlossen, dass

- das Tracking Portfolio eine negative aktive Rendite (Bonus Return) besitzen wird und dass
- es ein von eins abweichendes Beta haben kann, also eine ungewollte Timing-Komponente aufweisen wird.

Sollen diese latent auftretenden, unerwünschten Effekte explizit bei der Bestimmung des Tracking Portfolios berücksichtigt und ausgeschlossen werden, muss die Nebenbedingung nach Gleichung (6) wieder hinzugefügt und eine Schätzung der Erwartungswerte der Assetrenditen vorgenommen werden. In diesem Fall sieht man sich jedoch derselben Schätzproblematik wie auch bei der absoluten Optimierung gegenüber. Ebenso ist dann auch zu fragen, ob sich die explizite Schätzung von Alpha- und Beta-Parametern, wie im Kap. 4.2.2.1. erforderlich, wirklich in der Problematik von derjenigen des Vektors **r** unterscheidet. Will man also die beiden genannten Effekte kontrollieren, sind beide Ansätze hinsichtlich der dann entstehenden Schätzproblematik gleichwertig. Dieser Ansatz ist nur dann (scheinbar) „unproblematischer“, wenn die o.g., latent vorhandenen Effekte billigend in Kauf genommen bzw. schlichtweg ignoriert werden.

Bei der praktischen Umsetzung dieses Ansatzes kann (und wird für gewöhnlich) das Problem unterschiedlicher Anlageuniversen von Tracking Portfolio und Benchmark entstehen. Hier ist genauso zu verfahren, wie in Kap. 4.2.2.1. bzw. Kap. 3.5.6. dargestellt. Die Umsetzung dieses Ansatzes im Rahmen einer Fallstudie wird Gegenstand des Kap. 4.3.2. sein.

4.2.3. Regression unter Nebenbedingungen

Das im Folgenden vorzustellende Verfahren ist ein Vertreter der Modelle der Datenanalyse. Es wird z.B. auch bei PODDIG/DICHTL/PETERSMEIER (2003)[187] lehrbuchmäßig dargestellt, wobei dort die Darstellung eher aus dem methodischen Blickwinkel vorgenommen wird. Hier wird dagegen dieses Verfahren systematischer im Kontext des Index Tracking entwickelt und im Vergleich zu den alternativen Modellen kritisch gewürdigt.

---

187 Vgl. Poddig/Dichtl/Petersmeier (2003), S. 726 ff.

Der grundlegende Ansatz bei diesem Verfahren ist derselbe wie bei beiden vorhergehenden Verfahren der quadratischen Optimierung. Danach soll die Renditeentwicklung des Tracking Portfolios derjenigen des Target Portfolios in bestmöglicher Weise entsprechen, d.h. die Renditedifferenz zwischen Target Portfolio und Tracking Portfolio soll möglichst gering, im Idealfall sogar gleich null sein. Aus Veranschaulichungsgründen wird wie bisher das Target Portfolio mit dem Benchmarkportfolio *B* (z.B. abgeleitet aus der Anlegeranalyse) gleichgesetzt. Der gedankliche Ansatz lässt sich wie folgt operationalisieren:

(1) $r_D = r_B - r_P$

mit r_D: Renditedifferenz zwischen Target Portfolio *B* (hier: Benchmark) und Tracking Portfolio *P*.

(2) $ZF = E(r_D^2) \rightarrow \text{min!}$

Die nach Gleichung (1) definierte Renditedifferenz entspricht offensichtlich der aktiven Rendite bzw. dem Bonus Return, jedoch mit umgekehrtem Vorzeichen (vgl. z.B. Gleichung (2) in Kap. 4.2.2.2.). Die Zielfunktion bei diesem Ansatz besteht in der Minimierung des Erwartungswertes der quadrierten Renditedifferenzen, also in der Minimierung des erwarteten Mean Squared Error. Die Zielfunktion nach Gleichung (2) ist äquivalent zur Minimierung des Tracking Errors, genau dann, wenn der Erwartungswert der Renditedifferenz bzw. (äquivalent) der aktiven Rendite gleich null ist (also $E(r_D) = 0$ bzw. $E(r_A) = 0$ gilt). Dies folgt aus Gleichung (13) aus Kap. 4.2.2.1. und der Eigenschaft $r_D^2 = r_A^2$.

Die Minimierung der Zielfunktion hat dabei die üblichen Nebenbedingungen zu beachten, also die Budgetrestriktion, Nichtnegativitätsbedingung für alle Anteilsgewichte (im Falle unzulässiger Leerverkäufe), geforderte Mindestanteile, zulässige Höchstanteile sowie weitere sinnvoll erscheinende Restriktionen (vgl. dazu die Nebenbedingungen nach Gleichungen (2), (5), (6) und (7) in Kap. 4.2.2.1.).

Wie bei den vorhergehenden Ansätzen besteht auch hier die zentrale Schwierigkeit darin, dass die Zielfunktion für die Optimierung sich mit $E(r_D^2)$ auf eine ex ante Größe bezieht, die geeignet geschätzt werden muss. In den vorhergehenden Ansätzen bezog sich die Zielfunktion im Wesentlichen auf den ex ante Tracking Error, der unter Verwendung von Schätzungen für die (ex ante) Varianz-Kovarianzmatrix, den Renditevektor **r** oder Alpha-Werte und Beta-Faktoren konstruiert wurde. Dieses Verfahren geht bei der notwendigen Schätzung der Zielfunktion einen anderen Weg, wobei – wie gerade gezeigt – der prinzipielle Ansatz kaum unterschiedlich zu den beiden vorhergehenden ausfällt.

Der Erwartungswert der quadrierten Renditedifferenzen $E(r_D{}^2)$ wird hier direkt und unmittelbar aus den historischen Beobachtungen für die Renditen des Benchmarkportfolios und der einzelnen Assets geschätzt:

(3) $$\hat{E}(r_D^2) = \frac{1}{T}\sum_{t=1}^{T}(r_{Bt} - r_{Pt})^2$$

mit $\hat{E}(r_D^2)$: Schätzer für $E(r_D^2)$, historischer Mittelwert der beobachteten, quadrierten Renditedifferenzen

T: Anzahl der beobachteten Renditeperioden, über welche die Berechnung des historischen Mittelwertes erfolgt.

Während die Renditen für das Benchmarkportfolio (bzw. allgemeiner das Target Portfolio) direkt beobachtbar sind, ist die Struktur des Tracking Portfolios noch unbekannt. Die Renditen des Tracking Portfolios sind damit also nicht direkt beobachtbar, jedoch gilt:

(4a) $r_{Pt} = \sum_{i=1}^{N} w_{Pi} r_{it}$ bzw. in Matrizennotation (4b) $r_{Pt} = \mathbf{w}^{\mathbf{T}}\mathbf{r}_t$.

Im Zuge der Optimierung sind also diejenigen Werte für die Anteilsgewichte w_{Pi} gesucht, für welche der Wert der Zielfunktion minimal wird. Ersetzt man also in Gleichung (2) den Wert von $E(r_D^2)$ durch seinen Schätzer $\hat{E}(r_D^2)$ und verwendet man die Beziehung nach Gleichung (4) zur Ermittlung der Rendite des Tracking Portfolios, resultiert die Zielfunktion nach Gleichung (5):

(5) $$ZF = \hat{E}(r_D^2) = \frac{1}{T}\sum_{t=1}^{T}(r_{Bt} - \sum_{i=1}^{N} w_{Pi} r_{it})^2 \rightarrow \text{min!}$$

Die Zielfunktion nach Gleichung (5) ist strukturidentisch zur Zielfunktion bei der Kleinste-Quadrate-Schätzung (auch *Ordinary Least Squares* Schätzung, kurz OLS-

Schätzung) im Rahmen einer multivariaten linearen Regressionsanalyse.[188] Die Strukturidentität wird deutlich, wenn man r_{Bt} als die abhängige Variable y_t eines Regressionsmodells auffasst und den Ausdruck $\sum_{i=1}^{N} w_{Pi} r_{it}$ als Linearkombination von unabhängigen Variablen x_i (also als $\sum_{i=1}^{N} b_i x_{it}$) umdeutet. Damit würde sich die Gleichung (6) ergeben, welche die Strukturidentität deutlicher hervorhebt.

$$(6) \qquad \frac{1}{T}\sum_{t=1}^{T}(y_t - \sum_{i=1}^{N} b_i x_{it})^2 \rightarrow \min!$$

Da das Optimierungsproblem nach Gleichung (5) strukturidentisch zu einer multivariaten linearen Regression ist, allerdings unter Beachtung von Nebenbedingungen, wird dieses Verfahren auch als *Regression unter Nebenbedingungen* bezeichnet.

Alternativ könnte dieses Verfahren auch direkt als regressionsanalytischer Ansatz formuliert werden. In diesem Falle besteht der Ansatz darin, die für einen vergangenen Beobachtungszeitraum $t = 1, ..., T$ erhobenen Renditen der Benchmark r_{Bt} (abhängige Variable) durch die Renditen r_{it} von N Assets (unabhängigen Variablen) zu erklären. Für einen beliebigen Zeitpunkt t soll also gelten:

$$(7) \qquad r_{Bt} = w_{P1} r_{1t} + w_{P2} r_{2t} + ... + w_{PN} r_{Nt} + \varepsilon_t .$$

Das (Regression-) Residuum ε_t stellt hier den unsystematischen, nicht weiter erklärbaren, zufälligen Restanteil in Bezug auf die Benchmarkrendite dar. Der „Tracking Error" ε_t ergibt sich als einfache Umformung von Gleichung (7). Der Summenausdruck der rechten Seite von Gleichung (7) bzw. der Klammerausdruck in Gleichung (8) stellt dabei offensichtlich die Rendite des Tracking Portfolios dar:

$$(8) \qquad \varepsilon_t = r_{Bt} - \left(w_{P1} r_{1t} + w_{P2} r_{2t} + ... + w_{PN} r_{Nt}\right).$$

188 Zur Parameterschätzung mittels *Ordinary Least Squares* beim Regressionsmodell vgl. näher z.B. Poddig/Dichtl/Petersmeier (2003), S. 226 ff.

Das „optimale“ Tracking Portfolio besitzt den minimalen „Tracking Error“ über T Perioden, erfüllt damit also folgende Bedingung:[189]

(9) $$\sum_{t=1}^{T} \varepsilon_t^2 = \sum_{t=1}^{T} \left(r_{Bt} - \left(w_{P1} r_{1t} + w_{P2} r_{2t} + \ldots + w_{PN} r_{Nt}\right)\right)^2 \rightarrow \text{min!}$$

Der Regressionsansatz wird mit Gleichungen (7), (8) und (9) deutlich.[190] Aber auch hier meint eigentlich streng genommen Gleichung (9) eine ***ex ante*** Forderung an das optimale Tracking Portfolio, wobei die Schätzung der unbekannten, gesuchten Gewichte w_i anhand von ex post Beobachtungen vorgenommen wird. Dabei wird die zentrale Annahme gesetzt, dass die in der Vergangenheit beobachteten Verhältnisse (hier: Verteilung der Benchmark- und Assetrenditen) in derselben Weise weiterhin in der Zukunft Bestand haben werden. Die zu minimierende Zielfunktion lautet damit vollständig:

(10) $$ZF = \sum_{t=1}^{T} \varepsilon_t^2 = \sum_{t=1}^{T} \left(r_{Bt} - \left(w_{P1} r_{1t} + w_{P2} r_{2t} + \ldots + w_{PN} r_{Nt}\right)\right)^2 \rightarrow \text{min!}$$

Dies ist offensichtlich dieselbe Zielfunktion wie in Gleichung (5), die nur mit einer anderen Argumentation begründet wurde. Die Herleitung von Gleichung (5) basiert auf portfoliotheoretischen Überlegungen, die von Gleichung (10) auf solchen der Datenanalyse bzw. –modellierung. Sie führen jedoch zu demselben Ergebnis, nämlich einer Regression unter Nebenbedingungen.

Die Herleitung der Zielfunktion nach Gleichung (5) zeigt eine enge inhaltliche Verwandtschaft dieses Ansatzes zu den vorhergehenden Ansätzen, obgleich die Schätztechnik eine völlig andere ist. Die in Kap. 4.2.2. vorgestellten Verfahren ermitteln das Tracking Portfolio bei genauer Betrachtung mithilfe zweier separater Schritte:

1. Ermittlung der benötigten Inputparameter für die Optimierung: Dies sind je nach Verfahren und Detaillierungsgrad die Schätzung der Varianz-Kovarianzmatrix **V**, des erwarteten Renditevektors **r** bzw. der Alpha- und Beta-Werte. Diese Schätzungen können, müssen aber nicht auf (einfachen) histori-

189 Es wird die minimale Summe der quadrierten Fehler gefordert, damit sich nicht negative und positive Fehler gegenseitig aufheben.

190 Vgl. dazu auch das z.B. bei Poddig/Dichtl/Petersmeier (2003), S. 217 ff., S. 226 ff. dargestellte Regressionsmodell.

schen Schätzungen basieren. Sie können auch mittels gänzlich anderer Verfahren und Vorgehensweisen bereitgestellt werden.

2. Ermittlung des Tracking Portfolios durch Optimierung einer Zielfunktion, basierend auf den Inputparametern aus Schritt 1.

Dieser Ansatz verzichtet gegenüber den in Kap. 4.2.2. vorgestellten Verfahren auf ein zweistufiges Vorgehen. Die Ermittlung des Tracking Portfolios erfolgt direkt in einem Schritt über die Durchführung einer Regression unter Nebenbedingungen. Dies ist Vor- und Nachteil zugleich. Der Vorteil besteht in dem verfahrenstechnisch sehr einfachen Vorgehen, welches umständliche Zwischenschritte der Schätzung benötigter Inputparameter vermeidet. Gleichzeitig liegt hierin der entscheidende Nachteil begründet. Bessere Schätzverfahren als die einfache historische Schätzung lassen sich hiermit nicht berücksichtigen.[191] Die in Kap. 4.2.2. vorgestellten Verfahren sind diesbezüglich wesentlich flexibler. Bessere Schätzverfahren für die benötigten Inputparameter können jederzeit durch Austausch der betreffenden Verfahren integriert werden, ohne das grundsätzliche Vorgehen zu ändern. Dies spricht eher für die Verwendung der unter Kap. 4.2.2. vorgestellten Ansätze.

4.2.4. Lineare Optimierung

Der im Folgenden vorzustellende Ansatz geht bereits auf ANG (1975) zurück. Obwohl er zumindest in der Literatur schon lange bekannt ist, scheint er in der Praxis kaum eine ernsthafte Rolle zu spielen, obwohl die grundlegende Idee sehr einleuchtend und überzeugend erscheinen mag. Eventuell liegt dies daran, dass trotz seiner intuitiven Idee dieser Ansatz bei der verfahrenstechnischen Umsetzung mithilfe der linearen Optimierung nicht ganz durchsichtig, mitunter gar unverständlich wirkt.

Unter didaktischen Gesichtspunkten nähert man sich diesem Ansatz am leichtesten, wenn man auf die Überlegungen zur Datenanalyse bzw. -modellierung zurückgreift, wie sie im vorhergehenden Kap. 4.2.3. anhand der Gleichungen (7) bis (10) entwickelt wurden, um dort den Regressionsansatz zur Bestimmung eines Tracking Portfolios auf alternativem Wege herzuleiten. Danach soll die Rendite des Target Portfolios (welches aus Vereinfachungsgründen hier wieder mit dem Benchmarkportfolio B gleichgesetzt

191 Die später in Kap. 7.3.3. vorgestellte Vorgehensweise kann jedoch auch hier angewandt werden und relativiert damit diesen Nachteil. Damit kann ebenfalls bei der Regression unter Nebenbedingungen eine alternative Schätztechnik eingesetzt werden, die dann allerdings erheblich aufwändiger ist.

wird) für beliebige Zeitpunkte t (in der Zukunft) bestmöglich mittels N Assets nachgebildet werden, wobei ein unvermeidbarer Restfehler ε_t verbleibt. Die unbekannten, noch gesuchten Größen sind hier die Anteilsgewichte w_{Pi} der N Assets im Tracking Portfolio:

(1) $$r_{Bt} = w_{P1}r_{1t} + w_{P2}r_{2t} + ... + w_{PN}r_{Nt} + \varepsilon_t .$$

Während die Ansätze in Kap. 4.2.2. und 4.2.3. nun aber darauf basieren, im Idealfall die Restfehler ε_t auf $\varepsilon_t = 0$ für alle (zukünftigen) Zeitpunkte t zu bringen, wird hier ein anderer Weg gewählt. Die aktive Rendite r_A ist die Differenz zwischen Portfolio- und Benchmarkrendite (vgl. z.B. Gleichung (2) in Kap. 4.2.2.2.). Definiert man ferner den Restfehler $u_t = -\varepsilon_t$, so lässt sich Gleichung (1) alternativ nach Gleichung (2) schreiben:

(2) $$r_{At} = r_{Pt} - r_{Bt} = u_t.$$

Ein Investor wird natürlich darauf Wert legen, die Rendite der Benchmark mit dem Tracking Portfolio nicht zu unterschreiten; er wird also $u_t < 0$ auf jeden Fall vermeiden wollen. Dagegen ist es plausibel anzunehmen, dass positive Abweichungen der Rendite des Tracking Portfolios von der Benchmark, also $u_t > 0$, durchaus erwünscht sind. Das ideale Tracking Portfolio besitzt nach dieser Auffassung die minimale Summe der Absolutbeträge aller negativen aktiven Renditen (bzw. Restfehler u_t); es minimiert die erwarteten Verluste des Investors, erhält aber alle Gewinnchancen. Die Zielfunktion zur Bestimmung des Tracking Portfolios lautet damit:

(3) $$ZF = \sum_{\substack{t=1 \\ r_{Pt} < r_{Bt}}}^{T} \left| r_{Pt} - r_{Bt} \right| \rightarrow \min!$$

Der grundlegende Ansatz lautet also: Bestimme das Tracking Portfolio derart, dass die Summe der Absolutbeträge der (zukünftigen) negativen Renditeabweichungen gegenüber der Benchmark minimiert wird! Dieser Ansatz basiert auf einem *einseitigen* Risikoverständnis, indem nur *Unterschreitungen* der Benchmarkrendite als unerwünschte Zustände aufgefasst werden, deren Eintreten vermieden werden soll.

Die Zielfunktion nach Gleichung (3) bezieht sich streng genommen wiederum auf die Zukunft, beinhaltet also ex ante Größen. Für die Optimierung des Tracking Portfolios muss diese wiederum geschätzt werden, wobei die Schätzung üblicherweise anhand von T zurückliegenden Beobachtungsperioden für Benchmark- und Assetrenditen vorgenommen wird (historisch basierte Schätzung). Die ex ante Zielfunktion nach Gleichung (3) wird für Zwecke der Optimierung durch ihre ex post Variante ersetzt.[192]

Für die weitere Darstellung werden zwei Hilfsvariablen eingeführt. Die Hilfsvariable d_t^+ bezeichne die positive Differenz zwischen der Rendite des Tracking Portfolios und der der Benchmark als positive Zahl. Umgekehrt wird mit der Hilfsvariablen d_t^- die negative Differenz zwischen der Rendite des Tracking Portfolios und der der Benchmark, ebenfalls als positive Zahl, bezeichnet. Die aktive Rendite r_{At} bzw. der Restfehler u_t lässt sich mithilfe dieser beiden Hilfsvariablen schreiben als

$$(4) \qquad r_{At} = u_t = d_t^+ - d_t^-$$

wobei gilt:

$$(5a) \qquad \begin{array}{ll} d_t^+ = r_{Pt} - r_{Bt}, & \text{wenn } r_{Pt} > r_{Bt} \\ d_t^+ = 0 & \text{sonst} \end{array}$$

$$(5b) \qquad \begin{array}{ll} d_t^- = r_{Bt} - r_{Pt}, & \text{wenn } r_{Pt} < r_{Bt} \\ d_t^- = 0 & \text{sonst.} \end{array}$$

Per Definition gilt: $d_t^+ \geq 0$ und $d_t^- \geq 0$. Außerdem folgt aus $d_t^+ > 0$ sofort $d_t^- = 0$ und umgekehrt, wenn $d_t^- > 0$, dann ist $d_t^+ = 0$. Für jeden Zeitpunkt t gilt damit Gleichung (6), indem Gleichung (4) in Gleichung (2) eingesetzt wird:

$$(6) \qquad r_{Pt} - r_{Bt} = d_t^+ - d_t^- .$$

Die Gleichungen (7a) und (7b) sind äquivalent zu Gleichung (6) und gelten ebenfalls für jeden Zeitpunkt t:

$$(7a) \qquad r_{Pt} - r_{Bt} - d_t^+ + d_t^- = 0 \qquad \text{bzw.} \qquad (7b) \qquad r_{Pt} - d_t^+ + d_t^- = r_{Bt} .$$

192 Die ex ante und ex post Variante von Gleichung (3) unterscheiden sich strukturell überhaupt nicht; in der ex ante Version bezieht sich Gleichung (3) auf zukünftige, in der ex post Version auf beobachtete, vergangene Renditen von Benchmark und Assets.

Setzt man in (7b) für die Rendite des Tracking Portfolios den bekannten Ausdruck $\sum_{i=1}^{N} w_{Pi} r_{it}$ ein, so ergibt sich die Variante (7c):

$$\text{(7c)} \qquad \sum_{i=1}^{N} w_{Pi} r_{it} - d_t^+ + d_t^- = r_{Bt} \,.$$

Die zu minimierende Zielfunktion nach Gleichung (3) lässt sich unter Verwendung der eingeführten Hilfsvariablen alternativ nach Gleichung (8) darstellen:

$$\text{(8)} \qquad ZF = \sum_{t=1}^{T} d_t^- \to \min!$$

Im Zuge der Optimierung sind die Werte der folgenden gesuchten Variablen zu bestimmen:

- die N Anteilsgewichte der Assets w_{Pi},
- die T Werte für die positiven Renditeabweichungen d_t^+ (bzw. positiven aktiven Renditen r_{At} bzw. positiven Restfehler u_t) und
- die T Werte für die negativen Renditeabweichungen d_t^- (bzw. negativen aktiven Renditen r_{At} bzw. negativen Restfehler u_t),

also die Werte von $N+T+T$ Problemvariablen. Der Optimierungsansatz besteht hier darin, die Werte der Anteilsgewichte (w_{Pi}) und der Restfehler ($d_t^+ - d_t^-$) gemeinsam so zu ermitteln, dass

- in allen $t = 1, ..., T$ Perioden die Rendite des Tracking Portfolios abzüglich des Restfehlers der Rendite des Benchmarkportfolios entspricht, also Gleichung (7c) für alle T Perioden erfüllt ist, und
- die Summe der negativen Restfehler d_t^- dabei ein Minimum annimmt.

Der Optimierungsansatz zur Bestimmung des Tracking Portfolios lautet damit zusammengefasst wie folgt:

(9) $ZF = \sum_{t=1}^{T} d_t^- \rightarrow \min!$

(10) $\sum_{i=1}^{N} w_{Pi} r_{it} - d_t^+ + d_t^- = r_{Bt}$ für alle Zeitpunkte $t = 1, ..., T$

(11) $\sum_{i=1}^{N} w_{Pi} = 1$ Budgetrestriktion

(12) $w_{Pi} \geq 0$ für alle Assets $i = 1, ..., N$

(13a) $d_t^+ \geq 0$ für alle Zeitpunkte $t = 1, ..., T$

(13b) $d_t^- \geq 0$ für alle Zeitpunkte $t = 1, ..., T$.

Die Nebenbedingungen lassen sich dabei um dem jeweiligen Anwendungsfall geeignet erscheinende, weitere Restriktionen erweitern. Exemplarisch seien hier nur geforderte Mindestanteile und zulässige Höchstanteile von Assets im Tracking Portfolio genannt, die sich z.B. aus gesetzlichen oder satzungsmäßigen Vorschriften ergeben könnten:

(14a) $w_{Pi} \geq minw_i$ für alle Assets $i = 1, ..., N$

(14b) $w_{Pi} \leq maxw_i$ für alle Assets $i = 1, ..., N$.

Auch bei diesem Ansatz zur Bestimmung eines Tracking Portfolios besteht eine Schätzproblematik. Die eigentlich zu minimierende Zielfunktion nach Gleichung (3) bezieht sich – wie erwähnt – auf ex ante Größen und wird zum Zwecke der konkreten Bestimmung des Tracking Portfolios über ihre ex post Formulierung, d.h. anhand vergangener Beobachtungen, geschätzt. Die Güte der Schätzung über ihre ex post Variante ist also dafür entscheidend, ob die Erwartungen an das Tracking Portfolio später auch tatsächlich erfüllt werden. Ein weiterer Aspekt der Schätzproblematik betrifft die Anzahl der gesuchten (Problem-) Variablen bei diesem Ansatz. Neben den eigentlich interessierenden N Anteilsgewichten w_{Pi} des Tracking Portfolios sind bei diesem Optimierungsansatz ferner die Werte der T Hilfsvariablen d_t^+ und d_t^- zu bestimmen. Dies sind zusammen $N + 2T$ freie Parameter des Optimierungsproblems. Werden beispielsweise für das Tracking Portfolio potenziell 30 Assets vorgesehen und soll die

Schätzung der Zielfunktion über einen Beobachtungszeittraum von 240 Monaten (basierend auf Monatsrenditen) vorgenommen werden, so resultieren daraus 510 freie, im Zuge der Optimierung zu bestimmende Parameter. Im Allgemeinen ist dieser Aspekt aber verfahrenstechnisch nicht weiter problematisch. Zum einen handelt es sich bei dem Optimierungsansatz nach Gleichungen (9) bis (14) um ein lineares Optimierungsproblem, für welches mit dem Simplexalgorithmus[193] ein leistungsfähiges und effizientes Lösungsverfahren zur Verfügung steht, zum anderen stehen dafür verschiedene Softwarelösungen bereit, die auf der heute verfügbaren Computerhardware die Bestimmung des Tracking Portfolios in kürzester Zeit erlauben.

4.2.5. Schätzproblematik der Optimierungsparameter

Wesentlicher Beweggrund für ein passives Portfoliomanagement, welches dann mithilfe von Tracking Portfolios praktisch umgesetzt wird, ist die Überzeugung, es entweder mit informationseffizienten Finanzmärkten zu tun zu haben oder aber über nicht hinreichende Prognosefähigkeiten zu verfügen, deren Güte im Zuge der aktiven Umsetzung es erlauben würde, ausreichende systematische Extragewinne zu erzielen. Im ersten Fall sind also Finanzmarktprognosen ohnehin nicht möglich, im zweiten Fall decken sie die mit ihrer Erstellung verbundenen Kosten nicht. Konsequenterweise wird dann auf Prognosen (Schätzungen zukünftiger Größen) verzichtet und die vorgegebene Benchmark verfolgt. Aus den vorgestellten Umständen wird jedoch selten die Benchmark direkt implementiert, sondern nur indirekt über ein Tracking Portfolio angenähert.

Die nähere Analyse der Verfahren zur Bestimmung von Tracking Portfolios mag – für manchen vielleicht zunächst überraschend – offenbaren, dass hier ebenfalls die Schätzung zukünftiger Größen, also Prognosen, unabdingbar ist. Sobald das passive Management nicht auf die Full Replication zurückgreift, sondern auf die approximative Nachbildung (Sampling), entsteht prinzipiell dieselbe Prognoseproblematik wie beim aktiven Management. Sie ist hier vielleicht weniger offensichtlich, aber genauso unvermeidbar (und zwar unabhängig vom verwendeten Verfahrensansatz). Dies mag verwirrend, vielleicht gar als „paradoxe“ Situation anmuten: Verfahren des Index Tracking werden ja insbesondere deshalb eingesetzt, um die Prognoseproblematik beim aktiven Management zu umgehen. Schlussendlich sehen sie sich aber derselben Problematik wieder gegenüber. Was wird gewonnen? Oder aber kann man dann nicht gleich auf Verfahren des Index Tracking völlig verzichten?

---

193 Vgl. dazu z.B. Poddig/Dichtl/Petersmeier (2003), S. 485 ff.

Die entscheidende Frage ist, wie gravierend die Schätzproblematik bei den einzelnen Verfahren zum Index Tracking ist. Einige „Gedankenexperimente" zu Extremfällen erlauben eine erste Einschätzung. Angenommen, im Rahmen des passiven Managements würde man die Full Replication wählen, dann besteht keine Schätzproblematik und das tatsächliche Portfolio wird sich exakt wie die Benchmark verhalten. Der ex ante Tracking Error ist mit Sicherheit gleich null. Für den anderen Extremfall sei angenommen, das Tracking Portfolio soll aus nur einem Asset bestehen (welches nicht zugleich die Benchmark ist). In diesem Fall ist die Schätzproblematik besonders offensichtlich: Es muss dasjenige Asset bestimmt werden, welches sich voraussichtlich in seiner zukünftigen Wertentwicklung so nah wie möglich an der Benchmark entwickelt. Der *tatsächliche*, aber unbekannte ex ante Tracking Error (nicht zu verwechseln mit dem *geschätzten* ex ante Tracking Error!) kann dabei immens sein. Ein ad hoc Ansatz zur Begrenzung des *tatsächlichen* ex ante Tracking Errors könnte wie folgt aussehen (wobei angenommen sei, alle Assets des Benchmarkportfolios würden auch tatsächlich für eine Aufnahme in das Tracking Portfolio verfügbar sein): Bei der Bestimmung des Tracking Portfolios werden zusätzliche Nebenbedingungen eingeführt, die eine Abweichung des Anteilsgewichts eines Assets im Tracking Portfolio von demjenigen im Benchmarkportfolio auf Δ Prozentpunkte begrenzen. Für $\Delta = 0$ resultiert offensichtlich wieder das Benchmarkportfolio (Full Replication), sodass der tatsächliche, aber unbekannte ex ante Tracking Error null sein muss. Wird nun allmählich der Wert für Δ (dem Absolutbetrag nach) vergrößert, kann sich die Anteilsstruktur des Tracking Portfolios immer deutlicher von der des Benchmarkportfolios unterscheiden und damit *kann* der tatsächliche, aber unbekannte ex ante Tracking Error zunehmend ansteigen. Damit selbst bei deutlich abweichender Anteilsstruktur des Tracking Portfolios von derjenigen der Benchmark der tatsächliche, aber unbekannte ex ante Tracking Error immer noch null bleibt, sind offensichtlich perfekte Schätzungen aller Eingangsparameter, je nach verwendetem Verfahren, notwendig. Je unzuverlässiger diese Schätzungen in diesem Fall sind, umso mehr wird der tatsächliche, aber unbekannte ex ante Tracking Error von dem geschätzten ex ante Tracking Error abweichen. Aus diesen Überlegungen heraus ergeben sich damit folgende Einsichten: Tendenziell wird bei einem Tracking Portfolio, welches

- dasselbe Anlageuniversum besitzt wie die Benchmark,
- viele Assets beinhaltet und hinsichtlich der Assetgewichte
- eng an der Benchmark orientiert ist,

die Schätzproblematik weniger ins Gewicht fallen, als bei einem Tracking Portfolio, welches

- aus einem abweichenden Anlageuniversum zusammengestellt wird bzw. werden muss,
- eher wenige Assets beinhaltet und damit bezüglich einbezogener Assets und deren Anteilsgewichte
- deutlich von der Struktur der Benchmark abweicht.

Die enge Orientierung an der Benchmark impliziert im ersten Fall zwangsläufig einen geringfügigen, tatsächlichen ex ante Tracking Error, womit Fragen der Schätzung benötigter Inputparameter für die vorgestellten Ansätze eher an Bedeutung verlieren. Im zweiten Fall können sie dagegen deutlich an Gewicht gewinnen. Zudem besteht ein enger Zusammenhang zwischen den Kosten der Implementation des Tracking Portfolios und der Schätzgüte benötigter Inputparameter für dessen Konstruktion. Um die Transaktionskosten für die erstmalige Realisierung des Tracking Portfolios, dessen laufende Überwachung und Anpassung möglichst gering zu halten, ist tendenziell ein aus eher wenigen Assets bestehendes Tracking Portfolio zu präferieren. Je weniger Assets das Tracking Portfolio aber enthält, desto stärker weicht es strukturell von der Benchmark ab und umso präziser müssen die Schätzungen für die benötigten Inputparameter sein, um den tatsächlichen Tracking Error gering zu halten. Die erhöhten Anforderungen an die Präzision der Schätzungen lässt aber in der Tendenz auch die mit ihrer Erstellung verbunden Kosten steigen, abgesehen von der Frage, ob überhaupt die dafür benötigte Expertise vorhanden ist.

Unter praktischen Gesichtspunkten erlauben die vorgestellten Verfahren insgesamt, durch *moderates* Abweichen von der Struktur der Benchmark ein kostengünstigeres Tracking Portfolio zu konstruieren als im Falle der Full Replication bzw. deren Verfolgung überhaupt erst zu ermöglichen, ohne dass die damit einhergehende Bedeutung der Schätzproblematik die Sinnhaftigkeit eines passiven gegenüber einem aktiven Management wieder grundsätzlich in Frage stellt. Ist dagegen die Konstruktion eines Tracking Portfolios gewünscht oder notwendig, welches strukturell *erheblich* von der Benchmark abweicht, so besitzen die Schätzproblematik und die mit ihrer sachgerechten Lösung verbundenen Fragen nachhaltige Bedeutung. Im Extremfall führen sie den grundlegenden Ansatz des passiven Managements (über Verwendung von Tracking Portfolios) darüber wieder praktisch ad absurdum.

4.3. Fallstudie zum Index Tracking

4.3.1. Aufbau der Fallstudie

Die hier vorgestellten Verfahren zur Bestimmung von Tracking Portfolios sollen anhand der Daten der Fallstudie aus Kap. 3.5.6. praktisch demonstriert werden, weshalb für Fragen des grundsätzlichen Aufbaus und Herkunft des Datenmaterials darauf zurückverwiesen sei. Die Rahmenbedingungen des Aufbaus der Fallstudie aus Kap. 3.5.6. entsprechen dabei in besonderer Weise der Problemstellung beim Index Tracking. Dort ging es im Prinzip darum, ein aus Einzeltiteln bestehendes Portfolio gegen eine Benchmark zu optimieren, wobei beiden ein unterschiedliches Anlageuniversum zugrunde lag. Während diese Aufgabenstellung bei der relativen Optimierung eher einen (praktisch durchaus relevanten) Grenzfall darstellt, denn eigentlich sollten sich die Anlageuniversen von Benchmark und aktivem Portfolio entsprechen, ist diese Konstellation für die Bestimmung eines Tracking Portfolios eher typisch. Insofern passt eigentlich die in der Fallstudie zur relativen Optimierung unterstellte Ausgangssituation besser zum hier betrachteten Anwendungsfall.

In Anlehnung an die relative Optimierung mit Einzeltiteln bei abweichenden Anlageuniversen (vgl. Kap. 3.5.6.) wurde bereits schon der Übergang von der relativen Optimierung zum Index Tracking im Kap. 4.2.2.1. behandelt und in Fortführung der Fallstudie aus Kap. 3.5.6. in Kap. 4.2.2.1. exemplarisch umgesetzt. Insofern beschränken sich die nachfolgenden Betrachtungen dieser Fallstudie auf das Verfahren nach MARKOWITZ (vgl. Kap. 4.2.2.2.), die Regression unter Nebenbedingungen (vgl. Kap. 4.2.3.) und die lineare Optimierung (vgl. Kap. 4.2.4.).

Um die Bedeutung der Schätzproblematik (vgl. insbesondere Kap. 4.2.5.) zu illustrieren, wird gegenüber der Fallstudie in Kap. 3.5.6. eine leichte Modifikation vorgenommen. Das vorhandene Datenmaterial umfasst insgesamt 110 monatliche Beobachtungen für Kurse bzw. Indexstände, aus denen sich 109 (diskrete) Monatsrenditen[194] für die Einzeltitel und den Index berechnen lassen (vgl. Kap. 3.5.6.). Das Daten-

194 In dieser Fallstudie werden die diskreten Monatsrenditen (wie in der Fallstudie aus Kap. 3.5.6. auch) als Überschussrenditen über den risikofreien Zinssatz hinaus berechnet, wobei aber abweichend gegenüber Kap. 3.5.6. der risikofreie Zinssatz mit 0% angesetzt wurde. Faktisch werden damit in dieser Fallstudie absolute diskrete Monatsrenditen zugrunde gelegt, obwohl die Berechnungsweise von Überschussrenditen (über den risikofreien Zinssatz) ausgeht. Der Vorteil, bei der Berechnungsweise von Überschussrenditen auszugehen, ist die größere Flexibilität. Wird, wie hier auch, der risikofreie Zinssatz auf null gesetzt, ist dies gleichbedeutend mit der Ermittlung ab-

material wird nun in einen Schätzzeitraum, bestehend aus den ersten 55 Monatsrenditen, und einen Validierungszeitraum, bestehend aus den letzten 54 Monatsrenditen, unterteilt. Die Bestimmung der Tracking Portfolios erfolgt stets auf Basis der ersten 55 Beobachtungen (Schätzzeitraum). Nach der Bestimmung des Tracking Portfolios wird anhand des Validierungszeitraums berechnet, welche (mittlere) aktive Rendite und zugehörige Varianz (Tracking Error) das Tracking Portfolio besessen hätte. Bei perfekten Schätzungen der Inputparameter für die jeweiligen Verfahren müssten im Idealfall die Werte für den *geschätzten* ex ante Tracking Error (anhand des Schätzzeitraums) in etwa mit dem tatsächlichen, ex post Tracking Error des Validierungszeitraums übereinstimmen. Dabei kann zwar eine einzelne Fallstudie keine generellen Aussagen über die Güte der einzelnen Verfahren zulassen, aber dennoch die grundsätzliche Problematik illustrieren.

4.3.2. Verfahren nach MARKOWITZ

Der Optimierungsansatz zur Bestimmung eines Tracking Portfolios nach MARKOWITZ wird nochmals mittels der Zielfunktion nach Gleichung (1) und den Nebenbedingungen nach Gleichungen (2) bis (6), bezogen auf die hier durchgeführte Fallstudie, zusammengefasst:

(1) $ZF = TE = Var(r_A) = \sigma_{AP}^2 = \mathbf{w}_A^{\mathbf{T}} \cdot \mathbf{V} \cdot \mathbf{w}_A$

(2) $r_A = \mathbf{w}_A^{\mathbf{T}} \cdot \mathbf{r} = r^* = 0$ keine aktive Rendite (Bonus Return)

(3) $\sum_{i=1}^{N} w_{Pi} = 1$ Budgetrestriktion

(4) $w_{Pi} \geq 0$ für alle $i = 1, ..., N$ (keine Leerverkäufe)

(5) $w_{Pi} \geq minw_i$ für alle $i = 1, ..., N$ (geforderter Mindestanteil)

---

soluter Renditen. Ebenso kann aber auch jeder andere Wert für den risikofreien Zinssatz angesetzt werden, ohne dass sich dadurch der grundlegende Aufbau des Rechenschemas ändert. Für die hier zu demonstrierenden Verfahren ist es im Übrigen unbedeutend, ob von absoluten oder überschüssigen Renditen ausgegangen wird. Lediglich die Vergleichbarkeit zu den Ergebnissen aus Kap. 4.2.2.1. wird dadurch beeinträchtigt, da dort (aus Gründen der Vergleichbarkeit mit Kap. 3.5.6.) von Überschussrenditen bei einem risikofreien Zinssatz von 4% p.a. ausgegangen wurde. Wegen des ohnehin modifizierten Aufbaus dieser Fallstudie wären die Ergebnisse aber auch dann nicht vergleichbar.

(6) $w_{P_i} \leq maxw_i$ für alle $i = 1, ..., N$ (zulässiger Höchstanteil).

Zentrale Inputparameter sind dabei (i) die geschätzte Varianz-Kovarianzmatrix **V** der zukünftigen Assetrenditen für die Zielfunktion (vgl. Gleichung (1)) sowie (ii) die Erwartungswerte der einzelnen Assetrenditen **r**, mit denen die Nebenbedingung nach Gleichung (2) kontrolliert wird. Die Abb. 4.3.2.-1. zeigt einen Ausschnitt aus dem Tabellenblatt mit einer Zusammenstellung der geschätzten Inputparameter.

	W	X	Y	Z	AA	AB	AC	AD	AE	AF	AG
9		Schätzer für Renditen (r) und Kovarianzen (**V**)									
10	Markt	EW(r)	Total Fina Elf	BCO Santander	Telecom Italia	SIEMENS	Ass. Generali	E.ON	Sanofi	Danone	DJ Euro Stoxx 50
11	Total Fina Elf	0,01877	0,0030018	0,0014753	0,0024687	0,0015211	0,0013606	0,0010261	0,0014681	0,0019631	0,0016537
12	BCO Santander	0,02431	0,0014753	0,0038739	0,0023188	0,0005253	0,0003022	0,0007279	0,0010860	0,0013635	0,0011452
13	Telecom Italia	0,03554	0,0024687	0,0023188	0,0111267	0,0024352	0,0047072	0,0017975	0,0021164	0,0021082	0,0024298
14	SIEMENS	0,01278	0,0015211	0,0005253	0,0024352	0,0036284	0,0017775	0,0017122	0,0016474	0,0014988	0,0020331
15	Ass. Generali	0,00743	0,0013606	0,0003022	0,0047072	0,0017775	0,0038366	0,0008269	0,0013127	0,0014078	0,0013331
16	E.ON	0,01889	0,0010261	0,0007279	0,0017975	0,0017122	0,0008269	0,0023492	0,0009590	0,0010854	0,0014047
17	Sanofi	0,02000	0,0014681	0,0010860	0,0021164	0,0016474	0,0013127	0,0009590	0,0043569	0,0016903	0,0017240
18	Danone	0,00143	0,0019631	0,0013635	0,0021082	0,0014988	0,0014078	0,0010854	0,0016903	0,0037537	0,0017473
19	DJ Euro Stoxx 50	0,01621	0,0016537	0,0011452	0,0024298	0,0020331	0,0013331	0,0014047	0,0017240	0,0017473	0,0018049

Abb. 4.3.2.-1.: Zusammenstellung der geschätzten Inputparameter

Die Schätzung der Varianz-Kovarianzmatrix basiert auf der empirischen Varianz-Kovarianzmatrix, die anhand der ersten 55 Monatsrenditen (Schätzzeitraum) unter Verwendung der Excel-Funktion KOVAR()[195] durchgeführt wurde. Die Schätzungen für die Erwartungswerte der Assetrenditen erfolgen mittels der historischen Mittelwerte (Excel-Funktion MITTELWERT()[196]), ebenfalls anhand des Schätzzeitraums. Das prinzipielle Vorgehen bei der Schätzung dieser Inputparameter unterscheidet sich also nicht von demjenigen bei den Fallstudien zur absoluten und relativen Optimierung. Wiederum sei angemerkt, dass die Schätzung dieser beiden zentralen Inputparameter (Varianz-Kovarianzmatrix und Erwartungswerte der Assetrenditen) auch mittels gänzlich anderer Verfahren erfolgen kann. Für die verfahrenstechnische Durchführung der Optimierung zur Bestimmung des Tracking Portfolios ist letztendlich die Herkunft dieser Schätzungen unbedeutend (wenn auch nicht für die spätere Güte des Tracking Portfolios).

Der Aufbau des Optimierungsproblems ist aus Abb. 4.3.2.-2. ersichtlich. Er ist weitgehend identisch mit demjenigen zur relativen Optimierung mit Einzeltiteln bei unter-

---

195 Diese Funktion ist über die Menüfolge Einfügen und Funktion... erreichbar. Sie findet sich dann in der Funktionskategorie Statistik.

196 Diese Funktion ist über die Menüfolge Einfügen und Funktion... erreichbar. Sie findet sich dann in der Funktionskategorie Statistik.

schiedlichen Anlageuniversen (vgl. Kap. 3.5.6., insbesondere auch Abb. 3.5.6.-4.). Es wird von einem Anlageuniversum ausgegangen, welches aus der Vereinigungsmenge der Anlageuniversen des Tracking Portfolios und der Benchmark besteht. Anlagen, die nicht im Tracking Portfolio gehalten werden können oder dürfen, erhalten dort ein fest fixiertes Anteilsgewicht von null. Ebenso werden in der Benchmark diejenigen Anteilsgewichte von Assets auf null fixiert, die dort nicht enthalten sind. Im Zuge der Optimierung werden dann nur die Anteilsgewichte derjenigen Assets gesucht und verändert, die nicht auf null fixiert, also Elemente des Anlageuniversums des Tracking Portfolios sind. Die Inputparameter für die Optimierung (Varianz-Kovarianzmatrix, Erwartungswerte der Assetrenditen) sind dagegen für alle Assets des (vereinigten) Anlageuniversums zu schätzen (vgl. auch Abb. 4.3.2.-1.). Wie auch in der Fallstudie aus Kap. 3.5.6., wird hier die Benchmark (DJ EURO STOXX 50) nicht in ihrer detaillierten Zusammensetzung betrachtet, sondern wie ein „unbekannter" (oder gar synthetischer) Index behandelt, indem sie als eine Art „virtuelle" Anlage des vereinigten Anlageuniversums aufgefasst wird. Die Benchmark besteht dann einfach aus einer vollständigen Haltung dieser einen, „virtuellen" Anlage (vgl. auch das Vorgehen in Kap. 3.5.6.).

X39 {= MMULT(MMULT(MTRANS(AB28:AB36);Y11:AG19);AB28:AB36)}

	W	X	Y	Z	AA	AB
26	Portfoliogewichte (TP):				Benchmark:	
27	Markt	Gewicht (**w**)	Minimal	Maximal	Gewichte	aktive Gewichte
28	Total Fina Elf	0,1250	0,0500	0,4000	0,0000	0,1250
29	BCO Santander	0,1250	0,0500	0,4000	0,0000	0,1250
30	Telecom Italia	0,1250	0,0500	0,4000	0,0000	0,1250
31	SIEMENS	0,1250	0,0500	0,4000	0,0000	0,1250
32	Ass. Generali	0,1250	0,0500	0,4000	0,0000	0,1250
33	E.ON	0,1250	0,0500	0,4000	0,0000	0,1250
34	Sanofi	0,1250	0,0500	0,4000	0,0000	0,1250
35	Danone	0,1250	0,0500	0,4000	0,0000	0,1250
36	DJ Euro Stoxx 50	0,0000			1,0000	-1,0000
37	Summe:	1,0000			1,0000	0,0000
38						
39	TE:	0,0003951				
40	ar:	0,0011843				

Abb. 4.3.2.-2.: Aufbau des Optimierungsproblems

In der Abb. 4.3.2.-2. ist eine willkürlich gewählte Startlösung für die Bestimmung des Tracking Portfolios zugrunde gelegt worden. Sie besteht aus einer gleichmäßigen Aufteilung der Anteilsgewichte auf alle zur Verfügung stehenden Anlagen (naives Portfolio), welches in diesem Zusammenhang als *naives Tracking Portfolio* bezeichnet sei. Für dieses naive Tracking Portfolio lassen sich nun anhand des Schätz- und Validierungszeitraums die ex post aktiven Renditen und der Tracking Error berechnen. Diese sind in der Tabelle 4.3.2.-1. zusammengestellt.

	Schätzzeitraum	Validierungs-zeitraum
Aktive Rendite (Mittelwert)	0.0011843	0.0057126
Tracking Error (empirische Varianz der aktiven Rendite)	0.0003951	0.0008751

Tab. 4.3.2.-1.: Aktive Rendite und Tracking Error für das naive Tracking Portfolio

Obwohl der Bestimmung des naiven Tracking Portfolios kein besonderes Verfahren zugrunde liegt, ist doch auffällig, wie ungenau die Abschätzung der zukünftigen aktiven Rendite und des Tracking Errors über den historischen Mittelwert der aktiven Rendite und deren empirische Varianz im Schätzzeitraum ist.

Die Bestimmung des Tracking Portfolios nach dem Markowitz-Verfahren ist nach diesen vorbereitenden Schritten verfahrenstechnisch recht einfach und kann z.B. mithilfe des Solvers in Excel erfolgen. Die Abb. 4.3.2.-3. zeigt exemplarisch die Eingabeparameter für den Solver sowie die resultierende Lösung in dieser Fallstudie.

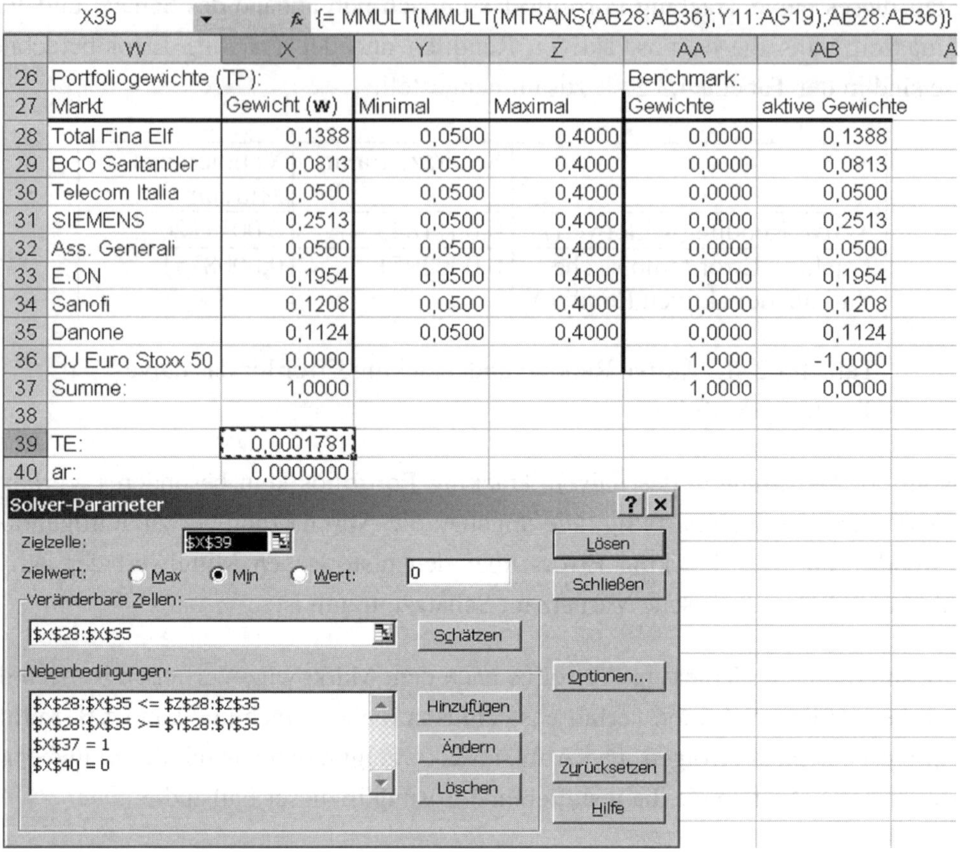

X39 = {= MMULT(MMULT(MTRANS(AB28:AB36);Y11:AG19);AB28:AB36)}

	W	X	Y	Z	AA	AB
26	Portfoliogewichte (TP):				Benchmark:	
27	Markt	Gewicht (**w**)	Minimal	Maximal	Gewichte	aktive Gewichte
28	Total Fina Elf	0,1388	0,0500	0,4000	0,0000	0,1388
29	BCO Santander	0,0813	0,0500	0,4000	0,0000	0,0813
30	Telecom Italia	0,0500	0,0500	0,4000	0,0000	0,0500
31	SIEMENS	0,2513	0,0500	0,4000	0,0000	0,2513
32	Ass. Generali	0,0500	0,0500	0,4000	0,0000	0,0500
33	E.ON	0,1954	0,0500	0,4000	0,0000	0,1954
34	Sanofi	0,1208	0,0500	0,4000	0,0000	0,1208
35	Danone	0,1124	0,0500	0,4000	0,0000	0,1124
36	DJ Euro Stoxx 50	0,0000			1,0000	-1,0000
37	Summe:	1,0000			1,0000	0,0000
38						
39	TE:	0,0001781				
40	ar:	0,0000000				

Abb. 4.3.2.-3.: Eingabeparameter im Solver

Die konkrete Umsetzung des Optimierungsproblems nach Gleichungen (1) bis (6) in dieser Fallstudie ist ebenfalls ersichtlich. Die Zielzelle (hier X39) beinhaltet die Berechnung des Tracking Errors (vgl. Gleichung (1)), deren Wert zu minimieren ist. Die Umsetzung in Excel erfolgt dabei mit den bekannten Matrizenoperationen (MMULT(MMULT(MTRANS(...);...);...)), die hier nicht wiederholt werden sollen. Die Berechnung der Budgetrestriktion ist in Zelle X37 enthalten (vgl. Gleichung (3)), die für die aktive Rendite (oder auch Bonus Return genannt) in Zelle X40 (vgl. Gleichung (2)). Die weiteren in Abb. 4.3.2.-3. ersichtlichen Nebenbedingungen entsprechen den Bestandsnebenbedingungen nach Gleichungen (5) und (6). Die Nichtnegativitätsbedingung nach Gleichung (4) lässt sich leicht in einem weiteren Eingabemenü setzen, in welches man durch Anwahl der Schaltfläche Optionen... gelangt. Diese ist aber implizit durch das Setzen der Nebenbedingungen nach Gleichung (5) und (6) erfüllt, muss also in diesem speziellen Fall nicht extra gesetzt werden.

Die gefundene Lösung genügt allen Nebenbedingungen und besitzt einen minimalen, *geschätzten* Tracking Error. Insofern ist nunmehr die Frage interessant, wie dieses Tracking Portfolio im folgenden Validierungszeitraum abgeschnitten hätte. Die Tabelle 4.3.2.-2. zeigt eine Gegenüberstellung von aktiver Rendite und Tracking Error für Schätz- und Validierungszeitraum.

	Schätzzeitraum	Validierungs-zeitraum
Aktive Rendite (Mittelwert)	0.0000000	0.0058168
Tracking Error (empirische Varianz der aktiven Rendite)	0.0001781	0.0010299

Tab. 4.3.2.-2.: Aktive Rendite und Tracking Error für das Tracking Portfolio nach MARKOWITZ

Die Gegenüberstellung in Tab. 4.3.2.-2. illustriert die Schätzproblematik, die eben auch beim Index Tracking besteht. Das eigentlich auf die Zukunft (hier repräsentiert durch den Validierungszeitraum) bezogene Tracking Portfolio hält gemäß der *Schätzung* am Schätzzeitraum die Nebenbedingung nach Gleichung (2) ein und besitzt einen minimalen (*geschätzten*) Tracking Error. Im Validierungszeitraum wird dann aber tatsächlich die Nebenbedingung nach Gleichung (2) deutlich verletzt. Der ex post Tracking Error im Validierungszeitraum ist fast sechsmal höher als nach seiner Schätzung. Bemerkenswert ist ebenfalls, dass sogar das naive Tracking Portfolio in dieser Fallstudie im Validierungszeitraum einen deutlich niedrigeren Tracking Error besitzt als das Tracking Portfolio nach dem Markowitz-Verfahren.

Diese Ergebnisse sollen allerdings nicht falsch interpretiert werden. Sie belegen weder die Untauglichkeit des Markowitz-Verfahrens noch die Unsinnigkeit des Index Tracking. Sie illustrieren lediglich die Schätzproblematik, die auch bei diesem Verfahren besteht und die gerade beim Index Tracking mit wenigen Assets (so wie in der Fallstudie) besonders in Erscheinung tritt. Je mehr Assets für die Aufnahme in das Tracking Portfolio zur Verfügung stehen und je enger dieses an der Benchmark orientiert ist, umso geringer wird die Bedeutung der Schätzproblematik.

4.3.3. Regression unter Nebenbedingungen

Wie auch in Kap. 4.3.2. soll hier der Optimierungsansatz zur Bestimmung eines Tracking Portfolios, bezogen auf die hier durchgeführte Fallstudie, nochmals zusammengefasst werden. Bei Verwendung einer Regression unter Nebenbedingungen lautet die

Zielfunktion nach Gleichung (1), wobei die Nebenbedingungen nach Gleichungen (2) bis (5) zu berücksichtigen sind:[197]

(1) $$ZF = \sum_{t=1}^{T} (r_P - r_B)^2 = \sum_{t=1}^{T} r_A^2 \rightarrow \min!$$

(2) $\sum_{i=1}^{N} w_{Pi} = 1$ Budgetrestriktion

(3) $w_{Pi} \geq 0$ für alle $i = 1, ..., N$ (keine Leerverkäufe)

(4) $w_{Pi} \leq maxw_i$ für alle $i = 1, ..., N$ (zulässiger Höchstanteil)

(5) $w_{Pi} \geq minw_i$ für alle $i = 1, ..., N$ (geforderter Mindestanteil).

Y20 = SUMME(V12:V66)

	X	Y	Z	AA
10	Titel	Gewicht	min	max
11	Total Fina Elf	0,1250	0,0500	0,4000
12	BCO Santander	0,1250	0,0500	0,4000
13	Telecom Italia	0,1250	0,0500	0,4000
14	SIEMENS	0,1250	0,0500	0,4000
15	Ass. Generali	0,1250	0,0500	0,4000
16	E.ON	0,1250	0,0500	0,4000
17	Sanofi	0,1250	0,0500	0,4000
18	Danone	0,1250	0,0500	0,4000
19	Summe:	1,0000		
20	Summe ar^2:	0,0218049		
21	TE:	0,0003951		

Abb. 4.3.3.-1.: Startlösung

Die Umsetzung dieses Ansatzes ist verfahrenstechnisch etwas einfacher als beim Markowitz-Verfahren. Ausgangspunkt ist wiederum eine willkürlich gewählte Startlösung (vgl. Abb. 4.3.3.-1.) für das Tracking Portfolio, wofür hier wieder das naive Tracking Portfolio benutzt wurde. Mit der Struktur der Startlösung lässt sich nun für jeden Zeitpunkt des Schätzzeitraums die dann resultierende Rendite des Tracking Portfolios berechnen. Zieht man davon die beobachtete Rendite der Benchmark ab, ergibt sich

---

197 Ob die Zielfunktion konkret als

$$ZF = \sum_{t=1}^{T} (r_P - r_B)^2 = \sum_{t=1}^{T} r_A^2 \rightarrow \min!$$

oder als

$$ZF = \frac{1}{T} \sum_{t=1}^{T} (r_P - r_B)^2 = \frac{1}{T} \sum_{t=1}^{T} r_A^2 \rightarrow \min!$$

formuliert wird, ist unerheblich, da die Multiplikation mit dem konstanten Faktor $1/T$ nur den Wert, nicht aber die Lage des Minimums verändert.

die aktive Rendite. Diese muss dann noch quadriert und über alle Zeitpunkte des Schätzzeitraums summiert werden, um den Wert der Zielfunktion nach Gleichung (1) für die Startlösung, geschätzt anhand des Schätzzeitraums, zu erhalten. Die Abb. 4.3.3.-2. zeigt einen Ausschnitt aus dem Tabellenblatt mit der Umsetzung dieser Fallstudie in Excel.[198] Der resultierende Wert für die Zielfunktion ist aus Abb. 4.3.3.-1. ersichtlich (Zelle Y20). Dort ist ebenfalls der Wert für den geschätzten Tracking Error ausgewiesen (Zelle Y21).

U12 {= MMULT(L12:S12;$Y$11:$Y$18)-T12}

	K	L	M	N	O	P	Q	R	S	T	U	V
9											Tracking Portfolio	
10		Total Fina Elf	BCO Santand	Telecom Italia	SIEMENS	Ass. Generali	E.ON	Sanofi	Danone	DJ Euro Stoxx	aktive Rendite	ar^2
11	29.01.1993											
12	26.02.1993	0,14111	0,06740	0,03873	0,09833	0,04358	0,04478	0,08333	0,07990	0,08127	-0,00663	0,0000439
13	31.03.1993	0,03219	0,02947	-0,08566	-0,02425	-0,06178	-0,01299	-0,03900	0,00504	0,01104	-0,03067	0,0009404
14	30.04.1993	-0,00198	0,03888	0,22864	-0,04460	0,11280	0,01184	-0,03946	-0,09356	-0,02329	0,04986	0,0024861
15	31.05.1993	0,02108	0,13583	0,22165	-0,02407	0,00767	-0,02965	-0,06573	-0,01988	-0,00051	0,03138	0,0009844
16	30.06.1993	0,03473	0,00520	0,16106	0,02915	0,01794	0,01501	0,03266	0,02245	0,03942	0,00036	0,0000001
17	30.07.1993	0,10305	0,11033	0,10613	0,05374	0,06875	0,06522	0,05961	-0,04378	0,06787	-0,00248	0,0000062
18	31.08.1993	0,05086	0,05436	0,12340	0,02918	0,04593	0,02256	0,01837	0,09172	0,06936	-0,01481	0,0002195

Abb. 4.3.3.-2.: Berechnung der Zielfunktion

Nach diesen vorbereitenden Arbeitsschritten kann das Optimierungsproblem wiederum unter Verwendung des Solvers gelöst werden. Die Abb. 4.3.3.-3. zeigt die dafür notwendigen Eingabeparameter für den Solver in dieser Fallstudie, die resultierende Lösung ist dort ebenfalls mit ausgewiesen.

198 Genau genommen wird im Tabellenblatt die Portfoliorendite des Tracking Portfolios für einen Zeitpunkt t nicht als $r_P = \mathbf{w}^\mathbf{T}\mathbf{r}$, sondern als $r_P = \mathbf{r}^\mathbf{T}\mathbf{w}$ berechnet. In diesem speziellen Falle führen aber beide Berechnungsweisen zu demselben Ergebnis. Die Verwendung der zweiten Berechnungsweise ergibt sich schlichtweg aus dem beispielhaften Aufbau des Tabellenblattes, indem nämlich dort die Renditen als Zeilenvektoren, die Anteilsgewichte als Spaltenvektor aufgebaut sind. Um die erste Berechnungsweise zu verwenden, müssten hier jeweils Renditevektoren und Vektor der Anteilsgewichte (unnötigerweise) erst transponiert werden.

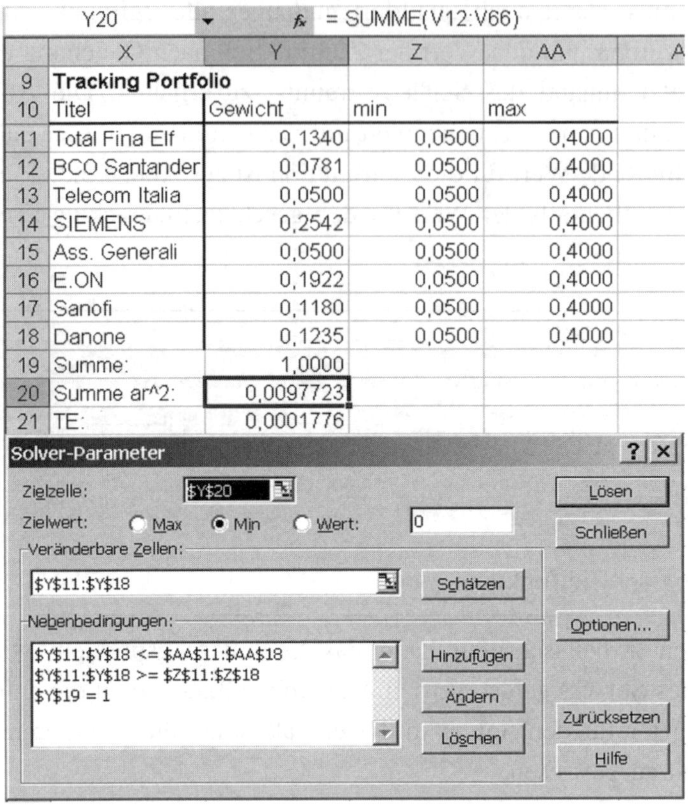

Abb. 4.3.3.-3.: Eingabeparameter für den Solver und Lösung

Auch hier ist ein Vergleich der Tracking Error im Schätz- und Validierungszeitraum aufschlussreich, um die Schätzproblematik zu illustrieren. Die Tabelle 4.3.3.-1. stellt dazu die Werte für aktive Rendite und Tracking Error im Schätz- und Validierungszeitraum vergleichend gegenüber.

Ein Vergleich der Lösungen für das Tracking Portfolio nach dem Markowitz-Verfahren und der Regression unter Nebenbedingungen ist ebenfalls interessant. Die Gegenüberstellung der ermittelten, optimalen Anteilsgewichte zeigt nur geringfügige Abweichungen. Entsprechend fallen die Werte beider Tracking Portfolios für aktive Rendite und Tracking Error sowohl in Schätz- als auch Validierungszeitraum sehr ähnlich aus. Diese Ähnlichkeit ist aber nicht überraschend, denn die theoretische Analyse zeigte ja bereits, dass unter der Nebenbedingung einer aktiven Rendite von null die Minimierung des ex ante Tracking Error (Markowitz-Verfahren) äquivalent zur (ex ante) Minimierung des Erwartungswertes der quadrierten aktiven Rendite ist. Insofern müssten eigentlich sogar dieselben Lösungen resultieren. Die Abweichungen erklären sich mit den unterschiedlichen Schätzverfahren, die bei beiden Ansätzen Verwendung finden.

	Schätzzeitraum	Validierungs-zeitraum
Aktive Rendite (Mittelwert)	-0.0002311	0.0058331
Tracking Error (empirische Varianz der aktiven Rendite)	0.0001776	0.0010296

Tab. 4.3.3.-1.: Aktive Rendite und Tracking Error für das Tracking Portfolio der Datenanalyse

Aufgrund der Ähnlichkeit beider Verfahren (Markowitz-Verfahren, Regression unter Nebenbedingungen) kann hinsichtlich der Kommentierung der erzielten Ergebnisse auf Kap. 4.3.2. zurückverwiesen werden. Beim Vergleich der beiden Fallstudien wird außerdem deutlich, dass sich verfahrenstechnisch die Regression unter Nebenbedingungen etwas leichter umsetzen lässt. Trotz der etwas aufwändigeren verfahrenstechnischen Umsetzung des Markowitz-Verfahrens ist dessen Vorteil die höhere Flexibilität, indem nämlich dort die Art der Schätzung der benötigten Inputparameter leicht gegen eine andere ausgetauscht werden kann, während bei diesem Verfahren letztendlich Optimierungsansatz und Schätzverfahren der benötigten Inputparameter untrennbar miteinander verbunden sind. Praktisch lässt sich aber der Vorteil des Markowitz-Verfahrens nur dann realisieren, wenn man wirklich über fortgeschrittenere Schätzverfahren als die hier exemplarisch verwendeten verfügt.

4.3.4. Lineare Optimierung

Die Bestimmung eines Tracking Portfolios mittels der linearen Optimierung erfolgt unter Verwendung der Zielfunktion nach Gleichungen (1) sowie den Nebenbedingungen nach Gleichungen (2) bis (6), die hier bezüglich der durchgeführten Fallstudie zusammengefasst werden. Die Nebenbedingungen nach Gleichungen (2) bis (5) sind für diesen Ansatz elementar, die Nebenbedingungen nach Gleichung (6) werden als Beispiele für weitere denkbare Restriktionen mit hinzugenommen:

(1) $$ZF = \sum_{t=1}^{T} d_t^- \rightarrow \min!$$

(2) $$\sum_{i=1}^{N} w_{Pi} r_{it} - d_t^+ + d_t^- = r_{Bt}$$ für alle Zeitpunkte $t = 1, ..., T$

(3) $$\sum_{i=1}^{N} w_{Pi} = 1$$ Budgetrestriktion

(4) $w_{Pi} \geq 0$ für alle Assets $i = 1, ..., N$

(5a) $d_t^+ \geq 0$ für alle Zeitpunkte $t = 1, ..., T$

(5b) $d_t^- \geq 0$ für alle Zeitpunkte $t = 1, ..., T$

(6a) $w_{Pi} \leq wmax_i$ für alle Assets $i = 1, ..., N$

(6b) $w_{Pi} \geq wmin_i$ für alle Assets $i = 1, ..., N$.

	AA	AB	AC	AD
10	Titel	Gewicht	min	max
11	Total Fina Elf	0,1250	0,0500	0,4000
12	BCO Santand	0,1250	0,0500	0,4000
13	Telecom Italia	0,1250	0,0500	0,4000
14	SIEMENS	0,1250	0,0500	0,4000
15	Ass. Generali	0,1250	0,0500	0,4000
16	E.ON	0,1250	0,0500	0,4000
17	Sanofi	0,1250	0,0500	0,4000
18	Danone	0,1250	0,0500	0,4000
19	Summe:	1,0000		
20	Summe d-:	0,00000		
21	Summe d+:	0,00000		
22	Summe d+,d-	0,00000		

Abb. 4.3.4.-1.: Startlösung für das Tracking Portfolio

Die Abb. 4.3.4.-1. zeigt die willkürlich gewählte Startlösung für das Tracking Portfolio bei diesem Ansatz, wobei auch hier der Einfachheit halber mit dem naiven Tracking Portfolio begonnen wird. Dieses ist der Ausgangspunkt für die weitere Konstruktion des Tabellenblattes, von dem ein Ausschnitt in Abb. 4.3.4.-2. gezeigt wird. Dieser zeigt die ausgehend von den Kurs- und Indexdaten des Schätz- und Validierungszeitraums berechneten diskreten (Überschuss-) Renditen für die acht Einzeltitel und den Index (hier zugleich Benchmark), welcher im Folgenden repliziert werden soll. Basierend auf diesen Daten und der Startlösung (vgl. Abb. 4.3.4.-1.) kann dann für jeden Zeitpunkt die Rendite des Tracking Portfolios berechnet werden. Gemäß der Nebenbedingung nach Gleichung (2) muss die Rendite des Tracking Portfolios abzüglich des positiven Restfehlers d_t^+ und zuzüglich des negativen Restfehlers d_t^- derjenigen des Index entsprechen.

	K	L	M	N	O	P	Q	R	S	T
10		Total Fina Elf	BCO Santand	Telecom Italia	SIEMENS	Ass. Generali	E.ON	Sanofi	Danone	DJ Euro Stox
11	29.01.1993									
12	26.02.1993	0,14111	0,06740	0,03873	0,09833	0,04358	0,04478	0,08333	0,07990	0,08127
13	31.03.1993	0,03219	0,02947	-0,08566	-0,02425	-0,06178	-0,01299	-0,03900	0,00504	0,01104
14	30.04.1993	-0,00198	0,03888	0,22864	-0,04460	0,11280	0,01184	-0,03946	-0,09356	-0,02329
15	31.05.1993	0,02108	0,13583	0,22165	-0,02407	0,00767	-0,02965	-0,06573	-0,01988	-0,00051
16	30.06.1993	0,03473	0,00520	0,16106	0,02915	0,01794	0,01501	0,03266	0,02245	0,03942
17	30.07.1993	0,10305	0,11033	0,10613	0,05374	0,06875	0,06522	0,05961	-0,04378	0,06787
18	31.08.1993	0,05086	0,05436	0,12340	0,02918	0,04593	0,02256	0,01837	0,09172	0,06936
19	30.09.1993	-0,02450	-0,01475	-0,01838	-0,01116	-0,04775	0,04970	-0,03044	-0,06094	-0,02720

Abb. 4.3.4.-2.: Ausgangsdaten für das Tracking Portfolio

Der Ausschnitt aus dem Tabellenblatt, der im Zuge der Optimierung der Berechnung der Nebenbedingung nach Gleichung (2) dient, ist aus Abb. 4.3.4.-3. ersichtlich. Da hier der Zustand vor der Optimierung dargestellt wird, sind die Werte für die positiven Restfehler d_t^+ und die negativen Restfehler d_t^- des resultierenden Tracking Portfolios noch unbekannt. Deshalb werden sie beim Aufbau des Tabellenblattes einfach auf null gesetzt. Allerdings wird damit *vor der Optimierung* die Nebenbedingung nach Gleichung (2) für alle Zeitpunkte noch nicht eingehalten.

U12 {= MMULT(L12:S12;$AB$11:$AB$18)}

	U	V	W	X	Y
9	**Tracking Portfolio**				
10	Rendite	d+	d-	R - (d+) + (d-	Zielrendite
11					
12	0,07465	0,00000	0,00000	0,07465	0,08127
13	-0,01962	0,00000	0,00000	-0,01962	0,01104
14	0,02657	0,00000	0,00000	0,02657	-0,02329
15	0,03086	0,00000	0,00000	0,03086	-0,00051
16	0,03978	0,00000	0,00000	0,03978	0,03942
17	0,06538	0,00000	0,00000	0,06538	0,06787
18	0,05455	0,00000	0,00000	0,05455	0,06936

Abb. 4.3.4.-3.: Berechnung der Nebenbedingung

Aus der Abb. 4.3.4.-3. wird anhand der Bearbeitungsleiste ersichtlich, dass die Rendite des Tracking Portfolios mithilfe der Matrizenmultiplikation aus den Einzelrenditen und Anteilsgewichten berechnet wird (vgl. Spalte U in Abb. 4.3.4.-3.).[199] Die Rendite der Benchmark (hier Index) ist in der Spalte Y ausgewiesen und wird neutral als „Zielrendite" bezeichnet. In der Spalte X wird von

[199] Genau genommen wird im Tabellenblatt die Portfoliorendite des Tracking Portfolios für einen Zeitpunkt t nicht als $r_P = \mathbf{w}^T\mathbf{r}$, sondern als $r_P = \mathbf{r}^T\mathbf{w}$ berechnet. In diesem speziellen Fall führen aber beide Berechnungsweisen zu demselben Ergebnis. Die Verwendung der zweiten Berechnungsweise ergibt sich schlichtweg aus dem beispielhaften Aufbau des Tabellenblattes, indem nämlich dort die Renditen als Zeilenvektoren, die Anteilsgewichte als Spaltenvektor aufgebaut sind. Um die erste Berechnungsweise zu verwenden, müssten hier jeweils Renditevektoren und Vektor der Anteilsgewichte (unnötigerweise) erst transponiert werden.

der Rendite des Tracking Portfolios der positive Restfehler d_t^+ (Spalte V) abgezogen und anschließend der negative Restfehler d_t^- (Spalte W) hinzugezählt. Die Werte der Spalte X müssen jeweils mit den Werten in der Spalte Y übereinstimmen, damit die Nebenbedingung nach Gleichung (2) eingehalten wird. Dies ist *vor* der Optimierung noch nicht der Fall, denn die Werte der Spalten V und W sind im Ausgangszustand zunächst alle einfach auf null gesetzt worden.

Die Berechnung der Zielfunktion nach Gleichung (1) ist mit diesen vorbereitenden Schritten einfach möglich, indem (bezogen auf den Schätzzeitraum) einfach die Summe aller negativen Restfehler (Spalte W) gebildet wird. Der zugehörige Wert der Zielfunktion im Ausgangsstadium ist aus Abb. 4.3.4.-1. (Zelle AB20) ersichtlich. Er beträgt null, da ja alle negativen Restfehler (Spalte W) im Ausgangszustand auf null gesetzt wurden. Der Wert der Zielfunktion ist (im Moment noch) ungültig, da die Nebenbedingung nach Gleichung (2) (noch) nicht eingehalten wird. Nachrichtlich werden in den Zellen AB21 und AB22 (vgl. Abb. 4.3.4.-1.) die Summe der positiven sowie die Summe der positiven und negativen Restfehler berechnet.

	Schätzzeitraum	Validierungs-zeitraum
Aktive Rendite (Mittelwert)	0.0011843	0.0057126
Tracking Error (empirische Varianz der aktiven Rendite)	0.0003951	0.0008751
Summe d^-	0.3831394	0.4695947
Summe d^+	0.4482773	0.7780773
Summe d^+, d^-	0.8314167	1.2476720

Tab. 4.3.4.-1.: Gütemaße für das naive Tracking Portfolio

Auch bei diesem Ansatz zur Bestimmung eines Tracking Portfolios ist die Illustration der Schätzproblematik interessant. Dazu werden in einer Nebenrechnung die zentralen Gütemaße für das naive Tracking Portfolio bezogen auf den Schätz- und Validierungszeitraum ermittelt. Die Ergebnisse sind in Tab. 4.3.4.-1. zusammengefasst. Jedoch werden die im Folgenden resultierenden Gütemaße nicht mit denjenigen der vorhergehenden Ansätze vergleichbar sein. Wie bei der theoretischen Analyse gezeigt, ist die Zielfunktion zur Ermittlung des Tracking Portfolios beim Markowitz-Ansatz und bei der Regression unter Nebenbedingungen weitgehend gleich, sodass unter gewissen Einschränkungen die Ergebnisse für beide Ansätze miteinander vergleichbar waren.

Bei der linearen Optimierung zur Bestimmung des Tracking Portfolios wird dagegen eine völlig andere Zielfunktion optimiert. Insbesondere der klassische Tracking Error ist daher kein fairer Vergleichsmaßstab, denn er stellt im Wesentlichen die Zielfunktion der ersten beiden Verfahren dar, nicht aber diejenige bei diesem Ansatz. Hier ist die Zielfunktion die Minimierung der Summe aller Absolutbeträge der negativen Restfehler („Summe d^-“ in Tab. 4.3.4.-1.). Der Vollständigkeit halber werden aber alle diskutierten Gütemaße ausgewiesen.

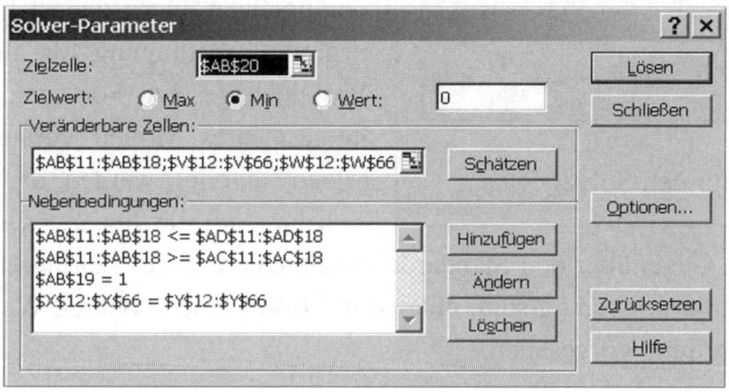

Abb. 4.3.4.-4.: Eingabeparameter für den Solver

Aus der Abbildung 4.3.4.-4. sind die Eingabeparameter für den Solver ersichtlich. Als „Veränderbare Zellen“ sind bei diesem Optimierungsansatz nicht nur die gesuchten Anteilsgewichte (Zellen AB11 bis AB18) anzugeben, sondern ebenso die gesuchten Werte für die positiven (Zellen V12 bis V66) und negativen Restfehler (Zellen W12 bis W66).

Als Nebenbedingungen sind Gleichung (2) (Zellen X12 bis X66 müssen gleich den Zellen Y12 bis Y66 sein) und die Budgetrestriktion nach Gleichung (3) zwingend zu berücksichtigen. Als weitere Nebenbedingungen können z.B. geforderte Mindest- und zulässige Höchstanteile nach Gleichung (6) berücksichtigt werden, wie dies bisher auch bei den vorhergehenden Varianten der Fall war.

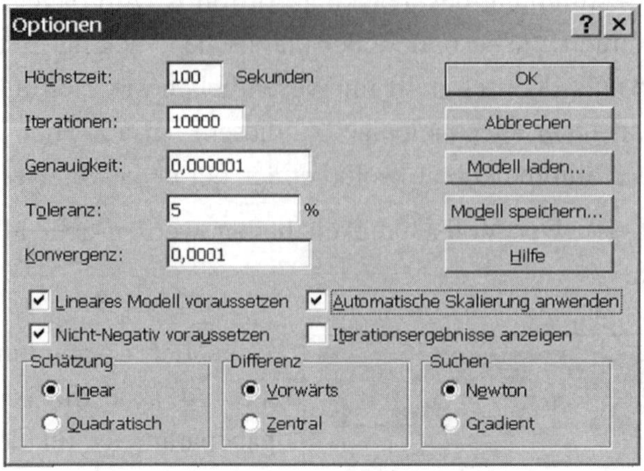

Abb. 4.3.4.-5.: Optionen für den Solver

Die Nichtnegativitätsbedingung für alle gesuchten Variablen lässt sich am bequemsten unter Optionen... einstellen. Der sich dann öffnende Eingabedialog ist in Abb. 4.3.4.-5. dargestellt. Durch das Häkchen vor „Nicht-Negativ voraussetzen" wird die Nichtnegativitätsbedingung für alle Variablen gesetzt. Ferner sollte „Lineares Modell voraussetzen" aktiviert werden, da es sich hier um ein lineares Optimierungsproblem handelt. Gegenüber den Standardeinstellungen kann es bei diesem Optimierungsproblem mitunter notwendig sein, unter Iterationen einen höheren Wert einzutragen als per Voreinstellung vorgesehen.

	AA	AB	AC	AD
10	Titel	Gewicht	min	max
11	Total Fina Elf	0,1335	0,0500	0,4000
12	BCO Santand	0,0742	0,0500	0,4000
13	Telecom Italia	0,0500	0,0500	0,4000
14	SIEMENS	0,1995	0,0500	0,4000
15	Ass. Generali	0,0500	0,0500	0,4000
16	E.ON	0,2783	0,0500	0,4000
17	Sanofi	0,1646	0,0500	0,4000
18	Danone	0,0500	0,0500	0,4000
19	Summe:	1,0000		
20	Summe d-:	0,26022		
21	Summe d+:	0,33816		
22	Summe d+,d-	0,59838		

Abb. 4.3.4.-6.: Lösung für das Tracking Portfolio

Die resultierende Lösung ist aus Abb. 4.3.4.-6. ersichtlich. Die geforderten Nebenbedingungen werden eingehalten, die Summe aller Absolutbeträge der negativen Restfehler ist für den Schätzzeitraum mit einem Wert von 0,26 deutlich niedriger als derjenige des naiven Tracking Portfolios. Wie zuvor stellt sich aber die Frage, ob das Tracking Portfolio auch im Validierungszeitraum besser als das naive Tracking Portfolio abschneidet und wie sich geschätzte Gütemaße zu den tatsächlich realisierten dort verhalten. Die Tabelle 4.3.4.-2. stellt die Gütemaße für das Tracking Portfolio im Schätz- und Validierungszeitraum zusammen.

	Schätzzeitraum	Validierungs-zeitraum
Aktive Rendite (Mittelwert)	0.0014171	0.0052473
Tracking Error (empirische Varianz der aktiven Rendite)	0.0002066	0.0012614
Summe d^-	0.2602179	0.5703392
Summe d^+	0.3381594	0.8536927
Summe d^+, d^-	0.5983773	1.4240319

Tab. 4.3.4.-2.: Gütemaße für das optimierte Tracking Portfolio

Vergleicht man den Wert für die Zielfunktion im Validierungszeitraum („Summe d^-") zwischen naivem Tracking Portfolio und dem Tracking Portfolio nach der linearen Optimierung, so fällt das Ergebnis enttäuschend aus. Auch hier besitzt das naive Tracking Portfolio im Validierungszeitraum einen besseren (niedrigeren) Wert als das Tracking Portfolio auf Basis der linearen Optimierung. Wiederum sei aber vor einer zu weitgehenden Interpretation dieses Ergebnisses einer exemplarischen Fallstudie gewarnt. Es illustriert allein die Schätzproblematik, die eben auch beim Index Tracking existiert. Bei einem längeren Schätzzeitraum und einem breiteren Anlageuniversum können gänzlich andere Ergebnisse resultieren.

Obwohl streng genommen ein Vergleich des Tracking Portfolios nach dem Ansatz der linearen Optimierung mit denjenigen der vorhergehenden Ansätze nicht zulässig ist, fallen schlussendlich die Ergebnisse nicht weit auseinander. Die resultierenden Strukturen der Tracking Portfolios sind in gewissen Grenzen doch sehr ähnlich, weshalb auch die Gütemaße im Validierungszeitraum nicht dramatisch voneinander abweichen. Die Erklärung für diese vielleicht etwas überraschende Ähnlichkeit ist aber nicht weiter schwierig. Die beiden vorhergehenden Ansätze (Markowitz-Ansatz, Regression unter Nebenbedingungen) basieren im Grunde auf einer Minimierung des quadratischen Fehlers (aktiver Rendite) zwischen der Rendite des Tracking Portfolios und der Benchmark. Die lineare Optimierung minimiert die Summe der (Absolutbeträge der) negativen Fehler. Wenn nun im Schätzzeitraum die beobachteten Renditefehler annähernd symmetrisch um den Nullpunkt verteilt sind und keine gravierenden Ausreißer auftreten, ist die Zielfunktion nach der linearen Optimierung nur in etwa (abgesehen von der Quadrierung der Fehlerterme) anders skaliert als diejenige der ersten beiden Ansätze, was aber dann kaum Auswirkungen auf die Lage des Optimums hat. In diesem Fall resultieren in allen drei Fällen recht ähnliche Strukturen für die Tracking Portfolios.

4.4. Zusammenfassung

- Beim passiven Portfoliomanagement besteht die Überzeugung, dass Finanzmarktprognosen überhaupt nicht oder nicht in der benötigten Güte bereitstellbar sind, um die mit ihrer Erstellung verbundenen Kosten zu decken. Folgerichtig ist nach dieser Auffassung ein aktives Management zu unterlassen und das vorgegebene Benchmarkportfolio möglichst kostengünstig und genau zu replizieren. Dies bezeichnet man als Index Tracking.

- Gründe für die Replikation eines vorgebenden Target Portfolios können aber auch aus bestimmten Handelsstrategien oder aus der Verwendung bestimmter Finanzinstrumente resultieren. Die methodischen Fragestellungen des Index Tracking bleiben davon aber grundsätzlich unberührt.

- Neben heuristischen Verfahren können quantitative Modelle eingesetzt werden. Bezüglich Letzterer sind u.a. das Verfahren nach MARKOWITZ (quadratische Optimierung), Verfahren der Datenanalyse (z.B. Regressionsanalyse unter Nebenbedingungen) oder das Verfahren nach ANG (lineare Optimierung) zu nennen.

- Ebenfalls lässt sich der Ansatz der relativen Optimierung mit geringfügigen Modifikationen zum Index Tracking einsetzen, wobei er weitgehend ähnlich zum Verfahren nach MARKOWITZ ist.

- Wird das Target Portfolio nicht exakt repliziert, sind auch beim Index Tracking Schätzungen von Rendite- und Risikoparametern der betrachteten Assets zur Bestimmung des Tracking Portfolios unausweichlich. Fehlerhafte Schätzungen können zu erheblichen Abweichungen der Wertentwicklung des Tracking Portfolios von derjenigen des Target Portfolios führen. Mit zunehmender Anzahl an Assets für das Tracking Portfolio und je enger die Anteilsgewichte im Tracking Portfolio an jenen des Target Portfolios orientiert werden, umso geringer wird die Bedeutung von Schätzfehlern. Kann das Target Portfolio jedoch nicht real erworben werden (z.B. ein synthetischer Index), bleibt die Schätzproblematik bestehen.

Literaturhinweise

Eine kompakte Behandlung von Fragen des Index Tracking findet sich bei WAGNER (2002) (bzw. einer früheren Fassung bei WAGNER (1998)).

Der Ansatz von ANG (1975) kann bei näherem Interesse am besten anhand der Originalquelle vertieft werden. Eine lehrbuchmäßige Behandlung, insbesondere im Zusammenhang mit der linearen Optimierung, findet sich bei PODDIG/DICHTL/PETERSMEIER (2003).

Das Verfahren der quadratischen Optimierung zur Bestimmung von Tracking Portfolios findet sich z.B. bei MARKOWITZ (1987).

5. Alternative Modelle zur Portfolioplanung

In dem folgenden Kapitel werden alternative Portfolioplanungsmodelle vorgestellt, welche bei der Optimierung ein anderes Risikoverständnis, nämlich ein ausfallorientiertes Risikoverständnis, zugrunde legen. Hinsichtlich der Operationalisierung eines einseitigen Risikoverständnisses existieren im Wesentlichen drei verschiedene Ansätze. Die Verwendung der Semivarianz als Risikomaß ist bei den alternativen Modellen in Wissenschaft und Praxis am weitesten verbreitet, obwohl es auch hier einige Variationsmöglichkeiten im Detail gibt. Verschiedene auf der Semivarianz basierende Portfoliooptimierungsmodelle werden in Kap. 5.2. vorgestellt, nachdem zuvor in Kap. 5.1. die für alle hier zu behandelnden Ansätze gemeinsame Theorie erarbeitet wurde. Neben der Semivarianz kann das mittlere Ausfallrisiko zur Operationalisierung eines einseitigen Risikoverständnisses herangezogen werden. In Kap. 5.3. wird ein darauf basierendes Portfolioplanungsmodell vorgestellt, welches im Grunde bereits dem in Kap. 4.2.4. behandelten Ansatz der linearen Optimierung zur Bestimmung eines Tracking Portfolios entspricht. Schließlich kann auch die Ausfallwahrscheinlichkeit als einseitiges Risikomaß bei der Portfoliooptimierung Verwendung finden, weshalb darauf basierende Optimierungsmodelle in Kap. 5.4. vorgestellt werden. Insbesondere das in Kap. 5.4.3. behandelte Modell könnte ein interessanter, alternativer Ansatz bei der Portfolioplanung sein.

Ziel dieses Kapitels ist es, das grundlegende Verständnis für Modelle der Portfolioplanung zu erweitern. Es soll verdeutlichen, dass die traditionelle Theorie der Portfolio Selection mit ihren Annahmen einige Defizite, aber auch Vorzüge, gegenüber alternativen Ansätzen besitzt. Eine Würdigung und Einschätzung der traditionellen Theorie ohne genauere Kenntnis der Alternativen ist eigentlich gar nicht möglich. Genau dies soll hier geleistet werden. Die Entscheidung, ob die vorzustellenden Modelle als ernsthafte Alternative für den Einsatz in Wissenschaft und Praxis in Betracht gezogen werden sollten, muss dem Anwender vor dem Hintergrund der ganz spezifischen Anwendungssituation überlassen bleiben. Die Diskussionen werden zeigen, wie wenig ein generelles Urteil möglich ist.

Arbeitshinweise: Die auf einem ausfallorientierten Risikoverständnis basierenden Portfolioplanungsmodelle sollten der Art nach für alle Leser interessant sein, weil sie das grundlegende Verständnis für Verfahren der Portfolioplanung erweitern. Der praktische Nutzen dieser Modelle wird jedoch in Wissenschaft und Praxis kontrovers diskutiert. Manche Wissenschaftler und Praktiker bevorzugen diese Modelle klar gegenüber den traditionellen Modellen der Portfolio Selection, während andere hierin keine ernsthaften Alternativen sehen. Um sich ein eigenes Urteil zu bilden, sollten alle Unterkapitel bearbeitet werden. Ggf. kann das Kap. 5.3. bei Zeitknappheit ausgelassen werden, da dieser Ansatz in Wissenschaft und Praxis kaum bekannt und verbreitet ist. Für die in Kap. 5.4. behandelten Safety First Ansätze gilt Ähnliches, wobei aber der in Kap. 5.4.3. vorgestellte Ansatz durchaus beachtet werden sollte. Für ein generelles Verständnis, ohne dass aber eine tiefere Auseinandersetzung mit den folgenden Verfahren (zumindest für den Augenblick) beabsichtigt ist, reicht auch die Bearbeitung der Kap. 5.1. und 5.2. Das Fazit in Kap. 5.5. zu den vorgestellten Modellen sollte auf jeden Fall beachtet werden. Der Anhang A5.1. zeigt, wie sich die Erwartungsnutzenmaximierung (vgl. auch Anhang A2.3.) und einseitiges Risikoverständnis verbinden lassen. Er ist für Leser mit einem weitergehenden Interesse interessant.[200]

5.1. Risikoverständnis in der Theorie der Portfolio Selection

5.1.1. Verständnis des traditionellen Ansatzes

Die bisherigen Betrachtungen zur Portfolioplanung (absolute Optimierung, relative Optimierung, Index Tracking) verwenden bei der Operationalisierung des Risikobegriffs ein sog. zweiseitiges Risikoverständnis. Das Risiko wird dabei über die Varianz der zukünftig möglichen Renditen der betrachteten Assets modelliert (vgl. Gleichungen (1) bis (3), auch Kap. 1.5.2., hier dargestellt für den Fall einer diskreten Renditeverteilung):

(1) $$\mu_i = \sum_{z=1}^{Z} p_z r_{iz}$$

mit μ_i: Erwartungswert der Rendite des Anlageobjektes i
r_{iz}: Rendite des i-ten Anlageobjektes bei Eintritt des z-ten Umweltzustandes
p_z: Eintrittswahrscheinlichkeit des z-ten Umweltzustandes
Z: Anzahl der möglichen Umweltzustände

(2) $$\sigma_i^2 = \sum_{z=1}^{Z} p_z (r_{iz} - \mu_i)^2$$

200 Das Begleit- und Fallstudienmaterial zu diesem Buch findet sich unter der Internet-Adresse des Lehrstuhls: www.fiwi.uni-bremen.de.

(3) $\sigma_i = \sqrt{\sigma_i^2}$

mit σ_i^2: Varianz der zukünftigen Rendite des Anlageobjektes i
σ_i: Standardabweichung der zukünftigen Rendite des Anlageobjektes i.

Die Verwendung der Varianz als Ausdruck des empfundenen Risikos bei einer Kapitalanlage bereitet jedoch Probleme. Es werden nicht nur Situationen als „risikobehaftet" empfunden, bei denen die eintretende Rendite unterhalb des Erwartungswertes liegt, sondern auch solche, bei denen die zukünftige Rendite nach oben vom Erwartungswert abweicht. Diese Situationen werden aber im gewöhnlichen Verständnis von Kapitalanlegern (und z.T. auch von Portfoliomanagern) vielmehr als „Chance" begriffen. Als „Risiko" im engeren Sinne wird dagegen nur die erstgenannte Situation empfunden, bei der die eintretende Rendite unterhalb des Erwartungswertes liegt. Situationen, die als „Chance" betrachtet werden, sind bei diesem Risikoverständnis im Sinne einer „Risikosituationen" nicht weiter relevant; sie werden nicht als „negative Eigenschaft" einer Kapitalanlage betrachtet (vgl. zur Illustration auch Abbildung 5.1.1.-1., welche die Verteilung einer Rendite R schematisch darstellt).

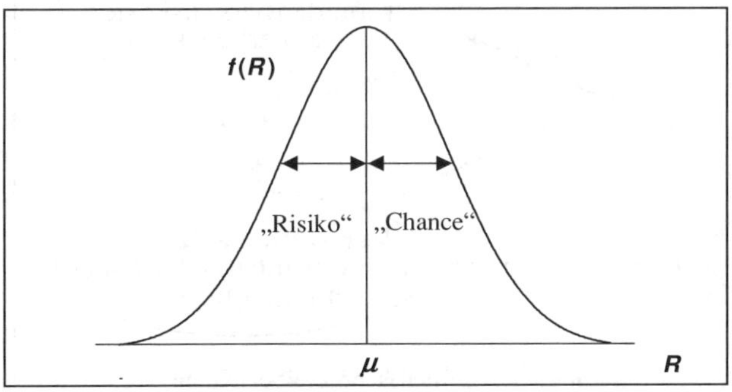

Abbildung 5.1.1.-1.: Risiko und Chance nach dem gewöhnlichen Risikoempfinden[201]

Der bisher behandelte, traditionelle Ansatz der Portfolio Selection verwendet den Erwartungswert der Rendite als Ausdruck für den Ertrag, die Varianz als Ausdruck des Risikos einer Kapitalanlage. Er wird dementsprechend als „Mean-Variance-Framework" bezeichnet. Mit Verwendung der Varianz als Ausdruck des Risikos wird aber zugleich ein zweiseitiges Risikoverständnis implizit zugrunde gelegt. Was ändert sich aber bei der Portfolioplanung, wenn nun anstelle des traditionellen, zweiseitigen Risikoverständnisses von einem „gewöhnlichen" Risikoverständnis ausgegangen wird? Wie lässt sich überhaupt ein derartiges, „gewöhnliches" Risi-

201 In der Abbildung bezeichnet $f(R)$ die Wahrscheinlichkeitsdichte von R.

koverständnis operationalisieren? Welche Folgen besitzt dies für die resultierenden Modelle der Portfolio Selection, d.h. wie ändert sich die Portfolioplanung? Die Betrachtungen dieses Kapitels setzen sich mit den aufgeworfenen Fragestellungen auseinander. Dazu werden alternative Modelle der Portfolioplanung vorgestellt, die sich zwar nicht völlig grundlegend von den zuvor dargestellten Modellen unterscheiden, aber doch zu deutlich veränderten Vorgehensweisen im Detail führen können.

5.1.2. Anlegerziele bei der Kapitalanlage

Die Analyse des Kapitalanlageverhaltens von (originären) Investoren und Portfoliomanagern ist schon seit langem Gegenstand der Forschung. Ein umfassender Überblick mit zahlreichen weiterführenden Literaturhinweisen findet sich z.B. bei SCHMIDT-VON RHEIN (1996).[202] Neben den üblicherweise genannten Zielen der Kapitalanlage (Rentabilität, Sicherheit und Liquidierbarkeit) erweitert er dieses „magische Dreieck" der Kapitalanlage um das weitere Ziel der Verwaltbarkeit (vgl. Abb. 5.1.2.-1.).

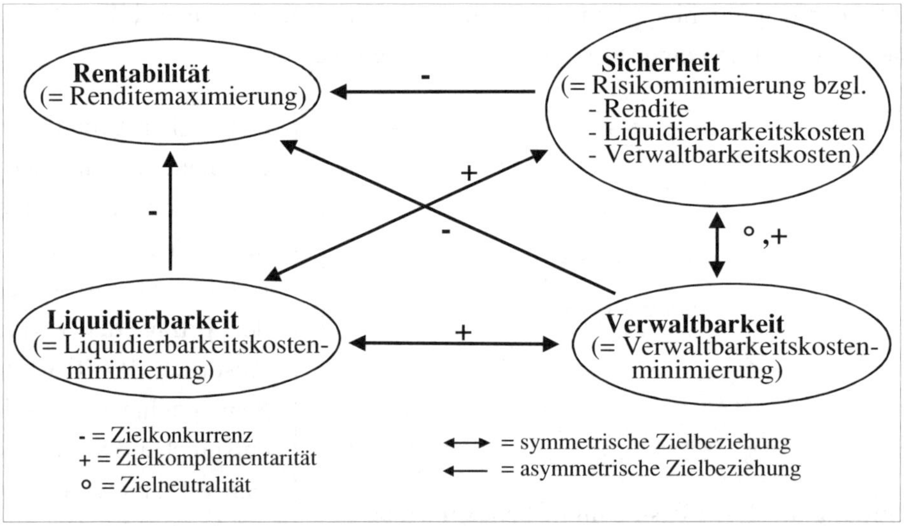

Abb. 5.1.2.-1.: Magisches Viereck der Kapitalanlage[203]

Neben der bereits hier hinlänglich behandelten Rentabilität wird unter *Liquidierbarkeit* die Möglichkeit verstanden, sich jederzeit zu möglichst geringen Kosten (d.h. zu „fai-

202 Vgl. näher Schmidt-von Rhein (1996), S. 67 ff.

203 Abbildung entnommen bei Schmidt-von Rhein (1996), S. 186.

ren" Preisen) von dem jeweiligen Asset trennen zu können. *Verwaltbarkeit* beschreibt die mit dem Halten und der Verwaltung eines Assets entstehenden laufenden Kosten, die ebenfalls möglichst gering sein sollten. Im Allgemeinen zielen Anleger auf eine möglichst hohe Rentabilität (Renditemaximierung) bei möglichst geringen Liquidierbarkeitskosten (Liquidierbarkeitskostenminimierung) und Kosten der Verwaltung (Verwaltbarkeitskostenminimierung) ab. Dabei besteht im Regelfall ein Zielkonflikt: Eine hoch rentierliche Anlage (z.B. eine Beteiligung an einem jungen, wachstumsstarken, risikoreichen und nicht börsennotierten Unternehmen) kann oftmals sehr schwer liquidierbar sein. Muss diese hoch rentierliche Anlage veräußert werden, kann dies oftmals kurzfristig unmöglich oder nur unter hohen Abschlägen gegenüber dem als „fair" empfundenen Preis möglich sein, also unter Akzeptanz sehr hoher Liquidierbarkeitskosten. Ebenso können bei einer derartigen Anlage die Verwaltbarkeitskosten sehr hoch sein. Die laufende Überwachung des Managements (etwa im Beispiel der Beteiligung an einem jungen, wachstumsstarken Unternehmen) und ggf. dessen Beratung kann hohe laufende Kosten verursachen.

Das herausragende Ziel der Sicherheit existiert jedoch nicht selbstständig, sondern immer nur in Bezug auf und in Verbindung mit einem der drei zuvor genannten Ziele. So gibt es streng genommen das Sicherheitsziel bezüglich der Rendite (möglichst sichere Renditeerwartung), bezüglich der Liquidierbarkeitskosten (möglichst sichere Erwartung der Liquidierbarkeitskosten) und bezüglich der Verwaltbarkeitskosten (möglichst sichere Erwartung der Verwaltbarkeitskosten). Im Regelfall werden aber Anleger das Ziel „Sicherheit" implizit mit dem Ziel der Rentabilität verknüpfen und darunter die „Sicherheit der Renditeerwartung" verstehen. Im Folgenden werden die Ziele der Liquidierbarkeit und Verwaltbarkeit nicht weiter explizit betrachtet, jedoch soll daran erinnert werden, dass „Sicherheit" (bzw. als komplementärer Begriff „Risiko") niemals selbstständig, sondern immer nur in Bezug auf eine originäre Zielgröße existiert.[204]

Was bedeutet aber nun „Sicherheit" bzw. „Risiko" als komplementärer Begriff in Bezug auf „Rentabilität" genau? In Kap. 1.5.2. wurde ausgeführt, dass Kapitalanlageentscheidungen typischerweise Entscheidungen unter Risiko (im Sinne der Entscheidungstheorie) sind. Es ist eine bestimmte Handlungsalternative auszuwählen (z.B. ein

---

204 Insofern ist „Sicherheit" oder „Risiko" eigentlich nur eine Eigenschaft von Anlageobjekten, nämlich wie sicher bzw. unsicher eine bestimmte Renditeerwartung bezüglich des Ziels „Rentabilität" ist. Für die folgenden Analysen spielen diese genaueren Abgrenzungen aber keine wesentliche Rolle und werden deshalb nicht weiter verfolgt.

bestimmtes Portfolio), wobei deren Ergebnis (hier: eintretende Rendite des Portfolios) von dem Eintritt verschiedener denkbarer, zukünftiger Umweltzustände abhängt. Ex ante betrachtet, sind also Umweltzustände möglich, bei denen ein angestrebtes Zielausmaß (hier: eine erwünschte Mindestverzinsung des Portfolios, z.B. in Höhe des risikofreien Zinssatzes) im Ergebnis nicht erreicht wird. Es besteht die Gefahr des Misslingens (hier: Verfehlung einer angestrebten Mindestrendite). Umweltzustände, bei denen eine Verfehlung des angestrebten Zielerfüllungsgrades eintritt, werden typischerweise als Risikosituationen empfunden. Umweltzustände, die eine Erreichung oder Überschreitung des angestrebten Zielerfüllungsgrades implizieren, werden für gewöhnlich nicht als Risikosituationen wahrgenommen (vielmehr als willkommene Chance). Dies wurde bereits in Kap. 5.1.1. näherungsweise ausgeführt (vgl. auch Abb. 5.1.1.-1.). Jedoch ergeben sich hier einige zusätzliche Einsichten: Bei gegebenen, zukünftig möglichen Umweltzuständen und gegebenen Erwartungen hinsichtlich der Ergebnisse in Abhängigkeit von der Wahl einer Handlungsalternative und Eintritt eines Umweltzustandes (vgl. auch das entscheidungstheoretische Ausgangsmodell in Kap. 1.5.2.), hängt die Qualifizierung eines Umweltzustandes als „Risikosituation" nach diesem „gewöhnlichen" Risikoverständnis entscheidend von dem durch den Entscheider angestrebten Zielerfüllungsgrad (hier geforderte Mindestverzinsung) ab. Fordert z.B. der Anleger die überhaupt denkbar geringste mögliche Rendite als Mindestrendite, so besteht gar kein Risiko, denn gemäß seinen Erwartungen würden dann ja in allen denkbaren Fällen Situationen eintreten, bei denen die geforderte Mindestrendite realisiert oder überschritten wird. Würde umgekehrt die maximal erzielbare Rendite als Mindestrenditeforderung angesetzt werden, sind (fast) alle zukünftigen Umweltzustände risikobehaftet. Die Abbildungen 5.1.2.-2. und Abb. 5.1.2.-3. illustrieren diese Konstellationen.

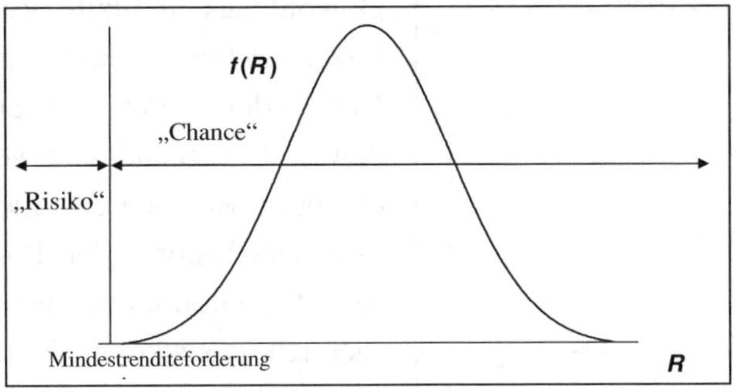

Abb. 5.1.2.-2.: Kein Risiko bei minimaler Mindestrenditeforderung

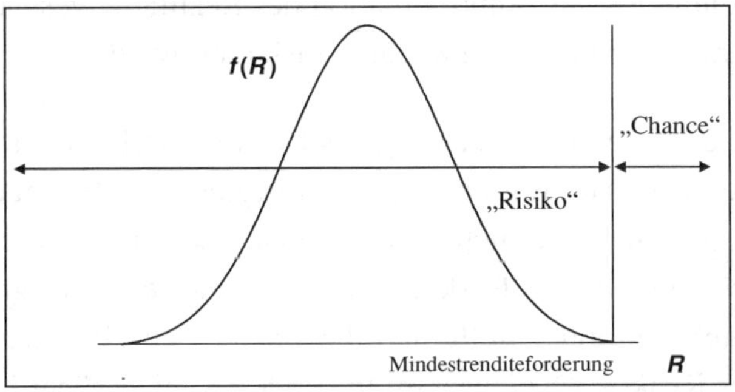

Abb. 5.1.2.-3.: Vollständiges Risiko bei maximaler Mindestrenditeforderung

Wird ein bestimmter Mindestzielerreichungsgrad (hier geforderte Mindestrendite) angestrebt, bei dessen Erreichung oder Überschreitung das angestrebte Ziel durch den Entscheider als erfüllt (erreicht) angesehen wird, so soll im Folgenden von sog. *Anspruchsniveauzielen* gesprochen werden. Die beiden gerade ausgeführten Spezialfälle eines Anspruchsniveauziels, bei denen entweder das Minimal- oder Maximalergebnis das geforderte Anspruchsniveau markiert, werden im Folgenden als *Minimierungs-* bzw. *Maximierungsziele* bezeichnet und unter dem Oberbegriff *Optimierungsziele* zusammengefasst.

In Bezug auf die gerade geführte Diskussion wird in der traditionellen Theorie der Portfolio Selection ein sog. Punktziel angenommen. Unter einem Punktziel wird verstanden, dass ein Entscheider einen punktgenau fixierten Zielerfüllungsgrad anstrebt, also weder eine Unter- noch Überschreitung dieses Punktziels wünscht. Entsprechend würde er dann jede zukünftige Umweltsituation als risikobehaftet ansehen, die zu einer Abweichung vom angestrebten Punktwert führt. Würde man im Kapitalanlagekontext annehmen, der Anleger wünsche etwa genau die Erzielung des Renditeerwartungswertes, so wären alle Umweltzustände, die sowohl zu einer Unter- als auch Überschreitung dieser Punktzielrendite führen, in diesem Sinne „risikobehaftet“ (vgl. Abb. 5.1.2.-4.). Die Operationalisierung des Risikos in der traditionellen Theorie der Portfolio Selection mittels der Varianz bzw. der Standardabweichung geht also implizit von dieser Vorstellung aus.

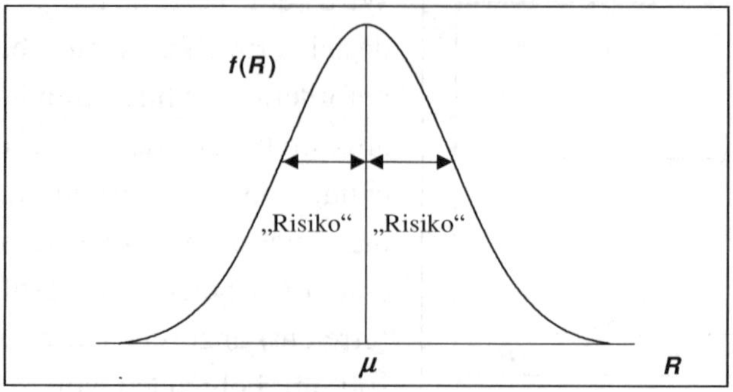

Abb. 5.1.2.-4.: Risiko bei einem Punktziel

Obwohl das implizite Risikoverständnis hinter der Verwendung der Varianz bzw. der Standardabweichung im Rahmen der traditionellen Theorie der Portfolio Selection nicht das tatsächliche Risikoempfinden von Anlegern und Portfoliomanagern adäquat widerspiegelt, kann unter gewissen Annahmen dieses Vorgehen zumindest als Approximation der Realität angesehen werden. Dies soll aber erst zu einem späteren Zeitpunkt näher diskutiert werden.

Für den Moment könnte man aber die Operationalisierung des Risikos durch die Varianz bzw. Standardabweichung vor dem Hintergrund der dargelegten Überlegungen grundsätzlich ablehnen und nach Alternativen suchen. Legt man also alternativ ein einseitiges Risikoverständnis (bezüglich eines geforderten Mindestzielerreichungsgrades, hier geforderte Mindestrendite) zugrunde, stellt sich die Frage nach einer dann geeigneten Operationalisierung des Risikos. Dies wird im folgenden Kapitel näher behandelt.

5.1.3. Einseitige Risikomaße

Zur Operationalisierung des Risikos bei einem einseitigen Risikoverständnis bezüglich eines geforderten Mindestzielerreichungsgrades (hier geforderte Mindestrendite) werden die sog. *Lower Partial Moments* (kurz *LPM*) verwendet. Aus Gründen der leichteren Veranschaulichung werden im Folgenden nur diskrete Renditeverteilungen angenommen. Das *LPM* der Ordnung n zum geforderten Anspruchsniveau τ ist allgemein in der *ex ante Form* wie folgt definiert:

(1) $$LPM_{n,\tau} = \sum_{\substack{z=1, \\ r_z<\tau}}^{Z} (\tau - r_z)^n \, p_z$$

mit τ: geforderte Mindestrendite
n: Ordnung des *LPM*
r_Z: Rendite des betrachteten Investments im zukünftigen Umweltzustand z
Z: Menge aller denkbaren, zukünftigen Umweltzustände
p_Z: Wahrscheinlichkeit des Eintritts des z-ten Umweltzustandes.

Bei praktischen Anwendungen ist das *LPM* jedoch anhand von (historischen) Beobachtungen zu schätzen. Die zu Gleichung (1) korrespondierende *ex post Form* eines *LPM* der Ordnung n zum Anspruchsniveau τ wird durch Gleichung (2) dargestellt:

(2) $$LPM_{n,\tau} = \frac{1}{T} \sum_{\substack{t=1, \\ r_t<\tau}}^{T} (\tau - r_t)^n$$

mit r_t: Rendite des betrachteten Investments zum (historisch beobachteten) Zeitpunkt t
T: Anzahl der historischen Beobachtungen, $t = 1, ..., T$.

Bei der Berechnung eines *LPM* sind zwei Parameter vorzugeben, nämlich die Ordnung n und das geforderte Mindestanspruchsniveau τ. Die Ordnungen können beliebige (positive) reelle Zahlen sein. Üblich (und auch anschaulicher) ist dagegen die Einschränkung auf natürliche Zahlen, wobei im Regelfall die Ordnungen 0, 1 und 2 Verwendung finden. Die Ordnungen 3 und 4 besitzen eher theoretische Bedeutung. Höhere Ordnungen werden praktisch nicht eingesetzt. Diese werden weiter unten näher vorgestellt.

Die Festlegung des geforderten Mindestanspruchsniveaus τ ist grundsätzlich abhängig von dem jeweils betrachteten Investor, stellt also eine subjektive, anlegerspezifische Größe dar. Dennoch lassen sich einige grundsätzliche Aussagen über mögliche Festlegungen dieses Parameters abgeben. Intuitiv nahe liegend wäre die Annahme, dass ein Anleger generell die maximale Rendite erzielen möchte und dementsprechend τ wählt. Diese Festlegung erscheint aber aus verschiedenen Gründen nicht sinnvoll: Im realistischen Fall der Annahme einer stetigen Renditeverteilung (z.B. bei Annahme einer Normalverteilung mit einem bestimmten Erwartungswert und einer bestimmten Standardabweichung) müsste eigentlich $\tau \rightarrow +\infty$ gewählt werden, womit aber die Zuweisung eines konkreten Zahlenwertes zu τ unmöglich ist. Damit kann aber das *LPM* nicht ermittelt werden, weshalb dieser Ansatz verfahrenstechnisch impraktikabel ist. Auch inhaltlich erscheint dies nicht sinnvoll: Ein realistischer Anleger wird niemals erwarten können, stets die maximal denkbare Rendite zu erzielen, sondern wird sich mit einem realistischen Anspruchsniveau begnügen. Wie hoch dies ist, wird individuell verschieden, aber keinesfalls $\tau \rightarrow +\infty$ (bzw. abwegig hohe Werte für τ) sein.

Einige mögliche, auch ökonomisch plausible Spezialfälle der Festlegung von τ sind z.B.:

- $\tau = 0$: Diese Forderung nach Erzielung einer Mindestrendite von 0% entspricht ökonomisch der Forderung nach dem nominellen Kapitalerhalt.
- $\tau =$ (erwartete) Inflationsrate: Bei dieser Forderung wünscht der Anleger wenigstens eine Verzinsung in Höhe der erwarteten Inflationsrate über die beabsichtigte Laufzeit der Kapitalbindung. Diese soll (wenigstens) den Kaufkraftverlust kompensieren und den realen Werterhalt des eingesetzten Kapitals sicherstellen.
- $\tau =$ garantierter Zinssatz: Bei der Anlage in risikobehaftete Assets verzichtet der Anleger auf die Anlage seines Kapitals in Anlageformen mit garantiertem Zinssatz (soweit es solche überhaupt gibt). Dieses könnte z.B. eine Anlage auf einem Sparbuch, auf einem Festgeldkonto oder in einer Immobilie mit vertraglich abgesichertem (z.B. durch bonitätsmäßig einwandfreie Dritte garantiertem) Mietzins (oder ähnliche Beispiele) sein. Hier wird also der „Opportunitätszinssatz“ als Mindestrenditeforderung angesetzt.
- $\tau = \mu$: Bei dieser Festlegung formuliert der Anleger als geforderte Mindestrendite den Erwartungswert der Rendite der betrachteten Anlage. Dies könnte als Einstellung eines „realistischen“ Anlegers interpretiert werden, denn bei sehr häufiger Wiederholung derselben Anlage in derselben Anlagesituation wird in etwa der Erwartungswert der Rendite der betrachteten Anlage erzielt. Realistischerweise wird man im Mittel kaum mehr erzielen. Umgekehrt sollte man aber weniger auch nicht akzeptieren.

Gemäß den verschiedenen Ordnungen n des *LPM* werden im Folgenden verschiedene spezielle Begriffe für die jeweiligen *LPM* unterschieden. Das *LPM* der Ordnung 0

($n = 0$) wird auch als *Ausfallwahrscheinlichkeit* bezeichnet (vgl. Gleichung (3) für die ex ante und Gleichung (4) für die ex post Form):

$$(3) \qquad P(r_z < \tau) = LPM_{0,\tau} = \sum_{\substack{z=1, \\ r_z < \tau}}^{Z} (\tau - r_z)^0 \, p_z$$

$$(4) \qquad \hat{P}(r_z < \tau) = LPM_{0,\tau} = \frac{1}{T} \sum_{\substack{t=1, \\ r_t < \tau}}^{T} (\tau - r_t)^0 \, .$$

Die Ausfallwahrscheinlichkeit beschreibt die reine Möglichkeit des Auftretens einer Unterschreitung der Mindestrenditeforderung. Das Ausmaß der Renditeunterschreitung bleibt dabei unberücksichtigt. Somit wäre hypothetisch der Fall denkbar, dass eine Anlage A eine deutlich geringere Ausfallwahrscheinlichkeit als eine Anlage B besitzt, im Falle eines Ausfalls (Unterschreitung der geforderten Mindestrendite) dieser bei A aber im Mittel erheblich höher ausfällt als bei B. Der mit den Wahrscheinlichkeiten gewichtete Ausfall (hier Renditeausprägungen unterhalb der Mindestrenditeforderung) wird als *mittleres Ausfallrisiko* bezeichnet und entspricht formal dem *LPM* der Ordnung 1 (vgl. Gleichung (5) für die ex ante und Gleichung (6) für die ex post Form):

$$(5) \qquad es = LPM_{1,\tau} = \sum_{\substack{z=1, \\ r_z < \tau}}^{Z} (\tau - r_z)^1 \, p_z$$

$$(6) \qquad \hat{es} = LPM_{1,\tau} = \frac{1}{T} \sum_{\substack{t=1, \\ r_t < \tau}}^{T} (\tau - r_t)^1 \, .$$

Die Abkürzung *es* steht dabei für „*expected shortfall*". Im Gegensatz zur Ausfallwahrscheinlichkeit wird hier auch die Höhe des Ausfalls mitberücksichtigt. Allerdings geht in die Berechnung des mittleren Ausfallsrisikos die Höhe der Unterschreitung der angestrebten Mindestzielrendite proportional zu ihrem Ausmaß ein. Eine doppelt große Unterschreitung wird gegenüber einer einfachen Unterschreitung doppelt hoch gewichtet. Kritisch könnte hier eingewandt werden, dass die Nutzeneinbußen (oder Nutzenverluste) des Investors aber nicht proportional mit dem Ausmaß der Unterschreitung der geforderten Mindestrendite anwachsen, sondern überproportional. Dies folgt aus den üblichen Anforderungen an Nutzenfunktionen in der ökonomischen Theorie.

Danach ist stets deren erste Ableitung positiv, deren zweite Ableitung aber negativ (auch bekannt als erstes Gossensches Gesetz des abnehmenden Grenznutzens). Sie besitzt also einen streng konkaven Verlauf, weshalb zunehmende Unterschreitungen der geforderten Mindestrendite überproportionale Nutzeneinbußen zur Folge haben müssen. Dieser Umstand kann durch die *Semivarianz* (*sv*) berücksichtigt werden, welche dem *LPM* der Ordnung 2 entspricht.[205] Die Gleichungen (7) und (8) drücken die Semivarianz in der ex ante bzw. ex post Form aus:

(7) $$sv = LPM_{2,\tau} = \sum_{\substack{z=1, \\ r_z<\tau}}^{Z} (\tau - r_z)^2 \, p_z$$

(8) $$\hat{sv} = LPM_{2,\tau} = \frac{1}{T} \sum_{\substack{t=1, \\ r_t<\tau}}^{T} (\tau - r_t)^2 \, .$$

Höhere Ordnungen, wie z.B. $n = 3$ oder $n = 4$, werden auch als *Ausfallschiefe* („*semiskewness*“, „*downside skewness*“) oder *Ausfallwölbung* („*semicurtosis*“, „*downside curtosis*“) bezeichnet. Die Begriffe sind nur an das dritte (Schiefe) und vierte (Wölbung) Moment einer Verteilung angelehnt. Aufgrund der Definition eines *LPM* wird mit ihnen gar keine „richtige“ Schiefe oder Wölbung einer Verteilung berechnet. Inhaltlich bedeutet die Wahl von $n = 3$ oder $n = 4$ lediglich eine stärkere überproportionale Gewichtung von zunehmenden Unterschreitungen der geforderten Mindestrendite. In diesem Sinne können auch „gebrochene“ Ordnungen (wie z.B. $n = 1{,}5$) für die *LPM* interpretiert werden. Sie drücken den Grad oder das Ausmaß aus, in welchem es zu einer über- oder unterproportionalen Gewichtung zunehmender Unterschreitungen der geforderten Mindestrendite bei der Berechnung eines *LPM* kommt. Ordnungen mit $n > 1$ implizieren überproportionale Gewichtungen und sind mit dem streng konkaven Verlauf von Nutzenfunktionen in der ökonomischen Theorie konsistent. Ordnungen

---

205 Die allgemeine Gleichsetzung der Semivarianz mit dem *LPM* der Ordnung 2 ist streng genommen nicht korrekt. Genau genommen ist nämlich die Semivarianz nur dann identisch mit dem *LPM* der Ordnung 2, wenn zugleich $\tau = \mu$ gewählt wird. Sie ist also ein besonderer Spezialfall eines *LPM* der Ordnung 2, nicht aber ein Synonym dafür. In der Literatur wird der Begriff der „Semivarianz“ nicht mehr so eng ausgelegt, sondern als „Semivarianz im weiteren Sinne“ für die Bezeichnung des allgemeinen *LPM* der Ordnung 2 verwendet (vgl. z.B. Schmidt-von Rhein (1996), S. 174, insbes. S. 175, dort die Fußnote 6). Auch hier wird im Folgenden auf die strenge Unterscheidung verzichtet.

mit $n < 1$ sind zwar prinzipiell denkbar und zulässig, würden aber implizit konvexe Nutzenfunktionen unterstellen.

Die folgenden Betrachtungen stellen allein auf die Ordnungen 0, 1 und 2 ab, für welche einige Optimierungsansätze formuliert wurden. Dabei besitzt die Semivarianz als alternatives Risikomaß noch den engsten Bezug zum traditionellen Risikoverständnis. Zwar wird bei der Semivarianz ein einseitiges Risikoverständnis mit Bezug zu einer geforderten Mindestrendite zugrunde gelegt, jedoch werden zunehmende Abweichungen (hier Unterschreitungen) vom Bezugswert (hier geforderte Mindestrendite) überproportional (hier quadratisch) gewichtet, wie dies auch bei der Varianz als traditionellem Risikomaß üblich ist. Insofern stellt sich die Frage, welche Modifikationen des traditionellen Modells der Portfolio Selection notwendig sind, um ein einseitiges Risikoverständnis zu berücksichtigen, welches eher dem tatsächlichen Risikoempfinden von Anlegern und Portfoliomanagern entspricht. Die diesbezüglichen Betrachtungen sind Gegenstand von Kap. 5.2.

Die Verwendung des mittleren Ausfallrisikos als Risikomaß bei der Portfolioplanung bedeutet jedoch eine weitaus stärkere Entfernung von den traditionellen Modellen. Der vorzustellende Ansatz in Kap. 5.3. geht auf ANG (1975) zurück und ist letztlich nur eine Modifikation des Ansatzes zum Index Tracking mithilfe der linearen Optimierung, wie er bereits in Kap. 4.2.4. vorgestellt wurde.

Die in der Literatur als *Safety First* bezeichneten Ansätze zur Portfolioplanung können als Optimierungsansätze angesehen werden, welche auf der Ausfallwahrscheinlichkeit als Risikomaß basieren. Diese werden in Kap. 5.4. näher beschrieben.

Aufgrund der Nähe der semivarianzbasierten Ansätze der Portfoliooptimierung zum traditionellen Modell der Portfolio Selection und der dort üblichen varianzbasierten Optimierung besitzen diese unter den alternativen Portfolioplanungsmodellen die größere Verbreitung in Theorie und Praxis. Die beiden anderen Gruppen von Ansätzen besitzen eine weitaus geringere Verbreitung, sind aber dennoch nicht uninteressant.

5.2. Portfolioplanung mit der Semivarianz

5.2.1. Theoretische Grundlagen

5.2.1.1. Formulierung des Optimierungsproblems

Bei der Portfolioplanung auf Basis der Semivarianz wird im Grunde nur das traditionelle, zweiseitige Risikoverständnis gegen ein einseitiges Risikoverständnis ausgetauscht und das zugehörige Risikomaß gewechselt, indem nunmehr anstelle der Varianz die Semivarianz verwendet wird. Trotz der damit verbundenen, anderen inhaltlichen Grundorientierung bezüglich des Risikoverständnisses stellt sich die Frage, ob nicht dennoch die bekannten Prinzipien und Vorgehensweisen des traditionellen Modells der Portfolio Selection (vgl. dazu Kap. 2.) weitgehend *strukturidentisch* adaptiert werden können. So könnte beispielsweise gefragt werden, ob die bei der absoluten Optimierung zentrale Zielfunktion (vgl. Kap. 2.1.2.) auch hier strukturidentisch gilt, also in derselben Weise, nur unter Verwendung der Semivarianz statt der Varianz. Auch wäre beispielsweise die Frage interessant, ob die traditionelle Tobin-Separation auch hier weiterhin bestehen bleiben würde.

Tatsächlich sind diese Fragen keinesfalls einfach zu beantworten und es bedurfte einiger Jahrzehnte der (theoretischen) Forschung, um zu zeigen, dass unter gewissen Annahmen und Voraussetzungen eine weitgehende Strukturidentität zwischen dem traditionellen Modell der Portfolio Selection und einer Variante eines alternativen Modells unter Verwendung der Semivarianz besteht. Bei anderen Varianten eines alternativen Modells besteht diese Strukturidentität nur noch eingeschränkt.

Es ist nicht Gegenstand dieses Kapitels die dazu notwendige, sehr umfangreiche und teilweise sehr tief gehende theoretische Diskussion aufzuarbeiten. Stattdessen wird hier die grundsätzliche Problematik diskutiert und die resultierenden Antworten und Verfahren als Ergebnisse dieses Forschungsprozesses vorgestellt. Diese werden außerdem anhand von Fallstudien praktisch demonstriert, damit die Arbeitsweise der semivarianzbasierten Ansätze deutlich wird. Für ein weitergehendes Interesse an den theoretischen Grundlagen wird beispielsweise auf den Überblick bei SCHMIDT-VON RHEIN und die dort angegebene Literatur verwiesen.[206]

---

206 Vgl. Schmidt-von Rhein (1996), S. 409 ff. Alternativ seien auch exemplarisch Dichtl (2001), S. 164 ff. oder Schmidt-von Rhein (2002), S. 89 ff. genannt.

Zur Bestimmung des optimalen Portfolios unter Verwendung der Semivarianz sind auch hier die erwartete Portfoliorendite und das zukünftige Portfoliorisiko entscheidend. Die erwartete Portfoliorendite wird in unveränderter Weise aus den erwarteten Renditen der Einzelanlagen im Portfolio berechnet:

$$(1) \qquad \mu_P = \sum_{i=1}^{N} w_i \mu_i$$

mit: μ_P: erwartete Rendite des Portfolios P
μ_i: erwartete Rendite des Anlageobjektes i
w_i: Anteilsgewicht des Anlageobjektes i im Portfolio P
N: Anzahl der Assets (z.B. Wertpapiere) im Portfolio P.

Das Portfoliorisiko wird hier durch die Semivarianz (*LPM* der Ordnung 2 zur vom Investor geforderten Mindestrendite τ) der Portfoliorenditen sv_P operationalisiert (hier beispielhaft dargestellt unter der Annahme einer diskreten Renditeverteilung der Portfoliorenditen, vgl. Gleichung (2)):

$$(2) \qquad sv_P = \sum_{\substack{z=1, \\ r_{Pz} < \tau}}^{Z} \left(\tau - r_{Pz}\right)^2 p_z$$

mit r_{Pz}: Rendite des Portfolios P im Umweltzustand z.

Während sich aber im traditionellen Modell der Portfolio Selection die Portfoliovarianz aus den Varianzen und Kovarianzen der einzelnen im Portfolio enthaltenen Anlagen berechnen lässt (vgl. Gleichungen (15) bis (17) in Kap. 1.5.2.), gibt es zur Berechnung der Semivarianz keinen vergleichbaren Satz (bzw. Berechnungsformel).

In analoger Weise wäre es zwar wünschenswert, die Portfoliosemivarianz aus den Anteilsgewichten, den Semivarianzen und Kosemivarianzen der Renditen der einzelnen im Portfolio enthaltenen Assets berechnen zu können, dies gestaltet sich aber aufgrund der dafür notwendigen Kosemivarianz schwierig. Dabei ist es überhaupt eine offene Frage, wie denn sinnvollerweise eine „Kosemivarianz" zu definieren ist. Zur Definition einer geeigneten „Kosemivarianz" gibt es drei Ansätze, von denen mittlerweile aber nur noch zwei von Bedeutung sind.[207] Die *asymmetrische Kosemivarianz* ist nach Gleichung (3) in der ex ante bzw. (4) in der ex post Form definiert:

(3) $$ac_{ij} = \sum_{z=1}^{Z} (\min[0,(r_{iz} - \tau)] \cdot (r_{jz} - \tau))p_z$$

mit ac_{ij}: asymmetrische Kosemivarianz zwischen den Renditen der Anlagen i und j

r_{iz}: Rendite der i-ten Anlage im Umweltzustand z

r_{jz}: Rendite der j-ten Anlage im Umweltzustand z

(4) $$\hat{ac}_{ij} = \frac{1}{T} \sum_{t=1}^{T} (\min[0,(r_{it} - \tau)] \cdot (r_{jt} - \tau)) .$$

Bei der Berechnung der asymmetrischen Kosemivarianz zwischen den Anlagerenditen i und j ist zunächst die Anlage i der Bezugspunkt. Der Ausdruck $\min[0,(r_{iz} - \tau)]$ beschreibt, ob bezüglich der betrachteten Referenzanlage i eine Ausfallsituation (Unterschreitung der geforderten Mindestrendite τ) vorliegt. Nur wenn dies der Fall ist, wird dieser Ausdruck negativ, sonst ist er null. Dieser wird dann mit der Abweichung $(r_{jz} - \tau)$ der Rendite der j-ten Anlage von der geforderten Mindestrendite τ multipliziert. Nur bei Ausfallsituationen bezüglich der Anlage i wird der Ausdruck bezüglich der Anlage j relevant und geht in die Berechnung der asymmetrischen Kosemivarianz ein (ansonsten wird er ja mit null multipliziert und fällt dementsprechend weg). Diese Definition ist offensichtlich von der betrachteten „Referenzanlage" abhängig. Im Allgemeinen wird daher $ac_{ij} \neq ac_{ji}$ gelten. Obwohl die asymmetrische Kosemivarianz als methodisch korrekt ermittelt angesehen wird, geht die wünschenswerte Symmetrieeigenschaft der (asymmetrischen) Kosemivarianzmatrix verloren bzw. besteht erst gar nicht. Dies führt in der Folge zu einigen Schwierigkeiten bei der Portfoliooptimierung, die damit zwar nicht unmöglich, aber aufwändiger als bisher wird.

Als Approximation für die eigentlich korrekte asymmetrische Kosemivarianz wird häufig die *symmetrische Kosemivarianz* nach Gleichung (5) benutzt:

207 Vgl. Schmidt-von Rhein (1996), S. 424 ff.

(5) $c_{ij} = sd_i \cdot sd_j \cdot \rho_{ij}$

mit c_{ij}: symmetrische Kosemivarianz der Renditen der Anlagen i und j
sd_i: Semistandardabweichung der Rendite der Anlage i
mit $sd_i = \sqrt{sv_i}$
sd_j: Semistandardabweichung der Rendite der Anlage j
ρ_{ij}: gewöhnlicher Korrelationskoeffizient der Renditen der Anlagen i und j.

Je nachdem, ob bei der Berechnung der symmetrischen Kosemivarianz nach Gleichung (5) die Semistandardabweichung (als Quadratwurzel aus der Semivarianz) in der ex ante oder ex post Form verwendet wird, ergibt sich die Kosemivarianz entsprechend als ex ante oder ex post Form. Wegen der Definition nach Gleichung (5) gilt offensichtlich $c_{ij} = c_{ji}$. Die Näherung nach Gleichung (5) ermöglicht eine einfache Berechnung der Kosemivarianzmatrix (auch *Koausfallmatrix* genannt), gewährleistet deren Symmetrieeigenschaft und erlaubt damit eine nahezu unveränderte Beibehaltung der gängigen Optimierungsalgorithmen, etwa zur Effizienzkurvenberechnung.

Die Fallstudien werden jedoch zeigen, dass (bei Verwendung geeigneter Optimierungsalgorithmen und soweit der genaue Verlauf der Effizienzkurve nicht weiter von Interesse ist) die Bestimmung des optimalen Portfolios auch direkt auf Gleichung (2) (bzw. der ex post Form von Gleichung (2)) aufbauen kann. In diesem Falle wird gänzlich auf den Umweg über die problematische Berechnung der Kosemivarianzen vollständig verzichtet. Die Formulierung des Optimierungsproblems und die Berechnungen werden dadurch zwar deutlich aufwändiger und ggf. langwieriger, dafür wird aber die Portfoliosemivarianz methodisch korrekt abgeschätzt.

Unter Verwendung der Approximation nach Gleichung (5) kann die Portfoliosemivarianz aus den symmetrischen Kosemivarianzen der Renditen der im Portfolio enthaltenen Assets und deren Anteilsgewichten wie folgt approximiert werden:

(6) $sv_P \approx \mathbf{w}^{\mathbf{T}} \cdot \mathbf{C} \cdot \mathbf{w}$

mit $\mathbf{w}$: ($N \times 1$ Spalten-) Vektor der Anteilsgewichte w_i im Portfolio
$\mathbf{C}$: ($N \times N$) Matrix der symmetrischen Kosemivarianzen.

Das Optimierungsproblem unter Verwendung dieser Approximation kann damit endgültig wie folgt formuliert werden:

(7) $ZF(\mathrm{w}) = \mu_P - \lambda \cdot sv_P \rightarrow \max!$

Unter Verwendung der Gleichung (1) in Matrizennotation und der Approximation nach Gleichung (6) folgt:

(8) $ZF(\mathbf{w}) = \mathbf{w}^{\mathbf{T}} \cdot \mathbf{r} - \lambda \cdot \mathbf{w}^{\mathbf{T}} \cdot \mathbf{C} \cdot \mathbf{w} \rightarrow \max!$

mit **r**: ($N \times 1$ Spalten-) Vektor der Erwartungswerte μ_i der Assetrenditen.

Dabei sind die bei einer Portfoliooptimierung notwendigen und üblichen Nebenbedingungen einzuhalten, z.B. die (notwendige) Budgetrestriktion und die (übliche) Nichtnegativitätsbedingung für alle Anteilsgewichte der im Portfolio enthaltenen Anlagen.

(9) $\sum_{i=1}^{N} w_i = 1$ (Budgetrestriktion)

(10) $w_i \geq 0$ für alle Anlagen $i = 1, ..., N$ (Leerverkaufsverbot)

Wird ohne die Approximation nach Gleichung (6) gearbeitet, lautet die Zielfunktion für die Optimierung nach Gleichung (11):

(11) $ZF(\mathbf{w}) = \mathbf{w}^{\mathbf{T}} \cdot \mathbf{r} - \lambda \cdot sv_P \rightarrow \max!$

Der Unterschied zwischen Gleichung (8) und (11) mag dabei unscheinbar erscheinen, ist aber inhaltlich gravierend. Die Formulierung der Zielfunktion nach Gleichung (11) erzwingt bei der Lösung des Optimierungsproblems die direkte Berechnung der Portfoliosemivarianz auf der Ebene des gesamten Portfolios. Die Berechnung kann dann nicht in vereinfachender Weise auf die Berechnung anhand der einzelnen Assetparameter zurückgeführt werden. Die nachfolgende Fallstudie wird diesen Unterschied verdeutlichen.

5.2.1.2. Bestimmung des Risikoaversionsparameters

Bereits im Zusammenhang mit der Umsetzung der absoluten Optimierung nach dem Standard-Markowitz-Tobin-Modell erwies sich die Festlegung des Risikoaversionsparameters als erhebliches praktisches Problem. Der grundlegende Optimierungsansatz bei der semivarianzbasierten Optimierung ist – wie gerade gezeigt – dazu strukturidentisch. Er lautet in allgemeiner Form:

(1) $ZF(\mathbf{w}) = \mu_P - \lambda \cdot sv_P \rightarrow \max!$

Unabhängig von der Frage, ob nun die semivarianzbasierte Optimierung unter Verwendung der symmetrischen oder asymmetrischen Kosemivarianzmatrix durchgeführt wird, ist die vorherige Festlegung des Risikoaversionsparameters λ erforderlich. Bei genauerer Betrachtung wird in diesem Modell die Risikoeinstellung des Investors sogar durch zwei Parameter (λ und τ) festgelegt. Dabei wirkt der Parameter τ wie ein Filter für Risikosituationen. Wird τ sehr niedrig angesetzt, existieren kaum Risikosituationen, womit nur wenige Einträge in der Kosemivarianzmatrix resultieren, die zudem im Absolutbetrag sehr klein ausfallen.[208] Eine weitere Absenkung von τ lässt – bei unveränderten Erwartungen – immer mehr Risikosituationen verschwinden, bis schließlich die Kosemivarianzmatrix nur mit Nullen besetzt ist. Wird dagegen τ sukzessive angehoben, treten immer mehr Risikosituationen hinzu, womit die Anzahl der von null verschiedenen Einträge in der Kosemivarianzmatrix ansteigt und diese im Absolutbetrag nach zunehmen. Bildlich gesprochen ließe sich die Festlegung von τ wie ein „Kontrastregler" für die Kosemivarianzmatrix (bzw. Risikosituationen) interpretieren. Für sehr niedrige Werte von τ besteht sie aus lauter Nullen, mit zunehmenden Werten steigt die Anzahl der von null verschiedenen Einträge und diese nehmen im Absolutbetrag zu. Der Parameter λ modelliert schließlich den Trade-off zwischen erwarteter Rendite und damit verbundenem Risiko, dessen „gemessene Höhe" aber durch τ bestimmt wird.

Die Festlegung von τ sollte aber „irgendwie" in der Wahl des Risikoaversionsparameters λ berücksichtigt werden. Wird beispielsweise τ sehr klein gewählt, müssten die verbleibenden Risikosituationen tendenziell stärker berücksichtigt werden, was wiederum die Wahl höherer Werte für λ bedeuten würde. Wird dagegen τ sehr hoch angesetzt, werden viele Risikosituationen berücksichtigt. Da damit aber bereits das Risiko weitaus stärker als vorher berücksichtigt wurde, müsste (bei unveränderter Risikopräferenz des Investors) der Risikoaversionsparameter λ abgesenkt werden.

---

208 Die Wirkung der Mindestrenditeforderung τ wird hier beispielhaft anhand der Kosemivarianzmatrix erläutert, also implizit von der Verwendung der symmetrischen Kosemivarianz ausgegangen. Wird dagegen die asymmetrische Kosemivarianz verwendet, muss die Schätzung des Portfoliorisikos von der gesamten (geschätzten) Renditeverteilung des Portfolios ausgehen. Die Wirkung der Mindestrenditeforderung τ ist hier aber im Wesentlichen identisch. Mit zunehmender Absenkung von τ wird der risikobehaftete Anteil der (geschätzten) Renditeverteilung immer geringer, bis er nahezu verschwindet, soweit τ nur klein genug gewählt wird. Wird dagegen τ immer weiter angehoben, erhöht sich der risikobehaftete Anteil der (geschätzten) Renditeverteilung, bis nahezu die gesamte Renditeverteilung risikobehaftet ist, wenn τ genügend groß gewählt wurde.

Als zentrales Ergebnis dieser Überlegungen ist zunächst das Wechselspiel zwischen den beiden Parametern τ und λ bei der Modellierung der Risikopräferenz festzustellen. Der Art nach lassen sich sehr allgemeine Aussagen formulieren. Bei gleich bleibender Risikopräferenz des Investors sollte die Wahl eines niedrigen Wertes von τ einhergehen mit der Wahl eines entsprechend höheren Wertes für λ, et vice versa. Wie aber dieses Wechselspiel genau aussieht, ist schwierig bestimmbar. Insofern sieht sich die praktische Umsetzung dieses Optimierungsansatzes einem erheblich größeren Problem gegenüber als diejenige des traditionellen Standard-Markowitz-Tobin-Modells. Anstelle eines Risikoaversionsparameters sind nunmehr zwei Parameter zur Modellierung der Risikopräferenz des Investors festzulegen, die überdies in einer nicht genau bestimmbaren Weise miteinander interagieren.

Dies ist ein ernsthaftes Problem der praktischen Umsetzung, für das hier keine „Patentlösungen" angeboten werden können. Ein pragmatischer Ansatz wäre aber, zu überprüfen, ob sich die Verfahren zur Bestimmung des Risikoaversionsparameters beim klassischen Modell hier strukturell übertragen lassen. Da diese aber nur auf die Bestimmung des Risikoaversionsparameters λ abzielen, muss die bereits erfolgte Festlegung der geforderten Mindestrendite τ im Folgenden vorausgesetzt werden. Unter dieser zentralen Annahme (bereits erfolgte Festlegung von τ) werden die Ansätze aus Kap. 2.1.2.3. bis 2.1.2.5. kurz diskutiert.

a) Festlegung durch Vergleich mit der risikofreien Anlage

Der in Kap. 2.1.2.3. vorgestellte Ansatz besteht aus dem Vergleich der risikofreien Anlagemöglichkeit mit einem dazu als nutzenäquivalent empfundenen, risikobehafteten Portfolio. Ist der Investor in der Lage, ein derartiges Portfolio zu benennen, kann daraus der implizierte Risikoaversionsparameter berechnet werden. Dieser Ansatz, der originär aus der Entscheidungstheorie stammt, ist sehr allgemein formuliert. Er ist daher im Prinzip auch hier anwendbar, wobei allerdings der Begriff der „risikofreien" Anlage in dem hier betrachteten Kontext zunächst geklärt werden muss.

Im traditionellen Modell der Portfolio Selection ist „risikofrei" mit „schwankungsfrei" zu übersetzen, d.h., dort gilt eine Anlage genau dann als risikofrei, wenn die zukünftig eintretende Rendite mit Sicherheit vorhergesagt werden kann, also keinen Renditeschwankungen in Abhängigkeit von den zukünftig möglichen Umweltzuständen unterliegt. „Risikofrei" im Sinne eines einseitigen, ausfallorientierten Risikoverständnisses ist etwas anders zu fassen, denn hier spielt der Bezugspunkt, die geforderte Mindestrendite τ, eine entscheidende Rolle. Eine Anlage gilt hier genau dann als risikofrei, wenn es keinen zukünftigen Umweltzustand gibt, bei dem die dann eintretende Rendite unter die geforderte Mindestrendite τ fällt. „Risikofrei“ heißt hier nicht unbedingt „schwankungsfrei“. Die erwarteten Renditen einer Anlage können über die zukünftig möglichen Umweltzustände durchaus schwanken. Solange in jedem Umweltzustand die eintretende Rendite größer oder gleich als die geforderte Mindestrendite τ ist, gilt die betrachtete Anlage als risikofrei. Umgekehrt kann eine schwankungsfreie Anlage bei dem hier betrachteten Risikoverständnis sehr wohl „risikobehaftet“ sein. Liegt deren zukünftige Rendite über die zukünftig möglichen Umweltzustände unterhalb der geforderten Mindestverzinsung τ, so ist diese Anlage trotzdem risikobehaftet. Die Festlegung der risikofreien Anlage in dem hier betrachteten Kontext ist also nicht ganz einfach, da es sich nicht zwangsläufig um eine schwankungsfreie Anlage handeln muss. Als risikofreie Anlage müsste eigentlich diejenige ausgewählt werden, welche die höchste erwartete Rendite aufweist, ohne dass in irgendeinem zukünftig möglichen Umweltzustand die geforderte Mindestrendite τ unterschritten wird (diese Bedingung impliziert ein Risiko von null).

Für die theoretische Diskussion zählt im Moment nur die „Risikofreiheit“ im Sinne des einseitigen Risikoverständnisses. Im Folgenden wird mit r_F der Erwartungswert der Rendite der risikofreien Anlage bezeichnet, wobei die risikofreie Anlage nicht notwendigerweise schwankungsfrei sein muss. Aus pragmatischen Gründen wird aber oftmals bei der semivarianzbasierten Optimierung die „risikofreie“ Anlage im Sinne des traditionellen Modells (d.h. eine schwankungsfreie Anlage, also mit „garantiertem“ Zinssatz) verwendet, so auch in den folgenden Fallstudien. In diesem Fall ist r_F eine garantierte Verzinsung (und kein Erwartungswert).

Es sei nun vorausgesetzt, die risikofreie Anlage (im hier betrachteten Sinne) sei eindeutig bestimmbar und sie besitze eine (erwartete) Verzinsung in Höhe von r_F. Ferner könne der Anleger ein risikobehaftetes Portfolio benennen, welches dazu als nutzenäquivalent empfunden wird. Dieses habe eine erwartete Rendite von μ_C bei einer zukünftigen Semivarianz von sv_C. Da der Investor die Zielfunktion nach (1) maximiert, müssen beide Anlagealternativen offensichtlich denselben Zielfunktionswert besitzen. Es gilt dann also:

(2) $$r_F = \mu_C - \lambda sv_C \Leftrightarrow \lambda = \frac{\mu_C - r_F}{sv_C}.$$

Ebenso wie in Kap. 2.1.2.3. muss bei diesem Ansatz kritisch gefragt werden, ob der Anleger überhaupt in der Lage sein dürfte, ein nutzenäquivalentes, risikobehaftetes Portfolio zur gegebenen risikofreien Anlage zu benennen. Ggf. lässt man den Anleger mehrere als nutzenäquivalent empfundene Portfolios benennen und berechnet daraus entsprechend mehrere Werte für den Risikoaversionsparameter λ, die abschließend gemittelt werden. Soweit die verschiedenen Werte für λ nicht extrem voneinander abweichen (und damit inkonsistent wären), könnte dies eventuell sogar zu einer zuverlässigeren Schätzung führen. Dennoch erscheint die praktische Umsetzbarkeit mit Zweifeln behaftet, da es sich bei μ_C und sv_C um sehr unanschauliche, abstrakte Größen handelt. Außerdem ist sv_C von der gewählten Mindestrenditeforderung τ abhängig.

b) Bestimmung aus dem Benchmarkportfolio

Im Kap. 2.1.2.4. wurde der Ansatz von GRINOLD/KAHN präsentiert, welche versuchen, den vom Benchmarkportfolio implizierten Risikoaversionsparameter λ zu bestimmen. Ihr Ansatz und deren Herleitung kann ebenfalls auf den hier betrachteten Fall übertragen werden, allerdings nur unter der Einschränkung der Verwendung der symmetrischen Kosemivarianz. Dies folgt aus dem grundlegenden Ansatz, ein Mischportfolio, bestehend aus der risikofreien Anlagemöglichkeit und dem gewählten Benchmarkportfolio zu betrachten:

(3) $$\mu_{Misch} = a \cdot \mu_B + (1-a) \cdot r_F$$

(4) $$sv_{Misch} = a^2 \cdot sv_B$$

mit μ_{Misch}: (erwartete) Rendite des Mischportfolios
μ_B: (erwartete) Rendite der Benchmark
sv_{Misch}: Semivarianz der Rendite des Mischportfolios
a: Anteil des Benchmarkportfolios B am Mischportfolio
sv_B: Semivarianz der Benchmark.

Die Beziehung nach Gleichung (4) gilt nur im Falle der symmetrischen Kosemivarianz.[209] Unter dieser Einschränkung kann aber der weitere Gang der Argumentation nach GRINOLD/KAHN übernommen werden (vgl. auch Kap. 2.1.2.4.). Danach maxi-

209 Vgl. zu einer ausführlichen Erläuterung Kap. 5.2.2., dort bei der Diskussion der Gleichungen (10) und (11).

miert der Investor die Zielfunktion nach Gleichung (1), welche bezüglich des Mischportfolios nach Gleichung (5) lautet:

$$(5) \qquad \mathrm{ZF} = \mu_{Misch} - \lambda sv_{Misch} \rightarrow \max!$$

Durch Einsetzen ergibt sich

$$(6) \qquad \mathrm{ZF} = a \cdot \mu_B + (1-a) \cdot r_F - \lambda \cdot a^2 \cdot sv_B \,.$$

Für ein optimales Portfolio gilt:[210]

$$(7) \qquad \frac{d\mathrm{ZF}}{da} = \frac{d(a \cdot \mu_B + (1-a) \cdot r_F - \lambda \cdot a^2 \cdot sv_B)}{da} = 0 \,.$$ [211]

Dies ist gleichbedeutend mit

$$(8) \qquad \mu_B - r_F - \lambda \cdot 2a \cdot sv_B = 0 \,.$$

Da der Investor nur das Benchmarkportfolio halten will, ist ferner $a = 1$, wodurch sich ergibt:

$$(9) \qquad \mu_B - r_F - \lambda \cdot 2 \cdot sv_B = 0 \,.$$

Umgeformt erhält man schließlich

$$(10) \qquad \lambda = \frac{\mu_B - r_F}{2 \cdot sv_B} \,.$$

Durch Einsetzen der Werte μ_B und sv_B für das (anlegerindividuelle) Benchmarkportfolio kann man dann den (anlegerindividuellen) *implizierten Risikoaversionsparameter* λ bestimmen.

Im Falle der Verwendung der asymmetrischen Kosemivarianz gilt Gleichung (4) im Allgemeinen nicht. Im Spezialfall, dass die risikofreie Anlage zugleich eine garan-

---

210 Zur Bestimmung globaler Extremalstellen und allgemein zur Kurvendiskussion vgl. beispielsweise Sydsaeter/Hammond (2004), S. 337 ff. sowie S. 567 ff.

211 Der Wert der zweiten Ableitung ist echt kleiner null ($-2\lambda sv_B < 0$), was gewährleistet, dass es sich um ein Maximum handelt.

tierte, d.h. schwankungsfreie, Verzinsung besitzt, ist die Kosemivarianz zwischen Benchmarkportfolio und risikofreier Anlage auch im asymmetrischen Fall null. In diesem Falle gilt auch Gleichung (4) und in der Folge Gleichung (10). Ist die risikofreie Anlage nicht schwankungsfrei, könnte Gleichung (4) und schließlich das Ergebnis nach Gleichung (10) als Approximation angesehen werden.

In Kap. 2.1.2.5. wurde der Ansatz der Bestimmung des Risikoaversionsparameters λ aus dem Benchmarkportfolio erweitert. Im Wesentlichen wurde dort gegenüber dem Ansatz von GRINOLD/KAHN die Frage aufgeworfen, ob das von einem Investor benannte Benchmarkportfolio B unter den gegebenen Kapitalmarkterwartungen (Schätzer für die Erwartungswerte der Assetrenditen sowie deren Varianzen und Kovarianzen) wirklich effizient ist. Falls nicht, ist die Bestimmung des Risikoaversionsparameters λ deutlich aufwändiger. Dann muss nämlich zunächst in einem ersten Schritt das zu einer benannten Benchmark B passende effiziente Benchmarkportfolio B^* auf dem effizienten Rand gesucht werden (vgl. Kap. 2.1.2.5.). Erst in einem zweiten Schritt kann der von dieser Benchmark B^* implizierte Risikoaversionsparameter λ bestimmt werden. Im einfachsten Fall werden die Schätzer für die erwartete Rendite und die Semivarianz des effizienten Portfolios B^* berechnet und in Gleichung (10) eingesetzt. Ein universelles, numerisches Approximationsverfahren besteht darin, sukzessive und zielgerichtet eine Folge von Optimierungen mit variierendem λ durchzuführen, bis schließlich das zuletzt bestimmte Portfolio hinsichtlich der Semivarianz dem effizienten Benchmarkportfolio B^* (bzw. der ursprünglich benannten Benchmark B) entspricht.[212] Das dabei für die Optimierung zuletzt verwendete λ stellt eine Approximation für den implizierten Risikoaversionsparameter dar (vgl. näher Kap. 2.1.2.5., dort auch Abbildung 2.1.2.5.-2. zur grafischen Illustration). Dieses numerische Approximationsverfahren ist leider verfahrenstechnisch deutlich aufwändiger, aber universell einsetzbar. Insbesondere kann es gerade bei Verwendung der asymmetrischen Kosemivarianz eingesetzt werden, womit auch dort eine „exakte“ Bestimmung des implizierten Risikoaversionsparameters möglich ist. Ebenso wurde in Kap. 2.1.2.5. auch auf die dabei entstehende Tautologie-Problematik hingewiesen, die hier

---

212 Bei diesem numerischen Approximationsverfahren ist es eigentlich unnötig, in einem ersten Schritt das zu einem benannten Benchmarkportfolio B zugehörige effiziente Benchmarkportfolio B^* zu bestimmen, denn das Ergebnis der zielgerichteten Suche nach dem implizierten Risikoaversionsparameter wird das Portfolio B^* sein. Für den Suchprozess reicht es, durch zielgerichtete Variation von λ dasjenige effiziente Portfolio zu bestimmen, welches dieselbe Semivarianz wie B besitzt. Jenes Portfolio ist dann B^*.

natürlich in derselben Weise auftritt. Die Diskussion aus Kap. 2.1.2.5. gilt hier analog und soll deshalb nicht wiederholt werden.

5.2.2. Fallstudie zur Schätzung der symmetrischen Kosemivarianzmatrix

Die hier vorzustellende Fallstudie orientiert sich eng an derjenigen aus Kap. 2.3.3. Der einzige Unterschied besteht hier nur darin, eine Optimierung unter Verwendung der Semivarianz durchzuführen. Im Übrigen gelten aber alle in Kap. 2.3.3. dargelegten Ausführungen in derselben Weise.

Auch bei einer semivarianzbasierten Optimierung bleibt die Schätzproblematik der benötigten Inputparameter das zentrale Problem überhaupt. Die Darstellungen aus Kap. 2.2. gelten hier in analoger Weise. Um die verfahrenstechnische Durchführung einer semivarianzbasierten Optimierung demonstrieren zu können, wird auch hier (wie in Kap. 2.3.3.) der Prognoseproblematik keine besondere Aufmerksamkeit geschenkt und eine einfache, historisch basierte Schätzung der benötigten Inputparameter durchgeführt. Das dafür notwendige Vorgehen ist umfänglich in Kap. 2.3.3.2. beschrieben, dem hier gefolgt wird.

Die empirische Semivarianz ist jedoch anders zu berechnen als die empirische Varianz. Die Berechnung erfolgt in dieser Fallstudie nach Gleichung (1) (vgl. auch Gleichung (8) aus Kap. 5.1.3.):

$$(1) \qquad \hat{sv}_i = \frac{1}{T} \sum_{\substack{t=1, \\ r_{it} < \tau}}^{T} (\tau - r_{it})^2$$

mit $\hat{sv}_i$: empirische Semivarianz der historischen Renditen des i-ten Assets.

Die empirische, symmetrische Kosemivarianz wird unter Verwendung der empirischen Semivarianzen nach Gleichung (1) und des gewöhnlichen empirischen Korrelationskoeffizienten berechnet:

(2) $\hat{c}_{ij} = \sqrt{\hat{sv}_i} \cdot \sqrt{\hat{sv}_j} \cdot \hat{\rho}_{ij}$

mit $\hat{c}_{ij}$: empirische, symmetrische Kosemivarianz

$\hat{\rho}_{ij}$: gewöhnlicher, empirischer Korrelationskoeffizient.[213]

Die Inputparameter für die Portfoliooptimierung werden damit insgesamt wie folgt geschätzt:

- Der Renditevektor $\mathbf{r}$ der erwarteten Renditen wird durch die historischen Mittelwerte $\overline{\mathbf{r}}$ geschätzt.
- Die symmetrische Kosemivarianzmatrix $\mathbf{C}$ der zukünftigen Renditen wird durch die empirische Kosemivarianzmatrix $\hat{\mathbf{C}}$ geschätzt.

Unter Verwendung dieser Schätzungen lautet die Zielfunktion damit:

(3) $ZF(\mathbf{w}) = \mathbf{w}^{\mathbf{T}} \cdot \overline{\mathbf{r}} - \lambda \cdot \mathbf{w}^{\mathbf{T}} \cdot \hat{\mathbf{C}} \cdot \mathbf{w} \to \max!$

Für die Umsetzung mithilfe von Excel sind damit folgende Verfahrensschritte notwendig:

- Umrechnung der Rohdaten (Kurs- bzw. Indexstände) in diskrete Einmonatsrenditen (vgl. dazu auch Kap. 2.3.3.2., dort insbesondere Abbildung 2.3.3.2.-1.).
- Berechnung der empirischen Mittelwerte (vgl. dazu auch Kap. 2.3.3.2., dort insbesondere Abbildung 2.3.3.2.-2.).
- Berechnung der empirischen Korrelationskoeffizienten und der Korrelationsmatrix: Die dazu notwendige Vorgehensweise ist völlig analog zu derjenigen in Kap. 2.3.3.2. bei der Berechnung der Kovarianzen und der Kovarianzmatrix. Anstelle der Excel-Funktion KOVAR() ist hier KORREL(), anstelle der VBA-Analysefunktion Kovarianz die VBA-Analysefunktion Korrelation zu verwenden. Da diese Schritte praktisch völlig identisch sind, wird für nähere Darstellungen auf Kap. 2.3.3.2. zurück verwiesen.

---

213 Zur Berechnung des gewöhnlichen empirischen Korrelationskoeffizienten vgl. z.B. Poddig/Dichtl/Petersmeier (2003), S. 65.

Die Abbildung 5.2.2.-1. zeigt die resultierende Korrelationsmatrix in der Fallstudie, die hier mittels der eingebauten Funktion KORREL() berechnet wurde.[214]

M131 =KORREL($L$12:$L$120;M12:M120)

	K	L	M	N	O	P	Q	R	S
128	**Korrelationsmatrix der Märkte (mittels eingebauter Funktionen)**								
129									
130		A_EMU	A_UK	A_USA	A_Japan	R_EMU	R_UK	R_USA	R_Japan
131	A_EMU	1,0000	0,9656	0,9536	0,6574	0,2465	0,4487	0,4582	0,1195
132	A_UK	0,9656	1,0000	0,9952	0,7238	0,4490	0,6427	0,6649	0,2814
133	A_USA	0,9536	0,9952	1,0000	0,7878	0,4172	0,6215	0,6588	0,3678
134	A_Japan	0,6574	0,7238	0,7878	1,0000	0,0836	0,3096	0,4316	0,8076
135	R_EMU	0,2465	0,4490	0,4172	0,0836	1,0000	0,9695	0,9350	0,1436
136	R_UK	0,4487	0,6427	0,6215	0,3096	0,9695	1,0000	0,9879	0,2716
137	R_USA	0,4582	0,6649	0,6588	0,4316	0,9350	0,9879	1,0000	0,4166
138	R_Japan	0,1195	0,2814	0,3678	0,8076	0,1436	0,2716	0,4166	1,0000

Abb. 5.2.2.-1.: Korrelationsmatrix in der Fallstudie

Während die Arbeitsschritte bis zu diesem Punkt praktisch identisch zum Vorgehen in Kap. 2.3.3.3. sind, muss die Berechnung der empirischen Semivarianz mithilfe von Excel deutlich anders und in etwas umständlicher Weise vorgenommen werden, da Excel als eingebaute Funktion (oder als VBA-Analysefunktion) die Semivarianz nicht bereitstellt.

Die Abbildung 5.2.2.-2. illustriert anhand eines Ausschnittes aus dem Tabellenblatt zur semivarianzbasierten Optimierung eine mögliche Vorgehensweise zur Berechnung der Semivarianz mithilfe von Excel. In der Fallstudie wurde als geforderte Mindestrendite $\tau = 0$ gewählt, welches ökonomisch der Forderung nach nominalem Kapitalerhalt entspricht. Dieser Wert für die geforderte Mindestrendite τ (0) befindet sich im Beispiel in der Zelle F6 (hier nicht mit abgebildet). Für die Berechnung der Semivari-

214 Um den Lesern das Nacharbeiten der Fallstudien zu ermöglichen, werden die Daten und Tabellenblätter auf der Homepage des Lehrstuhls unter http://www.fiwi.uni-bremen.de zum Download bereitgestellt. Um jedoch urheberrechtliche Probleme zu vermeiden, handelt es sich bei den verwendeten Daten um künstliche Datenreihen, die aus realen Datenreihen gewonnen und diesen angenähert wurden (vgl. Kap. 7.) Trotz einer guten Annäherung sind die künstlichen Daten aber eben nicht identisch mit realen Daten. Beispielsweise fallen die hier ausgewiesenen Korrelationskoeffizienten bei den künstlichen Daten deutlich höher als bei den realen Daten aus. Ursächlich dafür sind nur drei bei der Datenreproduktion verwendete Faktoren, die im Wesentlichen das gemeinsame Verhalten der originären Datenreihen beschreiben, nicht aber den einzelnen Datenreihen innewohnende individuelle Einflüsse. Da Letztere bei der Datenreproduktion vernachlässigt wurden, überwiegen die gemeinsamen Faktoren und werden entsprechend die Korrelationen zu hoch ausgewiesen. Für die verfahrenstechnische Demonstration ist dies im Folgenden aber völlig unbedeutend und nebensächlich.

anz ist es hilfreich, alle historischen Beobachtungen der Renditen eines bestimmten Marktes (z.B. A_EMU für Aktien Euroland) auf einen Ausfall zu überprüfen und ggf. dessen Höhe zu berechnen. In der Zelle X19 wird mithilfe der Excel-Funktion WENN() geprüft, ob die Rendite von A_EMU im September 1993 kleiner als die geforderte Zielrendite (in Zelle F6) war. Wenn dies der Fall ist, wird der entsprechende Ausfall als quadrierte Differenz zwischen der geforderten Mindestrendite (in Zelle F6) und der Rendite des betrachteten Marktes zum jeweiligen Zeitpunkt berechnet, andernfalls ist dieser null. Die verwendete Berechnungsformel mit den zugehörigen Eingabeparametern für die Zelle X19 ist aus der Bearbeitungsleiste ersichtlich. Alle übrigen Zellen enthalten dieselbe Berechnungsformel mit entsprechend angepassten Zellbezügen.

X19 = WENN(L19<$F$6;($F$6-L19)^2;0)

	W	X	Y	Z	AA	AB	AC
8	**Tabellenbereich D: Semiabweichungen**						
9							
10	Datum	A_EMU	A_UK	A_USA	A_Japan	R_EMU	R_UK
11	29.01.1993						
12	26.02.1993	0,0000000	0,0000000	0,0000000	0,0000000	0,0000000	0,0000000
13	31.03.1993	0,0000000	0,0000000	0,0000000	0,0000000	0,0000000	0,0000000
14	30.04.1993	0,0000000	0,0000000	0,0000000	0,0000000	0,0000000	0,0000000
15	31.05.1993	0,0000000	0,0000000	0,0000000	0,0000000	0,0000000	0,0000020
16	30.06.1993	0,0000000	0,0000000	0,0000000	0,0000000	0,0000000	0,0000000
17	30.07.1993	0,0000000	0,0000000	0,0000000	0,0000000	0,0000000	0,0000000
18	31.08.1993	0,0000000	0,0000000	0,0000000	0,0000000	0,0001250	0,0006885
19	30.09.1993	0,0009412	0,0011495	0,0017346	0,0035130	0,0000077	0,0002935
20	29.10.1993	0,0000000	0,0000000	0,0000000	0,0000000	0,0000000	0,0000000

Abb. 5.2.2.-2.: Ausschnitt aus dem Tabellenbereich zur Berechnung der Semivarianz

Die Ausfallreihen für die Aktien- und Rentenmärkte (jeweils Euroland, UK, USA und Japan) weisen entweder null oder das Quadrat des Ausfalls zu den verschiedenen Zeitpunkten auf. Nach Formel (1) ist schließlich noch der Mittelwert der (quadrierten) Ausfallreihen zu berechnen, um die Semivarianz zu erhalten. Wird anschließend die Quadratwurzel der Semivarianz gebildet, erhält man die Semistandardabweichung. Die Abbildung 5.2.2.-3. illustriert das dazu mögliche Vorgehen in Excel.

X125 = MITTELWERT(X12:X120)

	W	X	Y	Z	AA	AB	AC
117	30.11.2001	0,0000000	0,0000000	0,0000000	0,0000000	0,0000510	0,0002002
118	31.12.2001	0,0000000	0,0000000	0,0000000	0,0017795	0,0000033	0,0000848
119	31.01.2002	0,0001853	0,0000092	0,0000162	0,0005858	0,0000000	0,0000000
120	28.02.2002	0,0000612	0,0000669	0,0000501	0,0000019	0,0000000	0,0000210
121							
122	**Tabellenbereich E: Semivarianzen**						
123							
124		A_EMU	A_UK	A_USA	A_Japan	R_EMU	R_UK
125	Semivarianz	0,0009335	0,0005900	0,0008164	0,0014076	0,0000205	0,0001542
126	sd	0,0305530	0,0242892	0,0285730	0,0375177	0,0045265	0,0124196

Abb. 5.2.2.-3.: Berechnung der Semivarianz und der Semistandardabweichung

Nach der Berechnung der Korrelationsmatrix (vgl. Abb. 5.2.2.-1.) und der Semistandardabweichungen (vgl. Abb. 5.2.2.-3.) für die einzelnen Märkte, lässt sich unter Verwendung von (2) die geschätzte, symmetrische Kosemivarianzmatrix ermitteln. Die Abbildung 5.2.2.-4. zeigt exemplarisch das Ergebnis für diese Fallstudie.

Y131 = M131*$X$126*Y126

	X	Y	Z	AA	AB	AC	AD	AE
130	A_EMU	A_UK	A_USA	A_Japan	R_EMU	R_UK	R_USA	R_Japan
131	0,0009335	0,0007166	0,0008325	0,0007535	0,0000341	0,0001703	0,0001864	0,0000696
132	0,0007166	0,0005900	0,0006907	0,0006596	0,0000494	0,0001939	0,0002151	0,0001304
133	0,0008325	0,0006907	0,0008164	0,0008445	0,0000540	0,0002206	0,0002507	0,0002005
134	0,0007535	0,0006596	0,0008445	0,0014076	0,0000142	0,0001442	0,0002157	0,0005782
135	0,0000341	0,0000494	0,0000540	0,0000142	0,0000205	0,0000545	0,0000564	0,0000124
136	0,0001703	0,0001939	0,0002206	0,0001442	0,0000545	0,0001542	0,0001634	0,0000644
137	0,0001864	0,0002151	0,0002507	0,0002157	0,0000564	0,0001634	0,0001774	0,0001059
138	0,0000696	0,0001304	0,0002005	0,0005782	0,0000124	0,0000644	0,0001059	0,0003642

Abb. 5.2.2.-4.: Geschätzte, symmetrische Kosemivarianzmatrix

Aus Platzgründen enthält die Abb. 5.2.2.-4. nicht die Zeilenbeschriftungen, da es sich jedoch um eine Kosemivarianzmatrix handelt, sind die Zeilenbeschriftungen in derselben Reihenfolge identisch mit den Spaltenbeschriftungen. Exemplarisch ist aus der Bearbeitungsleiste ersichtlich, wie die Kosemivarianz zwischen den Märkten A_EMU und A_UK berechnet wird.

Nachdem bereits der Schätzer für die Erwartungswerte der Renditen wie in Kap. 2.3.3.2. berechnet wurde, kann die Optimierung der Zielfunktion nach Gleichung (3) vorgenommen werden. In der Fallstudie werden dabei dieselben Nebenbedingungen wie in der Fallstudie aus Kap. 2.3.3.3. verwendet:

(4) $\sum_{i=1}^{N} w_i = 1$ (Budgetrestriktion)

(5) $w_i \geq 0$ (Leerverkaufsverbot)

(6) $w_i \geq minw_i = 0{,}05$ (geforderter Mindestanteil)

(7) $w_i \leq maxw_i = 0{,}4$ (zulässiger Höchstanteil).

Neben der Festlegung der geforderten Mindestrendite (hier: $\tau = 0$) wird ferner angenommen, es gebe keine Anlage mit garantierter Verzinsung, welche größer als die geforderte Mindestverzinsung ist (dies wäre hier das Analogon zur risikofreien Anlage im klassischen Modell der Portfolio Selection).

Der Risikoaversionsparameter soll hier mithilfe der numerischen Approximation aus dem Benchmarkportfolio (hier handelt es sich wie in der Fallstudie aus Kap. 2.3.3.3. um ein gleich gewichtetes Portfolio aller Märkte) bestimmt werden. Um den Startwert für die Approximation zu bestimmen, wird Gleichung (10) aus Kap. 5.2.1.2. verwendet. Mit den Werten der Fallstudie ergibt sich als erste Schätzung $\lambda = 11{,}9$. Wird mit diesem Startwert die betreffende Portfoliooptimierung durchgeführt, resultiert das in Abb. 5.2.2.-5. dargestellte Ergebnis.

	V	W	X	Y
144	Markt	Gewicht	min	max
145	A_EMU	0,0500	0,0500	0,4000
146	A_UK	0,0500	0,0500	0,4000
147	A_USA	0,1912	0,0500	0,4000
148	A_Japan	0,0500	0,0500	0,4000
149	R_EMU	0,1588	0,0500	0,4000
150	R_UK	0,4000	0,0500	0,4000
151	R_USA	0,0500	0,0500	0,4000
152	R_Japan	0,0500	0,0500	0,4000
153	Summe:	1,0000		
154				
155	P-Rendite	0,0101917	B-Rendite	0,0095807
156	P-sCoLPM2	0,0002118	B-sCoLPM2	0,0002647
157	P-sd	0,0145546		
158	Lambda:	11,9145922	anal. Approx.	11,9145922
159	ZF:	0,0076678		

Abb. 5.2.2.-5.: Portfoliooptimierung mit Startwert für den Risikoaversionsparameter

Das Ergebnis der Optimierung zeigt für das bestimmte Portfolio ein niedrigeres Risiko als dasjenige der vorgegebenen Benchmark (vgl. Zelle W156 mit Y156). Der Startwert für den Risikoaversionsparameter λ wurde damit zu hoch angesetzt und ist im nächsten Schritt herabzusetzen, z.B. auf $\lambda = 11{,}0$. Nach einigen Wiederholungen resultiert schließlich $\lambda = 10{,}5$ als Approximation für den implizierten Risikoaversionsparameter. Mit diesem Wert wird die anschließende Portfoliooptimierung durchgeführt.[215]

Das Ergebnis der Optimierung in der Fallstudie ist ein Portfolio auf der Effizienzkurve im (μ_P, sd_P)-Raum, welches nutzenoptimal ist, sofern keine „risikofreie" Anlagemöglichkeit (genauer: dessen Analogon, s.o.) existiert. Die Abbildung 5.2.2.-6. zeigt das Ergebnis der Optimierung sowie die Eingabeparameter für den Solver in Excel. Aufbau und Durchführung einer Portfoliooptimierung mittels des Solvers sind in Kap. 2.3.3.2. ausführlich behandelt worden; das Vorgehen bei der semivarianzbasierten Portfoliooptimierung unterscheidet sich *verfahrenstechnisch* überhaupt nicht von den Darstellungen in Kap. 2.3.3.3.

215 Natürlich resultiert in diesem Fall als Ergebnis der Optimierung wiederum genau das zuletzt bestimmte Portfolio bei der Suche nach dem implizierten Risikoaversionsparameter; dies ist schließlich die Tautologie-Problematik dieses Ansatzes. Für die reine verfahrenstechnische Demonstration der Vorgehensweise könnte an dieser Stelle aber ebenso angenommen werden, der Risikoaversionsparameter sei mit $\lambda = 10{,}5$ „irgendwie" bestimmt worden, z.B. über den Vergleich zweier als nutzenäquivalent empfundener Portfolios. Dann wäre jetzt noch das nutzenoptimale Portfolio zu bestimmen.

W159 = W155-W158*W156

	V	W	X	Y	Z
144	Markt	Gewicht	min	max	
145	A_EMU	0,0500	0,0500	0,4000	
146	A_UK	0,0500	0,0500	0,4000	
147	A_USA	0,2560	0,0500	0,4000	
148	A_Japan	0,0500	0,0500	0,4000	
149	R_EMU	0,0940	0,0500	0,4000	
150	R_UK	0,4000	0,0500	0,4000	
151	R_USA	0,0500	0,0500	0,4000	
152	R_Japan	0,0500	0,0500	0,4000	
153	Summe:	1,0000			
154					
155	P-Rendite	0,01073	B-Rendite	0,00958	
156	P-sCoLPM2	0,00026	B-sCoLPM2	0,00026	
157	P-sd	0,01613			
158	Lambda:	10,50000	anal. Approx.	11,91459	
159	ZF:	0,00800			

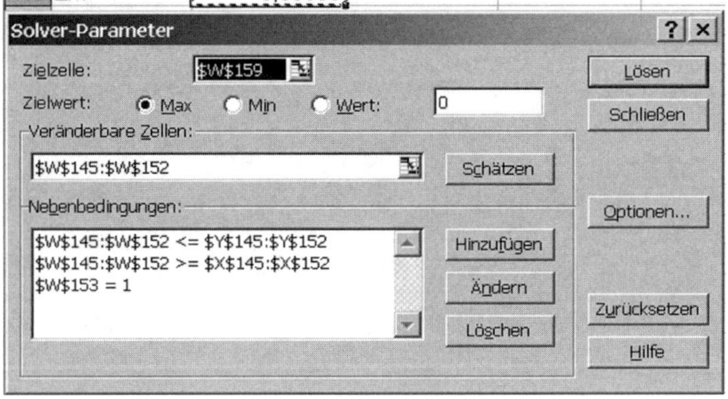

Abb. 5.2.2.-6.: Ergebnis der semivarianzbasierten Optimierung

Das Ergebnis dieser Optimierung ist, vielleicht zunächst ausgesprochen überraschend, sehr ähnlich zu demjenigen aus Kap. 2.3.3.3.6. (vgl. auch Abb. 2.3.3.3.6.-1.). Obwohl die Messung des Risikos hier deutlich anders ist und auch die investorenspezifischen Risikoparameter gänzlich anders zu interpretieren sind, ist die Ähnlichkeit der Portfoliostrukturen bemerkenswert. Die Ähnlichkeit der Lösungen kann vermutlich auf folgende Hauptursachen zurückgeführt werden:

- Die symmetrische Kosemivarianz und der auf ihr basierende Optimierungsansatz ist sehr ähnlich zum traditionellen Modell. Soweit die Assetrenditen einer Normalverteilung, oder überhaupt einer symmetrischen Verteilung folgen, bedeutet die Verwendung von Semivarianz und symmetrischer Kosemivarianz keinen nachhaltigen Unterschied gegenüber der klassischen Varianz und Kovarianz. Diese Maße sind im Wesentlichen dann nur anders skaliert, aber ansonsten nicht sehr verschieden.

- Die Optimierung basiert in beiden Fällen auf dem jeweiligen implizierten Risikoaversionsparameter, der aus demselben Benchmarkportfolio gewonnen wurde. Diese Gewinnung des Risikoaversionsparameters reskaliert nun den Wert von λ so, dass die im Wesentlichen veränderte Skalierung der Risikoparameter (Semivarianzen und symmetrische Kosemivarianzen) wieder neutralisiert wird.

Bei symmetrischen Renditeverteilungen führt dieser semivarianzbasierte Ansatz zwar zu anders skalierten Risikoparametern, aber oftmals zu kaum veränderten Endergebnissen, soweit der Risikoaversionsparameter in adäquater Weise diese veränderte Skalierung berücksichtigt (was eigentlich stets der Fall sein sollte).

Die Berücksichtigung einer „risikofreien“ Anlage ist bei der semivarianzbasierten Portfoliooptimierung unter Verwendung der symmetrischen Kosemivarianzmatrix verfahrenstechnisch in derselben Weise möglich wie im klassischen Modell der Portfolio Selection. Inhaltlich ist aber zu klären, was „risikofrei“ im Sinne des hier betrachteten Risikoverständnisses bedeutet (vgl. dazu die Diskussion in Kap. 5.2.1.2.). Aus Gründen der Vergleichbarkeit der Fallstudien wird hier ebenfalls dieselbe risikofreie Anlage wie in der Fallstudie nach Kap. 2.3.3.3. verwendet.

Zur Bestimmung des optimalen Portfolios kann in dem Spezialfall der Verwendung der symmetrischen Kosemivarianzmatrix verfahrenstechnisch in derselben Weise wie beim traditionellen Modell vorgegangen werden. Dazu ist in einem ersten Schritt das Tangentialportfolio, in einem zweiten Schritt das optimale Mischportfolio (bestehend aus Tangentialportfolio und risikofreier Anlage) zu bestimmen. Die Bestimmung des Tangentialportfolios erfolgt über die Lösung des bekannten Optimierungsproblems nach Gleichung (8), wobei wiederum die typischen Nebenbedingungen (Budgetrestriktion, ggf. Nichtnegativitätsbedingungen, geforderte Mindestanteile, zulässige Höchstanteile u.a.) zu beachten sind:

(8) $$ZF(\mathbf{w}) = \frac{\mu_P - r_F}{sd_P} \rightarrow \max!$$

Unter Verwendung der bekannten Formeln zur Berechnung von Portfoliorendite und Portfoliorisiko sowie der zugehörigen Schätzer für den Vektor der erwarteten Renditen bzw. den der zukünftigen symmetrischen Kosemivarianzmatrix ergibt sich die konkrete Formulierung für die Zielfunktion des Optimierungsproblems nach Gleichung (9):

$$(9) \qquad ZF(\mathbf{w}) = \frac{\mathbf{w}^{\mathbf{T}} \cdot \bar{\mathbf{r}} - r_F}{\sqrt{\mathbf{w}^{\mathbf{T}} \cdot \hat{\mathbf{C}} \cdot \mathbf{w}}} \rightarrow \max!$$

Für die Fallstudie werden auch hier die Nebenbedingungen nach Gleichungen (4) bis (7) verwendet. Die Abbildung 5.2.2.-7. zeigt einen Ausschnitt aus dem Tabellenblatt zur Lösung des Optimierungsproblems, welches den Aufbau und bereits die Lösung zeigt.

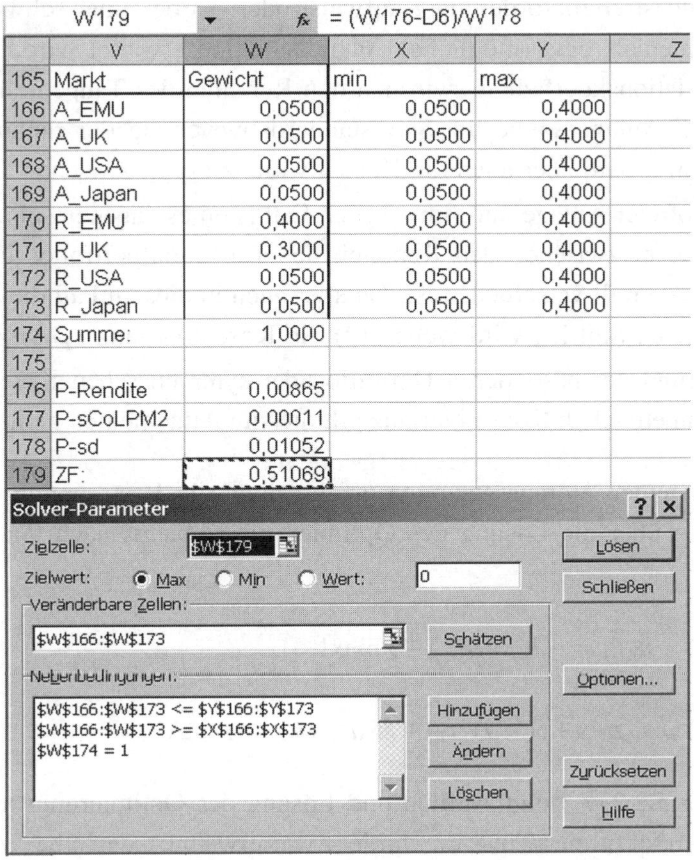

Abb. 5.2.2.-7.: Aufbau und Lösung des Optimierungsproblems zur Bestimmung des Tangentialportfolios

Für ein Mischportfolio bestehend aus der risikofreien Anlage und dem Tangentialportfolio gelten *nur unter Verwendung der symmetrischen Kosemivarianz* die strukturell identischen Beziehungen wie im traditionellen Modell der Portfolio Selection:

(10) $$\mu_{Misch} = a \cdot \mu_{TP} + (1-a) \cdot r_F$$

(11) $$sv_{Misch} = a^2 \cdot sv_{TP} .$$

Damit die Gleichung (11) gilt, müssen die Semivarianz der risikofreien Anlage sv_{rF} und die Kosemivarianz $c_{TP,rF}$ zwischen Tangentialportfolio und risikofreier Anlage beide gleich null sein. Die erste Bedingung, nämlich $sv_{rF} = 0$ ist immer dann erfüllt, wenn (i) eine schwankungsfreie Anlage eine (sicher erwartete) Rendite größer oder gleich der Mindestrenditeforderung τ aufweist oder (ii) bei einer schwankungsbehafteten Anlage niemals eine (mögliche) Ausfallsituation erwartet wird. Im ersten Fall sind der Korrelationskoeffizient zwischen den Renditen des Tangentialportfolios und der risikofreien Anlage sowie die Semistandardabweichung der risikofreien Anlage gleich null. Damit wird aber auch die Kosemivarianz $c_{TP,rF}$ zwischen Tangentialportfolio und risikofreier Anlage null. Im zweiten Fall kann es dagegen sein, dass der Korrelationskoeffizient zwischen den Renditen des Tangentialportfolios und der risikofreien Anlage von null verschieden ist. Da aber auch in diesem Fall die Semistandardabweichung gleich null ist, wird wegen (2) die Kosemivarianz $c_{TP,rF} = 0$. Dies folgt aber nur aufgrund der besonderen Definition der symmetrischen Kosemivarianz; im Falle der asymmetrischen Kosemivarianz gilt dies im Allgemeinen nicht mehr.

Unter den genannten Voraussetzungen erfolgt dann die Bestimmung des optimalen Mischportfolios über die Lösung des Optimierungsproblems nach Gleichungen (12) bzw. (13):

(12) $$ZF(a) = \mu_{Misch} - \lambda \cdot sv_{Misch} \rightarrow \max!$$

(13) $$ZF(a) = a \cdot \mu_{TP} + (1-a) \cdot r_F - \lambda \cdot a^2 \cdot sv_{TP} \rightarrow \max!$$

Die Abbildung 5.2.2.-8. zeigt Aufbau und Lösung des Optimierungsproblems in der Fallstudie. Als risikofreier Zinssatz wurde – wie erwähnt – derselbe Wert wie in der Fallstudie aus Kap. 2.3.3.1. mit 4% p.a. (umgerechnet auf Monatsbasis) angesetzt. Dem Anteilsgewicht a des Tangentialportfolios am Mischportfolio wurde in der Fallstudie lediglich die Beschränkung $a \geq 0$ auferlegt, was unter Optionen... im Solver gesetzt wurde.

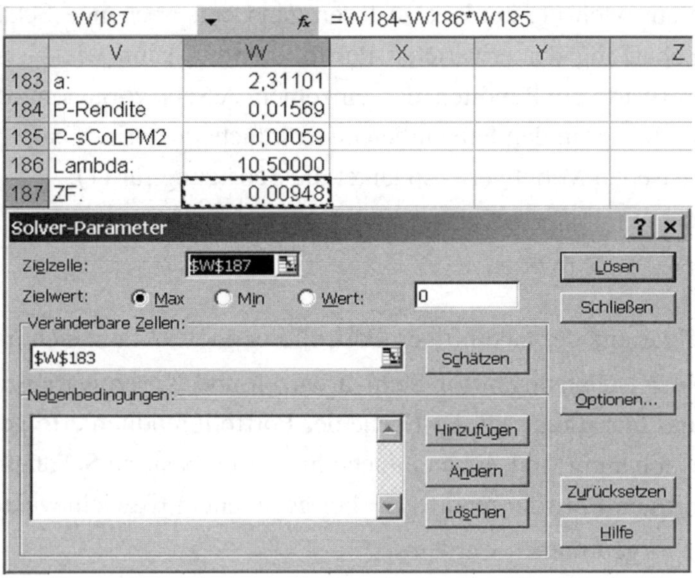

Abb. 5.2.2.-8.: Aufbau und Lösung des Optimierungsproblems zur Bestimmung des Anteils a des Tangentialportfolios am Mischportfolio

In der Fallstudie resultiert für a die Lösung $a \approx 2{,}3$, was eine Verschuldung in Höhe des 1,3-fachen des anfänglich zur Verfügung stehenden Anlagebetrages bedeuten würde. In der Realität dürfte dies kaum eine umsetzbare Lösung sein. Beschränkt man in der Fallstudie a auf $a \leq 1$ (Unzulässigkeit von Verschuldung), würde $a = 1$ als Lösung resultieren.

Obwohl die Vorgehensweise bei dieser Fallstudie verfahrenstechnisch im Wesentlichen derjenigen bei der klassischen Portfoliooptimierung entspricht, gibt es zahlreiche Unterschiede im Detail und viele zu beachtende Rahmenbedingungen, wie es die bisherigen Betrachtungen gezeigt haben. Auch bedurfte es zahlreicher theoretischer Arbeiten, um nachzuweisen, dass unter den genannten Voraussetzungen ein verfahrenstechnisch identisches Vorgehen wie beim klassischen Modell möglich ist.

Im Allgemeinen kann aber die klassische Vorgehensweise nicht in strukturidentischer Weise übertragen werden. Die nächste Fallstudie zeigt anhand einer semivarianzbasierten Optimierung auf Grundlage der asymmetrischen Kosemivarianz, welche Unterschiede sich im Regelfall ergeben.

5.2.3. Fallstudie zur Schätzung der asymmetrischen Kosemivarianz

Unter Verwendung der Definition der asymmetrischen Kosemivarianz resultiert im Prinzip dasselbe Optimierungsproblem für die Portfolioplanung (vgl. (1)):

(1) $ZF(\mathbf{w}) = r_P - \lambda \cdot sv_P \to \max!$

Um das Optimierungsproblem nach (1) konkret zu lösen, sind entsprechende Schätzungen einzusetzen. Die Schätzung der erwarteten Portfoliorendite kann wie bisher aus den Schätzungen der erwarteten Renditen der einzelnen Assets vorgenommen werden. Verwendet man wie bisher in den Fallstudien eine einfache historisch basierte Schätzung anhand des empirischen Mittelwerts, so lautet die Schätzung für (1):

(2) $$ZF(\mathbf{w}) = \mathbf{w}^{\mathbf{T}} \cdot \bar{\mathbf{r}} - \lambda \cdot \hat{sv}_P \rightarrow \max!$$

Die Schätzung für die Semivarianz der zukünftigen Portfoliorendite $\hat{sv}_P$ lässt sich nun aber nicht mehr aus den Einzelschätzungen für Semivarianzen und Kosemivarianzen ableiten. Die Schätzung muss hier direkt auf der Ebene der Portfoliorenditen erfolgen, die vom Gewichtevektor **w** abhängig sind. Eine einfache historisch basierte Schätzung der Semivarianz der zukünftigen Portfoliorendite $\hat{sv}_P$ bei gegebenem Gewichtevektor **w** kann nach Gleichung (3) vorgenommen werden:

(3) $$\hat{sv}_P(\mathbf{w}) = \frac{1}{T} \sum_{t=1}^{T} \max[0, (\tau - \mathbf{w}^{\mathbf{T}} \cdot \mathbf{r}_t)]^2$$

mit $\mathbf{r}_t$: $(N \times 1)$ Vektor der historischen Renditen zum Zeitpunkt t.

Wird die Schätzung nach Gleichung (3) in Gleichung (2) eingesetzt, resultiert als Schätzer für die Zielfunktion:

(4) $$ZF(\mathbf{w}) = \mathbf{w}^{\mathbf{T}} \cdot \bar{\mathbf{r}} - \lambda \cdot \frac{1}{T} \sum_{t=1}^{T} \max[0, (\tau - \mathbf{w}^{\mathbf{T}} \cdot \mathbf{r}_t)]^2 \rightarrow \max!$$

Zur Bestimmung des optimalen Portfolios ist die (geschätzte) Zielfunktion nach Gleichung (4) unter den üblichen Nebenbedingungen (Budgetrestriktion, Nichtnegativitätsbedingung bei Leerverkaufsverbot, geforderte Mindestanteile, zulässige Höchstanteile usw.) zu maximieren.

Die Umsetzung im Rahmen der Fallstudie erfolgt wie bisher, wobei allerdings die Schätzung der zukünftigen Portfoliosemivarianz in diesem Fall verfahrenstechnisch völlig anders vorgenommen werden muss. Um die Vorgehensweise zu erläutern, wird auf eine willkürlich gewählte Startlösung zurückgegriffen, bei der alle Assets mit gleichem Anteilsgewicht im Portfolio enthalten sind (vgl. Abb. 5.2.3.-1.).

W153 = SUMME(W145:W152)

	V	W	X	Y
144	Markt	Gewicht	min	max
145	A_EMU	0,1250	0,0500	0,4000
146	A_UK	0,1250	0,0500	0,4000
147	A_USA	0,1250	0,0500	0,4000
148	A_Japan	0,1250	0,0500	0,4000
149	R_EMU	0,1250	0,0500	0,4000
150	R_UK	0,1250	0,0500	0,4000
151	R_USA	0,1250	0,0500	0,4000
152	R_Japan	0,1250	0,0500	0,4000
153	Summe:	1,0000		

Abb. 5.2.3.-1.: Willkürlich gewählte Startlösung (naives Portfolio)

Für die willkürlich gewählte Startlösung ist im nächsten Schritt der Wert für den Schätzer der Portfoliosemivarianz nach (3) zu berechnen. Das grundsätzliche Vorgehen wurde bereits in Kap. 5.2.2. (insbesondere auch Abb. 5.2.2.-2.) erläutert, allerdings bezüglich der einzelnen Assets. Es lässt sich aber in derselben Weise übertragen, jedoch muss zuvor unter Verwendung des gegebenen Gewichtevektors die Reihe der historischen Portfoliorenditen berechnet werden. Dieser Schritt wird mithilfe der Abbildung 5.2.3.-2. illustriert.

U12 {= MMULT(L12:S12;$W$145:$W$152)}

	K	L	M	N	O	P	Q	R	S	T	U
10		A_EMU	A_UK	A_USA	A_Japan	R_EMU	R_UK	R_USA	R_Japan	Benchmark	Portfolio
11	29.01.1993										
12	26.02.1993	0,01376	0,02421	0,04032	0,10284	0,00518	0,01405	0,02247	0,08696	0,03872	0,03872
13	31.03.1993	0,04009	0,03588	0,04353	0,02698	0,01033	0,02177	0,02154	0,01344	0,02669	0,02669
14	30.04.1993	0,00029	0,00864	0,01628	0,04156	0,00683	0,01265	0,01611	0,04609	0,01856	0,01856
15	31.05.1993	0,00088	0,00287	0,00962	0,03883	0,00046	-0,00143	0,00149	0,03863	0,01142	0,01142
16	30.06.1993	0,03544	0,06544	0,08277	0,08377	0,03781	0,08537	0,09191	0,08361	0,07076	0,07076
17	30.07.1993	0,01168	0,03427	0,04488	0,04805	0,02588	0,05541	0,05953	0,05928	0,04237	0,04237

Abb. 5.2.3.-2.: Berechnung der historischen Renditen des Portfolios bei gegebenem Gewichtevektor

Die Rendite des Portfolios für jeden beliebigen Zeitpunkt t ($t = 1, \ldots, T$) ergibt sich nach (5):[216]

$$(5) \qquad r_P = \mathbf{w}^\mathbf{T} \cdot \mathbf{r} = \sum_{i=1}^{N} w_i r_i = \sum_{i=1}^{N} r_i w_i = \mathbf{r}^\mathbf{T} \cdot \mathbf{w}$$

Aufgrund des Tabellenaufbaus in der Fallstudie bietet es sich an, die Renditeberechnung hier nach Gleichung (5), rechte Seite, vorzunehmen (vgl. die Bearbeitungsleiste in Abb. 5.2.3.-2.). Damit ist für einen gegebenen Gewichtevektor **w** die Reihe der

216 Da Gleichung (5) für jeden beliebigen Zeitpunkt gilt, wird auf die Indizierung mit dem Zeitindex t verzichtet.

(historischen) Portfoliorenditen bestimmt, mit deren Hilfe im nächsten Schritt die Semivarianz berechnet werden kann (vgl. Abb. 5.2.3.-3.).

Y19 = WENN(U19<$F$6;($F$6-U19)^2;0)

	U	V	W	X	Y
10	Portfolio		Datum	Benchmark	Portfolio
11			29.01.1993		
12	0,03872		26.02.1993	0,0000000	0,0000000
13	0,02669		31.03.1993	0,0000000	0,0000000
14	0,01856		30.04.1993	0,0000000	0,0000000
15	0,01142		31.05.1993	0,0000000	0,0000000
16	0,07076		30.06.1993	0,0000000	0,0000000
17	0,04237		30.07.1993	0,0000000	0,0000000
18	-0,00018		31.08.1993	0,0000000	0,0000000
19	-0,02908		30.09.1993	0,0008454	0,0008454
20	0,03737		29.10.1993	0,0000000	0,0000000

Abb. 5.2.3.-3.: Zwischenschritt zur Berechnung der Semivarianz

Aus der Bearbeitungsleiste der Abb. 5.2.3.-3. ist ersichtlich, dass das Vorgehen dem aus Kap. 5.2.2. entspricht. Es wird für jeden Beobachtungszeitpunkt geprüft, ob die Portfoliorendite kleiner als die geforderte Mindestrendite ist. Wenn dies der Fall ist, wird der quadrierte Ausfall berechnet, ansonsten wird dieser null gesetzt. Die Abb. 5.2.3.-3. zeigt einen Ausschnitt aus der Reihe der quadrierten Ausfälle für die Portfoliorenditen, basierend auf dem Gewichtevektor der Startlösung. Wird von dieser Reihe schließlich der Mittelwert berechnet, ist der Schätzer nach (3) vollständig ermittelt worden (vgl. Abb. 5.2.3.-4.).

Y125 = MITTELWERT(Y12:Y120)

	W	X	Y	Z
117	30.11.2001	0,0000000	0,0000000	
118	31.12.2001	0,0000343	0,0000343	
119	31.01.2002	0,0000000	0,0000000	
120	28.02.2002	0,0000079	0,0000079	
121				
122	**Tabellenbereich E: Semivarianzen**			
123				
124		Benchmark	Portfolio	
125	Semivarianz	0,0002647	0,0002647	
126	sd	0,0162688	0,0162688	

Abb. 5.2.3.-4.: Berechnung der Semivarianz für Portfolio und Benchmark

Zusammen mit dem Schätzer für die erwartete Portfoliorendite lässt sich dann insgesamt der Schätzer für den Wert der Zielfunktion bei der Startlösung berechnen, sofern der Risikoaversionsparameter λ bekannt ist. Wegen der Verwendung der asymmetrischen Kosemivarianz lässt sich dieser hier nur mittels des numerischen Approximationsverfahrens aus dem Benchmarkportfolio bestimmen. Als Startwert wird dazu die gefundene Lösung $\lambda = 10{,}5$ beim Modell mit der symmetrischen Kosemivarianz verwendet. Die Ergebnisse der Portfoliooptimierung mit diesem Startwert sind in Abb. 5.2.3.-5. dargestellt.

	V	W	X	Y
144	Markt	Gewicht	min	max
145	A_EMU	0,0500	0,0500	0,4000
146	A_UK	0,0500	0,0500	0,4000
147	A_USA	0,2787	0,0500	0,4000
148	A_Japan	0,0500	0,0500	0,4000
149	R_EMU	0,0713	0,0500	0,4000
150	R_UK	0,4000	0,0500	0,4000
151	R_USA	0,0500	0,0500	0,4000
152	R_Japan	0,0500	0,0500	0,4000
153	Summe:	1,0000		
154				
155	P-Rendite	0,0109215	B-Rendite:	0,0095807
156	P-aCoLPM2	0,0002331	B-aCoLPM2:	0,0002647
157	P-sd	0,0152670		
158	Lambda:	10,5000000	analy. Approx	11,9145922
159	ZF:	0,0084742		

Abb. 5.2.3.-5.: Portfoliooptimierung mit dem Startwert für den Risikoaversionsparameter

Die analytische Approximation ergibt einen Wert von $\lambda = 11{,}9$ (vgl. dazu Gleichung (10) in Kap. 5.2.1.2.), der höher ausfällt als der angesetzte Startwert in Höhe von $\lambda = 10{,}5$ aus der vorhergehenden Lösung bei der symmetrischen Kosemivarianz. Trotzdem besitzt das resultierende Portfolio bei $\lambda = 10{,}5$ immer noch ein niedrigeres Risiko (gemessen an der Semivarianz) als das Benchmarkportfolio. Der Risikoaversionsparameter ist also zu hoch angesetzt und muss für den nächsten Suchschritt herabgesetzt werden. Nach wenigen Suchschritten resultiert schließlich die Bestimmung des implizierten Risikoaversionsparameters mit $\lambda = 7{,}5$. Dieser Wert wird im Folgenden verwendet.[217]

Die Abb. 5.2.3.-6. illustriert die Berechnung der Zielfunktion für das naive Portfolio (Startlösung für die eigentliche Portfoliooptimierung), wenn als Risikoaversionsparameter $\lambda = 7{,}5$ gesetzt wird. Die Portfoliooptimierung verläuft ab dieser Stelle weiter wie bisher. Werden z.B. wie in der Fallstudie aus Kap. 5.2.2. die Nebenbedingungen (4) bis (7) (aus Kap. 5.2.2.) zur Zielfunktion nach Gleichung (4) hinzugefügt, ist das

217 Natürlich resultiert auch in diesem Fall als Ergebnis der Optimierung wiederum genau das zuletzt bestimmte Portfolio bei der Suche nach dem implizierten Risikoaversionsparameter (Tautologie-Problematik). Für die reine verfahrenstechnische Demonstration der Vorgehensweise könnte an dieser Stelle aber – wie oben bereits ausgeführt – angenommen werden, der Risikoaversionsparameter sei mit $\lambda = 7{,}5$ „irgendwie" bestimmt worden, z.B. über den Vergleich zweier als nutzenäquivalent empfundener Portfolios. Dann wäre jetzt noch das nutzenoptimale Portfolio zu bestimmen.

Optimierungsproblem vollständig formuliert. Die Abbildung 5.2.3.-7. zeigt die im Beispiel resultierende Lösung.

W159 = W155-W158*W156

	V	W	X	Y
144	Markt	Gewicht	min	max
145	A_EMU	0,1250	0,0500	0,4000
146	A_UK	0,1250	0,0500	0,4000
147	A_USA	0,1250	0,0500	0,4000
148	A_Japan	0,1250	0,0500	0,4000
149	R_EMU	0,1250	0,0500	0,4000
150	R_UK	0,1250	0,0500	0,4000
151	R_USA	0,1250	0,0500	0,4000
152	R_Japan	0,1250	0,0500	0,4000
153	Summe:	1,0000		
154				
155	P-Rendite	0,00958	B-Rendite:	0,00958
156	P-aCoLPM2	0,00026	B-aCoLPM2:	0,00026
157	P-sd	0,01627		
158	Lambda:	7,50000	analy. Approx	11,91459
159	ZF:	0,00760		

Abb. 5.2.3.-6.: Berechnung des Schätzers für den Zielfunktionswert bei der Startlösung

Aus Abb. 5.2.3.-7. sind außerdem die Eingabeparameter für den Solver im Beispiel ersichtlich. Die Lösung im Beispiel ist ähnlich zu der aus Kap. 5.2.2., weicht jedoch teilweise von ihr ab (vgl. Abb. 5.2.2.-6.). Die Abweichungen betreffen dabei die Anteilsgewichte für die Märkte Aktien USA (A_USA) und Renten UK (R_UK). Die Lösung nach Abb. 5.2.3.-7. legt ein höheres Gewicht auf Aktien USA, während die vorhergehende Lösung nach Abb. 5.2.2.-6. unter sonst gleichen Rahmenbedingungen für das Optimierungsproblem zu einem höheren Rentenanteil für UK führt. Während die Lösung nach Abb. 5.2.2.-6. eine Approximation darstellt, ist diejenige nach Abb. 5.2.3.-7. „exakt“.

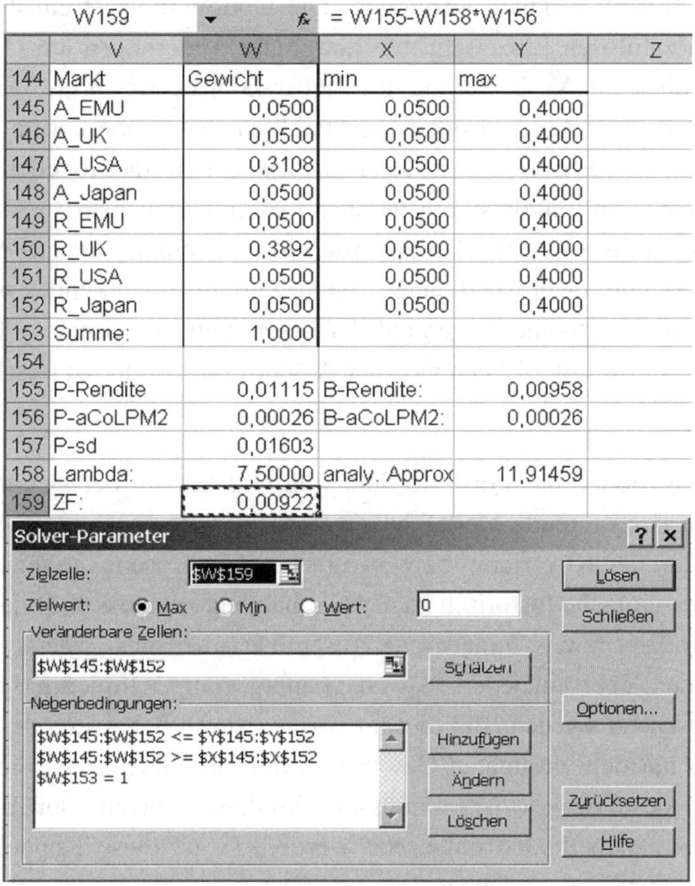
W159 = W155-W158*W156

	V	W	X	Y	Z
144	Markt	Gewicht	min	max	
145	A_EMU	0,0500	0,0500	0,4000	
146	A_UK	0,0500	0,0500	0,4000	
147	A_USA	0,3108	0,0500	0,4000	
148	A_Japan	0,0500	0,0500	0,4000	
149	R_EMU	0,0500	0,0500	0,4000	
150	R_UK	0,3892	0,0500	0,4000	
151	R_USA	0,0500	0,0500	0,4000	
152	R_Japan	0,0500	0,0500	0,4000	
153	Summe:	1,0000			
154					
155	P-Rendite	0,01115	B-Rendite:	0,00958	
156	P-aCoLPM2	0,00026	B-aCoLPM2:	0,00026	
157	P-sd	0,01603			
158	Lambda:	7,50000	analy. Approx	11,91459	
159	ZF:	0,00922			

Abb. 5.2.3.-7.: Eingabeparameter für den Solver und Lösung des Optimierungsproblems

Die geringe Komplexität der Fallstudie und die heute verfügbaren Computerkapazitäten lassen bei der praktischen Durchführung dieser Fallstudie kaum Unterschiede bei der Berechnungsdauer für die Lösung erkennen. Dennoch darf nicht übersehen werden, dass der Aufbau des Optimierungsproblems in dieser Fallstudie rechentechnisch erheblich aufwändiger ist. Beim traditionellen Modell der Portfolio Selection oder bei der semivarianzbasierten Optimierung mittels symmetrischer Kosemivarianzmatrix kann unmittelbar für einen gegebenen Gewichtevektor das resultierende Portfoliorisiko über einfache, rechentechnisch sehr schnell durchführbare Matrizenoperationen bestimmt werden. Bei diesem Optimierungsproblem ist dies nicht möglich. Jede Änderung am Gewichtevektor führt dazu, dass zunächst die historische Renditereihe für das Portfolio erneut ermittelt werden muss, um daraus dann den Schätzer für die Semivarianz der Portfoliorenditen abzuleiten. Die Optimierung ist ein iterativer Suchprozess, der in zahllosen Einzelschritten marginale Änderungen am Gewichtevektor vornimmt und diese auf Verbesserung des Zielfunktionswertes prüft. Da hier aber der Zielfunktionswert über vergleichsweise umständliche Zwischenschritte ermittelt werden muss, kostet dies erheblich mehr Rechenzeit als beim traditionellen Modell (oder bei der Approximation mittels symmetrischer Kosemivarianzmatrix). Der höhere Rechenaufwand wird insbesondere dann deutlich in Erscheinung treten, wenn viele Assets (einige 100 und mehr) und lange Schätzzeiträume verwendet werden. Diese Problematik kann bei Optimierungen auf der Ebene von Einzeltiteln relevant werden. Bei der Optimierung auf der Ebene globaler Assetklassen ist der Unterschied praktisch kaum relevant.

Das traditionelle Modell der Portfolio Selection und das auf der symmetrischen Kosemivarianzmatrix basierende Modell haben ferner den Vorteil, andere Arten der Risikoschätzung (d.h. der Kovarianz- bzw. symmetrischen Kosemivarianzmatrix) als die hier verwendete, einfache historisch basierte Schätzung zuzulassen. In jenen Modellen kann die Kovarianz- bzw. symmetrische Kosemivarianzmatrix „irgendwie" durch geeignete Methoden, aber auf jeden Fall unabhängig vom Optimierungsprozess selbst, also separat geschätzt werden. Bei diesem Ansatz ist die Schätzung des Portfoliorisikos untrennbar mit dem gesuchten Gewichtevektor verbunden, d.h., die Optimierung und Schätzung des Portfoliorisikos müssen simultan erfolgen. Sollen andere, leistungsfähigere Schätzmethoden eingesetzt werden, so ist diese Koppelung mit dem Optimierungsprozess eine unangenehme verfahrenstechnische Einschränkung. Das Optimierungsproblem wird dadurch zwar nicht prinzipiell unlösbar, aber methodisch erheblich erschwert.[218] Wenig verwunderlich ist dieser Ansatz praktisch kaum verbreitet.

Die Bestimmung des optimalen Portfolios erfolgte hier unter der Annahme keiner „risikofreien" Anlage. Unter Berücksichtigung einer „risikofreien" Anlage gibt es hier im Allgemeinen keine Möglichkeit einer Art von Tobin-Separation. Im Allgemeinen ist nämlich die (asymmetrische) Kosemivarianz zwischen einer beliebigen Anlage (auch einem beliebigen Portfolio) und der „risikofreien" Anlage nicht zwangsläufig null (vgl. die Definitionen nach (3) bzw. (4) in Kap. 5.2.1.). Selbst wenn die „risikofreie" Anlage auch schwankungsfrei ist, aber ihre Verzinsung oberhalb der geforderten Mindestverzinsung liegt, werden die Kosemivarianzen auch nicht null. Nur für den Spezi-

---

218 In Kap. 7.3.3. wird später gezeigt, wie dieses Problem prinzipiell gelöst werden kann.

alfall, dass bei einer schwankungsfreien Anlage die geforderte Mindestverzinsung exakt deren Verzinsung entspricht, werden alle Kosemivarianzen von Anlagerenditen mit der „risikofreien" Anlage null. Da dieser Spezialfall aber nicht allgemein vorausgesetzt werden kann, gilt die Gleichung (11) aus Kap. 5.2.2. für ein „Mischportfolio" hier nicht.

Im traditionellen Modell zeichnet sich die „risikofreie" Anlage letztendlich durch zwei Eigenschaften aus: (i) Schwankungsfreiheit und (ii) Kovarianz von null mit allen anderen Anlagen. Beide Eigenschaften müssen im semivarianzbasierten Modell mit asymmetrischen Kosemivarianzen nicht gelten. Eine in diesem Modell „risikofreie" Anlage kann schwankungsbehaftet sein und im Allgemeinen von null verschiedene Kosemivarianzen mit allen anderen Anlagen aufweisen. Dies lässt sich aber auch anders ausdrücken: Im Gegensatz zum traditionellen Modell der Portfolio Selection weist hier die „risikofreie" Anlage im Allgemeinen keine Eigenschaften auf, die sie von den anderen Anlagen besonders abgrenzt. Damit ist aber die Lösung zu ihrer Berücksichtigung nahe liegend: Sie wird einfach als weiteres Asset dem Anlageuniversum hinzugefügt und die Optimierung wird dann erneut mit dem erweiterten Anlageuniversum durchgeführt.

Die Umsetzung im Rahmen der Fallstudie würde also folgende Arbeitsschritte erfordern:

- Dem Anlageuniversum wird die „risikofreie" Anlage wie ein weiteres Asset hinzugefügt. Die Zeitreihe der historischen Renditebeobachtungen wäre für diese neu hinzugefügte Anlage einheitlich mit dem Wert des „risikofreien" Zinssatzes aufzufüllen.
- Die Startlösung für das optimale Portfolio umfasst nun zusätzlich die risikofreie Anlage mit ihrem zugehörigen Anteilsgewicht (im Beispiel etwa 1/9).
- Die historische Renditereihe für das Portfolio der Startlösung ist unter Berücksichtigung der risikofreien Anlage zu berechnen.
- Die Optimierung umfasst nun neun Assets (die ursprünglichen acht Assets plus die risikofreie Anlage).

Das Ergebnis der Optimierung und die Eingabeparameter für den Solver sind aus Abb. 5.2.3.-8. ersichtlich. Im Beispiel wurde der Mindest- bzw. Höchstanteil der risikofreien Anlage auf null bzw. eins begrenzt, also keine Verschuldung oder Leerverkauf der übrigen Anlagen (die ohnehin durch deren Nebenbedingungen ausgeschlossen sind) zugelassen.[219] Im optimalen Portfolio der Fallstudie würde nach der erhaltenen Lösung die risikofreie Anlage keine Berücksichtigung finden.

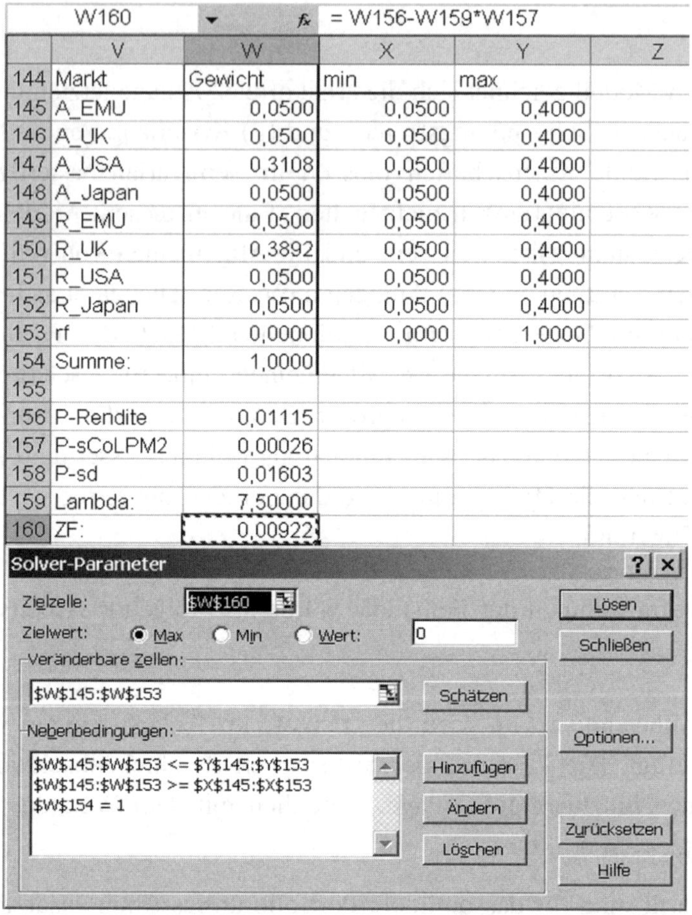
W160 = W156-W159*W157

	V	W	X	Y	Z
144	Markt	Gewicht	min	max	
145	A_EMU	0,0500	0,0500	0,4000	
146	A_UK	0,0500	0,0500	0,4000	
147	A_USA	0,3108	0,0500	0,4000	
148	A_Japan	0,0500	0,0500	0,4000	
149	R_EMU	0,0500	0,0500	0,4000	
150	R_UK	0,3892	0,0500	0,4000	
151	R_USA	0,0500	0,0500	0,4000	
152	R_Japan	0,0500	0,0500	0,4000	
153	rf	0,0000	0,0000	1,0000	
154	Summe:	1,0000			
155					
156	P-Rendite	0,01115			
157	P-sCoLPM2	0,00026			
158	P-sd	0,01603			
159	Lambda:	7,50000			
160	ZF:	0,00922			

Abb. 5.2.3.-8.: Lösung unter Berücksichtigung einer risikofreien Anlage

5.2.4. Würdigung

Die semivarianzbasierte Optimierung ist verfahrenstechnisch trotz einiger Probleme im Detail nicht schwierig. Unter Verwendung der Approximation mittels symmetri-

219 Durch die Forderung, alle acht ursprünglichen Assets mit einem Mindestanteil von 5% halten zu müssen, ist faktisch die Obergrenze für die risikofreie Anlage auf 60% gesetzt.

scher Kosemivarianz bleibt sogar strukturell das Vorgehen gegenüber dem traditionellen Modell weitgehend unverändert, auch dessen Interpretationen können teilweise übernommen werden. Bei Verwendung der asymmetrischen Kosemivarianz, welche eigentlich die methodisch korrekte Definition darstellt, wird die verfahrenstechnische Umsetzung komplizierter, bleibt aber mit gewissen Einschränkungen (z.B. hinsichtlich der unkomplizierten Verwendbarkeit anderer Schätzverfahren der Kosemivarianzmatrix) durchführbar. Unter verfahrenstechnischen Gesichtspunkten sprechen keine gravierenden Gründe gegen den Einsatz einer semivarianzbasierten Optimierung.

Inhaltlich ist die Beurteilung weitaus schwieriger. Durch das zugrunde gelegte einseitige Risikoverständnis wirkt dieser Ansatz weitaus realitätsnäher als das traditionelle Modell. Er reflektiert in angemessener Weise das tatsächliche Risikoempfinden von Anlegern und Portfoliomanagern. Manche Autoren argumentieren z.B., dass die Anwendung der traditionellen Portfoliooptimierung anstelle der eigentlich „richtigen" semivarianzbasierten Optimierung zu suboptimalen Lösungen führt und deshalb durch Letztere zu ersetzen sei.[220]

Für den praktischen Einsatz ist hier allerdings die sachgerechte Wahl des Risikoaversionsparameters λ sowie der Mindestrenditeforderung τ erforderlich, die zudem in Wechselwirkung zueinander stehen. Ist schon beim traditionellen Modell die Wahl von λ in der Praxis ein Problem, so stellt sich die investorengerechte Festlegung von λ und τ unter Berücksichtigung ihrer Wechselwirkung noch schwieriger dar. Ob die Optimalitätseinbußen durch die falsche Wahl des Optimierungsmodells oder durch die Schwierigkeiten der sachgerechten Wahl der Risikoparameter größer sind, sei dahingestellt. Dieses praktische Problem der semivarianzbasierten Optimierung darf auf jeden Fall nicht übersehen werden.

Ferner weist DICHTL (2001) zu Recht darauf hin, dass der Portfoliooptimierung geschätzte Größen von Renditen und Risiken zugrunde liegen. Ist z.B. die Prognose der (symmetrischen) Kosemivarianzmatrix schwieriger und ungenauer als diejenige der gewöhnlichen Kovarianzmatrix im traditionellen Modell, so können hieraus weitaus größere Optimalitätseinbußen resultieren als aus der Verwendung des „falschen" Op-

---

220 Vgl. die Untersuchung bei Schmidt-von Rhein (1996), S. 466 ff. und auch sein Fazit ab S. 482. Ob die Approximationsfehler der traditionellen varianzbasierten Optimierung wirklich so bedeutend sind, wie es in seiner Interpretation der Analyseergebnisse dargestellt wird, soll hier allerdings nicht weiter diskutiert werden.

timierungsmodells.[221] Die semivarianzbasierte Optimierung ist also nicht zwangsläufig besser als das traditionelle Modell. Die Beantwortung der Fragestellung, welches der beiden Modelle (traditionelles Modell, semivarianzbasiertes Modell) nun wirklich „besser“ ist, hängt von vielen Begleitumständen ab.

5.3. Portfolioplanung mit dem mittleren Ausfallrisiko

5.3.1. Theoretische Grundlagen

5.3.1.1. Formulierung des Optimierungsproblems

Bei dieser Variante, die ebenfalls zur Klasse der ausfallorientierten Portfoliooptimierungsansätze gezählt werden kann, stellt wiederum das allgemeine *LPM* den Ausgangspunkt der Betrachtungen dar:

(1) $$LPM_{n,\tau} = \sum_{\substack{z=1,\\ r_z<\tau}}^{Z} (\tau - r_z)^n \, p_z$$ (ex ante Formulierung)

(2) $$LPM_{n,\tau} = \frac{1}{T} \sum_{\substack{t=1,\\ r_t<\tau}}^{T} (\tau - r_t)^n$$ (ex post Formulierung).

Hier wird konkret das *LPM* der Ordnung $n = 1$ als Risikomaß verwendet. Damit ergeben sich die speziellen Formulierungen nach Gleichungen (3) und (4):

(3) $$es = LPM_{1,\tau} = \sum_{\substack{z=1,\\ r_z<\tau}}^{Z} (\tau - r_z)^1 \, p_z$$ (ex ante Formulierung)

(4) $$\hat{es} = LPM_{1,\tau} = \frac{1}{T} \sum_{\substack{t=1,\\ r_t<\tau}}^{T} (\tau - r_t)^1$$ (ex post Formulierung).

Der mit den Wahrscheinlichkeiten gewichtete Ausfall (hier Renditeausprägungen unterhalb der Mindestrenditeforderung) wird als *mittleres Ausfallrisiko* bezeichnet; die verwendete Abkürzung *es* steht dabei für „*expected shortfall*“. Im Gegensatz zur Aus-

221 Vgl. Dichtl (2001), S. 536 f.; vgl. auch die Details seiner Simulationsstudien ab S. 426 ff. und S. 487 ff.

fallwahrscheinlichkeit wird hier auch die Höhe des Ausfalls mitberücksichtigt, diese aber nur proportional gewichtet.

Der hier vorzustellende Ansatz wurde bereits weitgehend in Kap. 4.2.4. (Bestimmung eines Tracking Portfolios mit der linearen Optimierung) behandelt. Das dort vorgestellte Verfahren geht auf ANG (1975) zurück und ist so flexibel formuliert, dass es nicht nur allein zur Bestimmung von Tracking Portfolios Verwendung finden kann, sondern sich auch mit nur sehr geringfügigen Modifikationen als ausfallorientierter Portfoliooptimierungsansatz eignet. Für die detaillierte Darstellung dieses Ansatzes wird auf Kap. 4.2.4. zurück verwiesen. Hier soll dagegen nur eine kurze Wiederholung der wesentlichen Grundlagen vorgenommen und schwerpunktmäßig auf die Änderungen eingegangen werden.

Bei dem Ansatz von ANG (1975) wird zum Zwecke der Bestimmung eines Tracking Portfolios die Summe der absoluten Renditeabweichungen vom betrachteten Benchmarkportfolio (oder Index) minimiert (vgl. auch Kap. 4.2.4. Gleichungen (1) bis (3)):

$$(5) \qquad ZF = \sum_{\substack{t=1 \\ r_{Pt} < r_{Bt}}}^{T} \left| r_{Pt} - r_{Bt} \right| \to \min!$$

mit r_{Pt}: Rendite des (Tracking) Portfolios zum Zeitpunkt t

r_{Bt}: Rendite des Benchmarkportfolios (oder Index) zum Zeitpunkt t.

Interpretiert man den Ausdruck nach Gleichung (5) in dem hier betrachteten Kontext, stellt die Summe der negativen Abweichungen der Renditen (als absolute Zahlen) des Tracking Portfolios das gesamte „Ausfallrisiko" gegenüber der Benchmark dar. Multipliziert man den Ausdruck in Gleichung (5) mit dem Faktor $1/T$, würde man das mittlere Ausfallrisiko gegenüber dem Benchmarkportfolio (formuliert in der ex post Variante) erhalten; der Vergleich mit Gleichung (4) zeigt dies deutlich (wenn dort hypothetisch $\tau = r_{Bt}$ gesetzt werden würde). Ersetzt man umgekehrt in Gleichung (5) die Rendite des Benchmarkportfolios r_{Bt} durch eine beliebige, vom Investor festzulegende Mindestrenditeforderung τ als Bezugsgröße, würde Gleichung (6) resultieren:

$$(6) \qquad ZF = \sum_{\substack{t=1 \\ r_{Pt} < \tau}}^{T} \left| r_{Pt} - \tau \right| \to \min!$$

Offensichtlich gilt aber auch:

(7) $$T \cdot \hat{es} = T \cdot \frac{1}{T} \sum_{\substack{t=1, \\ r_{Pt}<\tau}}^{T} (\tau - r_{Pt}) = \sum_{\substack{t=1, \\ r_{Pt}<\tau}}^{\mathrm{T}} |r_{Pt} - \tau| .$$

ANG (1975) verwendet also das Ausfallrisiko, welches sich vom mittleren Ausfallrisiko (in der ex post Formulierung) nur durch den Faktor T unterscheidet. Insofern basiert sein Ansatz zur Portfoliooptimierung auf dem *LPM* der Ordnung 1, welches lediglich mit dem Faktor T (in der ex post Formulierung) skaliert ist. Daher können die Betrachtungen aus Kap. 4.2.4. weitgehend adaptiert werden, um einen *LPM* der Ordnung eins basierten Optimierungsansatz zu formulieren. Wie in Kap. 4.2.4. werden hier zwei Hilfsvariablen definiert:

(8a) $d_t^+ = r_{Pt} - \tau,$ wenn $r_{Pt} > \tau$

$d_t^+ = 0$ sonst

(8b) $d_t^- = \tau - r_{Pt},$ wenn $r_{Pt} < \tau$

$d_t^- = 0$ sonst.

Die Summe $\sum_{t=1}^{T} d_t^-$ stellt damit das gesamte Ausfallrisiko dar, also gilt auch die Beziehung $\sum_{t=1}^{T} d_t^- = T \cdot \hat{es}$. Da die Multiplikation der Zielfunktion mit einem konstanten Faktor bei der Optimierung nur den Wert des Optimums, nicht aber dessen Lage ändert, ist es unerheblich, ob das gesamte Ausfallrisiko oder das mittlere Ausfallrisiko innerhalb des Optimierungsansatzes betrachtet wird. Beispielsweise würde der Optimierungsansatz zur Bestimmung des „Minimum-Ausfallrisiko-Portfolios“ (in der ex post Formulierung) wie folgt lauten:

(9) $$ZF = \sum_{t=1}^{T} d_t^- \rightarrow \text{min!}$$

(10) $$\sum_{i=1}^{N} w_i r_{it} - d_t^+ + d_t^- = \tau$$ für alle Zeitpunkte $t = 1, ..., T$

(11) $\sum_{i=1}^{N} w_i = 1$ Budgetrestriktion

(12) $w_i \geq 0$ für alle Assets $i = 1, ..., N$

(13a) $d_t^+ \geq 0$ für alle Zeitpunkte $t = 1, ..., T$

(13b) $d_t^- \geq 0$ für alle Zeitpunkte $t = 1, ..., T$.

Die Nebenbedingungen lassen sich dabei um dem jeweiligen Anwendungsfall geeignet erscheinende, weitere Restriktionen erweitern, wie beispielsweise geforderte Mindestanteile, zulässige Höchstanteile usw. Soll zusätzlich die erwartete Rendite bei der Optimierung mitberücksichtigt werden, ist die Zielfunktion nach Gleichung (9) um diese Komponente zu erweitern. Sie lautet dann in der allgemeinen Form nach Gleichung (14) (hier in der ex post Formulierung):[222]

(14) $$ZF = \sum_{i=1}^{N} w_i \bar{r}_i - \lambda \cdot \sum_{t=1}^{T} d_t^- \rightarrow \max!$$

Nachteilig bei der Formulierung nach Gleichung (14) ist die Abhängigkeit des Risikoaversionsparameters λ von der Anzahl der Beobachtungen T. Steigt nämlich c.p. die Anzahl an Beobachtungen T an, wird (tendenziell) der Ausdruck $\sum_{t=1}^{T} d_t^-$ ebenfalls ansteigen. Die Abhängigkeit des gesamten Ausfallrisikos von der Anzahl an Beobachtungen T muss bei dieser Formulierung der Zielfunktion von einer entsprechenden Wahl des Risikoaversionsparameters λ kompensiert werden. Bei wachsendem T muss c.p. der Risikoaversionsparameter λ verringert werden, um diesen Effekt auszugleichen. Sinnvoller ist es daher, den Ausdruck $\sum_{t=1}^{T} d_t^-$ mit $1/T$ zu multiplizieren, womit der Risikoaversionsparameter λ unabhängig von T gewählt werden kann. Die

222 Vgl. Ang (1975), S. 850. Dort wird allerdings die Zielfunktion in der Variante mit einem Risikotoleranzparameter formuliert (d.h. der Risikoparameter λ steht als Faktor vor der Portfoliorendite), während hier aus Gründen der einheitlichen Darstellung mit den bisherigen Betrachtungen die Variante mit einem Risikoaversionsparameter gewählt wird (hier steht wie in Gleichung (14) der Risikoparameter λ als Faktor vor dem Portfoliorisiko). Die zukünftig erwarteten Assetrenditen werden in Gleichung (14) über die historischen Mittelwerte geschätzt.

Formulierung der Zielfunktion lautet dann nach Gleichung (1) (in der ex post Formulierung):

(15) $$ZF = \sum_{i=1}^{N} w_i \bar{r}_i - \lambda \cdot (\frac{1}{T} \sum_{t=1}^{T} d_t^-) \rightarrow \max!$$

Dies entspricht mit leichten Modifikationen dem originären Ansatz von ANG, wobei lediglich die Wahl des Risikoaversionsparameters λ nicht mehr von der Anzahl an Beobachtungen T abhängt. Der Klammerausdruck in Gleichung (15) stellt dabei wieder das *LPM* der Ordnung 1, also das mittlere Ausfallrisiko, dar. Aus Gründen der leichteren Darstellung wurde die Zielfunktion bisher in ihrer ex post Formulierung entwickelt, so wie sie auch später für die konkrete Portfoliooptimierung benötigt wird. Die ex post Formulierung nach Gleichung (15) stellt aber im Kern nur einen Schätzer für die diesem Ansatz eigentlich zugrunde liegende Zielfunktion nach Gleichung (16) dar, welche inhaltlich als ex ante Formulierung von Gleichung (15) interpretiert werden kann:

(16) $$ZF = \mu_P - \lambda \cdot es_P \rightarrow \max!$$

Die erwartete Portfoliorendite μ_P in Gleichung (16) wird in Gleichung (15) mittels der historischen Mittelwerte der einzelnen Assetrenditen geschätzt, also nach $\hat{\mu}_P = \sum_{i=1}^{N} w_i \bar{r}_i = \mathbf{w}^{\mathbf{T}} \cdot \bar{\mathbf{r}}$. Die Schätzer für die erwarteten Assetrenditen können dabei auch anders gewonnen werden. Die Schätzung über die historischen Mittelwerte ist hier keinesfalls zwingend erforderlich. Sofern also geeignete Prognosemodelle alternative, bessere Schätzer bereitstellen, können diese problemlos stattdessen verwendet werden. Das (zukünftige) mittlere Ausfallrisiko nach Gleichung (16) wird in Gleichung (15) mittels $\hat{es}_P = \frac{1}{T} \sum_{t=1}^{T} d_t^-$ geschätzt. Die Umsetzung des im Folgenden näher zu behandelnden Optimierungsansatzes nach ANG ist dabei aber an diese Art der Schätzung fest gebunden. Die Schätzung des (zukünftigen) mittleren Ausfallrisikos lässt sich prinzipiell auch mithilfe anderer Verfahren gewinnen als im Folgenden vorgestellt wird. Wenn jedoch eine andere Art der Schätzung verwendet und in Gleichung (16) eingesetzt wird, ist der spezielle Optimierungsansatz nach ANG nicht mehr anwendbar.

Der Grund für diese enge Bindung des Optimierungsansatzes an die Art der Schätzung des (zukünftigen) mittleren Ausfallrisikos über eine einfache historisch basierte Schätzung wird ersichtlich bei Betrachtung der Nebenbedingung nach Gleichung (17), welche bei der Optimierung für alle Beobachtungszeitpunkte $t = 1, \ldots, T$ erfüllt sein muss:

$$(17) \quad \sum_{i=1}^{N}(w_i \cdot r_{it}) - d_t^+ + d_t^- = \tau \qquad \text{für alle Zeitpunkt } t = 1, \ldots, T.$$

Wie in Kap. 4.2.4. bei der erstmaligen Vorstellung des Optimierungsansatzes von ANG ausgeführt, sind die Variablen d_t^+ und d_t^- als Restfehler zu interpretieren, welche die Abweichung der Portfoliorendite von der Zielrendite τ zu einem Zeitpunkt t ausdrücken. Die Restfehler werden dabei nicht als Differenz zwischen Portfoliorendite und Zielrendite berechnet, sondern werden wie freie, noch unbestimmte Parameter behandelt (vgl. auch Kap. 4.2.4.). Deren Festlegung vollzieht sich im Rahmen der (iterativen) Lösung des Optimierungsproblems. In den Nebenbedingungen nach Gleichung (17) sind die Anteilsgewichte w_i und die Restfehler d_t^+ und d_t^- freie, zu bestimmende Größen, die aber von den gegebenen, beobachteten Werten für r_{it} (den einzelnen Assetrenditen zu den jeweiligen Zeitpunkten t) abhängen. Die Ermittlung der Werte für die Restfehler d_t^+ und d_t^- hängt damit also mittelbar, aber untrennbar von der historisch beobachteten Verteilung der Assetrenditen r_{it} ab. Die Bestimmung des Schätzers für das (zukünftige) mittlere Ausfallrisiko vollzieht sich im Rahmen der Optimierung, quasi im Optimierungsprozess selbst, und wird nicht als Parameter exogen vorgegeben. Dieser ist aber mittelbar von der gesamten Renditeverteilung abhängig und wird aus ihr abgeleitet.

Zusammenfassend ist damit der Optimierungsansatz nach ANG verträglich mit alternativen Schätzungen für die erwartete Portfoliorendite, nicht aber mit alternativen Ansätzen zur Schätzung des (zukünftigen) mittleren Ausfallrisikos. Diese Einschränkung wird aber nicht als besonders gravierend angesehen, denn (i) ist für die spätere Portfolioperformance die Schätzung der erwarteten Renditen weitaus bedeutsamer (und diesbezüglich können ja problemlos alternative Schätzungen in sein Modell integriert werden)[223], (ii) sind einfache historisch basierte Schätzungen des Portfoliorisikos nach

223 Dann ist zwar nicht mehr die Konsistenz der Rendite- und Risikoprognosen zueinander gewährleistet (d.h. die Rendite- und Risikoschätzer „passen“ nicht mehr zueinander), aber dieses Problem tritt ebenso beim traditionellen Modell auf, wenn unterschiedliche Techniken zur Rendite- und Risikoprognose kombiniert werden.

vorliegenden Studien „brauchbar“ und (iii) ist die mit diesem Modell vorgenommene Art der Schätzung des mittleren Ausfallrisikos unmittelbar nahe liegend. Die Einschränkungen des Modells (bezüglich der Verwendung alternativer Schätzungen beim mittleren Ausfallrisiko) nach ANG werden daher für den praktischen Einsatz als nicht sehr gravierend angesehen.[224]

Insgesamt formuliert also ANG im Grunde einen recht universellen, *LPM* der Ordnung eins basierten Optimierungsansatz, der sich sowohl zur Bestimmung von Tracking Portfolios als auch aktiven Portfolios verwenden lässt. Die verfahrenstechnische Umsetzung erfolgt wie auch in Kap. 4.2.4. unter Verwendung der linearen Optimierung. Das lineare Optimierungsproblem nach Gleichung (15) (Schätzung der Zielfunktion nach Gleichung (16) über ihre ex post Formulierung) unter Berücksichtigung der zentralen Nebenbedingungen nach Gleichung (17) (und weiteren) enthält dabei insgesamt folgende freie, noch zu bestimmende Parameter:

- die N Anteilsgewichte der Wertpapiere im zu bestimmenden, aktiven Portfolio,
- die T Werte für die positiven Renditeabweichungen d_t^+,
- die T Werte für die negativen Renditeabweichungen d_t^-,
- also $N + T + T$ Problemvariablen.

Das Optimierungsproblem zeichnet sich gegenüber „gewöhnlichen“ Portfoliooptimierungsproblemen (mit derselben Anzahl betrachteter Assets) hier durch eine deutlich höhere Anzahl an freien, zu bestimmenden Parametern aus. Im Gegensatz dazu ist aber eine lineare Optimierung weitaus schneller als eine sonst zu verwendende quadratische (oder allgemein nichtlineare) Optimierung. Außerdem besitzt sie eine Lösungsgarantie (bzw. wird angezeigt, wenn keine Lösung existiert). Bei den heute verfügbaren Computerkapazitäten ist indessen dieser technische Aspekt nicht mehr besonders relevant. Als praktisches Problem ist allenfalls die Vielzahl freier, zu optimierender Parameter bei diesem Ansatz in Verbindung mit Excel problematisch, da der (in Excel integrierte) Solver nur maximal 200 Variablen und 200 Nebenbedingungen gestattet. Entsprechende Programmpakete zur linearen Optimierung besitzen dagegen derartige Einschränkungen nicht.

---

224 Ferner wird in Kap. 7.3.3. gezeigt, wie diese Einschränkung über die Generierung von Renditeverteilungen überwunden werden kann.

5.3.1.2. Bestimmung des Risikoaversionsparameters

Wie bei allen Ansätzen zur Portfoliooptimierung bleibt die praktische Bestimmung des Risikoaversionsparameters λ ein Problem. Die bisher genannten Ansätze (Bestimmung aus dem Vergleich nutzenäquivalenter Portfolios, Bestimmung aus dem Benchmarkportfolio nach GRINOLD/KAHN oder mittels numerischer Approximation) können prinzipiell in analoger Weise verwendet werden. Unter praktischen Aspekten dürfte dabei die Bestimmung aus dem Benchmarkportfolio, trotz der Tautologie-Problematik, am leichtesten umsetzbar sein. Gerade bei diesem Portfoliooptimierungsansatz wird bezweifelt, ob in einer realen Anlagesituation ein Anleger in konsistenter Weise das zur risikofreien Anlage nutzenäquivalent empfundene, risikobehaftete Portfolio mit zugehörigem Renditeerwartungswert und mittlerem Ausfallrisiko angeben kann.

Eine sehr grobe Approximation liefert das Vorgehen in Analogie zu GRINOLD/KAHN. Verwendet man die Approximation nach Gleichung (1) zur Bestimmung des mittleren Ausfallrisikos für das Mischportfolio:

(1) $$es_M \approx a \cdot es_B$$

mit
- a: Anteilsgewicht der Benchmark B im Mischportfolio M
- es_M: mittleres Ausfallrisiko des Mischportfolios M
- es_B: mittleres Ausfallrisiko der Benchmark B

dann folgt aus der Bedingung für ein Nutzenmaximum schließlich die Beziehung nach Gleichung (2):

(2) $$\lambda = \frac{\mu_B - r_F}{es_B}.$$

Problematisch ist dabei die Verwendung der Approximation nach (1) für das mittlere Ausfallrisiko des Mischportfolios, da es sich dort tatsächlich um eine nichtlineare Funktion handelt. Die resultierende Approximation nach (2) ist daher sehr ungenau. Hier ist die Verwendung des numerischen Approximationsverfahrens dringlich zu empfehlen, bei dem die Approximation nach (2) lediglich den Startwert für die zielgerichtete Suche liefern kann.

5.3.2. Fallstudie zur Optimierung auf Basis des mittleren Ausfallrisikos

Als Fallstudie wird auch hier aus Gründen einer (eingeschränkten) Vergleichbarkeit die Aufgabenstellung aus Kap. 2.3.3. herangezogen, welche auch oben im Zusammenhang mit der semivarianzbasierten Optimierung als Fallstudie verwendet wurde. Für die Bestimmung des optimalen Portfolios auf Basis des mittleren Ausfallrisikos ist folgendes Optimierungsproblem in der Fallstudie zu lösen:

(1) $$ZF = \sum_{i=1}^{N} w_i \bar{r}_i - \lambda \cdot \left(\frac{1}{T} \sum_{t=1}^{T} d_t^-\right) \rightarrow \max!$$

(2) $$\sum_{i=1}^{N} w_i r_{it} - d_t^+ + d_t^- = \tau$$ für alle Zeitpunkte $t = 1, ..., T$

(3) $$\sum_{i=1}^{N} w_i = 1$$ Budgetrestriktion

(4) $w_i \geq 0$ für alle Assets $i = 1, ..., N$

(5a) $d_t^+ \geq 0$ für alle Zeitpunkte $t = 1, ..., T$

(5b) $d_t^- \geq 0$ für alle Zeitpunkte $t = 1, ..., T$

(6) $w_i \geq minw_i$ geforderter Mindestanteil

(7) $w_i \leq maxw_i$ zulässiger Höchstanteil.

Die Nebenbedingungen nach Gleichungen (6) und (7) werden in dieser Fallstudie als exemplarische, weitere Nebenbedingungen neben denjenigen nach Gleichungen (2) bis (5), welche untrennbar zum Optimierungsansatz gehören, hinzugenommen. Ferner lassen sich noch andere, sinnvoll erscheinende Nebenbedingungen berücksichtigen, welche hier aber der Art nach auf lineare Nebenbedingungen beschränkt sind (da es sich um ein lineares Optimierungsproblem handelt).

Für die erste Teilstudie wird angenommen, es existiere keine „risikofreie" Anlage. Die geforderte Mindestrendite wird hier wie in der vorhergehenden Fallstudie auch mit $\tau = 0$ festgelegt (Forderung nach nominellem Kapitalerhalt). Der Risikoaversionsparameter wird hier aus dem vorgegebenen Benchmarkportfolio bestimmt. Dazu wird in einem ersten Schritt die Approximation nach Gleichung (2) aus Kap. 5.3.1.2. benutzt, um einen Startwert für λ zu erhalten. Basierend auf diesem Wert wird dann das numerische Approximationsverfahren durchgeführt.

Die Abb. 5.3.2.-1. zeigt den Ausgangszustand vor der Durchführung des numerischen Approximationsverfahrens zur Bestimmung des implizierten Risikoaversionsparameters, welches aus einer Folge von Optimierungen unter zielgerichteter Variation von λ besteht. Im Ausgangszustand wird das Benchmarkportfolio als Startlösung angenommen (welches hier dem naiven Portfolio entspricht). Als Schätzer für die erwarteten Assetrenditen werden die historischen Mittelwerte verwendet. Andere Schätzungen sind dabei denkbar, sollen hier aber nicht weiter betrachtet werden. Da im Ausgangszustand vor der Optimierung die Restfehler d_t^+ und d_t^- noch nicht bestimmt wurden, sind die in Abb. 5.3.2.-1. ausgewiesenen Werte noch ungültig (vgl. Zellen AE36 bis AE38). In einer separaten Nebenrechnung lassen sich jedoch die Werte für das Ausfallrisiko für das Benchmark- und Startportfolio ermitteln (vgl. Zellen AG36 und AG37), die im Ausgangszustand identisch sind. Die Approximation für den Startwert liefert ca. $\lambda = 1{,}03$.

AE41 fx = AE39-AE40*(1/95)*AE36

	AD	AE	AF	AG	AH
24	**Optimale Portfolio ohne RF**				
25	Zielrendite:	0%	0		
26	Titel	Gewicht	Minimal	Maximal	EW(r)
27	A_EMU	0,1250	0,0500	0,4000	0,01661
28	A_UK	0,1250	0,0500	0,4000	0,01443
29	A_USA	0,1250	0,0500	0,4000	0,01822
30	A_Japan	0,1250	0,0500	0,4000	0,00745
31	R_EMU	0,1250	0,0500	0,4000	0,00651
32	R_UK	0,1250	0,0500	0,4000	0,01064
33	R_USA	0,1250	0,0500	0,4000	0,00983
34	R_Japan	0,1250	0,0500	0,4000	0,00838
35	Summe:	1,0000			
36	Summe d-:	0,00000	P: Summe d-	0,76095	
37	Summe d+:	0,00000	B: Summe d-	0,76095	
38	Summe d+,d-	0,00000			
39	P-Rendite:	0,01151	B-Rendite:	0,01151	
40	Lambda:	1,02814	analy. Approx	1,02814	
41	ZF:	0,01151			

Abb. 5.3.2.-1.: Ausgangszustand vor der Optimierung

Der nächste Schritt der Fallstudie besteht darin, mit dieser ersten Approximation für λ eine Optimierung durchzuführen. Der dabei resultierende Wert für das Ausfallrisiko des Portfolios (vgl. Zelle AG36 bzw. dann auch Zelle AE36) wird mit dem Wert des Ausfallrisikos des Benchmarkportfolios verglichen. Daraufhin wird dann eine Anpassung von λ vorgenommen. Um die Optimierung durchzuführen, ist die zentrale Nebenbedingung nach (2) umzusetzen. Abbildung 5.3.2-2. zeigt das dazu mögliche Vorgehen anhand eines Ausschnittes aus dem Tabellenblatt. In der Spalte U („Rendite") wird die Portfoliorendite für den jeweiligen Beobachtungszeitpunkt (die beobachteten Einmonatsrenditen befinden sich in der beispielhaften Tabelle im Zellenbereich L12 bis S120, welcher hier nicht mit abgebildet ist) auf Basis der vorgegebenen Anteilsgewichte berechnet. Im Ausgangszustand sind dies die Anteilsgewichte der Startlösung (vgl. auch Abb. 5.3.2.-1.; dort die Zellen AE27 bis AE34). Die Werte für die Restfehler d_t^+ und d_t^- werden erst im Zuge der Optimierung bestimmt. Im Ausgangszustand vor der Optimierung werden diese daher auf null gesetzt, sodass die Spalten V und W im Beispiel vollständig mit Nullen ausgefüllt sind. In der Spalte Y („Zielrendite") befindet sich der Wert der Mindestrenditeforderung, der in der Fallstudie auf $\tau = 0$ gesetzt wurde. Die Spalte X enthält die Summe aus Portfoliorendite (basierend auf dem vorgegebenen Anteilsgewichtevektor) und den Restfehlern d_t^+ und d_t^-.[225] Die Nebenbedingung nach (2) fordert dabei, dass für alle Beobachtungszeitpunkte die jeweiligen Werte der Spalte X und Y übereinstimmen müssen. Im Ausgangszustand ist dies noch nicht der Fall. Erst im Rahmen der Optimierung wird diese Nebenbedingung erfüllt, soweit überhaupt eine zulässige Lösung gefunden werden kann.

U12 | fx {= MMULT(L12:S12;$AE$27:$AE$34)}

	U	V	W	X	Y
10	Rendite	d+	d-	R - (d+) + (d-)	Zielrendite
11					
12	0,03872	0,00000	0,00000	0,03872	0
13	0,02669	0,00000	0,00000	0,02669	0
14	0,01856	0,00000	0,00000	0,01856	0
15	0,01142	0,00000	0,00000	0,01142	0
16	0,07076	0,00000	0,00000	0,07076	0
17	0,04237	0,00000	0,00000	0,04237	0
18	-0,00018	0,00000	0,00000	-0,00018	0
19	-0,02908	0,00000	0,00000	-0,02908	0

Abb. 5.3.2.-2.: Umsetzung der zentralen Nebenbedingungen

Die Abb. 5.3.2.-3. zeigt die Eingabeparameter für den Solver und die Lösung für die Fallstudie. Bei der Durchführung der Fallstudie ist die Beschränkung des Solvers auf 200 Variablen und 200

225 Die Zelle X12 würde beispielsweise die Berechnungsformel „= U12 – V12 + W12" enthalten; vgl. auch Gleichung (17) in Kap. 5.3.1.1.

Nebenbedingungen zu beachten. Aus diesem Grund wurden für die Bestimmung des optimalen Portfolios in der Fallstudie nur die ersten 95 historischen Beobachtungszeitpunkte herangezogen, was in der Summe $8 + 95 + 95 = 198$ freie Parameter (Variablen des Optimierungsproblems) ergibt. Diese Beschränkung des Solvers ist bei speziellen Programmpaketen zur (linearen) Optimierung nicht gegeben, auch eine kommerziell vertriebene, erweiterte Version des Solvers hebt diese Beschränkungen deutlich an. Für Illustrationszwecke spielt diese technische Einschränkung aber keine Rolle. Bei diesem Optimierungsproblem sind die Optionen Lineares Problem voraussetzen und Nicht-Negativ voraussetzen unter Optionen... zu aktivieren. Außerdem sollte dort die voreingestellt Anzahl an maximalen Iterationen deutlich hoch gesetzt werden.

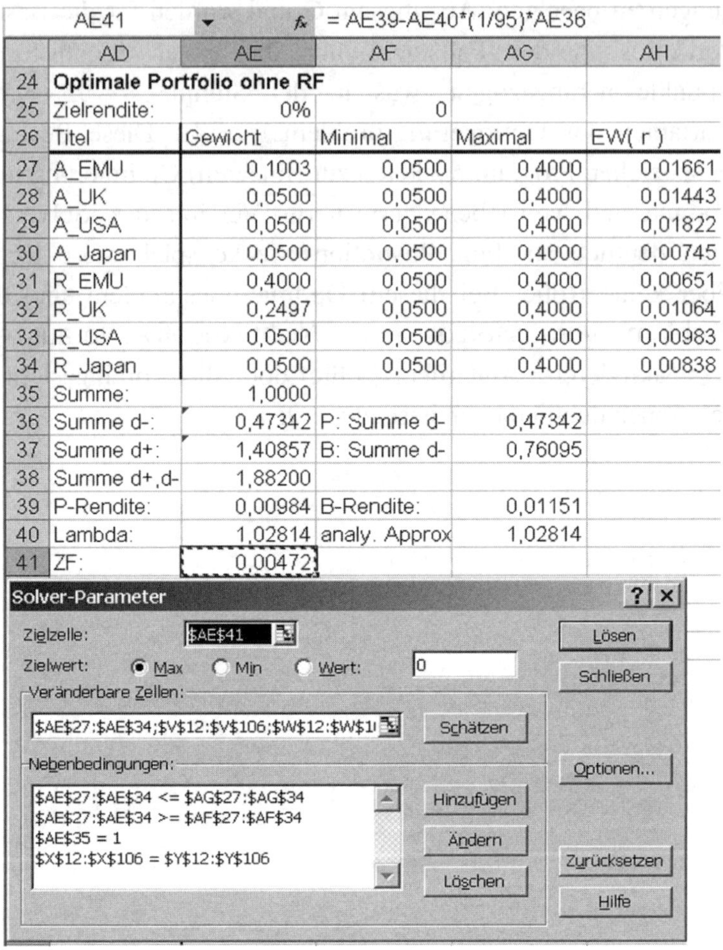

Abb. 5.3.2.-3.: Eingabeparameter für den Solver und Lösung des Optimierungsproblems

Das Ausfallrisiko ist bei dem optimierten Portfolio mit ca. 0,47 deutlich geringer als dasjenige der Benchmark mit ca. 0,76. Der Startwert für den Risikoaversionsparameter ist damit zu hoch angesetzt und muss für den nächsten Suchschritt abgesenkt werden. Eine Optimierung mit $\lambda = 0{,}957$ ergibt die in Abb. 5.3.2.-4. dargestellte Lösung.

AE41 = AE39-AE40*(1/95)*AE36

	AD	AE	AF	AG	AH
24	**Optimale Portfolio ohne RF**				
25	Zielrendite:	0%	0		
26	Titel	Gewicht	Minimal	Maximal	EW(r)
27	A_EMU	0,1756	0,0500	0,4000	0,01661
28	A_UK	0,0500	0,0500	0,4000	0,01443
29	A_USA	0,1744	0,0500	0,4000	0,01822
30	A_Japan	0,0500	0,0500	0,4000	0,00745
31	R_EMU	0,0500	0,0500	0,4000	0,00651
32	R_UK	0,4000	0,0500	0,4000	0,01064
33	R_USA	0,0500	0,0500	0,4000	0,00983
34	R_Japan	0,0500	0,0500	0,4000	0,00838
35	Summe:	1,0000			
36	Summe d-:	0,75032	P: Summe d-	0,75032	
37	Summe d+:	1,95507	B: Summe d-	0,76095	
38	Summe d+,d-	2,70539			
39	P-Rendite:	0,01268	B-Rendite:	0,01151	
40	Lambda:	0,95700	analy. Approx	1,02814	
41	ZF:	0,00512			

Abb. 5.3.2.-4.: Lösung des Optimierungsproblems

Das mit $\lambda = 0{,}957$ bestimmte Portfolio besitzt (annähernd) dasselbe Ausfallrisiko wie die Benchmark, weist aber eine höhere Renditeerwartung auf. Bei gegebenen Renditeerwartungen (hier eigentlich die gesamten erwarteten Renditeverteilungen aller Assets) konstruiert dieses Vorgehen das zur vorgegebenen Benchmark B effiziente Benchmarkportfolio B^* und liefert gleichzeitig dessen implizierten Risikoaversionsparameter. Die nochmalige Optimierung mit dem so bestimmten Risikoaversionsparameter ändert das Ergebnis nicht, die Lösung bleibt das effiziente Benchmarkportfolio B^* (wie in Abb. 5.3.2.-4. ausgewiesen). Hier wird noch einmal der tautologische Charakter dieses Vorgehens deutlich. Die Bestimmung des „wahren" Risikoaversionsparameters bleibt ein erhebliches praktisches Problem, welches auch hier nicht abschließend gelöst werden kann.

Die Durchführung der Fallstudie unter Verwendung einer „risikofreien" Anlage ist ebenfalls möglich, wobei sich auch hier die Frage stellt, wie bei diesem Ansatz zur Portfoliooptimierung der Begriff „risikofrei" zu interpretieren ist. Eine risikofreie Anlage muss bei diesem Ansatz die Bedingung $r_F \geq \tau$ erfüllen, denn andernfalls würde ein Ausfallrisiko bestehen. Dagegen muss diese nicht „schwankungsfrei" sein, d.h. solange $r_F \geq \tau$ (über alle denkbaren Umweltzustände (ex ante) oder für alle historischen Beobachtungen (ex post)) erfüllt ist, liegt eine „risikofreie" Anlage vor.

Eine Tobin-Separation gibt es hier nicht. Die risikofreie Anlage ist dem Anlageuniversum wie eine „gewöhnliche" Anlage hinzuzufügen. Die Optimierung wird dann mit diesem erweiterten Anlageuniversum, also mit Berücksichtigung der risikofreien Anlage, wie bisher durchgeführt. Die Abbildung 5.3.2.-5. zeigt den Ausgangszustand vor Durchführung der Optimierung.

AE61 = AE59-AE60*(1/95)*AE56

	AD	AE	AF	AG	AH
43	**Optimale Portfolio mit RF**				
44	Zielrendite:	0%	0		
45	Titel	Gewicht	Minimal	Maximal	EW(r)
46	A_EMU	0,1111	0,0500	0,4000	0,01661
47	A_UK	0,1111	0,0500	0,4000	0,01443
48	A_USA	0,1111	0,0500	0,4000	0,01822
49	A_Japan	0,1111	0,0500	0,4000	0,00745
50	R_EMU	0,1111	0,0500	0,4000	0,00651
51	R_UK	0,1111	0,0500	0,4000	0,01064
52	R_USA	0,1111	0,0500	0,4000	0,00983
53	R_Japan	0,1111	0,0500	0,4000	0,00838
54	RF	0,1111	0,0000	1,0000	0,00327
55	Summe:	1,0000			
56	Summe d-:	0,00000			
57	Summe d+:	0,00000			
58	Summe d+,d-	0,00000			
59	P-Rendite	0,01059			
60	Lambda:	0,95700			
61	ZF:	0,01059			

Abb. 5.3.2.-5.: Portfolio im Ausgangszustand vor Durchführung der Optimierung mit risikofreier Anlage

Auch hier wurde als Startlösung das naive Portfolio gewählt, in welchem alle Anlagen mit gleichen Anteilen vertreten sind. Die Rahmenbedingungen (Risikoparameter, Nebenbedingungen) sind mit der vorhergehenden Fallstudie identisch. Als Unter- und Obergrenze für das Anteilsgewicht der risikofreien Anlage wurden 0 bzw. 1 gewählt,[226] d.h., es wurde ebenso ein Leerverkauf der übrigen Assets wie Kreditaufnahmen zum risikofreien Zinssatz ausgeschlossen.

Die Modellierung der Nebenbedingungen erfolgt auch hier in analoger Weise wie in Abb. 5.2.3.-2. dargestellt. Es ist lediglich zu bedenken, dass bei der Optimierung unter Berücksichtigung einer risikofreien Anlage diese bei der Berechnung der Portfolio-

226 Durch die Forderung, alle acht ursprünglichen Assets mit einem Mindestanteil von 5% halten zu müssen, ist faktisch die Obergrenze für die risikofreie Anlage auf 60% gesetzt.

rendite (wie jede andere Anlage auch) mitberücksichtigt werden muss. Die Startwerte für die Restfehler d_t^+ und d_t^- werden ebenfalls auf null gesetzt, weshalb in Abb. 5.3.2.-5. die ausgewiesenen Werte für die Restfehler im Ausgangszustand vor der Durchführung der Optimierung noch ungültig sind.

Die Abbildung 5.3.2.-6. zeigt die Eingabeparameter für den Solver sowie die Lösung des Optimierungsproblems unter Berücksichtigung einer risikofreien Anlagemöglichkeit. In der Fallstudie resultiert dieselbe Lösung wie im vorhergehenden Fall, d.h., die risikofreie Anlage wird überhaupt nicht gehalten. Diese Lösung ist wegen der Wahl der Mindestrenditeforderung mit $\tau = 0$ und dem niedrigen Risikoaversionsparameter $\lambda = 0{,}957$ nicht überraschend, denn bei dieser Wahl erlaubt das bisherige Portfolio einen relativ hohen Ertrag bei moderatem Ausfallrisiko, welches zudem gering gewichtet wird.

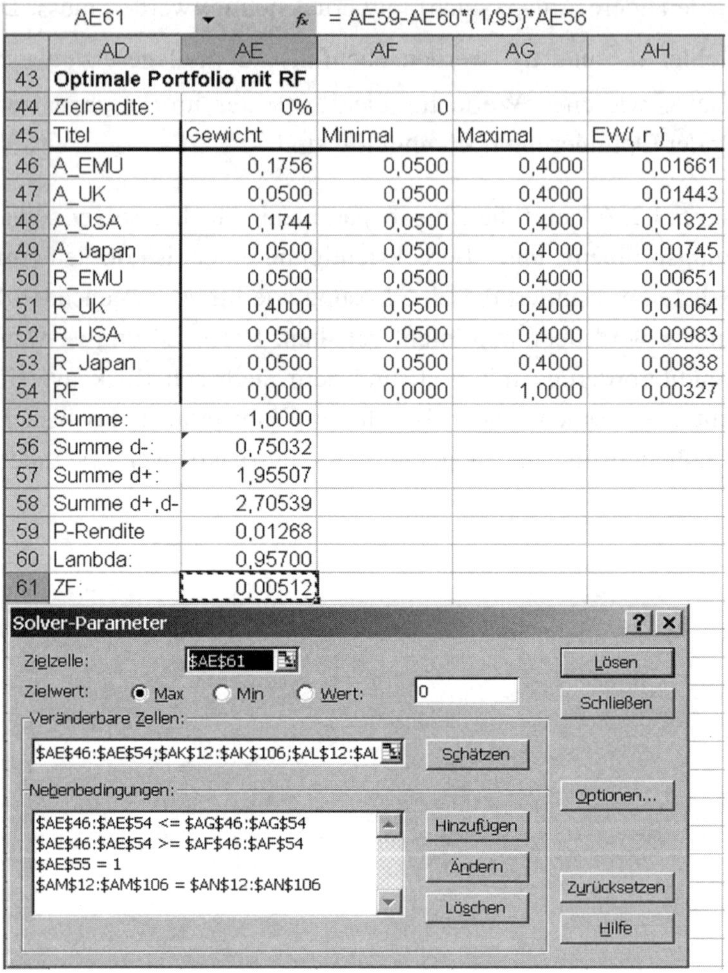

AE61 = AE59-AE60*(1/95)*AE56

	AD	AE	AF	AG	AH
43	**Optimale Portfolio mit RF**				
44	Zielrendite:	0%	0		
45	Titel	Gewicht	Minimal	Maximal	EW(r)
46	A_EMU	0,1756	0,0500	0,4000	0,01661
47	A_UK	0,0500	0,0500	0,4000	0,01443
48	A_USA	0,1744	0,0500	0,4000	0,01822
49	A_Japan	0,0500	0,0500	0,4000	0,00745
50	R_EMU	0,0500	0,0500	0,4000	0,00651
51	R_UK	0,4000	0,0500	0,4000	0,01064
52	R_USA	0,0500	0,0500	0,4000	0,00983
53	R_Japan	0,0500	0,0500	0,4000	0,00838
54	RF	0,0000	0,0000	1,0000	0,00327
55	Summe:	1,0000			
56	Summe d-:	0,75032			
57	Summe d+:	1,95507			
58	Summe d+,d-	2,70539			
59	P-Rendite	0,01268			
60	Lambda:	0,95700			
61	ZF:	0,00512			

Abb. 5.3.2.-6.: Eingabeparameter für den Solver und Lösung für das Optimierungsproblem mit risikofreier Anlagemöglichkeit[227]

Insgesamt ist es aufschlussreich, mit der Fallstudie ein wenig zu experimentieren, wobei insbesondere alternative Werte für die Mindestrenditeforderung τ verwendet werden sollten. Die dabei erhaltenen Ergebnisse mögen vielleicht manchmal auf den ersten Blick etwas überraschend anmuten, sind aber bei näherem Nachdenken schnell

227 Die zentrale Nebenbedingung nach (2) wird hier in einem anderen Tabellenbereich berechnet, weshalb in der Abb. 5.3.2.-6. unter „Nebenbedingungen" diesbezüglich ein anderer Zellenbezug auftritt als in der Abb. 5.3.2.-3. Inhaltlich wird hier aber dasselbe berechnet.

nachvollziehbar. Bei diesen Experimenten wird schnell deutlich, welche inhaltliche Bedeutung und Auswirkung die Festlegung der Mindestrenditeforderung τ besitzt. Auch hier wird die Optimierung durch zwei Risikoparameter (λ, τ) gesteuert, die in Wechselwirkung zueinander stehen.

Für die praktische Portfolioplanung mithilfe dieses Optimierungsansatzes mag dies vielleicht die zentrale Anwendungsproblematik sein. Denn die genaue Wechselwirkung zwischen diesen beiden Parametern ist im Vorhinein nicht vollständig durchschaubar, außerdem müssen beide konsistent zueinander entsprechend der Risikopräferenz des Investors festgelegt werden. Wie genau dies im praktischen Einsatz vorzunehmen ist, bleibt unbeantwortet. In Anlehnung an die bisher übliche Vorgehensweise zur Bestimmung des Risikoaversionsparameters wurde hier ein Vorschlag unterbreitet, der allerdings am Tautologie-Problem krankt. Ein möglicher alternativer Ansatz könnte darin bestehen, mit plausibel erscheinenden Parameterfestlegungen einige Simulationen vorzunehmen und die Ergebnisse dem Investor vorzulegen, welche er anhand seines Risikoempfindens beurteilt. Für den Investor akzeptable Portfolios implizieren unter gegebenen Erwartungen bestimmte Konstellationen der beiden Risikoparameter, die dann als Orientierung für die Festlegung bei neuen Optimierungsproblemen dienen können.

Letztendlich besitzt auch dieser Ansatz einer Portfoliooptimierung basierend auf einem einseitigen Risikoverständnis dasselbe Anwendungsproblem wie der semivarianzbasierte Ansatz. Die Festlegung der Risikoparameter ist erheblich schwieriger als beim traditionellen Ansatz. Im direkten Vergleich der alternativen Portfoliooptimierungsansätze untereinander ist dieser Ansatz eventuell verfahrenstechnisch einfacher umsetzbar, wobei allerdings die Schwierigkeitsgrade und –unterschiede subjektiv durchaus unterschiedlich empfunden werden können. Jedoch ist dieser Ansatz weniger verbreitet als der vorhergehende, welcher sich durch die Verwendung der Semivarianz wesentlich enger am traditionellen Modell orientiert. Die Akzeptanz des vorhergehenden Ansatzes könnte daher höher sein. Der hier betrachtete Ansatz ist in Literatur und Praxis eher selten bis überhaupt nicht verbreitet und insofern „unorthodox". Für die Bestimmung eines Tracking Portfolios mag er vielleicht intuitiv plausibel und damit attraktiv erscheinen. Um jedoch ein „nutzenoptimales" Portfolio zu bestimmen, können einige Vorbehalte formuliert werden. So ist insbesondere fraglich, ob die proportionale Gewichtung zunehmender Unterschreitungen der geforderten Mindestrenditeforderung die damit verbundenen Nutzeneinbußen des Investors korrekt widerspiegeln. Die quadratische Gewichtung, wie bei der Semivarianz, erscheint hier zumindest vor dem Hintergrund der ökonomischen Theorie angemessener.

Das wesentliche Anliegen von ANG (1975) bei der Entwicklung dieses Ansatzes war es wohl auch, eine für damalige Verhältnisse sinnvolle Approximation des traditionellen Modells der Portfoliooptimierung zu liefern. Während quadratische Optimierungen mit damaligen Computern recht aufwändig und entsprechende Softwarepakete wenig verbreitet waren, besaß die lineare Optimierung eine schon recht große Verbreitung und Anwendung. Während die „rechentechnische" Approximation heute kaum mehr eine praktische Relevanz besitzen dürfte, kann dieses Modell weiterhin als eine „inhaltliche" Approximation des traditionellen Modells angesehen werden. Ob dieses Modell bei einem konkreten Anwendungsproblem eine sinnvolle Alternative darstellt, kann nicht pauschal entschieden werden.

5.4. Portfolioplanung mit der Ausfallwahrscheinlichkeit

5.4.1. Kriterium nach ROY

In der Literatur existieren verschiedene Ansätze zur Portfoliooptimierung, welche auf der Ausfallwahrscheinlichkeit basieren. Diese werden auch unter dem Oberbegriff der Safety First Ansätze zusammengefasst und werden z.B. bei ELTON ET AL. (2003) in Lehrbuchform vorgestellt.[228] Die Zielfunktion bei der Portfoliooptimierung basiert oder enthält als zentrales Element die Ausfallwahrscheinlichkeit, also das *LPM* der Ordnung 0, wird aber im Detail in unterschiedlichen Varianten formuliert. Diese Varianten werden als (i) *Roy's* Kriterium, (ii) *Kataoka's* Kriterium und (iii) *Telser's* Kriterium bezeichnet.

Der einfachste dieser drei im Folgenden zu behandelnden Ansätze geht auf ROY zurück. Die Zielfunktion für die Portfoliooptimierung lautet dabei nach (1):

(1) $$P(r_P \leq \tau) \rightarrow \min!$$

mit $P()$: Wahrscheinlichkeit.

Die Optimierung erfolgt dabei unter den üblichen Nebenbedingungen, wie Budgetrestriktion, Leerverkaufsverbot (Nichtnegativitätsbedingung für die Anteilsgewichte, wenn gemäß Aufgabenstellung erforderlich), geforderte Mindestanteile, zulässige

228 Vgl. Elton et al. (2003), S. 235 ff.

Höchstanteile usw. Bei diesem Optimierungsansatz wird – wie aus (1) ersichtlich – allein die Wahrscheinlichkeit einer Unterschreitung der geforderten Mindestverzinsung τ durch die (zukünftige) Portfoliorendite minimiert. Zur konkreten Umsetzung ist es dabei notwendig, die gesamte zukünftige Renditeverteilung (der Portfoliorenditen) in Abhängigkeit von den Anteilsgewichten **w** zu schätzen. Dazu sind verschiedene Varianten denkbar, von denen hier exemplarisch nur eine einfache betrachtet werden soll.

Dazu wird eine Verteilungsannahme getroffen.[229] Es wird angenommen, dass die zukünftigen Portfoliorenditen immer normal verteilt sind. Dies ist zwar eine willkürliche, aber nicht unrealistische Annahme. So zeigen viele empirische Untersuchungen, dass gerade Portfoliorenditen auf Monatsbasis (oder längerer Zeiträume) weitgehend einer Normalverteilung genügen bzw. die Abweichungen von einer Normalverteilung praktisch vernachlässigbar sind. Daher wird im Folgenden von der Annahme nach (2) ausgegangen:

(2) $$r_P \sim N(\mu_P, \sigma_P)$$

mit $N(\mu,\sigma)$: Normalverteilung mit Erwartungswert μ und Standardabweichung σ.

Auch bei diesem Ansatz zur Portfoliooptimierung besteht die grundsätzliche Schätzproblematik der (ex ante) Größen μ und σ. Für Illustrationszwecke wird wie in allen Fallstudien auf eine einfache, historisch basierte Schätzung dieser Parameter zurückgegriffen, wobei natürlich weitaus ausgefeiltere Ansätze zu deren Schätzung zum Einsatz kommen könnten. Dabei ist aber zu bedenken, dass die (geschätzten) Erwartungswerte für die Portfoliorendite (und auch die Schätzer für das zukünftige Portfoliorisiko) von den gewählten Anteilsgewichten der einzelnen Assets im Portfolio abhängig sind. Die Schätzungen dieser Parameter für das Portfolio sind also aus den Schätzungen für die Parameter der einzelnen Assets abzuleiten. Dabei gelangen die hinlänglich bekannten Beziehungen $\mu_P = \mathbf{w}^{\mathbf{T}} \cdot \mathbf{r}$ (**r**: Vektor der erwarteten Assetrenditen) und $\sigma_P^2 = \mathbf{w}^{\mathbf{T}} \cdot \mathbf{V} \cdot \mathbf{w}$ (**V**: zukünftige Varianz-Kovarianzmatrix der Assetrenditen) zur Anwendung (vgl. Gleichungen (3) und (4)):

229 Die Umsetzung der drei im Folgenden vorzustellenden Verfahren ist auch gänzlich *ohne* Verteilungsannahme möglich. Die benötigten Wahrscheinlichkeiten sind dann aus historisch beobachteten oder künstlich generierten Renditereihen (vgl. Kap. 7.3.3.) der einzelnen Assets zu schätzen.

(3) $\hat{\mu}_P = \mathbf{w}^\mathbf{T} \cdot \bar{\mathbf{r}}$

mit $\bar{\mathbf{r}}$: Vektor der historischen Mittelwerte der Assetrenditen

(4) $\hat{\sigma}_P = \sqrt{\mathbf{w}^\mathbf{T} \cdot \hat{\mathbf{V}} \cdot \mathbf{w}}$

mit $\hat{\mathbf{V}}$: empirische (d.h. historisch geschätzte) Varianz-Kovarianzmatrix.

Werden die Schätzer nach Gleichungen (3) und (4) in Gleichung (2) eingesetzt, folgt als Schätzung für die Verteilung der zukünftigen Portfoliorendite:

(5) $\hat{r}_P \sim N(\mathbf{w}^\mathbf{T} \cdot \bar{\mathbf{r}}, \sqrt{\mathbf{w}^\mathbf{T} \cdot \hat{\mathbf{V}} \cdot \mathbf{w}})$.

Mit $N(x, \mu, \sigma)$ soll im Folgenden der Wert der Normalverteilungsfunktion[230] (Verteilungsfunktion, nicht Dichtefunktion) an einer Stelle x bezeichnet werden, wobei die betreffende Normalverteilung einen Erwartungswert von μ und eine Standardabweichung von σ besitzt. Bei gegebenen Anteilsgewichten $\mathbf{w}$ drückt also $N(\tau, \mathbf{w}^\mathbf{T} \cdot \bar{\mathbf{r}}, \sqrt{\mathbf{w}^\mathbf{T} \cdot \hat{\mathbf{V}} \cdot \mathbf{w}})$ die (geschätzte) Wahrscheinlichkeit aus, dass die (zukünftige) Portfoliorendite einen Wert von kleiner oder gleich τ annehmen wird. Gemäß dem Optimierungsansatz nach (1) ist nun also derjenige Anteilsgewichtevektor $\mathbf{w}$ gesucht, für den diese Wahrscheinlichkeit minimal wird. Mit den getroffenen Annahmen und unter Verwendung der Schätzer nach Gleichungen (3) und (4) ist damit konkret die Zielfunktion nach Gleichung (6) zu minimieren:

(6) $N(\tau, \mathbf{w}^\mathbf{T} \cdot \bar{\mathbf{r}}, \sqrt{\mathbf{w}^\mathbf{T} \cdot \hat{\mathbf{V}} \cdot \mathbf{w}}) \to \min!$

Unter Berücksichtigung der üblichen Nebenbedingungen nach Gleichungen (7) bis (10) ist damit der Optimierungsansatz vollständig formuliert. Dabei verstehen sich die aufgeführten Nebenbedingungen als exemplarisch und sind ggf. bezüglich des jeweiligen Anwendungsproblems geeignet zu ergänzen bzw. zu modifizieren:

230 In der mathematisch statistischen Literatur wird der Wert der Normalverteilungsfunktion an der Stelle x zumeist mit $\Phi_{\mu,\sigma}(x)$ oder $\Phi_{\mu,\sigma^2}(x)$ bezeichnet, wobei entweder die Standardabweichung σ oder die Varianz σ^2 als Streuungsparameter Verwendung findet (daher die beiden Varianten). Die hier gewählte, abweichende Schreibweise orientiert sich bereits an der späteren Umsetzung in Excel. Dort wird die Funktion ähnlich bezeichnet und besitzt dieselben Parameter in der genannten Reihenfolge.

(7)	$\sum_{i=1}^{N} w_i = 1$	Budgetrestriktion
(8)	$w_i \geq 0$	Leerverkaufsverbot, für alle Assets $i = 1, ..., N$
(9)	$w_i \geq minw_i$	geforderter Mindestanteil
(10)	$w_i \leq maxw_i$	zulässiger Höchstanteil.

Die konkrete Umsetzung dieses Optimierungsansatzes wird anhand der bisherigen Fallstudie illustriert. Die Optimierung wird hier – wie auch später bei den beiden anderen Ansätzen – zunächst ohne Berücksichtigung, dann mit Berücksichtigung einer risikofreien Anlage durchgeführt. Die Berücksichtigung einer risikofreien Anlage erfolgt bei allen drei Ansätzen dadurch, dass diese dem Anlageuniversum hinzugefügt und die Optimierung dann erneut für das erweiterte Anlageuniversum durchgeführt wird. Der Aufbau der im Folgenden vorzustellenden Tabellenblätter berücksichtigt stets die Möglichkeit des Einbezugs der risikofreien Anlage. Soweit die Optimierung im jeweils ersten Teilschritt ohne dessen Berücksichtigung erfolgt, ist einfach das Anteilsgewicht der risikofreien Anlage kein freier Parameter der Optimierung, sondern fest auf null gesetzt.

Die ersten Schritte bei der Durchführung der Fallstudie gleichen denjenigen aus Kap. 2.3.3. oder denen der vorhergehenden Fallstudie in Kap. 5.2.2. Ausgehend von den Kurs- bzw. Indexständen der betrachteten Assets werden diese in Einmonatsrenditen umgerechnet. Die Reihen der Einmonatsrenditen werden dann benutzt, um daraus die historischen Renditemittelwerte und die empirische Varianz-Kovarianzmatrix zu berechnen. In Verbindung mit den (noch festzulegenden) Anteilsgewichten der Assets werden diese herangezogen, um die Schätzungen für den Erwartungswert und die Standardabweichung der (geschätzten) Renditeverteilung (der Portfoliorenditen) abzuleiten.

X139 = $D$6

	X	Y	Z	AA	AB	AC	AD	AE	AF	AG
130	EW(r)	A_EMU	A_UK	A_USA	A_Japan	R_EMU	R_UK	R_USA	R_Japan	RF
131	0,01320	0,0023618	0,0019079	0,0022574	0,0018336	0,0001290	0,0005533	0,0005892	0,0002068	0
132	0,01169	0,0019079	0,0016532	0,0019709	0,0016890	0,0001966	0,0006630	0,0007154	0,0004076	0
133	0,01485	0,0022574	0,0019709	0,0023725	0,0022023	0,0002188	0,0007681	0,0008490	0,0006383	0
134	0,00372	0,0018336	0,0016890	0,0022023	0,0032940	0,0000517	0,0004508	0,0006554	0,0016515	0
135	0,00650	0,0001290	0,0001966	0,0002188	0,0000517	0,0001160	0,0002649	0,0002664	0,0000551	0
136	0,01016	0,0005533	0,0006630	0,0007681	0,0004508	0,0002649	0,0006438	0,0006632	0,0002455	0
137	0,00920	0,0005892	0,0007154	0,0008490	0,0006554	0,0002664	0,0006632	0,0007001	0,0003928	0
138	0,00733	0,0002068	0,0004076	0,0006383	0,0016515	0,0000551	0,0002455	0,0003928	0,0012696	0
139	0,00327	0	0	0	0	0	0	0	0	0

Abb. 5.4.1.-1.: Ausgangsdaten für die Optimierung

Die Abbildung 5.4.1.-1. zeigt in kompakter Form die Ausgangsdaten für die Durchführung der Fallstudie. In der Spalte X („EW(r)") stehen die Schätzer für die Renditeerwartungswerte der einzelnen Assets, die in der Fallstudie mit den historischen Mittelwerten geschätzt werden. Die Zeilenbeschriftungen der Zeilen 131 bis 139 sind aus Platzgründen fortgelassen worden, sie entsprechen aber in jener Reihenfolge den Beschriftungen der Spalten Y bis AG (also A_EMU für Aktien Euroland, A_UK für Aktien Großbritannien usw.). Der Zellenbereich Y131 bis AF138 umfasst die empirische Varianz-Kovarianzmatrix für das Anlageuniversum ohne „risikofreie" Anlage. Für das erweiterte Anlageuniversum mit „risikofreier" Anlage ist die empirische Varianz-Kovarianzmatrix in den Zellenbereichen Y131 bis AG139 abgebildet.

W184 =NORMVERT(W183;W179;W181;WAHR)

	V	W	X	Y	Z
167	Markt	Gewicht	min	max	
168	A_EMU	0,1250	0,0500	0,4000	
169	A_UK	0,1250	0,0500	0,4000	
170	A_USA	0,1250	0,0500	0,4000	
171	A_Japan	0,1250	0,0500	0,4000	
172	R_EMU	0,1250	0,0500	0,4000	
173	R_UK	0,1250	0,0500	0,4000	
174	R_USA	0,1250	0,0500	0,4000	
175	R_Japan	0,1250	0,0500	0,4000	
176	RF	0,0000	0,0000	1,0000	
177	Summe:	1,0000			
178					
179	P-Rendite	0,00958			
180	P-Varianz	0,00090			
181	P-StdAbw.	0,02995			
182					
183	Min-Rendite:	0,00000			
184	P(rp < minr)	0,37452			

Abb. 5.4.1.-2.: Ausgangszustand vor der Optimierung

Die Abbildung 5.4.1.-2. zeigt den Ausgangszustand vor Durchführung der Optimierung. Als Startlösung wurde auch hier das naive Portfolio zugrunde gelegt, d.h., jeder betrachtete Markt ist mit einem Anteilsgewicht von 1/8 im Startportfolio vertreten. Da im ersten Teilschritt die Optimierung ohne Berücksichtigung einer „risikofreien" Anlagemöglichkeit durchgeführt wird, ist das Anteilsgewicht der „risikofreien" Anlage im Portfolio („RF") fest auf null gesetzt. Es ist im ersten Teilschritt nicht Gegenstand der Optimierung.

Die Werte für (geschätzte) Portfoliorendite, –varianz und –standardabweichung bezüglich der Startlösung sind aus den Zellen W179 bis W181 ersichtlich. Als geforderte Mindestrendite wird auch in dieser Fallstudie $\tau = 0$ gesetzt, d.h., es wird wenigstens nomineller Kapitalerhalt gefordert (vgl. Zelle W183). Der Wert der Zielfunktion für die Startlösung ist in der Zelle W184 enthalten. Die Excel-Funktion NORMVERT(X;Y;Z;WAHRHEITSWERT) führt die gewünschte Berechnung durch. Der Parameter X bezeichnet dabei die Stelle x, Y den Erwartungswert μ und Z die Standardabweichung σ der Normalverteilung. Für den Parameter WAHRHEITSWERT kann entweder WAHR oder FALSCH eingesetzt werden. Bei FALSCH wird der Wert für die *Dichte* der Normalverteilung (an der Stelle X) ausgegeben, bei WAHR der Wert der (kumulierten) Verteilungsfunktion (an der Stelle X). Die Belegungen der Parameter in der Fallstudie sind der Bearbeitungsleiste in Abb. 5.4.1.-2. zu entnehmen.

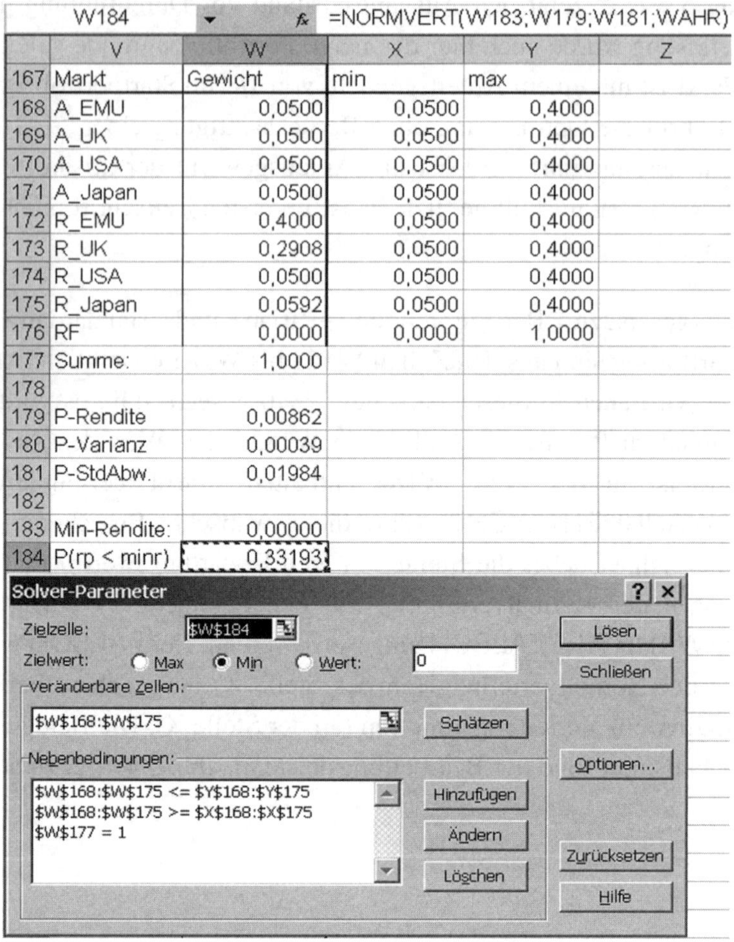

Abb. 5.4.1.-3.: Eingabeparameter für den Solver und Lösung im Beispiel

Aus Abbildung 5.4.1.-3. sind die Eingabeparameter für den Solver und die Lösung im Beispiel ersichtlich. Die (geschätzte) Wahrscheinlichkeit einer Unterschreitung der geforderten Mindestrendite von $\tau = 0$ wird in der Fallstudie mit immerhin ca. 33% geschätzt.

Im zweiten Teilschritt wird die Fallstudie unter Berücksichtigung einer „risikofreien" Anlage durchgeführt. Wiederum ist zunächst zu fragen, wie der Begriff „risikofrei" in dem hier betrachteten Kontext auszulegen ist. In der Literatur findet man in diesem Zusammenhang häufig implizit die Gleichsetzung mit dem traditionellen Modell, d.h., die „risikofreie" Anlage beim traditionellen Optimierungsansatz wird auch hier als „risikofrei“ angesehen. Die damit verbundene Gleichsetzung von „risikofrei“ mit „schwankungsfrei“ trifft aber nicht den eigentlichen Charakter dieses Ansatzes. Da hier von einer geforderten Mindestrendite τ ausgegangen wird, werden immer Unterschreitungen als risikobehaftete Situationen angesehen. Eine wirklich „risikofreie“ Anlage in diesem Kontext darf also in keiner Situation zu einer Unterschreitung der geforderten Mindestrendite τ führen. Sie muss aber nicht zwingend schwankungsfrei sein, solange diese Bedingung erfüllt ist. Umgekehrt kann aber auch eine schwankungsfreie Anlage hier „risikobehaftet“ sein, wenn nämlich ihre Verzinsung unterhalb der geforderten Mindestrendite τ liegt.

In der Fallstudie wird eine schwankungsfreie Anlage mit einer Verzinsung von 4% p.a. als „risikofreie“ Anlage angenommen. Diese ist damit sowohl im traditionellen als auch diesem Modell „risikofrei“. Bei der Portfoliooptimierung wird diese nun dem Anlageuniversum als eine weitere Anlage hinzugefügt und die Optimierung dann mit dem erweiterten Anlageuniversum erneut durchgeführt. Dabei sind ggf. die Nebenbedingungen anzupassen. In der ersten Optimierung wurde nämlich ein Mindestanteil von 5% für jedes Asset gefordert. Würde diese Nebenbedingung unverändert bestehen bleiben, wären bereits 40% des Anlagekapitals fest über die Berücksichtigung der Nebenbedingung gebunden. Damit könnten dann auch nur noch ggf. 60% in die „risikofreie“ Anlage investiert werden. Aus Gründen der Vergleichbarkeit wird diese Nebenbedingung zunächst aber unverändert beibehalten und die Optimierung erneut durchgeführt. Abb. 5.4.1.-4. zeigt das Ergebnis.

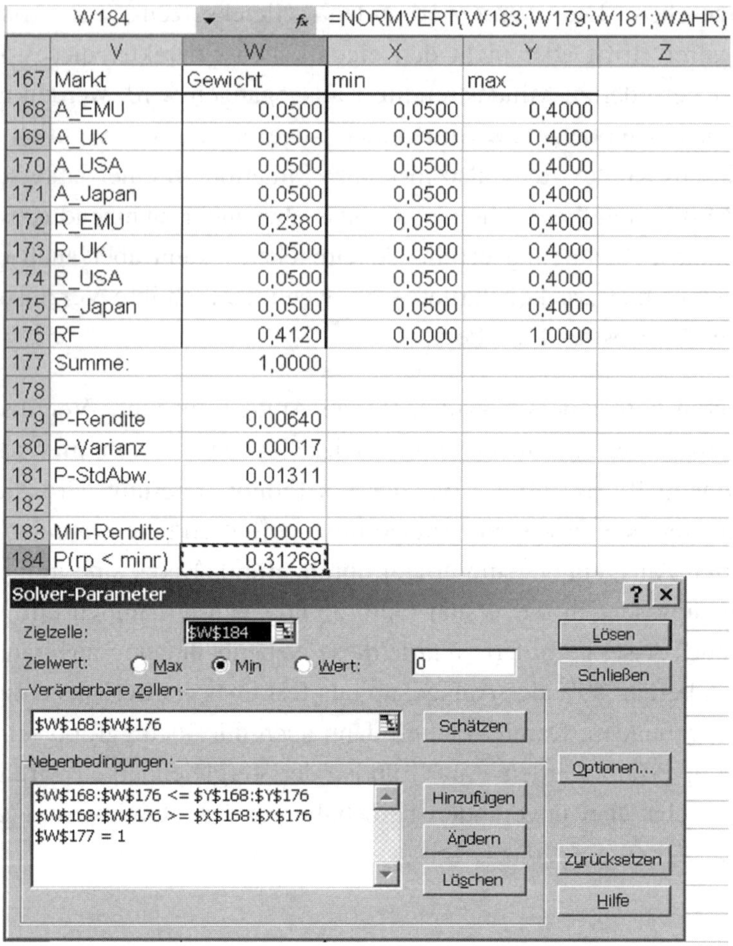

Abb. 5.4.1.-4.: Eingabeparameter für den Solver und Lösung bei risikofreier Anlagemöglichkeit mit Bestandsuntergrenzen

Trotz des hohen Anteils der risikofreien Anlage am Portfolio erzwingen die Bestandsuntergrenzen ein unvermeidbares Risiko. Gegenüber der vorhergehenden Lösung kann die (geschätzte) Wahrscheinlichkeit einer Unterschreitung der geforderten Mindestrendite nur geringfügig auf ca. 31% abgesenkt werden. Lässt man die Bestandsuntergrenzen jedoch fallen, resultiert bei erneuter Optimierung die in Abb. 5.4.1.-5. dargestellte Lösung.

W184 =NORMVERT(W183;W179;W181;WAHR)

	V	W	X	Y	Z
166	Portfolio				
167	Markt	Gewicht	min	max	
168	A_EMU	0,0000	0,0000	0,4000	
169	A_UK	0,0000	0,0000	0,4000	
170	A_USA	0,0000	0,0000	0,4000	
171	A_Japan	0,0000	0,0000	0,4000	
172	R_EMU	0,0000	0,0000	0,4000	
173	R_UK	0,0000	0,0000	0,4000	
174	R_USA	0,0000	0,0000	0,4000	
175	R_Japan	0,0000	0,0000	0,4000	
176	RF	1,0000	0,0000	1,0000	
177	Summe:	1,0000			
178					
179	P-Rendite	0,00327			
180	P-Varianz	0,00000			
181	P-StdAbw.	0,00000			
182					
183	Min-Rendite:	0,00000			
184	P(rp < m	#ZAHL!			

Abb. 5.4.1.-5.: Lösung bei risikofreier Anlagemöglichkeit und ohne Bestandsuntergrenzen

Nach der Optimierung wird in der Zelle W184 der Wert „#ZAHL!" ausgewiesen. Dies zeigt zunächst einen Berechnungsfehler an, der z.B. aus nicht mehr darstellbaren, zu großen oder zu kleinen (Gleitkomma-) Zahlen (Über- oder Unterläufen) resultieren kann. In diesem Falle ist der Fehler nachvollziehbar. Besteht das Portfolio vollständig aus der „risikofreien" Anlage, besitzt es im Beispiel eine höhere Verzinsung als die geforderte Mindestverzinsung, die zudem (im Beispiel) völlig schwankungsfrei ist. Die Verteilung der Portfoliorendite degeneriert hier zu einer einfachen Punktverteilung, womit die Wahrscheinlichkeit einer Unterschreitung der (niedrigeren) geforderten Mindestverzinsung null ist. Diese Wahrscheinlichkeit wird aber auf Basis einer Normalverteilung mit Standardabweichung von null berechnet, was dann zu einem Zahlenunterlauf führt. Die Lösung ist insgesamt korrekt ermittelt. Mit den Werten des Beispiels besteht das optimale Portfolio aus einer vollständigen Anlage des gesamten Kapitals in der risikofreien Anlage. Für dieses Portfolio ergibt sich eine (geschätzte) Wahrscheinlichkeit der Unterschreitung der geforderten Mindestrendite von null.

Das letzte Beispiel zeigt, wie das Modell auf eine „risikofreie" Anlage (die auch schwankungsfrei ist) reagiert. Sei w^* das Anteilsgewicht der „risikofreien" Anlage im Portfolio und gilt ferner $r_F \geq \tau$, so folgt für $w^* \rightarrow 1$ auch $\mathrm{P}(r_P < \tau) \rightarrow 0$, sodass bei dieser Konstellation immer eine Anlage zu 100% in r_F erfolgt. Gilt umgekehrt $r_F < \tau$,[231] so folgt für $w^* \rightarrow 1$ auch $\mathrm{P}(r_P < \tau) \rightarrow 1$. Außerdem gilt dann auch $\mathrm{P}(r_F < \tau) = 1$, d.h., sie führt in dieser Konstellation definitiv zu einem Ausfall. Da bei

231 Eigentlich liegt in diesem Fall keine risikofreie Anlage vor!

der Optimierung die Wahrscheinlichkeit eines Ausfalls minimiert wird, würde sie in diesem Fall niemals berücksichtigt werden, denn selbst die anteilsmäßige Berücksichtigung würde die Ausfallwahrscheinlichkeit des Portfolios gegenüber der Berücksichtigung einer Anlage, deren Ausfallwahrscheinlichkeit kleiner als 1 ist, auf jeden Fall erhöhen. Daher folgt $w^* = 0$ für diesen Fall. Soweit eine Verschuldung zum „risikofreien" Zinssatz in dieser Konstellation möglich ist, würde ohne Beschränkung von w^* sogar $w^* \rightarrow -\infty$ resultieren.[232]

In ELTON ET AL. (2003) findet sich auch der Nachweis, dass dieser Ansatz unter sehr speziellen Annahmen äquivalent zur Bestimmung des Tangentialportfolios im klassischen Modell der Portfolio Selection ist.[233] Aus diesem Grund fragen sie implizit kritisch, ob dieser Ansatz gegenüber dem traditionellen Modell etwas Neues beisteuert. Im Gegensatz zu diesen Autoren wird hier aber der besondere Vorteil dieses Ansatzes gerade darin gesehen, beliebige Verteilungen zuzulassen. Auch wenn die Fallstudie aus didaktischen Gründen von der bekannten Normalverteilung ausging, so ist dies doch nicht zwingend. Bei der konkreten Umsetzung dieses Ansatzes können andere geeignet erscheinende Verteilungen angenommen oder gar ohne Verteilungsannahme die Verteilung allein aus den historischen Renditebeobachtungen geschätzt werden. Gerade hierin liegt die Flexibilität des Ansatzes von ROY.

Ob bei der Optimierung wirklich das relevante Zielkriterium eines Investors berücksichtigt wird, ist die weitaus bedeutsamere Frage. Dieser Ansatz besitzt zunächst den Vorteil, ohne eine in der praktischen Anwendung extrem schwierig zu operationalisierende Nutzenfunktion auszukommen. Hinter der Festlegung des Risikoaversionsparameters im klassischen Modell (aber auch bei den vorhergehenden Ansätzen) stehen immer nutzentheoretische Überlegungen. Die Diskussionen haben aber auch gezeigt, welche Probleme sich mit der geeigneten Festlegung der Risikoparameter verbinden. Soweit diese nicht in der praktischen Anwendung sachgerecht gelöst werden können, ist das gesamte Ergebnis einer Optimierung höchst fragwürdig. Dieser Ansatz benutzt dagegen ein sehr „griffiges" Maß als Ausdruck der Risikopräferenz eines Investors, nämlich die Ausfallwahrscheinlichkeit. Während sie ein gut verständliches, leicht interpretierbares Risikomaß ist, bleibt sie aber unvollständig. Die reine Ausfallwahrscheinlichkeit enthält keine Informationen über die Höhe des Ausfalls, ob nämlich z.B. darin „ruinöse" Situationen enthalten sind oder nicht. Ein Vergleich von Portfo-

232 Vgl. dazu näher Elton et al. (2003), S. 250 f.

233 Vgl. Elton et al. (2003), S. 236 ff. Im Wesentlichen müssen dazu normal verteilte Renditen sowie $\tau = r_F$ angenommen werden.

lios allein aufgrund der erwarteten Ausfallwahrscheinlichkeiten ist unvollständig und auch gefährlich.

5.4.2. Kriterium nach KATAOKA

Der Ansatz nach KATAOKA besteht in der Lösung des Optimierungsproblems nach Gleichungen (1) und (2). Daneben sind die bei einer Portfoliooptimierung üblichen Nebenbedingungen (Budgetrestriktion, ggf. Nichtnegativitätsbedingungen, geforderte Mindestanteile, zulässige Höchstanteile usw.) zu beachten, die hier zunächst nicht explizit mit aufgeführt sind:

(1) $\tau^* \rightarrow \max!$

(2) $P(r_P \leq \tau^*) \leq \alpha\,.$

Der Optimierungsansatz lässt sich etwa wie folgt interpretieren: Welches ist dasjenige Portfolio mit der höchsten (erwarteten) Mindestrendite τ^*, wobei die Wahrscheinlichkeit einer Unterschreitung dieser Mindest(ziel)rendite τ^* maximal α sein darf? Die Lösung des Optimierungsproblems zeigt – bei vorgegebenen Erwartungen –, welche Mindestrendite τ^* maximal gefordert werden kann, ohne dabei eine Ausfallwahrscheinlichkeit von α zu überschreiten. Das dabei akzeptierte Risikoniveau α ist individuell vom Investor festzulegen.

Hinsichtlich der konkreten Umsetzung unterscheidet sich dieser Ansatz verfahrenstechnisch nur wenig von dem vorhergehenden. Um nämlich die Einhaltung der Nebenbedingung (2) bei der Optimierung kontrollieren zu können, ist eine Schätzung der Verteilung der Portfoliorenditen (in Abhängigkeit von dem noch zu bestimmenden Vektor der Anteilsgewichte **w**) notwendig. Diese kann grundsätzlich auf verschiedenen Wegen erfolgen. Hier wird wie im vorhergehenden Kapitel ein recht einfacher Ansatz gewählt, indem eine Normalverteilung für die Portfoliorenditen angenommen wird. Damit reduziert sich die Schätzproblematik auf die Schätzung der Verteilungsparameter μ_P und σ_P. Die Schätzung der Verteilungsparameter wird wie in Kap. 5.4.1. nach Gleichungen (3) und (4) vorgenommen:

(3) $\hat{\mu}_P = \mathbf{w}^{\mathbf{T}} \cdot \bar{\mathbf{r}}$

mit $\bar{\mathbf{r}}$: Vektor der historischen Mittelwerte der Assetrenditen

(4) $\hat{\sigma}_P = \sqrt{\mathbf{w}^\mathbf{T} \cdot \hat{\mathbf{V}} \cdot \mathbf{w}}$

mit $\hat{\mathbf{V}}$: empirische (d.h. historisch geschätzte) Varianz-Kovarianzmatrix.

Unter Verwendung der bereits in Kap. 5.4.1. eingeführten Notationen wird der Optimierungsansatz damit konkret wie folgt formuliert:

(5) $\tau^* \rightarrow \max!$

(6) $N(\tau^*, \mathbf{w}^\mathbf{T} \cdot \bar{\mathbf{r}}, \sqrt{\mathbf{w}^\mathbf{T} \cdot \hat{\mathbf{V}} \cdot \mathbf{w}}) \leq \alpha$

(7) $\sum_{i=1}^{N} w_i = 1$ Budgetrestriktion

(8) $w_i \geq 0$ Leerverkaufsverbot, für alle Assets $i = 1, ..., N$

(9) $w_i \geq minw_i$ geforderter Mindestanteil

(10) $w_i \leq maxw_i$ zulässiger Höchstanteil.

Dabei verstehen sich die aufgeführten Nebenbedingungen nach Gleichungen (8) bis (10) als exemplarisch. Sie sind ggf. bezüglich des jeweiligen Anwendungsproblems geeignet zu ergänzen bzw. zu modifizieren.

Die Fallstudie aus Kap. 5.4.1. lässt sich einfach mit diesem Ansatz fortführen, da dort alle notwendigen Vorarbeiten bereits durchgeführt wurden. Aus Gründen der Vergleichbarkeit werden alle bisherigen Festlegungen und relevanten Zwischenergebnisse aus der Fallstudie des Kap. 5.4.1. hier übernommen. Lediglich der Wert für den Parameter α ist noch festzulegen. Dieser Parameter stellt dabei die akzeptierte Ausfall- oder Verlustwahrscheinlichkeit durch den Investor dar, wobei zunächst noch unbestimmt ist, auf welche Mindestrenditeforderung sich die akzeptierte Ausfall- oder Verlustwahrscheinlichkeit beziehen wird. Willkürlich wird hier $\alpha = 0{,}05$ gewählt.

Die Optimierung wird im ersten Teilschritt unter der Annahme durchgeführt, dass keine „risikofreie" Anlage existiert. Im Ausgangszustand vor Durchführung der Optimierung wird als Startlösung das naive Portfolio gewählt, in welchem alle betrachteten Märkte mit 12,5% zu gleichen Anteilen enthalten sind. Die Abb. 5.4.2-1. zeigt die

Startlösung, wobei dort das Anteilsgewicht für die risikofreie Anlage („RF“) fest auf null gesetzt wird und auch nicht Gegenstand der Optimierung im ersten Teilschritt ist.

W206 =NORMVERT(W205;W201;W203;WAHR)

	V	W	X	Y	Z
189	Markt	Gewicht	min	max	
190	A_EMU	0,1250	0,0500	0,4000	
191	A_UK	0,1250	0,0500	0,4000	
192	A_USA	0,1250	0,0500	0,4000	
193	A_Japan	0,1250	0,0500	0,4000	
194	R_EMU	0,1250	0,0500	0,4000	
195	R_UK	0,1250	0,0500	0,4000	
196	R_USA	0,1250	0,0500	0,4000	
197	R_Japan	0,1250	0,0500	0,4000	
198	RF	0,0000	0,0000	1,0000	
199	Summe:	1,0000			
200					
201	P-Rendite	0,00958			
202	P-Varianz	0,00090			
203	P-StdAbw.	0,02995			
204					
205	Min-Rendite:	0,00000			
206	P(rp < minr)	0,37			
207	geforderte W	0,05			

Abb. 5.4.2.-1.: Portfolio vor Durchführung der Optimierung ohne risikofreie Anlage

Der Wert der Zielfunktion für die Optimierung befindet sich in der Zelle W205. Vor Durchführung der Optimierung ist hier ein beliebig gewählter Wert eingetragen, z.B. null. Bei diesem Wert für $\tau^* = 0$ ergibt sich eine (geschätzte) Ausfallwahrscheinlichkeit von ca. 37%. Diese liegt weitaus höher als die vorgegebene, zulässige Ausfallwahrscheinlichkeit in Höhe von $\alpha = 0{,}05$, welche in der Zelle W207 eingetragen ist. Die Abbildung 5.4.2.-2. zeigt die Eingabeparameter für den Solver und das Ergebnis der Optimierung.

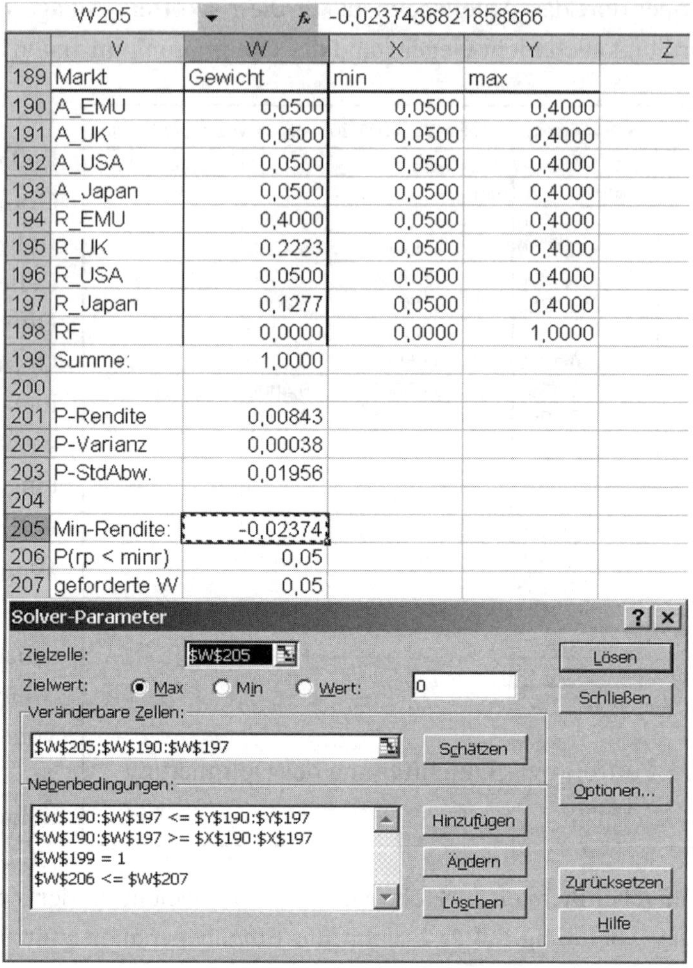

Abb. 5.4.2.-2.: Eingabeparameter für den Solver und Lösung des Optimierungsproblems ohne risikofreie Anlage

Die konkrete Umsetzung des Optimierungsproblems mit Excel ist vielleicht nicht ganz offensichtlich und sei kurz näher erläutert. Die Zielfunktion bei diesem Optimierungsproblem besteht allein aus dem Parameter τ^*, der zugleich Zielfunktionswert und freier, anpassbarer Parameter ist. Im Eingabedialog des Solvers ist entsprechend die Zelle W205 gleichzeitig Zielzelle und gehört zum Eingabefeld Veränderbare Zellen (vgl. Abb. 5.4.2.-2.). Außerdem sind im Eingabefeld Veränderbare Zellen zusätzlich die Anteilsgewichte der Assets anzugeben (hier die Zellen W190 bis W197). Die Nebenbedingungen für die geforderten Mindestanteile, die zulässigen Höchstanteile und die Budgetrestriktion werden wie bisher auch unter Nebenbedingungen eingetragen.

Zu beachten ist noch die Nebenbedingung nach (6), welche hier ebenfalls zu berücksichtigen ist (hier: $W$206 <= $W$207) und ohne die dieses spezielle Optimierungsproblem unvollständig formuliert wäre.

Im Beispiel resultiert für die „forderbare" Mindestrendite ca. $\tau^* = -2{,}4\%$ bei einer maximal akzeptierten Ausfallwahrscheinlichkeit von $\alpha = 0{,}05$. Anders ausgedrückt: Das resultierende Portfolio nach Abb. 5.4.2.-2. besitzt mit 95% Wahrscheinlichkeit einen (geschätzten) maximalen Wertverlust von ca. 2,4%.

Der Begriff der „risikofreien" Anlage ist bei diesem Ansatz zur Portfolioplanung ausgesprochen schwierig zu interpretieren. Da auch hier ein einseitiges Risikoverständnis zugrunde gelegt wird, ist eine Anlage genau dann „risikofrei", wenn für alle denkbaren Umweltzustände (ex ante) bzw. alle historischen Beobachtungen (ex post) stets $r_F \geq \tau$ gilt. Anders als bei allen anderen Portfolioplanungsmodellen basierend auf einem einseitigen Risikoverständnis ist hier aber die zentrale Bezugsgröße τ vor Durchführung der Optimierung nicht gegeben und damit unbekannt. Da τ^* erst im Zuge der Optimierung bestimmt wird, ist bei Aufstellung des Optimierungsproblems unbekannt, ob überhaupt eine (und wenn ja, welche) Anlage risikofrei ist. Bei Aufstellung des Optimierungsproblems gibt es streng genommen gar keine „risikofreie" Anlage, d.h., jede Anlage ist gleich zu behandeln. Die „risikofreie" Anlage („provisorisch" wird hier die schwankungsfreie Anlage als „risikofrei" angesehen) ist dem Anlageuniversum hinzuzufügen. Das Ergebnis der Optimierung zeigt später, ob es eine risikofreie Anlage gibt.

Im zweiten Teilschritt wird die Optimierung unter Berücksichtigung einer schwankungsfreien Anlage mit einer Verzinsung von 4% p.a. im Beispiel durchgeführt. Die Abb. 5.4.2.-3. zeigt das Ergebnis der Optimierung.

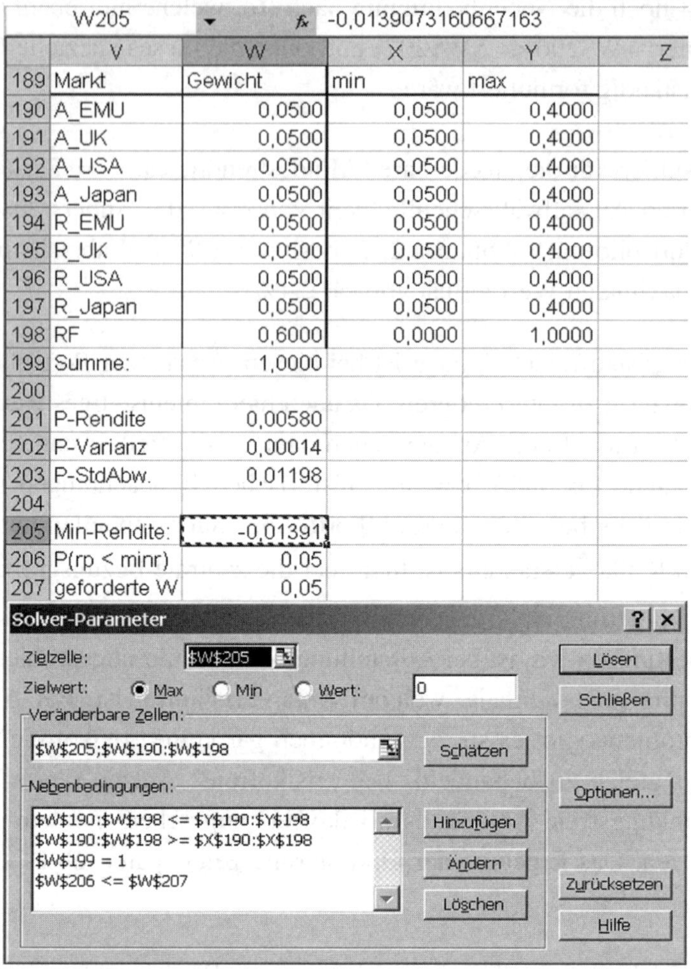

Abb. 5.4.2.-3.: Eingabeparameter für den Solver und Ergebnis der Optimierung mit risikofreier Anlage

Unter Beibehaltung der Bestandsnebenbedingungen für alle Assets werden die betrachteten 8 Märkte jeweils mit ihren geforderten Mindestanteilen gehalten und der gesamte restliche Teil des Anlagekapitals in die „risikofreie“ Anlage investiert. Die „forderbare“ Mindestrendite τ^* ist auf etwa -1,4% angestiegen. Insofern ist es nahe liegend, die Bestandsuntergrenzen für alle 8 Märkte auf null abzusenken und die Optimierung erneut durchzuführen. Das Ergebnis ist in Abb. 5.4.2.-4. enthalten.

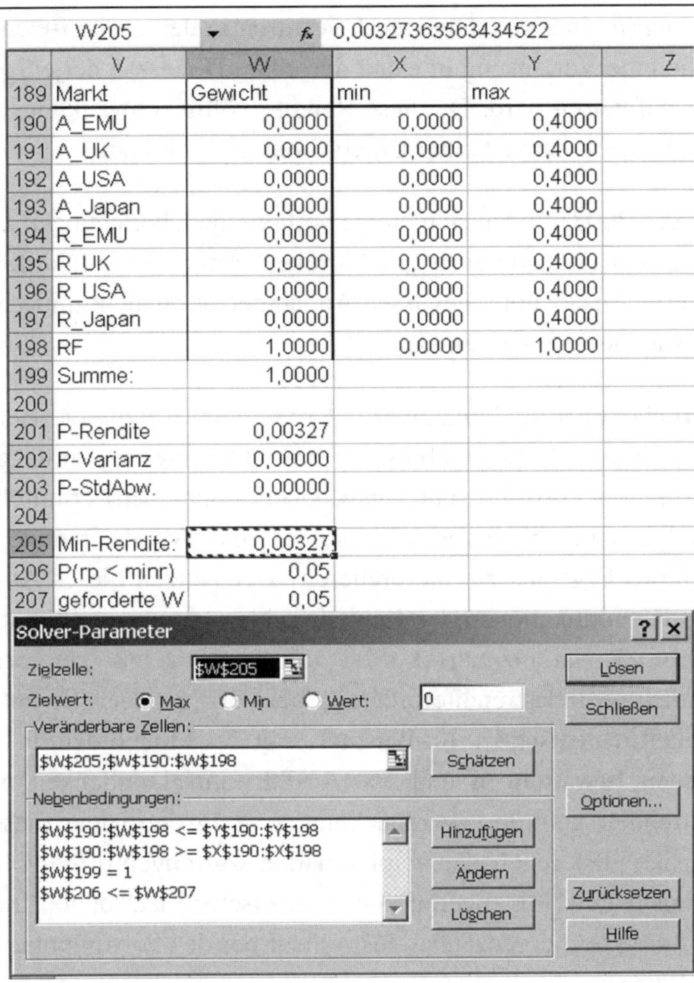

Abb. 5.4.2.-4.: Lösung bei risikofreier Anlage ohne Bestandsuntergrenzen

Die Lösung nach Abbruch des Optimierungsalgorithmus besteht in einer (fast) 100% Haltung der „risikofreien“ Anlage. Das resultierende Portfolio besitzt (nahezu) die Verzinsung der „risikofreien“ Anlage (auf monatlicher Basis). Da diese Anlage auch schwankungsfrei ist, beträgt die Wahrscheinlichkeit einer Unterschreitung der Mindestrendite (in Höhe der Verzinsung der risikofreien Anlage) weniger als die zulässigen 5%. Zu bedenken ist, dass der Optimierungsalgorithmus alle Werte iterativ annähert, aber nicht exakt bestimmt. Würde man in der Fallstudie mehr Nachkommastellen betrachten als in Abb. 5.4.2.-4. ausgewiesen sind, wären die (vernachlässigbaren) Ungenauigkeiten der Lösung erkennbar. Aufgrund sachlogischer Überlegungen besteht die exakte Lösung in einer vollständigen Investition in der „risikofreien“ Anlage, wobei das Portfolio eine Verzinsung in exakt derselben Höhe wie derjenigen der „risikofreien“ Anlage aufweisen wird. Da diese Rendite völlig schwankungsfrei ist, beträgt die korrekte Wahrscheinlichkeit einer Unterschreitung exakt null.

Bei ELTON ET AL. (2003) finden sich einige vertiefende Überlegungen zu den resultierenden Lösungen bei Existenz einer „risikofreien“ Anlage.[234] Außerdem argumentieren sie, dass dieser Ansatz unter gewissen Annahmen äquivalent im Rahmen des klassischen Modells umgesetzt werden kann.[235]

Hier interessiert aber eher die Frage, worin der spezielle Vorzug dieses Ansatzes liegt. Exemplarisch sei dazu auf das Ergebnis der ersten Optimierung zurückgegriffen. Dort wurde ein bestimmtes Portfolio (unter gegebenen Annahmen) ermittelt, welches bei einer Ausfallwahrscheinlichkeit von 5% eine forderbare Mindestrendite von -2,4% besitzt. Wie ist dieses Ergebnis zu interpretieren? Der Nutzen dieses Ansatzes liegt sicherlich darin, die Implikationen der Kapitalmarkterwartungen (Renditeerwartungen, zukünftige Varianz-Kovarianzmatrix) offen zu legen. Er zeigt – bei vorgegebenen Erwartungen – welche Mindestrenditeforderung bei vorgegebener, akzeptierter Ausfallwahrscheinlichkeit realistisch ist. Im Beispiel zeigt das Modell dem Investor, dass bei den vorgegebenen Erwartungen und 5% Ausfallwahrscheinlichkeit nicht mehr als -2,4% Mindestrendite gefordert werden können.[236] Insofern legt dieser Ansatz das „allgemeine Risiko“ bei gegebenen Kapitalmarkterwartungen offen. Ob er jedoch als Portfolioplanungsmodell im engeren Sinne anzusehen ist, bleibt fraglich. Jedoch könnte dieser Ansatz ein ergänzendes Instrument bei der Portfolioplanung im gerade beschriebenen Sinne sein.

5.4.3. Kriterium nach TELSER

Der Kern des Optimierungsansatzes nach TELSER wird durch die Zielfunktion (1) und die Nebenbedingung (2) beschrieben. Daneben sind die üblichen Nebenbedingungen (Budgetrestriktion, Nichtnegativitätsbedingung, geforderte Mindestanteile, zulässige

---

234 Vgl. Elton et al. (2003), S. 250 ff.

235 Vgl. Elton et al. (2003), S. 238 f.

236 Eine äquivalente Interpretation wäre hier: Welcher maximale Verlust (ausgedrückt als Rendite) wird mit einer vorgegebenen Wahrscheinlichkeit α nicht überschritten? Die mit diesem Ansatz bestimmte Größe τ^* könnte also auch als eine Art von „Value-at-Risk“ (VaR) (ausgedrückt als Rendite, jedoch nicht als Geldbetrag) des optimierten Portfolios angesehen werden (zum „Value-at-Risk“ vgl. näher z.B. Poddig/Dichtl/Petersmeier (2003), S. 137 ff.).

Höchstanteile, usw.) zu berücksichtigen, die aber zunächst nicht explizit mit aufgeführt werden:

(1) $\mu_P \rightarrow \max!$

(2) $P(r_P \leq \tau) \leq \alpha$.

Eine mögliche Interpretation des Optimierungsansatzes lautet somit: Welches ist dasjenige Portfolio mit der höchsten erwarteten Rendite, wobei die Wahrscheinlichkeit einer Unterschreitung der geforderten Mindestrendite τ maximal α sein darf? Das „Portfoliorisiko“ wird hier als Wahrscheinlichkeit der Unterschreitung der geforderten Mindestrendite modelliert. Diese Wahrscheinlichkeit (das „Risiko“) wird auf einen maximalen Wert von α begrenzt. Unter Beachtung dieser „Risikogrenze“ soll nun aber das Portfolio mit maximaler Renditeerwartung bestimmt werden. Die geforderte Mindestrendite τ sowie das dabei akzeptierte Risikoniveau α ist individuell vom Investor festzulegen. Sie stellen bei diesem Ansatz die „Risikoparameter“ dar.

Zur konkreten Umsetzung sind wiederum Schätzungen der Zielfunktion (1) und der Nebenbedingung (2) notwendig. Für die Zielfunktion (1) ist der Erwartungswert der Portfoliorendite zu schätzen, für die Nebenbedingung (2) deren gesamte Verteilung. Dabei können für beide Schätzungen höchst unterschiedliche Verfahren angewandt werden, wobei hier von einfachen historisch basierten Schätzungen und der Normalverteilungsannahme ausgegangen wird. Dem bisherigen Vorgehen aus Kap. 5.4.1. und Kap. 5.4.2. folgend, wird der Optimierungsansatz hier konkret wie folgt formuliert:

(3) $\hat{\mu}_P = \mathbf{w}^{\mathbf{T}} \cdot \bar{\mathbf{r}} \rightarrow \max!$

(4) $N(\tau, \mathbf{w}^{\mathbf{T}} \cdot \bar{\mathbf{r}}, \sqrt{\mathbf{w}^{\mathbf{T}} \cdot \hat{\mathbf{V}} \cdot \mathbf{w}}) \leq \alpha$

(5) $\sum_{i=1}^{N} w_i = 1$ Budgetrestriktion

(6) $w_i \geq 0$ Leerverkaufsverbot, für alle Assets $i = 1, ..., N$

(7) $w_i \geq minw_i$ geforderter Mindestanteil

(8) $w_i \leq maxw_i$ zulässiger Höchstanteil.

Zur Illustration wird die bisherige Fallstudie fortgeführt. Dabei werden alle Daten, Ergebnisse von Zwischenschritten usw. übernommen, jedoch sind die Risikoparameter τ und α noch festzulegen. In dieser Fallstudie sei (willkürlich) angenommen, der Investor fordere mindestens nominellen Kapitalerhalt ($\tau = 0$) und sei bereit, eine Ausfallwahrscheinlichkeit von 10% zu akzeptieren. Im ersten Optimierungslauf soll dabei keine „risikofreie" Anlage berücksichtigt werden. Die Abb. 5.4.3.-1. zeigt den Ausgangszustand vor der Durchführung der Optimierung.

W161 =NORMVERT(W160;W156;W158;WAHR)

	V	W	X	Y	Z
144	Markt	Gewicht	min	max	
145	A_EMU	0,1250	0,0500	0,4000	
146	A_UK	0,1250	0,0500	0,4000	
147	A_USA	0,1250	0,0500	0,4000	
148	A_Japan	0,1250	0,0500	0,4000	
149	R_EMU	0,1250	0,0500	0,4000	
150	R_UK	0,1250	0,0500	0,4000	
151	R_USA	0,1250	0,0500	0,4000	
152	R_Japan	0,1250	0,0500	0,4000	
153	RF	0,0000	0,0000	1,0000	
154	Summe:	1,0000			
155					
156	P-Rendite	0,00958			
157	P-Varianz	0,00090			
158	P-StdAbw.	0,02995			
159					
160	Min-Rendite:	0,00000			
161	P(rp < minr)	0,37452			
162	geforderte W	0,10000			

Abb. 5.4.3.-1.: Ausgangszustand vor der Durchführung der Optimierung

Bei Durchführung der Optimierung resultiert jedoch eine Fehlermeldung des Solvers, wonach keine realisierbare Lösung gefunden werden kann. Bei im Beispiel gegebenen Kapitalmarkterwartungen, den gesetzten Risikoparametern und den Nebenbedingungen ist eine Lösung nicht möglich. Die bei Abbruch des Optimierungsalgorithmus resultierende Lösung ist in Abb. 5.4.3.-2. zusammen mit den Eingabeparametern des Solvers dargestellt.

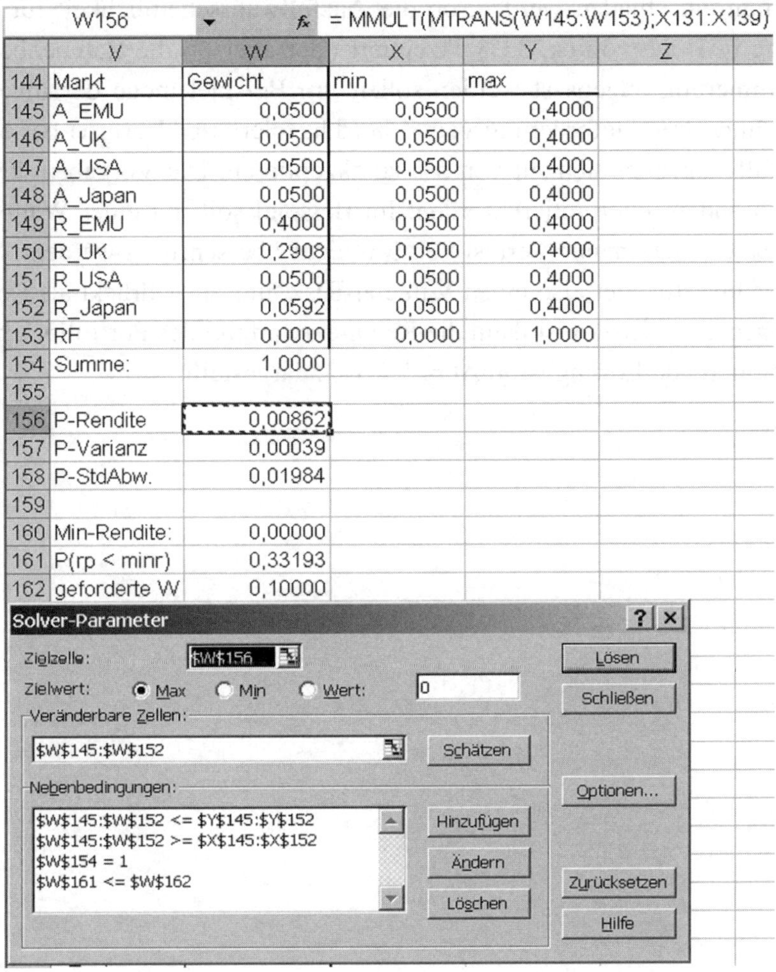
W156 = MMULT(MTRANS(W145:W153);X131:X139)

	V	W	X	Y	Z
144	Markt	Gewicht	min	max	
145	A_EMU	0,0500	0,0500	0,4000	
146	A_UK	0,0500	0,0500	0,4000	
147	A_USA	0,0500	0,0500	0,4000	
148	A_Japan	0,0500	0,0500	0,4000	
149	R_EMU	0,4000	0,0500	0,4000	
150	R_UK	0,2908	0,0500	0,4000	
151	R_USA	0,0500	0,0500	0,4000	
152	R_Japan	0,0592	0,0500	0,4000	
153	RF	0,0000	0,0000	1,0000	
154	Summe:	1,0000			
155					
156	P-Rendite	0,00862			
157	P-Varianz	0,00039			
158	P-StdAbw.	0,01984			
159					
160	Min-Rendite:	0,00000			
161	P(rp < minr)	0,33193			
162	geforderte W	0,10000			

Abb. 5.4.3.-2.: Eingabeparameter des Solvers und Zwischenlösung bei Abbruch[237]

237 Aus der Bearbeitungsleiste in Abb. 5.4.3.-2. ist ersichtlich, dass die Berechnung der Portfoliorendite bereits unter Berücksichtigung des Gewichtes der risikofreien Anlage (in Zelle W153 enthalten) erfolgt. Bei der Lösung dieses Optimierungsproblems ohne risikofreie Anlage ist aber dessen Gewicht fest auf null fixiert (vgl. Zelle W153) und auch nicht freier Parameter der Optimierung (vgl. Veränderbare Zellen: im Eingabedialog des Solvers). Diese Vorgehensweise erlaubt es später, die Optimierung unter Berücksichtigung einer risikofreien Anlage durchführen zu können, ohne größere Änderungen am Tabellenblatt vornehmen zu müssen. In dem hier betrachteten Fall könnte natürlich die Berechnung der Portfoliorendite auch ohne Berücksichtigung des Gewichtes der risikofreien Anlage vorgenommen werden.

Es müsste nun entschieden werden, ob die Ausfallwahrscheinlichkeit für die gefundene Lösung in Höhe von ca. 33% akzeptiert oder aber ob die Rahmenbedingungen für die Optimierung angepasst werden sollen. Im Beispiel möge der Investor bereit sein, eine Mindestrenditeforderung von -5% (d.h. tolerierter Verlust) bei einer maximalen Ausfallwahrscheinlichkeit von 5% zu akzeptieren. Die Vorgaben des Investors können auch anders interpretiert werden: Im Beispiel soll mit einer Wahrscheinlichkeit von 95% ein maximaler Verlust von 5% nicht überschritten werden. Als Risikomaß gibt der Investor hier also einen Value-at-Risk, nur ausgedrückt als Rendite, vor. Für das vorgegebene Risiko ist dann die Renditeerwartung des Portfolios zu maximieren. Die resultierende Lösung ist in Abb. 5.4.3.-3. dargestellt.

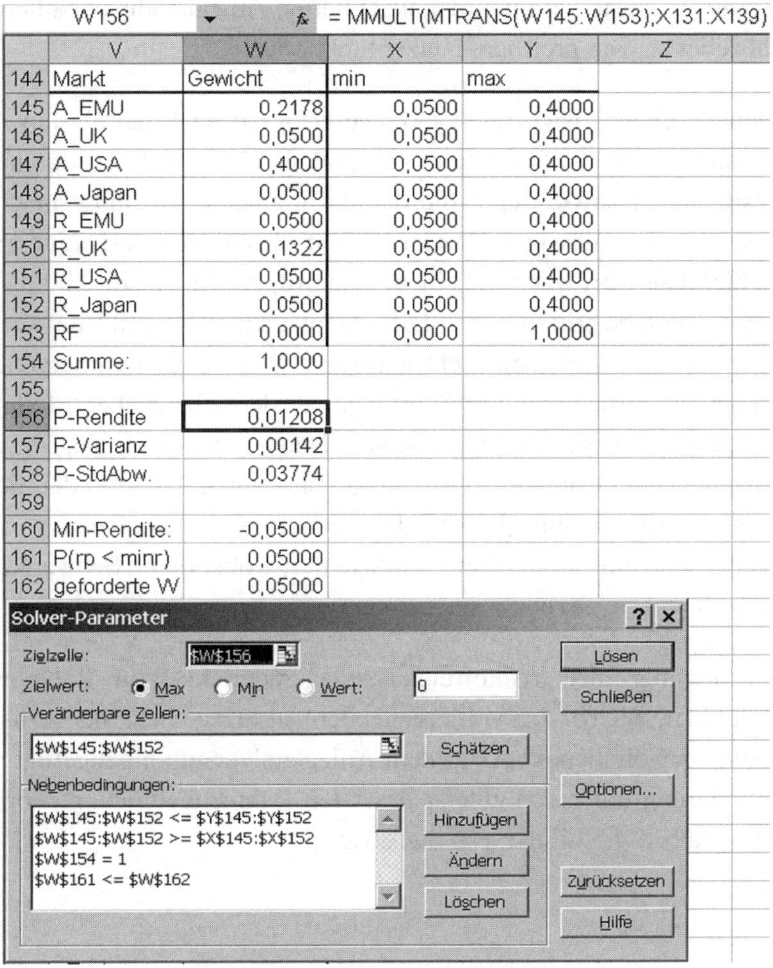

	V	W	X	Y	Z
144	Markt	Gewicht	min	max	
145	A_EMU	0,2178	0,0500	0,4000	
146	A_UK	0,0500	0,0500	0,4000	
147	A_USA	0,4000	0,0500	0,4000	
148	A_Japan	0,0500	0,0500	0,4000	
149	R_EMU	0,0500	0,0500	0,4000	
150	R_UK	0,1322	0,0500	0,4000	
151	R_USA	0,0500	0,0500	0,4000	
152	R_Japan	0,0500	0,0500	0,4000	
153	RF	0,0000	0,0000	1,0000	
154	Summe:	1,0000			
155					
156	P-Rendite	0,01208			
157	P-Varianz	0,00142			
158	P-StdAbw.	0,03774			
159					
160	Min-Rendite:	-0,05000			
161	P(rp < minr)	0,05000			
162	geforderte W	0,05000			

Abb. 5.4.3.-3.: Lösung im Beispiel[238]

In der Fallstudie kann der Investor eine (geschätzte) Rendite von ca. 1,2% (pro Monat) erwarten, wobei die (geschätzte) Wahrscheinlichkeit einer Unterschreitung der geforderten Mindestrendite von -5% (hier tolerierter Verlust) maximal 5% beträgt. Der bereits hier vielleicht schon andeutungsweise erkennbare Vorzug dieses Ansatzes liegt in der verständlichen Interpretation der erzielten Ergebnisse. Möglicherweise fällt es Investoren leichter, ihr individuelles Risikoempfinden über geforderte Mindestrenditen

238 Das Gewicht der risikofreien Anlage ist bei diesem Optimierungsproblem fest auf null fixiert und nicht Gegenstand der Optimierung; siehe oben.

bzw. tolerierbare Verluste bei maximal akzeptierten Ausfallwahrscheinlichkeiten auszudrücken als über schwer greifbare Nutzenfunktionen.

Die Einbeziehung einer „risikofreien“ Anlage erfordert auch bei diesem Ansatz eine kurze Reflexion über dessen Definition. Das Anlagerisiko wird hier durch eine geforderte Mindestrendite τ sowie durch die damit verbundene Ausfallwahrscheinlichkeit modelliert, welche ein zulässiges Niveau α nicht übersteigen darf. Eine „risikofreie“ Anlage liegt hier dann vor, wenn in keinem zukünftigen Umweltzustand die geforderte Mindestrendite τ unterschritten wird. Die „Schwankungsfreiheit“ der „risikofreien“ Anlage ist hier streng genommen nicht gefordert. Wie bei den vorhergehenden Fallstudien wird auch hier die „risikofreie“ Anlage aus dem klassischen Modell (vgl. bisherige Fallstudien und Kap. 2.3.3.) verwendet. Deren Verzinsung liegt in der Fallstudie mit 4% p.a. (entsprechend einem Monatszinssatz von ca. 0,33%) deutlich oberhalb der geforderten Mindestrendite (besser: des tolerierten Verlustniveaus) von -5%. Sie stellt in diesem Sinne eine „risikofreie“ Anlage dar, wobei deren Schwankungsfreiheit aber nicht unbedingt erforderlich wäre.

Die Berücksichtigung einer „risikofreien“ Anlagemöglichkeit im Rahmen der Optimierung erfolgt hier, wie bei den vorhergehenden Ansätzen auch, indem die risikofreie Anlage wie ein „gewöhnliches“ Asset dem Anlageuniversum hinzugefügt wird. Führt man die Optimierung unter den zuletzt gesetzten Rahmenbedingungen erneut durch, resultiert die in Abb. 5.4.3.-4. dargestellte Lösung.

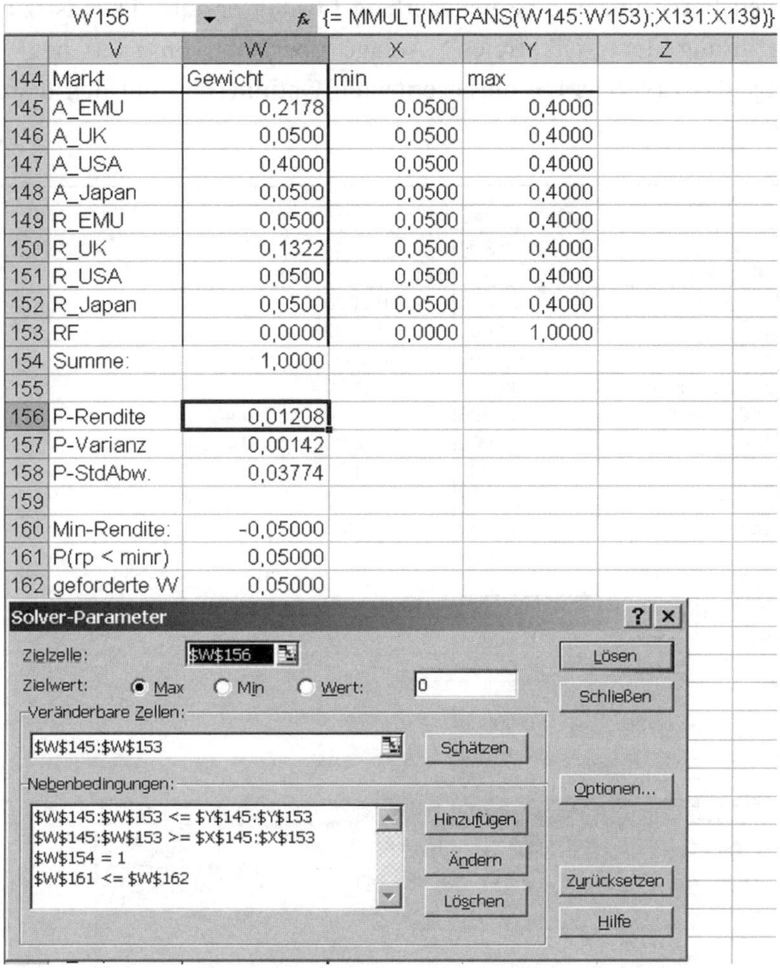

Abb. 5.4.3.-4.: Eingabeparameter für den Solver und Lösung bei risikofreier Anlage

Wie aus der in Abb. 5.4.3.-4. dargestellten Lösung ersichtlich ist, hat die zusätzliche Berücksichtigung einer risikofreien Anlage die zuletzt erhaltene Lösung (vgl. Abb. 5.4.3.-3.) nicht verändert. Sie wurde auch nicht in der optimalen Lösung berücksichtigt. Ursprünglich sollte die Fallstudie aber mit einer geforderten Mindestrendite von $\tau = 0$ bei einer akzeptierten Ausfallwahrscheinlichkeit von $\alpha = 10\%$ durchgeführt werden. Für diese Forderungen konnte aber bei den in der Fallstudie gegebenen Kapitalmarkterwartungen keine realisierbare Lösung gefunden werden, weshalb dann auch die Forderungen auf $\tau = -5\%$ bei $\alpha = 5\%$ abgesenkt wurden. Daher stellt sich jetzt die Frage, ob unter Berücksichtigung einer risikofreien Anlage die Optimierung unter den ursprünglichen Forderungen eine realisierbare Lösung erlaubt. Dies ist zu vermuten, da die Verzinsung der „risikofreien“ Anlage oberhalb von $\tau = 0$ liegt. Die Abb. 5.4.3.-5. zeigt das Ergebnis bei dieser erneuten Optimierung mit den ursprünglichen Forderungen.

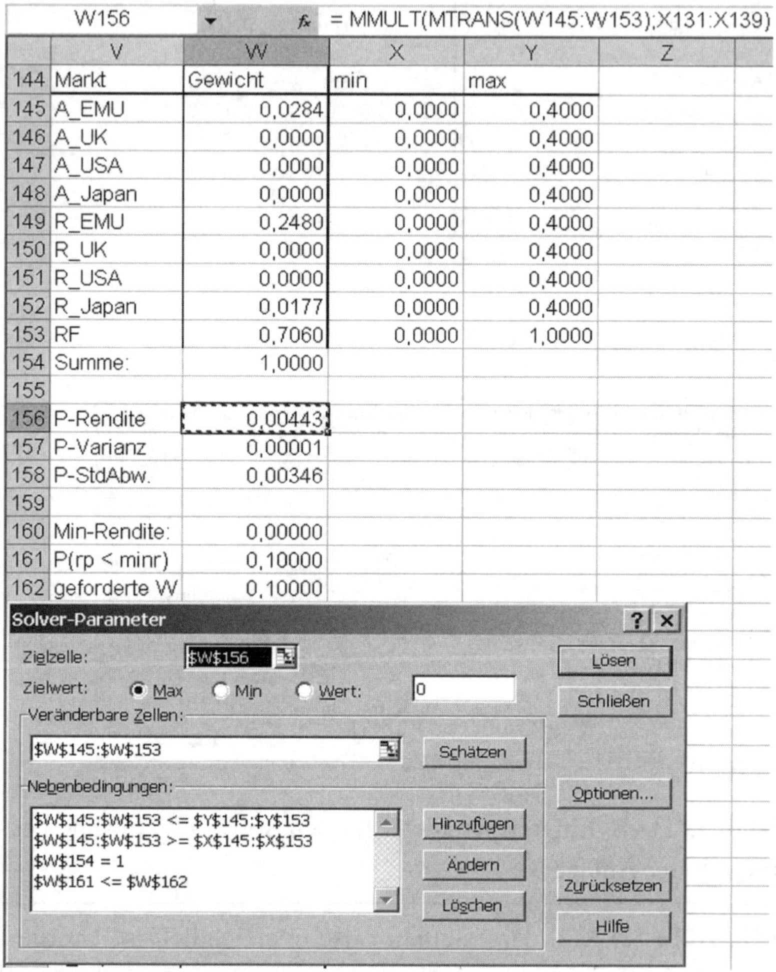

W156 = MMULT(MTRANS(W145:W153);X131:X139)

	V	W	X	Y	Z
144	Markt	Gewicht	min	max	
145	A_EMU	0,0284	0,0000	0,4000	
146	A_UK	0,0000	0,0000	0,4000	
147	A_USA	0,0000	0,0000	0,4000	
148	A_Japan	0,0000	0,0000	0,4000	
149	R_EMU	0,2480	0,0000	0,4000	
150	R_UK	0,0000	0,0000	0,4000	
151	R_USA	0,0000	0,0000	0,4000	
152	R_Japan	0,0177	0,0000	0,4000	
153	RF	0,7060	0,0000	1,0000	
154	Summe:	1,0000			
155					
156	P-Rendite	0,00443			
157	P-Varianz	0,00001			
158	P-StdAbw.	0,00346			
159					
160	Min-Rendite:	0,00000			
161	P(rp < minr)	0,10000			
162	geforderte W	0,10000			

Abb. 5.4.3.-5.: Eingabeparameter für den Solver und Ergebnis der Optimierung unter den ursprünglichen Forderungen

Wie aus Abb. 5.4.3-5. ersichtlich, wurde das Optimierungsproblem ein wenig verändert. Damit – falls notwendig – eine vollständige Investition des zur Verfügung stehenden Anlagebetrages in die „risikofreie“ Anlage möglich ist, wurden die geforderten Bestandsuntergrenzen für die übrigen Assets als Nebenbedingungen aufgehoben, jedoch Leerverkäufe ausgeschlossen. Unter Berücksichtigung einer „risikofreien“ Anlage kann unter den ursprünglich gesetzten Forderungen eine realisierbare Lösung gefunden werden (vgl. Abb. 5.4.3.-5.). Das optimale Portfolio lässt unter den gegebenen Kapitalmarkterwartungen eine (monatliche) Rendite von 0,43% erwarten (gegenüber 0,33% bei der risikofreien Anlage). Das Risiko einer Unterschreitung der geforderten Mindestrendite von 0% liegt dabei auf dem akzeptierten Niveau von 10%.[239]

Unter Berücksichtigung einer „risikofreien“ Anlage können allgemein drei Konstellationen auftreten: (i) Der Anteil der „risikofreien“ Anlage liegt im optimalen Portfolio zwischen 0 und 1; (ii) das Optimum tritt bei unbegrenzter Verschuldung auf, wenn eine (unbegrenzte) Verschuldung zum risikofreien Zinssatz zulässig ist; (iii) es existiert keine zulässige Lösung. Daher ist auch bei diesem Ansatz ein sachgerechter Einsatz von Nebenbedingungen bezüglich der Mindest- und Höchstanteile notwendig, um die reale Anlagesituation angemessen abzubilden.

Werden bei diesem Ansatz normal verteilte Renditen angenommen, dann liegt das optimale Portfolio dieses Ansatzes – sofern es überhaupt existiert – auf dem effizienten Rand des klassischen Modells der Portfolio Selection. Die Identifikation des „optimalen“ Portfolios folgt aber bei diesem Ansatz ansonsten einer gänzlich anderen „Philosophie“.

Von den drei vorgestellten Ansätzen, die unter dem Oberbegriff der Safety First Ansätze zusammengefasst werden, besitzt dieser zuletzt vorgestellte Ansatz vielleicht die größte Attraktivität. Es wird dasjenige Portfolio bestimmt, welches die maximale Renditeerwartung besitzt, wobei eine akzeptierte Wahrscheinlichkeit der Unterschreitung einer geforderten Mindestrendite eingehalten werden muss. Das Risikoempfinden des Anlegers wird über die Mindestrenditeforderung und die dazu gehörende, akzeptierte Ausfallwahrscheinlichkeit modelliert. Soweit dieses vom Anleger maximal tolerierte „Risiko“ nicht überschritten wird, ist dasjenige Portfolio mit der maximalen Renditeerwartung sinnvollerweise auszuwählen. Dieser Ansatz verzichtet bewusst auf die Verwendung schwierig zu operationalisierender Nutzenfunktionen und verwendet ersatzweise recht einfach zu interpretierende, intuitiv verständliche „Risikomaße“. Ungeachtet der überwältigenden Dominanz des nutzentheoretisch fundierten, klassi-

---

239 Die leichten Abweichungen von den geforderten Werten (in der siebten Nachkommastelle bei der Ausfallwahrscheinlichkeit, sofern mehr Nachkommastellen betrachtet werden als in der Abbildung ausgewiesen) sind unbedeutend und hängen mit dem iterativen, näherungsweisen Charakter des Optimierungsalgorithmus zusammen.

schen Modells der Portfolio Selection muss gefragt werden, ob nicht gerade der hier bewusst vorgenommene Verzicht auf eine nutzentheoretische Fundierung attraktiv erscheint. Die Umsetzung der nutzentheoretisch basierten Ansätze stößt nämlich in der Praxis auf nicht unerhebliche Probleme und es ist durchaus unklar, ob jene Art der Modellierung das Risikoempfinden der Anleger zumindest als angemessene Approximation wiedergibt. Dieser Ansatz ist dagegen in leicht verständlichen, unmittelbar interpretierbaren und nachvollziehbaren Größen formuliert, die Anleger schnell erfassen können. Der Verzicht auf eine nutzentheoretische Fundierung mag aus wissenschaftlicher Sicht ein erheblicher Rückschritt sein, für die Lösung praktischer Probleme ist dies aber möglicherweise ein wesentlicher Fortschritt. Im Zweifelsfalle sollte der jeweils betroffene Anleger selbst urteilen, welches der vielen alternativen Modelle für ihn angemessen und verständlich erscheint.

5.5. Fazit

Die vorgestellten alternativen Modelle zur Portfolioplanung eröffnen neue Perspektiven. Sie zeigen andere, teilweise neue Wege jenseits des nach wie vor dominierenden, klassischen Modells der Portfolio Selection auf. Portfolio Selection ist nicht gleichzusetzen mit den Standard-Markowitz-Tobin-Modell, obwohl jenes neben seiner großen Verbreitung auf einem ausgearbeiteten, theoretischen Fundament basiert. Die zentralen Fragen sind nämlich, ob (i) die unterstellten Prämissen des klassischen Modells, gerade bezüglich der Modellierung des Risikoempfindens, eine angemessene Vereinfachung darstellen und ob (ii) jene bei realen Kapitalanlageproblemen auch praktisch umgesetzt werden können. Bezüglich beider Aspekte sind kritische Einwände möglich. Das im klassischen Modell implizit unterstellte, zweiseitige Risikoverständnis geht nach Erkenntnissen der empirischen Erforschung des Anlegerverhaltens nicht mit dem tatsächlichen Risikoempfinden konform. Zwar kann immer noch argumentiert werden, dass das im klassischen Modell unterstellte, zweiseitige Risikoverständnis nur eine unumgängliche Vereinfachung bei der Theoriebildung sei und immerhin noch als gute Approximation angesehen werden könne. Dann bleibt aber noch die Frage nach der praktischen Umsetzbarkeit, bei der die nutzentheoretische Fundierung des klassischen Modells auf erhebliche Probleme der geeigneten Operationalisierung stößt.

Die semivarianzbasierten Ansätze zur Portfoliooptimierung sowie der vorgestellte, auf dem mittleren Ausfallrisiko basierende Ansatz nach ANG (1975) greifen den ersten Kritikpunkt auf. Sie verwenden ein anderes, einseitiges Risikoverständnis, halten aber an der grundsätzlichen nutzentheoretischen Fundierung fest. Ob damit eine Verbesserung erzielt wird, kann kritisch gesehen werden. Der Austausch des zweiseitigen gegen das realitätsgerechtere einseitige Risikoverständnis mag zwar zu einer verbesserten Modellierung des Risikoempfindens der Anleger führen, bereitet aber bei der praktischen Anwendung neue Probleme. Durch die Beibehaltung der nutzentheoretischen Fundierung muss die Risikoaversion des Anlegers (ausgedrückt im Parameter λ) in Verbindung mit der Mindestrenditeforderung τ in der konkreten Anlagesituation festgelegt werden, die zudem in einer nicht ganz durchsichtigen Wechselwirkung zueinander stehen. Es ist unklar, ob in der praktischen Anwendung diese Festlegungen so gelingen, dass sie tatsächlich das ausdrücken, was der jeweilige Anleger empfindet und wünscht. Falls dies nicht gelingt, sind die so optimierten Portfolios trotz realitätsgerechterer Risikomodellierung völlig unzutreffend für die betroffenen Anleger. Möglicherweise tauschen diese Modelle nur eine theoretische Verbesserung gegen zunehmende Probleme der praktischen Umsetzung ein. Ob sie einen Fortschritt gegenüber dem traditionellen Modell darstellen, hängt also von dem jeweiligen Fokus ab.

Die Modelle, welche unter dem Oberbegriff Safety First Ansätze behandelt wurden, verzichten im Gegensatz zum traditionellen Modell und den zuvor genannten Ansätzen auf eine nutzentheoretische Fundierung. Außerdem verwenden sie ein einseitiges Risikoverständnis, womit insgesamt eine realitätsgerechtere Modellierung des Risikoempfindens und eine verbesserte praktische Umsetzbarkeit gegeben sein könnten. Beim Ansatz von ROY lässt sich allerdings kritisieren, dass die reine Minimierung der Ausfallwahrscheinlichkeit bei vorgegebener Mindestrenditeforderung unzureichend erscheint. Es wird dabei weder die mögliche Höhe eines Verlustes bei Ausfall berücksichtigt, noch die erwartete Rendite des Portfolios. Wesentliche Entscheidungskriterien für den Anleger werden durch diesen Ansatz nicht berücksichtigt. Der Ansatz nach KATAOKA kann als sinnvoller, aber nur ergänzender Ansatz bei der Portfoliooptimierung beurteilt werden. Ob mit ihm allein das Portfolioplanungsproblem angemessen gelöst werden kann, ist zu bezweifeln. Die Optimierung nach dem Kriterium von TELSER scheint aber – trotz einiger Kritikpunkte – als Alternative interessant. Zwar fehlt hier eine nutzentheoretische Fundierung, und die Kontrolle des Risikos über eine Mindestrenditeforderung bei akzeptierter Ausfallwahrscheinlichkeit mag unzureichend erscheinen. Jedoch ist der Optimierungsansatz unmittelbar und leicht zu interpretieren. Es wird die erwartete Rendite bei vorgegebenem Risiko maximiert, wobei das Risikoempfinden in leicht verständlichen Kategorien ausgedrückt wird. Bei diesem Modell werden also theoretische Defizite zugunsten einer einfacheren praktischen Umsetzbarkeit in Kauf genommen.

Schlussendlich ist festzustellen, dass es „das“ Modell der Portfolioplanung nicht gibt. Die Auswahl des jeweiligen Modells muss dessen besondere Stärken und Schwächen sowie die konkreten Umstände der jeweiligen Anwendungssituation berücksichtigen.

5.6. Zusammenfassung

- Anleger und auch Portfoliomanager verstehen unter „Risiko“ eigentlich nur die Gefahr eines Verlustes (*einseitiges Risikoverständnis*) in Bezug auf ein gewähltes *Anspruchsniveau*. Die Verwendung der Varianz bzw. Standardabweichung im traditionellen Ansatz der Portfolio Selection impliziert jedoch ein *zweiseitiges Risikoverständnis*, bei dem negative und positive Renditeabweichungen vom (Rendite-) Erwartungswert als Risikosituationen angesehen werden. Die traditionelle Theorie arbeitet damit mit einem unrealistischen Risikoverständnis.

- Zur Operationalisierung des einseitigen Risikoverständnisses werden die sog. *Lower Partial Moments* (*LPM*) verwendet. Wichtige Spezialfälle der *LPM* sind die *Semivarianz*, das *mittlere Ausfallrisiko* und die *Ausfallwahrscheinlichkeit*. Es existieren verschiedene Portfoliooptimierungsmodelle, die auf diesen Risikomaßen basieren.

- Optimierungsmodelle auf Basis der Semivarianz besitzen strukturell eine hohe Ähnlichkeit mit den traditionellen Modellen der Portfolio Selection. Unter den alternativen Modellen besitzen sie wahrscheinlich aus diesem Grund die höchste Verbreitung. Unter diesen Modellen besitzen diejenigen auf Basis der symmetrischen Kosemivarianz – trotz ihres approximativen Charakters – erhebliche Vorteile gegenüber denjenigen auf Basis der eigentlich korrekten asymmetrischen Kosemivarianz.

- Das auf dem mittleren Ausfallrisiko basierende Optimierungsmodell nach ANG (1975) stellt eine interessante Alternative zu den semivarianzbasierten Modellen dar. Ursprünglich war es jedoch eher als Approximation für das traditionelle Modell gedacht, da die lineare Optimierung wesentlich geringere Computeranforderungen stellt.

- Die beiden zuletzt genannten Optimierungsansätze besitzen bei der praktischen Umsetzung ein schwer durchschaubares Wechselspiel zwischen den Risikoparametern τ (Anspruchsniveau) und λ (Risikoaversion). Es kann ernsthaft bezweifelt werden, ob überhaupt bei der praktischen Anwendung beide Parameter im Hinblick auf die adäquate Modellierung des Risikoempfindens eines Anlegers bestimmbar sind. Gelingt dies aber nicht, ist das Ergebnis der Optimierung höchst fragwürdig.

- Das traditionelle Modell besitzt dieses Problem nur in abgeschwächter Form, da allein der Risikoaversionsparameter λ bestimmt werden muss. Außerdem existieren dazu einige Verfahren. Dies wird mit dem Nachteil eines unrealistischen Risikoverständnisses erkauft, welches aber unter gewissen Annahmen als Approximation eines einseitigen Risikoverständnisses angesehen werden kann.

- Die Safety First Ansätze versuchen dagegen, gänzlich auf einen nutzentheoretischen Ansatz zu verzichten und ein ausfallorientiertes Risikoverständnis zu verwenden. Die dort verwendete Ausfallwahrscheinlichkeit ist ein zwar gut verständliches, leicht interpretierbares Maß, besitzt jedoch auch erhebliche Defizite. Die fehlende nutzentheoretische Basierung ist Hauptkritikpunkt an diesen Verfahren. Dagegen erscheint die praktische Umsetzung leichter. Insbesondere der Optimierungsansatz nach TELSER könnte trotz fehlender nutzentheoretischer Basis der intuitiven Modellierung des Risikoempfindens von Anlegern gerecht werden.

Die nachfolgenden Tabellen 5.6.-1. und 5.6.-2. fassen die in diesem Kapitel exemplarisch vorgestellten, alternativen Portfolioplanungsmodelle zusammen. Die Tabellen sind dabei nicht vollständig, sondern geben nur die wesentlichen Aspekte wieder. So werden beispielsweise in Tab. 5.6.-1. in der Spalte „Optimierungsansatz" nur die Zielfunktion und die ggf. zur Zielfunktion zwingend zugehörigen Nebenbedingungen angegeben, nicht aber alle bei einer Portfoliooptimierung denkbaren Nebenbedingungen. In der Tab. 5.6.-2. sind in den Spalten „Vorteile" und „Nachteile" nur ausgewählte wesentliche Aspekte aufgezählt. Für eine vollständige Diskussion wird auf die jeweiligen Abschnitte und auf die dort angegebene Literatur verwiesen.

Alternatives Modell	Optimierungsansatz	Benötigte Daten
1a) Semivarianzbasierte Optimierung: symmetrische Kosemivarianz	$ZF(\mathbf{w}) = \mathbf{w}^{\mathbf{T}} \cdot \mathbf{r}$ $- \lambda \cdot \mathbf{w}^{\mathbf{T}} \cdot \mathbf{C} \cdot \mathbf{w} \rightarrow \max!$	- Vektor **r** der Renditeerwartungswerte - symmetrische Kosemivarianzmatrix **C**
1b) Semivarianzbasierte Optimierung: asymmetrische Kosemivarianz	$ZF(\mathbf{w}) = \mathbf{w}^{\mathbf{T}} \cdot \mathbf{r}$ $- \lambda \cdot sv_P \rightarrow \max!$	- vollständige Renditeverteilungen aller betrachteten *N* Assets
2) Mittleres Ausfallrisiko: Approximation des klassischen Modells durch den Ansatz nach ANG	$ZF = \mathbf{w}^{\mathbf{T}} \cdot \mathbf{r}$ $- \lambda \cdot (\frac{1}{T} \sum_{t=1}^{T} d_t^-) \rightarrow \max!$ unter der NB: $\sum_{i=1}^{N} w_i r_{it} - d_t^+ + d_t^- = \tau$ für alle Zeitpunkte $t = 1, ..., T$	- vollständige Renditeverteilungen aller betrachteten *N* Assets
3a) Safety First: Kriterium nach ROY	$P(r_P \leq \tau) \rightarrow \min!$	- Verteilungsannahme (z.B. Normalverteilung) und Verteilungsparameter (z.B. μ_P, σ_P) ***oder*** - vollständige Renditeverteilungen aller betrachteten *N* Assets
3b) Safety First: Kriterium nach KATAOKA	$\tau^* \rightarrow \max!$ unter der NB: $P(r_P \leq \tau^*) \leq \alpha$	- wie 3a)
3c) Safety First: Kriterium nach TELSER	$\mu_P \rightarrow \max!$ unter der NB: $P(r_P \leq \tau) \leq \alpha$	- wie 3a)

Tab. 5.6.-1.: Zusammenfassung der Optimierungsansätze

Modell	**Vorteile**	**Nachteile**
1a)	- realistisches Risikoverständnis - einfache Modellierung - weitgehende strukturelle Beibehaltung des klassischen Modells - Schätzproblematik der Ausgangsdaten nicht aufwändiger als beim klassischen Modell	- (teilweise sehr ungenaue) Approximation des einseitigen Portfoliorisikos - Gefahr suboptimaler Lösungen
1b)	- realistisches Risikoverständnis - genaue Schätzung des einseitigen Portfoliorisikos	- komplexer Optimierungsansatz - Schätzung der vollständigen Renditeverteilungen aller *N* Assets notwendig
2)	- mittleres Ausfallrisiko als anschaulicher Ausdruck des Risikos - lineare statt quadratische (bzw. nichtlineare) Optimierung	- mittleres Ausfallrisiko als Risikomaß ist theoretisch fragwürdig - Schätzung der vollständigen Renditeverteilungen aller *N* Assets notwendig
3a)	- Ausfallwahrscheinlichkeit als sehr anschauliches Risikomaß - vollständiger Verzicht auf eine Nutzenfunktion	- Ausfallwahrscheinlichkeit ist ein unvollständiges Risikomaß - Verzicht auf Nutzenfunktion kann als problematisch gesehen werden - Verteilungsannahme erforderlich oder Schätzung der vollständigen Renditeverteilungen aller *N* Assets notwendig
3b)	- Offenlegung der Implikationen der Kapitalmarkterwartungen - sinnvolle Ergänzung eines „eigentlichen“ Optimierungsansatzes zur Risikoeinschätzung	- als alleiniger Optimierungsansatz eher untauglich - Verteilungsannahme erforderlich oder Schätzung der vollständigen Renditeverteilungen aller *N* Assets notwendig
3c)	- intuitiv verständlicher Optimierungsansatz ohne Verwendung einer Nutzenfunktion	- Verzicht auf Nutzenfunktion kann kritisiert werden - Verteilungsannahme erforderlich oder Schätzung der vollständigen Renditeverteilungen aller *N* Assets notwendig

Tab. 5.6.-2.: Vor- und Nachteile der Optimierungsansätze

Literaturhinweise

Neben einer Darstellung der allgemeinen Grundlagen der Theorie der Portfolio Selection, findet sich bei SCHMIDT-VON RHEIN (1996) eine umfassende Behandlung des (einseitigen) Risikoverständnisses von Anlegern und darauf basierender Ansätze zur Portfoliooptimierung einschließlich einer eigenen empirischen Studie. Eine kompakte Zusammenfassung der hier behandelten Aspekte findet sich bei SCHMIDT-VON RHEIN (2002) bzw. in der ersten Auflage (1998).

Das auf der Ausfallwahrscheinlichkeit basierende Optimierungsmodell kann bei ANG (1975) nachgelesen werden, wo sich auch einige weiterführende Gedankengänge und Erläuterungen finden lassen.

Eine kompakte Vorstellung und Diskussion der Safety First Ansätze findet sich bei ELTON ET AL. (2003), leider jedoch ohne praktische Anwendungen. Insbesondere wird aber dort theoretisch behandelt, unter welchen Voraussetzungen sich diese Ansätze im Rahmen des traditionellen Modells umsetzen lassen, welche Gemeinsamkeiten und Unterschiede bestehen.

A5.1. Erwartungsnutzen und einseitiges Risikoverständnis

Die Darstellungen im Hauptteil gingen der Frage nach, wie die Modelle der Portfolio Selection zu formulieren sind, wenn anstelle des traditionellen zweiseitigen Risikoverständnisses ein realitätsgerechteres einseitiges zugrunde gelegt wird. Dazu existieren verschiedene Varianten von Modellansätzen, unter denen jedoch die semivarianzbasierten Ansätze zur Portfolio Selection von den alternativen Portfolioplanungsmodellen die größte Bedeutung besitzen. Sie sind zugleich strukturell dem klassischen Modell sehr ähnlich. Dies zeigt sich unmittelbar bei Betrachtung der Zielfunktion für die Portfoliooptimierung im semivarianzbasierten Modell nach Gleichung (1):

(1) $$ZF(\mathbf{w}) = \mu_P - \lambda \cdot sv_P \rightarrow \max!$$

mit: μ_P: Erwartungswert der Rendite des Portfolios P
λ: Risikoaversionsparameter
sv_P: zukünftige Semivarianz des Portfolios P.

Diese Zielfunktion entspricht strukturell der vereinfachten Standard-Zielfunktion im traditionellen Modell. Dort wurde allerdings ausgeführt, dass diese erst unter einschränkenden Annahmen aus der Anwendung des Bernoulli-Prinzips resultiert. Damit wird aber im Ergebnis eine Erwartungsnutzenmaximierung vermieden und die Optimierung kann auf einer einfacheren Zielfunktion aufsetzen. Die Erwartungsnutzenmaximierung selbst wurde speziell im Anhang A2.3. näher behandelt. In analoger Weise kann aber auch hier gefragt werden, ob und wenn ja, wie eine Erwartungsnutzenmaximierung bei einem einseitigen Risikoverständnis durchgeführt werden kann.

Zur Beantwortung dieser Frage wird zunächst auf die Ausführungen im Anhang A2.3. zurück verwiesen. Hier sollen nur die notwendigen Ergänzungen in Bezug auf ein einseitiges Risikoverständnis behandelt werden. Die besondere theoretische Stärke des Bernoulli-Prinzips liegt in der Verwendung von Nutzenfunktionen. Je nach Art und Form der Nutzenfunktion kann risikofreudiges, risikoneutrales und risikoaverses Entscheidungsverhalten, ebenso wie deren unterschiedlich starke Ausprägungen, modelliert werden. Die Berücksichtigung eines einseitigen Risikoverständnisses ist in diesem Rahmen sehr einfach möglich. Die zentrale Bezugsgröße beim einseitigen Risikoverständnis ist die Mindestrenditeforderung τ. Soweit die (zukünftigen) Renditeausprägungen über die möglichen Umweltzustände unterhalb dieser Bezugsgröße τ liegen, stellen diese Umweltzustände für den Investor risikobehaftete Situationen dar, in denen (annahmegemäß) risikoaverses Verhalten vorliegt. Überschreiten die (zukünftigen) Renditeausprägungen die Bezugsgröße τ, so werden die jeweiligen Umweltzustände nicht als Risikosituationen empfunden. Hier verhält sich der Investor risikoneutral (oder risikoindifferent). Somit muss offensichtlich die Nutzenfunktion des Investors unterhalb der Bezugsgröße τ konkav, oberhalb davon linear verlaufen (vgl. A2.3.2.).

Eine universelle Formulierung einer derartigen Nutzenfunktion findet sich bei FISHBURN (1977). Sie lautet:[240]

(2) $$U(r) = r \qquad \text{wenn } r \geq \tau$$
$$U(r) = r - k(\tau - r)^n \qquad \text{wenn } r < \tau$$

mit: k: Risikoaversionsparameter
τ: geforderte Mindestrendite
n: Ordnung des LPM, $n > 1$.

240 Vgl. Fishburn (1977), S. 120 f., auch Schmidt-von Rhein (1996), S. 436 ff.

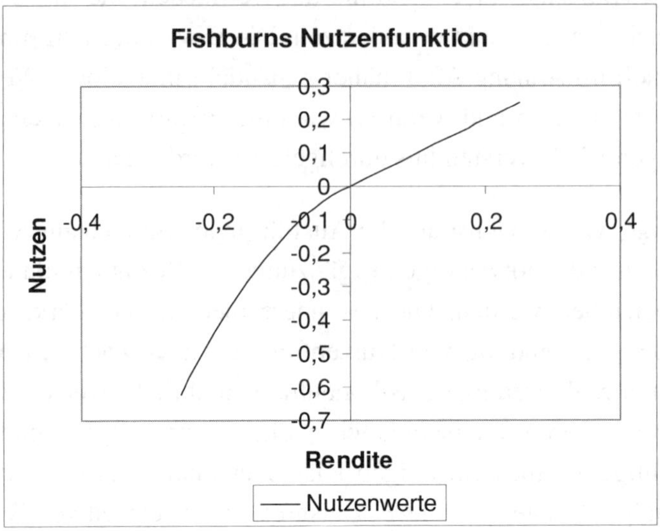

Abb. A5.1.-1.: Nutzenfunktion nach FISHBURN

Die Abb. A5.1.-1. zeigt den Verlauf der Nutzenfunktion nach FISHBURN im Renditeintervall von -25% bis +25%. Dabei wurden die Parameter mit $k = 6$, $\tau = 0$ und $n = 2$ willkürlich gewählt. Aus der Abbildung wird deutlich, dass die Nutzenfunktion nach FISHBURN letztlich aus einer konkaven (im Beispiel quadratischen) und linearen Nutzenfunktion zusammengesetzt wurde. Unterhalb von τ ist der Verlauf (quadratisch) konkav, oberhalb davon linear.

Die Erwartungsnutzenmaximierung aus Anhang A2.3.3. lässt sich unter Zugrundelegung eines einseitigen Risikoverständnisses einfach dadurch übertragen, indem die Nutzenfunktion ausgetauscht wird. Setzt man die Nutzenfunktion nach Gleichung (2) bei der Erwartungsnutzenmaximierung ein, kann die Fallstudie aus Anhang A2.3.3. mit einem einseitigen Risikoverständnis durchgeführt werden. Die dazu notwendigen Verfahrensschritte sind völlig identisch zu denjenigen aus Anhang A2.3.3. und sollen deshalb nicht wiederholt werden. Es ist lediglich die Nutzenfunktion auszutauschen, wie es in Abb. A5.1.-2. illustriert wird.

U12 = WENN(T12>=$X$22;T12;T12-$X$21*($X$22-T12)^$X$23)

	T	U	V	W	X	Y	Z
9				Portfoliogewichte			
10	P-Rendite	Nutzen		Markt	Gewicht (**w**)	min	max
11				A_EMU	0,1250	0,05	0,4
12	0,03872	0,03872		A_UK	0,1250	0,05	0,4
13	0,02669	0,02669		A_USA	0,1250	0,05	0,4
14	0,01856	0,01856		A_Japan	0,1250	0,05	0,4
15	0,01142	0,01142		R_EMU	0,1250	0,05	0,4
16	0,07076	0,07076		R_UK	0,1250	0,05	0,4
17	0,04237	0,04237		R_USA	0,1250	0,05	0,4
18	-0,00018	-0,00018		R_Japan	0,1250	0,05	0,4
19	-0,02908	-0,03753		Summe	1,0000		
20	0,03737	0,03737					
21	0,00057	0,00057		k	10		
22	0,04188	0,04188		t	0		
23	0,03953	0,03953		n	2		
24	-0,03270	-0,04339		EU(r)	0,00693		

Abb. A5.1.-2.: FISHBURNs Nutzenfunktion in der Fallstudie

Die Parameter mit $k = 10$, $\tau = 0$ und $n = 2$ wurden für Zwecke der Fallstudie in Anlehnung an die vorhergehenden Fallstudien gewählt. Der Wert des Risikoaversionsparameters k orientiert sich an demjenigen Wert von λ aus den Fallstudien in den Kap. 5.2.2. und Kap. 5.2.3, wo λ etwa zwischen 7,5 und 10,5 (vgl. Abb. 5.2.2.-6. und Abb. 5.2.3.-6.) lag. Die Mindestrenditeforderung mit $\tau = 0$ ist ebenfalls vergleichbar mit der Festlegung in jenen Fallstudien, ebenso die Ordnung des *LPM* mit $n = 2$. Insofern ist eine gewisse Vergleichbarkeit der Ergebnisse gegeben, obwohl dieser Ansatz insgesamt doch anders aussieht. Die resultierende Lösung in der Fallstudie sowie die Eingabeparameter für den Solver zeigt die Abb. A5.1.-3.

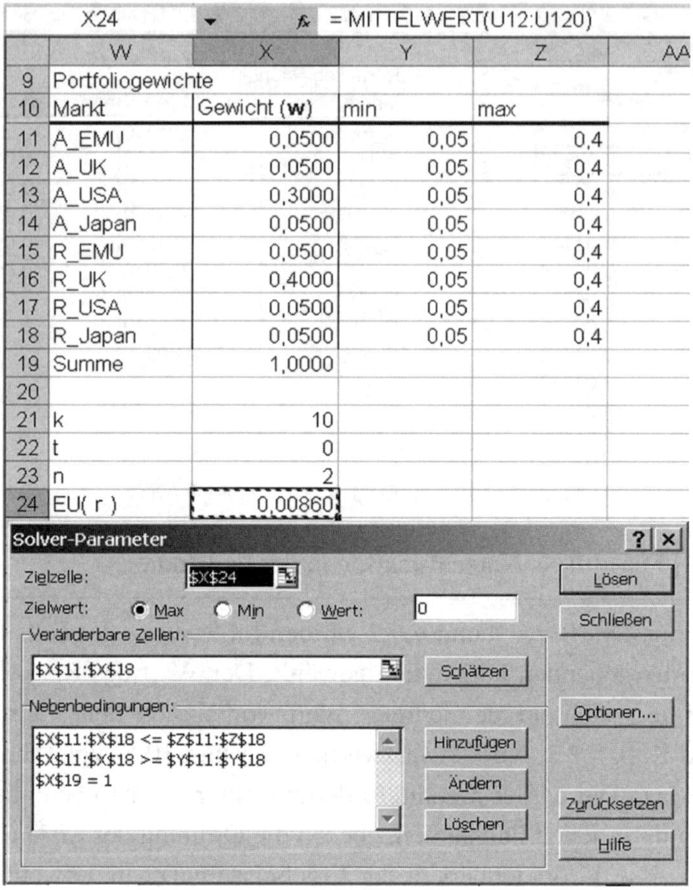

Abb. A5.1.-3.: Lösung der Fallstudie und Eingabeparameter für den Solver

Hinsichtlich der generellen Einschätzung und Beurteilung der Erwartungsnutzenmaximierung wird hier auf die Kritik am Ende von Anhang A2.3.4. zurück verwiesen. Im Wesentlichen wird danach die praktische Umsetzung dieses Ansatzes möglicherweise an der Spezifikation der Nutzenfunktion und der Prognoseproblematik der gesamten Renditeverteilung aller betrachteten Assets scheitern. Relativierend sei jedoch angemerkt, dass bei Verwendung der Nutzenfunktion nach FISHBURN nur noch drei Parameter festzulegen sind. Dies sind zwar mehr Parameter als bei der traditionellen Standard-Zielfunktion (dort nur der Risikoaversionsparameter λ), aber diese Aufgabe dürfte immer noch einfacher lösbar als die vollständige Spezifikation der gesamten Nutzenfunktion sein (vgl. Anhang A2.3.4.). Werden durch den Investor ferner die Werte für die Ordnung n und die Mindestrenditeforderung τ vorgegeben, muss auch hier nur noch der Risikoaversionsparameter k bestimmt werden. Dessen Bestimmung könnte (wie bei der traditionellen Standard-Zielfunktion) aus dem Benchmarkportfolio mithilfe des numerischen Approximationsverfahrens erfolgen. Dann wäre nur noch das Prognoseproblem zu lösen.

Im Übrigen kann natürlich zur Ermittlung der Nutzenfunktion alternativ auch auf das im Anhang A2.3.4. beschriebene Verfahren zurückgegriffen werden. Die Ermittlung der Messpunkte der Nutzenfunktion erfolgt auch hier wie dort beschrieben. Unterschiede ergeben sich nur im zweiten Hauptverfahrensschritt, nämlich bei der Schätzung der Nutzenfunktion mithilfe der in Befragungen gewonnenen Messpunkte. Im Anhang A2.3.4. wurde beispielhaft für das gesamte Intervall vom minimalen bis maximalen Ergebnis ein einheitlicher Verlauf der Nutzenfunktion, dort speziell die exponentielle Nutzenfunktion, angenommen. Hier müsste anders vorgegangen werden. Zunächst ist das Mindestanspruchsniveau τ zu erfragen. Unterhalb vom Mindestanspruchsniveau τ muss die Nutzenfunktion (beim einseitigen Risikoverständnis) konkav, oberhalb davon linear verlaufen. Insofern ist der Verlauf abschnittsweise zu schätzen. Unterhalb von τ könnte eine exponentielle Nutzenfunktion an die Messpunkte angepasst werden, oberhalb davon wäre eine lineare Funktion zu schätzen. Beide Teile der Nutzenfunktion müssen bei τ zusammengesetzt werden, hier also beide (konkaves und lineares Teilstück) denselben Nutzenwert $U(\tau)$ liefern.

6. Faktormodelle

Dieses Kapitel beschäftigt sich mit Faktormodellen, die im Portfoliomanagementprozess vielseitig eingesetzt werden können. Sie stellen ein weit verbreitetes praktisches Werkzeug sowohl für den Einsatz in der Finanzanalyse als auch in der Performancemessung[241] dar. Faktormodelle lassen sich nach unterschiedlichen Kriterien systematisieren. Der Schwerpunkt dieses Kapitels liegt in der Betrachtung von zwei möglichen Systematisierungen: (i) nach der Anzahl der Faktoren und (ii) nach der inhaltlichen Bedeutung der Faktoren.

Arbeitshinweise: In Kap. 6.1. werden theoretische Grundlagen und eine Übersicht über die Klassifikationsmöglichkeiten der Faktormodelle gegeben, deshalb sollte das Kapitel von jedem Leser bearbeitet werden. Mit Faktormodellen bereits vertraute Leser können direkt mit Kap. 6.4. fortfahren, wobei jedoch Kap. 6.3.3.2. mit einer praktischen Fallstudie von Interesse sein könnte. Leser, die in der Thematik neu sind, sollten die Kapitel durchgängig bearbeiten. In Kap. 6.2.1. und Kap. 6.3.1. werden die theoretischen Grundlagen des Single-Index- (ein Faktor) und des Multi-Index-Modells (mehrere Faktoren) präsentiert. Eine praktische Anwendung der Modelle zur Rendite- und Risikoschätzung erfolgt in den darauf folgenden Kapiteln (6.2.2. bis 6.2.3. und 6.3.2. bis 6.3.3.). Leser mit geringem Zeitbudget können direkt mit dem Multi-Index-Modell anfangen, da das Single-Index-Modell lediglich eine Sonderform der Faktormodelle darstellt. Die Fallstudie in Kap. 6.3.3.1. beschreibt ein statistisch „sauberes" Multi-Faktor-Modell, wobei die Fallstudie in Kap. 6.3.3.2. ein mit statistischen Problemen behaftetes Modell darstellt. Der Leser kann auch nur eine der beiden Fallstudien betrachten, da sie in der Grundstruktur ähnlich sind.

Die Unterscheidung der Faktormodelle nach der inhaltlichen Bedeutung der Faktoren bildet den Inhalt der vier Unterkapitel in Kap. 6.4. In diesem Teil ist nicht nur die verschiedene inhaltliche Bedeutung der Faktoren selbst von Interesse, sondern auch die unterschiedlichen Vorgehensweisen, die zur Schätzung unterschiedlicher Faktormodelle zugrunde gelegt werden. Deshalb ist die Bearbeitung des gesamten Kapitels 6.4. zu empfehlen. In Kap. 6.4.1. wird eine kurze Übersicht über die (makro-) ökonomischen Faktormodelle gegeben. Kap. 6.4.2. beschreibt fundamentale Faktormodelle, die wegen der Einbeziehung von unternehmensspezifischen Daten auch „mikroökonomische Faktormodelle" genannt werden. Nach einer kurzen Übersicht der

241 Vgl. dazu ausführlicher Kap. 8.

statistischen Faktormodelle in Kap. 6.4.3. erfolgt die Beschreibung der kombinierten Faktormodelle am Beispiel eines Modells von BARRA (Kap. 6.4.4.1.). Ein solches Modell wird in der darauf folgenden Fallstudie in Kap. 6.4.4.2. nachgebildet. Dieses und das folgende Kapitel sind für die Leser zu empfehlen, die sich mit der Thematik näher auseinander setzen möchten. Kap. 6.4.4.3. präsentiert eine praktische Fallstudie, die zeigt, wie man die auftretenden statistischen Probleme bei einem kombinierten Faktormodell (mit Dummyvariablen) anhand unterschiedlicher Kodierungsformen umgehen kann.

Die Betrachtung der letzten drei Teilkapitel ist hilfreich, da sie einen Überblick über die Möglichkeiten und Grenzen der Faktormodelle geben. Kap. 6.5. beschreibt dazu den Einsatz der Faktormodelle als Prognosewerkzeug im Portfoliomanagement. Auch die Faktormodelle sind mit Problemen behaftet. Nach einer kurzen kritischen Stellungnahme zu den Faktormodellen in Kap. 6.6., erfolgt in Kap. 6.7. eine knappe Zusammenfassung.

Im Anhang zu diesem Kapitel befindet sich eine kurze Beschreibung der Regressionsanalyse (A6.1.), die mehrmals im Kapitel verwendet wird. Der Einsatz der Regressionsanalyse in Excel wird in A6.2. beschrieben. In A6.3. wird aufgezeigt, wie mit Faktormodellen künstliche Daten generiert werden können. In A6.4. wird auf den Zusammenhang zwischen Modell- und Prognosegleichung eingegangen, der im bisherigen Verlauf nicht explizit betrachtet wurde.[242]

6.1. Klassifikation der Faktormodelle

In diesem Kapitel werden Verfahren vorgestellt, mit denen erwartete Rendite und zukünftiges Risiko als Inputparameter der Portfoliooptimierung geschätzt werden können. Diese Verfahren unterstellen eine lineare Abhängigkeit der Aktienrenditen[243] von einem oder mehreren „Werttreibern" (Faktoren). Daher werden diese Modelle

242 Das Begleit- und Fallstudienmaterial zu diesem Buch findet sich unter der Internet-Adresse des Lehrstuhls: www.fiwi.uni-bremen.de.

243 Die hier vorgestellten Faktormodelle gelten nicht ausschließlich für Aktien, sondern für alle vorstellbaren Anlagemöglichkeiten (Assets). Im Weiteren wird der Bezug auf Aktien lediglich exemplarisch vorgenommen, da sich die vorzustellenden Überlegungen daran besonders anschaulich erläutern lassen.

Faktormodelle genannt. Unter *Faktoren* sind z.B. makroökonomische Größen oder die Entwicklung von bestimmten Markt- oder Industrieindices vorstellbar.[244]

In allgemeiner Form sieht das Modell wie folgt aus:

(1) $$r_{it} = \alpha_i + \sum_{k=1}^{K} \beta_{ik} I_{kt} + \varepsilon_{it} \qquad \text{für } i = 1,\ldots, N$$

mit
- r_{it}: Rendite des i-ten Assets zum Zeitpunkt t
- α_i: Eigenrendite des i-ten Assets
- β_{ik}: Abhängigkeit der Rendite des i-ten Assets vom k-ten Einflussfaktor I_k
- I_{kt}: k-ter systematischer Einflussfaktor (Index) zum Zeitpunkt t
- ε_{it}: zufälliger Störeinfluss, Residualrendite zum Zeitpunkt t.

Die Indizierung mit dem Zeitindex $t = 1, \ldots, T$ drückt die „Zeitvariabilität" der Faktoren aus, die im Zeitablauf unterschiedliche Werte annehmen und somit zu einer Zeitvariabilität der Assetrendite führen.

Ferner wird für die Residualrenditen[245] angenommen:

(2) $$E(\varepsilon_i) = 0 \qquad \text{für alle } i$$

mit E(): Erwartungswertoperator

(3) $$Var(\varepsilon_i) = \sigma_{\varepsilon i}^2 \qquad \text{endlich und konstant für alle } i$$

(4) $$Cov(\varepsilon_i, I_k) = 0 \qquad \text{für alle } i, k$$

(5) $$Cov(\varepsilon_i, \varepsilon_j) = 0 \qquad \text{für alle } i, j, i \neq j.$$

Die wesentlichen Prämissen dieses Models beruhen auf der Annahme einer reinen Abhängigkeit der Rendite einer Aktie (bzw. allgemein eines Assets) von einem oder mehreren Faktoren, wobei Interdependenzen zwischen Störeinflüssen einzelner Wert-

244 Zur inhaltlichen Bedeutung der Faktoren vgl. Kap. 6.4.

245 Es wird die Annahme getroffen, dass alle Störeinflüsse ε_{it} im Zeitablauf identisch und unabhängig verteilt sind ($\varepsilon_{it} \sim$ i.i.d.). Wegen dieser Annahme ist die zusätzliche Indizierung mit dem Zeitindex nicht notwendig.

papiere ausgeschlossen werden. In anderen Worten üben die Faktoren I_k einen systematischen Einfluss auf die Rendite eines Assets aus und bestimmen damit zu einem gewissen Grad (ausgedrückt durch den oder die Sensitivitätsfaktor(en) β_{ik}) die Höhe der Wertpapierrenditen. Störeinflüsse wirken im Gegensatz dazu unsystematisch und sind für jede Aktie spezifisch. Ebenso sind die Beta-Werte für jedes einzelne Wertpapier spezifisch, weshalb sie für jedes Wertpapier individuell bestimmt werden müssen. Die Alpha-Werte drücken dagegen die jeweils wertpapierspezifische, von den Faktoren unabhängige Renditekomponente (autonome Eigenrendite) aus.

Die Natur und die Anzahl der in das Modell einzubeziehenden Faktoren ist nicht festgelegt. Obwohl die Faktoren zwar frei wählbar sind, gestaltet sich jedoch die Bestimmung der Faktoren aus sachlogischen Überlegungen nicht immer einfach. Es ist ebenso schwierig, die gemeinsamen Renditeeinflüsse der Faktoren inhaltlich voneinander abzugrenzen. Bei der Bestimmung der Faktoren strebt man danach diejenigen zu identifizieren, die einen möglichst großen Anteil der Varianz der Wertpapierrenditen erklären können. Im Idealfall sollten dann auch die verbleibenden Resteinflüsse völlig zufällig und strukturlos sein. Die Anzahl der Faktoren sollte dabei so gering wie möglich gehalten werden, um die Wahrscheinlichkeit von Abhängigkeiten zwischen diesen Faktoren zu minimieren. Solche Modelle sind statistisch stabil und liefern einen hohen Informationsgehalt.

Klassifikationsart	**Faktormodelle**	**Kapitelübersicht**
nach der Anzahl der erklärenden Faktoren	- Single-Index-Modell - Multi-Index-Modell	Kap. 6.2. Kap. 6.3.
nach der Kovarianzform	- Diagonalform - Kovarianzform	Kap. 6.3.
nach der Ausweisung der erwarteten Rendite im Faktormodell	- explizite - implizite	Kap. 6.1.
nach der inhaltlichen Bedeutung der erklärenden Faktoren	-(makro-) ökonomische - fundamentale - statistische - kombinierte	Kap. 6.4.1. Kap. 6.4.2. Kap. 6.4.3. Kap. 6.4.4.

Tab. 6.1.-1.: Systematisierungsmöglichkeiten von Faktormodellen

Die Faktormodelle können nach unterschiedlichen Kriterien klassifiziert werden (vgl. Tab. 6.1.-1.). In Abhängigkeit von der Anzahl in das Modell einzubeziehender Faktoren unterscheidet man zwischen *Single-Index-* und *Multi-Index-Modellen.* Das Single-Index-Modell basiert auf einem, das Multi-Index-Modell auf mehreren erklärenden Faktoren. Die beiden Modelle werden ausführlich in den Kapiteln 6.2. und 6.3. beschrieben. Die Systematisierung nach *Kovarianzform-* und *Diagonalform*-Faktormodellen kann nur auf Multi-Index-Modelle angewandt werden. Diese Unterscheidung beruht auf der Annahme korrelierter bzw. unkorrelierter Faktoren. Aufgrund (zumeist wenig durchsichtiger) Interdependenzen ist es oft schwierig, eine völlige Unabhängigkeit der Faktoren zu gewährleisten. In diesem Fall spricht man von einer Faktormodelle" *Kovarianzform* des Faktormodells (korrelierte Faktoren). Wird die Annahme unkorrelierter Faktoren streng eingehalten, spricht man von einer *Diagonalform.* Die Beschreibungen dieser beiden Formen der Faktormodelle erfolgen ab Kap. 6.3.

Die Unterscheidung nach *impliziten* und *expliziten* Faktormodellen ist optional, denn beide Modelle lassen sich leicht ineinander überführen. Das in Gleichung (1) beschriebene Modell wird als implizit bezeichnet, da die erwartete Rendite in diesem Modell nicht separat ausgewiesen wird, sondern aus den Modellparametern abgeleitet werden kann. Schreibt man die Gleichung (1) für die erwartete Rendite nach Gleichung (6) um:

$$(6) \qquad E(r_{it}) = \alpha_i + \sum_{k=1}^{K} \beta_{ik} E(I_{kt})$$

und bildet die Differenz aus (1) und (6), gelangt man zu einem expliziten Faktormodell:

$$(7) \qquad r_{it} - E(r_{it}) = \alpha_i - \alpha_i + \sum_{k=1}^{K} \beta_{ik} I_{kt} - \sum_{k=1}^{K} \beta_{ik} E(I_{kt}) + \varepsilon_{it} = \sum_{k=1}^{K} \beta_{ik} (I_{kt} - E(I_{kt})) + \varepsilon_{it}$$

$$(8) \qquad r_{it} = E(r_{it}) + \sum_{k=1}^{K} \beta_{ik} (I_{kt} - E(I_{kt})) + \varepsilon_{it} \, .$$

In einem expliziten Modell setzt sich die Rendite aus der erwarteten Rendite zuzüglich der mit dem Beta-Wert (d.h. der jeweiligen Faktorsensitivität) gewichteten, unerwarteten Abweichung eines Faktors von seinem Faktorerwartungswert (über alle Faktoren) und dem zufälligen Störeinfluss zusammen. Der faktorenbezogene Teil

$(I_{kt} - E(I_{kt}))$ hat genauso wie der Störeinfluss (ε_{it}) einen Erwartungswert von null. In der Formel des expliziten Faktormodells kommt das Verständnis des (zweiseitigen) Risikobegriffes deutlich zum Ausdruck. Hier entspricht das Risiko einer Aktie der Abweichung von der erwarteten Rendite. Die möglichen Abweichungen sind zum einen auf über die Risikofaktoren erfasste, nicht vorhersagbare Ereignisse und zum anderen auf die unternehmensspezifischen, nicht durch die (Risiko-)Faktoren beschriebenen Residualrisiken zurückzuführen. Aus theoretischer Perspektive handelt es sich bei den expliziten und impliziten Faktormodellen um äquivalente Modelle.

In Abhängigkeit von der inhaltlichen Bedeutung der Faktoren unterscheidet man zwischen vier Formen, nämlich *(makro-) ökonomische*, *fundamentale, statistische* und *kombinierte* Faktormodelle. Diese Faktormodelle unterscheiden sich in ihren Spezifikationen, in den ihnen zugrunde liegenden Methoden und, daraus folgend, in ihren Ausgangsdaten und zu bestimmenden Parametern. Die Entscheidung für die eine oder die andere Variante hängt überwiegend von den angestrebten Zielen des Portfoliomanagers ab, denn jedes der vorzustellenden Modelle hat seine eigenen inhärenten Vor- und Nachteile. In den Kapiteln 6.4.1. bis 6.4.3. werden diese Faktormodelle und ihre Besonderheiten näher betrachtet.

6.2. Single-Index-Modell

6.2.1. Zentrale Annahmen

Das Markowitz-Modell bereitet dem Anwender, wegen der Notwendigkeit der Schätzung einer Vielzahl von Inputs (Erwartungswerte der Assetrenditen und deren zukünftige Varianz-Kovarianzmatrix), einen enormen Datenverarbeitungsaufwand. Basierend auf dieser Kritik am Markowitz-Modell stellten sich die Fragen, ob nicht die Portfoliooptimierung vereinfacht und die Schätzproblematik entschärft werden könnten. Die Datenproblematik führte zur Entwicklung des Single-Index-Modells (SIM) von SHARPE (1963). Die Notwendigkeit zur Vereinfachung des Optimierungsproblems verlor mit der Zeit an Bedeutung, da es für heutige Computer i.d.R. kein Problem ist, typische Portfoliooptimierungen durchzuführen. Der Aufwand zur Schätzung der Inputparameter Rendite und Risiko bleibt jedoch ohne vorherige Vereinfachung beachtlich.

Aufgrund von Finanzmarktbeobachtungen scheinen die Preise der meisten Wertpapiere in einem Zusammenhang mit der Gesamtmarktentwicklung zu stehen. „Schlechte" und „gute" Zeiten auf dem Gesamtmarkt bewirken in der Tendenz entsprechend fallende und steigende Kurse der einzelnen Wertpapiere. Um diese Zusammenhänge darstellen zu können, wurde die Rendite der einzelnen Assets in Abhängigkeit von der Rendite eines Marktindex gestellt (vgl. Gleichung (1)): [246]

(1) $r_{it} = a_{it} + \beta_i r_{Mt}$

mit r_{it}: Rendite des i-ten Assets zum Zeitpunkt t
r_{Mt}: Rendite des Marktindex zum Zeitpunkt t
β_i: (*Beta-Faktor*) Abhängigkeit der Rendite des i-ten Assets von der allgemeinen Entwicklung der Rendite des Marktindex
a_{it}: unternehmensindividuelle Komponente der Rendite des i-ten Assets zum Zeitpunkt t.

Die Gleichung (1) beinhaltet zwei Komponenten: die marktunabhängige (oder unsystematische, auch unternehmensspezifische) Rendite (a_{it}) und die marktabhängige (oder systematische) Rendite ($\beta_i r_{Mt}$). Die Größe β_i (auch als Sensitivitätsgröße interpretierbar) drückt aus, wie empfindlich die Rendite des i-ten Wertpapiers auf die Veränderung der Marktindexrendite reagiert. Die Größe a_{it} lässt sich als Summe der Eigenrendite des Assets (α_i) und eines zufälligen Störeinflusses ε_{it}, der alle unsystematischen und zufälligen Sondereinflüsse repräsentiert, darstellen. Somit kann die Gleichung (1) folgendermaßen umgeschrieben werden:

(2) $r_{it} = \alpha_i + \beta_i r_{Mt} + \varepsilon_{it}$ für alle $i = 1, ..., N$

mit α_i: Eigenrendite des i-ten Assets
ε_{it}: zufälliger Störeinfluss, auch als *Residualrendite* bezeichnet.

Wie aus Gleichung (2) zu entnehmen ist, lässt sich die Rendite einer Anlage vollständig aus ihrer Abhängigkeit von einem die allgemeine Marktentwicklung stellvertretenden Index, deren Eigenrendite sowie dem zufälligen Störterm erklären. Unter einem Marktindex versteht man einen für den jeweiligen Markt repräsentativen Index. Für den deutschen Aktienmarkt ist der Deutsche Aktienindex (DAX), für den europäischen der MSCI-Europe und für den amerikanischen der DOW JONES (DJ) als

246 Sharpe lässt die genaue Festlegung des Index offen. Deshalb kann es sich bei einem Index auch um eine makroökonomische Variable handeln. Zu Techniken zur Bestimmung von Indizes vgl. z.B. Gügi (1995), S. 86.

Marktindex vorstellbar. Fragen der Konstruktion und Auswahl eines Marktindex sind sehr komplex und umfangreich. Sie sollen hier nicht behandelt werden.

Für das SIM gelten die folgenden Annahmen:

(A1) Der zufällige Störeinfluss[247] ist eine Zufallsvariable mit Erwartungswert von null:

$$E(\varepsilon_i) = 0 \qquad \text{für alle } i = 1, \ldots, N.$$

(A2) Die Varianz der Zufallsschwankungen ist endlich und konstant: [248]

$$\text{Var}(\varepsilon_i) = \sigma_{\varepsilon i}^2 \qquad \text{für alle } i = 1, \ldots, N.$$

(A3) Die Marktindexrendite (r_M) ist eine Zufallsvariable. Sie besitzt ebenfalls eine endliche und konstante Varianz σ_M^2 :

$$\text{Var}(r_M) = \sigma_M^2 .$$

(A4) Die Residuen und die Marktindexrendite weisen keine Korrelation auf, dementsprechend ist die Kovarianz zwischen ε_i und r_M für jedes Wertpapier i gleich null:

$$\text{Cov}(\varepsilon_i, r_M) = 0 \qquad \text{für alle } i = 1, \ldots, N.$$

(A5) Die Störeinflüsse zweier Assets sind untereinander unkorreliert. Die systematischen Bewegungen der Rendite der einzelnen Anlagen werden nur durch Schwankungen des Marktindex erklärt:

$$\text{Cov}(\varepsilon_i, \varepsilon_j) = 0 \qquad \text{für alle } i = 1, \ldots, N,\ j = 1, \ldots, N, i \neq j.$$

247 Es wird ferner die Annahme gesetzt, dass alle Störeinflüsse identisch und unabhängig verteilt sind ($\varepsilon_{it} \sim$ i.i.d.). Wegen dieser Annahme ist die zusätzliche Indizierung mit dem Zeitindex nicht notwendig.

248 Die Zufallsschwankungen des i-ten Assets wird ferner als normal verteilt ($\varepsilon_i \sim N(0, \sigma_{\varepsilon i}^2)$) angenommen. Die Normalverteilungsannahme ist hier noch nicht unbedingt notwendig, jedoch hilfreich für die spätere Schätzung eines SIM.

6.2.2. Rendite- und Risikoprognosen

Die für eine Portfoliooptimierung notwendigen Inputgrößen wie die Erwartungswerte der Assetrenditen, deren zukünftige Varianz (mit der Unterscheidung in systematisches und unsystematisches Risiko) und Kovarianz können mittels der zuvor gesetzten Annahmen aus dem Single-Index-Modell ermittelt werden.

Aus der Modellgleichung (2) in Kap. 6.2.1. kann der Erwartungswert der Assetrendite (im Folgenden kurz *Erwartungsrendite*: $E(r_i) = \mu_i$) ermittelt werden:[249]

(1) $$E(r_i) = \mu_i = E(\alpha_i + \beta_i \cdot r_M + \varepsilon_i) = E(\alpha_i) + E(\beta_i \cdot r_M) + E(\varepsilon_i).$$

Unter der Annahme (1) des Modells ($E(\varepsilon_i) = 0$) entfällt der Residualterm.[250] In einer vereinfachten Form entspricht der Erwartungswert der Rendite:

(2) $$\mu_i = \alpha_i + \beta_i \mu_M$$

mit μ_i: Erwartungsrendite eines Wertpapiers
α_i: Eigenrendite eines Wertpapiers
β_i: Beta-Parameter eines Wertpapiers
μ_M: Erwartungsrendite des Marktindex.

Der Erwartungswert der Portfoliorendite setzt sich unverändert aus der Summe der Produkte der Erwartungsrenditen (μ_i) der einzelnen Wertpapiere und deren Anteile (w_i) im Portfolio zusammen:

(3) $$\mu_P = \sum_{i=1}^{N} w_i \mu_i \quad \text{oder} \quad \mu_P = \mathbf{w}^\mathbf{T} \cdot \mathbf{r}$$

mit μ_P: Erwartungswert der Portfoliorendite
$\mathbf{w}^\mathbf{T}$: transponierter Spaltenvektor der Anteilsgewichte w_i
$\mathbf{r}$: Spaltenvektor der erwarteten Wertpapierrenditen μ_i.

---

249 Vgl. zu den Rechenreglen der Erwartungswerte z.B. Poddig/Dichtl/Petersmeier (2003), S. 45 f.

250 Für die Herleitung der Prognosegleichung aus der Modellgleichung siehe Anhang A6.4. Bei der realen Umsetzung sind unter den Parametern deren Schätzwerte zu verstehen.

Das Portfolioalpha und -beta wird in gleicher Weise berechnet:

(4) $\alpha_P = \sum_{i=1}^{N} w_i \alpha_i$ oder $\alpha_P = \mathbf{w}^{\mathbf{T}} \cdot \boldsymbol{\alpha}$

(5) $\beta_P = \sum_{i=1}^{N} w_i \beta_i$ oder $\beta_P = \mathbf{w}^{\mathbf{T}} \cdot \boldsymbol{\beta}$

mit $\boldsymbol{\alpha}$: Spaltenvektor der Eigenrenditen α_i

$\boldsymbol{\beta}$: Spaltenvektor der Sensitivitätsgrößen β_i.

Dementsprechend kann die Gleichung (2) für die Portfoliorendite umgeschrieben werden:

(6) $\mu_P = \alpha_P + \beta_P \cdot \mu_M$ oder $\mu_P = \sum_{i=1}^{N} w_i \alpha_i + \sum_{i=1}^{N} w_i \beta_i \mu_M$

bzw. $\mu_P = \mathbf{w}^{\mathbf{T}} \cdot \boldsymbol{\alpha} + \mathbf{w}^{\mathbf{T}} \cdot \boldsymbol{\beta} \cdot \mu_M$.

Die Varianz[251] der Assetrendite kann ebenfalls aus der Formel (2) des Kap. 6.2.1. abgeleitet werden:[252]

(7) $$\begin{aligned} \sigma_i^2 &= Var(r_i) = Var(\alpha_i + \beta_i r_M + \varepsilon_i) = \\ & Var(\alpha_i) + Cov(\alpha_i, \beta_i r_M) + Cov(\alpha_i, \varepsilon_i) + Cov(\beta_i r_M, \alpha_i) + Var(\beta_i r_M) \\ & + Cov(\beta_i r_M, \varepsilon_i) + Cov(\varepsilon_i, \alpha_i) + Cov(\varepsilon_i, \beta_i r_M) + Var(\varepsilon_i) = \\ & \beta_i^2 \cdot Var[r_M] + Var[\varepsilon_i] + 2 \cdot \beta_i \cdot Cov[r_M, \varepsilon_i]. \end{aligned}$$

Annahmegemäß ist die Kovarianz der Marktindexrendite und des Störeinflusses gleich null (Annahme (4)). Dadurch kann die Gleichung (7) vereinfacht dargestellt werden (vgl. Gleichung (8)). Die Varianz der Rendite eines Assets besteht demnach aus einem systematischen und einem unsystematischen Teil. Das unsystematische Risiko wird auch Residualvarianz genannt:

---

251 Die Ermittlung der Varianz erfolgt bei der praktischen Umsetzung auf Basis der Schätzwerte der Parameter analog zu der Ermittlung der Erwartungsrendite (vgl. Anhang 6.4.). Bei der realen Umsetzung sind unter den Parametern deren Schätzwerte zu verstehen.

252 Zu den Rechenregeln für die Varianz vgl. z.B. Poddig/Dichtl/Petersmeier (2003), S. 48 f.

$$(8) \qquad \underbrace{\sigma_i^2}_{\text{Gesamtrisiko}} = \underbrace{\beta_i^2 \cdot \sigma_M^2}_{\text{systematisches Risiko}} + \underbrace{\sigma_{\varepsilon i}^2}_{\text{unsystematisches Risiko}} .$$

Die Standardabweichung der Rendite lässt sich als Quadratwurzel aus der Varianz ermitteln:

$$(9) \qquad \sigma_i = \sqrt{\sigma_i^2} .$$

Die Kovarianz der Rendite zweier Wertpapiere ist ebenfalls aus dem SIM ableitbar:

$$(10) \qquad \sigma_{ij} = Cov(r_i, r_j) = Cov(\alpha_i + \beta_i r_M + \varepsilon_i, \alpha_j + \beta_j r_M + \varepsilon_j) =$$
$$Cov(\alpha_i, \alpha_j) + Cov(\alpha_i, \beta_j r_M) + Cov(\alpha_i, \varepsilon_j) + Cov(\beta_i r_M, \alpha_j) +$$
$$Cov(\beta_i r_M, \beta_j r_M) + Cov(\beta_i r_M, \varepsilon_j) + Cov(\varepsilon_i, \alpha_j) +$$
$$Cov(\varepsilon_i, \beta_j r_M) + Cov(\varepsilon_i, \varepsilon_j) .$$

Die Gleichung (10) kann nach den Rechenregeln für Kovarianzen vereinfacht werden:[253]

$$(11) \qquad \sigma_{ij} = \beta_i \cdot \beta_j \cdot Var[r_M] + \beta_i \cdot Cov[r_M, \varepsilon_j] + \beta_j \cdot Cov[r_M, \varepsilon_i] + Cov[\varepsilon_i, \varepsilon_j].$$

Auch hier kann die Kovarianzformel durch die modellspezifischen Annahmen vereinfacht werden. Die rechten drei Teilterme der Formel (11) fallen annahmegemäß weg, denn es besteht keine Korrelation zwischen der Marktindexrendite und den Störeinflüssen sowie zwischen den Störeinflüssen selbst. Die Gleichung (12) repräsentiert die endgültige Formel zur Berechnung der Kovarianz aus dem SIM heraus:

$$(12) \qquad \sigma_{ij} = \beta_i \cdot \beta_j \cdot \sigma_M^2 .$$

Analog der Berechnung der Varianz eines Assets kann das Risiko eines Portfolios ermittelt werden. Die Varianz eines Portfolios besteht aus den Varianzen der einzelnen Assetrenditen und deren Kovarianzen (vgl. Kap. 1.5.2.):

---

253 Zu den Rechenregeln für die Kovarianz vgl. z.B. Poddig/Dichtl/Petersmeier (2003), S. 53 f.

$$(13)\qquad \sigma_P^2 = \sum_{i=1}^{N} w_i^2\sigma_i^2 + \sum_{i=1}^{N}\sum_{\substack{j=1\\ i\neq j}}^{N} w_i\, w_j\sigma_{ij} = \sum_{i=1}^{N}\sum_{j=1}^{N} w_i\, w_j\sigma_{ij}$$

oder $\sigma_P^2 = \mathbf{w}^{\mathbf{T}} \cdot \mathbf{V} \cdot \mathbf{w}$

mit **V**: Kovarianzmatrix der Renditen.

Durch Einsetzen der Varianz (σ_i) und der Kovarianz (σ_{ij}) einzelner Assets nach den Gleichungen (8) und (12) erhält man:

$$(14)\qquad \sigma_P^2 = \sum_{i=1}^{N} w_i^2(\beta_i^2\sigma_M^2 + \sigma_{\varepsilon i}^2) + \sum_{i=1}^{N}\sum_{\substack{j=1\\ i\neq j}}^{N} w_i\, w_j\beta_i\, \beta_j\sigma_M^2$$

$$= \sum_{i=1}^{N} w_i^2\beta_i^2\sigma_M^2 + \sum_{i=1}^{N} w_i^2\sigma_{\varepsilon i}^2 + \sum_{i=1}^{N}\sum_{\substack{j=1\\ i\neq j}}^{N} w_i\, w_j\beta_i\, \beta_j\sigma_M^2$$

$$= \sum_{i=1}^{N}\sum_{j=1}^{N} w_i w_j\beta_i\beta_j\sigma_M^2 + \sum_{i=1}^{N} w_i^2\sigma_{\varepsilon i}^2$$

Durch eine Umformung der Terme

$$(15)\qquad \sigma_P^2 = \left(\sum_{i=1}^{N} w_i\, \beta_i\right)\cdot\left(\sum_{j=1}^{N} w_j\beta_j\right)\cdot\sigma_M^2 + \sum_{i=1}^{N} w_i^2\sigma_{\varepsilon i}^2$$

kann das Portfoliorisiko unter Berücksichtigung von Gleichung (5) ermittelt werden:

$$(16)\qquad \sigma_P^2 = \beta_P^2\sigma_M^2 + \sum_{i=1}^{N} w_i^2\sigma_{\varepsilon i}^2 \qquad \text{oder} \qquad \sigma_P^2 = (\mathbf{w}^{\mathbf{T}}\cdot \boldsymbol{\beta})^2\sigma_M^2 + \mathbf{w}^{\mathbf{T}}\cdot \boldsymbol{\Omega} \cdot \mathbf{w}$$

mit **Ω**: Kovarianzmatrix der Residuen, Diagonalmatrix mit $\sigma_{ii} = \sigma_i^2$, sonst 0.

Wie aus der Gleichung (16) ersichtlich ist, muss für die Berechnung der Renditevarianz eines Portfolios nur noch die Kovarianzmatrix der Residuen bestimmt werden. Annahmegemäß sind die Residuen zweier unterschiedlicher Wertpapiere unkorreliert, folglich ist $\text{Cov}(\varepsilon_i,\varepsilon_j) = 0$. Allerdings gilt diese Annahme nicht für zwei identische Wertpapiere ($\text{Cov}(\varepsilon_i,\varepsilon_i) \neq 0$). Die Kovarianz zwischen zwei identischen Wertpapieren entspricht ihrer Varianz ($Cov(\varepsilon_i,\varepsilon_i) = Var(\varepsilon_i)$). Erfasst man die Kovarianzwerte aller Wertpapiere in einer Matrix, erhält man eine Diagonalmatrix, bei der alle Elemente außer den Diagonalelementen (entsprechend den Varianzen der Aktien) gleich null sind. Das SIM von SHARPE wird deshalb auch Diagonalmodell genannt, da die für die Berechnung der Renditevarianz eines Portfolios eingesetzte Kovarianzmatrix der Residuen annahmegemäß (vgl. (A5)) nur auf der Diagonalen besetzt ist:

$$(17) \qquad \mathbf{\Omega} = \begin{bmatrix} \sigma_{\varepsilon 1}^2 & 0 & . & . & 0 \\ 0 & \sigma_{\varepsilon 2}^2 & & & 0 \\ . & & & . & . \\ . & & & . & . \\ 0 & 0 & . & . & \sigma_{\varepsilon n}^2 \end{bmatrix}$$

Bei einem naiven Portfolio[254] mit gleich gewichteten Anteilen kann bei einer großen Anzahl von Anlagen der rechte Teilterm in der Gleichung (16) vernachlässigt werden. Da N im Nenner des Teilterms steht, würde bei $w_i = \frac{1}{N}$ und einer sehr großen Anzahl von Wertpapieren dieser Teilterm gegen null gehen:

$$(18) \qquad \sum_{i=1}^{N} \left(\frac{1}{N}\right)^2 \sigma_{\varepsilon i}^2 = \frac{1}{N}\left(\frac{1}{N}\sum_{i=1}^{N}\sigma_{\varepsilon i}^2\right) = \frac{1}{N}\overline{\sigma}_{\varepsilon i}^2$$

$$\text{mit } N \to \infty \qquad \text{folgt} \qquad \frac{1}{N}\overline{\sigma}_{\varepsilon i}^2 \to 0 .$$

Unter diesen Annahmen verbleibt nach der Portfoliobildung nur noch das systematische, während das unsystematische Risiko durch Diversifikation beseitigt werden kann.

Für eine praktische Anwendung des Modells müssen der Erwartungswert der Rendite der allgemeinen Wertentwicklung des Marktes (μ_M) sowie die α_i und β_i Werte und die Varianzen der Residualrenditen der einzelnen Investitionsobjekte ($\sigma_{\varepsilon i}^2$) sowie die

---

254 Ein naives Portfolio besteht aus einer Mischung von Wertpapieren ohne gezielte Ausnutzung der Varianz und Kovarianzwerte. In ein solches Portfolio werden nur rein zufällig ausgewählte Anlagetitel aus einem bestimmten Wertpapieruniversum (z.B. nationaler Aktienmarkt) gleich gewichtet aufgenommen.

Varianz der Marktrendite (σ_M^2) geschätzt werden. Eine mögliche Vorgehensweise zur Gewinnung der Parameter ist eine historisch basierte Schätzung mittels einer univariaten Regressionsanalyse. Hierzu werden in der Vergangenheit beobachtete Renditen r_{it} für ein Asset i auf die zeitgleich beobachteten Marktrenditen r_{Mt} regressiert.

6.2.3. Fallstudie zur Schätzung SIM

In Kap. 6.2.3.1. wird kurz auf die Schätzungen der Alpha- und Beta-Parameter sowie des Residualrisikos eingegangen. Nachdem das Single-Index-Modell aufgestellt ist, können die für eine Portfoliooptimierung notwendigen Inputparameter geschätzt werden (vgl. Kap. 6.2.3.2.).

6.2.3.1. Schätzung der Parameter

Hier werden die Schätzungen der Alpha- und Beta-Parameter anhand von einem praktischen Beispiel durchgeführt. Bei dem genutzten Datenmaterial handelt es sich um Monatsdaten von 01/93 bis 02/02 für acht europäische Aktien der Eurozone und den DOW JONES EURO STOXX 50 (DJES) als Benchmarkportfolio (bzw. Marktportfolio). Die Auswahl der Einzeltitel erfolgte nach dem Kriterium der Datenverfügbarkeit und der Marktkapitalisierung.[255]

O12 fx =LN(E12)-LN(E11)

	K	L	M	N	O	P	Q	R	S	T
10		Total Fina	BCO Sant	Telecom It	SIEMENS	Ass. Gene	E.ON	Sanofi	Danone	DJ Euro S
11	29.01.1993									
12	26.02.1993	0,13200	0,06523	0,03800	0,09379	0,04266	0,04380	0,08004	0,07687	0,07814
13	31.03.1993	0,03168	0,02904	-0,08956	-0,02455	-0,06378	-0,01307	-0,03978	0,00503	0,01098
14	30.04.1993	-0,00198	0,03814	0,20591	-0,04562	0,10688	0,01177	-0,04026	-0,09824	-0,02357
15	31.05.1993	0,02086	0,12737	0,20020	-0,02436	0,00764	-0,03010	-0,06799	-0,02008	-0,00051
16	30.06.1993	0,03414	0,00518	0,14933	0,02873	0,01778	0,01490	0,03214	0,02221	0,03866
17	30.07.1993	0,09808	0,10465	0,10087	0,05235	0,06649	0,06318	0,05790	-0,04477	0,06566
18	31.08.1993	0,04961	0,05294	0,11636	0,02876	0,04491	0,02231	0,01820	0,08775	0,06706

Abb. 6.2.3.1.-1.: Monatsrenditen der Aktien und des Marktindex

Zunächst werden die monatlichen Kursreihen in stetige absolute Renditen[256] (vgl. Kap. 1.5.1.2.) umgewandelt. Die Abb. 6.2.3.1.-1. stellt einen Auszug der berechneten

[255] Zu näherer Erläuterung des Datenmaterials vgl. A2.2.

[256] In dieser und den folgenden Fallstudien werden stetige Renditen gebildet, da sie besser für statistische Auswertungen geeignet sind. Werden die Daten später in eine Portfoliooptimierung einbezogen, sind die stetigen ggf. in diskrete Renditen umzurechnen, vgl. Kap. 1.5.1.3.

Renditen der acht unterschiedlichen Aktientitel dar. Die Aktienrenditen werden dann für jeden Aktientitel auf den Marktindex DJES regressiert. Der Regressionsansatz (gemäß unterstelltem Renditegenerierungsprozess; vgl. Kap. 6.2.1. Gleichung (2)) lautet:

(1) $$r_{it} = \alpha_i + \beta_i \cdot r_{Bt} + \varepsilon_{it} .$$

AH14 fx {= RGP(O12:O120;$T$12:$T$120;WAHR;FALSCH)}

	AF	AG	AH	AI	AJ	AK
10	Markt	Beta	Alpha			
11	Total Fina Elf	0,57831	0,00807			
12	BCO Santan	1,11080	0,00207			
13	Telecom Itali	1,23066	0,00643			
14	SIEMENS	1,47418	-0,00590			
15	Ass. General	0,69255	-0,00085			
16	E.ON	0,56700	0,00364			
17	Sanofi	0,38864	0,01562			
18	Danone	0,59829	-0,00115			

Abb. 6.2.3.1.-2.: Schätzungen der Alpha- und Beta-Parameter

Die Schätzung der Alpha- und Beta-Parameter wurde an dieser Stelle mithilfe der in Excel integrierten Funktion RGP umgesetzt. Diese findet man unter Einfügen/Funktion/Statistik/RGP. Die Abb. 6.2.3.1.-2. zeigt die ermittelten Ergebnisse für die Koeffizienten der Regression. Entsprechend wird die Regressionsanalyse für jede Aktie durchgeführt, indem die Funktion in die Zellen jeder Aktie kopiert wird. Die Tab. 6.2.3.1.-1. präsentiert die geschätzten Parameter für alle acht Titel.

Anlagemöglichkeit	**Alpha (α)**	**Beta (β)**	**Residualrisiko($\sigma_{\varepsilon i}^2$)**
Total Fina Elf	0,00807	0,57831	0,0039926
BCO Santander	0,00207	1,11080	0,0043064
Telecom Italia	0,00643	1,23066	0,0065935
SIEMENS	-0,00590	1,47418	0,0043423
Ass. Generali	-0,00085	0,69255	0,0031754
E.ON	0,00364	0,56700	0,0028941
Sanofi	0,01562	0,38864	0,0044068
Danone	-0,00115	0,59829	0,0035433

Tab. 6.2.3.1.-1.: Alpha-, Beta-Parameter und Residualrisiken der acht Anlageobjekte

Es bestehen zwei Möglichkeiten für die Ermittlung des (ex post) Residualrisikos: (i) anhand der Herleitung aus der Single-Index-Modellgleichung und (ii) aus der Ausgabe der RGP Funktion. Das Residualrisiko kann mittels SIM geschätzt werden. Im ersten Schritt wird durch Umformung der SIM-Gleichung der zufällige Störeinfluss geschätzt:

(2) $$r_{it} = \alpha_i + \beta_i r_{Bt} + \varepsilon_{it}$$

mit
- r_{it}: Rendite des i-ten Assets zum Zeitpunkt t
- α_i: Eigenrendite des i-ten Assets
- β_i: Beta-Parameter des i-ten Assets
- r_{Bt}: Rendite des Marktindex zum Zeitpunkt t
- ε_{it}: zufälliger Störeinfluss des i-ten Assets zum Zeitpunkt t

(3) $$\hat{\varepsilon}_{it} = r_{it} - \hat{\alpha}_i - \hat{\beta}_i r_{Bt}.$$

Y12 =O12-$AH$14-$AG$14*T12

	V	W	X	Y	Z	AA	AB	AC
9	**Zufälliger Störeinfluss**							
10	Total Fina	BCO Sant	Telecom It	SIEMENS	Ass. Gene	E.ON	Sanofi	Danone
11								
12	0,07874	-0,02363	-0,06459	-0,01550	-0,01060	-0,00414	0,03405	0,03127
13	0,01726	0,01478	-0,10950	-0,03484	-0,07053	-0,02294	-0,05968	-0,00039
14	0,00357	0,06225	0,22848	-0,00499	0,12406	0,02149	-0,04672	-0,08298
15	0,01308	0,12587	0,19441	-0,01771	0,00885	-0,03345	-0,08341	-0,01862
16	0,00371	-0,03983	0,09533	-0,02237	-0,00814	-0,01067	0,00149	0,00023
17	0,05203	0,02965	0,01363	-0,03855	0,02187	0,02231	0,01676	-0,08290
18	0,00276	-0,02362	0,02740	-0,06421	-0,00068	-0,01936	-0,02348	0,04878
19	-0,01693	0,01371	0,00896	0,03533	-0,02897	0,06050	-0,03582	-0,04522

Abb. 6.2.3.1.-3.: Berechnung des zufälligen Störeinflusses

Die Abb. 6.2.3.1.-3. veranschaulicht die Schätzung des zufälligen Störeinflusses für die SIEMENS-Aktie, wobei sich die Berechnungsformel in Zelle Y12 auf die nicht in der Abbildung abgezeichneten Zellen O12 und T12 (Renditewerte der Aktie und der Benchmark, vgl. Abb. 6.2.3.1.-1.) und Zellen AH14 und AG14 (geschätzte Koeffizienten Alpha und Beta der SIEMENS-Aktie, vgl. Abb. 6.2.3.1.-2.) bezieht.

Im zweiten Schritt wird die empirische Varianz des zufälligen Störeinflusses bzw. der Residualrendite ermittelt, indem die Summe aller quadrierten Residuen durch den Stichprobenumfang (minus eins) geteilt wird:

(4) $$\sigma_{\hat{\varepsilon}i}^2 = \frac{1}{T-1} \sum_{i=1}^{T} \hat{\varepsilon}_{it}^2$$

mit $\sigma_{\hat{\varepsilon}i}^2$: geschätztes Residualrisiko des i-ten Assets

T: Anzahl der Beobachtungen.

Für diese Fallstudie wurden entsprechend Formel (4) die in der Tab. 6.2.3.1.-1. enthaltenen Werte für das Residualrisiko berechnet.

Die einfachere Variante ist jedoch die Bestimmung des Risikos aus den Schätzungen der Funktion RGP. In der Abb. 6.2.3.1.-4. sind die Ergebnisse der Regressionsanalyse mittels RGP nach Gleichung (2) für die SIEMENS-Aktie veranschaulicht. In der Zelle

AK18 ist die Quadratsumme der Residualrendite ermittelt worden.[257] Für die Ermittlung des Residualrisikos nach Formel (4) muss nur noch die Quadratsumme der Residuen durch die Anzahl der Beobachtungen (minus eins) geteilt werden (vgl. Abb. 6.2.3.1.-4., Zelle AM15). Diese Variante für die Schätzung des Residualrisikos ist mit weniger Schätzaufwand verbunden und eignet sich deshalb für eine schnelle Ermittlung des Residualrisikos. Werden jedoch die Residualrenditen selbst für spätere Schätzungen (z.B. der Kovarianz der Residualrenditen) benötigt, ist die erste Variante anzuwenden.

AK18 {=RGP(O12:O120;T12:T120;WAHR;WAHR)}

	AJ	AK	AL	AM	AN	AO
14	1,47418	-0,00590		Residuale Varianz		
15	0,12044	0,00649		0,0043423		
16	0,58336	0,06620				
17	149,81524	107				
18	0,65662	0,46897				

Abb. 6.2.3.1.-4.: Berechnung des zufälligen Störeinflusses (aus RGP)

In der folgenden Fallstudie werden nun die erwarteten Renditen und das zukünftige Risiko der Anlageobjekte mit dem SIM bestimmt.

6.2.3.2. Prognose der Inputparameter für die Optimierung

Dem Portfoliomanager stehen die acht Anlagemöglichkeiten aus der vorherigen Fallstudie zur Auswahl. Die Ausgangsdaten (Alpha- und Beta-Parameter sowie das Residualrisiko) für die weiteren Berechnungen der folgenden Fallstudie stehen in der Tab. 6.2.3.1.-1. des vorherigen Kapitels. Die Größen in der Tabelle wurden mittels eines Regressionsmodells geschätzt, indem die Monatsrenditen jeder Anlage in Abhängigkeit von der Rendite des DOW JONES EURO STOXX 50 gesetzt wurden. Dieser Index repräsentiert in der Fallstudie den Marktindex. Seine erwartete Rendite und das zukünftige Risiko (Standardabweichung) wurden ebenfalls historisch basiert geschätzt. Die (geschätzte) erwartete Rendite beträgt somit 1,14% und die (geschätzte) Standardabweichung 5,29%.

257 Vgl. das Format der Ausgabedaten der Funktion RGP() im Anhang A6.2. insbesondere Abb. A6.2.-4.

Geschätzte Erwartete Rendite $\hat{\mu}_i = \hat{\alpha}_i + \hat{\beta}_i \hat{r}_M$	**Geschätztes Risiko der Anlageobjekte** $\hat{\sigma}_i^2 = \hat{\beta}_i^2 \cdot \hat{\sigma}_M^2 + \hat{\sigma}_{\varepsilon i}^2$
$\hat{\mu}_1 = 0{,}0081 + 0{,}5783 \cdot 0{,}0114 = 0{,}0147$	$\hat{\sigma}_1^2 = 0{,}5783^2 \cdot 0{,}0529^2 + 0{,}0040 = 0{,}0049$
$\hat{\mu}_2 = 0{,}0021 + 1{,}1108 \cdot 0{,}0114 = 0{,}0148$	$\hat{\sigma}_2^2 = 1{,}1108^2 \cdot 0{,}0529^2 + 0{,}0043 = 0{,}0078$
$\hat{\mu}_3 = 0{,}0064 + 1{,}2307 \cdot 0{,}0114 = 0{,}0205$	$\hat{\sigma}_3^2 = 1{,}2307^2 \cdot 0{,}0529^2 + 0{,}0066 = 0{,}0108$
$\hat{\mu}_4 = -0{,}0059 + 1{,}4742 \cdot 0{,}0114 = 0{,}0110$	$\hat{\sigma}_4^2 = 1{,}4742^2 \cdot 0{,}0529^2 + 0{,}0043 = 0{,}0104$
$\hat{\mu}_5 = -0{,}0009 + 0{,}6926 \cdot 0{,}0114 = 0{,}0071$	$\hat{\sigma}_5^2 = 0{,}6926^2 \cdot 0{,}0529^2 + 0{,}0032 = 0{,}0045$
$\hat{\mu}_6 = 0{,}0036 + 0{,}5670 \cdot 0{,}0114 = 0{,}0101$	$\hat{\sigma}_6^2 = 0{,}5670^2 \cdot 0{,}0529^2 + 0{,}0029 = 0{,}0038$
$\hat{\mu}_7 = 0{,}0156 + 0{,}3886 \cdot 0{,}0114 = 0{,}0201$	$\hat{\sigma}_7^2 = 0{,}3886^2 \cdot 0{,}0529^2 + 0{,}0044 = 0{,}0048$
$\hat{\mu}_8 = -0{,}0012 + 0{,}5983 \cdot 0{,}0114 = 0{,}0057$	$\hat{\sigma}_8^2 = 0{,}5983^2 \cdot 0{,}0529^2 + 0{,}0035 = 0{,}0045$

Tab. 6.2.3.2.-1.: Berechnung der erwarteten Rendite und des Risikos

In dieser Fallstudie werden die Schätzer für die erwartete Rendite und das zukünftige Risiko auf Basis von einfachen historischen Schätzungen ermittelt. Solche Werte liefern nicht automatisch eine gute Prognose für die zukünftige Entwicklung des Marktes. Die Problematik der einfachen historisch basierten Schätzungen wurde schon im Kap. 2.2.2. diskutiert. Da es allein um die Illustration der Vorgehensweise geht, sollen diese Schätzungen im Folgenden weiter verwendet werden.

Die Tab. 6.2.3.2.-1. veranschaulicht die Berechnung der Schätzer für die erwarteten Renditen und des zukünftigen Risikos anhand des SIM mittels historisch basierter Schätzungen der Alpha- und Beta-Parameter. Die zugrunde liegenden Gleichungen der Tabelle wurden in Kap. 6.2.2. hergeleitet (vgl. Gleichungen (2) und (7)). Die geschätzten Erwartungswerte wurden entsprechend der in der Tab. 6.2.3.1.-1. präsentierten Aktienreihenfolge durchnummeriert. Als Nächstes wird die Kovarianzmatrix der Assetrenditen (vgl. Gleichung (12) in Kap. 6.2.2.) berechnet. Aufgrund der Symmetrie der Kovarianzmatrix wird lediglich die untere Dreiecksmatrix ermittelt. Die

Werte auf der Diagonalen der Kovarianzmatrix entsprechen den Varianzen.[258] In der Tabelle 6.2.3.2.-2. wird nur die erste Spalte der Kovarianzmatrix dargestellt. Analog dazu werden alle anderen Kovarianzen berechnet. Die Abb. 6.2.3.2.-1. gibt eine Zusammenstellung der anhand des SIM geschätzten erwarteten Renditen und Risiken (Kovarianzmatrix) wieder.

	Kovarianzen $\hat{\sigma}_{ij} = \hat{\beta}_i \cdot \hat{\beta}_j \cdot \hat{\sigma}_M^2$
	Total Fina Elf
Total Fina Elf	$\hat{\sigma}_1^2$
BCO Santander	$0{,}5783 \cdot 1{,}1108 \cdot 0{,}0529^2 = 0{,}0017972$
Telecom Italia	$0{,}5783 \cdot 1{,}2307 \cdot 0{,}0529^2 = 0{,}0019911$
SIEMENS	$0{,}5783 \cdot 1{,}4742 \cdot 0{,}0529^2 = 0{,}0023851$
Ass. Generali	$0{,}5783 \cdot 0{,}6926 \cdot 0{,}0529^2 = 0{,}0011205$
E.ON	$0{,}5783 \cdot 0{,}5670 \cdot 0{,}0529^2 = 0{,}0009174$
Sanofi	$0{,}5783 \cdot 0{,}3886 \cdot 0{,}0529^2 = 0{,}0006288$
Danone	$0{,}5783 \cdot 0{,}5983 \cdot 0{,}0529^2 = 0{,}0009680$

Tab. 6.2.3.2.-2.: Berechnung der Kovarianzmatrix

Die durch das Modell gewonnenen Daten können dann beispielsweise als Inputdaten für eine Portfoliooptimierung eingesetzt werden (siehe beispielsweise Kap. 2.3.3.).

	DN	DO	DP	DQ	DR	DS	DT	DU	DV	DW
16	Schätzer für erwartete Rendite und Varianz-Kovarianzen									
17										
18	Aktie	EW(r)	Total Fina Elf	BCO Santanc	Telecom Italia	SIEMENS	Ass. General	E.ON	Sanofi	Danone
19	Total Fina Elf	0,01468	0,0049283	0,0017972	0,0019911	0,0023851	0,0011205	0,0009174	0,0006288	0,0009680
20	BCO Santander	0,01476	0,0017972	0,0077584	0,0038245	0,0045812	0,0021522	0,0017620	0,0012078	0,0018593
21	Telecom Italia	0,02048	0,0019911	0,0038245	0,0108306	0,0050755	0,0023844	0,0019522	0,0013381	0,0020599
22	SIEMENS	0,01094	0,0023851	0,0045812	0,0050755	0,0104222	0,0028562	0,0023384	0,0016029	0,0024675
23	Ass. Generali	0,00706	0,0011205	0,0021522	0,0023844	0,0028562	0,0045172	0,0010986	0,0007530	0,0011592
24	E.ON	0,01012	0,0009174	0,0017620	0,0019522	0,0023384	0,0010986	0,0037935	0,0006165	0,0009490
25	Sanofi	0,02006	0,0006288	0,0012078	0,0013381	0,0016029	0,0007530	0,0006165	0,0048294	0,0006505
26	Danone	0,00568	0,0009680	0,0018593	0,0020599	0,0024675	0,0011592	0,0009490	0,0006505	0,0045447

Abb. 6.2.3.2.-1.: Inputdaten einer Portfoliooptimierung

258 Für $i = j$ gilt: $\sigma_{ii} = \sigma^2_i$.

Als Beispiel werden die ermittelten Daten zur Bestimmung eines Tangentialportfolios verwendet. Die zu maximierende Zielfunktion hat folgende Form (vgl. Kap. 2.3.3.3.3.):

$$(1) \qquad ZF = \frac{\mathbf{w}^{\mathbf{T}} \cdot \mathbf{r} - r_F}{\sqrt{\mathbf{w}^{\mathbf{T}} \cdot \mathbf{V} \cdot \mathbf{w}}} \rightarrow \max!$$

	DN	DO
31	Markt	Gewicht (**w**)
32	Total Fina Elf	0,2517
33	BCO Santander	0,0353
34	Telecom Italia	0,1086
35	SIEMENS	0,0000
36	Ass. Generali	0,0000
37	E.ON	0,1450
38	Sanofi	0,4594
39	Danone	0,0000
40		
41	Budgetrestriktior	1,0000
42		
43	Portfoliorendite:	0,01713
44	Portfoliovarianz:	0,00227
45	P-StdAbw:	0,04760
46	Zielfunktionswert	0,35980

Abb. 6.2.3.2.-2.: Gewichtsanteile eines Tangentialportfolios

Als Nebenbedingungen werden lediglich die Nichtnegativität der Gewichtsanteile und die Budgetrestriktion berücksichtigt. Nach der Optimierung ergeben sich die in Abb. 6.2.3.2.-2. dargestellten Gewichtsanteile der Aktien.

Wie in der Fallstudie veranschaulicht, ermöglicht das Single-Index-Modell im Vergleich zum Markowitz-Modell die Reduzierung des Schätzaufwandes der benötigten Daten. Zur Schätzung der Inputparameter werden gegenüber dem bisherigen Vorgehen statt $N(N\text{-}1)/2$ Kovarianzen und N Renditen sowie N Varianzen (also insgesamt $N(N+3)/2$ Parameter) nur $3N+2$ Parameter benötigt. Für jedes Asset müssen nämlich N Alpha- und N Beta-Parameter sowie N Residualrisiken (also insgesamt $3N$) geschätzt werden. Zusätzlich wird die erwartete Indexrendite sowie die Indexvarianz benötigt, daher also $3N + 2$ Parameter.

Kritisch wird beim SIM die Abhängigkeit der erwarteten Rendite von nur einem Faktor gesehen. Dabei besteht die Gefahr, dass dieser einzige Faktor nicht alle wesentlichen Beziehungen zwischen den Wertpapieren widerspiegeln kann. Die reale Welt ist viel komplexer und kann dementsprechend durch das SIM nur approximativ dargestellt werden.

Aufgrund der gewählten Annahmen des Modells kann ein Informationsverlust gegenüber der Realität festgestellt werden. Besonders die Unterstellung unkorrelierter Residuen wird als problematisch angesehen.[259] In der Realität können (Residual-) Renditen von Wertpapieren, z.B. einer Branche, durchaus wechselseitige Zusammenhänge aufweisen.[260] In einer solchen Situation ergeben sich durch die Annahme unkorrelierter Störeinflüsse für Kovarianzen nur approximative Werte. In der Abb. 6.2.3.2.-3. ist die (mittels VBA-Analysefunktionen) geschätzte Kovarianzmatrix der Residuen für die Fallstudie veranschaulicht. Die Matrix ist vollständig besetzt. Wie vermutet wird hier die Annahme unkorrelierter Residuen (Diagonalmatrix) in der Fallstudie nicht eingehalten.

	BD	BE	BF	BG	BH	BI	BJ	BK	BL
1		Total Fina E	BCO Santar	Telecom Ital	SIEMENS	Ass. Genera	E.ON	Sanofi	Danone
2	Total Fina Elf	0,0039560	0,0001418	-0,0002456	-0,0005731	-0,0002606	0,0005517	0,0007398	0,0006836
3	BCO Santand	0,0001418	0,0042669	-0,0004472	-0,0005289	-0,0000222	-0,0001582	-0,0004926	0,0004138
4	Telecom Italia	-0,0002456	-0,0004472	0,0065330	0,0008419	0,0011183	-0,0008544	-0,0007885	-0,0010872
5	SIEMENS	-0,0005731	-0,0005289	0,0008419	0,0043025	-0,0003733	-0,0010105	-0,0007681	-0,0009828
6	Ass. General	-0,0002606	-0,0000222	0,0011183	-0,0003733	0,0031463	0,0003134	0,0005107	0,0008788
7	E.ON	0,0005517	-0,0001582	-0,0008544	-0,0010105	0,0003134	0,0028675	0,0009257	0,0008238
8	Sanofi	0,0007398	-0,0004926	-0,0007885	-0,0007681	0,0005107	0,0009257	0,0043664	0,0011329
9	Danone	0,0006836	0,0004138	-0,0010872	-0,0009828	0,0008788	0,0008238	0,0011329	0,0035108

Abb. 6.2.3.2.-3.: Kovarianzmatrix der Residuen

6.3. Multi-Index-Modell

6.3.1. Zentrale Annahmen

Das Multi-Index-Modell ist ein weiteres Modell zur Erklärung von Renditegenerierungsprozessen. Dem *Multi-Index-Modell* (MIM) liegt die Überlegung zugrunde, dass die Renditeentwicklung eines einzelnen Assets nicht wie beim SIM in Abhängigkeit von nur einem, allen Assets gemeinsamen Faktor steht, sondern außer dem Marktindex auch andere gemeinsame Einflüsse auf die Entwicklung der Wertpapierkurse einwirken. Die zentrale Annahme des SIM wird im MIM abgeschwächt, indem die zusätzlich eingeführten Faktoren das empirisch beobachtete Phänomen, nämlich die Existenz von Kovarianzen der Störterme im SIM, beschreiben sollen. Aus diesen

259 Vgl. Steiner/Bruns (2002), S. 14. Im Grunde ist diese Problematik Auswirkung der Annahme nur eines renditegenerierenden Faktors.

260 Dies könnte z.B. durch einen zweiten, nicht erfassten Faktor verursacht werden (etwa einen sog. Branchenfaktor neben dem allgemeinen Marktfaktor). Um die Korrelationsstruktur der Residuen in diesem Beispiel zu beseitigen, müsste dieser Faktor als renditegenerierender Einfluss explizit berücksichtigt werden. Dies würde zu einem zweifaktoriellen Modell führen.

Gründen wird das SIM durch Einbeziehung zusätzlicher systematischer Einflussgrößen erweitert, wie die Gleichung (1) verdeutlicht:

(1) $$r_{it} = \alpha_i + \beta_{i1} I_{1t} + \beta_{i2} I_{2t} + ... + \beta_{iKt} I_{Kt} + \varepsilon_{it} \qquad \text{für alle } i = 1, ..., N$$

mit
r_{it}: Rendite des i-ten Assets zum Zeitpunkt t
α_i: Eigenrendite des i-ten Assets
β_{ik}: Abhängigkeit der Rendite des i-ten Assets vom k-ten Einflussfaktor I_k
I_{kt}: k-ter systematischer Einflussfaktor (Index) zum Zeitpunkt t
ε_{it}: zufälliger Störeinfluss, Residualrendite zum Zeitpunkt t.

Wie auch beim SIM bestehen beim MIM folgende Annahmen, die für die $i = 1, ..., N$ Assets und $k = 1, ..., K$ Faktoren gelten:

(A1) Der zufällige Störeinfluss[261] ist eine Zufallsvariable mit Erwartungswert von null:

$$E(\varepsilon_i) = 0 \qquad \text{für alle } i = 1, \ldots, N.$$

(A2) Die Varianz[262] der Residualrendite ist endlich und konstant und beträgt:

$$\text{Var}(\varepsilon_i) = \sigma_{\varepsilon i}^2 \qquad \text{für alle } i = 1, \ldots, N.$$

(A3) Die Varianz eines Faktors I_k mit $k =1, ..., K$ ist ebenfalls endlich und konstant und beträgt:

$$\text{Var}(I_k) = \sigma_{I_k}^2 \qquad \text{für alle } k = 1, \ldots, K.$$

261 Es wird die Annahme gesetzt, dass alle Störeinflüsse im Zeitablauf identisch und unabhängig verteilt sind ($\varepsilon_{it} \sim$ i.i.d.). Wegen dieser Annahme ist die zusätzliche Indizierung mit dem Zeitindex nicht notwendig.

262 Ferner wird oftmals angenommen, dass die Zufallsschwankungen (*Residualrenditen*) des i-ten Assets einer Normalverteilung ($\varepsilon_i \sim N(0,\sigma_{\varepsilon i}^2)$) folgen. Die Normalverteilungsannahme ist hier noch nicht unbedingt notwendig, jedoch hilfreich für die spätere Schätzung eines MIM.

(A4) Die zufälligen Störeinflüsse (*Residualrenditen*) sind unsystematisch und nicht korreliert:

$$\text{Cov}(\varepsilon_i, \varepsilon_j) = 0 \qquad \text{für alle } i = 1, \ldots, N, \qquad j = 1, \ldots, N, i \neq j.$$

(A5) Die Kovarianz zwischen dem Störeinfluss des i-ten Assets und dem k-ten Index ist gleich null:

$$\text{Cov}(\varepsilon_i, I_k) = 0 \qquad \text{für alle } i = 1, \ldots, N, \qquad k = 1, \ldots, K.$$

(A6) Die Faktoren sind nicht miteinander korreliert

$$\text{Cov}(I_k, I_m) = 0 \qquad \text{für alle } k = 1, \ldots, K, \qquad m = 1, \ldots, K, k \neq m.$$

Die Annahmen (1) bis (5) gleichen im Wesentlichen denen des SIM. Die Annahme (6) ist optional zu sehen. Wird diese Annahme nicht getroffen, können die Faktoren untereinander korreliert sein. In diesem Fall spricht man von einer *Kovarianzform*[263] des MIM, andernfalls von einer *Diagonalform*.

6.3.2. Rendite- und Risikoprognosen

Aus der Modellgleichung nach (1) aus Kap. 6.3.1. und den gesetzten Annahmen lassen sich die erwartete Rendite, Varianz und Kovarianz herleiten.[264] Die erwartete Rendite des i-ten Assets entspricht der Summe der Eigenrendite (α_i) des Assets und den Produkten der Erwartungswerte der Indices (I_k) und deren Sensitivitätsgrößen (β_{ik}). Der Erwartungswert des zufälligen Störeinflusses (*Residualrendite*) ist annahmegemäß gleich null ($E(\varepsilon_i) = 0$) und entfällt damit:

(1) $$\mu_i = \alpha_i + \beta_{i1}\bar{I}_1 + \beta_{i2}\bar{I}_2 + \ldots + \beta_{iK}\bar{I}_K \qquad \text{für alle } i = 1, \ldots, N$$

mit μ_i: Erwartungswert der Rendite des i-ten Assets (auch als $E(r_{it})$ bezeichnet)

$\bar{I}_k$: Erwartungswert der Indexrendite

263 Betrachtet man z.B. ein MIM mit mehreren Branchenindices, dann ist eine Abhängigkeit dieser Indices untereinander aus sachlogischer Sicht durchaus vorstellbar (z.B. Korrelation der Chemieindustrie und Ölindustrie).

264 Für die Herleitung der Prognosegleichung aus der Modellgleichung siehe Anhang A6.4. Bei der realen Umsetzung sind unter den Parametern deren Schätzwerte zu verstehen.

Die Varianz der Rendite des i-ten Assets lässt sich ebenfalls aus der Modellgleichung ableiten:[265]

(2) $$\sigma_i^2 = Var(R_i) = Var(\alpha_i + \beta_{i1}I_1 + \beta_{i2}I_2 + ... + \beta_{iK}I_K + \varepsilon_i) =$$
$$\beta_{i1}^2 Var[I_1] + \beta_{i1}\beta_{i2}Cov[I_1, I_2] + ... + \beta_{i1}Cov[I_1, \varepsilon_i] + ...$$
$$+ \beta_{iK}\beta_{i1}Cov[I_K, I_1] + ... + \beta_{iK}^2 Var[I_K] + \beta_{iK}Cov[I_K, \varepsilon_i] + ... + Var[\varepsilon_i].$$

Handelt es sich um eine *Diagonalform* des MIM, so bestehen entsprechend der Modellannahmen (5) und (6) keine Korrelationen zwischen den Faktoren sowie den Faktoren und dem Störeinfluss. Die Gleichung (2) kann dem zufolge vereinfacht werden:

(3) $$\sigma_i^2 = \beta_{i1}^2\sigma_{I_1}^2 + \beta_{i2}^2\sigma_{I_2}^2 + ... + \beta_{iK}^2\sigma_{I_K}^2 + \sigma_{\varepsilon i}^2 = \sum_{k=1}^{K}\beta_{ik}^2\sigma_{I_k}^2 + \sigma_{\varepsilon i}^2.$$

Für die *Kovarianzform* trifft die Annahme (6) nicht zu, weshalb die Kovarianzterme der Faktoren erhalten bleiben. Die Varianz der Rendite für die Kovarianzform des MIM wird nach der Formel (4) berechnet:

(4) $$\sigma_i^2 = \beta_{i1}^2\sigma_{I_1}^2 + \beta_{i1}\beta_{i2}Cov[I_1, I_2] + ... + \beta_{i1}\beta_{iK}Cov[I_1, I_K] + ...$$
$$+ \beta_{iK}\beta_{i1}Cov[I_K, I_1] + ... + \beta_{iK}\beta_{i(K-1)}Cov[I_K, I_{K-1}] + \beta_{iK}^2\sigma_{IK}^2 + \sigma_{\varepsilon i}^2 =$$
$$\sum_{k=1}^{K}\sum_{m=1}^{K}\beta_{ik}\beta_{im}Cov[I_k, I_m] + \sigma_{\varepsilon i}^2.$$

Ähnlich wie beim SIM wird die Gleichung der Kovarianz ermittelt:

(5) $$\sigma_{ij} = Cov(r_i, r_j) =$$
$$Cov(\alpha_i + \beta_{i1}I_1 + ... + \beta_{iK}I_K + \varepsilon_i, \alpha_j + \beta_{j1}I_1 + ... + \beta_{jK}I_K + \varepsilon_j) =$$
$$\beta_{i1}\beta_{j1}Var[I_1] + \beta_{i1}\beta_{j2}Cov[I_1, I_2] + \beta_{i1}\beta_{j3}Cov[I_1, I_3] + ...$$
$$+ \beta_{i1}\beta_{jK}Cov[I_1, I_K] + \beta_{i1}Cov[I_1, \varepsilon_j] + ... + Cov[\varepsilon_i, \varepsilon_j].$$

---

265 Die Ermittlung der Varianz erfolgt bei der Anwendung des Modells auf Basis der Schätzwerte der Parameter analog zu der Ermittlung der Erwartungsrendite. Aus Vereinfachungsgründen wird die explizite Unterscheidung in Modellgleichung und Prognosegleichung des Modells ausgelassen. Jedoch sind bei der Anwendung unter den Parametern die Schätzwerte zu verstehen.

Auch diese Gleichung kann aufgrund der Annahmen des Modells vereinfacht werden. Alle Terme, die die Kovarianz zwischen zwei Faktoren, zwischen Faktoren und Störtermen und zweier Störterme enthalten, fallen gemäß den Annahmen (4)-(6) weg. Damit ergibt sich die Kovarianzformel einer Diagonalform wie folgt:

(6) $$\sigma_{ij} = \beta_{i1}\beta_{j1}\sigma^2_{I_1} + \beta_{i2}\beta_{j2}\sigma^2_{I_2} + \beta_{i3}\beta_{j3}\sigma^2_{I_3} + \ldots + \beta_{iK}\beta_{jK}\sigma^2_{I_K} = \sum_{k=1}^{K} \beta_{ik}\beta_{jk}\sigma^2_{I_k}.$$

In der Matrizenform können die Gleichungen (3) und (6) für alle N Assets zusammengefasst werden:

(7) $$\mathbf{V} = \mathbf{B} \cdot \mathbf{F} \cdot \mathbf{B}^{\mathbf{T}} + \mathbf{\Omega}$$

mit **V**: $N \times N$ Kovarianzmatrix der Wertpapierrenditen
B: $N \times K$ Matrix der Sensitivitätskoeffizienten β_{ij}
F: $K \times K$ diagonale Kovarianzmatrix der Faktoren I_k
Ω: $N \times N$ Diagonalmatrix der Kovarianzen der Residualrenditen.

Für die Kovarianzform des Modells bleiben die Terme mit den Kovarianzen der Faktoren erhalten:

(8) $$\sigma_{ij} = \beta_{i1}\beta_{j1}\sigma^2_{I_1} + \beta_{i1}\beta_{j2}Cov[I_1, I_2] + \ldots + \beta_{i1}\beta_{jK}Cov[I_1, I_K] + \ldots + \beta_{iK}\beta_{j1}Cov[I_K, I_1] + \ldots + \beta_{iK}\beta_{j(K-1)}Cov[I_K, I_{K-1}] + \beta_{iK}\beta_{jK}\sigma^2_{I_K} = \sum_{k=1}^{K}\sum_{m=1}^{K} \beta_{ik}\beta_{jm}Cov[I_k, I_m].$$

In Matrizenform können wiederum die Gleichungen (4) und (8) für alle N Assets zusammengefasst werden:

(9) $$\mathbf{V} = \mathbf{B} \cdot \mathbf{\Lambda} \cdot \mathbf{B}^{\mathbf{T}} + \mathbf{\Omega}$$

mit **Λ**: voll besetzte Kovarianzmatrix der Faktoren.

Für die praktische Anwendung des Modells müssen die Eigenrenditen (α_i) und die Varianzen der zufälligen Residualrenditen der einzelnen Investitionsobjekte ($\sigma^2_{\varepsilon i}$) geschätzt werden. Ebenso werden die geschätzten Erwartungswerte der Faktoren ($\bar{I}_k$), deren Varianzen ($\sigma^2_{I_k}$) sowie die Schätzer der Sensitivitätsfaktoren (β_{ik}) für alle Assets gegenüber allen Faktoren benötigt.

Das MIM ermöglicht ebenfalls eine Reduzierung der für die Portfoliooptimierung benötigten Schätzparameter. Das Modell beinhaltet zwar mehr Parameter als das SIM, jedoch ist der Schätzaufwand immer noch deutlich geringer als beim originären Modell. Insbesondere verringert sich die Anzahl der Schätzungen für die Kovarianzmatrix bemerkbar. Ein weiterer Vorteil des MIM liegt in der Vereinfachung der Portfoliooptimierung selbst, was aber hier nicht näher betrachtet werden soll. Insgesamt addiert sich die Gesamtanzahl der zu schätzenden Inputparameter für eine Diagonalform zu $2N + 2K + KN$. Für jedes Asset werden N Alpha-Parameter und N Residualrisiken, und für jeden Faktor seine erwartete Rendite (K Mal) und zukünftige Varianz (K Mal) geschätzt. Betafaktoren müssen für jede Aktie und jeden Index (KN Mal) berechnet werden. Daraus ergibt sich die Anzahl der geschätzten Parameter: $2N+2K+KN$.

Die Gewinnung der benötigten Parameter ist jedoch nicht unproblematisch. Eine mögliche Lösung zur Schätzung der Parameter stellt die Durchführung einer multivariaten Regressionsanalyse aufgrund historischer Beobachtungen dar. Die Vorgehensweise ist ähnlich wie beim SIM. Für einen gegebenen Beobachtungszeitraum werden zuerst die Renditen der einzelnen Anlageobjekte und die Faktorrenditen erhoben. Im nächsten Schritt werden anhand eines Regressionsmodells die Eigenrendite (α_i), die Betafaktoren (β_{ik}) sowie die Residualrisiken ($\sigma^2_{\varepsilon i}$) geschätzt.

6.3.3. Fallstudie zur Schätzung MIM

In den folgenden Kapiteln werden zwei Fallstudien zur Schätzung eines MIM präsentiert. In beiden Beispielen wird angenommen, dass ein Zusammenhang zwischen der Entwicklung bestimmter ausgewählter deutscher Aktienkurse und der Entwicklung verschiedener makroökonomischer Faktoren besteht. Während die erste Fallstudie eine unproblematische Schätzung des MIM aufzeigt, vermittelt die zweite Fallstudie einen Einblick in mögliche, bei der Schätzung eines MIM auftretende Probleme.

6.3.3.1. Schätzung der Modellkoeffizienten

In dieser Fallstudie wird am Beispiel der Infineon-Aktie untersucht, wie deren Kursentwicklungen von den Entwicklungen des nationalen Branchenindex (CDAX-Technologie), des europäischen Branchenindex[266] (MSCI EUROPE IT) und der Entwicklung der Halbleiter-Preise beeinflusst werden.

M8 fx =LN(D8)-LN(D7)

	A	J	K	L	M
7		Halbleiter	CDAX	MSCI	Infineon
8	30.04.2000	0,06879	0,12145	0,04075	0,27588
9	31.05.2000	-0,00358	-0,06133	-0,08635	-0,04196
10	30.06.2000	0,21710	0,04754	-0,00437	0,17515
11	31.07.2000	0,05011	0,00381	0,01654	-0,11958
12	31.08.2000	0,04876	0,05742	0,08716	0,00941
13	30.09.2000	-0,11752	-0,20525	-0,15623	-0,29710
14	31.10.2000	-0,33342	-0,00884	-0,03460	-0,14936
15	30.11.2000	-0,23907	-0,16338	-0,17548	-0,05372
16	31.12.2000	-0,38892	0,02467	0,00009	-0,16005
17	31.01.2001	-0,17435	0,10660	-0,00187	0,15452
18	28.02.2001	-0,24116	-0,22381	-0,31783	-0,19550
19	31.03.2001	0,24664	-0,04036	-0,12122	0,15819
20	30.04.2001	-0,13640	0,10427	0,20805	0,08181

Abb. 6.3.3.1.-1.: Ausgangsdaten der Fallstudie

Für einen Untersuchungszeitraum vom 03/00 bis 02/03 werden aus den historischen Kursreihen die stetigen absoluten Monatsrenditen der Infineon-Aktie, des Halbleiter-Preises, des CDAX und des MSCI gebildet.[267] Abb. 6.3.3.1.-1. präsentiert einen Auszug aus den berechneten Daten, wobei die Berechnungsformel in Zelle M8 sich auf die in der Spalte D (nicht in der Abbildung abgezeichnet) stehenden Kursreihen der Aktie bezieht. Die Rendite der Infineon-Aktie wird als eine lineare Kombination aus den Renditen der drei Variablen (*Halbleiter*-Preise, *CDAX* und *MSCI*) dargestellt. Die Gleichung des Modells sieht wie folgt aus:

$$(1)\quad r_{Infineon,t} = \alpha + \beta_{Halbleiter} Halbleiter_t + \beta_{CDAX} CDAX_t + \beta_{MSCI} MSCI_t + \varepsilon_t \,.$$

266 Alternativ oder zusätzlich wäre auch die Einbeziehung eines Marktindex, wie z.B. DJ EURO STOXX 50 möglich, soll hier aber nicht weiter betrachtet werden.

267 Die Grenzen des gewählten Zeitraums wurden aufgrund der Verfügbarkeit der verwendeten Daten bestimmt.

	P	Q	R	S	T	U
29	*Regressions-Statistik*					
30	Multipler Korr	0,90213				
31	Bestimmtheit	0,81384				
32	Adjustiertes E	0,79582				
33	Standardfehle	0,10554				
34	Beobachtung	35				
35						
36	ANOVA					
37		*Freiheitsgrade (*	*adratsummen (*	*Quadratsumm*	*Prüfgröße (F)*	*F krit*
38	Regression	3	1,50961	0,50320	45,17354	0,00000
39	Residue	31	0,34532	0,01114		
40	Gesamt	34	1,85493			
41						
42		*Koeffizienten*	*Standardfehler*	*t-Statistik*	*P-Wert*	*Untere 95%*
43	Schnittpunkt	-0,01951	0,01951	-1,00005	0,32503	-0,05930
44	Halbleiter	0,22242	0,07826	2,84196	0,00786	0,06280
45	CDAX	1,93372	0,28093	6,88324	0,00000	1,36076
46	MSCI	-0,76446	0,28558	-2,67687	0,01177	-1,34690

Abb. 6.3.3.1.-2.: Ausgabe der Regressionsanalyse

Die Koeffizienten dieses Modells (der Alpha- und die Beta-Parameter) lassen sich mithilfe einer linearen Regression schätzen. Die Schätzung des MIM unter Verwendung von Excel folgt der gleichen Vorgehensweise wie beim SIM. Je nach Vorlieben des Nutzers kann der Weg mit der eingebauten Funktion RGP() (Einfügen/Funktion/Statistik/RGP) oder mit der VBA-Analysefunktion (Extras/Analyse-Funktionen.../Regression) beschritten werden.[268] Die Abbildung 6.3.3.1.-2. präsentiert die Ergebnisse für die Schätzung des MIM mittels der VBA-Analysefunktion (Regression).

Anhand der Regressionsstatistik kann die Güte des geschätzten Modells bewertet werden.[269] Laut der Analyse kann die Gesamtschwankung der Einperiodenrendite der Infineon-Aktie zu 81% durch das Regressionsmodell (die Entwicklung von *Halbleiter*-Preisen, vom *CDAX* und vom *MSCI*) erklärt werden. Der *F*-Wert der Regressionsfunktion ist mit einer Irrtumswahrscheinlichkeit von weniger als 1% statistisch signifikant (vgl. Zelle U38 „*F krit*" in der Abb. 6.3.3.1.-2.), weswegen die Nullhypothese (die Koeffizienten der Regression sind alle gleich null) verworfen werden kann.

268 Zum Einsatz der eingebauten Funktion und der VBA-Analysefunktion vgl. Anhang A6.2.

269 Zu einer kurzen Betrachtung der Regressionsanalyse vgl. Anhang A6.1.; vgl. auch Poddig/Dichtl/Petersmeier (2003), S. 783 ff.

Nachdem anhand des F-Tests festgestellt wurde, dass ein Zusammenhang zwischen der abhängigen und den erklärenden Variablen besteht, sollen die Regressionskoeffizienten einzeln überprüft werden. Laut der t-Statistik sind alle Koeffizienten der unabhängigen Variablen statistisch signifikant von null verschieden. Mithilfe der P-Werte kann bestimmt werden, ob die einzelnen Koeffizienten signifikant von null verschieden sind. Hier wird eine üblicherweise geforderte, maximal zulässige Irrtumswahrscheinlichkeit von 5% nicht überschritten (vgl. die Spalte „*P-Wert*" der Abb. 6.3.3.1.-2.).

Nach der Schätzung des Multi-Index-Modells können die Erwartungswerte der Rendite und die Varianz für die Infineon-Aktie geschätzt werden. Als Ausgangsformel werden die Gleichungen (1) bis (8) aus Kap. 6.3.2. benutzt. Für den Renditeerwartungswert ergibt sich nach dem Einsetzen der geschätzten Koeffizienten folgende Gleichung:

(2) $$\hat{\mu}_{Infineon} = -0{,}0195 + 0{,}222 \cdot \hat{\mu}_{Halbleiter} + 1{,}934 \cdot \hat{\mu}_{CDAX} + (-0{,}765) \cdot \hat{\mu}_{MSCI} .$$

Mithilfe des aufgestellten Modells kann die Erwartungsrendite der Infineon-Aktie geschätzt, ebenso aber auch die geschätzten Renditen ex post für die einzelnen Zeitpunkte t bestimmt werden. Die auf der einfachen, historisch basierten Schätzung berechneten Schätzer für die Erwartungswerte (historische Mittelwerte) der unabhängigen Variablen betragen -0,053 für *Halbleiter*, -0,038 für *CDAX* und -0,053 für *MSCI*. Nach dem Einsetzen in die Formel (2) beträgt der Schätzer für den Renditeerwartungswert der Infineon-Aktie -0,064.

Die Formel (2) kann für die geschätzte Rendite zu einem Zeitpunkt t wie folgt geschrieben werden:

(3) $$\hat{r}_{Infineon_t} = -0{,}0195 + 0{,}222 \cdot Halbleiter_t + 1{,}934 \cdot CDAX_t + (-0{,}765) \cdot MSCI_t .$$

Setzt man die Renditewerte von 12/02 für *Halbleiter* (0,176), *CDAX* (-0,218) und *MSCI* (-0,270) ein, erhält man den geschätzten Renditewert für die Infineon-Aktie zum Zeitpunkt 12/02 in Höhe von 19,5%, wobei für den Wert der Residualrendite dessen Erwartungswert von null eingesetzt wird. Die realisierte Rendite der Infineon-Aktie für 12/02 entspricht 22,8%. Die Abweichung von der tatsächlichen Rendite entspricht folglich der ex post geschätzten Residualrendite und kann aus Formel (4) berechnet werden:

(4) $$\hat{\varepsilon}_t = r_t - \hat{r}_t \,.$$

Für 12/02 beträgt die Residualrendite der Infineon Aktie 22,8% – 19,5% = 3,3%. Ebenfalls mittels des geschätzten MIM werden die Werte für die Varianz ermittelt, wobei eine Unterscheidung in *Diagonal-* und *Kovarianzform* des Modells wichtig ist. Die Gleichung für die Varianz der Diagonalform des MIM nimmt für die Fallstudie folgende Form an:

(5) $$\sigma^2_{Infineon} = \beta^2_{Halbleiter} \cdot \sigma^2_{Halbleiter} + \beta^2_{CDAX} \cdot \sigma^2_{CDAX} + \beta^2_{MSCI} \cdot \sigma^2_{MSCI} + \sigma^2_{\varepsilon i} \,.$$

Für die Schätzung der Varianz aus dem Modell müssen zusätzlich die Varianzen der einzelnen Indices sowie die residuale Varianz ermittelt werden. In Excel ist die Berechnung mithilfe der eingebauten Funktion VARIANZ() durchführbar. Die Residualvarianz wird analog zu der in Kap. 6.2.3.1. dargestellten Berechnung geschätzt:

(6) $$\sigma^2_{\hat{\varepsilon}_{Infineon}} = \frac{1}{T-1} \sum_{t=1}^{T} \hat{\varepsilon}^2_{Infineon,t}$$

mit $\sigma^2_{\hat{\varepsilon}_{Infineon}}$: Residualrisiko des *i*-ten Assets

wobei

$$\hat{\varepsilon}_{Infineon,t} = r_{Infineon,t} - \hat{\alpha} - \hat{\beta}_{Halbleiter} Halbleiter_t - \hat{\beta}_{CDAX} CDAX_t - \hat{\beta}_{MSCI} MSCI_t \,.$$

Die Abb. 6.3.3.1.-3. präsentiert einen Auszug aus dem Datensatz, wobei in den Zellen J43 bis L43 die Varianzen aus den Renditereihen von *Halbleiter*-Preisen, *CDAX* und *MSCI* berechnet wurden. In der Zelle N43 wurde die Residualvarianz ermittelt. Die Ermittlung der Varianz in Excel ist am einfachsten anhand der Matrizenrechnung durchzuführen. In der Matrizenform sieht die Formel (5) wie folgt aus:

(7) $$\sigma^2_{Infineon} = \begin{bmatrix} \beta_{Halbleiter} & \beta_{CDAX} & \beta_{MSCI} \end{bmatrix} \cdot \begin{bmatrix} \sigma^2_{Halbleiter} & 0 & 0 \\ 0 & \sigma^2_{CDAX} & 0 \\ 0 & 0 & \sigma^2_{MSCI} \end{bmatrix} \cdot \begin{bmatrix} \beta_{Halbleiter} \\ \beta_{CDAX} \\ \beta_{MSCI} \end{bmatrix} + \sigma^2_{\varepsilon} \,.$$

Nachdem die Schätzungen der Varianzen von *Halbleiter*-Preisen, *CDAX* und *MSCI* sowie der Residualvarianz durchgeführt wurden, können die ermittelten Varianzen sowie die Beta-Werte in die Varianzgleichung eingesetzt werden (vgl. Abb. 6.3.3.1.-4.). Nach der Berechnung entspricht die geschätzte Varianz der Rendite der Infineon-Aktie in der Diagonalform des MIM 0,1118.

J43 =VARIANZ(J8:J42)

	A	J	K	L	M	N
34	30.06.2002	0,17804	-0,10109	-0,15712	-0,11534	0,00361
35	31.07.2002	0,05022	-0,18715	-0,19155	-0,06141	0,02637
36	31.08.2002	-0,25951	-0,06895	0,00008	-0,26570	0,00303
37	30.09.2002	-0,09425	-0,38090	-0,26120	-0,61780	0,00164
38	31.10.2002	0,00000	0,34611	0,32443	0,47603	0,00552
39	30.11.2002	-0,03551	0,03823	0,14381	0,07246	0,01846
40	31.12.2002	0,17628	-0,21764	-0,26964	-0,22828	0,00111
41	31.01.2003	0,01005	-0,03458	-0,03378	-0,29631	0,05664
42	28.02.2003	0,02956	-0,04793	-0,06271	-0,06506	0,00005
43	Varianz	0,0551242	0,0229051	0,0221084	0,0545569	0,0104643
44		Halbleiter	CDAX	MSCI	Infineon	Residuale

Abb. 6.3.3.1.-3.: Schätzung der Varianz

KOVAR =MMULT(MMULT(J50:L50;J46:L48);MTRANS(J50:L50))+N43

	A	J	K	L	M	N
43	Varianz	0,0551242	0,0229051	0,0221084	0,0545569	0,0104643
44		Halbleiter	CDAX	MSCI	Infineon	Residuale
45	**Diagonale Kovarianzmatrix der Faktoren**					
46	Halbleiter	0,0551242	0	0		
47	CDAX	0	0,0229051	0		
48	MSCI	0	0	0,0221084		
49	**Koeffiziente**	Halbleiter	CDAX	MSCI		
50	Infineon	0,22242	1,93372	-0,76446		
51						
52	Varianz(Diag)	=MMULT(MM				

Abb. 6.3.3.1.-4.: Schätzung der Varianz (Diagonalform)

In der Kovarianzform des Modells werden bei der Schätzung der Varianz die Kovarianzen der zwischen den im Modell einbezogenen Indices berücksichtigt. Die Gleichung zur Berechnung der Varianz sieht in diesem Fall wie folgt aus:

(8) $$\sigma^2_{Infineon} = \beta^2_{Halbleiter} \cdot \sigma^2_{Halbleiter} + \beta^2_{CDAX} \cdot \sigma^2_{CDAX} + \beta^2_{MSCI} \cdot \sigma^2_{MSCI} + \sigma^2_{\varepsilon i} + 2 \cdot \beta_{Halbleiter} \beta_{CDAX} Cov(Halbleiter, CDAX) + 2 \cdot \beta_{Halbleiter} \beta_{MSCI} Cov(Halbleiter, MSCI) + 2 \cdot \beta_{CDAX} \beta_{MSCI} Cov(CDAX, MSCI).$$

Die Gleichung (8) unterscheidet sich von der Gleichung (5) nur durch die Teilterme mit den Kovarianzen der Faktoren (*Halbleiter*, *CDAX*, *MSCI*). An dieser Stelle muss zusätzlich die Schätzung der Kovarianzen (*Cov*(*Halbleiter*,*CDAX*), *Cov*(*Halbleiter*,*MSCI*), *Cov*(*CDAX*,*MSCI*)) erfolgen. Die Kovarianz wird nach Formel (9) geschätzt:[270]

(9) $$\text{Cov}(I_i, I_j) = \frac{1}{T-1} \sum_{t=1}^{T} (I_{it} - \bar{I}_i)(I_{jt} - \bar{I}_j).$$

J56 | fx =KOVAR(J8:J42;K8:K42)

	A	J	K	L	M	N
42	28.02.2003	0,02956	-0,04793	-0,06271	-0,06506	0,00005
43	Varianz	0,0551242	0,0229051	0,0221084	0,0545569	0,0104643
44		Halbleiter	CDAX	MSCI	Infineon	Residuale
53						
54	**Volle Kovarianzmatrix der Faktoren**					
55	Halbleiter	0,0551242	0,0059018	0,0055437		
56	CDAX	0,0059018	0,0229051	0,0197738		
57	MSCI	0,0055437	0,0197738	0,0221084		

Abb. 6.3.3.1.-5.: Schätzung der Kovarianz

In Excel kann die Kovarianz mithilfe der eingebauten Funktion KOVAR() ermittelt werden. In Abb. 6.3.3.1.-5. wird die Schätzung der Kovarianz veranschaulicht. In dieser Fallstudie müssen nur drei Kovarianzwerte ermittelt werden. In dem Eingabefeld der Excel-Funktion (KOVAR()) werden z.B. die Zellenbezüge für Renditebereiche der Variablen (vgl. Abb. 6.3.3.1.-5.) *Halbleiter* und *CDAX* eingegeben, damit die Kovarianz zwischen diesen beiden Faktoren geschätzt werden kann. Auf der Diagonalen der Kovarianzmatrix der Faktoren stehen die Varianzen der Faktoren.

270 Excel rechent bei der Schätzung der Kovarianz nicht mit *T*-1 sondern mit *T* (vgl. Fußnote 50). Für die Fallstudie sind die Abweichungen in den Berechnungen vernachlässigbar gering.

Nach der Ermittlung der Kovarianzwerte kann die Varianz der Rendite von der Infineon-Aktie bei Berücksichtigung der Kovarianzform des Modells geschätzt werden (vgl. Abb. 6.3.3.1.-6.). In diesem Fall ist die Berechnung ebenfalls anhand der Matrizenrechnung schnell und einfach durchzuführen. In Matrizenform sieht die Gleichung der Varianz (in Kovarianzform) wie folgt aus:

(10) $$\sigma^2_{Infineon} = \begin{bmatrix} \beta_{Halbleiter} & \beta_{CDAX} & \beta_{MSCI} \end{bmatrix} \cdot \begin{bmatrix} \sigma^2_{Halbleiter} & \sigma_{Halb,CDAX} & \sigma_{Halb,MSCI} \\ \sigma_{CDAX,Halb} & \sigma^2_{CDAX} & \sigma_{CDAX,MSCI} \\ \sigma_{MSCI,Halb} & \sigma_{MSCI,CDAX} & \sigma^2_{MSCI} \end{bmatrix} \cdot \begin{bmatrix} \beta_{Halbleiter} \\ \beta_{CDAX} \\ \beta_{MSCI} \end{bmatrix} + \sigma^2_{\varepsilon}.$$

Die geschätzte Varianz der Kovarianzform des MIM entspricht 0,0565. In dieser Fallstudie ist die Berechnung der Varianz nach der Kovarianzform des MIM genauer. Der durch das Modell geschätzte Wert ähnelt der empirischen Varianz der Infineon-Aktie in Höhe von 0,0546 am ehesten, der in Abb. 6.3.3.1.-6. in Zelle M43 ermittelt wurde. Die Erklärung für die bessere Schätzung durch die Kovarianzform des Modells gegenüber der Diagonalform des Modells liegt in der hier nicht zutreffenden Annahme unkorrelierter Faktoren. In dieser Fallstudie weisen die Faktoren (*Halbleiter*, *CDAX* und *MSCI*) untereinander Korrelationen auf. Wären die Faktoren unkorreliert, würden deren Kovarianzwerte null entsprechen. Das Gegenteil zeigen die bisherigen Berechnungen (vgl. Abb. 6.3.3.1.-5. Zellen J56, J57 und K57). Die Schätzung von Varianzen und Kovarianzen durch die Diagonalform des MIM ergibt nur dann hinreichend genaue Werte, wenn die Annahme unkorrelierter Faktoren eingehalten wird.

ABRUNDEN ▾ X ✓ fx =MMULT(MMULT(J50:L50;J55:L57);MTRANS(J50:L50))+N43

	A	J	K	L	M	N
43	Varianz	0,0551242	0,0229051	0,0221084	0,0545569	0,0104643
44		Halbleiter	CDAX	MSCI	Infineon	Residuale
45	**Diagonale Kovarianzmatrix der Faktoren**					
46	Halbleiter	0,0551242	0	0		
47	CDAX	0	0,0229051	0		
48	MSCI	0	0	0,0221084		
49	**Koeffiziente**	Halbleiter	CDAX	MSCI		
50	Infineon	0,22242	1,93372	-0,76446		
51						
52	Varianz(Diag)	0,1117599				
53						
54	**Volle Kovarianzmatrix der Faktoren**					
55	Halbleiter	0,0551242	0,0059018	0,0055437		
56	CDAX	0,0059018	0,0229051	0,0197738		
57	MSCI	0,0055437	0,0197738	0,0221084		
58						
59	Varianz(Kov)	=MMULT(MM				

Abb. 6.3.3.1.-6.: Schätzung der Varianz (Kovarianzform)

Zur Schätzung der Kovarianz zweier Assets sind die Parameter einer weiteren Aktie notwendig. Durch die gleichen Faktoren lässt sich ebenso die Rendite der Aktie EPCOS, einer Technologieunternehmung, beschreiben. Die Koeffizienten der Faktoren lassen sich für EPCOS-Aktie analog zu den bisherigen Ausführungen der Infineon-Aktie ermitteln. Die Gleichung der Kovarianz der Diagonalform des MIM sieht für die Fallstudie wie folgt aus:

(11) $$\sigma_{Infineon,EPCOS} = \beta_{Infineon(Halbleiter)}\beta_{EPCOS(Halbleiter)}\sigma^2_{I_{Halbleiter}} + \beta_{Infineon(CDAX)}\beta_{EPCOS(CDAX)}\sigma^2_{I_{CDAX}} + \beta_{Infineon(MSCI)}\beta_{EPCOS(MSCI)}\sigma^2_{I_{MSCI}} .$$

Bei der Ermittlung der Kovarianz wurde der Weg mit der Matrizenrechnung ausgewählt, da er schneller und einfacher in Excel zu verwenden ist. Die Formel (7) der Diagonalform aus Kap. 6.3.2. lässt sich in der Fallstudie für die Berechnung der Kovarianzen zweier Assets (Infineon und EPCOS) verwenden:

$$(12)\quad \begin{bmatrix} \sigma^2_{Inf} & \sigma_{Inf,EPCOS} \\ \sigma_{Inf,EPCOS} & \sigma^2_{EPCOS} \end{bmatrix} = \begin{bmatrix} \beta_{Inf,Halb} & \beta_{Inf,CDAX} & \beta_{Inf,MSCI} \\ \beta_{EPCOS,Halb} & \beta_{EPCOS,CDAX} & \beta_{EPCOS,MSCI} \end{bmatrix}$$

$$\cdot \begin{bmatrix} \sigma^2_{Halbleiter} & 0 & 0 \\ 0 & \sigma^2_{CDAX} & 0 \\ 0 & 0 & \sigma^2_{MSCI} \end{bmatrix} \cdot \begin{bmatrix} \beta_{Inf,Halb} & \beta_{EPCOS,Halb} \\ \beta_{Inf,CDAX} & \beta_{EPCOS,CDAX} \\ \beta_{Inf,MSCI} & \beta_{EPCOS,MSCI} \end{bmatrix}$$

$$+ \begin{bmatrix} \sigma^2_{\varepsilon,Inf} & 0 \\ 0 & \sigma^2_{\varepsilon,EPCOS} \end{bmatrix}$$

Die ermittelten Werte der Beta-Parameter, der Varianzen der einzelnen Faktoren beider Aktien sowie die Berechnung der Kovarianz sind in der Abb. 6.3.3.1.-7. veranschaulicht.

KOVAR =MMULT(MMULT(H53:J54;H47:J49);MTRANS(H53:J54))+K53:L54

	G	H	I	J	K	L	M
46	**Diagonale Kovarianzmatrix der Faktoren**						
47	Halbleiter	0,0551242	0	0	**Kovarianz (Diagonalform)**		
48	CDAX	0	0,0229051	0	=MMULT(MM	0,0231446	
49	MSCI	0	0	0,0221084	0,0231446	0,0381371	
50	**Varianz**	Halbleiter	CDAX	MSCI			
51		0,05512	0,02291	0,02211			
52	**Koeffiziente**	Halbleiter	CDAX	MSCI	**Diagonalmatrix der Kovarianzen der Residuen**		
53	Infineon	0,22242	1,93372	-0,76446	0,0104643	0	
54	EPCOS	-0,15098	0,72158	0,41207	0	0,0212004	

Abb. 6.3.3.1.-7.: Ermittlung der Kovarianz (Diagonalform)

Der ermittelte Kovarianzwert ist aus der 2×2 Matrix zu entnehmen (vgl. Zelle K49 bzw. L48 in Abb. 6.3.3.1.-7.), somit beträgt er bei der Diagonalform des MIM 0,0231446.

Im Unterschied zur Diagonalform werden bei der Kovarianzform des Multi-Index-Modells bei der Berechnung der Kovarianz in der Gleichung (13) die Kovarianzterme berücksichtigt:

$$(13)\quad \sigma_{Infineon,EPCOS} = \beta_{Infineon(Halbleiter)}\beta_{EPCOS(Halbleiter)}\sigma^2_{I_{Halbleiter}} +$$
$$\beta_{Infineon(Halbleiter)}\beta_{EPCOS(CDAX)}Cov(I_{Halbleiter}, I_{CDAX}) +$$
$$\beta_{Infineon(Halbleiter)}\beta_{EPCOS(MSCI)}Cov(I_{Halbleiter}, I_{MSCI}) +$$
$$\beta_{Infineon(CDAX)}\beta_{EPCOS(CDAX)}\sigma^2_{I_{CDAX}} +$$
$$\beta_{Infineon(CDAX)}\beta_{EPCOS(Halbleiter)}Cov(I_{CDAX}, I_{Halbleiter}) +$$
$$\beta_{Infineon(CDAX)}\beta_{EPCOS(MSCI)}Cov(I_{CDAX}, I_{MSCI}) +$$
$$\beta_{Infineon(MSCI)}\beta_{EPCOS(MSCI)}\sigma^2_{I_{MSCI}} +$$
$$\beta_{Infineon(MSCI)}\beta_{EPCOS(Halbleiter)}Cov(I_{MSCI}, I_{Halbleiter}) +$$
$$\beta_{Infineon(MSCI)}\beta_{EPCOS(CDAX)}Cov(I_{MSCI}, I_{CDAX}).$$

Für die Fallstudie lässt sich die Formel (9) der Kovarianzform aus Kap. 6.3.2. für die Berechnung der Kovarianz zweier Assets (Infineon und EPCOS) verwenden:

$$(14)\quad \begin{bmatrix} \sigma^2_{Inf} & \sigma_{Inf,EPCOS} \\ \sigma_{Inf,EPCOS} & \sigma^2_{EPCOS} \end{bmatrix} = \begin{bmatrix} \beta_{Inf,Halb} & \beta_{Inf,CDAX} & \beta_{Inf,MSCI} \\ \beta_{EPCOS,Halb} & \beta_{EPCOS,CDAX} & \beta_{EPCOS,MSCI} \end{bmatrix}$$
$$\cdot \begin{bmatrix} \sigma^2_{Halbleiter} & \sigma_{Halb,CDAX} & \sigma_{Halb,MSCI} \\ \sigma_{CDAX,Halb} & \sigma^2_{CDAX} & \sigma_{CDAX,MSCI} \\ \sigma_{MSCI,Halb} & \sigma_{MSCI,CDAX} & \sigma^2_{MSCI} \end{bmatrix}$$
$$\cdot \begin{bmatrix} \beta_{Inf,Halb} & \beta_{EPCOS,Halb} \\ \beta_{Inf,CDAX} & \beta_{EPCOS,CDAX} \\ \beta_{Inf,MSCI} & \beta_{EPCOS,MSCI} \end{bmatrix} + \begin{bmatrix} \sigma^2_{\varepsilon,Inf} & 0 \\ 0 & \sigma^2_{\varepsilon,EPCOS} \end{bmatrix}$$

Die Abb. 6.3.3.1.-8. präsentiert die Ermittlung der Kovarianz nach der Kovarianzform des Modells. Der geschätzte Kovarianzwert entspricht 0,0283655. Auch die geschätzten Kovarianzen der beiden Modelle (Diagonal- und Kovarianzform) unterscheiden sich voneinander. Die Ursache der unterschiedlichen Ergebnisse liegt ebenso in der nicht eingehaltenen Annahme der unkorrelierten Faktoren. Da die Faktoren Korrelationen aufweisen, liefert die Kovarianzform des MIM genauere Schätzwerte sowohl für die Varianz als auch für die Kovarianz.

KOVAR =MMULT(MMULT(H53:J54;H57:J59);MTRANS(H53:J54))+K53:L54

	G	H	I	J	K	L	M
52	**Koeffiziente**	Halbleiter	CDAX	MSCI	**Diagonalmatrix der Kovarianzen der Residuen**		
53	Infineon	0,22242	1,93372	-0,76446	0,0104643	0	
54	EPCOS	-0,15098	0,72158	0,41207	0	0,0212004	
55							
56	**Volle Kovarianzmatrix der Faktoren**						
57	Halbleiter	0,0551242	0,0059018	0,0055437	**Kovarianz (Kovarianzform)**		
58	CDAX	0,0059018	0,0229051	0,0197738	=MMULT(MM	0,0283655	
59	MSCI	0,0055437	0,0197738	0,0221084	0,0283655	0,0479205	

Abb. 6.3.3.1.-8.: Ermittlung der Kovarianz (Kovarianzform)

6.3.3.2. Statistische Probleme

In dieser Fallstudie soll losgelöst vom bisherigen Datenmaterial eine Betrachtung möglicher Probleme aus statistischer Sicht vorgenommen werden. Hinzu wird ein Zusammenhang zwischen der Entwicklung der Rendite der BASF-Aktie und der Entwicklung des deutschen Aktienmarktindex (DAX), des nationalen Branchenindex der Chemieindustrie (CDAX-Chemie) und des ÖL-Preises unterstellt. Für einen Untersuchungsraum vom 01/93 bis 02/02 werden aus den historischen Kursreihen die stetigen Monatsrenditen der Aktie BASF, des *DAX*, des *CDAX* und des *ÖL*-Preises gebildet. Abb. 6.3.3.2.-1. zeigt einen Auszug aus den beobachteten Daten, wobei sich die Berechnungsformel in Zelle H8 auf die in der Spalte B (nicht in der Abbildung abgezeichnet) stehende Kursreihe der Aktie bezieht. Die Rendite der BASF-Aktie wird als eine lineare Kombination aus Renditen des *CDAX*, des *DAX* und des *ÖL*s dargestellt. Die Gleichung des Modells sieht wie folgt aus:

(1) $$r_{BASF,t} = \alpha + \beta_{CDAX} CDAX_t + \beta_{DAX} DAX_t + \beta_{ÖL} Öl_t + \varepsilon_t \,.$$

H8 | fx =LN(B8)-LN(B7)

	G	H	I	J	K
7		BASF	CDAX	DAX	ÖL
8	28.02.1993	0,09217	0,04701	0,06919	-0,09880
9	31.03.1993	0,02913	0,00279	-0,00293	0,04144
10	30.04.1993	-0,07449	-0,03047	-0,04025	0,03979
11	31.05.1993	0,02720	0,01974	-0,00790	-0,05092
12	30.06.1993	0,03662	0,03609	0,03933	-0,06156
13	31.07.1993	0,05284	0,04454	0,05878	-0,06984
14	31.08.1993	0,03064	0,03334	0,07589	-0,00426
15	30.09.1993	-0,00699	-0,00742	-0,01516	0,06614
16	31.10.1993	0,08027	0,06477	0,07633	-0,12330
17	30.11.1993	-0,02347	-0,00317	-0,00545	-0,12516
18	31.12.1993	0,12152	0,11628	0,09497	-0,11394
19	31.01.1994	-0,01478	-0,00495	-0,04011	0,21158

Abb. 6.3.3.2.-1.: Ausgangsdaten der Fallstudie

Die Koeffizienten (Alpha- und Beta-Parameter) dieses Modells lassen sich unter Verwendung einer linearen Regression schätzen. Auch in dieser Fallstudie wird das Modell mithilfe von Excel geschätzt, wobei der Anwender zwischen dem Einsatz der eingebauten Funktion RGP() (Einfügen/Funktion/Statistik/RGP) oder dem Einsatz der VBA-Analysefunktion (Regression) wählen kann. Die Abbildung 6.3.3.2.-2. präsentiert die Ergebnisse für die Schätzung des MIM (mittels VBA-Analysefunktion).

	N	O	P	Q	R	S
11	*Regressions-Statistik*					
12	Multipler Korr	0,90451				
13	Bestimmtheit	0,81814				
14	Adjustiertes B	0,81294				
15	Standardfehle	0,03185				
16	Beobachtunge	109				
17						
18	ANOVA					
19		*Freiheitsgrade (*	*dratsummen*	*e Quadratsumm*	*Prüfgröße (F)*	*F krit*
20	Regression	3	0,47928	0,15976	157,45161	0,00000
21	Residuen	105	0,10654	0,00101		
22	Gesamt	108	0,58582			
23						
24		*Koeffizienten*	*Standardfehle*	*t-Statistik*	*P-Wert*	*Untere 95%*
25	Schnittpunkt	0,00019	0,00311	0,06237	0,95039	-0,00597
26	CDAX	0,97967	0,07794	12,56986	0,00000	0,82513
27	DAX	0,04017	0,08402	0,47810	0,63357	-0,12642
28	ÖL	0,04571	0,02625	1,74120	0,08458	-0,00634

Abb. 6.3.3.2.-2.: Ausgabe der Regressionsanalyse

Anhand der Regressionsstatistik kann die Güte des geschätzten Modells bewertet werden.[271] Laut der Analyse kann die Gesamtschwankung der Einperiodenrendite der BASF-Aktie zu ca. 82% durch das Regressionsmodell (die Entwicklung von *CDAX*, *DAX* sowie der *ÖL*-Preise) erklärt werden. Der *F*-Wert (vgl. den Wert in Zelle „*F krit*") der Funktion ist mit einer Irrtumswahrscheinlichkeit von weniger als 1% statistisch signifikant ($F\text{-Wert}_{emp} > F\text{-Wert}_{tab}$ bzw. 157,45 > 2,69)[272], weswegen die Nullhypothese (die Koeffizienten der Regression sind alle gleich null) verworfen werden kann.

Im nächsten Schritt werden die Regressionskoeffizienten einzeln überprüft. Laut der *t*-Statistik sind die Koeffizienten der unabhängigen Variablen *DAX* und *ÖL* nicht statistisch signifikant (zum 5-%-Niveau).[273] Besonders kritisch ist der Koeffizient vom *DAX* zu betrachten. Hier wird die üblicherweise geforderte, maximal zulässige Irrtumswahrscheinlichkeit von 5% deutlich überschritten.[274] Auch der *t*-Wert für den *ÖL* Koeffizienten liegt unter dem kritischen Wert für die Irrtumswahrscheinlichkeit von 5%.

Die Ursachen für die nicht signifikanten Werte können einerseits in der mangelnden Erklärungskraft der Variablen und anderseits in unzuverlässigen Schätzungen der Koeffizienten dieser Variablen aufgrund ihrer gegenseitigen Abhängigkeit liegen. Zu vermuten ist eine starke Korrelation der einzelnen unabhängigen Variablen, welche als *Multikollinearität* bezeichnet wird. Multikollinearität ist ein Verstoß gegen die Prämissen des multivariaten Regressionsmodells, bei dem die Unabhängigkeit der Regressoren vorausgesetzt wird. Als Folge werden die Schätzungen der Modellparameter unzuverlässig. Auch die Modellprämissen des Multi-Index-Modells, welche die Unkorreliertheit der Indices (in der Diagonalform) voraussetzen, werden dadurch verletzt.

---

271 Zu einer kurzen Betrachtung der Regressionsanalyse vgl. Anhang A6.1.

272 Der tabellarische Wert ist aus den Tabellen der *F*-Verteilung (mit Freiheitsgraden $n = 105$, $m = 3$ und $\alpha = 0{,}95$) zu entnehmen. Ausführlicher zur *F*-Verteilung vgl. Hartung (2002), S. 156 oder Poddig/Dichtl/Petersmeier (2003), S. 83.

273 Mithilfe der *P*-Werte kann bestimmt werden, ob die einzelnen Koeffizienten signifikant von null verschieden sind.

274 Der *P*-Wert(*DAX*) = 63% überschreitet die maximal zulässige Irrtumswahrscheinlichkeit von 5%, mit der die Nullhypothese (Regressionskoeffizient ist nicht von null verschieden) höchstens fälschlicherweise verworfen werden darf. Sie wird daher beibehalten. Der DAX liefert demnach keinen signifikanten Beitrag zu dem Regressionsmodell; ausführlicher vgl. Hartung (2002), S. 154 oder Poddig/Dichtl/Petersmeier (2003), S. 80.

Das vorliegende Beispiel legt die Vermutung nahe, eine starke Abhängigkeit zwischen *DAX* und *CDAX* anzunehmen. Der *CDAX* beinhaltet ausschließlich Aktien der Chemiebranche, während der *DAX* für den ganzen deutschen Aktienmarkt und damit für alle nationalen Branchen repräsentativ ist, so unter anderem auch für die Chemiebranche. Die Abhängigkeiten können z.B. aufgrund des gleichzeitigen Vorhandenseins bestimmter Aktien in beiden Indices auftreten. Den größten Einfluss bilden jedoch die gleichen renditetreibenden Kräfte, wie z.B. der Verlauf der deutschen Konjunktur.

Regressiert man die Entwicklung der Rendite des *CDAX* auf den *DAX* (vgl. Gleichung (2)), erhält man die in Abb. 6.3.3.2.-3. dargestellte Ausgabe der Analyse.

(2) $$CDAX_t = \alpha + \beta \cdot DAX_t + \varepsilon_t$$

	N	O	P	Q	R	S
73	AUSGABE: ZUSAMMENFASSUNG					
74						
75	*Regressions-Statistik*					
76	Multipler Korre	0,80593				
77	Bestimmtheits	0,64953				
78	Adjustiertes E	0,64625				
79	Standardfehle	0,03956				
80	Beobachtunge	109				
81						
82	ANOVA					
83		*Freiheitsgrade (*	*dratsummen*	*e Quadratsumme*	*Prüfgröße (F)*	*F krit*
84	Regression	1	0,31033	0,31033	198,302949	0,00000
85	Residue	107	0,16745	0,00156		
86	Gesamt	108	0,47777			
87						
88		*Koeffizienten*	*Standardfehle*	*t-Statistik*	*P-Wert*	*Untere 95%*
89	Schnittpunkt	0,00464	0,00383	1,21100	0,22856	-0,00295
90	DAX	0,85771	0,06091	14,08201	0,00000	0,73697

Abb. 6.3.3.2.-3.: Ausgabe: Regression von *CDAX* auf *DAX*

Die (Rendite-) Schwankungen des *CDAX* können zu 64,95% (entspricht dem R^2-Wert in Abb. 6.3.3.2.-3., Zelle O77) durch das Modell (und entsprechend durch den *DAX*) erklärt werden. Der relativ hohe *t*-Wert (t = 14,08) deutet auf eine hohe Signifikanz des *DAX*-Koeffizienten hin, wobei die Nullhypothese (Regressionskoeffizient ist nicht von null verschieden)[275] mit einer Irrtumswahrscheinlichkeit von (weniger als) 5%

275 Zu einer kurzen Betrachtung der statistischen Maße vgl. Anhang A6.1.

verworfen und ein linearer Zusammenhang zwischen *CDAX* und *DAX* angenommen werden kann.

Durch die Aufstellung eines Regressionsmodells kann die Abhängigkeit der Variablen sehr schnell festgestellt werden. Allerdings gibt es hierfür auch andere statistische Größen. Die am häufigsten benutzten Maße zur Überprüfung der Multikollinearität sind *Tolerance* (TOL_j) und *Variance Inflation Factor* (VIF_j). Die Tolerance wird aus dem Bestimmtheitsmaß ermittelt ($TOL_j = 1 - R_j^2$).[276] Die lineare Abhängigkeit der Variablen (bzw. Multikollinearität) zeigt sich durch hohe R_j^2-Werte[277] bzw. niedrige TOL_j-Werte. Häufig wird jedoch bei der Bestimmung der Multikollinearität der Kehrwert von Tolerance gebildet, der dem *VIF*-Wert entspricht, also $VIF_j = \frac{1}{TOL_j} = \frac{1}{1-R_j^2}$. Multikollinearität wird durch hohe *VIF*-Werte ausgedrückt. Zur ausführlichen Behandlung dieser statistischen Größen wird auf die Literatur verwiesen.[278] Für das aktuelle Beispiel wird der *VIF* verwendet.

In Excel existiert keine Funktion zur Ermittlung des *VIF*, dennoch können die *VIF*-Werte mittels der Korrelationsmatrix der Faktoren *CDAX*, *DAX* und *ÖL* ermittelt werden. Die gesuchten Werte liegen nämlich auf der Diagonale der invertierten Korrelationsmatrix. Die Korrelationsmatrix lässt sich mithilfe von Excel berechnen, indem zuerst aus den VBA-Analysefunktionen (Extras/Analyse-Funktionen...) die Funktion Korrelation ausgewählt wird. Im Eingabefeld werden die Zellenbezüge für die Werte der untersuchten Variablen eingegeben. Die Ausgabematrix der VBA-Analysefunktion ist nur zur Hälfte gefüllt. Für die weiteren Berechnungen muss sie jedoch vollständig sein. Die Korrelationsmatrix ist symmetrisch, deshalb können die berechneten Werte von der unteren Hälfte der Matrix in die obere Hälfte kopiert werden. Dafür sind wiederum zwei Vorgänge erforderlich. Zuerst muss die ganze Matrix markiert, kopiert (Strg + C) und an einer anderen Stelle eingefügt (Strg + V) werden. Danach muss sie an der gleichen Stelle nochmals durch Inhalte Einfügen... eingefügt werden, wobei die Felder Werte, Leerzellen überspringen und Transponieren aktiviert werden müssen.

---

276 Der Index *j* bezeichnet die *j*-te unabhängige Variable, die in Abhängigkeit von allen anderen unabhängigen Variablen erklärt werden soll.

277 Eine kurze Beschreibung des Bestimmtheitsmaßes befindet sich im Anhang A6.1.

278 Vgl. Poddig/Dichtl/Petersmeier (2003), S. 384.

Im zweiten Schritt erfolgt die Invertierung der Korrelationsmatrix durch die Funktion MINV(). Das Ausgabefeld muss vorher markiert werden und in der Bearbeitungsleiste müssen die Bezüge auf die Korrelationswerte (vgl. in Abb. 6.3.3.2.-4., Zellen H132:J134) eingetragen werden. Die Eingabe wird mit Strg + Umschalt + Return abgeschlossen. Die invertierte Korrelationsmatrix für *CDAX*, *DAX* und *ÖL* ist im unteren Teil der Abb. 6.3.3.2.-4. dargestellt. Die *VIF*-Werte von 2,86 für den *CDAX* und von 2,93 für den *DAX* sind noch nicht extrem bedenklich, zeigen aber schon eine deutliche lineare Abhängigkeit an.[279]

H136 fx {=MINV(H132:J134)}

	G	H	I	J
131		CDAX	DAX	ÖL
132	CDAX	1	0,80593	-0,14316
133	DAX	0,80593	1,00	-0,21293
134	ÖL	-0,14316	-0,21293	1
135				
136		2,86022	-2,32329	-0,08524
137		-2,32329	2,93465	0,29228
138		-0,08524	0,29228	1,05003

Abb. 6.3.3.2.-4.: Ausgabebereich der Korrelationsanalyse und ihre Invertierung

Die Multikollinearität kann durch bestimmte statistische Verfahren umgegangen werden. Die Faktorenanalyse z.B. hilft bei der Selektion unkorrelierter Variablen, die aus unterschiedlichen Faktorgruppen entnommen werden.[280] Die ausgewählten Variablen können danach in die Regressionsgleichung eingesetzt werden. Im Fall einer begrenzten Anzahl von Variablen oder bei bestimmten Fragestellungen ist dieses Vorgehen jedoch praktisch nicht möglich.

Zur Eliminierung des Problems kann auch die Orthogonalisierung der Faktoren verwendet werden. Durch die Orthogonalisierung wird eine Bereinigung der in den Faktoren gemeinsamen Komponenten angestrebt. Aufgrund der bestehenden Korrelationen der Faktoren kann nämlich ein Faktor als eine lineare Kombination der anderen Faktoren dargestellt werden. In dem Beispiel wird der *CDAX* auf den *DAX* orthogonalisiert und entsprechend der *CDAX* um die gemeinsame Komponente mit dem *DAX* bereinigt. Die Begründung dafür liegt in dem Zusammenhang zwischen *DAX* und *CDAX*. Der *DAX* ist für den ganzen deutschen Aktienmarkt repräsentativ und seine

279 Regressiert man *CDAX* auf *DAX*, kann anhand des R^2 der *VIF*-Wert ermittelt werden, der die Multikollinearität zwischen *CDAX* und *DAX* misst (vgl. Abb. 6.3.3.2.-3.). Verwendet man die in der Fallstudie beschriebene Vorgehensweise (Invertierung der Korrelationsmatrix), erhält man *VIF*-Werte, welche die Multikollinearität zwischen *CDAX*, *DAX* und *ÖL* nicht paarweise, sondern untereinander messen.

280 Ausführlicher zur Faktoranalyse siehe Kap. 7.

Kursveränderungen spiegeln die Auswirkungen eines für alle deutschen Aktien gemeinsamen Faktors wider. Die Entwicklung des *CDAX* kann dem entgegen nur einen Teil des ganzen deutschen Aktienmarktes charakterisieren, nämlich den Chemiesektor. Da der *CDAX* nur ein Segment des *DAX* darstellt, kann der *DAX* als „Hauptfaktor", der *CDAX* als „Nebenfaktor" angesehen werden.

Für die Bereinigung der beiden Faktoren müssen folgende Schritte durchgeführt werden. Zuerst stellt man ein Regressionsmodell auf. In diesem Fall gehen die *CDAX*-Werte als abhängige Variable und die *DAX*-Werte als erklärende Variable in das Modell ein:

(3) $$CDAX_t = \alpha + \beta \cdot DAX_t + \varepsilon_t .$$

Dieses Modell wurde bereits oben geschätzt (vgl. Gleichung (2)) und ist in Abb. 6.3.3.2.-3. dargestellt. In Gleichung (3) wird der Index (*CDAX*) als lineare Kombination des *DAX* dargestellt. Danach wird der bereinigte Index (*CDAX′*) wie folgt ermittelt (siehe Formel (4)):

(4) $$CDAX'_t = \hat{\varepsilon}_t = CDAX_t - \hat{\alpha} - \hat{\beta} \cdot DAX_t .$$

L10 fx =I10-$O$89-$O$90*J10

	G	H	I	J	K	L
8						
9		BASF	CDAX	DAX	ÖL	CDAX′
10	28.02.1993	0,09217	0,04701	0,06919	-0,09880	-0,01698
11	31.03.1993	0,02913	0,00279	-0,00293	0,04144	0,00066
12	30.04.1993	-0,07449	-0,03047	-0,04025	0,03979	-0,00059

Abb. 6.3.3.2.-5.: Orthogonalisierung von *CDAX*

Aus Formel (4) ist ersichtlich, dass der Index *CDAX′* nur einen (residualen) Teil des Index *CDAX* repräsentiert. Allerdings stellt der ermittelte Index *CDAX′* eine von dem Index *DAX* unabhängige Größe dar. Die Abb. 6.3.3.2.-5. zeigt die Ermittlung des bereinigten *CDAX′* mithilfe von Excel. Die Bezüge beziehen sich auf die Zellen O89 und O90 mit den geschätzten Koeffizienten Alpha und Beta (vgl. Abb. 6.3.3.2.-3.).

Im Falle eines dreifaktoriellen Modells wird der dritte Faktor (hier: *ÖL*) zuerst als eine lineare Kombination der anderen zwei Faktoren (hier: *DAX* und (bereinigtes *CDAX*) *CDAX'*) dargestellt und danach bereinigt:[281]

(5) $$ÖL_t = \alpha + \beta_{DAX} \cdot DAX_t + \beta_{CDAX'} \cdot CDAX'_t + \varepsilon_t .$$

Nach der Schätzung der Koeffizienten gilt dann:

(6) $$ÖL'_t = ÖL_t - \hat{\alpha} - \hat{\beta}_{DAX} \cdot DAX_t - \hat{\beta}_{CDAX'} \cdot CDAX'_t .$$

Auch hier stellt die Variable *ÖL'* eine mit den beiden anderen Faktoren unkorrelierte Größe dar. Würde das MIM aus noch weiteren Faktoren bestehen, die untereinander korreliert wären, würde der Vorgang weiter fortgesetzt, bis alle Faktoren orthogonalisiert wären.

Die Orthogonalisierung ermöglicht eine Bereinigung der Faktoren des MIM um die Multikollinearität. Jedoch besteht hierbei das Problem, die richtige Reihenfolge der zu orthogonalisierenden Faktoren auszuwählen. Es existieren keine Vorschriften für die Festlegung der Reihenfolge der zu bereinigenden Faktoren. Allerdings können die Ergebnisse der Regressionsanalyse und die spätere Interpretation der Ergebnisse durch eine unterschiedliche Wahl der Reihenfolge der Faktoren differieren. Die Festlegung der Reihenfolge sollte deshalb aufgrund sachlogischer Zusammenhänge erfolgen. Die zu treffende Wahl bleibt jedoch aufgrund der inhärenten Subjektivität nicht frei von Zweifeln.

In der Fallstudie würde die Orthogonalisierung der dritten Variablen (*ÖL*) keine Verbesserung der Signifikanz des Koeffizienten für diesen Faktor bewirken. Der Grund des schlechten *t*-Wertes liegt in diesem Fall somit nicht in der Korrelation der erklärenden Variablen. Die in Abb. 6.3.3.2.-4. dargestellten Korrelationen von *ÖL* mit *CDAX* und *DAX* sowie der *VIF*-Wert sind relativ gering. Deshalb kann eine lineare Abhängigkeit der Variablen *ÖL* von den Variablen *CDAX* und *DAX* ausgeschlossen werden. Als Grund für den nicht signifikanten *t*-Wert des *ÖL*-Koeffizienten ist somit nur die geringe Erklärungskraft dieser Variablen zu vermuten. Aus sachlogischer Überlegung sollte eine Veränderung von *ÖL*-Preisen einen Einfluss auf die Kurse der BASF-Aktie ausüben, da Öl als Rohstoff bei der Produktion im Unternehmen eingesetzt wird. Jedoch trägt der *ÖL*-Preis in dieser Fallstudie nur einen geringen Beitrag

281 Vgl. Poddig (1999), S. 184.

zur Erklärung der Rendite der BASF-Aktie bei. Zur Prüfung der Vermutung wird eine univariate Regressionsanalyse durchgeführt. Die Rendite der BASF-Aktie wird in Abhängigkeit von der Rendite der *ÖL*-Preise gestellt:

(7) $$r_{BASF,t} = \alpha + \beta \cdot \ddot{O}L_t + \varepsilon_t \,.$$

	N	O	P	Q	R	S
31	AUSGABE: ZUSAMMENFASSUNG					
32						
33	*Regressions-Statistik*					
34	Multipler Korr	0,05966				
35	Bestimmtheit	0,00356				
36	Adjustiertes E	-0,00575				
37	Standardfehle	0,07386				
38	Beobachtunge	109				
39						
40	ANOVA					
41		*Freiheitsgrade (*	*dratsummen*	*e Quadratsumm*	*Prüfgröße (F)*	*F krit*
42	Regression	1	0,00209	0,00209	0,38219	0,53775
43	Residue	107	0,58374	0,00546		
44	Gesamt	108	0,58582			
45						
46		*Koeffizienten*	*Standardfehle*	*t-Statistik*	*P-Wert*	*Untere 95%*
47	Schnittpunkt	0,01301	0,00708	1,83848	0,06876	-0,00102
48	ÖL	-0,03673	0,05941	-0,61821	0,53775	-0,15450

Abb. 6.3.3.2.-6.: Regression von *BASF* auf *ÖL*

Wie erwartet liefert das Modell schlechte Ergebnisse. In der Abb. 6.3.3.2.-6. sind die Ergebnisse der Regression aufgeführt. Das Bestimmtheitsmaß ist sehr gering (0,356%), zusätzlich liegt der F-Wert in einem nicht signifikanten Bereich. Diese beiden statistischen Größen weisen auf ein schlechtes Modell hin. Laut der t-Statistik ist der Koeffizient der Variablen *ÖL* nicht signifikant, da hier eine üblicherweise geforderte, maximal zulässige Irrtumswahrscheinlichkeit von 5% deutlich überschritten wird. Deshalb kann die Variable aus dem ursprünglichen Modell entfernt werden.[282]

282 In die Fallstudie wurden die ÖL-Preise aus der gleichen Periode wie die BASF-Aktienkurse einbezogen. Die Reaktion der BASF-Aktienkurse auf ÖL-Preisveränderungen kann jedoch eventuell erst mit einer zeitlichen Verzögerung beobachtet werden. Aus diesem Grund bietet es sich an, bei Prognosemodellen mit Zeitverzögerungen (Lags) zu arbeiten. An dieser Stelle soll dies aber nicht weiter behandelt werden.

In diesem Beispiel besteht das Problem einer Korrelation von zwei Faktoren. Nach der Orthogonalisierung der Variablen *CDAX* und *DAX* sowie der Entfernung der *ÖL*-Variablen kann die Regressionsanalyse erneut durchgeführt werden. In der Abb. 6.3.3.2.-7. sind die Ergebnisse der Analyse dargestellt.

Die Orthogonalisierung hat die Ergebnisse des Regressionsmodells insgesamt nicht verändert, jedoch wurde der *t*-Wert des *DAX* Koeffizienten korrigiert. Der *P*-Wert des *DAX* Koeffizienten überschreitet nun die maximal zulässige Irrtumswahrscheinlichkeit von 5% nicht mehr (vgl. Abb. 6.3.3.2.-7., Zelle R69). Durch die Ausschließung der *ÖL*-Variablen verschlechtern sich die Gütemaße des Modells nur geringfügig.

	N	O	P	Q	R	S
53	*Regressions-Statistik*					
54	Multipler Korr	0,90160				
55	Bestimmtheit	0,81288				
56	Adjustiertes E	0,80935				
57	Standardfehle	0,03216				
58	Beobachtunge	109				
59						
60	ANOVA					
61		*Freiheitsgrade (*	*dratsummen*	*e Quadratsumm*	*Prüfgröße (F)*	*F krit*
62	Regression	2	0,47621	0,23810	230,24821	0,00000
63	Residue	106	0,10962	0,00103		
64	Gesamt	108	0,58582			
65						
66		*Koeffizienten*	*Standardfehle*	*t-Statistik*	*P-Wert*	*Untere 95%*
67	Schnittpunkt	0,00498	0,00311	1,59892	0,11281	-0,00119
68	CDAX'	0,98634	0,07859	12,55111	0,00000	0,83054
69	DAX	0,86181	0,04951	17,40592	0,00000	0,76365

Abb. 6.3.3.2.-7.: Ergebnisse der Regressionsanalyse für das orthogonalisierte MIM (*DAX* und *CDAX* orthogonalisiert)

Die erwartete Rendite für die BASF-Aktie kann mittels des aufgestellten MIM analog zu den Ausführungen in der Fallstudie in Kap. 6.3.3.1. geschätzt werden. Die Formel für die geschätzte erwartete Rendite nimmt die folgende Form an:

$$(8) \qquad \hat{\mu}_{BASF} = \hat{\alpha} + \hat{\beta}_{DAX}\hat{\mu}_{DAX} + \hat{\beta}_{CDAX'}\hat{\mu}_{CDAX'}.$$

Die Koeffizienten (Alpha- und Beta-Parameter) werden aus dem geschätzten Regressionsmodell (vgl. Abb. 6.3.3.2.-7.) entnommen. Die Gleichung (8) wird nun geschrieben:

(9) $\hat{\mu}_{BASF} = 0{,}00498 + 0{,}86181 \cdot \hat{\mu}_{DAX} + 0{,}98634 \cdot \hat{\mu}_{CDAX'}$.

Im Folgenden kann der Schätzer für die Varianz ermittelt werden. In dieser Fallstudie unterscheiden sich die beiden Formen (Diagonal- und Kovarianzform) des Multi-Index-Modells nicht voneinander. Durch die Orthogonalisierung wurde eine vollständige Unkorreliertheit der beiden erklärenden Variablen erreicht. Damit wird die Annahme unkorrelierter Faktoren für die Diagonalform des MIM eingehalten. Die Kovarianzwerte zwischen den beiden Variablen (*CDAX'* und *DAX*) sind gleich null. Dementsprechend sind die Schätzer der beiden Formen des Modells identisch. Die Gleichung der Varianz (Diagonalform) nimmt für diese Fallstudie folgende Form an:

(10) $\sigma^2_{BASF} = \beta^2_{DAX} \sigma^2_{DAX} + \beta^2_{CDAX'} \sigma^2_{CDAX'} + \sigma^2_{\varepsilon i}$.

Nach den Schätzungen der Varianzen der *DAX* und *CDAX´* Indices sowie der Residualvarianz können die ermittelten Werte und die Beta-Parameter in die Varianzgleichung eingesetzt werden. Nach der Berechnung entspricht der Schätzer für die Varianz der Rendite der BASF-Aktie 0,0044. Der durch das Modell geschätzte Wert ähnelt der empirischen Varianz der BASF-Aktie in Höhe von 0,0054.

6.4. Bestimmung der Faktoren

Bis jetzt wurden Faktormodelle in Abhängigkeit von der Anzahl der in das Modell einzubeziehenden Faktoren unterschieden. Die Frage über die inhaltliche Bedeutung der Faktoren selbst blieb jedoch offen. Als erklärende Faktoren ist eine Vielfalt von Einflussgrößen jeder Art zulässig. Um eine Übersicht über verschiedene Arten dieser Faktoren zu geben, wird eine grobe Trennung der Faktormodelle nach der inhaltlichen Bedeutung der Faktoren vorgenommen. Somit entstand in der Literatur die Unterscheidung nach (makro-) ökonomischen, fundamentalen, statistischen und kombinierten Faktormodellen. In den folgenden Kapiteln werden Faktormodelle solch unterschiedlicher Herkunft behandelt.

6.4.1. (Makro-) Ökonomische Faktormodelle

(Makro-) Ökonomische Faktormodelle sind sachlogisch gut interpretierbare Modelle, die anhand von (makro-) ökonomischen Faktoren die Aktienrendite erklären. Oft spricht man von einer treibenden Kraft am Kapitalmarkt, die ausgelöst oder repräsentiert von den Veränderungen ökonomischer Indikatoren oder Indices die Aktienkurse in Bewegung bringt. Unter solchen Indikatoren finden sich volkswirtschaftliche Größen wie z.B. die Inflationsrate, die Höhe der industriellen Produktion, der Zinsspread (beispielsweise abgeleitet aus der Renditedifferenz zwischen langfristigen Kapitalmarkt- und kurzfristigen Geldmarktpapieren), Wechselkurse, Indices für das Geschäftsklima, Energiepreisindices, Aktienmarktindices usw.

Abhängig von der Art des Einflusses werden (makro-) ökonomische Faktoren in *spezifische* und *allgemeine* Faktoren unterteilt. Aus Beobachtungen am Kapitalmarkt kann man beispielsweise schließen, dass Aktien von Unternehmen, die im gleichen Geschäftsumfeld (spezieller Sektor oder Branche) operieren, sich ähnlich verhalten. In ihren Renditen existiert eine gemeinsame Komponente, die für die einzelnen Kursbewegungen am Kapitalmarkt verantwortlich ist. Solche Komponenten werden durch Faktoren ausgedrückt, die besondere oder spezifische Zusammenhänge beschreiben, wie z.B. Branchenindices. Parallel zu diesen existieren aber auch Faktoren, die z.B. Kursbewegungen des ganzen nationalen Marktes oder gar des Weltmarktes erklären können (z.B. das Zinsniveau). Solche Faktoren beschreiben allgemeine Einflüsse auf die Aktienrendite.

In Theorie und Praxis ist der Einfluss der gesamtwirtschaftlichen Großen auf die Aktienkurse (oder zumindest deren Indikatorfunktion) unumstritten, jedoch existiert keine eindeutige Regel bzw. kein eindeutiges Modell, nach dem die Variablen ausgewählt werden sollten bzw. müssen. Stattdessen existiert eine nicht überschaubare Anzahl von möglichen ökonomischen Indikatoren, die im Modell eingesetzt werden könnten. Der Zusammenhang der einzelnen Variablen mit den Aktienkursen kann durch statistische Verfahren überprüft werden. Das Ergebnis liefert jedoch nicht immer eine sinnvolle Faktorkombination. Daher bleibt es dem Portfoliomanager überlassen, die Faktoren nach seinen subjektiven Einschätzungen ihrer Wichtigkeit auszuwählen. In der Tab. 6.4.1.-1. wird eine mögliche Systematisierung der ökonomischen Indikatoren nach unterschiedlichen wirtschaftlichen Bereichen vorgenommen.[283] Die Tabelle präsentiert nur einige Beispiele für in das Modell einbeziehbare Faktoren und deckt bei weitem nicht alle möglichen Faktoralternativen ab. Zur Aufstellung eines Faktormodells können Faktoren sowohl aus einem einzigen sowie aus unterschiedlichen Bereichen einbezogen werden. Wie in der Fallstudie aus Kap. 6.3.3.2. gezeigt wurde, besteht hierbei jedoch die Gefahr, dass die Indikatoren aus demselben Bereich untereinander stark korrelieren. Die Aufstellung statistisch „sauberer" Modelle ist in diesem Fall erst nach einer zusätzlichen Bereinigung der Faktoren möglich.

---

283 Eine ausführliche Darstellung der möglichen Faktoren findet sich z.B. bei Nowak (1994), S. 145 ff. und Wallmeyer (1997), S. 29 ff.

Monetäre Indikatoren	**Konjunktur-indikatoren**	**Außenhandels-indikatoren**	**Kapitalmarkt-indikatoren**
- Geldmenge (z.B. M1, M2, M3) - Inflationsrate (z.B. CPI[284]) - Zinsstruktur	- Geschäfts-klimaindex - Auftrags-eingänge - Produktions-index	- Wechselkurs (z.B. Dollar) - Energie-preisindex - Rohstoffpreise (z.B. Öl, Aluminium)	- Aktienmarktindices (z.B. Branchenindex (z.B. CDAX), nationaler Marktindex (z.B. DAX), europäischer Marktindex (z.B. EURO STOXX)) - Rentenmarktindices (z.B. Benchmark-index 10-jähriger Anleihen)

Tab. 6.4.1.-1.: Übersicht möglicher (makro-) ökonomischer Faktoren

Wie bereits erwähnt, können Veränderungen der gesamtwirtschaftlichen Faktoren Veränderungen in den Aktienkursen verursachen. Daher verwendet man im Faktormodell keine absoluten Größen bzw. Werte der (makro-) ökonomischen Faktoren, sondern ihre Wachstums- bzw. Veränderungsraten. Die Ermittlung des Veränderungswertes eines Faktors erfolgt nach der gleichen Formel wie die Berechnung der stetigen Rendite (vgl. Formel (1)):

(1) $\Delta I_t = \ln (I_t) - \ln (I_{t-1})$

mit ΔI_t: Wachstumsrate (bzw. Veränderungsrate) des Faktors zum Zeitpunkt t.

Der Grad der Abhängigkeit einer Aktienrendite von dem betrachteten Faktor hängt von der Sensitivität der Aktie zum Faktor, ausgedrückt durch das Beta (β), ab (vgl. SIM in Kap. 6.2.1.). Der Beta-Parameter wird z.B. durch die Aufstellung eines Regressionsmodells als ihr Koeffizient (vgl. Formel (2)) aus beobachteten Daten geschätzt:[285]

---

284 CPI: Konsumentenpreisindex.

285 Zur Schätzung der Regressionskoeffizienten siehe Kap. 6.2.3.1.

(2) $r_{it} = \alpha_i + \beta_i \cdot I_t + \varepsilon_{it}$.

Die Ausgangsdaten in einem solchen Modell sind die gesamtwirtschaftlichen bzw. ökonomischen Indikatoren und die historischen (Kurs-) Renditen eines Unternehmens. Die Analyse wird für die (Kurs-) Renditen eines Unternehmens über mehrere Perioden durchgeführt. Die Regressionsanalyse wird in diesem Fall als Zeitreihenregression („*time series regression*") bezeichnet, denn sie untersucht den Zusammenhang zweier (oder mehrerer) Variablen über die Zeit. Da die Beta-Parameter eine unternehmensspezifische Komponente darstellen, wird aus diesem Grund der Beta-Wert (bzw. die Beta-Werte) für jede Aktie einzeln geschätzt. Unter den Faktoren versteht man dieselben, für alle Aktien einheitlich erklärenden Komponenten. Schätzt man ein Faktormodell anhand von zuvor festgelegten, einheitlichen Indikatoren, so unterscheiden sich die Modelle der verschiedenen Aktien nur anhand der Koeffizientenwerte, nicht aber anhand der Werte der Indikatoren (Faktoren). Nachdem die Beta-Parameter geschätzt sind, kann das Modell unter Verwendung von Prognosen für die Veränderungen der Faktoren für Renditeprognosen benutzt werden.

K11 =LN(J11)-LN(J10)

	I	J	K
9		Dollar	Veränderungs\
10	31.01.2001	1,06358	
11	28.02.2001	1,07555	0,01119
12	31.03.2001	1,13386	0,05280
13	30.04.2001	1,12201	-0,01051
14	31.05.2001	1,18141	0,05159
15	30.06.2001	1,18164	0,00019

Abb. 6.4.1.-1.: Stetige Dollarveränderungsrate

Anhand einer Fallstudie wird die Vorgehensweise noch einmal verdeutlicht. Die Fallstudie baut auf einem Single-Index-Modell auf, dessen genaue Modellspezifikationen schon in Kap. 6.2. erläutert wurden.

Dabei wird angenommen, dass anhand der Veränderungen des Dollarkurses die VW-Aktienrendite erklärt werden kann. Der Zusammenhang wird empirisch anhand historischer Marktkurse der VW-Aktie und des Dollarkurses geschätzt.[286] Im ersten Schritt werden aus den beobachteten Dollarkursen Veränderungsraten nach Gleichung (1) gebildet. In der Abb. 6.4.1.-1. sind die Ausgangsdaten veranschaulicht.

286 Die Daten stammen von der Internetseite: http://de.finance.yahoo.com.

C3 | f_x =LN(B3)-LN(B2)

	A	B	C
1		VW-Kurse	VW-Rendite
2	31.01.2001	814,8	
3	28.02.2001	886,3	0,08411
4	31.03.2001	774,6	-0,13471
5	30.04.2001	835,7	0,07592
6	31.05.2001	862,5	0,03157
7	30.06.2001	822,3	-0,04773

Abb. 6.4.1.-2.: Stetige Rendite der VW-Aktie

Nach dem gleichen Schema werden die (stetigen) Aktienrenditen aus den historischen Kursen der VW-Aktie berechnet (siehe Abb. 6.4.1.-2.). Als Nächstes erfolgt die Schätzung der Beta-Parameter (in diesem Modell gibt es nur ein Beta). Die Regressionsgleichung für das Modell sieht wie folgt aus:

(3) $$VW_t = \alpha + \beta \cdot DOLLAR_t + \varepsilon_t \, .$$

N10 | f_x {=RGP(N3:N7;O3:O7;WAHR;FALSCH)}

	M	N	O	P	Q
2	Zeitraum	VW-Rendite	Dollar		
3	31.01.2001	0,08411	0,01119		
4	28.02.2001	-0,13471	0,05280		
5	31.03.2001	0,07592	-0,01051		
6	30.04.2001	0,03157	0,05159		
7	31.05.2001	-0,04773	0,00019		
8					
9		Beta	Konstante		
10		-1,59799	0,03547		

Abb. 6.4.1.-3.: Ausgangsdaten der Fallstudie

Wie in der Abb. 6.4.1.-3. gezeigt ist, werden in die Funktion RGP() die Zellenbezüge der abhängigen Variablen (hier: historische Monatsrenditen der VW-Aktie) und anschließend die Zellenbezüge der unabhängigen Variablen (hier: Veränderung des Dollarkurses) eingetragen.[287]

In der Abb. 6.4.1.-3. wurden die Ausgabezellen manuell beschriftet. Excel erstellt für eingebaute Funktionen keine automatischen Beschriftungen. Im Anhang (Abb. A6.2.-4.) ist das Format der Ausgabefelder für die eingebaute Funktion RGP() dargestellt. Die Ausgabefelder der Koeffizienten müssen entgegen der üblichen Textrichtung von rechts nach links gelesen werden. Die Analyse schätzt die Werte der Konstante mit 0,03547 und das Beta mit -1,59799. Nun kann das Modell zur Bildung der zukünftigen Renditeprognosen der VW-Aktie aufgestellt werden (vgl. Gleichung (4)):

[287] Das Beispiel wird hier zwecks reiner Veranschaulichung der Verfahrenstechnik präsentiert. Für die Aufstellung einer Regression soll die Anzahl der Beobachtungen wenigstens doppelt so groß sein wie die Anzahl der Variablen in der Regressionsgleichung, vgl. Backhaus et al. (2003), S. 112.

(4) $VW_t = 0{,}03547 - 1{,}59799 \cdot DOLLAR_t$.

Mithilfe des geschätzten Modells können die Renditen der VW-Aktie prognostiziert werden. Erwartet man z.B. im Juni 2002 eine Monatsveränderungsrate des Dollarkurses von -0,02, beträgt die prognostizierte Rendite der VW-Aktie im Juni 2002 6,7% ($\hat{r}_{VW} = 0{,}03547 - 1{,}59799 \cdot (-0{,}02) = 0{,}06743$). In diesem Modell hat die Veränderung des Dollarkurses eine entgegengesetzte Wirkung auf die Entwicklung der VW-Aktie. Eine negative (positive) Dollarkursveränderung bewirkt einen Anstieg (Fall) des VW-Aktienkurses. Stellt man am Ende einer Periode die realisierte Rendite fest, kann die Abweichung von der prognostizierten Rendite bzw. die Residualrendite ermittelt werden:

(5) $\hat{\varepsilon}_t = r_t - \hat{r}_t$.

Entspräche die tatsächliche Rendite der VW-Aktie im Juni 6,8%, würde sich eine Residualrendite von ca. 0,1% (= 6,8% - 6,7%) ergeben.

Die zentralen Vorteile der (makro-) ökonomischen Faktormodelle liegen in der theoretischen Konsistenz und ihrer leichten ökonomischen Interpretierbarkeit. Die Auswahl der Faktoren ist jedoch aus zwei Gründen nicht einfach. Zuerst sollten nur diejenigen Faktoren einbezogen werden, die eine signifikante Erklärungskraft im Modell besitzen. Bei der Auswahl der Faktoren gestaltet es sich jedoch schwierig, die Wichtigkeit der Faktoren frei von subjektiven Einschätzungen zu bestimmen. Weiterhin weisen die gesamtwirtschaftlichen Größen oft Abhängigkeiten untereinander auf. Dadurch auftretende statistische Probleme (Multikorrelation) können erst nach einer zusätzlichen Bereinigung (Orthogonalisierung) der Faktoren beseitigt werden.[288] Die daraus resultierenden, künstlich berechneten Faktoren sind jedoch nur noch schwer inhaltlich interpretierbar. Die Bestimmung der Beta-Parameter muss im (makro-) ökonomischen Faktormodell ebenfalls kritisch betrachtet werden, da zur Schätzung historische Daten einbezogen werden, welche für die zukünftigen Prognosen eventuell nicht mehr vollständig repräsentativ sind.

6.4.2. Fundamentale Faktormodelle

Die fundamentalen Faktormodelle basieren auf der Nutzung unternehmensspezifischer Kennzahlen zur Bestimmung der Aktienkursrendite. In der Literatur findet auch die

288 Zur Orthogonalisierung siehe Kap. 6.3.3.2.

Bezeichnung „mikroökonomische Faktormodelle“ Verwendung. Die Unternehmenskennzahlen können in *fundamentale* und *marktspezifische* Kennzahlen klassifiziert werden. Unter fundamentalen Kennzahlen versteht man die Größen, die Eigenschaften eines Unternehmens charakterisieren; beispielhaft seien hier die Dividende oder aus dem Jahresabschluss abgeleitete Größen wie z.B. die Eigenkapitalrendite oder die Liquiditätskennzahlen erwähnt. Die marktspezifischen Kennzahlen beinhalten aktienmarktspezifische Größen wie etwa verschiedene Umsatzvolumina der Aktie, Renditen oder Aktienkursvolatilitäten der Vorperiode.

Im Unterschied zum (makro-) ökonomischen Faktormodell werden im fundamentalen Modell die Beta-Parameter als bekannt vorausgesetzt, wobei die Faktorwerte selbst erst geschätzt werden müssen. Anstatt der Beta-Parameter werden in die Formel (2) die unternehmensspezifischen Kennzahlen nach Gleichung (1) eingesetzt:

(1) $\beta_j = k_j \qquad j = 1, ..., K$

mit k_j: unternehmensspezifische Kennzahl
K: Anzahl von Kennzahlen.

Im ersten Schritt muss eine Auswahl der relevanten Kennzahlen und eine Eingrenzung des Anlageuniversums bzw. zur Schätzung einbezogener Aktien vorgenommen werden. Die Analyse wird anhand von Daten über mehrere Aktien aus einer einzigen Periode, und nicht, wie bei den (makro-) ökonomischen Faktormodellen, anhand von Daten einer Aktie mehrerer Perioden, durchgeführt. Im zweiten Schritt wird eine Regression aufgestellt, in die als abhängige Variable die Renditen r_i der unterschiedlichen Aktien und als unabhängige Variablen die Unternehmenskennzahlen k_{ij} einbezogen werden. Die Koeffizienten der Regressionsanalyse entsprechen den gesuchten Werten der Faktoren (vgl. Formel (2)):[289]

289 Der Zeitindex *t* wurde weggelassen, da die Querschnittsregression für einen bestimmten Zeitpunkt durchgeführt wird. Außerdem wird in den folgenden Formeln der Laufindex *l* benutzt, um diesen besser von dem Variablenbezeichner *k* für „Kennzahl“ abzugrenzen.

(2) $$r_i = \alpha + \sum_{l=1}^{K} I_l \cdot k_{il} + \varepsilon_i$$

mit r_i: Rendite der unterschiedlichen Unternehmen (für einen bestimmten Zeitpunkt *t*)

α: Regressionskonstante (zum Zeitpunkt *t*)

I_l: zu schätzender Faktor der *l*-ten unternehmensspezifischen Kennzahl (entspricht dem Regressionskoeffizienten der Regressionsanalyse im Zeitpunkt *t*)

k_{il}: unternehmensspezifische Kennzahl *l* für das *i*-te Unternehmen (zum Zeitpunkt *t*)

ε_i: zufälliger Störeinfluss des *i*-ten Unternehmens (zum Zeitpunkt *t*).

In diesem Modell werden die Regressionskoeffizienten (α und I_l) geschätzt, während die einperiodigen Renditen der unterschiedlichen Unternehmen als abhängige sowie ihre unternehmensspezifischen Kennzahlen als unabhängige Variablen betrachtet werden. Diese Art der Regressionsanalyse wird als Querschnittsanalyse („*cross-sectional regression*") bezeichnet. Im Grunde entsprechen die geschätzten Faktoren den üblichen Regressionskoeffizienten der Regressionsanalyse aus Gleichung (2). Diese Faktoren werden im nächsten Schritt für die Schätzung der zukünftigen Renditen verwendet.

In der nachfolgenden Fallstudie wird die Vorgehensweise noch einmal verdeutlicht. Die Fallstudie ist auf einem Multi-Index-Modell aufgebaut.[290]

Für das Beispiel wurden künstliche Daten[291] (Jahresrenditen, Eigenkapitalrentabilität (*EKRN*)[292] und die Quote der flüssigen Mittel (*LIQU*)[293]) für 30 Aktien generiert.[294] Die Ausgangsdaten sind aus der Abb. 6.4.2.-1. zu entnehmen. Man stellt nun eine Regressionsgleichung auf, bei der angenommen wird, dass die Eigenkapitalrentabilität

---

290 Zur Beschreibung des Multi-Index-Modells siehe Kap. 6.3.

291 Zur Generierung der künstlichen Daten siehe Anhang A6.3.

292 Die Eigenkapitalrentabilität wird hier wie folgt definiert: Netto-Jahresergebnis * 100 / Eigenkapital.

293 Die Quote der flüssigen Mittel wird hier wie folgt definiert: Liquide Mittel * 100 / bereinigte Bilanzsumme.

294 Zur ausführlichen Betrachtung der Aussagekraft der verschiedenen Bilanzkennzahlen zur Aktienkurserklärung siehe z.B. Pytlik (1995), Petersmeier (2003), S. 392.

und die Liquiditätsquote Auswirkungen auf die Aktienrendite der ausgewählten Unternehmen haben. Gleichung (2) kann für diese Fallstudie umgeschrieben werden:

(3) $$r_i = \alpha + I_{EKRN} \cdot EKRN_i + I_{LIQU} \cdot LIQU_i + \varepsilon_i .$$

	A	B	C	D
1	Unternehmen	Rendite	EKRN	LIQU
2	Aktie1	0,28719	11,79020	5,87518
3	Aktie2	0,18206	8,43755	5,17372
4	Aktie3	0,10956	13,65780	4,82482
5	Aktie4	0,10806	17,19830	5,76227
6	Aktie5	0,40174	16,93034	5,33735

Abb. 6.4.2.-1.: Ausgangsdaten der Fallstudie

Unter Verwendung von Excel werden die Koeffizienten bzw. die Konstante und die Sensitivitäten (in dem Model entsprechen sie den gesuchten Faktoren) geschätzt.[295] Wie in Abb. 6.4.2.-2. dargestellt, werden in die eingebaute Funktion RGP() die Zellenbezüge der abhängigen Variablen und anschließend die Zellenbezüge der unabhängigen Variablen eingegeben.

B34 {=RGP(B2:B31;C2:D31;WAHR;FALSCH)}

	A	B	C	D	E
28	Aktie27	0,35637	7,95904	4,85879	
29	Aktie28	0,26526	5,68683	7,70227	
30	Aktie29	0,41143	9,01956	5,40195	
31	Aktie30	0,14609	6,80903	2,77965	
32					
33		LIQU	EKRN	Konstante	
34		0,01860	-0,01547	0,35604	

Abb. 6.4.2.-2.: Schätzung der Regression

Die in den Zellen C34 und B34 angegebenen Werte (vgl. Abb. 6.4.2.-2.) entsprechen den gesuchten Koeffizienten der unabhängigen Variablen *EKRN* und *LIQU*; die jeweiligen Werte betragen -0,01547 und 0,01860. Im letzten Schritt kann das fundamentale Faktormodell aufgestellt werden. Mit diesem Modell lassen sich auch die zukünftigen Renditen der unterschiedlichen Aktien aus dem Beispiel (unter zusätzlichen Annahmen)[296] vorhersagen:

(4) $$\hat{r}_i = 0{,}35604 - \underbrace{0{,}01547}_{\hat{I}_1} \cdot \underbrace{EKRN_i}_{\beta_{i1}} + \underbrace{0{,}01860}_{\hat{I}_2} \cdot \underbrace{LIQU_i}_{\beta_{i2}} .$$

$$\hat{r}_i = \hat{\alpha} + \hat{I}_1 \cdot \beta_{i1} + \hat{I}_2 \cdot \beta_{i2}$$

So kann z.B. die Rendite der Aktie1 für die folgende Periode prognostiziert werden, wenn die Eigenkapitalrentabilität und die Liquiditätsquote geeignet geschätzt werden.

295 Zur ausführlichen Betrachtung der Regressionsanalyse siehe Anhang A6.1.

296 Es wird z.B. angenommen, dass die Faktorwerte über die folgenden Zeiträume stabil bleiben.

Die Schätzungen mögen z.B. 19,78 und 2,1 betragen. Nach dem Einsetzen der Kennzahlen in das Modell (Gleichung (4)) ergibt sich der Wert der geschätzten Rendite: $\hat{r}_1 = 0{,}35604 - 0{,}01547 \cdot 19{,}78 + 0{,}01860 \cdot 2{,}1 = 0{,}08908$. Damit beträgt die prognostizierte Aktienrendite des Unternehmens für die folgende Periode 8,9%.[297]

In der Darstellung als Formel gibt es zwischen dem (makro-) ökonomischen und dem fundamentalen Faktormodell keine Differenzen. Das fundamentale Modell unterscheidet sich jedoch von dem (makro-) ökonomischen Faktormodell durch eine unterschiedliche Art der Schätzung der erklärenden Faktoren. Im (makro-) ökonomischen Faktormodell sind die Werte der Faktoren bekannt, während sie im fundamentalen Modell noch geschätzt werden müssen. Wie bereits oben erwähnt wurde, repräsentieren im allgemeinen Faktormodell die Beta-Parameter unternehmensspezifische Komponenten, während die Faktoren für unterschiedliche Wertpapiere eine gemeinsame erklärende Komponente darstellen. Zwar schätzt man in dem fundamentalen Modell die (Werte der) Faktoren anhand von unternehmensspezifischen Komponenten, im endgültigen (allgemeinen) Modell repräsentieren sie jedoch, wie im (makro-) ökonomischen Faktormodell auch, für unterschiedliche Wertpapiere gleiche (für die jeweilige Periode konstante) Werte. Im (makro-) ökonomischen Faktormodell müssen die Beta-Parameter z.B. mittels Regressionsanalyse für jedes Wertpapier einzeln geschätzt werden. Im fundamentalen Modell sind die Beta-Parameter dagegen vorgegeben (sie entsprechen den unternehmensspezifischen Kennzahlen), jedoch unterscheiden sich die Modelle unterschiedlicher Wertpapiere genauso wie im (makro-) ökonomischen Faktormodell anhand der Beta-Parameter voneinander.In der Tab. 6.4.2.-1. wird noch einmal der Unterschied zwischen den Vorgehensweisen bei den (makro-) ökonomischen und den fundamentalen Faktormodellen verdeutlicht.

Genauso wie das (makro-) ökonomische ist auch das fundamentale Faktormodell mit Problemen behaftet. Auch hier ist die Entscheidung über die Auswahl der geeigneten erklärenden Variablen (unternehmensspezifische Merkmale) nicht einfach. Die Notwendigkeit zur Beschaffung einer großen Anzahl an fundamentalen Daten bewirkt eine oft sehr aufwändige und kostenintensive Erstellung solcher Modelle. Ebenso ist die Bestimmung der einzubeziehenden Kennzahlen, wie im (makro-) ökonomischen Modell, der subjektiven Einschätzung des Anwenders überlassen. Zwar werden in diesem Modell zur Bildung der Renditen die unternehmensinternen Parameter berück-

297 Die ökonomische Plausibilität der geschätzten Koeffizienten und ihre Vorzeichen soll hier nicht diskutiert werden, da es allein um die verfahrenstechnische Demonstration geht.

sichtigt, jedoch werden externe Faktoren, wie z.B. die allgemeine Entwicklung des Marktes o.Ä., außer Acht gelassen. Statistisch gesehen ist das fundamentale Modell wegen der zugrunde liegenden Querschnittsregression leicht zu verzerren. Dies kann passieren, wenn das Modell eine größere Anzahl von assetspezifischen Parametern als Beobachtungen enthält. In so einem Fall kann so ein Modell nicht geschätzt werden. Die zugrunde liegenden unternehmensspezifischen Kennzahlen können starke Korrelationen untereinander aufweisen, die bei der Aufstellung des Modells ebenfalls zu statistischen Problemen führen können.

<table>
<tr><th>(Makro-) ökonomisches Faktormodell</th><th>Fundamentales Faktormodell</th></tr>
<tr>
<td>
1. Auswahl der (makro-) ökonomischen Faktoren
2. Berechnung der Veränderungsraten
3. Ermittlung der historischen Aktienren dite eines Unternehmens aus empirischen Aktienkursen
4. Schätzung der Beta-Parameter für ein Unternehmen (Zeitreihenregression: Betrachtung des einzelnen, fixierten Wertpapiers i im Zeitablauf $t = 1, ..., T$)

(Ausgangsdaten)
<table>
<tr><th>Zeitraum</th><th>VW-Rendite</th><th>Dollar</th></tr>
<tr><td>31.01.2001</td><td>0,08411</td><td>0,01119</td></tr>
<tr><td>28.02.2001</td><td>-0,13471</td><td>0,05280</td></tr>
<tr><td>31.03.2001</td><td>0,07592</td><td>-0,01051</td></tr>
<tr><td>30.04.2001</td><td>0,03157</td><td>0,05159</td></tr>
<tr><td>31.05.2001</td><td>-0,04773</td><td>0,00019</td></tr>
</table>
5. Anwendung des Modells
</td>
<td>
1. Bestimmung der unternehmensspezifischen Kennzahlen
2. Ermittlung der Aktienrenditen der unterschiedlichen Unternehmen $i = 1, ... N$ aus einer Periode t
3. Schätzung der Koeffizienten, die als Faktoren im späteren Modell benutzt werden (Querschnittsanalyse: Betrachtung der fixierten Periode t für verschiedene Wertpapiere $i = 1, ..., N$)

(Ausgangsdaten)
<table>
<tr><th>Unternehmen</th><th>Rendite</th><th>EKRN</th><th>LIQU</th></tr>
<tr><td>Aktie1</td><td>0,28719</td><td>11,79020</td><td>5,87518</td></tr>
<tr><td>Aktie2</td><td>0,18206</td><td>8,43755</td><td>5,17372</td></tr>
<tr><td>Aktie3</td><td>0,10956</td><td>13,65780</td><td>4,82482</td></tr>
<tr><td>Aktie4</td><td>0,10806</td><td>17,19830</td><td>5,76227</td></tr>
<tr><td>Aktie5</td><td>0,40174</td><td>16,93034</td><td>5,33735</td></tr>
</table>
4. Anwendung des Modells
</td>
</tr>
</table>

Tab. 6.4.2.-1.: Vorgehensweise des (makro-) ökonomischen und des fundamentalen Faktormodells

6.4.3. Statistische Faktormodelle

Unter einem statistischen Faktormodell wird ein Faktormodell verstanden, welches durch ein multivariates, statistisches Verfahren (die Faktorenanalyse) abgeleitet wird. Es wird eine Selektion von (synthetischen) Faktoren durch Maximierung der Erklärungskraft des Modells vorgenommen. Die Grundidee der Faktorenanalyse liegt (bezogen auf den hier betrachteten Kontext) in der möglichst genauen Erklärung der anfänglich großen Anzahl verschiedener Wertpapierrenditen durch wenige, linear voneinander unabhängige Faktoren. Die Faktorenanalyse ermöglicht dabei eine simultane Schätzung von Faktoren sowie ihrer Beta-Werte (Sensitivitäten bzw. hier auch *Faktorladungen* genannt). In den bis jetzt betrachteten ((makro-) ökonomischen und fundamentalen) Faktormodellen konnte im Gegensatz dazu nur eine der Modellkomponenten (Betas bzw. Faktorwerte) aufgrund einer anderen, als bekannt vorausgesetzten Komponente (Faktorwerte bzw. Betas) geschätzt werden. Die zu erklärenden Größen sind hier ebenso wie in den anderen Faktormodellen die Wertpapierrenditen. Die Ergebnisse der Analyse sind die Kombinationen von Faktoren und Faktorladungen, für die die Kovarianz der Störeinflüsse möglichst klein ist. Die Faktorenanalyse[298] extrahiert aus den Basisdaten (Matrix der historischen Wertpapierrenditen in der Stichprobe einbezogener Aktien) die Faktoren, welche die Renditenzusammenhänge erklären. Kritisch ist dabei die Bestimmung der unbekannten Anzahl von Faktoren, wofür es diverse Ansätze gibt. Für die Durchführung einer Faktorenanalyse existieren verschiedene Verfahren. In Abhängigkeit von der gewählten Methode resultieren dann auch unterschiedliche Lösungen. Auch hier bleibt es dem Analysten oder Portfoliomanager überlassen, über den Einsatz der jeweiligen Methode und später über die Verwendung unterschiedlicher Interpretationsmöglichkeiten zu entscheiden.

Im Vergleich zu den (makro-) ökonomischen und fundamentalen Faktormodellen besteht bei den statistischen Faktormodellen keine Überlappung der Faktoren in ihrer Erklärungskraft. Die durch die Faktorenanalyse extrahierten Faktoren sind untereinander unkorreliert.

Als problematisch erweist sich jedoch die Deutung bzw. Interpretation der extrahierten, synthetischen Faktoren. Eine ökonomische Interpretation der Faktoren kann z.B. dadurch erfolgen, indem die Faktoren und ihre Ladungen mit realen (makro-) ökonomischen Indizes verglichen werden, welche ihrerseits vermutlich Einflüsse auf die Wertpapierrenditen ausüben. Eine intuitive Verständlichkeit des Modells ist wegen der nur schwer zu erstellenden Interpretation der Faktoren und ihrer Ladungen nicht immer gegeben. Solange jedoch das Ziel des Analysten bzw. Portfoliomanagers in der Erklärung und Prognose von Renditen besteht, kann in einigen Fällen auf die ökonomische Interpretation verzichtet werden. Eine ausführliche Betrachtung der Faktorenanalyse findet in Kap. 7. statt.

---

298 Vgl. Kap. 7.

Im Vergleich zu den (makro-) ökonomischen und fundamentalen Faktormodellen liefern die statistischen Faktormodelle In-Sample oft bessere Ergebnisse. Der Grund liegt in der hohen Anpassung des Modells an die Lernstichprobe (auch Trainingsdaten genannt). Die Faktorenanalyse basiert ihre Resultate nur auf den historischen Renditereihen der in der Stichprobe (Sample) einbezogenen Wertpapiere. Die auf diesem Wege erstellten Faktormodelle beinhalten Korrelationsstrukturen dieser Wertpapiere aus den in der Vergangenheit beobachteten Daten. Dabei existiert jedoch keine Garantie für einen Bestand der gleichen Korrelationsstrukturen in der Zukunft. Wechselt z.B. ein Unternehmen mit der Zeit sein Geschäftsfeld, ändern sich seine Beziehungen zu anderen Unternehmen, was zu einer neuen Korrelationsstruktur der Aktienrenditen aller betrachteten Unternehmen führen kann. Bei den (makro-) ökonomischen und fundamentalen Faktormodellen sind die Faktorwerte entweder exogen vorgegeben (bei (makro-) ökonomischen) oder aus exogenen Größen geschätzt worden (bei fundamentalen). Bei den statistischen Faktormodellen werden die Faktoren endogen bestimmt, dabei stellt sich die Problematik der Fortschreibung (Prognose) der synthetischen Faktoren. Eine Gegenüberstellung der unterschiedlichen Faktormodelle sowie ihrer Spezifikationen ist in Tab. 6.4.3.-1. veranschaulicht.

Faktormodelltyp	**Ausgangsdaten**	**Geschätzte Größen**	**Verfahren**
- (makro-) ökonomische	historische Renditen, (makro-) ökonomische Indikatoren	Beta-Parameter (Sensitivitätsfaktoren)	Zeitreihenregression
- fundamentale	historische Renditen, unternehmensspezifische Kennzahlen	fundamentale Faktoren	Querschnittsregression
- statistische	historische Renditen	statistische Faktoren und Faktorladungen (Beta-Parameter)	Faktorenanalyse

Tab. 6.4.3.-1.: Gegenüberstellung der drei Arten von Faktormodellen

Alle drei Modelltypen besitzen sowohl Vorteile als auch Nachteile. So sind zum Beispiel die (makro-) ökonomischen Faktormodelle zwar am einfachsten zu interpretieren, jedoch schneiden sie in empirischen Tests oftmals schlechter ab als die fundamentalen und statistischen Modelltypen. Die fundamentalen Faktormodelle haben oftmals eine hohe Erklärungskraft, sind jedoch wegen der hohen Anzahl an benötigten fundamentalen Daten informations- und daher kostenintensiv. Zur Generierung von statistischen Faktormodellen werden lediglich historisch beobachtete Renditen benötigt, jedoch fällt die ökonomische Interpretation der extrahierten Faktoren nicht leicht. In unterschiedlichen empirischen Fallstudien ergaben sich voneinander abweichende Ergebnisse hinsichtlich der jeweiligen Güte der verwendeten Faktormodelle.[299] Deshalb bleibt allein dem Analysten bzw. Portfoliomanager die Auswahl des geeigneten Modells überlassen.

Oft werden keine rein (makro-) ökonomischen, fundamentalen oder statistischen Faktormodelle, sondern eine Kombination dieser Modelle verwendet. CONNNOR führt Untersuchungen für jeden Typ der Faktormodelle durch und misst die Erklärungskraft (gemessen am R^2) solcher Modelle.[300] In der isolierten Betrachtung besitzen die fundamentalen Faktormodelle die größte, die (makro-) ökonomischen die kleinste Erklärungskraft. Die Erklärungskraft der (makro-) ökonomischen Modelle erhöht sich durch eine Verbindung mit fundamentalen und mit statistischen Faktormodellen. Bei fundamentalen Modellen fällt die marginale Erklärungskraft in Kombination mit statistischen Modellen sehr gering aus und ist in Kombination mit den (makro-) ökonomischen quasi nicht existent. Auch in Kombination mit statistischen Modellen liefern (makro-) ökonomische Modelle keine zusätzliche Erklärung. Im nächsten Kapitel wird auf solche gemischten Modelle näher eingegangen.

6.4.4. Kombinierte Faktormodelle

6.4.4.1. Überblick

Unter einem kombinierten Faktormodell versteht man nicht nur ein Modell, bei dem Faktoren verschiedener Natur miteinander kombiniert werden, sondern ebenso Faktormodelle, die auf unterschiedlichen methodischen Grundlagen basieren. An dieser Stelle wird auf eine ausführliche Darstellung der Vielfalt der möglichen kombinierten Ansätze verzichtet und stattdessen auf die weiterführenden Literaturquellen verwiesen.[301] Ein in der Praxis weit verbreitetes, kombiniertes Faktormodell wurde von BARRA entwickelt. BARRA ist ein Beratungsunternehmen aus den USA, welches seinen Schwerpunkt auf eine quantitative Investmentanalyse ausrichtet. Modelle von BARRA sind verbreitet genutzte Werkzeuge, besonders in der Prognose von Aktienvolatilitäten sowohl für die relative als auch für die absolute Portfoliooptimierung.

---

299 Vgl. Wallmeier (1997), S. 39.

300 Vgl. Connor (1995), S. 45.

301 Siehe Untersuchungen von Connor (1995) und Young et al. (1991) und dort zitierte Quellen.

Diese Modelle werden ebenso für eine Performance Attribution und zur Beurteilung der Investitionsstrategien von Managern verwendet. Ein von dem Unternehmen entwickeltes Multi-Faktor-Modell, das überwiegend zur Prognose der Renditevolatilität benutzt wird, trägt den Namen E3. Es basiert auf der methodischen Grundlage eines fundamentalen Faktormodells, bei dem zusätzlich zu den unternehmensspezifischen auch makroökonomische Daten (Faktoren) eingesetzt werden. Das Modell ist auf die Arbeit von BARR ROSENBERG, dem Unternehmensgründer, zurückzuführen.[302] Die Vorgehensweise zur Aufstellung des Modells kann in fünf Schritte unterteilt werden: 1. Zusammenstellung und Aufbereitung des benötigten Datenmaterials, welches überwiegend den Jahresabschlüssen der Unternehmen entnommen wird; 2. Auswahl der Kennzahlen; 3. Aggregierung der Kennzahlen zu den Beta-Parametern; 4. Aufstellung der Querschnittsregression, Schätzung der Faktoren und der Faktor-Kovarianzmatrix; 5. Prüfung des Modells. Genauso wie bei den fundamentalen Modellen werden hier die Beta-Parameter (bzw. Faktorsensitivitäten) als bekannt vorausgesetzt. Die (Werte der) Faktoren selbst müssen erst noch geschätzt werden.

Das von BARRA für den deutschen Aktienmarkt entwickelte Modell (GR-E3) umfasst 29 Risikofaktoren (Betas), von denen 10 auf unternehmensspezifischen Informationen[303] (bestehend aus mehreren Kennzahlen) und die restlichen 19 auf den Branchenzugehörigkeiten der Aktien basieren. Im Vergleich dazu besitzt das für den US-amerikanischen Aktienmarkt entwickelte US-E3-Modell 13 unternehmensspezifische Informationen und 55 Branchenfaktoren. Aus einer Vielzahl von unternehmensspezifischen Kennzahlen werden anhand von statistischen Verfahren (z.B. Regressionsanalyse) nur diejenigen ausgewählt, die eine hohe Erklärungskraft gegenüber den Aktienrenditen besitzen. Danach werden diese unternehmensspezifischen Kennzahlen in 10 (beim deutschen Modell) aussagefähigen Gruppen zusammengefasst, von denen jede mehrere Kennzahlen enthält (vgl. Tab. 6.4.4.1.-1.). Aus jeder Faktorgruppe wird eine Faktorsensitivität gebildet. Die Faktorsensitivitäten stellen damit die Aggregation einer Mehrzahl von Kennzahlen, sog. standardisierte Deskriptoren[304], dar. Durch die Aggregation der Kennzahlen wird eine Verringerung der Anzahl der später zu schätzenden Varianzen und Kovarianzen der Faktoren angestrebt. Während die aus den Kennzahlen gebildeten Faktorsensitivitäten unterschiedliche Verhaltensweisen von

---

302 Vgl. Rosenberg (1974).

303 Die Faktorenbeschreibung kann aus dem Beitrag von Nielsen (1992), S. 229 entnommen werden.

304 Aufgrund unterschiedlicher Natur und Maßeinheiten der Kennzahlen (bzw. Deskriptoren) müssen sie vor der Aggregation standardisiert werden; vgl. Kap. 6.4.4.2. Zur Berechnung der Deskriptoren wird auf Literatur verwiesen; vgl. z.B. Beckers/Cummins/Woods (1993), S. 41 ff.

Aktien im unternehmensinternen, nicht branchenbezogenen Bereich ausdrücken, messen die Branchenladungen unterschiedliche Verhaltensweisen von Aktien in den verschiedenen Branchen. Die Branchenfaktoren entsprechen in diesem Modell den makroökonomischen Größen. Dennoch sind das keine expliziten makroökonomischen Faktoren (wie aus dem Kap. 6.4.1. bekannt, z.B. Marktindex oder Ölpreis). Es wird unterstellt, dass die Entwicklungen unterschiedlicher Branchen unterschiedliche Einflüsse auf die Renditen der jeweiligen Aktien ausüben. Diese Zusammenhänge sind zwar makroökonomischer Natur, sind aber nicht wie Ölpreise aus Marktdaten direkt ablesbar, sondern werden erst aus den Daten konstruiert. Die makroökonomischen Faktoren in diesem Modell sind somit eher implizit und nicht exogen vorgegeben. Die Branchenzugehörigkeit wird durch die Variablenausprägung 1 (falls die Aktie zur betreffenden Branche gehört) oder 0 (falls die Aktie nicht zu der Branche gehört) ausgedrückt.[305] Die Aktien von Unternehmen gemischter Konzernstrukturen können maximal bis zu 6 unterschiedlichen Branchen zugewiesen werden. Dabei muss die Summe der Gewichte wiederum eins entsprechen. Im nächsten Schritt werden die Faktoren geschätzt.

---

305 Vgl. Fallstudie in Kap. 6.4.4.2.

Faktorgruppen	**Kennzahlen**
1. Schwankungen im Markterfolg	- Historischer Beta-Wert - Bandbreite der logarithmierten Aktienkurse (1 Jahr) - Historische Volatilität
2. Erfolg	- Historischer Alpha-Wert - Relative Stärke (1 Jahr) - Netto DVFA-Gewinn/Eigenkapital - Netto DVFA Cashflow/Verbindlichkeiten < 5 Jahre
3. Auslandseinkommen	- Auslandsumsatz/Umsatz - Währungsintensivität
4. Lohnintensive Tätigkeit	- Personalkosten/Umsatz - Umsatz/Sachanlagen
5. Größe	- Logarithmus der Marktkapitalisierung - Bilanzsumme
6. Ertrag	- Aktuelle Dividendenrendite - Durchschnittliche Dividendenrendite (5 Jahre) - Dividendensumme/([DVFA-Gewinn netto + Jahresüberschuss]/2)
7. Wert	- DVFA-Gewinn pro Aktie/Kurs Jahresende - Eigenkapital/durchschnittlicher Börsenwert
8. Außergewöhnliche Erträge	- (DVFA-Gewinn netto – Jahresüberschuss) /DVFA-Gewinn netto
9. Verschuldungsgrad	- Finanzschulden/Bilanzsumme - (Eigenkapital + Finanzschulden)/Eigenkapital - Reagibilität auf Zinsänderungen
10. Nicht bewertete Anlagen	- Index, der die Renditeentwicklung der Aktien erklärt, die nicht in der Datenbasis enthalten sind

Tab. 6.4.4.1.-1.: Fundamentale Faktoren

Durch die Aufstellung einer multiplen Querschnittsregression werden die Renditen unterschiedlicher Aktien aus einem Anlageuniversum auf die festgelegten Faktorsensitivitäten regressiert:[306]

(1) $$r_i = \alpha + \sum_{k=1}^{10} \beta_{ik} I_k + \sum_{m=1}^{19} b_{im} F_m + \varepsilon_i \qquad \text{für } i = 1, ..., N$$

mit
- r_i: Rendite des i-ten Assets zu einem fixierten Zeitpunkt t
- α: Basisrendite
- β_{ik}: k-te unternehmensspezifische Faktorsensitivität des i-ten Assets zu einem fixierten Zeitpunkt t
- I_k: zu schätzender Faktor der k-ten Faktorsensitivität zu einem fixierten Zeitpunkt t
- b_{im}: Branchenzugehörigkeit zum m-ten Branchenfaktor beim i-ten Asset zu einem fixierten Zeitpunkt t (nimmt einen Wert zwischen 0 und 1an)
- F_m: zu schätzender m-ter Branchenfaktor zu einem fixierten Zeitpunkt t
- ε_i: zufälliger Störeinfluss, Residualrendite des i-ten Assets zu einem fixierten Zeitpunkt t.

Die Analyse wird auf Basis von Monatsrenditen für mehrere Perioden wiederholt. Als Ergebnis erhält man für jeden Faktor über mehrere Perioden geschätzte Zeitreihen, mit denen die Kovarianzen dieser geschätzten Faktoren bestimmt werden. Die Faktorenkovarianzmatrix wird somit aus Faktoren berechnet, die auf Basis von historischen Aktienrenditen, regressiert auf 29 historisch beobachtete Faktorsensitivitäten und Branchenzugehörigkeiten, zustande kommen.

Bei der Überprüfung der Güte des Modells werden die unternehmensspezifischen Faktorsensetivitäten und die Branchenzugehörigkeiten von Aktien für eine im Modell nicht untersuchte Periode eingesetzt (Out-of-Sample Test).

Das vorgestellte Modell von BARRA wird auf Basis von fundamentalen Faktormodellen unter Einbeziehung makroökonomischer Faktoren bzw. Branchenindikatoren aufgestellt. Auch andere Kombinationsmöglichkeiten von Faktormodellen sind vorstellbar.

306 Das aufgestellte Modell bezieht sich auf das deutsche (GR-E3) Modell, welches 29 Risikofaktoren umfasst.

Anhand einer Fallstudie wird die Vorgehensweise für die Erstellung eines kombinierten Modells veranschaulicht. Während die erste Fallstudie in Kap. 6.4.4.2. die Entstehung des Modells selbst beschreibt, zielt die zweite Fallstudie (vgl. Kap. 6.4.4.3.) auf die Darstellung der möglichen statistischen Probleme und deren Lösungen ab.

6.4.4.2. Fallstudie zur Bildung eines kombinierten Faktormodells

Für die Fallstudie wurden künstliche Daten für 30 Aktien aus drei unterschiedlichen Branchen (Auto, Bau und Chemie) generiert.[307] Die Fallstudie ist in drei Schritten aufgebaut. Zuerst werden die unabhängigen Variablen selektiert und aufbereitet. Im zweiten Schritt wird das Modell aufgestellt und als letztes werden die Faktoren geschätzt. Die unabhängigen Variablen des Modells sind die unternehmensspezifischen Kennzahlen und die Branchenzugehörigkeiten der Aktien, die einperiodigen Renditen der Aktien stellen die abhängigen Variablen dar. Die Unternehmenskennzahlen sind entsprechend der Verteilungen realer Unternehmensdaten der zugehörigen Branchen generiert worden. Der Schritt der Vorselektion der Variablen mit der größten Erklärungskraft wird hier stark verkürzt. Um die Fallstudie klein zu halten, werden nur zwei unternehmensspezifische Variablen einbezogen, nämlich die Quote der flüssigen Mittel (*LIQU*)[308] und die Eigenkapitalrentabilität (*EKRN*).[309] Wegen der unterschiedlichen Natur und Streuung der verschiedenen Kennzahlen werden sie nicht in originärer Form, sondern erst nach der Standardisierung in das Modell einbezogen. Die Standardisierung der Variablen erfolgt nach der Formel:

$$(1) \qquad k_{stand,i} = \frac{k_{org,i} - \bar{k}_{org}}{S_{k_{org}}}$$

mit k_{stand}: Standardisierte Kennzahl
k_{org}: Originärer Wert der Kennzahl
$\bar{k}_{org}$: Mittelwert der Kennzahl über alle N Unternehmen
$S_{k_{org}}$: Standardabweichung der Kennzahl über alle N Unternehmen.

---

307 Zur Generierung der Daten siehe Anhang A6.3.

308 Die Quote der flüssigen Mittel wird hier wie folgt definiert: Liquide Mittel * 100 / bereinigte Bilanzsumme.

309 Die Eigenkapitalrentabilität wird hier wie folgt definiert: Netto-Jahresergebnis * 100 / Eigenkapital.

In der Fallstudie sind nur Aktien der Unternehmen aus drei Branchen einbezogen worden. Deshalb werden drei Variablen der Branchenzugehörigkeiten eingeführt. Diese Variablen werden als Dummyvariablen erfasst, da sie nur eine Zugehörigkeit oder Nichtzugehörigkeit zur jeweiligen Branche ausdrücken. Gehört z.B. eine Aktie zur Autobranche, erhält die Variable *Auto* für diese Aktie die Kodierung „1" und die anderen Variablen (*Bau* und *Chemie*) die Kodierung „0". In dieser Fallstudie werden die möglichen Zugehörigkeiten zu mehreren Branchen nicht berücksichtigt. In allgemeiner Form sieht die Kodierung der Dummyvariablen (b_{im}) wie folgt aus:

(2) $$b_{im} = \begin{cases} 1 \text{ Aktie gehört zu der Branche} \\ 0 \text{ Aktie gehört nicht zu der Branche} \end{cases}$$

Die Ausgangsdaten sind in der Abb. 6.4.4.2.-1. abgebildet.

Im nächsten Schritt soll die Modellgleichung aufgestellt werden. Bei diesem kombinierten Faktormodell werden die Renditen unterschiedlicher Aktien (bezogen auf eine fixierte Periode t) in Abhängigkeit von den fundamentalen Kennzahlen (der Periode t) und den Branchenzugehörigkeiten gestellt (vgl. Gleichung (3)):

	BA	BB	BC	BD	BE	BF	BG
1		LIQU	EKRN	Auto	Bau	Chemie	Rendite
2	Aktie1	-0,33328	0,23863	1	0	0	0,28719
3	Aktie2	-0,43543	-0,15966	1	0	0	0,18206
4	Aktie3	-0,48623	0,46050	1	0	0	0,10956
5	Aktie4	-0,34972	0,88111	1	0	0	0,10806
6	Aktie5	-0,41160	0,84927	1	0	0	0,40174
7	Aktie6	-0,30945	1,06719	1	0	0	0,11374
8	Aktie7	-0,22114	-0,52880	1	0	0	0,31392
9	Aktie8	-0,44466	0,26554	1	0	0	0,22455
10	Aktie9	-0,58149	0,80717	1	0	0	0,20872
11	Aktie10	3,14290	2,95287	0	1	0	0,29830
12	Aktie11	0,27502	-0,32581	0	1	0	0,45052
13	Aktie12	0,90371	-1,13672	0	1	0	0,79579
14	Aktie13	0,03095	0,32903	0	1	0	0,57431
15	Aktie14	-1,05027	-1,57416	0	1	0	0,71036
16	Aktie15	1,97705	-1,65897	0	1	0	0,88279
17	Aktie16	0,43843	-1,62423	0	1	0	0,80936
18	Aktie17	-0,72513	0,44169	0	1	0	0,29577
19	Aktie18	0,31032	1,33315	0	1	0	0,33066
20	Aktie19	0,33868	1,63397	0	1	0	0,43660
21	Aktie20	2,56532	-0,40448	0	1	0	0,62923
22	Aktie21	-1,14969	-0,74027	0	0	1	0,27472
23	Aktie22	-0,63864	0,08711	0	0	1	0,18558
24	Aktie23	0,51385	-0,78817	0	0	1	0,29885
25	Aktie24	-0,65782	-0,25850	0	0	1	0,20783
26	Aktie25	-0,10179	-0,55696	0	0	1	0,26526
27	Aktie26	-0,86513	-0,44389	0	0	1	0,12171
28	Aktie27	-0,48129	-0,21651	0	0	1	0,35637
29	Aktie28	-0,06723	-0,48645	0	0	1	0,26526
30	Aktie29	-0,40219	-0,09052	0	0	1	0,41143
31	Aktie30	-0,78404	-0,35313	0	0	1	0,14609

Abb. 6.4.4.2.-1.: Ausgangsdaten der Fallstudie[310]

310 Die Kennzahlen *LIQU* und *EKRN* sind standardisiert, die Renditewerte jedoch nicht. Die zum Teil extrem hohen Renditewerte sind durch eine Boomphase auf den Aktienmärkten im Jahr 1999 zu erklären.

$$(3)\qquad \begin{bmatrix} r_1 \\ \vdots \\ \vdots \\ \vdots \\ \vdots \\ r_N \end{bmatrix} = \alpha + \begin{bmatrix} \beta_{1,1} & \cdots & \beta_{1,K} & b_{1,1} & \cdots & b_{1,M} \\ \vdots & \cdots & \vdots & \vdots & \cdots & \vdots \\ \vdots & \cdots & \vdots & \vdots & \cdots & \vdots \\ \vdots & \cdots & \vdots & \vdots & \cdots & \vdots \\ \vdots & \cdots & \vdots & \vdots & \cdots & \vdots \\ \beta_{N,1} & \cdots & \beta_{N,K} & b_{N,1} & \cdots & b_{N,M} \end{bmatrix} \cdot \begin{bmatrix} I_1 \\ \vdots \\ I_K \\ F_1 \\ \vdots \\ F_M \end{bmatrix} + \begin{bmatrix} \varepsilon_1 \\ \vdots \\ \vdots \\ \vdots \\ \vdots \\ \varepsilon_N \end{bmatrix}$$

mit
r_i: Rendite des i-ten Assets zum fixierten Zeitpunkt t
α: Basisrendite
β_{ik}: k-te unternehmensspezifische Faktorsensitivität des i-ten Assets zum fixierten Zeitpunkt t
b_{im}: Branchenzugehörigkeit zum m-ten Branchenfaktor beim i-ten Asset zum fixierten Zeitpunkt t (nimmt einen Wert von 0 oder 1 an)
I_k: zu schätzender Faktor der k-ten Faktorsensitivität zum fixierten Zeitpunkt t
F_m: zu schätzender m-ter Branchenfaktor zum fixierten Zeitpunkt t
ε_i: zufälliger Störeinfluss, Residualrendite des i-ten Assets zum fixierten Zeitpunkt t.

Die Gleichung (3) in ihrer allgemeinen Form lässt sich für die Fallstudie umschreiben:

$$(4)\qquad r_i = \alpha + \beta_{i,LIQU} \cdot LIQU + \beta_{i,EKRN} \cdot EKRN + b_{i,Auto} \cdot Auto \\ + b_{i,Bau} \cdot Bau + b_{i,Chemie} \cdot Chemie + \varepsilon_i \,.$$

Zu schätzende Größen des Modells sind die Faktoren *LIQU*, *EKRN*, *Auto*, *Bau* und *Chemie*. Unter Verwendung von Excel werden die Regressionskoeffizienten (in diesem Model entsprechen sie den gesuchten Faktoren) der Regression berechnet. Abb. 6.4.4.2.-2. gibt einen Überblick über die Ergebnisse der Regressionsanalyse.

	BI	BJ	BK	BL	BM	BN
3	*Regressions-Statistik*					
4	Multipler Korr	0,90872				
5	Bestimmtheit	0,82577				
6	Adjustiertes E	0,78947				
7	Standardfehle	0,10029				
8	Beobachtung	30				
9						
10	ANOVA					
11		*Freiheitsgrade (*	*dratsummen (*	*Quadratsumm*	*Prüfgröße (F)*	*F krit*
12	Regression	5	1,14405	0,22881	22,74937	0,00000
13	Residue	24	0,24139	0,01006		
14	Gesamt	29	1,38544			
15						
16		*Koeffizienten*	*Standardfehle*	*t-Statistik*	*P-Wert*	*Untere 95%*
17	Schnittpunkt	1,10354	2379515,024	0	1,00000	-4911075,522
18	LIQU	0,04954	0,023	2,11584	0,04493	0,001
19	EKRN	-0,12405	0,020	-6,12962	0,00000	-0,166
20	Auto	-0,81377	2379515,024	0	1,00000	-4911077,439
21	Bau	-0,57600	2379515,024	0	1,00000	-4911077,201
22	Chemie	-0,87500	2379515,024	-3,6772E-07	1,00000	-4911077,500

Abb. 6.4.4.2.-2.: Ergebnisse der Fallstudie

BB43 {=MINV(BB39:BD41)}

	BA	BB	BC	BD
38		*Auto*	*Bau*	*Chemie*
39	Auto	1	-0,49812	-0,46291
40	Bau	-0,49812	1	-0,53803
41	Chemie	-0,46291	-0,53803	1
42				
43		-832651815806336	-875599841833034	-856539763539576
44		-875599841833034	-920763119066266	-900719925474099
45		-856539763539577	-900719925474099	-881113032599297

Abb. 6.4.4.2.-3.: Korrelationsmatrix und *VIF*-Werte

Das Bestimmtheitsmaß des Modells ist relativ hoch und beträgt 82,58% (Zelle BJ5), jedoch sind die Standardfehler der Konstante und der Branchenvariablen sehr groß und damit die *t*-Werte (bzw. *P*-Werte) sehr niedrig (bzw. hoch). Die Ergebnisse sind aber verzehrt. Zu vermuten ist eine starke Korrelation der Branchenvariablen untereinander. Nach der Durchführung einer Korrelationsanalyse (vgl. Abb. 6.4.4.2.-3.) und Ermittlung der *VIF*-Werte (vgl. Zellen BB43, BC44 und BD45) bestätigt sich diese Vermutung. Die absoluten *VIF*-Werte sind sehr groß und übersteigen bei weitem den

Wert von 10.[311] Die hier vorliegende (perfekte) Korrelation ist auf die Kodierung der Dummyvariablen zurückzuführen. In der Abb. 6.4.4.2.-4. ist ist ein Ausschnitt der Ausgabe der VBA-Analysefunktion Regression der *Auto*-Variablen auf die *Chemie*- und *Bau*-Variablen dargestellt. Das Bestimmtheitsmaß entspricht 1 (bzw. 100%). Damit können die Variablen als eine perfekte lineare Kombination voneinander dargestellt werden. Die perfekte lineare Abhängigkeit der erklärenden Variablen verstößt gegen die Voraussetzungen der Regressionsanalyse (in diesem Fall Unabhängigkeit der erklärenden Variablen), deshalb müssen die Branchenvariablen in einer anderen Form modelliert werden und nicht wie es in dieser Fallstudie erfolgte.

Regressions-Statistik	
Multipler Korre	1
Bestimmtheits	1
Adjustiertes B	1
Standardfehler	0,00
Beobachtunge	30

Abb. 6.4.4.2.-4.: Regressionsanalyse

Aufgrund der erheblichen statistischen Probleme kann das Modell hier noch nicht aufgestellt werden. Dazu sind zunächst die bestehenden Probleme zu lösen, was im nächsten Abschnitt betrachtet wird.

6.4.4.3. Fallstudie zur Generierung der Dummyvariablen

Wie die letzte Fallstudie gezeigt hat, wurden zur Erstellung der kombinierten Faktormodelle nicht nur die üblichen kardinal skalierten Größen (wie z.B. Bilanzkennzahlen), sondern auch nominal skalierte Parameter einbezogen. Die Variable *Branchenzugehörigkeit* ist z.B. eine nominal skalierte Größe, der keine reellen Werte zugeordnet werden, sondern in welcher nur das Vorliegen oder Nichtvorliegen einer Eigenschaft (wie z.B. Zugehörigkeit einer Aktie zur Branche) zum Ausdruck kommt. Solche Variablen werden auch Indikatorvariablen genannt. Sie enthalten alle Informationen eines nominal skalierten Merkmals in kodierter Form. Verbreitet sind beispielsweise Referenz- und Effektkodierung.[312]

Bei einer *Referenzkodierung* wird unter den vorgegebenen Dummyvariablen eine Referenzvariable bestimmt. Diese Variable ist ein Anhaltspunkt für die Kodierung der

311 Vgl. zur Ermittlung der *VIF*-Werte Kap. 6.3.3.2. und Poddig/Dichtl/Petersmeier (2003), S. 384.

312 Zu einer ausführlichen Behandlung unterschiedlicher Kodierungsformen vgl. Bortz (1999), S. 469 ff.

anderen Variablen. Der Referenzvariable wird der Wert null zugewiesen und sie wird nicht explizit ausgewiesen. Für die restlichen Variablen wird eine übliche Kodierung vorgenommen; mit „1“ wird das Vorliegen und mit „0“ das Nichtvorliegen einer Eigenschaft zum Ausdruck gebracht. In der Fallstudie wird die Variable *Auto* als Referenzvariable ausgewählt. Die anderen zwei Variablen *Bau* und *Chemie* werden in Referenz zu *Auto* kodiert. Gehört eine Aktie zur Baubranche, wird die Variable *Bau* mit „1“ kodiert, im anderen Fall mit „0“. Die Abbildung 6.4.4.3.-1. veranschaulicht zuerst die Kodierung der Dummyvariablen aus der vorherigen Fallstudie. Im Vergleich wird in Abb. 6.4.4.3.-2. die Referenzkodierung dargestellt. Die Modellgleichung für diese Fallstudie unter Einbeziehung der Referenzkodierung der Dummyvariablen sieht wie folgt aus:

(1) $r_i = \alpha + \beta_{i,LIQU} LIQU + \beta_{i,EKRN} EKRN + b_{i,Bau} Bau + b_{i,Chemie} Chemie + \varepsilon_i$.

	Auto	Bau	Chemie
Auto1	1	0	0
Auto2	1	0	0
Auto3	1	0	0
Bau1	0	1	0
Bau2	0	1	0
Bau3	0	1	0
Chemie1	0	0	1
Chemie2	0	0	1
Chemie3	0	0	1

Abb. 6.4.4.3.-1.: Dummyvariablen

Im Vergleich zu der Formel (4) aus Kap. 6.4.4.2. entfällt aufgrund der Referenzkodierung in Gleichung (1) der Term mit der *Auto*-Variablen. Gehört z.B. eine Aktie zur Autobranche, dann sind ihre Kodierungen in den Variablen *Bau* und *Chemie* gleich null. Für diesen Fall nimmt die Gleichung (1) die folgende Form an:

(2) $r_i = \alpha + \beta_{i,LIQU} LIQU + \beta_{i,EKRN} EKRN + 0 \cdot Bau + 0 \cdot Chemie + \varepsilon_i$

daraus folgt

$r_i = \alpha + \beta_{i,LIQU} LIQU + \beta_{i,EKRN} EKRN + \varepsilon_i$

	Bau	Chemie
Auto1	0	0
Auto2	0	0
Auto3	0	0
Bau1	1	0
Bau2	1	0
Bau3	1	0
Chemie1	0	1
Chemie2	0	1
Chemie3	0	1

Abb. 6.4.4.3.-2.: Referenzkodierung

Die Ausprägung der Variablen *Auto* ist in der Gleichung (2) zwar nicht sichtbar, sie fällt jedoch nicht weg. Die Merkmalsausprägung der Referenzvariablen *Auto* wird von der Konstante Alpha (α) getragen. Im nächsten Schritt kann das Modell geschätzt werden. Die Abb. 6.4.4.3.-3. gibt eine Übersicht über die Ergebnisse der Regressionsanalyse.

	AP	AQ	AR	AS	AT	AU
3	*Regressions-Statistik*					
4	Multipler Korr	0,90872				
5	Bestimmtheit	0,82577				
6	Adjustiertes B	0,79789				
7	Standardfehle	0,09826				
8	Beobachtung	30				
9						
10	ANOVA					
11		*Freiheitsgrade (*	*dratsummen (*	*Quadratsumr*	*Prüfgröße (F)*	*F krit*
12	Regression	4	1,14405	0,28601	29,62158	0,00000
13	Residue	25	0,24139	0,00966		
14	Gesamt	29	1,38544			
15						
16		*Koeffizienten*	*Standardfehle*	*t-Statistik*	*P-Wert*	*Untere 95%*
17	Schnittpunkt	0,28977	0,03555	8,15165	0,00000	0,21656
18	LIQU	0,04954	0,02294	2,15947	0,04060	0,00229
19	EKRN	-0,12405	0,01983	-6,25602	0,00000	-0,16488
20	Bau	0,23777	0,05304	4,48290	0,00014	0,12853
21	Chemie	-0,06123	0,04787	-1,27915	0,21259	-0,15982

Abb. 6.4.4.3.-3.: Regressionsanalyse (Referenzkodierung)

Im Vergleich zu der Fallstudie aus dem Kap. 6.4.4.2. besitzt die Analyse hier keine statistischen Probleme. Die Güte des Modells bleibt zwar konstant (vgl. R^2 und *F*-Test), jedoch können hier die Standardfehler, die *t*-Werte sowie die *P*-Werte der Koeffizienten valide ermittelt werden. Allerdings liefert die Analyse keinen signifikanten Koeffizienten für die Variable *Chemie*. Die Koefizienten für alle anderen Variablen haben eine üblicherweise geforderte, maximal zulässige Irrtumswahrscheinlichkeit von 5% für das fälschliche Verwerfen der Nullhypothese (Koeffizient ist null) nicht überschritten. Nachdem das Modell geschätzt wurde, kann die endgültige Modellgleichung aufgestellt werden:

$$(3)\qquad \hat{r}_i = 0{,}2898 + \beta_{i,LIQU} \cdot 0{,}0495 - \beta_{i,EKRN} \cdot 0{,}0124 + b_{i,Bau} \cdot 0{,}2378 - b_{i,Chemie} \cdot 0{,}0612\,.$$

Am Beispiel einer Aktie aus der Autobranche kann aus der Gleichung (3) ihre Rendite bestimmt werden, wenn β_{LIQU} und β_{EKRN} z.B. 2,1% (-0,8580) und 19,78% (1,7271) betragen:[313]

$$(4)\qquad \hat{r}_i = 0{,}2898 - 0{,}8580 \cdot 0{,}0495 - 1{,}7271 \cdot 0{,}0124 = 0{,}0330\,.$$

Damit beträgt die geschätzte Rendite nach diesem Modell 3,3%. Die tatsächliche, realisierte Rendite entspricht 4,1%. Die Abweichung von dem tatsächlichen Wert (0,8%) stellt die Residualrendite dar.

In der Gleichung (3) ist der geschätzte Faktor *Auto* nicht explizit ausgewiesen. Seine Ausprägung trägt die Regressionskonstante mit. Im Falle der Referenzkodierung ist damit der Wert eines Faktors (Referenzvariable) von dem Wert der Basisrendite (Alpha) nicht trennbar. Damit beträgt der geschätzte Wert des Faktors *Auto* und der Basisrendite zusammen 0,2898.

Bei einer *Effektkodierung* ist die Vorgehensweise ähnlich zu der Referenzkodierung. Hier wird ebenfalls eine Variable nicht explizit ausgewiesen, jedoch besitzt diese Variable nicht die Eigenschaften der Referenzvariablen, wie es bei der Referenzkodierung der Fall ist. Bei der Effektkodierung wird als Anhaltspunkt der *durchschnittliche* Gesamteinfluss der Dummyvariablen (hier Branchenzugehörigkeit) auf die abhängige Variable (Rendite) gesetzt. Die zu schätzenden Faktoren der einzelnen Branchen stellen damit die Abweichungen von dem durchschnittlichen Gesamteinfluss der Branchenzugehörigkeit auf die Rendite dar. Die zu schätzenden Faktoren[314] bei der Effektkodierung müssen eine folgende Voraussetzung (*Reparametrisierungsbedingung*) erfüllen:

$$(5)\qquad Chemie + Bau + Auto = 0.$$

---

313 In Klammern sind die standardisierten Werte angegeben.

314 Faktoren sind nicht mit Dummivariablen zu verwechseln. Hier sind zwar die Regressionskoeffizienten gemeint, sie präsentiren aber ebenfalls die zu schätzenden Faktorwerte.

Die Ausprägung der nicht ausgewiesenen Dummyvariablen ist bei der Effektkodierung nicht nur in dem Alpha enthalten (wie sonst bei der Referenzkodierung), sondern die Merkmalsausprägung dieser Variablen wird zusätzlich von jedem Koeffizienten der anderen Dummyvariablen getragen. Die Kodierung der ausgewählten Variablen kommt ebenso durch die anderen Dummyvariablen zum Ausdruck. In dieser Fallstudie sei wiederum die Variable *Auto* eine nicht explizit ausgewiesene Variable. Gehört in diesem Beispiel eine Aktie zur Branche Auto, so erhält jede andere Dummyvariable für diese Aktie eine Kodierung von „-1". Die Abb. 6.4.4.3.-4. veranschaulicht die Effektkodierung der Dummyvariablen.

	Bau	Chemie
Auto1	-1	-1
Auto2	-1	-1
Auto3	-1	-1
Bau1	1	0
Bau2	1	0
Bau3	1	0
Chemie1	0	1
Chemie2	0	1
Chemie3	0	1

Abb. 6.4.4.3-4.: Effektkodierung

Die Modellgleichung für diese Fallstudie mit Einbeziehung der Effektkodierung der Dummyvariablen sieht ähnlich wie bei der Referenzkodierung aus (vgl. Gleichung (1)). Für eine Aktie aus Autobranche ergibt sich die Gleichung wie folgt:

(6) $$r_i = \alpha + \beta_{i,LIQU} LIQU + \beta_{i,EKRN} EKRN - 1 \cdot Bau - 1 \cdot Chemie + \varepsilon_i \, .$$

Wie aus der Gleichung zu sehen ist, fallen die Dummyvariablen der anderen Branchen für eine Aktie der Autobranche nicht weg. Bei der Effektkodierung tragen diese Variablen die Merkmalsausprägungen der nicht explizit ausgewiesenen Variablen *Auto*. Im nächsten Schritt kann das allgemeine Modell mit Einbeziehung der Effektkodierung geschätzt werden. Die Abb. 6.4.4.3.-5. veranschaulicht die Ergebnisse der Regressionsanalyse.

	X	Y	Z	AA	AB	AC
3	*Regressions-Statistik*					
4	Multipler Korr	0,90872				
5	Bestimmtheit	0,82577				
6	Adjustiertes E	0,79789				
7	Standardfehle	0,09826				
8	Beobachtung	30				
9						
10	ANOVA					
11		*Freiheitsgrade (*	*dratsummen (*	*Quadratsumm*	*Prüfgröße (F)*	*F krit*
12	Regression	4	1,14405	0,28601	29,62158	0,00000
13	Residue	25	0,24139	0,00966		
14	Gesamt	29	1,38544			
15						
16		*Koeffizienten*	*Standardfehle*	*t-Statistik*	*P-Wert*	*Untere 95%*
17	Schnittpunkt	0,34862	0,01803	19,33856	0,00000	0,31149
18	LIQU	0,04954	0,02294	2,15947	0,04060	0,00229
19	EKRN	-0,12405	0,01983	-6,25602	0,00000	-0,16488
20	Bau	0,17892	0,03071	5,82616	0,00000	0,11567
21	Chemie	-0,12008	0,02774	-4,32945	0,00021	-0,17720

Abb. 6.4.4.3.-5.: Regressionsanalyse (Effektkodierung)

Die Modellgüte unterscheidet sich insgesamt nicht von den beiden bis jetzt geschätzten Modellen mit Dummyvariablen und Referenzkodierung. Dennoch sind in diesem Modell die Koeffizienten aller Variablen auf dem 95-%-Niveau signifikant. Die endgültige Gleichung des Modells sieht damit wie folgt aus:

(7) $$\hat{r}_i = 0{,}3486 + \beta_{i,LIQU} \cdot 0{,}0495 - \beta_{i,EKRN} \cdot 0{,}1241 + b_{i,Bau} \cdot 0{,}1789 - b_{i,Chemie} \cdot 0{,}1201\,.$$

Aus der Gleichung (5) kann der Faktor *Auto* berechnet werden:

(8) $$Auto = -Bau - Chemie = -0{,}1789 - (-0{,}1201) = -0{,}0588\,.$$

In der Gleichung der Effektkodierung kann damit die Variable *Auto* explizit ausgewiesen werden:

(9) $$\hat{r}_i = 0{,}3486 + \beta_{i,LIQU} \cdot 0{,}0495 - \beta_{i,EKRN} \cdot 0{,}1241 + b_{i,Bau} \cdot 0{,}1789 - b_{i,Chemie} \cdot 0{,}1201 - b_{i,Auto} \cdot 0{,}0589\,.$$

Die Gleichung (9) entspricht bis zum letzten Term ($-b_{i,Auto} \cdot 0{,}0589$) der Gleichung (7). Dieser Term ist jedoch optional, da bei der Effektkodierung die Dummyvariable

Auto mit null ($b_{i,Auto} = 0$) kodiert werden kann, welches weggelassen wird (vgl. Abb. 6.4.4.3.-4.). Jedoch ermöglicht Gleichung (9) eine explizite Darstellung des Faktors *Auto*, was für die Interpretation der Ergebnise von großer Bedeutung ist.

Für die gleiche Aktie der Autobranche aus dem Beispiel von oben (standardisierte Werte β_{LIQU} = - 0,8580 und β_{EKRN} = 1,7271) lässt sich aus der Gleichung (7) ebenso die Rendite von 3,3% berechnen (vgl. Gleichung (9)):

$$(9) \qquad \hat{r}_i = 0{,}3486 - 0{,}8580 \cdot 0{,}0495 - 1{,}7271 \cdot 0{,}1241 - 1 \cdot 0{,}1789 - (-1) \cdot 0{,}1201 .$$

Im Vergleich zur Referenzkodierung wird bei der Effektkodierung jedoch die Basisrendite getrennt von der Ausprägung der Variablen ermittelt. Hier beträgt sie 0,3486. In der Gleichung (8) beträgt der Wert vom Faktor *Auto* -0,0588. Addiert man den Wert der Konstante zum Wert des Faktors *Auto*, erhält man 0,2898. Dieser Wert entspricht der Basisrendite bei der Referenzkodierung. Bei der Effektkodierung können damit die Werte der Basisrendite und der nicht explizit ausgewiesenen Variablen separat ermittelt werden. Das ist ein Vorteil der Effektkodierung gegenüber der Referenzkodierung.

Die Wahl der Kodierungsform sollte sich sachlogisch durch die untersuchte Fragestellung ergeben. Das entscheidende Kriterium für die Auswahl ist schlussendlich die Interpretation der Ergebnisse, deshalb können für unterschieldliche Fragestellungen andere Kodierungsformen bevorzugt werden.[315] Anhand des *t*-Tests werden z.B. durch unterschiedliche Kodierungsformen abweichende Hypothesen getestet. Beim *t*-Test eines Koeffizienten (im Falle der Effektkodierung) wird der Einfluss auf die Rendite von Aktien einer Branche (z.B. Bau) im Vergleich zum durchschnittlichen Einfluss der Aktien aller (hier: drei) Branchen überprüft. Bei der Referenzkodierung wird die Hypothese geprüft, ob der Einfluss auf die Rendite von Aktien einer Branche (z.B. Bau) im Vergleich zum Einfluss der Aktien der Auto-Industrie (Referenzgröße) signifikant ist. Daraus geht hervor, dass die Wahl der Kodierungsform von der untersuchten Fragestellung abhängig ist. Ökonomisch gesehen ist die Referenzkodierung nicht immer begründbar. In dem präsentierten Beispiel sind alle Branchenzugehörigkeiten untereinander gleichgestellt. Bei der Referenzkodierung unterstellt man keinen Einfluss der Referenzvariablen. Besitzt die Referenzvariable einen Einfluss, ist dieser

---

315 Vgl. die Ausführungen von Hosmar/Lemeshow (2002).

von der Basisrendite nicht mehr explizit trennbar. Insgesamt ist hier also die Effektkodierung zu präferieren.

In dieser Fallstudie konnten die statistischen Probleme, die bei der Einbeziehung von Dummyvariablen entstanden sind, beseitigt werden. Durch die Referenz- und Effektkodierung der Dummyvariablen konnte die Multikollinearität der Dummyvariablen eliminiert werden. Die Güte der Modelle sowie die geschätzte Rendite unterscheiden sich bei allen drei Modellen nicht. In dieser Fallstudie erwies sich die Effektkodierung als vorteilhaft.

Als nächster denkbarer Schritt wäre beispielsweise die Fortführung der Schätzung des Modells für die nächsten Perioden vorzunehmen. Als Ergebnis erhält man zeitliche Reihen für jeden im Modell eingesetzten Faktor. In der Abb. 6.4.4.3.-6. ist die Aufstellung der Zeitreihen veranschaulicht, wobei für die erste Periode die in der Fallstudie geschätzten Faktoren (der Effektkodierung und bei expliziter Darstellung des Faktors *Auto*) einbezogen wurden.

	LIQU	EKRN	Auto	Bau	Chemie
1999	0,04954	-0,12405	-0,05885	0,17892	-0,12008
2000	0,10233	-0,51176	-0,12827	0,01738	-0,03880
2001	.	.	.	.	.
2002	.	.	.	.	.
2003	.	.	.	.	.
2004	.	.	.	.	.

Abb. 6.4.4.3.-6.: Geschätzte Zeitreihen der Faktoren

Mithilfe der aufgestellten Zeitreihen können die Schätzungen der Varianz-Kovarianz-Werte der Faktoren erfolgen. Die Kovarianzmatriz der historischen Faktorwerte ist ausschlaggebend für die Schätzung der Aktienrisiken.

6.5. Faktormodelle als Prognosewerkzeug

Die Erstellung der Prognosen für die Erwartungswerte der Assetrenditen und deren zukünftige Varianz-Kovarianzmatrix ist einer der zentralen Schritte im Portfoliomanagement. Die Güte der Prognose determiniert die theoretisch erzielbare Portfolioperformance, während die nachgelagerten Schritte der Portfoliooptimierung und die reale Implementation des Portfolios „nur“ noch die Aufgabe besitzen, die in den Prognosen enthalten Informationen möglichst effizient und friktionslos umzusetzen. Die dabei entstehenden praktischen Probleme im Portfoliomanagement sind beachtlich. Ein konsequent organisierter, ganzheitlich gesehener und diszipliniert durchgeführter Portfoliomanagementprozess von der Prognose, über die Planung und Realisierung des realen Portfolios bis hin zur stringenten Performancemessung und -analyse verdient Respekt. Schlussendlich stellt aber dennoch die Prognose den eigentlichen, originär wertgenerierenden Prozess dar; die folgenden Schritte sind entsprechend als „derivative" wertgenerierende Prozesse anzusehen.

Trotz der zentralen Bedeutung der Prognose steht diese nicht im Fokus dieses Buches. Allein die Auseinandersetzung um die Fragestellung, ob Finanzmarktprognosen überhaupt möglich sind, beschäftigt seit vielen Jahrzehnten die Diskussion in Wissenschaft und Praxis.[316] Genauso ist die Fülle an Literatur zu dieser Thematik inzwischen kaum noch übersehbar. Entsprechendes gilt ebenso für die Diskussion bezüglich der Fragen, mit welchen Methoden und auf Basis welchen Ansatzes die Prognosen durchgeführt werden sollten, soweit man überhaupt die zuvor genannte, prinzipielle Frage bejahen möchte.[317] Allein der Versuch, hier einen annähernd umfassenden Literaturüberblick geben zu wollen, liegt außerhalb des Rahmens dieses Buches.

Dennoch wären alle Betrachtungen zum Portfoliomanagement unvollständig ohne eine zumindest exemplarische Behandlung der Prognoseproblematik.[318] Die Zielsetzung dieses Kapitels liegt lediglich darin, anhand der beispielhaften Behandlung von Faktormodellen als Werkzeug zur Prognose von Renditen und Risiken im Portfoliomanagement diesen wichtigsten, originär wertgenerierenden Prozess nicht unbeachtet zu lassen. Die Betrachtungen stellen jedoch vorrangig auf prinzipielle Überlegungen zum Einsatz von Faktormodellen in diesem Kontext ab.

Die Prognose der Assetrendite $\hat{r}_{it+1}$ für das i-te Asset im Zeitpunkt t+1, ausgehend vom Zeitpunkt der Prognoseerstellung t, ist unter Verwendung eines Faktormodells (Multi-Index-Modells) im Prinzip recht einfach möglich. Angenommen sei ein Multi-Index-Modell, welches beispielsweise bereits zur Modellierung der Assetrenditen (vgl. Kap 6.3.) entwickelt wurde. Der Zusammenhang zwischen Assetrendite und Faktoren stellt sich für ein beliebiges Asset i nach (1) dar:

316 Vgl. dazu z.B. Fama (1970) und (1991).

317 Vgl. zu Verfahren der Finanzmarktprognose exemplarisch z.B. Poddig (1999) oder Kerling (1998).

318 Zur Prognoseproblematik vgl. auch Kap 2.2.1., 2.2.2. und 3.5.2.2.

(1) $$r_{it} = \alpha_i + \beta_{i1} I_{1t} + \beta_{i2} I_{2t} ... + \beta_{Ki} I_{Kt} + \varepsilon_{it}$$

mit r_{it}: Rendite des i-ten Assets zum Zeitpunkt t
α_i: Eigenrendite des i-ten Assets
β_{ik}: Abhängigkeit der Rendite des i-ten Assets vom k-ten Einflussfaktor I_k
I_{kt}: k-ter systematischer Einflussfaktor (Index) zum Zeitpunkt t; $k = 1, ..., K$
ε_{it}: zufälliger Störeinfluss (Residualrendite) zum Zeitpunkt t.

Die Schätzung eines Modells nach (1) kann anhand von Marktbeobachtungen im Zuge einer Längsschnittanalyse (bzw. Zeitreihenanalyse) vorgenommen werden (vgl. auch Kap. 6.4.1.). Bei einer Längsschnittanalyse (bzw. Zeitreihenanalyse) würden beobachtete Renditen und Ausprägungen der Faktoren für ein spezielles Asset i im Zeitablauf für aufeinander folgende Zeitpunkte $t = 1, ..., T$ gesammelt werden. Anschließend werden die Renditen des interessierenden Assets i auf die Faktorausprägungen (im Zeitablauf) regressiert, woraus eine Schätzung für die Faktorsensitivitäten β_{ik} und die autonome Eigenrendite α_i resultiert.[319] Für die Schätzung eines Faktormodells sind auch andere Wege denkbar,[320] was in diesem Kontext aber nicht weiter relevant ist.

Die Prognose der Assetrendite r_{it+1} für das i-te Asset im Zeitpunkt t+1, ausgehend vom Zeitpunkt der Prognoseerstellung t, ist durch einfache Zeitverschiebung von (1) um eine Periode möglich:

(2) $$r_{it+1} = \alpha_i + \beta_{i1} I_{1t+1} + \beta_{i2} I_{2t+1} ... + \beta_{Ki} I_{Kt+1} + \varepsilon_{it+1}.$$

Praktisch ist aber (2) nicht anwendbar, da zum Zeitpunkt der Prognoseerstellung t weder die zukünftigen Faktorwerte für I_{kt+1} noch die Residualrendite ε_{it+1} bekannt sind. Eine sinnvolle Schätzung für die Assetrendite stellt jedoch deren Erwartungswert dar. Bildet man den Erwartungswert für (2), resultiert (3) als Prognosegleichung:

319 Die wahren Faktorsensitivitäten und die wahre autonome Eigenrendite selbst sind unbekannt; an ihre Stellen treten im weiteren Verlauf zum Zwecke der praktischen Anwendung der Faktormodelle eben diese so geschätzten Werte. Aus Gründen einer einfacheren Darstellung werden jedoch im Folgenden die Schätzer für die Faktorsensitivitäten und die autonome Eigenrendite nicht explizit als solche gekennzeichnet.

320 Vgl. Kap. 6.4.1. bis 6.4.4. und Grinold/Kahn (2000), S. 57 ff.

(3) $$\begin{aligned}\hat{r}_{it+1} &= E(r_{it+1}) \\ &= E(\alpha_i + \beta_{i1} I_{1t+1} + \beta_{i2} I_{2t+1} \ldots + \beta_{iK} I_{Kt+1} + \varepsilon_{it+1}) \\ &= \alpha_i + \beta_{i1} \hat{I}_{1t+1} + \beta_{i2} \hat{I}_{2t+1} \ldots + \beta_{iK} \hat{I}_{Kt+1}\end{aligned}$$

mit $\hat{I}_{kt+1}$: (geschätzter) Erwartungswert des k-ten systematischen Einflussfaktors (Index) für den Zeitpunkt t+1.

Die Residualrendite ist in (3) nicht mehr enthalten, da annahmegemäß $E(\varepsilon_{it}) = 0$ für alle Zeitpunkte t gilt, somit also auch für t+1. Die Prognose für die Assetrendite $\hat{r}_{it+1}$ lässt sich also durch konsequente Anwendung eines Faktormodells erhalten, indem für die Faktoren I_{kt} deren prognostizierte (Erwartungs-) Werte $\hat{I}_{kt+1}$ eingesetzt werden. Wurden für mehrere Assets $i = 1, ..., N$ Faktormodelle nach (1) zugrunde gelegt und anhand von Beobachtungen geschätzt, ist die Ableitung der Renditeprognosen für alle N Assets einfach möglich. Nachdem die Prognosen der Erwartungswerte $\hat{I}_{kt+1}$ für die K Faktoren bestimmt wurden, werden deren Werte in die individuellen Gleichungen nach (3) für jedes einzelne der N Assets eingesetzt und die $\hat{r}_{it+1}$ bestimmt. Diese gehen dann als Vektor der erwarteten Assetrenditen in die Portfoliooptimierung ein. Die Verfahrensschritte im Einzelnen werden wie folgt zusammengefasst:

1. Schätzung eines Faktormodells gemäß dem Ansatz nach (1), z.B. durch Längsschnittregressionen für jedes einzelne Asset $i = 1, ..., N$.

2. Erstellung der Prognosen $\hat{I}_{kt+1}$ für alle K Faktoren zum Zeitpunkt t.

3. Auswertung der Prognosegleichung (3) jeweils für alle einzelnen Assets $i = 1, ..., N$.

Die Risikoprognose (Werte der Varianzen und Kovarianzen der N Assetrenditen) ist ebenso eine konsequente Anwendung der Faktormodelle. Für die Varianz der Assetrendite des i-ten Assets $Var(r_i) = \sigma_i^2$ folgt aus den Annahmen eines Multi-Index-Modells (vgl. Kap. 6.3.1.):[321]

---

321 Aus Vereinfachungsgründen wird hier von der Diagonalform eines Faktormodells ausgegangen.

(4) $\sigma_i^2 = \beta_{i1}^2\sigma_{I_1}^2 + \beta_{i2}^2\sigma_{I_2}^2 + ... + \beta_{iK}^2\sigma_{I_K}^2 + \sigma_{\varepsilon i}^2$

mit $\sigma_{I_k}^2$: Varianz des k-ten Faktors

$\sigma_{\varepsilon i}^2$: Varianz der Residualrendite.

Da die Varianzen der Faktoren und der Residualrendite als im Zeitablauf konstant angenommen werden, gilt (4) ebenso für die Varianz der Assetrendite $Var(r_{it+1})$ im zukünftigen Zeitpunkt t+1. Für die konkrete Anwendung von (4) kann wieder auf die oben schon skizzierte, historisch basierte Schätzung in Rahmen einer Längsschnittanalyse verwiesen werden. Aus den Beobachtungen für die einzelnen Faktoren im Zeitablauf lässt sich jeweils deren empirische Varianz bestimmen und als Schätzer für $\sigma_{I_k}^2$ (für alle $k = 1, ..., K$ Faktoren) einsetzen. Schätzer für die Varianzen der Residualrenditen $\sigma_{\varepsilon i}^2$ (für alle $i = 1, ..., N$ Assets) lassen sich jeweils aus den Längsschnittregressionen gewinnen, die nach Verfahrensschritt 1. durchgeführt wurden, indem dazu die jeweils geschätzte Varianz der Residuen herangezogen wird (vgl. Fallstudie in Kap. 6.2.3.1.). Die weiteren Verfahrensschritte lauten also:

4. Bestimme die empirische Varianz der Faktoren $\hat{\sigma}_{I_k}^2$ jeweils für alle $k = 1, ..., K$ Faktoren und benutze sie als Schätzer für $\sigma_{I_k}^2$.

5. Bestimme die geschätzte Varianz der Residuen $\hat{\sigma}_{\varepsilon i}^2$ aus den jeweiligen Regressionen nach Verfahrensschritt 1. für alle $i = 1, ..., N$ Assets. Verwende diese geschätzte Varianz als Schätzer für $\sigma_{\varepsilon i}^2$.

6. Berechne für das i-te Asset mithilfe der ebenfalls in Verfahrensschritt 1. geschätzten Faktorsensitivitäten β_{ik} dieses Assets, den in den Verfahrensschritten 4. und 5. bestimmten Varianzschätzern für $\sigma_{I_k}^2$ und $\sigma_{\varepsilon i}^2$ einen Schätzer für die Varianz der Assetrendite σ_i^2. Führe diese Berechnungen für alle $i = 1, ..., N$ Assets durch.

Als Ergebnis der Verfahrensschritte 4. bis 6. resultiert die (geschätzte) Diagonale der Varianz-Kovarianzmatrix der Assetrenditen. Die Werte für die Kovarianzen erhält man ebenfalls aus der stringenten Anwendung dieses Ansatzes. Sofern die Faktoren untereinander unkorreliert sind (Diagonalform eines Faktormodells), folgt für die Kovarianz der Assetrenditen zweier Assets i und j (vgl. auch Kap. 6.3.1.):

(5) $$\sigma_{ij} = \beta_{i1}\beta_{j1}\sigma^2_{I_1} + \beta_{i2}\beta_{j2}\sigma^2_{I_2} + \beta_{i3}\beta_{j3}\sigma^2_{I_3} + ... + \beta_{iK}\beta_{jK}\sigma^2_{I_K} .$$

Wegen der Annahme konstanter Varianzen der Faktoren im Zeitablauf gilt (5) für jeden Zeitpunkt, also auch für den Prognosezeitpunkt t+1. Um den konkreten Schätzer für die Kovarianz σ_{ij} zu berechnen, kann auf die zuvor bestimmten Schätzer für Faktorsensitivitäten (Verfahrensschritt 1.) und Varianzen der Faktoren (Verfahrensschritt 4.) zurückgegriffen werden. Der letzte Verfahrensschritt ist:

7. Berechne unter Verwendung der in Verfahrensschritt 1. ermittelten Schätzer für die Faktorsensitivitäten β_{ik} (i = 1, ..., N; k = 1, ..., K) und der in Verfahrensschritt 4. gewonnenen Schätzer für die Varianzen der Faktoren $\sigma^2_{I_k}$ die geschätzten Kovarianzen für σ_{ij} gemäß Gleichung (5) für alle i = 1, ..., N, j = 1, ..., N Assets.

Damit ist auch die Varianz-Kovarianzmatrix vollständig geschätzt worden, sodass sich die folgende Portfoliooptimierung unmittelbar daran anschließen kann.

Diese Vorgehensweise wurde im Prinzip schon im Kap. 6.2.3.2. zum SIM anhand der geschätzten Inputparameter einer Optimierung demonstriert und dort – darauf basierend – das Tangentialportfolio bestimmt.

Im letzten Schritt ist allerdings die Annahme der Diagonalform eines Faktormodells recht einschränkend, da in praktischen Anwendungen selten unkorrelierte Faktoren vorliegen. Gibt man diese Annahme auf, folgt für die Varianz-Kovarianzmatrix bei Anwendung der Kovarianzform eines Faktormodells (d.h. bei korrelierten Faktoren):[322]

322 Vgl. Fallstudie in Kap. 6.3.3.1. und Grinold/Kahn (2000), S. 72.

(6) $\mathbf{V} = \mathbf{B} \cdot \mathbf{\Lambda} \cdot \mathbf{B}^{\mathrm{T}} + \mathbf{\Omega}$

mit **V**: $N \times N$ Varianz-Kovarianzmatrix der Assetrenditen
B: $N \times K$ Matrix der Faktorsensitivitäten aller $i = 1, ..., N$ Assets
Λ: $K \times K$ Varianz-Kovarianzmatrix aller $k = 1, ..., K$ Faktoren
Ω: $N \times N$ Matrix der Residualvarianzen (Diagonalmatrix mit $\sigma_{ii} = \sigma_i^2$ und $\sigma_{ij} = 0$ für $i \neq j$).

In diesem Falle ist der Verfahrensschritt 4. zu ergänzen, indem dort nicht nur die empirischen Varianzen der Faktoren, sondern auch deren empirische Kovarianzen (als Schätzer für die Kovarianzen der Faktoren untereinander) ermittelt werden. Die empirische Varianz-Kovarianzmatrix der Faktoren kann dann als Schätzer für **Λ** in Gleichung (6) benutzt werden. Mit den im Verfahrensschritt 1. bestimmten Schätzern für die Faktorsensitivitäten der einzelnen Assets, die als Matrix angeordnet den Schätzer für **B** bilden, den im erweiterten Verfahrensschritt 4. bestimmten Schätzer für **Λ** und den im Verfahrensschritt 5. bestimmten Schätzern für die Diagonalelemente von **Ω** kann nun unter Verwendung von Gleichung (6) der Schätzer für **V** berechnet werden, womit alle notwendigen Inputparameter für die anschließende Portfoliooptimierung vorliegen.

Die bisherigen Darstellungen sind im Wesentlichen nicht neu, sondern lediglich eine konsequente Anwendung der bisherigen Betrachtungen zu Faktormodellen bei expliziter Betonung der Prognose der Inputparameter für eine anschließende Portfoliooptimierung. *Im Prinzip* ist die Prognose also leicht durch Anwendung von Faktormodellen möglich. Die besondere Problematik wird aber gleichzeitig anhand der Gleichung (3) deutlich: Ohne eine vorherige Prognose der Faktorwerte für den Zeitpunkt t+1 ist eine Prognose der erwarteten Assetrenditen nicht möglich. Man spricht in diesem Zusammenhang auch von einer sog. *bedingten Prognose*; entsprechend stellt Gleichung (3) ein *bedingtes Prognosemodell* dar. Die Prognoseproblematik wird also durch den geschilderten Ansatz nicht gelöst, sondern nur verlagert. Die Prognose der erwarteten Assetrenditen gelingt unter der Bedingung vorliegender Prognosen für die Faktorwerte.

Dieses Dilemma lässt sich nur lösen, indem eine unbedingte Verknüpfung zukünftiger Werte mit vergangenen geschieht; entweder auf der Ebene der Assetrenditen oder der Faktorwerte. Der unbedingte Prognoseansatz, der analog zu Gleichung (1) wäre, würde gemäß Gleichung (7) lauten. Da auch in Gleichung (7) der Wert der zukünftigen Residualrendite ε_{it+1} unbekannt ist, kann nur ein Schätzer für r_{it+1} abgeleitet werden, indem der Erwartungswert von Gleichung (7) gebildet wird, womit Gleichung (8) resultiert. Die Gleichung (8) stellt die unbedingte Prognosegleichung für die Assetrendite in Anlehnung an Gleichung (3) dar:

(7) $$r_{it+1} = \alpha_i + \beta_{i1} I_{1t} + \beta_{i2} I_{2t} ... + \beta_{iK} I_{Kt} + \varepsilon_{it+1}$$

(8) $$\hat{r}_{it+1} = \alpha_i + \beta_{i1} I_{1t} + \beta_{i2} I_{2t} ... + \beta_{iK} I_{Kt} .$$

Trotz der strukturellen Ähnlichkeit der Gleichungen (7) zu (1) bzw. (8) zu (3) sind die Unterschiede gravierend:

- Die Faktorwerte beziehen sich in Gleichung (8) auf den Zeitpunkt t, nicht auf t+1. Es wird hier eine explizite Wirkungsverzögerung zwischen erwarteter Assetrendite und Faktorwerten unterstellt.
- Die Schätzung eines Faktormodells gemäß dem Ansatz nach Gleichung (7), z.B. mithilfe einer multivariaten Regressionsanalyse im Zuge einer Längsschnittanalyse, führt i.d.R. zu gänzlich anderen Faktorsensitivitäten und autonomen Eigenrenditen als das dazu analoge Vorgehen nach Gleichung (1), welches keine Zeitverzögerung zwischen Renditen und Faktorwerten annimmt.
- Während auf dem Ansatz nach Gleichung (1) basierend geschätzte Regressionsmodelle meist akzeptable bis gute Erklärungen für das zeitgleiche Verhalten einer Assetrendite in Abhängigkeit von zeitgleichen Faktorwerten liefern, verschlechtern sich sämtliche Gütemaße der Regression meist gravierend bei der Einführung einer expliziten Wirkungsverzögerung. Akzeptable bis gute Erklärungsmodelle (nach Ansatz (1)) degenerieren meistens zu untauglichen (unbedingten) Prognosemodellen (gemäß Ansatz (7)).
- Aufgrund des zuletzt genannten, oftmals beobachteten Phänomens in der praktischen Anwendung muss dann für eine unbedingte Prognose, die auf dem Ansatz nach Gleichung (7) basiert, ein gänzlich anderes Faktormodell entwickelt werden. Dieses kann durchaus gänzlich andere Faktoren enthalten als das Erklärungsmodell (welches den zeitgleichen Zusammenhang zwischen Assetrenditen und Faktorwerten modelliert).

In der praktischen Anwendung resultieren damit für ein Asset oftmals zwei unterschiedliche Modelle, nämlich (i) ein Erklärungsmodell, welches den zeitgleichen Zusammenhang zwischen Assetrendite und Faktorwerten beschreibt (also auf dem Ansatz nach Gleichung (1) basiert) und (ii) ein (unbedingtes) Prognosemodell, welches mithilfe explizit eingeführter Zeitverzögerung zwischen (zukünftiger) Assetrendite und (heutigen bzw. vergangenen) Faktorwerten unbedingte Prognosen erlaubt.

Beide Typen von Faktormodellen (Erklärungsmodell, unbedingtes Prognosemodell) haben jedoch ihre Berechtigung. Im Rahmen der Risikomodellierung oder auch Risikoanalyse mithilfe von Szenario-Techniken und/oder Monte-Carlo Simulationen sind Erklärungsmodelle unumgänglich. Für die Portfolioplanung werden jedoch unbedingte Prognosemodelle benötigt. Arbeitstechnisch bereitet dieser Umstand leider einen erheblich gesteigerten Aufwand. Insofern können separate Modelle (unter arbeitstechnischen Aspekten und Kosten) für Erklärung und Prognose – wenn überhaupt – nur für zentrale Assetklassen (z.B. Aktien- oder Rentenmärkte für Regionen oder Länder), wie sie in der strategischen Asset Allocation betrachtet werden, entwickelt werden.

Sofern man bereits für die Erklärung von Assetrenditen (etwa auf Titelebene) über ausgearbeitete Erklärungsmodelle verfügt, bietet sich alternativ der Ansatz an, die Zeitverzögerung auf der Ebene der Faktoren einzuführen. Dazu wird der unbedingte Prognoseansatz nach Gleichung (9) auf der Ebene der Faktoren formuliert:

(9) $$I_{kt+1} = \alpha_k + \beta_{k1} x_{1t} + \beta_{k2} x_{2t} \ldots + \beta_{kL} x_{Lt} + \varepsilon_{kt+1}$$

mit I_{kt+1}: Faktorwert des k-ten Faktors zum Zeitpunkt t+1
α_k: Konstante für den k-ten Faktor
β_{kj}: Abhängigkeit des k-ten Faktors vom j-ten Einflussfaktor x_j
x_{jt}: j-ter systematischer Einflussfaktor zum Zeitpunkt t; $j = 1, \ldots, L$
ε_{kt}: zufälliger Störeinfluss (auf den Faktor k) zum Zeitpunkt t.

Zur Prognose der Faktoren wird hier der Einfachheit halber ein lineares Modell unterstellt, welches strukturäquivalent zu einem Multi-Index-Modell ist, jedoch bezogen auf die Faktoren selbst. Gerade zur Prognose der Faktoren, deren prognostizierte Werte später im Rahmen bedingter Prognosen weiterverarbeitet werden, bietet sich der Einsatz fortgeschrittener Verfahren (z.B. Künstlicher Neuronaler Netze u.Ä.) an. Da dies aber nicht im Fokus dieser Betrachtungen steht, wird hier der Ansatz nach Gleichung (9) verfolgt, welcher auch leicht unter Verwendung der multivariaten Regressionsanalyse praktisch umgesetzt werden kann. Bildet man den Erwartungswert von

Gleichung (9), folgt eine zu Gleichung (8) strukturäquivalente Prognosegleichung, allerdings bezogen auf Faktoren:

(10) $\hat{I}_{kt+1} = \alpha_k + \beta_{k1} x_{1t} + \beta_{k2} x_{2t} \ldots + \beta_{kL} x_{Lt}$.

Arbeitstechnisch könnte die Erstellung der für die Portfoliooptimierung benötigten Inputparameter (Renditeerwartungswerte und zukünftige Varianz-Kovarianz-Matrix) hierarchisch entsprechend der Stufen der Asset Allocation organisiert werden.

a) Ebene der strategischen Asset Allocation

Auf dieser Ebene findet die Modellierung und Prognose der zentralen Assetklassen statt. Prognoseobjekte sind hier beispielsweise die Renditen von Aktien-, Renten-, Devisen-, Edelmetall- oder Rohstoffmärkten für ganze Regionen oder Länder. Angesichts der Bedeutung der strategischen Asset Allocation für die gesamte spätere Portfolioperformance erscheint hier, je nach verfolgtem Zweck, der Einsatz speziell entwickelter Erklärungs- und (unbedingter) Prognosemodelle sinnvoll. Für Prognosezwecke wäre strukturell eine Prognosegleichung nach Gleichung (8) zu verwenden. Die Gleichungen (11) bis (14) illustrieren diesen Ansatz. Die Bezeichnung der Assetrendite mit dem Symbol *ir* soll dabei ausdrücken, dass hier die Rendite einer zentralen, strategischen Assetklasse (zumeist ein Index, womit entsprechend also eine Indexrendite die Zielvariable darstellt) erklärt bzw. prognostiziert wird.[323]

a) Erklärungsmodell

(11) $ir_{it} = \alpha_i + \beta_{i1} I_{1t} + \beta_{i2} I_{2t} + \ldots + \beta_{Ki} I_{Kt} + \varepsilon_{it}$ (Modellansatz)

(12) $\hat{ir}_{it} = \alpha_i + \beta_{i1} I_{1t} + \beta_{i2} I_{2t} + \ldots + \beta_{Ki} I_{Kt}$

(zeitgleich erklärte Assetrendite)

323 Es sei nochmals daran erinnert, dass die wahren Werte für die Faktorsensitivitäten (β_{ik}) und die autonomen Eigenrenditen (α_i) nicht bekannt sind und bei der praktischen Anwendung durch Schätzer ersetzt werden müssen. In den Gleichungen 12, 14, 16 und 18 stehen also (bei der praktischen Anwendung) streng genommen die Schätzer für die entsprechenden Parameter der korrespondierenden Modellansätze in den Gleichungen 11, 13, 15, 17. Aus Gründen einer vereinfachten Darstellung wird jedoch auf eine explizite Kennzeichnung verzichtet.

b) Unbedingtes Prognosemodell

(13) $ir_{it+1} = \alpha_i + \beta_{i1} I_{1t} + \beta_{i2} I_{2t} + ... + \beta_{iK} I_{Kt} + \varepsilon_{it+1}$ (Modellansatz)

(14) $\hat{ir}_{it+1} = \alpha_i + \beta_{i1} I_{1t} + \beta_{i2} I_{2t} + ... + \beta_{iK} I_{Kt}$

(unbedingt prognostizierte Assetrendite)

b) Ebene der Titelselektion

Arbeitstechnisch ist die Entwicklung separater Erklärungs- und (unbedingter) Prognosemodelle, je nach verfolgtem Zweck, kaum vertretbar. Sinnvoller erscheint es hier, den Ansatz nach Gleichung (1) zu verfolgen, welcher zu einem Erklärungsmodell führt. Für die Prognose der erwarteten Renditen (und der Varianz-Kovarianzmatrix) ist auf die anhand der Gleichungen (1) bis (6) erläuterte Vorgehensweise zurückzugreifen. Dies ist dann zumindest arbeitstechnisch unproblematisch, soweit als Faktoren in Gleichungen (1) bis (6) nur die Renditen zentraler Assetklassen verwendet werden, für die zuvor (auf der Ebene der strategischen Asset Allocation) eigenständige, unbedingte Prognosemodelle entwickelt wurden. Die Gleichungen (15) bis (18) illustrieren diesen Ansatz:

a) Erklärungsmodell

(15) $r_{it} = \alpha_i + \beta_{i1} ir_{1t} + \beta_{i2} ir_{2t} + ... + \beta_{Ki} ir_{Kt} + \varepsilon_{it}$ (Modellansatz)

(16) $\hat{r}_{it} = \alpha_i + \beta_{i1} ir_{1t} + \beta_{i2} ir_{2t} + ... + \beta_{Ki} ir_{Kt}$.

(zeitgleich erklärte Assetrendite)

b) Bedingtes Prognosemodell

(17) $r_{it+1} = \alpha_i + \beta_{i1} ir_{1t+1} + \beta_{i2} ir_{2t+1} + ... + \beta_{iK} ir_{Kt+1} + \varepsilon_{it+1}$ (Modellansatz)

(18) $\hat{r}_{it+1} = \alpha_i + \beta_{i1} \hat{ir}_{1t+1} + \beta_{i2} \hat{ir}_{2t+1} + ... + \beta_{iK} \hat{ir}_{Kt+1}$.

(bedingt prognostizierte Assetrendite)

c) Ebenen zwischen strategischer Asset Allocation und Titelselektion

Für die möglichen Ebenen zwischen strategischer Asset Allocation und Titelselektion ist nach Zweck, Bedeutung und vorhandenen Ressourcen spezifisch zu entscheiden, ob für die betrachtete, untergeordnete Assetklasse separate Erklärungs- und (unbedingte) Prognosemodelle sinnvoll erscheinen. Andernfalls können auch hier die Faktormodelle so spezifiziert werden, dass ausschließlich Faktoren verwendet werden, für die auf einer übergeordneten Ebene der Asset Allocation unbedingte Prognosemodelle existieren. Das Vorgehen gemäß der Gleichungen (1) bis (6) wäre entsprechend anzuwenden.

6.6. Probleme der Faktormodelle

Die Schätzung von Renditen und Risiken anhand von Faktormodellen ist eine passable Lösung zur Bereitstellung der notwendigen Inputparameter für die Portfoliooptimierung. Jedoch entstehen bei der Verwendung dieser Modelle einige offene Fragen, z.B. bezüglich des geeigneten Datensatzes und der Anzahl von Faktoren.

Eine der ersten Schwierigkeiten bei der Durchführung der Faktormodelle liegt bei der Festlegung der Basisdaten. Die Basisdaten beinhalten die historischen Renditen einer Aktie oder eines Indices und einen oder mehrere Faktoren. Die Auswahl der richtigen Faktoren ist nicht einfach. Wie in den Fallstudien gezeigt wurde, führen sachlogisch plausible Überlegungen nicht immer zu einer richtigen Faktorauswahl. So wiesen dort z.B. zeitgleiche Ölpreise mit Aktienrenditen von einem Chemieunternehmen keine Zusammenhänge auf, obwohl man annehmen könnte, dass die Renditen dieser Aktie sensitiv auf Ölpreisveränderungen reagieren sollten. Bei der Spezifikation von Faktormodellen muss man auf eine mögliche Zeitverzögerung der Einflüsse achten.

Problematisch ist bei Renditegenerierungsprozessen auch die Bestimmung der Art und Anzahl der Faktoren. Zu unterscheiden ist zwischen Faktoren, die allgemeine Einflüsse darstellen und Faktoren, die besondere Kräfte beschreiben. So können z.B. bei der Modellierung von Renditen mehrerer Aktien unterschiedlicher Branchen Faktoren einbezogen werden, welche eine allgemeine Entwicklung im nationalen Markt beschreiben (z.B. für den deutschen Markt der DAX). Bei Betrachtung von Aktien aus einer Branche ist eventuell nur noch zusätzlich der besondere Einfluss aus der Branche signifikant, während der zusätzliche Einfluss anderer Branchenfaktoren unbedeutend ist. Was sind aber diese „Branchenfaktoren“? Durch die statistischen Auswertungen eines Modells kann zwar bestimmt werden, ob die Hinzunahme eines zusätzlichen Faktors zu einer signifikanten Verbesserung der Modellergebnisse führt, die Entscheidung über die Art und Anzahl der Faktoren muss jedoch durch eine ökonomische und sachlogische Analyse begründet werden können.

6.7. Zusammenfassung

- Als Faktormodelle werden Modelle bezeichnet, die die Aktienrendite in Abhängigkeit von einem oder mehreren Faktoren (i.d.R. linear) erklären. Anhand von Faktormodellen lassen sich die für die Portfoliooptimierung notwendigen Inputgrößen schätzen.

- Faktormodelle lassen sich nach unterschiedlichen Kriterien klassifizieren. In Abhängigkeit von der Anzahl der erklärenden Faktoren unterscheidet man zwischen Single-Index- (ein Faktor) und Multi-Index-Modellen (mehrere Faktoren). Die zentrale Annahme der Modelle ist die Unabhängigkeit der Faktoren von der Störgröße der Aktienrendite sowie (im Falle des MIM) die Unabhängigkeit der erklärenden Faktoren (Diagonalform).

- Hinsichtlich der Natur der erklärenden Faktoren gibt es keine Einschränkungen. Demzufolge können als Faktoren (makro-) ökonomische, fundamentale, statistische oder andere Größen verwendet werden.

- Der Schätzung der unterschiedlichen Faktormodelle liegen verschiedene Vorgehensweisen zugrunde. Die (makro-) ökonomischen Faktormodelle basieren auf der Zeitreihenregression, die fundamentalen Faktormodelle auf Querschnittsanalysen, die statistischen Faktormodelle resultieren aus der Faktorenanalyse und die kombinierten Faktormodelle beruhen auf Kombinationen von unterschiedlichen Methoden und/oder unterschiedlichen Faktoren.

- Die Prognoseproblematik wird durch Anwendung der Faktormodelle nicht gelöst, da die Faktorwerte (zuerst) selbst prognostiziert werden müssen. Zu unterscheiden sind bedingte und unbedingte Prognosemodelle. Bei unbedingten Prognosemodellen wird eine unbedingte Verknüpfung zukünftiger Werte mit vergangenen vorgenommen.

- Faktormodelle stellen eine mögliche Lösung zur Schätzung der Inputdaten für die Portfoliooptimierung dar. Der Schätzaufwand ist deutlich kleiner als bei anderen Vorgehensweisen. Jedoch sind durch den Anwender zahlreiche Spezifikationsprobleme zu lösen. Dies gilt in analoger Weise auch für alle anderen, alternativen Verfahren.

Literaturhinweise

Eine ausführliche Darstellung der Faktormodelle ist in der Dissertation von WALLMEIER (1997) zu finden. Seine Ausführungen sind für einen fortgeschrittenen Leser zu empfehlen.

Eine Beschreibung der Multi-Faktor-Modelle kann in dem Artikel von GRINOLD/KAHN (1994) nachgelesen werden. Der Artikel vermittelt einen kurzen, aber klaren Überblick über das Thema, von der Auswahl der Faktoren bis hin zur Anwendung der Modelle und zur Schätzung von Risiken.

Eine ähnliche Darstellung, jedoch auf Deutsch, findet sich bei ALBRECHT/MAURER/MAYSER (1996). Nach der Einführung in die modelltheoretischen Grundlagen erfolgt im Artikel eine kurze Übersicht über die Anwendung der Modelle im (Aktien-) Portfoliomanagement.

Die Ergebnisse eines empirischen Vergleichs zur Erklärungskraft von unterschiedlichen Faktormodellen und ihren Kombinationen liefert der Artikel von CONNOR (1995).

Die Handbücher von BARRA (Handbuch zum Deutschen Aktienmodell, Version 2 und Handbuch zum aktuellen US Aktienmodell, Version 3) vermitteln eine Übersicht über eine praktische Implementierung der Faktormodelle bis hin zur Schätzung der Renditevolatilität.

Eine umfassende und anschauliche Darstellung der Prognosemodelle und der Prognoseproblematik präsentiert die Monographie von PODDIG (1999). Das Buch fokusiert auf den modernen quantitativen Verfahren zur Kursprognose.

A6.1. Regressionsanalyse

Die Regressionsanalyse stellt ein statistisches Verfahren zur Modellierung eines funktionalen Zusammenhangs dar.[324] Die Bestandteile der Regressionsanalyse sind die abhängige Variable y (auch *endogene* Variable oder *Regressand* genannt), die erklärenden Variablen x_i (auch *exogene* Variablen oder *Regressoren* genannt), die Reg-

324 Zu einer ausführlichen Darstellung des Modells vgl. z.B. Backhaus et al. (2003), S. 45 ff.; Bleymüller/Gehlert/Gülicher (2002), S. 139 ff.; Hartung (2002), S. 569 ff., oder auch Poddig/Dichtl/Petersmeier (2003), S. 217 ff.

ressionskonstante und die Störgröße.[325] Bei einer *linearen* Regressionsanalyse unterstellt man einen linearen Zusammenhang zwischen der abhängigen und den erklärenden Variablen:

(1) $$\underbrace{y}_{\text{endogene Variable}} = \underbrace{\alpha}_{\text{Konstante}} + \underbrace{\beta_1 x_1 + \beta_2 x_2 + \ldots + \beta_K x_K}_{\text{Linearkombination exogener Variablen}} + \underbrace{\varepsilon}_{\text{Störgröße}} .$$

Abhängig von der Anzahl der erklärenden Variablen (Faktoren) unterscheidet man zwischen zwei Typen von Regressionen. Eine einfache (univariate) Regression besteht aus nur einem erklärenden Faktor, während eine multiple (multivariate) Regression mehrere erklärende Variablen beinhaltet.

Zunächst sei der einfache Fall eines univariaten Regressionsmodells betrachtet, bei dem ein linearer Zusammenhang zwischen einer abhängigen Variablen y (etwa zum Zeitpunkt t) und einer unabhängigen Variablen x (ebenfalls zum Zeitpunkt t) unterstellt wird:

(2) $$y_t = \alpha + \beta \cdot x_t + \varepsilon_t$$

mit
y_t: Wert der abhängigen Variablen zum Zeitpunkt t
x_t: Wert der unabhängigen Variablen zum Zeitpunkt t
α: (Regressions-) Konstante
β: (Regressions-) Koeffizient
ε_t: Störgröße.

In der Gleichung (2) repräsentiert das Alpha (α) das Absolutglied und das Beta (β) den Steigungsparameter der linearen Beziehung. Der zufällige Fehler wird durch die Störgröße (ε) ausgedrückt, die auch *Residuum* genannt wird.[326]

Das Modell unterliegt folgenden Annahmen:

(A1) Die Art des funktionalen Zusammenhangs ist linear.

---

325 Vgl. Poddig (1999), S. 154.

326 Vgl. Hartung (2002), S. 574.

(A2) Der zufällige Störeinfluss ist eine Zufallsvariable mit dem Erwartungswert von null:

$$E(\varepsilon_t) = 0.$$

(A3) Die Varianz des Störeinflusses ist endlich und konstant (Homoskedastizität):

$$\text{Var}(\varepsilon_t) = \sigma_\varepsilon^2 .$$

(A4) Die Störgrößen sind normal verteilt und untereinander unabhängig (keine Autokorrelation).

Durch ein Regressionsmodell können verschiedene Zusammenhänge, auch in der Finanzwirtschaft, erklärt werden. Bei der Modellierung eines Renditegenerierungsprozesses nach dem Single-Index-Modell wird mittelbar auf die Regressionsanalyse zurückgegriffen. Auch zur Schätzung des CAPM oder des Marktmodells findet die Anwendung eines univariaten Regressionsmodells statt.[327]

Als konkretes Beispiel kann z.B. der Zusammenhang zwischen der Rendite einer Aktie und eines Index untersucht werden (vgl. SIM). In der Abbildung A6.1.-1. ist eine grafische Lösung des Modells abgebildet. In einem Diagramm werden alle paarweisen, historischen Renditebeobachtungen (r_{it}, r_{Mt}) als Punkte abgetragen. Durch eine Gerade werden nun alle Punkte zu einem Modell gebunden. Zu schätzen sind das Alpha ($\hat{\alpha}$) und das Beta ($\hat{\beta}$), die, wie aus der Grafik ersichtlich ist, den Ordinatenabschnitt und die sich ergebende Steigung der Regressionsgeraden darstellen. Die Regressionsgerade wird so gelegt, dass die Summe der quadrierten senkrechten Abstände ($\sum_{t=1}^{T} \varepsilon_t^2$) minimal wird (*SSR*, *Sum of Squared Residuals*).[328] In der Literatur wird die Minimierung der Summe der quadrierten Residuen als *Methode der kleinsten Quadrate* bezeichnet.[329]

327 Zum CAPM vgl. näher z.B. Elton et al. (2003), S. 294 ff.; zum Marktmodell vgl. näher z.B. Elton et al. (2003), S. 152, auch Poddig/Dichtl/Petersmeier (2003), S. 268 ff.

328 Vgl. Poddig (1999), S. 157.

329 An dieser Stelle wird die Methode nicht weiter behandelt. Zu einer ausführlichen Darstellung vgl. Bleymüller/Gehlert/Gülicher (2002), S. 141 f.; Hartung (2002), S. 574 f., oder auch Poddig/Dichtl/Petersmeier (2003), S. 196 f.

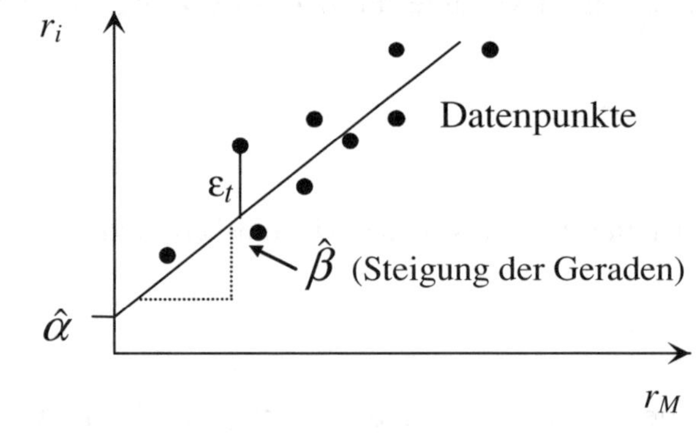

Abb. A6.1.-1.: Schätzung der Koeffizienten über eine Regressionsgerade

Die Form der multivariaten Analyse unterscheidet sich im Ganzen von der univariaten Analyse nur durch die Erfassung zusätzlicher erklärender Variablen (vgl. Formel (3)):

(3) $$y_t = \alpha + \beta_1 x_{1t} + \beta_2 x_{2t} + \ldots + \beta_K x_{Kt} + \varepsilon_t .$$

Als eine zusätzliche Prämisse zu denen der univariaten Regression (s.o.) kommt hier noch die wichtige Voraussetzung hinzu, dass die Regressoren voneinander linear unabhängig sind. Ansonsten ändert sich aber nichts am Prinzip der Regressionsanalyse. Wie auch bei der univariaten Regressionsanalyse lassen sich die Koeffizienten β_i anhand früherer Beobachtungen für die abhängige Variable y und denen für die unabhängigen Variablen x_i schätzen. Zur Schätzung der Koeffizienten können wiederum verschiedene Verfahren angewandt werden, von denen auch hier die Methode der kleinsten Quadrate (s.o.) die einfachste und bekannteste sein dürfte.

Es wird also ein funktionaler Zusammenhang zwischen y und x (bzw. x_i) unter Verwendung der oben dargestellten Prämissen geschätzt. Da Schätzungen aber mit Unsicherheiten behaftet sind, werden neben den reinen Schätzungen der Koeffizienten zusätzliche Kriterien benötigt, die Aufschluss über die Güte des geschätzten Zusammenhangs geben. Wichtige Gütekriterien, die bei Durchführung einer Regressionsanalyse von nahezu allen Statistikprogrammen ermittelt und ausgeben werden, sind der Wert der Fehlerfunktion *SSR*, das R^2, die Standardfehler der geschätzten Koeffizienten, die F- und t-Statistiken sowie die Durbin-Watson Prüfgröße.[330] Die folgende Aufstellung

330 Vgl. Poddig (1999), S. 158, Poddig/Dichtl/Petersmeier (2003), S. 236 f.

vermittelt einen Überblick über die wichtigsten statistischen Maße und ihre Erklärung:[331]

(a) *SSR* (**Sum of Squared Residuals**):

(4) $$SSR = \sum_{t=1}^{T} \hat{\varepsilon}_t^2 = \sum_{t=1}^{T} \left(y_t - \hat{y}_t\right)^2$$

mit $\hat{\varepsilon}_t$: geschätztes Residuum (Abweichung) zum Zeitpunkt t

$\hat{y}_t = \hat{\alpha} + \hat{\beta} \cdot x_t$ für den univariaten Fall

$\hat{y}_t = \alpha + \hat{\beta}_1 x_{1t} + \hat{\beta}_2 x_{2t} + ... + \hat{\beta}_K x_{Kt}$ für den multivariaten Fall

- entspricht der *nicht erklärten Streuung* bzw. der Summe der Abweichungsquadrate (wird auch als Fehlerfunktion (*SSR*) bezeichnet);
- wird zur Bestimmung der Regressionskoeffizienten minimiert;
- die Division von *SSR* durch die Anzahl der Beobachtungsdaten T ergibt den mittleren quadratischen Fehler(*Mean Squared Error*, *MSE*) der Regression.

(b) R^2 (**Bestimmtheitsmaß**):

(5) $$R^2 = \frac{\sigma_{\hat{y}}^2}{\sigma_y^2} = \frac{\sum_{t=1}^{T} \left(\hat{y}_t - \bar{y}\right)^2}{\sum_{t=1}^{T} \left(y_t - \bar{y}\right)^2} = \frac{\textit{erklärte Streuung}}{\textit{Gesamtstreuung}}$$

mit $\sigma_{\hat{y}}^2$: durch das Regressionsmodell erklärte Varianz

σ_y^2: Gesamtvarianz

- bezeichnet den Anteil der Varianz der abhängigen Variablen y, der durch die Regression erklärt werden kann;

---

331 In Anlehnung an Backhaus et al. (2003), S. 66 f.; Hartung (2002), S. 574 f.; Poddig (1999), S. 158 f., Poddig/Dichtl/Petersmeier (2003), S. 246 ff.

- liegt im Intervall [0,1]; $R^2 = 1$ perfekter Erklärungszusammenhang; $R^2 = 0$ kein Erklärungszusammenhang; R^2 sollte also möglichst groß sein, im Idealfall nahe bei eins liegen.

(c) $\left|x_{y\hat{y}}\right|$ (**multipler Korrelationskoeffizient**):

(6) $$\left|x_{y\hat{y}}\right| = \sqrt{R^2}$$

- entspricht der Wurzel aus dem Bestimmtheitsmaß;

- spiegelt die betragsmäßige Korrelation zwischen der abhängigen Variablen (y) und den erklärenden Variablen ($x_1, ..., x_K$) in ihrer Gesamtheit wider.

(d) $\overline{R}^2$ (**adjustiertes oder korrigiertes Bestimmtheitsmaß**):

(7) $$\overline{R}^2 = 1 - \frac{T-1}{T-(K+1)}(1-R^2)$$

mit K: Anzahl der Regressionskoeffizienten bzw. erklärenden Variablen
T: Anzahl der Beobachtungsdaten

- beschreibt den Erklärungsgehalt eines Modells im Verhältnis zur Anzahl der erklärenden Variablen.

(e) s_u (**Standardfehler der Regression**):

(8) $$s_u = \sqrt{\frac{\sum_{t=1}^{T}\left(y_t - \hat{y}_t\right)^2}{T-(K+1)}}$$

- entspricht dem Verhältnis der Summe der Fehlerquadrate (Zähler) zu der „Anzahl der Freiheitsgrade";

- die „Anzahl der Freiheitsgrade" (FG) einer Regression ist gleich der Anzahl der Beobachtungsdaten (T) abzüglich der Anzahl der „freien Parameter" der Regressionsgleichung (K+1);

- die „freien Parameter" sind dabei die K Regressionskoeffizienten (bei der einfachen Regression ist $K = 1$) und die Regressionskonstante. Es gilt im Allgemeinen also: $FG = T - (K + 1)$.

(f) *SE* (**Standardfehler der Koeffizienten**):[332]

(9) $$SE(\hat{\beta}) = \frac{s_u}{\sqrt{\sum_{t=1}^{T}(x_t - \bar{x})^2}}$$

- drückt die (vermutliche) Fehlerbandbreite für die Interpretation der geschätzten Koeffizienten aus;

- sei $\hat{\beta}$ der Wert eines geschätzten Koeffizienten und $SE(\hat{\beta})$ sein Standardfehler, so gilt (unter gewissen Annahmen) als „Faustregel", dass mit 66%-iger Wahrscheinlichkeit der wahre Koeffizient im Intervall $[\hat{\beta} - SE(\hat{\beta}), \hat{\beta} + SE(\hat{\beta})]$ und mit 95%-iger Wahrscheinlichkeit im Intervall $[\hat{\beta} - 2 \cdot SE(\hat{\beta}), \hat{\beta} + 2 \cdot SE(\hat{\beta})]$ liegt.

(g) ***F*-Test**:

(10) $$F = \frac{\frac{R^2}{K}}{\frac{1-R^2}{T-(K+1)}} = \frac{T-(K+1)}{K} \cdot \frac{R^2}{(1-R^2)}$$

mit *K*: Anzahl der unabhängigen Variablen
T: Anzahl der Beobachtungsdaten (Datenpunkte)

- dient dazu, die Güte einer Regressionsfunktion insgesamt zu beurteilen;

- hier wird von der Nullhypothese ausgegangen, dass alle Regressionskoeffizienten β_i gleich null sind, welches bedeutet, die exogene oder exogenen Variablen x besitzen keinen Einfluss auf die abhängige Variable y;

- der (empirische) F-Wert der geschätzten Regressionsgleichung wird mit den tabellierten Werten der F-Verteilung verglichen;

---

332 Gleichung (9) ist exemplarisch für univariates Regressionsmodell aufgeführt.

- ist F-Wert$_{emp}$ > F-Wert$_{tab}$ (bei vorgegebener Irrtumswahrscheinlichkeit für das fälschliche Verwerfen der Nullhypothese), wird die Alternativhypothese angenommen (wenigstens eine Variable besitzt einen signifikanten Einfluss; das Regressionsmodell liefert einen Erklärungsbeitrag für die abhängige Variable y);

- als F_{krit} bezeichnet Excel die Wahrscheinlichkeit für das irrtümliche Verwerfen der Nullhypothese.

(h) ***t*-Test**:

(11) $t = \frac{\hat{\beta} - b}{SE(\hat{\beta})}$ bzw. mit $b = 0$: $t = \frac{\hat{\beta}}{SE(\hat{\beta})}$

mit $SE(\hat{\beta})$: Standardfehler des geschätzten Regressionskoeffizienten $\hat{\beta}$

- dient dazu, die Signifikanz der Koeffizienten zu beurteilen;

- die Nullhypothese besagt, dass der Regressionskoeffizient nicht von dem Wert b (zumeist $b = 0$) verschieden ist;

- der (empirische) t-Wert wird mit dem tabellierten Wert der t-Verteilung verglichen;

- ist $|t\text{-Wert}_{emp}| > |t\text{-Wert}_{tab}|$ (bei vorgegebener Irrtumswahrscheinlichkeit), wird die Alternativhypothese angenommen, wonach der Regressionskoeffizient von null verschieden ist und die zugehörige Variable x einen Erklärungsbeitrag liefert;

- approximativ (nach „Daumenregel“) weisen t-Werte mit Absolutbetrag größer als 2 auf statistisch signifikante Regressionskoeffizienten hin.

(i) **Durbin-Watson-Test**:

(12) $$d = \frac{\sum_{t=2}^{T}(\hat{\varepsilon}_t - \hat{\varepsilon}_{t-1})^2}{\sum_{t=1}^{T}\hat{\varepsilon}_t^2}$$

mit $\hat{\varepsilon}_t = y_t - \hat{y}_t$: geschätztes Residuum $\hat{\varepsilon}_t$

- dient der Prüfung der Autokorrelation erster Ordnung in den Residuen der Regression;
- die Prüfgröße d liegt im Intervall [0,4];
- Werte nahe null signalisieren eine starke positive, Werte nahe 4 eine starke negative Autokorrelation;
- Der Idealfall ist $d = 2$, es ist keine Autokorrelation erster Ordnung anzunehmen.[333]

A6.2. Regressionsanalyse mit Excel

In Excel kann die Durchführung der Regressionsanalyse mittels zweier unterschiedlicher Vorgehensweisen erfolgen, (i) unter Verwendung der eingebauten Funktionen RGP oder (ii) der VBA-Analysefunktionen Regression. Die Organisation der Datenreihen der abhängigen Variablen y und der unabhängigen Variablen x kann wahlweise in Spalten (eine Datenreihe füllt eine Spalte aus) oder Zeilen erfolgen. Die Daten für die abhängigen und unabhängigen Variablen lassen sich bequemer auswerten, wenn die Datenreihen in Spalten organisiert sind. Jedoch sind beide Darstellungsarten in Spalten (Aktientitel in Spalten und Zeiträume in Zeilen, vgl. Abb. A6.2.-1.) und Zeilen (Aktientitel in Zeilen und Zeiträume in Spalten, vgl. Abb. A6.2.-2.) vorstellbar. Die zweite Darstellungsweise ist dann empfehlenswert, wenn der Datensatz über mehrere Aktientitel verfügt und z.B. die Schätzungen von Regressionskoeffizienten für jeden Titel erfolgen müssen.

---

333 Um auf Autokorrelationen höherer Ordnungen zu testen, sind andere Verfahren notwendig. Beispielhaft sei hier auf die Ljung-Box Q-Statistik verwiesen; zu diesem Test vgl. näher Box/Pierce (1970), S. 1509 ff.

	K	L	M	N	O	P	Q	R	S	T
10		Total Fina	BCO Sant	Telecom It	SIEMENS	Ass. Gene	E.ON	Sanofi	Danone	DJ Euro St
11	29.01.1993									
12	26.02.1993	0,13200	0,06523	0,03800	0,09379	0,04266	0,04380	0,08004	0,07687	0,07814
13	31.03.1993	0,03168	0,02904	-0,08956	-0,02455	-0,06378	-0,01307	-0,03978	0,00503	0,01098
14	30.04.1993	-0,00198	0,03814	0,20591	-0,04562	0,10688	0,01177	-0,04026	-0,09824	-0,02357
15	31.05.1993	0,02086	0,12737	0,20020	-0,02436	0,00764	-0,03010	-0,06799	-0,02008	-0,00051
16	30.06.1993	0,03414	0,00518	0,14933	0,02873	0,01778	0,01490	0,03214	0,02221	0,03866
17	30.07.1993	0,09808	0,10465	0,10087	0,05235	0,06649	0,06318	0,05790	-0,04477	0,06566
18	31.08.1993	0,04961	0,05294	0,11636	0,02876	0,04491	0,02231	0,01820	0,08775	0,06706

Abb. A6.2.-1.: Alternative Darstellungsweise: Titel in Spalten

In diesem Fall lassen sich die Formeln für jeden Titel leicht kopieren, ohne die Zellbezüge zu verfälschen. Die Darstellungsweise mit Titeln in Spalten ermöglicht dieses Vorgehen nicht, deshalb müssen für jeden Titel die Formeln einzeln eingegeben werden. In den Fallstudien des Buches wird dennoch die Spaltenorganisation der Daten verwendet (vgl. Abb. 6.2.-1.), da diese bei statistischen Datenanalysen üblich ist. Bei Durchführung einer multivariaten Regression müssen die Datenreihen der unabhängigen Variablen direkt nebeneinander stehen, damit der Zellenbereich als zusammenhängende Matrix innerhalb des Tabellenblattes angegeben werden kann.

	C	D	E	F	G	H	I
3		26.2.93	31.3.93	30.4.93	31.5.93	30.6.93	30.7.93
4	Total Fina Elf	0,13200	0,03168	-0,00198	0,02086	0,03414	0,09808
5	BCO Santander	0,06523	0,02904	0,03814	0,12737	0,00518	0,10465
6	Telecom Italia	0,03800	-0,08956	0,20591	0,20020	0,14933	0,10087
7	SIEMENS	0,09379	-0,02455	-0,04562	-0,02436	0,02873	0,05235
8	Ass. Generali	0,04266	-0,06378	0,10688	0,00764	0,01778	0,06649
9	E.ON	0,04380	-0,01307	0,01177	-0,03010	0,01490	0,06318
10	Sanofi	0,08004	-0,03978	-0,04026	-0,06799	0,03214	0,05790
11	Danone	0,07687	0,00503	-0,09824	-0,02008	0,02221	-0,04477
12							
13	DJ Euro Stoxx 50	0,07814	0,01098	-0,02357	-0,00051	0,03866	0,06566

Abb. A6.2.-2.: Alternative Darstellungsweise: Titel in Zeilen

Mithilfe der eingebauten Funktionen lässt sich die Analyse durch Einfügen/Funktion/Statistik/RGP durchführen. Vor dem Ausführen muss ein ausreichend großer Tabellenbereich markiert werden, damit die notwendigen Ergebnisse darin ausgegeben werden können. Die Breite des zu markierenden Bereichs ist von der Anzahl der erklärenden Variablen zuzüglich der Konstante abhängig (z.B. bei einer univariaten Regression mit Konstante also zwei Spalten). Die Höhe beträgt fünf Zellen. In dem Eingabefeld (siehe Abb. A6.2.-3.) werden die Bezüge für die abhängige und unabhängige(n) Variablen angegeben sowie WAHR oder FALSCH für Einbeziehung (oder Auslassung) der Konstanten und Ausgabe aller Ergebnisse der Regressionsanalyse.

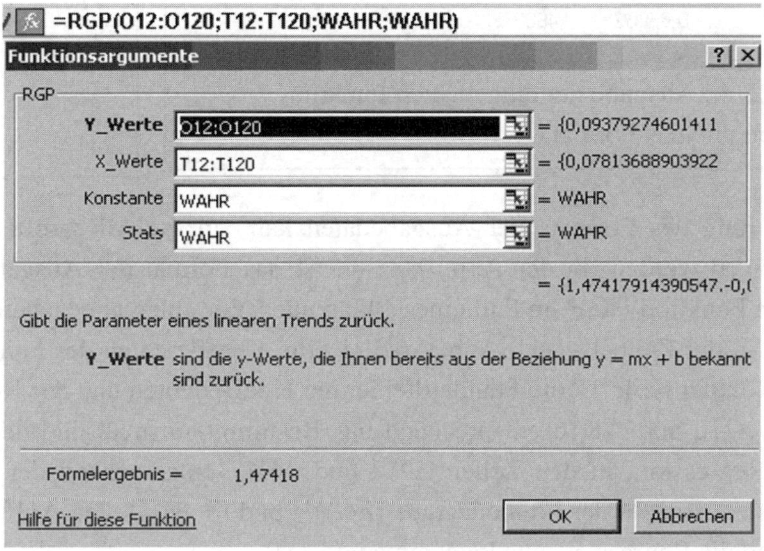

Abb. 6.2.-3.: Eingabefeld der eingebauten Funktion Regression

In dem hier veranschaulichten Beispiel wurden die Renditen der SIEMENS-Aktie auf die EURO STOXX Renditen regressiert. Die Bezüge der Abb. A6.2.-3. beziehen sich auf die Abb. A6.2.-1. Nach dem Eintragen der Parameter der Funktion RGP() muss die Eingabe mit der Tastenkombination Strg+Shift+Return abgeschlossen werden. Nur in diesem Fall wird der zuvor markierte Tabellenbereich vollständig mit der Ergebnisausgabe ausgefüllt. Die Ergebnisse der Regression werden nach jeder Korrektur der Eingabedaten automatisch angepasst. Die eingebaute Funktion liefert kein benutzerfreundliches Ausgabeformat, daher kann es wegen der optischen Darstellung (fehlende Beschriftung der ausgewerteten Daten) bemängelt werden.

AJ14 f_x {=RGP(O12:O120;T12:T120;WAHR;WAHR)}

	AI	AJ	AK	AL	AM	AN
14		1,47418	-0,00590			
15		0,12044	0,00649			
16		0,58336	0,06620			
17		149,81524	107			
18		0,65662	0,46897			

Abb. A6.2.-4.: Ausgabe der eingebauten Funktion Regression und das Format

Beta ($\hat{\beta}$)	Alpha ($\hat{\alpha}$)
$SE(\hat{\beta})$	$SE(\hat{\alpha})$
R^2	s_u
F_{emp}	FG
$\sum_{t=1}^{T} \hat{y}_i^2$	$\sum_{t=1}^{T} \hat{\varepsilon}_i^2$

Die Erläuterung des Formats der Ausgabedaten kann in der Microsoft Excel-Hilfe nachgeschlagen werden. In der Abb. A6.2.-4. ist das Format der Ausgabedaten der eingebauten Funktion RGP im Fall einer erklärenden Variablen angegeben. Somit befinden sich in der Zeile 14 (vgl. Abb. A6.2.-4.) die Koeffizienten der Funktion (Beta und Alpha), in der Zeile 15 die Standardfehler der Koeffizienten und der Konstante, in den Zellen AJ16 und AK16 entsprechend das Bestimmtheitsmaß und der Standardfehler der Regression, in den Zellen AJ17 und AK17 entsprechend der empirische F-Wert und die Anzahl der Freiheitsgrade (FG)[334] und in den Zellen AJ18 und AK18 entsprechend die Regressionsquadratsumme und SSR.

334 Anzahl der Freiheitsgrade: $FG = T - (K + 1)$, wobei T: Anzahl der Beobachtungen, K: Anzahl der unabhängigen Variablen.

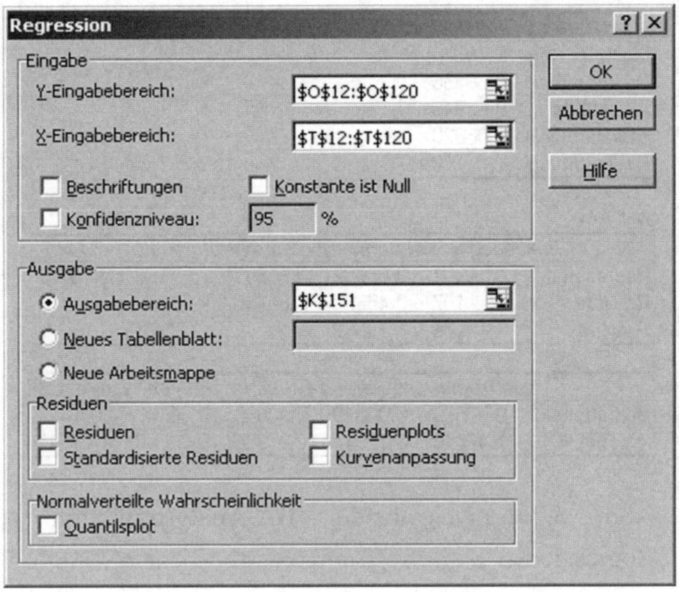

Abb. A6.2.-5.: Eingabefeld der VBA Analysefunktion Regression

Das Aufrufen der VBA-Analysefunktionen Regression ist durch Extras/Analyse-Funktionen.../Regression möglich. Im Eingabefenster (vgl. Abb. A6.2.-5.) werden ebenso die Zellenbezüge für die Eingangswerte eingetragen (vgl. die Datenreihen in Abb. A6.2.-1.). Im Vergleich zu den eingebauten Funktionen werden hier die Ausgabedaten nach Veränderung der Eingabedaten nicht automatisch angepasst. Deshalb muss die Analyse nach jeder Korrektur des Datensatzes erneut durchgeführt werden. In der Abb. A6.2.-6. sind die Ausgabedaten der Analysefunktion (Regression) im Fall einer erklärenden Variablen angegeben. Zur Veranschaulichung sind die Ausgabeformate der Analysefunktion in Abb. A6.2.-7. dargestellt. Im Vergleich zu den eingebauten Funktionen liefert die Analysefunktion eine größere Anzahl an statistischen Daten (z.B. *t*-Test, adjustiertes Bestimmtheitsmaß). Auch durch ausreichende Beschriftung der Ergebnisse bereitet die Analysefunktion dem Benutzer mehr Komfort.

Regressions-Statistik					
Multipler Korr	0,76378				
Bestimmtheit	0,58336				
Adjustiertes E	0,57946				
Standardfehle	0,06620				
Beobachtung	109				
ANOVA					
	Freiheitsgrade	atsummen	uadratsum	rüfgröße (F	F krit
Regression	1	0,65662	0,65662	150	0,00000
Residue	107	0,46897	0,00438		
Gesamt	108	1,12560			
	Koeffiziente	andardfeh	t-Statistik	P-Wert	Jntere 95%C
Schnittpunkt	-0,00590	0,00649	-0,90885	0,36547	-0,01876
X Variable 1	1,47418	0,12044	12,23990	0,00000	1,23542

Abb. A6.2.-6.: Ausgabe der VBA Analysefunktion Regression

Eine ausführliche Erläuterung der Regressionsanalyse kann in statistischen Lehrbüchern nachgelesen werden.[335] Die durch Excel realisierbaren statistischen Analysen sind für die im Buch durchgeführten Fallstudien ausreichend. Allerdings wird an Excel das Fehlen wichtiger statistischer Kennzahlen, die mehr über die Modellgüte aussagen, kritisiert. Zu solchen zählen z.B. die Durbin-Watson-Prüfgröße. Diese statistische Größe dient, wie oben beschrieben, der Prüfung der Autokorrelation erster Ordnung in den Residuen der Regression. Laut der Annahme (A4) des Regressionsmodells müssen die Residuen von Autokorrelation frei sein. Genauso erlaubt Excel keine direkte Überprüfung der Homoskedastizität (über die Zeit konstante Varianz der Residuen) und der Multikollinearität (lineare Abhängigkeit der erklärenden Variablen untereinander). Die letzte Voraussetzung kann zwar mittels der *VIF* überprüft werden, allerdings müssen zuvor einige ergänzende Berechnungen vorgenommen werden (vgl. Kap. 6.3.3.2.).

335 Siehe z.B. Backhaus et al. (2003), Hartung (2002), Poddig/Dichtl/Petersmeier (2003).

Regressionsstatistik	
Multipler Korrelationskoeffizient	$\lvert x_{y\hat{y}} \rvert$
Bestimmtheitsmaß	R^2
Adjustiertes Bestimmtheitsmaß	$\overline{R}^2$
Standardfehler der Regression	s_u
Beobachtungen	T

	Freiheitsgrade	*Quadratsumme*	*Prüfgröße (F)*	F_{krit}
Regression	K	$\sum_{t=1}^{T} \hat{y}_i^2$	F_{emp} - Wert	F_{krit}
Residuen	FG	$\sum_{t=1}^{T} \hat{\varepsilon}_i^2$		
Gesamt	$K + FG$	$\sum_{t=1}^{T} \hat{y}_i^2 + \sum_{t=1}^{T} \hat{\varepsilon}_i^2$		

	Koeffizienten	*Standardfehler*	*t-Statistik*	*P-Wert*
Schnittpunkt	Alpha ($\hat{\alpha}$)	$SE(\hat{\alpha})$	$t_{(\alpha)emp}$ - Wert	*Irrtumswahrscheinlichkeit*
Variable (x)	Beta ($\hat{\beta}$)	$SE(\hat{\beta})$	$t_{(\beta)emp}$ - Wert	*Irrtumswahrscheinlichkeit*

Abb. A6.2.-7.: Format der VBA-Analysefunktion Regression

A6.3. Modellierung künstlicher Daten

In diesem Anhang wird beschrieben, wie man anhand von realen, empirischen Daten künstliche Datenreihen erzeugen kann. Mittels künstlicher Daten kann z.B. die Problematik unzureichender Datensätze eliminiert werden. Ebenfalls können Datenreihen mit bestimmten statistischen Eigenschaften oder Verteilungen generiert werden, um unterschiedliche Verfahren anhand dieser Daten zu überprüfen und ihre Sensitivitäten gegenüber veränderten Datenreihen zu testen. In diesem Buch wurden zum Teil Daten aus der Hoppenstedt-Bilanzdatenbank benutzt. Aufgrund der Urheberrechte können die Daten nicht öffentlich bereitgestellt werden. Um dem Leser das Nacharbeiten der

Fallstudien zu ermöglichen, wurden deshalb für Zwecke des Buches anhand dieser Daten künstliche Daten erzeugt, die die Eigenschaften jener realen Daten besitzen. In Abb. A6.3.-1. sind die Ausgangsdaten der ex post betrachteten Werte der Quote der flüssigen Mittel, der Eigenkapitalrentabilität und der Rendite einer Aktie abgebildet.

	A	B	C	D	E	F	G
1		LIQU		EKRN		Rendite	
2		Mittelwert	Stabw	Mittelwert	Stabw	Mittelwert	Stabw
3	Auto	5,34333	0,89810	12,82111	3,42644	0,18238	0,08815
4	Bau	10,84636	9,07812	7,97000	12,29803	0,54520	0,33421
5	Chemie	3,90800	5,39442	5,84700	4,23316	0,23731	0,13703

Abb. A6.3.-1.: Statistische Maße der Variablen, sortiert nach Branchen

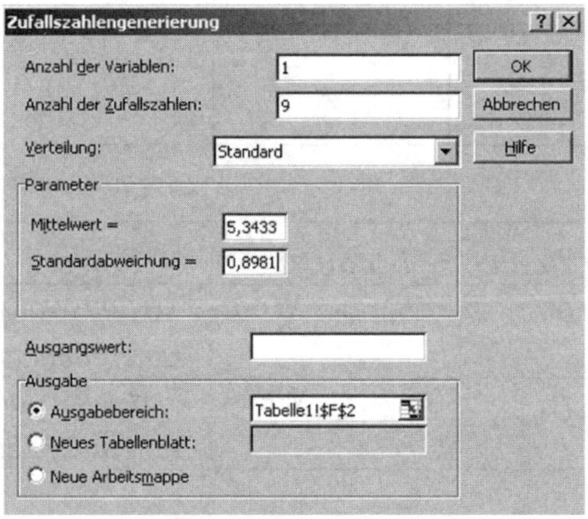

Abb. A6.3.-2.: Eingabefenster zur Zufallszahlengenerierung der Variablen *Rendite* (Auto-Branche)

Die Generierung der Daten erfolgt mittels einer VBA-Analysefunktion (Extras/Analyse-Funktionen... /Zufallszahlengenerierung). Im Eingabefenster müssen die Anzahl der zu generierenden Variablen, die Anzahl der Zufallszahlen sowie die Verteilung und die statistischen Maße (Mittelwert und Standardabweichung) eingetragen werden (vgl. Abb. A6.3.-2.).

Die Zufallszahlen werden in dem Beispiel für jede Zufalsvariable (zwei Kennzahlen und eine Rendite) und für alle drei Branchen, insgesamt damit neunmal generiert. Für Auto- werden in der Fallstudie neun, für Bau- elf und für Chemie-Branche zehn Zufallszahlen je Variable generiert. In der Abb. A6.3.-3. ist die Ausgabe der generierten Zufallszahlen veranschaulicht. Die generierten Daten müssen sorgfältig überprüft werden. In dem Beispiel wurde z.B. in Zelle F18 (vgl. Abb. A6.3.-3.) eine negative Zahl für die Quote der flüssigen Mittel generiert. Jedoch ist nach der Definition dieser Variablen ein negativer Wert ausgeschlossen.[336] Damit sind die generierten Zahlen an dieser Stelle wegen der Definition der Variablen unzulässig. Bei der Generierung der Zufallszahlen konnten keine Nebenbedingungen gesetzt werden, deshalb müssen die erzeugten Zahlen manuell korrigiert werden. Die Abb. A6.3.-4. zeigt das Histogramm der empirischen Quote der flüssigen Mittel (basierend auf realen Daten).

	E	F	G
1		LIQU	EKRN
2	Auto1	5,87518	11,79020
3	Auto2	5,17372	8,43755
4	Auto3	4,82482	13,65780
5	Auto4	5,76227	17,19830
6	Auto5	5,33735	16,93034
7	Auto6	6,03885	18,76465
8	Auto7	6,64526	5,33029
9	Auto8	5,11029	12,01676
10	Auto9	4,17066	16,57593
11	Bau1	29,74727	34,63751
12	Bau2	10,05261	7,03901
13	Bau3	14,37000	0,21311
14	Bau4	8,37646	12,55118
15	Bau5	0,95136	-3,46910
16	Bau6	21,74099	-4,18296
17	Bau7	11,17480	-3,89054
18	Bau8	-3,18425	13,49946

Abb. A6.3.-3.: Die generierten Zufallszahlen

336 Die Quote der flüssigen Mittel wird hier wie folgt definiert: Liquide Mittel * 100 / bereinigte Bilanzsumme.

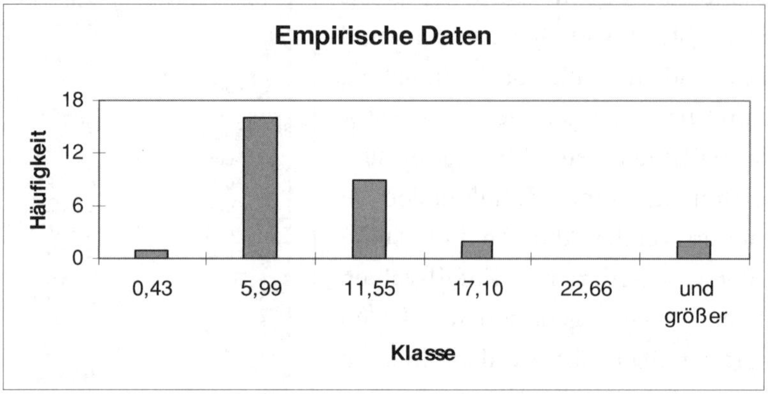

Abb. A6.3.-4.: Histogramm der empirischen Quote der flüssigen Mittel

Wie aus der Abbildung zu sehen ist, besitzt die Quote der flüssigen Mitteln eine schiefe Verteilung. Die erzeugten Daten dagegen ähneln eher einer Normalverteilung (vgl. Abb. A6.3.-5.).[337] Auch die Platzierung der Werte der erzeugten Daten unterscheidet sich von den realen Daten. Die generierten Daten liegen sowohl im positiven, als auch im negativen Bereich, was bei den empirischen Daten nicht der Fall ist.

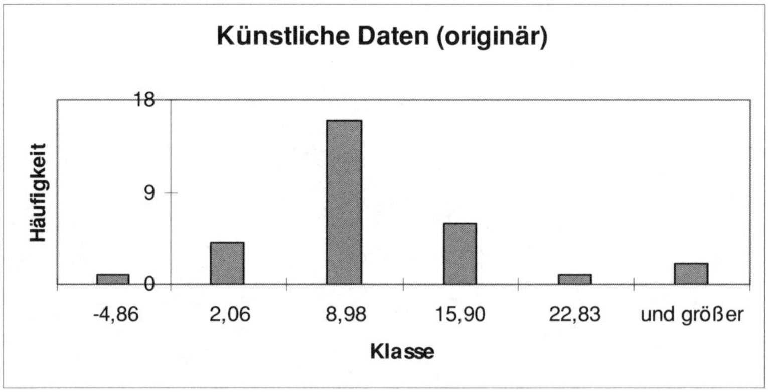

Abb. A6.3.-5.: Histogramm der künstlichen Daten

337 Dieses Ergebnis sollte auch erwartet werden, da die Zahlen gemäß der Normalverteilung generiert wurden.

Die Korrektur der negativen Zahlen kann mittels Ersetzung der negativen durch absolute Zahlen erfolgen. In Excel geschieht dies durch die Funktion ABS(). Die Abb. A6.3.-6. veranschaulicht den dadurch erzeugten Effekt. Die negativen Werte aus Abb. A6.3.-5. werden nach rechts umgeklappt, demzufolge wird aus den normal verteilten Daten eine schiefe (ähnlich der empirisch beobachteten) Verteilung modelliert.

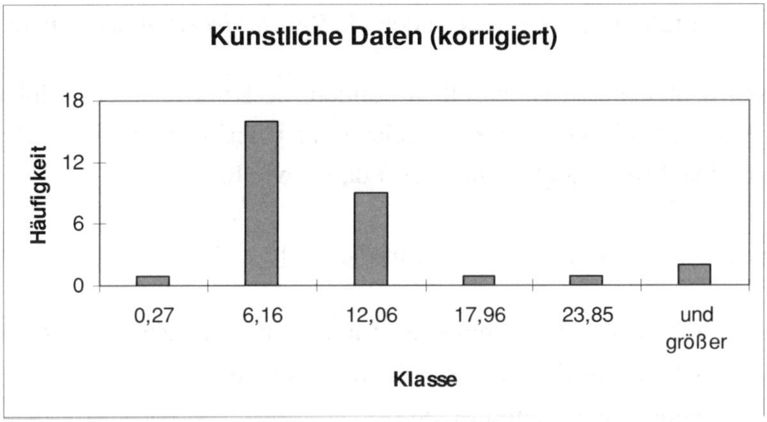

Abb. A6.3.-6.: Histogramm der künstlichen (korrigierten) Daten

A6.4. Modell- und Schätzgleichungen am Beispiel des SIM

In diesem Anhang werden die Herleitungen, die von der Modell- zu der Schätzgleichung (Prognosegleichung) führen, dargestellt. Im Haupttext wurden diese Zwischenschritte ausgeblendet, jedoch sollen sie an dieser Stelle zum besseren Verständnis der dahinter stehenden Zusammenhänge erläutert werden.

Beim SIM wird ein Zusammenhang der Aktienrendite mit einem Faktor bzw. einem Marktindex unterstellt. Die Rendite lässt sich damit vollständig aus ihrer Abhängigkeit von einem die allgemeine Marktentwicklung stellvertretenden Index, aus ihrer aktienspezifischen Eigenrendite sowie aus dem zufälligen Störterm erklären. Die Modellgleichung besitzt somit folgende Form:

(1) $r_{it} = \alpha_i + \beta_i r_{Mt} + \varepsilon_{it}$ für alle $i = 1, ..., N$

mit r_{it}: Rendite des i-ten Assets zum Zeitpunkt t
α_i: Eigenrendite des i-ten Assets
r_{Mt}: Rendite des Marktindex zum Zeitpunkt t
β_i: (*Beta-Faktor*) Abhängigkeit der Rendite des i-ten Assets von der allgemeinen Entwicklung der Rendite des Marktindex
ε_{it}: zufälliger Störeinfluss, auch als *Residualrendite* bezeichnet.

Aus historisch beobachteten Datenreihen können die Koeffizienten (Alpha und Beta) geschätzt werden. Damit wird der erste Schritt zur Überführung in eine Prognosegleichung getätigt. Die Prognosegleichung sieht damit wie folgt aus:

(2) $\hat{r}_{it} = \hat{\alpha}_i + \hat{\beta}_i r_{Mt} + \varepsilon_{it}$ für alle $i = 1, ..., N$

mit $\hat{r}_{it}$: Schätzwert der Rendite des i-ten Assets zum Zeitpunkt t
$\hat{\alpha}_i$: Schätzwert der Eigenrendite des i-ten Assets
$\hat{\beta}_i$: Schätzwert des Beta-Faktors.

In der Prognosegleichung nach Gleichung (2) befindet sich immer noch eine unbekannte Größe, nämlich der Störterm ε_{it}, welcher die Schätzung der Rendite erschwert. Das Problem kann durch Berechnung des Erwartungswertes gelöst werden:

(3) $E(\hat{r}_{it}) = E(\hat{\alpha}_i + \hat{\beta}_i r_{Mt} + \varepsilon_{it})$

mit $E(\hat{r}_{it})$: Erwartungswert des Schätzers der Rendite des i-ten Assets zum Zeitpunkt t.

Im Folgenden wird $\hat{r}_{it}$ mit $E(\hat{r}_{it})$ gleichgesetzt, also $\hat{r}_{it} = E(\hat{r}_{it})$.

Nach Annahme des SIM beträgt der Erwartungswert des Störterms null (vgl. Kap. 6.2.1.). Damit kann die Gleichung (3) folgendermaßen vereinfacht werden:

(4) $\hat{r}_{it} = E(\hat{r}_{it}) = \hat{\alpha}_i + \hat{\beta}_i E(r_{Mt})$

mit $E(r_{Mt})$: Erwartungswert der Marktindexrendite zum Zeitpunkt t.

Die Gleichung (4) beinhaltet den Erwartungswert der Marktindexrendite, der entweder anhand empirisch beobachteter Werte (ex post)[338] oder durch eine Prognose (ex ante) ermittelt werden kann. An dieser Stelle wird die Diskussion über die Prognosemöglichkeiten für den Markindex ausgelassen.[339] Die Gleichung (4) kann jedoch für den ex ante Fall geschrieben werden:

(5) $\hat{r}_{it} = \hat{\alpha}_i + \hat{\beta}_i \cdot \hat{r}_{Mt}$

mit $\hat{r}_{Mt}$: ex ante Prognosewert der Marktindexrendite zum Zeitpunkt t.

Für $\hat{r}_{Mt}$ kann z.B. auch der ex post geschätzte historische Mittelwert (als Prognose für die Zukunft) eingesetzt werden. Damit sieht die Gleichung (4) für eine sehr einfache ex ante Prognose wie folgt aus:

(6) $\hat{r}_{it} = \hat{\alpha}_i + \hat{\beta}_i \cdot \bar{r}_{Mt}$

mit $\bar{r}_{Mt}$: historischer Mittelwert der Marktindexrendite zum Zeitpunkt t.

Dieses Vorgehen wurde z.B. in Kap. 6.2.3.2. angewandt. An dieser Stelle kann ebenfalls eine ex post geschätzte Residualrendite ermittelt werden. Die Residualrendite ergibt sich aus der Differenz zwischen der Rendite aus der Schätzgleichung und der ex post beobachteten Rendite:

(7) $\hat{\varepsilon}_{it} = r_{it} - \hat{r}_{it} = r_{it} - \hat{\alpha}_i - \hat{\beta}_i \cdot r_{Mt}$

mit $\hat{\varepsilon}_{it}$: ex post geschätzte Residualrendite zum Zeitpunkt t.

Die Gleichungen (4) bzw. (5) können in vereinfachter Form identisch dargestellt werden. Die Prognosegleichung des SIM sieht damit wie folgt:

338 Ex post ist die Marktrendite (für einen bestimmten Beobachtungszeitpunkt t) ein bekannter, konstanter Wert, also $E(r_{Mt}) = r_{Mt}$.

339 Vgl. dazu Kap. 6.5.

(8) $\hat{r}_{it} = \hat{\alpha}_i + \hat{\beta}_i r_{Mt}$.

Je nach Kontext (ex post, ex ante) ist r_{Mt} eine historisch beobachtete oder selbst zu prognostizierende Größe. Die gleichen Überlegungen (Herleitung der Prognosegleichung aus der Modellgleichung) gelten in analoger Weise für Varianzen und Kovarianzen. Aus Vereinfachungsgründen wurden jedoch die Ausführungen im Buch ohne explizite Unterscheidung in Modell- und Prognosegleichungen durchgeführt.

7. Faktorenanalyse

In diesem Abschnitt wird die Faktorenanalyse als eine Möglichkeit zur Bestimmung einzelner Faktoren für die in Kap. 6. näher behandelten Faktormodelle vorgestellt. Zudem werden weitere Einsatzmöglichkeiten der Faktorenanalyse, speziell im Portfoliomanagement, aufgezeigt.

Arbeitshinweise: Zunächst wird in Kap. 7.1. der Einsatz der Faktorenanalyse motiviert und Anwendungsmöglichkeiten im Kontext des Portfoliomanagements werden vorgestellt. Das Kap. 7.2. beschäftigt sich dann mit methodischen Grundlagen der Faktorenanalyse. Die Kap. 7.1. sowie Kap. 7.2. sollten dabei von jedem Leser bearbeitet werden, um die generelle Idee und die Begrifflichkeiten der Faktorenanalyse zu verstehen. Dabei dient das Kap. 7.2.4. einer ausführlichen, formalen Darstellung der theoretischen Herleitung der Verfahrenstechnik bei der Hauptkomponentenanalyse, die wesentlich zum Verständnis der Hauptkomponentenanalyse beiträgt. Der „ergebnisorientierte" Leser kann jedoch die Kap. 7.2.4.2.1. und Kap. 7.2.4.2.2. überspringen und mit der verfahrenstechnischen Zusammenfassung in Kap. 7.2.4.2.3., die als Basis für die Anwendung von Softwarelösungen zur Faktorenanalyse ausreichend ist, fortfahren. Abgeschlossen werden die Betrachtungen zur Faktorenanalyse in Kap. 7.3. mit einer Fallstudie zum Einsatz der Faktorenanalyse im Portfoliomanagement. Der Leser mit knappem Zeitbudget kann, falls er nur an einer knappen Darstellung des Einsatzes der Faktorenanalyse interessiert ist, Kap. 7.3.2. und Kap. 7.3.3. überspringen, da es hier primär um die Generierung künstlicher Daten und den Einsatz der Faktorenanalyse in diesem Zusammenhang geht, und mit den Betrachtungen in Kap. 7.3.4. fortfahren. Hier wird in kompakter Darstellungsweise eine Einsatzmöglichkeit der Faktorenanalyse aufgezeigt, welche ebenfalls die Einbindung der Faktorenanalyse im Zusammenhang mit den in Kap. 6. vorgestellten Faktormodellen verdeutlicht.

In A7.1. werden zusätzliche Matrizenoperationen, die bei den Darstellungen zur Hauptkomponentenanalyse in den Abschnitten 7.2.4.2.1., 7.2.4.2.2. bzw. 7.4.1. benötigt werden und über den Umfang von A1.1. hinausgehen, vorgestellt. In A7.2. wird die Generierung der künstlichen Daten, die in Kap. 7.3.2. mithilfe des Softwarepaketes SPSS vorgenommen werden, ausschließlich mit Excel umgesetzt, um die Anwendung und die Funktionsweise der Hauptkomponentenanalyse weiter zu verdeutlichen.[340]

---

340 Das Begleit- und Fallstudienmaterial zu diesem Buch findet sich unter der Internet-Adresse des Lehrstuhls: www.fiwi.uni-bremen.de.

7.1. Einsatz im Portfoliomanagement

Der Begriff der *Faktorenanalyse* wird in der Literatur keineswegs einheitlich verwendet. Es handelt sich vielmehr um einen Sammelbegriff für eine Reihe von Verfahren, mit der Zielsetzung, ausgehend von Korrelationen zwischen den Merkmalen beobachteter Objekte eine „synthetische" bzw. „hypothetische" Variable zu konstruieren, welche mit den Merkmalen aller Objekte so hoch wie möglich korreliert.[341]

Die Faktorenanalyse eignet sich gerade für die in Kap. 6. näher behandelten Faktormodelle zur Bestimmung der einzelnen Faktoren. Ergeben sich die Faktoren nicht aus sachlogischen Überlegungen, so kann eine Faktorenanalyse bei der Bestimmung der hinter den Daten stehenden Einflussgrößen behilflich sein. Beispielsweise kann die Faktorenanalyse zur Bestimmung der in einem Multi-Index-Modell zur Erklärung von Renditegenerierungsprozessen eingehenden Faktoren herangezogen werden. Dem Multi-Index-Modell liegt die Überlegung zugrunde, dass die Renditeentwicklung eines einzelnen Assets auf die Entwicklung verschiedener gemeinsamer Faktoren zurückzuführen ist (vgl. Kap. 6.3.). Nimmt man die hier in den Fallstudien verwendeten Datenreihen (Aktien- und Rentenmärkte aus den Regionen/Ländern Eurozone, Großbritannien, USA und Japan oder die acht Einzeltitel des DOW JONES EURO STOXX 50) als Ausgangsdaten einer Faktorenanalyse, so handelt es sich im Kern um eine Analyse der Faktorstruktur der Märkte bzw. des europäischen Marktes, welche sich vielfältig nutzen lässt. Eine Interpretation der Faktoren kann z.B. dazu genutzt werden, tatsächliche Einflussfaktoren zu identifizieren, welche dann in das Multi-Index-Modell als Faktoren aufgenommen werden können (vgl. auch Kap. 7.2.6.). Diese Einsatzmöglichkeit der Faktorenanalyse wird in der Fallstudie des Kap. 7.3.4. vorgestellt. Sie stellt die Verbindung zu dem in Kap. 6. vorgestellten Multi-Index-Modell her und bildet ebenso die Basis für eine Diskussion über die Möglichkeiten und zugleich Grenzen der Faktorenanalyse. Ein weiterer Einsatzbereich, welcher in der Fallstudie in Kap. 7.3.1. bis Kap. 7.3.3. näher illustriert wird, ist die Generierung künstlicher Daten. Die Einsatzmöglichkeiten künstlicher Daten zur Beantwortung finanzwirtschaftlicher Fragestellungen, beispielsweise im Portfolio- und Risikomanagement, sind zahlreich. Die Basis stellt dabei in der Regel die Simulation von Marktbeobachtungen, d.h. die Generierung künstlicher Renditen und Kurse dar. Hieraus lassen sich mögliche Entwicklungspfade von (Portfolio-) Renditen ableiten, die wiederum bei der Entwicklung und Überprüfung von Anlagestrategien (z.B. Wertsicherungsstrategien) Verwendung

---

341 Vgl. Bortz (1999), S. 495 f.

finden können.[342] Es lassen sich mit künstlichen Daten kontrollierte Szenario-Analysen durchführen, die insbesondere über Ereignisse bzw. Situationen, die in der Realität selten oder nie vorkamen, Aufschluss geben können.[343] Mithilfe der Faktorenanalyse bzw. der durch sie extrahierten Faktoren lassen sich Daten erzeugen, die wesentliche Merkmale der Ursprungsdaten wiedergeben, aber trotzdem nicht mit ihnen identisch sind und mögliche Zukunftsszenarien beschreiben. Die „Datengenerierung“ als Fallstudie wurde aus didaktischen Gründen gewählt. Die Idee und Arbeitsweise der Faktorenanalyse lässt sich an diesem hier schon bekannten Datensatz sehr gut veranschaulichen.

7.2. Theoretischer Aufbau der Faktorenanalyse

In den folgenden Abschnitten werden Grundlagen der Faktorenanalyse und deren Begrifflichkeit vorgestellt. Anhand der Hauptkomponentenanalyse, als eine mögliche Vorgehensweise, wird die Extraktion der Faktoren gezeigt.

7.2.1. Grundlagen der Faktorenanalyse

Grundlage der Faktorenanalyse ist die Erhebung oder das Vorhandensein einer Datenbasis. Diese besteht beispielsweise aus einer N Objekte umfassenden Stichprobe aus einer Grundgesamtheit, an denen K Merkmale beobachtet wurden, oder schlicht aus N Beobachtungen von K Variablen. In der Regel werden die Merkmale bzw. Variablen nicht unabhängig voneinander sein, d.h., sie sind korreliert. Eine hohe Korrelation der Merkmale bzw. der Variablen untereinander weist darauf hin, dass sie von einer latenten Größe, die nicht gemessen wurde oder gemessen werden kann, beeinflusst werden. Ausgangspunkt der Faktorenanalyse ist die Frage, ob sich die latenten Größen (Faktoren), welche die Zusammenhänge zwischen den Variablen erklären, bestimmen lassen. Die Variablen, die in einem Faktor zusammengefasst werden, sollten untereinander hohe Korrelationen aufweisen, wogegen die Faktoren untereinander möglichst unkorreliert sein sollten. Ferner ist zu klären, wie viele Faktoren zu extrahieren sind, um die Zusammenhänge möglichst gut zu erklären. Die Faktorenanalyse ist ein rein exploratives Verfahren, welches häufig der Modellierung eines funktionalen Zusammenhangs vorgeschaltet wird.[344] So ist es oft wünschenswert, eine vorliegende große Anzahl von Variablen auf einige wenige Faktoren zurückzuführen (Merkmalsreduk-

---

342 Vgl. z.B. Dichtl/Schlenger (2002), S. 577 ff., die die Monte-Carlo-Simulation einsetzen, um das Erfolgspotenzial der regelgebundenen Best-of-Two-Strategie zu analysieren.

343 Vgl. Poddig/Dichtl/Petersmeier (2003), S. 167 f.

344 Vgl. Poddig (1999), S. 146; Huber (2000), S. 196.

tion/Datenreduktion). Ziel ist es nun, solche Faktoren zu bestimmen. Direktes Ergebnis der Faktorenanalyse ist also eine Datenreduktion, wobei die in den Originaldaten enthaltene „wesentliche“ Information in komprimierter Form durch die Faktoren abgebildet wird. Diese Eigenschaften machen die Faktorenanalyse zu einem geeigneten Instrument auch für die Finanzanalyse. Die Idee der Faktorenanalyse besteht somit darin, die K Merkmale oder Variablen durch $Q << K$ Faktoren zu ersetzen (vgl. Abb. 7.2.-1.) .[345]

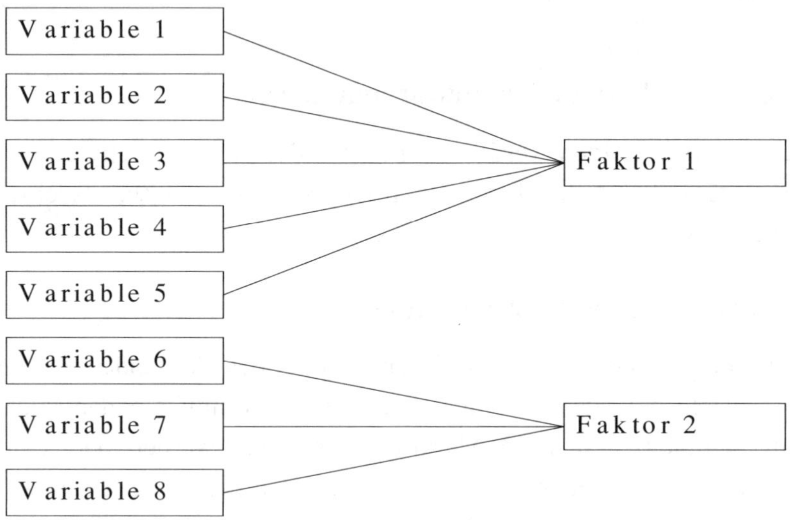

Abb. 7.2.-1.: Grundprinzip der Faktorenanalyse

Ausgangspunkt sind K unterschiedliche Merkmale (Variablen), die an N Objekten (oder Zeitpunkten) beobachtet und in einer sog. $N \times K$ Datenmatrix zusammengefasst werden.[346] Diese wird i.d.R. standardisiert, um die erforderlichen Rechenschritte zu erleichtern.[347] Eine *Standardisierung* ist zwar nicht unbedingt erforderlich, jedoch wird sich im Folgenden die Verwendung einer standardisierten Datenmatrix bei der Interpretation der Ergebnisse und bei der Bestimmung der Anzahl der zu extrahieren-

345 Vgl. Backhaus et al. (2003), S. 265.

346 Im bisherigen Verlauf des Buches wurden T für die Anzahl der Beobachtungen und N für die Anzahl der Wertpapiere (bzw. Aktien oder Assets) verwendet. Die Faktorenanalyse präsentiert ein universelles Verfahren, das bei Zeitreihen- und Querschnittsdaten eingesetzt werden kann. Von daher wird im Weiteren N für Anzahl der Beobachtungen benutzt, um nicht eine zwingende Verbindung von Faktorenanlyse mit Zeitreihen zu suggerieren.

347 Vgl. Backhaus et al. (2003), S. 271; Bamberg/Baur (2002), S. 232.

den Faktoren als äußerst hilfreich erweisen. Zudem ist eine Standardisierung beispielsweise sinnvoll, wenn die Ausgangsvariablen unterschiedliche Dimensionen aufweisen:[348]

(1) $$\mathbf{X} = \begin{pmatrix} x_{11} & \cdots & x_{1j} & \cdots & x_{1K} \\ \vdots & & \vdots & & \vdots \\ x_{i1} & \cdots & x_{ij} & \cdots & x_{iK} \\ \vdots & & \vdots & & \vdots \\ x_{N1} & \cdots & x_{Nj} & \cdots & x_{NK} \end{pmatrix} \longrightarrow$$

Standardisierung $z_{ij} = \frac{x_{ij} - \bar{x}_j}{s_j}$ $\qquad i = 1, ..., N, j = 1, ..., K$

(2) $$\mathbf{Z} = \begin{pmatrix} z_{11} & \cdots & z_{1j} & \cdots & z_{1K} \\ \vdots & & \vdots & & \vdots \\ z_{i1} & \cdots & z_{ij} & \cdots & z_{iK} \\ \vdots & & \vdots & & \vdots \\ z_{N1} & \cdots & z_{Nj} & \cdots & z_{NK} \end{pmatrix}$$

mit
- x_{ij}: i-ter Beobachtungswert der Variablen j
- $\bar{x}_j$: (empirische) Mittelwerte aller N Beobachtungswerte der Variablen j
- s_j: empirische Standardabweichung der Variablen j
- z_{ij}: i-ter standardisierter Beobachtungswert der Variablen j
- N: Anzahl der Beobachtungen
- K: Anzahl der Variablen.

Unter der Annahme der Gültigkeit eines linearen Zusammenhangs zwischen Variablen und Faktoren kann man jedes Element der Matrix **X** oder auch der standardisierten Matrix **Z** mittels Q verschiedener Faktoren F darstellen:

(3) $x_{ij} = a_{j1}F_{i1} + a_{j2}F_{i2} + ... + a_{jq}F_{iq} + ... + a_{jQ}F_{iQ}$ oder

(4) $z_{ij} = \tilde{a}_{j1}\tilde{F}_{i1} + \tilde{a}_{j2}\tilde{F}_{i2} + ... + \tilde{a}_{jq}\tilde{F}_{iq} + ... + \tilde{a}_{jQ}\tilde{F}_{iQ}$.

---

348 Vgl. Theil (1971), S. 55.

In Matrizenschreibweise ergibt sich:

(5) $$\mathbf{Z} = \widetilde{\mathbf{F}}\widetilde{\mathbf{A}}^{\mathbf{T}}$$

(6) $$\mathbf{Z} = \begin{pmatrix} z_{11} & \cdots & z_{1j} & \cdots & z_{1K} \\ \vdots & & \vdots & & \vdots \\ z_{i1} & \cdots & z_{ij} & \cdots & z_{iK} \\ \vdots & & \vdots & & \vdots \\ z_{N1} & \cdots & z_{Nj} & \cdots & z_{NK} \end{pmatrix}_{N\times K} =$$

$$\begin{pmatrix} \widetilde{F}_{11} & \cdots & \widetilde{F}_{1q} & \cdots & \widetilde{F}_{1Q} \\ \vdots & & \vdots & & \vdots \\ \widetilde{F}_{i1} & & \widetilde{F}_{iq} & & \widetilde{F}_{iQ} \\ \vdots & & \vdots & & \vdots \\ \widetilde{F}_{N1} & \cdots & \widetilde{F}_{Nq} & \cdots & \widetilde{F}_{NQ} \end{pmatrix}_{N\times Q} \begin{pmatrix} \widetilde{a}_{11} & \cdots & \widetilde{a}_{1q} & \cdots & \widetilde{a}_{1Q} \\ \vdots & & \vdots & & \vdots \\ \widetilde{a}_{j1} & \cdots & \widetilde{a}_{jq} & \cdots & \widetilde{a}_{jQ} \\ \vdots & & \vdots & & \vdots \\ \widetilde{a}_{K1} & \cdots & \widetilde{a}_{Kq} & \cdots & \widetilde{a}_{KQ} \end{pmatrix}_{K\times Q}^{\mathbf{T}}$$

mit $\widetilde{F}_{iq}$: Wert des q-ten Faktors bei der Beobachtung i

$\widetilde{a}_{jq}$: Faktorladung der Variablen j auf den Faktor q

Q: Anzahl der Faktoren; $q = 1, ..., Q$.

Aufgabe der Faktorenanalyse ist die Bestimmung der noch unbekannten Faktorwerte (Matrix **F** bzw. $\widetilde{\mathbf{F}}$) und der Faktorladungen (Matrix **A** bzw. $\widetilde{\mathbf{A}}$). Die Lösung der Gleichung (5) bzw. (6) ist keineswegs eindeutig. Durch die Einführung verschiedener Restriktionen lassen sich verschiedene Lösungen des „Faktorenproblems“ ableiten.[349] Bevor die Lösung dieser Frage diskutiert wird, werden im Folgenden kurz die Voraussetzungen für die Faktorenanalyse sowie einige für die Faktorenanalyse wichtige Begriffe eingeführt.

7.2.2. Voraussetzungen der Faktorenanalyse

Voraussetzung für die Durchführung der Faktorenanalyse ist die Gültigkeit des *linearen* Zusammenhangs zwischen Variablen und Faktoren. Gilt der lineare Zusammenhang nicht, so sind auch die Ergebnisse der Faktorenanalyse in Frage zu stellen.[350]

349 Vgl. Überla (1977), S. 92 sowie auch Bortz (1999), S. 501.

350 Vgl. Huber (2000), S. 197. Bei Bortz (1999), S. 504 ff. findet man ein Beispiel für die Faktorenanalyse bei nicht ausschließlich linearen Zusammenhängen unter den Variablen.

Bei der Interpretation der Faktoren ist also die Tatsache zu berücksichtigen, dass durch die Faktorenanalyse nur lineare Zusammenhänge erfasst werden können.[351] Für die Reproduktion der Ursprungsdatenmatrix mithilfe der extrahierten Faktoren und Faktorladungen ergibt sich diese Interpretationsproblematik zwar nicht, jedoch stellt sich die Frage, ob durch die lineare Rekonstruktion der „künstlichen" Daten der Informationsgehalt gegenüber der Ursprungsdatenmatrix identisch oder zumindest „nahezu gleich" geblieben ist.

7.2.3. Begriffe der Faktorenanalyse

Für den Einsatz der Faktorenanalyse sind einige Begriffe von zentraler Bedeutung, die im Folgenden kurz erläutert werden.

Ein *Faktorwert* F_{iq} bzw. $\widetilde{F}_{iq}$ gibt darüber Auskunft, wie stark die in dem Faktor q zusammengefassten Merkmale bei der Beobachtung i ausgeprägt sind.

Die *Faktorladung* a_{jq} bzw. $\widetilde{a}_{jq}$ beschreibt die Stärke des Zusammenhangs zwischen dem q-ten Faktor und der j-ten Variablen. Wird bei der Extraktion der Faktoren auf die standardisierte Datenmatrix **Z** zurückgegriffen und ist die Matrix der Faktorwerte in gleicher Weise standardisiert und mit $1/(N\text{-}1)$ multipliziert, so entspricht die Faktorladung a'_{jq} (welche dann nicht mehr den Wert von $\widetilde{a}_{jq}$ annimmt)[352] der Korrelation zwischen der Variablen j und dem Faktor F_q (vgl. Kap. 7.2.4.2.1.).

Das Quadrat einer Korrelation beschreibt den Anteil gemeinsamer Varianz zwischen den korrelierten Messwertreihen. Das Quadrat der Ladung a'^{2}_{jq} einer Variablen j auf einen Faktor F_q kennzeichnet somit den gemeinsamen Varianzanteil zwischen der Variablen j und dem Faktor q. Summiert man die quadrierten Ladungen einer Variablen j über alle Q Faktoren ($\sum_{q=1}^{Q} a'^{2}_{jq} = h_j^2$), so erhält man einen Wert h_j^2, der angibt, welcher Anteil der Varianz der Variablen j durch die Q Faktoren zusammen erklärt

351 Vgl. Bortz (1999), S. 507.

352 Vgl. Gleichung (6) in Kap. 7.2.1.; eine Standardisierung von $\widetilde{\mathbf{F}}$ und gleichzeitige Multiplikation mit $1/(N\text{-}1)$ (im Folgenden $\mathbf{F}'$ genannt) bei unveränderter Matrix **Z** führt zu einer entsprechenden Skalierung der Matrix $\widetilde{\mathbf{A}}$, die im Folgenden $\mathbf{A}'$ genannt wird; vgl. Kap. 7.2.4.2.1. für nähere Betrachtungen zu dieser Vorgehensweise.

wird. Üblicherweise wird h_j^2 *Kommunalität* genannt. Theoretisch lässt sich die Anzahl der Faktoren so lange erhöhen, bis die Varianzen aller Variablen vollständig erklärt werden. Im Allgemeinen wird die Faktorenextraktion jedoch vorher abgebrochen, da die Variablen sich bereits bis auf unbedeutende Varianzanteile durch die bis dahin extrahierten (i.d.R. wenigen) Faktoren beschreiben lassen.

Summiert man die quadrierten Ladungen aller K Variablen pro Faktor q ($\sum_{j=1}^{K} a'^2_{jq} = \lambda_q$), so ergibt sich mit λ_q die Varianz, welche durch einen Faktor F_q über alle Variablen K erklärt wird. Der Wert λ_q heißt *Eigenwert* des Faktors q. Der Eigenwert λ_q eines Faktors F_q gibt an, wie viel von der Gesamtvarianz aller Variablen durch diesen Faktor erfasst wird. Dividiert man λ_q durch die Gesamtvarianz aller Variablen, so erhält man den Anteil der Gesamtvarianz, der durch F_q erklärt wird.[353]

Nach Einführung der für die Faktorenanalyse zentralen Begriffe wird im nächsten Abschnitt exemplarisch ein Verfahren zur Faktorenextraktion stellvertretend für die Vielzahl der Verfahren dargestellt.

7.2.4. Die Hauptkomponentenanalyse

Es existiert mittlerweile eine Vielzahl von Methoden zur Faktorenextraktion.[354] Jedoch ist es möglich, die Ergebnisse der verschiedenen Extraktionsmethoden unter bestimmten Voraussetzungen ineinander zu überführen.[355] Daher wird hier zur Illustration der Faktorenanalyse stellvertretend eine der wichtigsten Methoden zur Faktorenextraktion, die *Hauptkomponentenanalyse* (oft auch PCA, für *Principal Components Analysis*, genannt), gewählt.[356] Dabei ist in der Literatur das Verhältnis von Faktorenanalyse und Hauptkomponentenanalyse nicht eindeutig beschrieben. ÜBERLA (1977) nennt die Hauptkomponentenanalyse zwar eine der wichtigsten Methoden zur Faktorenextraktion, jedoch sei diese streng von der Faktorenanalyse zu unterscheiden. Die Abgrenzung der Faktorenanalyse zur Hauptkomponentenanalyse lässt sich durch zwei Extrempositionen verdeutlichen. Zunächst sehen „Faktorenanalytiker“ die Hauptkom-

353 Vgl. Bortz (1999), S. 503 f.; Backhaus et al. (2003), S. 295.

354 Eine Zusammenstellung befindet sich beispielsweise bei Überla (1977), S. 92 ff. oder bei Bortz (1999), 495 ff.

355 Vgl. Überla (1977), S. 92 bzw. 150 ff.

356 Vgl. Bortz (1999), S. 495; Überla (1977), S. 87 und S. 92.

ponentenmethode als einen Schritt innerhalb der Faktorenanalyse. „Statistiker" jedoch fassen die Faktorenanalyse als einen Spezialfall der Hauptkomponentenanalyse auf.[357] Trotz dieser kontroversen Auffassungen wird hier die Hauptkomponentenanalyse stellvertretend für weitere faktorenanalytische Methoden dargestellt. Gründe für diesen Schritt sind die Bedeutung der Hauptkomponentenmethode als wichtige Methode zur Faktorextraktion, die Tatsache, dass die Hauptkomponentenanalyse in gängigen Softwarelösungen zur Statistik implementiert ist und die Möglichkeit der einfachen Darstellung zur Illustration faktorenanalytischer Verfahren.

7.2.4.1. Problemstellung

Basis der Hauptkomponentenanalyse ist eine $N \times K$ Datenmatrix. Beispielsweise handelt es sich um N Beobachtungen bei K Variablen. So könnten z.B. N Personen nach ihrer Beurteilung von K Produkteigenschaften befragt worden sein, oder man hat an N Handelstagen die (Kurs-) Renditen von K Aktien beobachtet. Die Frage ist nun, ob sich die K verschiedenen Variablen durch eine geringere Anzahl von anderen Variablen (welche man dann Faktoren nennt) möglichst genau beschreiben lassen. Im Fall der Aktienrenditereihen könnte man die Frage stellen, ob anstatt der K verschiedenen Aktien nicht Q verschiedene Branchenfaktoren betrachtet werden können, wobei $Q \leq K$. So bestünde die Möglichkeit, wenn alle Renditezeitreihen Linearkombinationen von Branchenfaktoren wären, die in ihnen enthaltenen Informationen durch wenige Faktoren darzustellen.

Die anschließende Beschreibung der Vorgehensweise lehnt sich an die Darstellungen von THEIL (1971) an. Es handelt sich dabei um eine algebraische Herangehensweise an die Problematik. Ein geometrisch orientierter Ansatz findet sich beispielsweise bei BACKHAUS ET AL. (2003). Eine kombinierte Darstellung wählt BORTZ (1999).

7.2.4.2. Vorgehensweise

In den folgenden zwei Abschnitten wird die Extraktion der Faktoren bei der Hauptkomponentenanalyse beschrieben. Zunächst wird das Vorgehen zur Extraktion eines Faktors vorgestellt, um dieses dann auf die Extraktion weiterer Faktoren auszudehnen.

Arbeitshinweise: Der „ergebnisorientierte" Leser kann an dieser Stelle direkt mit der verfahrenstechnischen Zusammenfassung (Kap. 7.2.4.2.3.) fortfahren, welche als Basis für die Anwendung von Softwarelösungen zur Faktorenanalyse ausreichend ist.

---

357 Vgl. Überla (1977), S. 87 f.

Die Kap. 7.2.4.2.1. und Kap. 7.2.4.2.2. dienen einer ausführlichen, formalen Darstellung der theoretischen Herleitung der Verfahrenstechnik bei der Hauptkomponentenanalyse, die wesentlich zum Verständnis der Hauptkomponentenanalyse beiträgt, aber über die notwendigen Grundlagen für die Anwendung hinaus gehen.

7.2.4.2.1. Die Extraktion eines Faktors

Zunächst sei die *Extraktion eines Faktors* betrachtet. Geht man beispielsweise davon aus, dass alle Variablen ein Vielfaches einer anderen Variablen sind, so lassen sie sich alle durch eine Variable darstellen, d.h., jede Spalte der Matrix **X** ist ein Vielfaches eines Vektors **p**. Insbesondere lässt sich somit die Matrix **X** in folgender Form darstellen:[358]

(1) $\mathbf{X} = \mathbf{pa}^T$

mit **X**: ursprüngliche $N \times K$ Datenmatrix
p: $N \times 1$ Vektor, beinhaltet die Werte des Faktors bei den N Beobachtungen
a: $K \times 1$ Vektor, beinhaltet die jeweilige Faktorladung der Variablen j, $j = 1, ..., K$ auf den Faktor.

Um die Eindeutigkeit (bis auf das Vorzeichen) der Lösung zu gewährleisten, wird der Vektor **p** in der Art en*normiert*, dass

(2) $\mathbf{p}^T\mathbf{p} = 1$

gilt.[359] Dies ist möglich, da das Produkt $\mathbf{pa}^T$ unverändert bleibt, wenn man **p** mit einem Skalar c und **a** mit einem Skalar $1/c$ multipliziert. Da **p** und **a** noch zu bestimmen sind, führt die Normierung von **p** also nur zur entsprechenden Skalierung von **a**.

Im Allgemeinen wird die Darstellung der Matrix **X** durch die Vektoren **p** und **a** in Form von (1) nicht exakt möglich sein. Dies bedeutet aber, dass die (Differenzen-) Matrix $(\mathbf{X} - \mathbf{pa}^T)$ verschieden von null ist. Um eine möglichst exakte Darstellung von **X** mittels **p** und **a** zu gewährleisten, wäre die Minimierung der entstehenden Abweichungen erstrebenswert. Das Kriterium für das Maß der Abweichung ist in diesem Fall die Summe der Abweichungsquadrate, welches mithilfe von $(\mathbf{X} - \mathbf{pa}^T)$ ausge-

358 Zu den Matrizenoperationen vgl. A1.1.

359 Vgl. auch Judge et al. (1988), S. 951 ff.

drückt werden kann. Die Summe der Quadrate aller Elemente dieser Matrix lässt sich schreiben als:[360]

(3) $\text{tr}\,[(\mathbf{X} - \mathbf{pa}^{\mathbf{T}})^{\mathbf{T}} \cdot (\mathbf{X} - \mathbf{pa}^{\mathbf{T}})]$

mit tr: Spur einer Matrix.

Durch Umformung ergibt sich:

(4) $\text{tr}\,[(\mathbf{X} - \mathbf{pa}^{\mathbf{T}})^{\mathbf{T}} \cdot (\mathbf{X} - \mathbf{pa}^{\mathbf{T}})] = \text{tr}\,(\mathbf{X}^{\mathbf{T}}\mathbf{X}) - \text{tr}\,(\mathbf{ap}^{\mathbf{T}}\mathbf{X}) - \text{tr}\,(\mathbf{X}^{\mathbf{T}}\mathbf{pa}^{\mathbf{T}}) + \text{tr}\,(\mathbf{ap}^{\mathbf{T}}\mathbf{pa}^{\mathbf{T}})$.

Es gilt $\text{tr}\,(\mathbf{ap}^{\mathbf{T}}\mathbf{X}) = \text{tr}\,(\mathbf{p}^{\mathbf{T}}\mathbf{Xa}) = \mathbf{p}^{\mathbf{T}}\mathbf{Xa}$ und $\text{tr}\,(\mathbf{X}^{\mathbf{T}}\mathbf{pa}^{\mathbf{T}}) = \text{tr}\,(\mathbf{a}^{\mathbf{T}}\mathbf{X}^{\mathbf{T}}\mathbf{p}) = \mathbf{a}^{\mathbf{T}}\mathbf{X}^{\mathbf{T}}\mathbf{p}$[361] und ferner $\text{tr}\,(\mathbf{p}^{\mathbf{T}}\mathbf{Xa}) = \text{tr}\,(\mathbf{a}^{\mathbf{T}}\mathbf{X}^{\mathbf{T}}\mathbf{p})$.[362] Mit $\text{tr}\,(\mathbf{ap}^{\mathbf{T}}\mathbf{pa}^{\mathbf{T}}) = \text{tr}\,(\mathbf{p}^{\mathbf{T}}\mathbf{pa}^{\mathbf{T}}\mathbf{a})$ sowie mit (2) folgt:

(5) $\text{tr}\,[(\mathbf{X} - \mathbf{pa}^{\mathbf{T}})^{\mathbf{T}} \cdot (\mathbf{X} - \mathbf{pa}^{\mathbf{T}})] = \text{tr}\,(\mathbf{X}^{\mathbf{T}}\mathbf{X}) - 2\,\mathbf{p}^{\mathbf{T}}\mathbf{Xa} + \mathbf{a}^{\mathbf{T}}\mathbf{a}$.

Um das Minimum zu bestimmen, ist (5) nach **a** abzuleiten und das Ergebnis gleich null zu setzen:[363]

(6) $$\frac{d(\text{tr}\,(\mathbf{X}^{\mathbf{T}}\mathbf{X}) - 2\,\mathbf{p}^{\mathbf{T}}\mathbf{Xa} + \mathbf{a}^{\mathbf{T}}\mathbf{a})}{d\mathbf{a}} = -2\mathbf{X}^{\mathbf{T}}\mathbf{p} + 2\mathbf{a} = 0\,.$$

Dadurch ergibt sich:

(7) $\mathbf{a} = \mathbf{X}^{\mathbf{T}}\mathbf{p}$.

Einsetzen von (7) in (5) ergibt:

(8) $\text{tr}\,(\mathbf{X}^{\mathbf{T}}\mathbf{X}) - 2\,\mathbf{p}^{\mathbf{T}}\mathbf{XX}^{\mathbf{T}}\mathbf{p} + \mathbf{p}^{\mathbf{T}}\mathbf{XX}^{\mathbf{T}}\mathbf{p} = \text{tr}\,(\mathbf{X}^{\mathbf{T}}\mathbf{X}) - \mathbf{p}^{\mathbf{T}}\mathbf{XX}^{\mathbf{T}}\mathbf{p}$.

---

360 Die Summe der Quadrate aller Elemente a_{ij} einer $M \times N$ Matrix **A** ist $\sum_{i=1}^{M}\sum_{j=1}^{N} a_{ij}^2 = \text{tr}\,(\mathbf{A}^{\mathbf{T}}\mathbf{A})$. Die Spur („trace“, tr(**A**)) einer Matrix wird in A7.1.1. erläutert.

361 Vgl. Theil (1971), S. 15 und S. 48; zu den Rechenregeln der Spur einer Matrix vgl. A7.1.1.

362 Vgl. Judge et al. (1988), S. 927; zu den Rechenregeln für die Multiplikation mit anschließendem Transponieren vgl. A1.1.2.2.

363 Rechenregeln zur Bildung von Ableitungen befinden sich in A7.1.4.

Das ursprüngliche Minimierungsproblem aus (3) kann nun als Maximierungsproblem umgeformt werden. Die Minimierung von (3) bzw. (8) ist äquivalent zur Maximierung des Ausdrucks $\mathbf{p}^T\mathbf{X}\mathbf{X}^T\mathbf{p}$ unter Beachtung der in (2) formulierten Bedingung. Dieses Maximierungsproblem unter Nebenbedingungen kann nun mit einer *Lagrangefunktion* L($\mathbf{p}$, λ) gelöst werden:[364]

(9) $$L(\mathbf{p}, \lambda) = \mathbf{p}^T\mathbf{X}\mathbf{X}^T\mathbf{p} - \lambda(\mathbf{p}^T\mathbf{p} - 1)$$

mit λ: Lagrangemultiplikator.

Die Lösung folgt durch Bildung der Ableitung von L($\mathbf{p}$, λ) nach $\mathbf{p}$:

(10) $$\frac{dL}{d\mathbf{p}} = 2\mathbf{X}\mathbf{X}^T\mathbf{p} - 2\lambda\mathbf{p} = \mathbf{0}.$$

Es ergibt sich:

(11) $$\mathbf{X}\mathbf{X}^T\mathbf{p} = \lambda\mathbf{p}.$$

Klammert man $\mathbf{p}$ aus, so ergibt sich:

(12) $$(\mathbf{X}\mathbf{X}^T - \lambda\mathbf{E}_N)\mathbf{p} = \mathbf{0}$$

mit $\mathbf{E}_N$: Einheitsmatrix der Dimension N.[365]

Die Gleichungen (11) bzw. (12) beschreiben ein Eigenwertproblem, welches es zu lösen gilt.[366] Dabei ist $\mathbf{p}$ der Eigenvektor der Matrix $\mathbf{X}\mathbf{X}^T$ zum Eigenwert λ. Die triviale Lösung, $\mathbf{p} = 0$, wird allerdings ausgeschlossen. Da das Eigenwertproblem nicht zwingend eindeutig zu lösen ist, stellt sich die Frage, für welchen Eigenwert λ der Eigenvektor $\mathbf{p}$ bestimmt werden soll, damit $\mathbf{p}^T\mathbf{X}\mathbf{X}^T\mathbf{p}$ maximiert wird. Multipliziert man (11) mit $\mathbf{p}^T$, so ergibt sich:

(13) $$\mathbf{p}^T\mathbf{X}\mathbf{X}^T\mathbf{p} = \lambda\, \mathbf{p}^T\, \mathbf{p} = \lambda.$$

---

364 Zur Bestimmung der Lagrangefunktion vgl. exemplarisch Sydsaeter/Hammond (2004), S. 613 ff.

365 Zur Einheitsmatrix vergleiche A1.1.1.

366 Vgl. Theil (1971), S. 24 ff.

Um $\mathbf{p}^\mathbf{T}\mathbf{X}\mathbf{X}^\mathbf{T}\mathbf{p}$ zu maximieren, ist somit der größte Eigenwert von $\mathbf{X}\mathbf{X}^\mathbf{T}$ zu bestimmen.

Es sind folglich die Eigenwerte der Matrix $\mathbf{X}\mathbf{X}^\mathbf{T}$ zu bestimmen. Der maximale Eigenwert wird in (12) eingesetzt. Es ergibt sich ein lineares Gleichungssystem, welches zu lösen ist, um den zugehörigen Eigenvektor zu bestimmen.[367] Durch Einsetzen von **p** in (7) erhält man **a**. Nun lässt sich die Matrix **X** in Form von (1) durch **p** und **a** reproduzieren.

Anhand dieser Ergebnisse lässt sich die Vorteilhaftigkeit der Verwendung der standardisierten Datenmatrix **Z** demonstrieren. Wird bei der Extraktion des Faktors auf die standardisierte Datenmatrix **Z** zurückgegriffen, so ergibt sich in Anlehnung an Gleichung (7) als Bedingung für ein Optimum:

(14) $$\tilde{\mathbf{a}} = \mathbf{Z}^\mathbf{T}\tilde{\mathbf{p}}\,.$$

Betrachtet man die einzelnen Elemente dieser Matrizen bzw. Vektoren, so ergibt sich:[368]

(15) $$\begin{pmatrix} \tilde{a}_{11} \\ \vdots \\ \tilde{a}_{j1} \\ \vdots \\ \tilde{a}_{K1} \end{pmatrix} = \begin{pmatrix} z_{11} & \cdots & z_{1j} & \cdots & z_{1K} \\ \vdots & & \vdots & & \vdots \\ z_{i1} & \cdots & z_{ij} & \cdots & z_{iK} \\ \vdots & & \vdots & & \vdots \\ z_{N1} & \cdots & z_{Nj} & \cdots & z_{NK} \end{pmatrix}^\mathbf{T} \begin{pmatrix} \tilde{p}_{11} \\ \vdots \\ \tilde{p}_{i1} \\ \vdots \\ \tilde{p}_{N1} \end{pmatrix}.$$

367 Die Lösung des Eigenwertproblems liefert i.d.R. simultan die zugehörigen Eigenvektoren; vgl. A7.2.2.

368 Die zweite Indizierung der Faktorwerte und der Faktorladungen ist an dieser Stelle nicht zwingend notwendig, soll aber darauf hinweisen, dass im Folgenden weitere Faktorwertevektoren und Faktorladungen bestimmt werden, sodass schließlich Faktorwerte- und Faktorladungsmatrizen resultieren.

Es ergibt sich für den Faktorladungsvektor $\tilde{\mathbf{a}}$:

$$(16)\quad \begin{pmatrix} \tilde{a}_{11} = z_{11}\tilde{p}_{11} + \ldots + z_{i1}\tilde{p}_{i1} + \ldots + z_{N1}\tilde{p}_{N1} \\ \vdots \\ \tilde{a}_{j1} = z_{1j}\tilde{p}_{11} + \ldots + z_{ij}\tilde{p}_{i1} + \ldots + z_{Nj}\tilde{p}_{N1} \\ \vdots \\ \tilde{a}_{K1} = z_{1K}\tilde{p}_{11} + \ldots + z_{iK}\tilde{p}_{i1} + \ldots + z_{NK}\tilde{p}_{N1} \end{pmatrix}.$$

Wird auch der Vektor $\tilde{\mathbf{p}}$ standardisiert (der so entstandene Vektor sei im Folgenden mit **f** bezeichnet)[369], so kommt es zu einer Skalierung von $\tilde{\mathbf{a}}$, die im Folgenden mit $\tilde{\mathbf{a}}^*$ bezeichnet sei. Wird nun die rechte Seite der Gleichung zusätzlich mit dem Faktor 1/(*N*-1) multipliziert, kommt es zu einer weiteren Skalierung **a´** des Vektors $\tilde{\mathbf{a}}^*$, so ergibt sich:

$$(17)\quad \begin{pmatrix} a'_{11} = 1/(N-1)(z_{11}f_{11} + \ldots + z_{i1}f_{i1} + \ldots + z_{N1}f_{N1}) \\ \vdots \\ a'_{j1} = 1/(N-1)(z_{1j}f_{11} + \ldots + z_{ij}f_{i1} + \ldots + z_{Nj}f_{N1}) \\ \vdots \\ a'_{K1} = (1/N-1)(z_{1K}f_{11} + \ldots + z_{iK}f_{i1} + \ldots + z_{NK}f_{N1}) \end{pmatrix}$$

mit $a'_{j1} = \frac{1}{N-1}\tilde{a}^*_{j1}$.

Damit ergibt sich:

$$(18)\quad \mathbf{a}' = 1/(N\text{-}1)\mathbf{Z}^{\mathbf{T}}\mathbf{f}.$$

Die Faktorladung a'_{j1} beschreibt die Stärke des Zusammenhangs zwischen dem 1-ten Faktor und der *j*-ten Variablen und entspricht (durch die geschilderten Umformungen) der Korrelation zwischen der Variablen *j* und dem Faktor F_1 (vgl. Kap. 7.2.3.), wie die folgenden Ausführungen zeigen werden. Für den Korrelationskoeffizienten des ersten Faktors und der *j*-ten Variablen gilt:[370]

---

369 Analog zu Kap. 7.2.3. entspricht der Vektor **f** dem Vektor **p**´, aus Gründen der Übersichtlichkeit ist hier jedoch eine Umbenennung vorgenommen worden.

370 Vgl. Poddig/Dichtl/Petersmeier (2003), S. 55.

(19) $$\rho(z_{.j}, f_{.1}) = \frac{Cov(z_{.j}, f_{.1})}{\sqrt{Var(z_{.j})} \cdot \sqrt{Var(f_{.1})}}.$$

Da $z_{.j}$ und $f_{.j}$ standardisiert sind, folgt:

(20) $$\rho(z_{.j}, f_{.1}) = Cov(z_{.j}, f_{.1}).$$

Durch Einsetzen der empirischen Kovarianz auf der rechten Seite von Gleichung (20) ergibt sich Gleichung (21), wobei berücksichtigt sei, dass $\bar{z}_j = 0$ und $\bar{f}_1 = 0$ gilt:

(21) $$\rho(z_{.j}, f_{.1}) = \frac{1}{N-1}\sum_{i=1}^{N}(z_{ij} - \bar{z}_j)(f_{i1} - \bar{f}_1) = \frac{1}{N-1}\sum_{i=1}^{N} z_{ij} f_{i1}.$$

Dies entspricht dem Ergebnis nach (17). Eine entsprechende Vorgehensweise kann auch für die weiteren noch zu extrahierenden Faktoren umgesetzt werden.

Es erscheint also zweckmäßig, bei der Maximierung der Gleichung (13) den größten Eigenwert der Matrix $\mathbf{ZZ}^\mathbf{T}$ zu bestimmen. Da die Multiplikation der Matrix $\mathbf{ZZ}^\mathbf{T}$ mit einer Konstanten lediglich zur entsprechenden Skalierung des Eigenwertes λ führt, aber nicht zu einer Veränderung des Vektors **f** (vgl. Gleichung (2)), kann an dieser Stelle bereits die Berücksichtigung des Faktors 1/(*N*-1) erfolgen (vgl. Formel (17)):

(22) $$\mathbf{f}^\mathbf{T}(1/(N\text{-}1))\mathbf{ZZ}^\mathbf{T}\mathbf{f} = \tilde{\lambda}\ \mathbf{f}^\mathbf{T}\mathbf{f} = \tilde{\lambda}.$$

Da $1/(N\text{-}1))\mathbf{ZZ}^\mathbf{T}$ der Korrelationsmatrix **K** der standardisierten Datenmatrix **Z** entspricht, kann zur Bestimmung von **f** auch der größte Eigenwert von **K** bestimmt werden. Dies hat den positiven Effekt, dass die berechneten Eigenwerte simultan auch für das Kaiser-Kriterium (vgl. Kap. 7.2.5.1.) herangezogen werden können. Der maximale Eigenwert wird in (12) eingesetzt. Es ergibt sich ein lineares Gleichungssystem, welches zu lösen ist, um den zugehörigen Eigenvektor zu bestimmen.[371] Durch Einsetzen des Vektors **f** in (18) erhält man **a**´, wobei die einzelnen Komponenten von **a**´ den Korrelationskoeffizienten der Faktorwerte des ersten Faktors mit den einzelnen Variablen entsprechen (vgl. Formel (17)). Die Matrix **Z** kann wie gehabt durch **f** und **a**´ reproduzieren werden. Die gesamte Vorgehensweise wird in A7.2.2. für die Generierung

371 Die Lösung des Eigenwertproblems liefert i.d.R. gleich die zugehörigen Eigenvektoren mit; vgl. A7.2.2.

der künstlichen Daten mithilfe von Excel umgesetzt und kann dort nochmals schrittweise nachvollzogen werden.

Alternativ kann die Minimierung der Summe der Abweichungsquadrate, Formel (3), auch mit dem Ziel der Bestimmung von **a** durchgeführt werden. Da diese Alternative in A7.2.2. zum Einsatz kommt, soll sie hier kurz aufgezeigt werden, um die sich ergebenden Abweichungen aufzuzeigen. Die Summe der Abweichungsquadrate ist bestimmt durch:

(23) $\mathrm{tr}\,[(\mathbf{X} - \mathbf{pa}^\mathbf{T})^\mathbf{T} \cdot (\mathbf{X} - \mathbf{pa}^\mathbf{T})]$

mit tr: Spur einer Matrix.

Um die Eindeutigkeit des Vektors **a**, bis auf das Vorzeichen, zu gewährleisten, wird folgende Nebenbedingung eingeführt:[372]

(24) $\mathbf{a}^\mathbf{T}\mathbf{a} = 1.$

Durch Umformung von (23) ergibt sich:

(25) $\mathrm{tr}\,[(\mathbf{X} - \mathbf{pa}^\mathbf{T})^\mathbf{T} \cdot (\mathbf{X} - \mathbf{pa}^\mathbf{T})] = \mathrm{tr}\,(\mathbf{X}^\mathbf{T}\mathbf{X}) - \mathrm{tr}\,(\mathbf{ap}^\mathbf{T}\mathbf{X}) - \mathrm{tr}\,(\mathbf{X}^\mathbf{T}\mathbf{pa}^\mathbf{T})$
$+ \mathrm{tr}\,(\mathbf{ap}^\mathbf{T}\mathbf{pa}^\mathbf{T}).$

Es gilt $\mathrm{tr}\,(\mathbf{ap}^\mathbf{T}\mathbf{X}) = \mathrm{tr}\,(\mathbf{p}^\mathbf{T}\mathbf{Xa}) = \mathbf{p}^\mathbf{T}\mathbf{Xa}$ und $\mathrm{tr}\,(\mathbf{X}^\mathbf{T}\mathbf{pa}^\mathbf{T}) = \mathrm{tr}\,(\mathbf{a}^\mathbf{T}\mathbf{X}^\mathbf{T}\mathbf{p}) = \mathbf{a}^\mathbf{T}\mathbf{X}^\mathbf{T}\mathbf{p}$[373] und ferner $\mathrm{tr}\,(\mathbf{p}^\mathbf{T}\mathbf{Xa}) = \mathrm{tr}\,(\mathbf{a}^\mathbf{T}\mathbf{X}^\mathbf{T}\mathbf{p})$.[374] Mit $\mathrm{tr}\,(\mathbf{ap}^\mathbf{T}\mathbf{pa}^\mathbf{T}) = \mathrm{tr}\,(\mathbf{p}^\mathbf{T}\mathbf{pa}^\mathbf{T}\mathbf{a})$ sowie mit (24) folgt:

(26) $\mathrm{tr}\,[(\mathbf{X} - \mathbf{pa}^\mathbf{T})^\mathbf{T} \cdot (\mathbf{X} - \mathbf{pa}^\mathbf{T})] = \mathrm{tr}\,(\mathbf{X}^\mathbf{T}\mathbf{X}) - 2\,\mathbf{a}^\mathbf{T}\mathbf{X}^\mathbf{T}\mathbf{p} + \mathbf{p}^\mathbf{T}\mathbf{p}.$

Um das Minimum zu bestimmen, ist (26) nun nach **p** abzuleiten und das Ergebnis gleich null zu setzen:

---

372 Vgl. Formel (2).

373 Vgl. Theil (1971), S. 15 und S. 48; zu den Rechenregeln der Spur einer Matrix vgl. A7.1.1. zu diesem Kapitel.

374 Vgl. Judge et al. (1988), S. 927; zu den Rechenregeln für die Multiplikation mit anschließendem Transponieren vgl. A1.1.2.2.

(27) $$\frac{d(\mathrm{tr}\,(\mathbf{X}^\mathrm{T}\mathbf{X}) - 2\mathbf{a}^\mathrm{T}\mathbf{X}^\mathrm{T}\mathbf{p} + \mathbf{p}^\mathrm{T}\mathbf{p})}{d\mathbf{p}} = -2\mathbf{Xa} + 2\mathbf{p} = 0.$$

Dadurch ergibt sich:

(28) $$\mathbf{p} = \mathbf{Xa}.$$

Einsetzen von (28) in (26) ergibt:

(29) $$\mathrm{tr}\,(\mathbf{X}^\mathrm{T}\mathbf{X}) - 2\,\mathbf{a}^\mathrm{T}\mathbf{X}^\mathrm{T}\mathbf{Xa} + \mathbf{a}^\mathrm{T}\mathbf{X}^\mathrm{T}\mathbf{Xa} = \mathrm{tr}\,(\mathbf{X}^\mathrm{T}\mathbf{X}) - \mathbf{a}^\mathrm{T}\mathbf{X}^\mathrm{T}\mathbf{Xa}.$$

Das ursprüngliche Minimierungsproblem aus (23) kann nun, wie bereits oben geschildert, als Maximierungsproblem umgeformt werden. Die Minimierung von (23) bzw. (29) ist äquivalent zur Maximierung des Ausdrucks $\mathbf{a}^\mathrm{T}\mathbf{X}^\mathrm{T}\mathbf{Xa}$ unter Beachtung der in (24) formulierten Nebenbedingung. Dieses Maximierungsproblem unter Nebenbedingung kann nun mithilfe einer Lagrangefunktion L($\mathbf{a}$, λ) gelöst werden:

(30) $$\mathrm{L}(\mathbf{a}, \lambda) = \mathbf{a}^\mathrm{T}\mathbf{X}^\mathrm{T}\mathbf{Xa} - \lambda(\mathbf{a}^\mathrm{T}\mathbf{a} - 1)$$

mit λ: Lagrangemultiplikator.

Die Lösung folgt durch Bildung der Ableitung von L($\mathbf{a}$, λ) nach $\mathbf{a}$:

(31) $$\frac{d\mathrm{L}}{d\mathbf{a}} = 2\mathbf{X}^\mathrm{T}\mathbf{Xa} - 2\lambda\mathbf{a} = \mathbf{0}.$$

Es ergibt sich:

(32) $$\mathbf{X}^\mathrm{T}\mathbf{Xa} = \lambda\mathbf{a}.$$

Klammert man **a** aus, so ergibt sich:

(33) $$(\mathbf{X}^\mathrm{T}\mathbf{X} - \lambda\mathbf{E}_K)\mathbf{a} = \mathbf{0}.$$

Die Gleichungen (32) bzw. (33) beschreiben wiederum ein Eigenwertproblem (vgl. (11) und (12)), welches es zu lösen gilt. Dabei ist **a** der Eigenvektor der Matrix $\mathbf{X}^\mathrm{T}\mathbf{X}$ zum Eigenwert λ. Die triviale Lösung ($\mathbf{a} = 0$) wird wieder ausgeschlossen. Es stellt sich erneut die Frage, für welchen Eigenwert λ der Eigenvektor **a** bestimmt werden soll, damit $\mathbf{a}^T\mathbf{X}^T\mathbf{X}\mathbf{a}$ maximiert wird. Multipliziert man (32) mit $\mathbf{a}^T$, so ergibt sich:

(34) $\mathbf{a}^T\mathbf{X}^T\mathbf{X}\mathbf{a} = \lambda\, \mathbf{a}^T\mathbf{a} = \lambda.$

Um $\mathbf{a}^T\mathbf{X}^T\mathbf{X}\mathbf{a}$ zu maximieren, ist somit der größte Eigenwert von $\mathbf{X}^T\mathbf{X}$ zu bestimmen.

Der maximale Eigenwert wird in (33) eingesetzt und das sich ergebende lineare Gleichungssystem wird gelöst.[375] Man erhält den zugehörigen Eigenvektor. Durch Einsetzen von **a** in (28) erhält man **p**. Nun lässt sich die Matrix **X** in Form von (1) durch **p** und **a** reproduzieren.

7.2.4.2.2. Die Extraktion weiterer Faktoren

Die Extraktion weiterer Faktoren erfolgt analog zur Extraktion eines Faktors. Angenommen, die Extraktion des ersten Faktors hat die Vektoren $\mathbf{p}_1$ und $\mathbf{a}_1$ ergeben. Wird die Matrix **X** nicht vollständig durch das Produkt $\mathbf{p}_1\mathbf{a}_1^T$ beschrieben, so lassen sich die Abweichungen durch die Differenz der beiden Matrizen beschreiben:

(1) $\mathbf{D} = \mathbf{X} - \mathbf{p}_1\mathbf{a}_1^T$

mit **D**: Matrix der Abweichungen von **X** zu $\mathbf{p}_1\mathbf{a}_1^T$.

Nun stellt sich die Frage, ob sich die Matrix **D** durch eine weitere Matrix $\mathbf{p}_2\mathbf{a}_2^T$ in der Form darstellen lässt, sodass die Summe der Matrizen $\mathbf{p}_1\mathbf{a}_1^T$ und $\mathbf{p}_2\mathbf{a}_2^T$ eine bessere Approximation der Matrix **X** ergibt.[376]

Um die Eindeutigkeit (bis auf das Vorzeichen) des Vektors $\mathbf{p}_2$ zu gewährleisten, wird dieser analog zu Formel (2) Kap. 7.2.4.2.1. normiert:

(2) $\mathbf{p}_2^T\mathbf{p}_2 = 1.$

---

375 Die Bestimmung der Eigenwerte und Eigenvektoren geschieht i.d.R. simultan; vgl. A7.2.2.

376 Eine bessere Approximation meint hier, dass die Summe der Absolutwerte der einzelnen Elemente der Differenzenmatrix $\mathbf{D}_2 = \mathbf{X} - \mathbf{p}_1\mathbf{a}_1^T - \mathbf{p}_2\mathbf{a}_2^T$ kleiner ist als die Summe der Absolutwerte der einzelnen Elemente der Differenzenmatrix **D**.

Eine weitere Nebenbedingung ist die Orthogonalität der Vektoren $\mathbf{p}_1$ und $\mathbf{p}_2$.[377] Diese Bedingung sichert die Unabhängigkeit der beiden Vektoren und somit der beiden zugehörigen Faktoren untereinander:

(3) $\mathbf{p}_1^{\mathbf{T}}\mathbf{p}_2 = 0.$

Die weitere Vorgehensweise unterscheidet sich vom Prinzip hier nicht von den Schilderungen in Kap. 7.2.4.2.1., jedoch wird die Matrix $\mathbf{X}$ durch die Matrix $\mathbf{D} = \mathbf{X} - \mathbf{p}_1\mathbf{a}_1^{\mathbf{T}}$ ersetzt.[378] Wieder wird die Summe der Abweichungsquadrate minimiert. Die Summe der Abweichungsquadrate ergibt sich als:[379]

(4) $\mathrm{tr}\,[(\mathbf{X} - \mathbf{p}_1\mathbf{a}_1^{\mathbf{T}} - \mathbf{p}_2\mathbf{a}_2^{\mathbf{T}})^{\mathbf{T}} \cdot (\mathbf{X} - \mathbf{p}_1\mathbf{a}_1^{\mathbf{T}} - \mathbf{p}_2\mathbf{a}_2^{\mathbf{T}})]$

$= \mathrm{tr}\,[(\mathbf{X} - \mathbf{p}_1\mathbf{a}_1^{\mathbf{T}})^{\mathbf{T}}(\mathbf{X} - \mathbf{p}_1\mathbf{a}_1^{\mathbf{T}})] - 2\,\mathrm{tr}\,[(\mathbf{X} - \mathbf{p}_1\mathbf{a}_1^{\mathbf{T}})^{\mathbf{T}}\mathbf{p}_2\mathbf{a}_2^{\mathbf{T}}]$
$+ \mathrm{tr}\,(\mathbf{a}_2\mathbf{p}_2^{\mathbf{T}}\mathbf{p}_2\mathbf{a}_2^{\mathbf{T}}).$

Unter Berücksichtigung von (2) und (3) ergibt sich:

(5) $\mathrm{tr}\,[(\mathbf{X} - \mathbf{p}_1\mathbf{a}_1^{\mathbf{T}})^{\mathbf{T}}(\mathbf{X} - \mathbf{p}_1\mathbf{a}_1^{\mathbf{T}})] - 2\mathbf{p}_2^{\mathbf{T}}\mathbf{X}\mathbf{a}_2 + \mathbf{a}_2^{\mathbf{T}}\mathbf{a}_2.$

Bildet man die partielle Ableitung nach $\mathbf{a}_2$ und setzt das Ergebnis gleich null, so erhält man:

(6) $\mathbf{a}_2 = \mathbf{X}^{\mathbf{T}}\mathbf{p}_2.$

---

377 Es lässt sich zeigen, dass auch ohne die Orthogonalitätsbedingung derselbe Faktor extrahiert wird. Die Orthogonalität der Vektoren $\mathbf{p}_1$ und $\mathbf{p}_2$ ergibt sich aber aus einer einfachen Überlegung. Der extrahierte Vektor $\mathbf{p}_1$ ist orthogonal zur Differenzenmatrix $\mathbf{D} = \mathbf{X} - \mathbf{p}_1\mathbf{a}_1^{\mathbf{T}}$, da $(\mathbf{X} - \mathbf{p}_1\mathbf{a}_1^{\mathbf{T}})^{\mathbf{T}}\mathbf{p}_1 = \mathbf{X}^{\mathbf{T}}\mathbf{p}_1 - \mathbf{a}_1\mathbf{p}_1^{\mathbf{T}}\mathbf{p}_1 = \mathbf{X}^{\mathbf{T}}\mathbf{p}_1 - \mathbf{a}_1 = 0$. Soll dies auch für $\mathbf{p}_2$ in Bezug auf $\mathbf{D}_2$ gelten, so ist $(\mathbf{X} - \mathbf{p}_1\mathbf{a}_1^{\mathbf{T}} - \mathbf{p}_2\mathbf{a}_2^{\mathbf{T}})^{\mathbf{T}}\mathbf{p}_2 = 0$. Dies gilt jedoch nur für $\mathbf{p}_1^{\mathbf{T}}\mathbf{p}_2 = 0$. Vgl. Theil (1971), S. 49.

378 In den folgenden Betrachtungen wird nicht $\mathbf{D}$ für die Differenzenmatrix gesetzt, sondern weiterhin $\mathbf{X} - \mathbf{p}_1\mathbf{a}_1^{\mathbf{T}}$ verwendet, da sich im weiteren Verlauf zeigen wird, dass $\mathbf{D}$ keine Relevanz für das Ergebnis der Berechnungen besitzt.

379 Vgl. zu den Rechenregeln der Spur einer Matrix A7.1.1., sowie zu den Rechenregeln für die Multiplikation mit anschließendem Transponieren A2.1.2.2. Zwischenschritte bei der Umformung wurden aus Platzgründen fortgelassen.

Einsetzen von (6) in (5) ergibt das Minimierungsproblem in Abhängigkeit von $\mathbf{p}_2$:

(7) $\operatorname{tr}[(\mathbf{X} - \mathbf{p}_1\mathbf{a}_1^{\mathbf{T}})^{\mathbf{T}}(\mathbf{X} - \mathbf{p}_1\mathbf{a}_1^{\mathbf{T}})] - \mathbf{p}_2^{\mathbf{T}}\mathbf{X}\mathbf{X}^{\mathbf{T}}\mathbf{p}_2.$

Anstatt (7) zu minimieren, kann nun wieder, analog zur einfaktoriellen Betrachtung (vgl. Kap. 7.2.4.2.1.), $\mathbf{p}_2^{\mathbf{T}}\mathbf{X}\mathbf{X}^{\mathbf{T}}\mathbf{p}_2$ unter den Nebenbedingungen (2) und (3) maximiert werden. Es ergibt sich folgende Lagrangefunktion:

(8) $L(\mathbf{p}_1, \mathbf{p}_2, \lambda_1, \lambda_2) = \mathbf{p}_2^{\mathbf{T}}\mathbf{X}\mathbf{X}^{\mathbf{T}}\mathbf{p}_2 - \lambda_2(\mathbf{p}_2^{\mathbf{T}}\mathbf{p}_2 - 1) - \lambda_1\mathbf{p}_1^{\mathbf{T}}\mathbf{p}_2$

mit λ_1, λ_2: Lagrangemultiplikatoren.

Leitet man nun $L(\mathbf{p}_1, \mathbf{p}_2, \lambda_1, \lambda_2)$ nach $\mathbf{p}_2$ ab und setzt gleich null, so erhält man:

(9) $\dfrac{\partial L}{\partial \mathbf{p}_2} = 2\mathbf{X}\mathbf{X}^{\mathbf{T}}\mathbf{p}_2 - 2\lambda_2\mathbf{p}_2 - \lambda_1\mathbf{p}_1 = \mathbf{0}.$

Multipliziert man nun „von links" mit $\mathbf{p}_1^{\mathbf{T}}$, lässt sich (9) unter Beachtung von (2) und (3) umformulieren zu:

(10) $2\mathbf{p}_1^{\mathbf{T}}\mathbf{X}\mathbf{X}^{\mathbf{T}}\mathbf{p}_2 = \lambda_1\, \mathbf{p}_1^{\mathbf{T}}\mathbf{p}_1 = \lambda_1.$

Dies impliziert $\lambda_1 = 0$, da nach (11) aus Kap. 7.2.4.2.1. $\mathbf{X}\mathbf{X}^{\mathbf{T}}\mathbf{p}_1 = \lambda\mathbf{p}_1$ gilt. Transponiert man diese Gleichung, d.h. $(\mathbf{X}\mathbf{X}^{\mathbf{T}}\mathbf{p}_1)^{\mathbf{T}} = (\lambda\mathbf{p}_1)^{\mathbf{T}}$, ergibt sich $\mathbf{p}_1^{\mathbf{T}}\mathbf{X}\mathbf{X}^{\mathbf{T}} = \lambda\mathbf{p}_1^{\mathbf{T}}$. Multipliziert man nun „von rechts" mit $\mathbf{p}_2$, so erhält man $\mathbf{p}_1^{\mathbf{T}}\mathbf{X}\mathbf{X}^{\mathbf{T}}\mathbf{p}_2 = \lambda\mathbf{p}_1^{\mathbf{T}}\mathbf{p}_2$. Unter Bezug auf (3) ist somit $\mathbf{p}_1^{\mathbf{T}}\mathbf{X}\mathbf{X}^{\mathbf{T}}\mathbf{p}_2 = 0$. Daher ergibt sich durch Einsetzen in (10) $\lambda_1 = 0$. Damit lässt sich Gleichung (9) vereinfachen zu:

(11) $2\mathbf{X}\mathbf{X}^{\mathbf{T}}\mathbf{p}_2 - 2\lambda_2\mathbf{p}_2 = \mathbf{0} \quad \Rightarrow \quad \mathbf{X}\mathbf{X}^{\mathbf{T}}\mathbf{p}_2 = \lambda_2\mathbf{p}_2.$

Dies lässt sich zu einem Eigenwertproblem umformulieren:

(12) $(\mathbf{X}\mathbf{X}^{\mathbf{T}} - \lambda_2\mathbf{E}_N)\mathbf{p}_2 = \mathbf{0}.$

Also ist auch $\mathbf{p}_2$ ein Eigenvektor der Matrix $\mathbf{XX}^\mathrm{T}$ zum Eigenwert λ_2. Um $\mathbf{p}_2{}^\mathrm{T}\mathbf{XX}^\mathrm{T}\mathbf{p}_2 = \lambda_2$ zu maximieren, ist der größtmögliche Eigenwert λ_2 zu bestimmen. Diese Bedingung wird nun vom zweitgrößten Eigenwert der Matrix $\mathbf{XX}^\mathrm{T}$ erfüllt.

Der zweitgrößte Eigenwert kann dann in Gleichung (12) eingesetzt werden, um den zugehörigen Eigenvektor zu bestimmen. Durch Einsetzen von $\mathbf{p}_2$ in Gleichung (6) erhält man $\mathbf{a}_2$.[380] Nun lässt sich die Matrix **X** in Form von Gleichung (1) durch **P** und **A** reproduzieren, wobei **P** die Vektoren $\mathbf{p}_1$ und $\mathbf{p}_2$ und **A** die Vektoren $\mathbf{a}_1$ und $\mathbf{a}_2$ beinhalten.

(13) $\mathbf{X} \approx \mathbf{PA}^\mathrm{T}$ mit $\mathbf{P} = (\mathbf{p}_1,\mathbf{p}_2)$, $\mathbf{A} = (\mathbf{a}_1,\mathbf{a}_2)$

Um weitere Faktoren zu extrahieren, ist die hier beschriebene Vorgehensweise schrittweise zu wiederholen. Es sind alle weiteren Eigenwerte ($\lambda_3, \dots, \lambda_R$) der Matrix $\mathbf{XX}^\mathrm{T}$ zu bestimmen. Diese sind in das Gleichungssystem (12) einzusetzen und die zugehörigen Eigenvektoren sind durch die Lösung des Gleichungssystems zu bestimmen. Die Anzahl der möglichen Faktoren wird durch den Rang R der Matrix $\mathbf{XX}^\mathrm{T}$ beschränkt.

Die zum Ende von Kap. 7.2.4.2.1. vorgestellte alternative Vorgehensweise kann analog umgesetzt werden. Sie wird hier jedoch nicht weiter ausgeführt, da sich kein weiterer Erkenntnisgewinn ergibt.

7.2.4.2.3. Verfahrenstechnische Zusammenfassung

An dieser Stelle wird nun die in den vorherigen beiden Abschnitten des Kap. 7.2.4.2. vorgestellte Vorgehensweise zur Extraktion der Faktoren zusammengefasst, um dann die Umsetzung der Verfahren in statistischen Softwarelösungen (wie beispielsweise SPSS) zu skizzieren.

---

380 I.d.R. erfolgt die Bestimmung der Eigenwerte und Eigenvektoren simultan; vgl. A7.2.2.

Ausgangspunkt für die Extraktion eines bzw. weiterer Faktoren ist die Annahme, dass sich die Ursprungsdatenmatrix **X** durch ein Vielfaches eines Faktors bzw. durch eine Linearkombination mehrerer Faktoren reproduzieren lässt (vgl. Abb. 7.2.4.2.3.-1.). Dies kommt durch die Aufstellung eines linearen Gleichungssystems zum Ausdruck (vgl. Gleichung (1) in Kap. 7.2.4.2.1. bzw. Gleichung (1) in Kap. 7.2.4.2.2.).

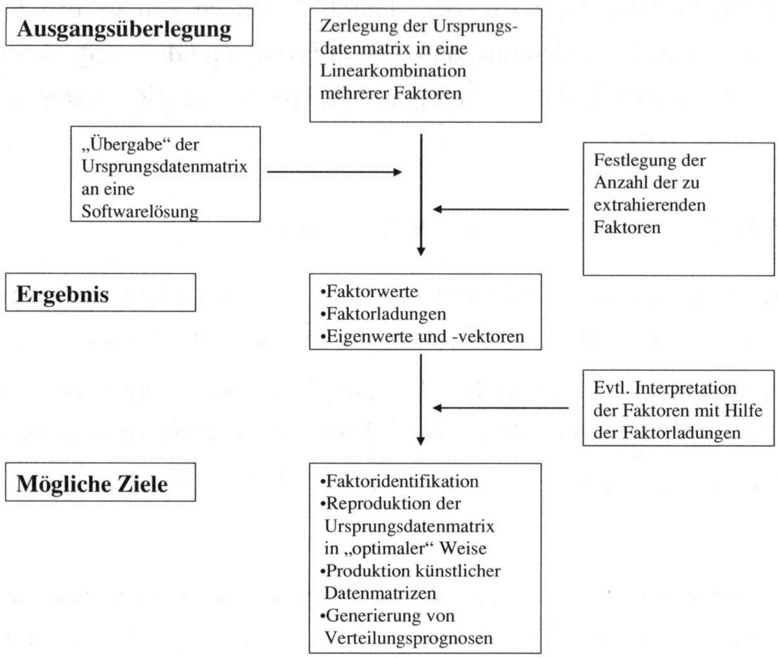

Abb. 7.2.4.2.3.-1.: Faktorenanalyse: verfahrenstechnische Zusammenfassung

Zusätzlich werden geeignete Nebenbedingungen formuliert, um die Eindeutigkeit der Lösung zu gewährleisten (vgl. Gleichung (2) in Kap. 7.2.4.2.1. bzw. Gleichung (2) und (3) in Kap. 7.2.4.2.2.). Anschließend wird eine Zielfunktion festgelegt, welche es zu optimieren gilt. Das Optimierungsproblem ist hier die Minimierung der Summe der Abweichungsquadrate. Bei der Summe der Abweichungsquadrate handelt es sich um den quantifizierten „Unterschied" der linear rekonstruierten Matrix zur Ursprungsdatenmatrix **X** (vgl. Gleichung (3) in Kap. 7.2.4.2.1. bzw. Gleichung (4) in Kap. 7.2.4.2.2.). Es ergibt sich ein Eigenwertproblem. Zur Lösung von Eigenwertproblemen lassen sich grundsätzlich verschiedene Vorgehensweisen heranziehen. So können z.B. die Nullstellen des charakteristischen Polynoms bestimmt werden oder es wird das Jacobi-Verfahren herangezogen. Für die Berechnung von Nullstellen eines

Polynoms kann die Methode von Newton herangezogen werden. Das Jacobi-Verfahren wurde für das Problem der Eigenwertbestimmung bei reellen symmetrischen Matrizen entwickelt. Beide Verfahren werden bei SCHWARZ (2004) exemplarisch mit weiteren Verfahren vorgestellt. In Softwarepaketen, wie beispielsweise SPSS, werden die Aufstellung des linearen Gleichungssystems mit geeigneten Nebenbedingungen sowie die Formulierung der Zielfunktion „automatisch" vorgenommen. Das Optimierungsproblem (Eigenwertproblem) wird adäquat gelöst und es werden dem Anwender lediglich die Ergebnisse präsentiert. Ist das Eigenwertproblem gelöst, d.h. sind die Eigenwerte bestimmt, so ist bedingt durch das Optimierungsproblem der größte Eigenwert bzw. sind die Eigenwerte in absteigender Reihenfolge für die Bestimmung der Faktoren heranzuziehen. Die Eigenwertberechnung lässt sich in Excel mithilfe zusätzlich installierter Programme durchführen. Im A7.2. werden hierzu das Add-In Matrix 1.5 sowie das Programm PopTools vorgestellt. Die Berechnung der Eigenwerte und Eigenvektoren erfolgt in der Regel simultan, da die Berechnung der Eigenvektoren die der Eigenwerte beinhaltet (und umgekehrt). Zusammengefasst wird die Ursprungsdatenmatrix in die Faktorladungsmatrix (sie beschreibt die Stärke des Zusammenhangs der Faktoren und Variablen) und die Faktorwertematrix (sie enthält die berechneten Ausprägungen der Faktorwerte zu den einzelnen Beobachtungszeitpunkten; vgl. Kap. 7.2.1. und auch Kap. 7.2.3.) zerlegt. Der Anwender bestimmt dabei (nach Anwendungsfall oder den in Kap. 7.2.5. noch näher zu beschreibenden Kriterien) die Anzahl der zu extrahierenden Faktoren. Je nach Anwendungsziel können die Ergebnisse der Faktorenanalyse beispielsweise interpretiert oder anderweitig genutzt werden (vgl. Abb. 7.2.4.2.3.-1.).

7.2.5. Anzahl der zu extrahierenden Faktoren

Nachdem nun ein Verfahren der Faktorenextraktion bekannt ist, stellt sich die Frage, wie viele Faktoren extrahiert werden sollen. Allgemein lässt sich festhalten, dass es dazu keine eindeutige Vorschrift gibt. Hier ist das subjektive Urteil des Anwenders gefragt. Es können jedoch auch statistische Kriterien zur Entscheidungsfindung herangezogen werden.[381] Beispielsweise können hierfür das Kaiser-Kriterium oder der Scree-Test Verwendung finden.

381 Vgl. Backhaus et al. (2003), S. 295.

7.2.5.1. Kaiser-Kriterium

Besteht eine Datenbasis aus *N* Beobachtungen von *K* Variablen, so kann eine erste Beurteilung, ob sich die Daten für eine Faktorenanalyse eignen, durch eine Korrelationsbetrachtung gewonnen werden. Sind die Variablen nicht unabhängig voneinander, so können sie paarweise korreliert sein.[382] Eine hohe Korrelation der Variablen untereinander weist darauf hin, dass sie von einer latenten Größe, die nicht gemessen wurde oder gemessen werden kann, beeinflusst werden. Um die Zusammenhänge zwischen den Variablen aufdecken zu können, eignet sich die Betrachtung ihrer paarweisen Korrelationskoeffizienten bzw. ihrer Korrelationsmatrix.[383] Bereits anhand der Korrelationskoeffizienten lässt sich erkennen, ob Zusammenhänge zwischen Paaren von Variablen bestehen. Auf Grundlage des *Kaiser-Kriteriums* sind alle Faktoren zu extrahieren, deren Eigenwerte (betrachtet man bei der Extraktion der Faktoren die Korrelationsmatrix, vgl. Kap. 7.2.4.2.1.) größer als eins sind (vgl. Kap. 7.2.3.). Die Begründung für die Verwendung des Kaiser-Kriteriums liegt darin, dass ein Faktor, dessen Varianzerklärungsanteil über alle Objekte kleiner als eins ist, weniger Varianz erklärt als eine einzelne Variable, denn die Varianz einer standardisierten Variablen (bzw. alternativ der Varianzerklärungsanteil einer standardisierten Variablen) beträgt ja gerade eins.[384]

7.2.5.2. Scree-Test

Auch durch den *Scree-Test* wird die Entscheidung, wie viele Faktoren extrahiert werden, auf Grundlage der Eigenwerte getroffen. Dazu werden die Eigenwerte der Faktoren in abnehmender Reihenfolge in einem Koordinatensystem abgetragen (vgl. für die Definition Kap. 7.2.3. und für die dem folgenden Beispiel zugrunde gelegten Werte vgl. Abb. 7.3.2.-4.). Zur Entscheidungsfindung werden dann die Punkte, welche sich asymptotisch der Abszisse nähern, durch eine Gerade angenähert. Der letzte Punkt der Geraden (in Richtung Ordinate) bestimmt die Zahl der zu extrahierenden Faktoren. Da aber nicht festgelegt ist, wie die Gerade in das Koordinatensystem einzupassen ist, gibt es hier ebenfalls keine eindeutige Lösung.

---

382 Auch bei nicht paarweiser Korrelation können starke Abhängigkeiten der Variablen untereinander bestehen, welche auch zur sog. Multikollinearitätsproblematik führen. Bei Multikollinearität kann eine erste Beurteilung, ob sich die Daten für eine Faktorenanalyse eignen, durch eine Betrachtung der *VIF*-Werte gewonnen werden (vgl. Kap. 6.3.3.2.).

383 Eine ausführlichere Darstellung des Korrelationskoeffizienten und seiner Eigenschaften findet sich beispielsweise in Poddig/Dichtl/Petersmeier (2003), S. 55 ff.

384 Vgl. Backhaus et al. (2003), S. 269. sowie S. 295 f.

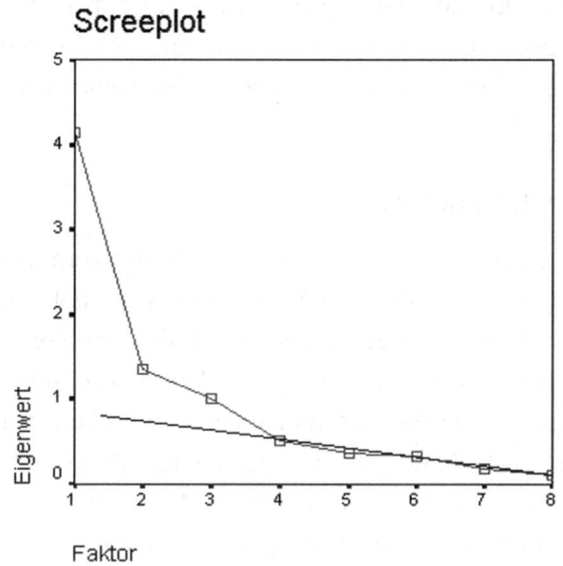

Abb. 7.2.5.2.-1.: Screeplot

Betrachtet man den Screeplot für ein Beispiel (vgl. Abb. 7.2.5.2.-1.)[385], so kann eine Gerade durch Punkt acht und vier gezogen werden, welche sich der Abszisse „asymptotisch" annähert. Dies deutet darauf hin, dass vier Faktoren für die Faktorenanalyse in diesem Beispiel in Betracht kommen.

7.2.5.3. Weitere Extraktionskriterien

In der Literatur werden weitere Extraktionskriterien genannt.[386] So wird beispielsweise vorgeschlagen, solange Faktoren zu extrahieren, bis x% (i.d.R. 95%) der Varianz erklärt sind. Als eine „Faustregel" für die obere Grenze der Anzahl der Faktoren wird eine Anzahl der extrahierten Faktoren formuliert, die kleiner sein soll als die Hälfte der Variablenanzahl.[387]

Abschließend bleibt festzuhalten, dass bei der Bestimmung der Anzahl der zu extrahierenden Faktoren für den Anwender ein Ermessensspielraum erhalten bleibt. Die letztendlich extrahierte Zahl der Faktoren sollte je nach Zweck der Untersuchung be-

---

385 Dieses Beispiel entstammt der noch vorzustellenden Fallstudie (vgl. Kap. 7.3.2.).

386 Zur Darstellung weiterer Kriterien vgl. auch Bortz (1999), S. 527 ff.

387 Vgl. Backhaus et al. (2003), S. 314.

stimmt werden. Ebenso wird sich hier die Erfahrung des Anwenders im Umgang mit der Faktorenanalyse, aber auch im Umgang mit der spezifischen Datenbasis und eventuellen Vermutungen über die „hinter den Variablen stehenden“ Faktoren auswirken.

7.2.6. Interpretation der Faktoren

Die *Interpretation der extrahierten Faktoren* wurde bisher vernachlässigt, ist aber in den meisten Anwendungsfällen bedeutend. Das Ergebnis der Faktorenanalyse sind zunächst rein synthetische Faktoren, welche ausgehend von den Korrelationen zwischen den Variablen konstruiert wurden. Es handelt sich um wechselseitig unabhängige, hypothetische Faktoren, welche die Zusammenhänge zwischen den Variablen erklären. Bei der Interpretation bedient man sich der Faktorladungsmatrix. Man geht der Frage nach, mit welchen der Ursprungsvariablen ein Faktor besonders hoch korreliert. Bei der vorgestellten Hauptkomponentenanalyse (vgl. Kap. 7.2.4.) kommt die Interpretation der Faktoren der Suche nach einem „Sammelbegriff“ für die auf einen Faktor hoch ladenden Variablen gleich. Diese sehr einfache und einleuchtende Vorgehensweise birgt aber einen sehr großen Interpretationsspielraum. Zunächst stellt sich die Frage, welche Korrelation bzw. Faktorladung als „hoch“ angesehen wird. In der praktischen Anwendung kann eine Ladung $\geq 0{,}5$ als „hoch“ betrachtet werden. Zusätzlich stellt sich das Problem, dass ein Faktor nicht ausschließlich auf solche Variablen hoch lädt, die gemeinsam sinnvoll als Faktor zu interpretieren sind.[388] Zur Verdeutlichung der Faktorinterpretation bietet es sich an, entsprechende Beispiele zu betrachten, welche eine sinnvolle Faktorinterpretation zulassen. Geht man beispielsweise von einer Befragung zu Eigenschaften von Personenkraftwagen aus, könnte bei einer anschließenden Faktorenanalyse folgende Faktorladungsmatrix berechnet worden sein (vgl. Abb. 7.2.6.-1.).

---

388 Vgl. Backhaus et al. (2003), S. 299. Weitere Konventionen der Zuordnung der Faktoren zu den Variablen befinden sich beispielsweise in Guadagnoli/Velicer (1988), S. 274.

Extrahierte Faktorladungen		
Faktorladungsmatrix		
	Faktor	
	1	2
Anschaffungspreis	0,85	0,23
Verbrauch	0,76	0,48
Versicherungsprämien	0,65	0,34
Kraftfahrzeugsteuer	0,83	0,27
Beschleunigung	0,42	0,93
Höchstgeschwindigkeit	0,31	0,87

Abb. 7.2.6.-1.: Fiktive Faktorladungsmatrix

Offensichtlich lädt Faktor 1 auf die Eigenschaften Anschaffungspreis, Verbrauch, Versicherungsprämien und Kraftfahrzeugsteuer hoch. Dabei handelt es sich ausschließlich um Kostenaspekte und entsprechend kann Faktor 1 interpretiert werden. Der zweite Faktor lädt auf die Eigenschaften Beschleunigung und Höchstgeschwindigkeit hoch. Er könnte als Fahrverhalten interpretiert werden. Diese idealtypische Faktorladungsmatrix wird aber bei der Anwendung der Faktorenanalyse der Ausnahmefall sein. Auch hier wird die Interpretation der Faktoren schon schwierig, wenn man beispielsweise annimmt, der Faktor 2 würde auf die Eigenschaften Beschleunigung und Anschaffungspreis hoch laden. Eine sinnvolle Faktorinterpretation wäre in diesem Fall nicht offensichtlich.

Basis für die „künstlich" generierten Daten, welche als Grundlage der Fallstudien in diesem Buch dienen, sind acht Kurszeitreihen, welche durch einen Datenanbieter zur Verfügung gestellt wurden. Es handelt sich dabei um monatliche Schlusskurse von Performanceindices für Aktien (A) und Renten (R) aus den Regionen/Ländern Eurozone, Großbritannien, USA und Japan für den Zeitraum von 01/1993 bis 02/2002. Erstellt man aus den ursprünglichen Kurszeitreihen diskrete Renditereihen und führt mit diesen eine Hauptkomponentenanalyse durch, so erhält man bei der Extraktion dreier Faktoren die in Abb. 7.2.6.-2. dargestellte Faktorladungsmatrix.

Extrahierte Faktorladungen			
Faktorladungsmatrix A			
Komponentenmatrix			
	Komponente		
	1	2	3
A_EMU	0,7617678	-0,3256346	-0,4339389
A_UK	0,8673117	-0,1871770	-0,2624899
A_USA	0,8610585	-0,2356811	-0,1856338
A_Japan	0,6315491	-0,4895569	0,2775806
R_EMU	0,5680573	0,6420916	0,0589209
R_UK	0,7493551	0,5109844	0,0533633
R_USA	0,7525244	0,4092258	0,1544560
R_Japan	0,4553774	-0,2922692	0,7753274
Extraktionsmethode: Hauptkomponentenanalyse.			
	3 Komponenten extrahiert		

Abb. 7.2.6.-2.: Faktorladungsmatrix Datenmaterial

Hier ist die Interpretation der Faktoren nicht mehr trivial. Faktor 1 lädt auf alle Variablen hoch (bis auf den Rentenmarkt Japan), stellt also einen gemeinsamen Faktor für die Aktien- sowie auch die Rentenmärkte dar und könnte somit als ein weltweiter Konjunkturfaktor interpretiert werden. Faktor 2 lädt auf die Rentenmärkte Eurozone und Großbritannien hoch, repräsentiert also einen Faktor, der europäische Rentenwerte treibt, möglicherweise das europäische Zinsniveau. Faktor 3 lädt ausschließlich auf den Rentenmarkt Japan hoch, stellt also anscheinend einen nur den Rentenmarkt Japan beeinflussenden Faktor dar und könnte durch das japanische Zinsniveau repräsentiert werden. Die Suche nach konkreten, realen Repräsentanten für die Faktoren ist mit dieser Interpretation jedoch noch nicht geleistet und lässt auch weiterhin einen doch recht großen Spielraum zu.

Für weitere Beispiele und Variationen bei den zur Faktorinterpretation verwendeten Techniken wird hier auf die gängige Literatur verwiesen. Spezielle Ausführungen zur Faktorinterpretation finden sich beispielsweise bei BORTZ (1999)[389] und BACKHAUS ET AL. (2003).[390] Hier finden sich auch Ausführungen zur Rotation der Faktorladungsmatrix. Diese Vorgehensweise kann dazu benutzt werden, um die Faktorinterpretation zu erleichtern. Ferner erfordert die generalisierende Interpretation der extrahierten Faktoren gewisse Anforderungen an die Stichprobe und deren Umfang.[391]

In der später durchgeführten Fallstudie zur Anwendung der Faktorenanalyse zwecks Generierung künstlicher Daten ist eine Interpretation der Faktoren unnötig. Für die Generierung der „künstlichen" Datenreihen steht nicht die Interpretation, sondern der Erklärungsgehalt der Faktoren im Vordergrund. In Kap. 7.3.4. wird mit dem Datensatz aus der Fallstudie zur relativen Optimierung mit Einzeltiteln (vgl. Kap. 3.5.6.) die

389 Vgl. Bortz (1999), S. 534 ff.

390 Vgl. Backhaus et al. (2003), S. 318 f.

391 Vgl. Bortz (1999), S. 507.

Verbindung zu den in Kap. 6.3. vorgestellten Multi-Index-Modellen hergestellt, indem gerade die Frage nach der Interpretation der Faktoren und anschließender Identifikation realer Repräsentanten in den Vordergrund gestellt wird.

7.2.7. Ein einfaches Beispiel zur Faktorenextraktion

Um das vorgestellte Verfahren der Hauptkomponentenanalyse weiter zu verdeutlichen, wird in diesem Abschnitt anhand eines ausgewählten Beispiels der Ablauf nochmals dargestellt. Dabei wird auf einen intuitiven Ansatz unter Verwendung des Solvers in Excel zurückgegriffen, um an einem einfachen Beispiel zur Extraktion eines Faktors nochmals die Vorgehensweise darzustellen, aber gleichzeitig die Schwächen von Excel bei der Faktorenanalyse aufzuzeigen. Dieser Ansatz ist also nur zu Illustrationszwecken tauglich. Gerade die Eigenwertbestimmung ist ein sehr komplexer Bereich, dessen Umsetzung keineswegs trivial ist und zu dessen Lösung die in Excel enthaltenen Algorithmen i.d.R. nicht geeignet sind. Daher wird in der späteren Fallstudie die Faktorenanalyse unter Rückgriff auf die Statistiksoftware SPSS 11.5 durchgeführt. In A7.2. wird zum Vergleich die Hauptkomponentenanalyse alternativ in Excel mithilfe von Add-Ins realisiert, welche die Eigenwertberechnung in Excel ermöglichen.

Die Basis für das einfache Beispiel ist die folgende 3×3 Matrix **X**:

$$(1) \qquad \mathbf{X} = \begin{pmatrix} 1 & 0 & 0 \\ 0 & 2 & 2 \\ 0 & 2 & 2 \end{pmatrix}.$$

Da die Spalten zwei und drei identisch sind, ist offensichtlich, dass sie auch durch einen gemeinsamen Faktor dargestellt werden können.

Zunächst ist die Matrix $\mathbf{XX}^{\mathbf{T}}$ zu bestimmen. Bei ihr handelt es sich allgemein, nicht nur in diesem Beispiel, per Konstruktion um eine symmetrische Matrix. Für symmetrische Matrizen ist der Lösungsraum des Eigenwertproblems auf die reellen Zahlen beschränkt.[392] Diese Eigenschaft der Eigenwerte bei symmetrischen Matrizen wird im weiteren Verlauf der Beispieldarstellung noch benötigt.

---

392 Vgl. Judge et al. (1988), S. 925 sowie S. 953.

Anschließend gilt es, den größten Eigenwert der Matrix $\mathbf{XX^T}$ zu bestimmen. Zur Bestimmung der Eigenwerte von $\mathbf{XX^T}$ ist folgendes Eigenwertproblem zu lösen:[393]

(2) $\mathbf{XX^T x} = \lambda \mathbf{x}$

mit $\mathbf{x}$: Eigenvektor der Matrix $\mathbf{XX^T}$ zum Eigenwert λ.

Die Gleichung (2) entspricht der Formel (11) aus Kap. 7.2.4.2.1., jedoch ist $\mathbf{x}$ im Gegensatz zu $\mathbf{p}$ nicht normiert, da es sich bei Gleichung (2) zunächst um eine allgemeine Formulierung eines Eigenwertproblems handelt. Zur Herleitung der Formel (11) aus Kap. 7.2.4.2.1. ist diese Normierung jedoch notwendig und wird daher später als Nebenbedingung eingehen.

Die Lösung dieses Problems ist i.d.R. nicht eindeutig, nach Gleichung (13) aus Kap. 7.2.4.2.1. ist für die hier vorgestellte Anwendung jedoch nur der größte Eigenwert λ relevant.

Durch Umformung von (2)[394] ergibt sich λ als:

(3) $$\frac{\mathbf{x^T XX^T x}}{\mathbf{x^T x}} = \lambda .$$

Die Gleichung (3) kann dann als Zielfunktion für das folgende Optimierungsproblem herangezogen werden:

(4) $$ZF(\mathbf{x}) = \lambda = \frac{\mathbf{x^T XX^T x}}{\mathbf{x^T x}} \rightarrow \max!$$

393 Vgl. Greene (2003), S. 825ff.

394 Bei dieser Umformung muss sichergestellt sein, dass das Produkt $\mathbf{x^T x} \neq 0$ ist. Zum einen wird dies durch den Ausschluss der trivialen Lösung eines Eigenwertproblems ($\mathbf{x} = 0$) gewährleistet, zum anderen muss aber ebenso eine Einschränkung des Lösungsraumes in Kauf genommen werden. Die Menge M mit $M := \{\mathbf{x} \in \mathbb{C}^N : \mathbf{x^T x} = 0\}$ muss ebenfalls, wie die triviale Lösung, ausgeschlossen werden, wobei $\mathbb{C}$ die Menge der komplexen Zahlen bezeichnet. Dies ist jedoch dadurch gewährleistet, dass es sich bei der Matrix $\mathbf{XX^T}$ in jedem Fall um eine symmetrische Matrix handelt.

Eine Möglichkeit, die Maximierung von (3) vorzunehmen, ist die Verwendung des Solvers in Excel. Dies ist jedoch ein rein pragmatischer Ansatz, der nur zu Illustrationszwecken vorgestellt wird. Die numerische Umsetzung der Eigenwertproblematik ist weitaus komplizierter als dieser Ansatz vermuten lässt.[395] Dieser Ansatz führt daher nicht zwangsweise zur richtigen Lösung des Eigenwertproblems (wie später noch gezeigt wird) und ist insofern ausschließlich zu didaktischen Zwecken tauglich. Zunächst wird die Matrix $\mathbf{XX}^{\mathbf{T}}$ gebildet und ein Vektor **x** definiert, dessen Einträge jedoch willkürlich gesetzt werden (vgl. Abb. 7.2.7.-1.).

	A	B	C	D	E
1	XX^T				x
2	1	0	0		1
3	0	8	8		7
4	0	8	8		3

Abb. 7.2.7.-1.: Ausgangsmatrix und Ausgangsvektor

Mithilfe von $\mathbf{XX}^{\mathbf{T}}$ und **x** kann nun λ nach (3) bestimmt werden (vgl. Abb. 7.2.7.-2.).

G2 fx {=MMULT(MTRANS(E2:E4);MMULT(A2:C4;E2:E4))/MMULT(MTRANS(E2:E4);E2:E4)}

	A	B	C	D	E	F	G	H
1	XX^T			x		λ		
2	1	0	0	1		13,5762712		
3	0	8	8	7				
4	0	8	8	3				

Abb. 7.2.7.-2.: Formulierung des Eigenwertes

Gemäß der Umformung der Formel (13) aus Kap. 7.2.4.2.1. ist der größte Eigenwert zu betrachten. Daher wird nun λ unter Verwendung des Solvers maximiert (vgl. Abb. 7.2.7.-3.). Der so bestimmte Eigenvektor **x** muss noch, um die Eindeutigkeit (bis auf das Vorzeichen) des Ergebnisses zu gewährleisten, gemäß Gleichung (2) aus Kap. 7.2.4.2.1. normiert werden. Zur Normierung bildet man das Produkt $\mathbf{x}^{\mathbf{T}}\mathbf{x}$ (Abb. 7.2.7.-4.). Die Normierung des Matrixproduktes $\mathbf{x}^{\mathbf{T}}\mathbf{x}$ kann nun durch Einfügen einer Nebenbedingung beim Solver berücksichtigt werden (vgl. Abb. 7.2.7.-3.). Bestimmt man so die Elemente von **x** als veränderbare Zellen, so erhält man als Lösung den Vektor **p**. Dieser Vektor ist, wie schon angeführt, bis auf das Vorzeichen eindeutig. An dieser Stelle wird aus Vereinfachungsgründen nur die angegebene Lösung ver-

395 Vgl. Teubner (1997), S. 275 ff.

wendet, ein Vorzeichenwechsel beim Vektor **p** führt bei der Bestimmung von **a** jedoch ebenfalls zu einem Vorzeichenwechsel und ist daher leicht zu berücksichtigen.

Abb. 7.2.7.-3.: Formulierung des Optimierungsproblems

Die Lösung des Eigenwertproblems (vgl. Abb. 7.2.7.-4.) ergibt einen Eigenwert von $\lambda = 16$ bei einem zugehörigen normierten Eigenvektor $\mathbf{p}^T = (0; 0{,}70711; 0{,}70711)$.[396]

E	F	G	H	I
x		λ		Nebenbedingung
0,00000		16		$x^Tx=1$
0,70711				
0,70711				1,00000

Abb. 7.2.7.-4.: Lösung des Optimierungsproblems

Für den Vektor **p** ergibt sich also:

$$(4) \qquad \mathbf{p} = \begin{pmatrix} 0 \\ \sqrt{0{,}5} \\ \sqrt{0{,}5} \end{pmatrix} \quad \text{oder} \quad \mathbf{p} = \begin{pmatrix} 0 \\ -\sqrt{0{,}5} \\ -\sqrt{0{,}5} \end{pmatrix}.$$

396 Bei der Bestimmung von **x** bzw. **p** und bei der Einhaltung der Normierungsbedingung treten bei der Betrachtung weiterer Nachkommastellen eventuell Abweichungen von null bzw. eins auf, welche auf Rundungsfehler zurückzuführen sind. Zum Auftreten von Rundungsfehlern vgl. A1.1.3.

Durch Einsetzen in Gleichung (7) aus Kap. 7.2.4.2.1. kann nun **a** bestimmt werden (an dieser Stelle wurde nur die erste Lösung von **p** betrachtet, da sich durch Einsetzen der zweiten Lösung nur die Vorzeichen umkehren). Abb. 7.2.7.-5. zeigt die Lösung für **a**.

	A	B	C	D	E	F	G
19	X				p		$a=X^Tp$
20	1	0	0		0,00000		0,00000
21	0	2	2		0,70711		2,82843
22	0	2	2		0,70711		2,82843

Abb. 7.2.7.-5.: Bestimmung des Vektors **a**

Berechnet man nun $\mathbf{pa}^{\mathbf{T}}$, so erhält man eine Matrix $\hat{\mathbf{X}}$, welche die Matrix **X** mithilfe der Vektoren **p** und **a** bis auf „Abweichungen" darstellt (vgl. Abb. 7.3.1.-6.).

	A	B	C
26	pa^T		
27	0	0	0
28	0	2	2
29	0	2	2

Abb. 7.2.7.-6.: Bestimmung der Matrix $\hat{\mathbf{X}}$

Wie schon vermutet, lassen sich die Spalten zwei und drei mithilfe eines Faktors darstellen. Mit diesem gelingt es jedoch nicht, auch die erste Spalte und somit die gesamte Matrix **X** zu reproduzieren. Dazu wäre ein zweiter Faktor notwendig.

Eine Abwandlung des Beispiels zeigt ferner, dass die Anwendung von Excel und des Solvers zur Lösung der Eigenwertproblematik nicht geeignet sind. Die iterativen Algorithmen zur Bestimmung des Maximums, so wie sie im Solver implementiert sind, sind abhängig vom Startwert der Optimierung, in diesem Fall also von der anfänglichen Wahl des Vektors **x**. Die Abb. 7.2.7.-7. zeigt das oben schon formulierte Beispiel unter Vorgabe eines alternativen Startvektors **x**.

G2 fx {=MMULT(MTRANS(E2:E4);MMULT(A2:C4;E2:E4))/MMULT(MTRANS(E2:E4);E2:E4)}

	A	B	C	D	E	F	G	H
1	XX^T				x		λ	
2	1	0	0		-1		0,33333333	
3	0	8	8		1			
4	0	8	8		-1			

Abb. 7.2.7.-7.: Formulierung von λ bei alternativem Vektor **x**

Bestimmt man nun das maximale λ wie bisher (vgl. Abb. 7.2.7.-3.), so erhält man (möglicherweise) $\lambda = 12{,}7$ als Lösung. Dies ist aber kein Eigenwert der Matrix $\mathbf{XX}^{\mathbf{T}}$.

Auch durch Einfügen der zusätzlichen Nebenbedingung $\mathbf{Det}(\mathbf{XX}^{\mathbf{T}} - \lambda\mathbf{E}_3) = 0$ [397] wird eventuell nicht der maximale Eigenwert bestimmt (es ergibt sich $\lambda = 1$ als Lösung; dies ist zwar ein Eigenwert der Matrix $\mathbf{XX}^{\mathbf{T}}$, aber nicht der maximale). Die Begründung für die Berechnung der „falschen Eigenwerte“ liegt in der Abhängigkeit der Optimierung vom Startvektor **x**. Unter Anwendung des Solvers wird iterativ ein lokales Maximum ermittelt. Für das gewählte Beispiel ergeben sich die Eigenwerte $\lambda = 1$ oder $\lambda = 16$. Je nachdem, ob das mithilfe des vorgegebenen Startvektors **x** berechnete λ „näher“ an 1 bzw. an 16 liegt (vgl. Abb. 7.2.7.-2. und Abb. 7.2.7.-7.), wird dieser Eigenwert bestimmt (oder ohne die hinzugefügte Nebenbedingung ein anderes, lokales Maximum). Diese Abhängigkeit vom „Startwert“ disqualifiziert den Solver als Lösungswerkzeug für die Eigenwertbestimmung im praktischen Gebrauch. Hier muss auf andere Softwarepakete zurückgegriffen werden. Zu Illustrationszwecken ist der hier gewählte Weg jedoch hilfreich.

Wie gesehen, reichen zur Lösung des Eigenwertproblems die Möglichkeiten von Excel und auch die des Solvers nicht aus. Hier muss auf andere Softwarelösungen zurückgegriffen werden. Um Excel aber auch weiterhin als „Plattform“ für die Berechnungen nutzen zu können, bietet sich die Möglichkeit an, ein weiteres Add-In zu installieren. So wie der Solver als Add-In durch das Softwareunternehmen *Frontsys* zur Verfügung gestellt wird (und auch schon auf der Excel-Installations-CD vorhanden ist), so gibt es eine Vielzahl von Add-Ins, welche über das Internet als Share- oder auch als Freeware angeboten werden. Das auf der Internetseite http://digilander.libero.it/foxes/index.htm bereitgestellte Add-In *MATRIX 1.5 - Matrix and Linear Algebra functions for EXCEL®* sowie auch das Add-In *PopTools*, bereitgestellt zum Herunterladen auf der Seite http://www.cse.csiro.au/CDG/poptools/download.htm, bieten u.a. auch Lösungsroutinen für die Eigenwert- und Eigenvektorberechnung für symmetrische Matrizen in Excel an. Beide Add-Ins sind Freeware und stehen zum Download auf den genannten Seiten zur Verfügung. Eine Übersicht der implementierten Funktionen sowie eine Installationsanweisung sind im Download-Paket enthalten bzw. sind den entsprechenden Informationen auf den Internetseiten der Hersteller zu entnehmen (vgl. A7.2.1.).

397 Vgl. Greene (2003), S. 825. Zur Berechnung der Determinante vgl. A7.1.2.

7.3. Fallstudie zur Faktorenanalyse

Im Folgenden wird ein mögliches Einsatzgebiet der Faktorenanalyse, die Generierung künstlicher Daten, als Fallstudie vorgestellt. Die Fallstudie beleuchtet die Herkunft und Entstehung des in Kap. 2.3.3.1. vorgestellten Datenmaterials näher. Zunächst wird die Auswahl der Datenreihen motiviert, um dann auf urheberrechtliche Probleme bei der Verwendung und gleichzeitiger öffentlicher Bereitstellung der gewählten Datenreihen hinzuweisen. Anschließend wird die hinter den „künstlichen“ Daten stehende Idee skizziert. Die so generierten künstlichen Daten bilden die Datenbasis für verschiedene Fallstudien in diesem Buch.

7.3.1. Problemstellung

Bei der Gestaltung der einzelnen Abschnitte in diesem Buch war die Auswahl möglichst realitätsgerechter Fallstudien und somit die Auswahl der Performanceindices der acht Märkte (Aktien-(A) und Rentenmärkte (R) aus den Regionen/Ländern Eurozone, Großbritannien, USA und Japan) ein besonderes Anliegen. Die entsprechenden Datenreihen werden von verschiedenen Informationsanbietern, wie z.B. Datastream, Reuters, J.P. Morgan usw. zur Verfügung gestellt. Jedoch stellt die Ermittlung dieser Datenreihen einen erheblichen Arbeitsaufwand (bedingt durch die Zusammenstellung der Indices, die Berechnung, die Pflege sowie die Beachtung von Kapitalmaßnahmen und Dividendenzahlungen) dar. Demzufolge sind diese Kursinformationen, im Gegensatz zu beispielsweise schlichten Einzelkursabfragen, kostenpflichtig und urheberrechtlich geschützt. Es besteht für diese Daten somit nicht die Möglichkeit, sie im Internet zur Verfügung zu stellen, um dem Leser die Möglichkeit zu bieten, die Fallstudie nachzuarbeiten. Dies ist der Grund, warum in der Fallstudie die verwendeten und von uns öffentlich bereitgestellten Zeitreihen für die acht o.g. Performanceindices nicht aus dem Angebot einer der genannten Informationsanbieter stammen. Um aber eine realitätsnahe Fallstudie in der geschilderten Form umsetzen zu können, ohne dass die Anschaulichkeit für den Anwender verloren geht, und unter der Prämisse, dass das Nacharbeiten durch öffentliche Bereitstellung der Daten möglich sein soll, wurde an dieser Stelle der „Umweg“ über die Generierung künstlicher Daten gewählt. Dieser Datensatz wird als Basis für verschiedene Fallstudien zugrunde gelegt.

Um den Bezug zu den realen Daten nicht zu verlieren, wäre es wünschenswert, aus ihnen alle „relevanten“ Informationen zu extrahieren und diese dann auf das künstliche Datenmaterial zu projizieren. Eine geeignete Methode zur Extraktion von „relevanten“ Informationen aus einer vorhandenen Datenbasis ist die Faktorenanalyse.

7.3.2. Generierung der Fallstudiendaten

Basis für die künstlich generierten Daten sind acht Kurszeitreihen, welche durch einen Datenanbieter zur Verfügung gestellt wurden. Es handelt sich dabei um monatliche Schlusskurse von Performanceindices für Aktien (A) und Renten (R) aus den Regionen/Ländern Eurozone, Großbritannien, USA und Japan für den Zeitraum 01/1993 bis 02/2002. Die Tab. 7.3.2.-1. zeigt eine Übersicht über die verwendeten Indexzeitreihen mit den im Folgenden für sie benutzten Abkürzungssymbolen.

Marktsegment	**Region/Land**	**Verwendete Abkürzung**
Aktienmarkt	Eurozone	A_EMU
Aktienmarkt	Großbritannien	A_GB
Aktienmarkt	USA	A_USA
Aktienmarkt	Japan	A_JAPAN
Rentenmarkt	Eurozone	R_EMU
Rentenmarkt	Großbritannien	R_GB
Rentenmarkt	USA	R_USA
Rentenmarkt	Japan	R_JAPAN

Tab. 7.3.2.-1.: Verwendete Kurszeitreihen

Die 110 Beobachtungen der acht Indexzeitreihen bilden die Ausgangsdatenmatrix **Q** für die Hauptkomponentenanalyse (vgl. Abb. 7.3.2.-1.), welche mit dem Softwarepaket SPSS 11.5 für Windows durchgeführt wurde. Die Ergebnisse werden im Folgenden vorgestellt.

	A	B	C	D	E	F	G	H	I
1	**Tabellenbereich A: Rohdaten in originärer Form**								
2									
3	Datum	A_EMU	A_UK	A_USA	A_Japan	R_EMU	R_UK	R_USA	R_Japan
4	29.01.1993	85,35	2512,05	1708,85	5433,84	400,00	373,29	273,47	134,19
5	26.02.1993	91,09	2499,44	1765,74	5782,71	402,92	372,43	284,11	148,10
6	31.03.1993	92,63	2636,04	1770,95	6482,79	408,97	391,17	279,41	146,56
7	30.04.1993	92,22	2673,81	1706,35	7523,29	417,08	395,74	278,37	148,80
8	31.05.1993	91,74	2690,65	1748,42	7724,39	418,94	393,58	276,01	155,35
9	30.06.1993	96,81	2859,12	1883,10	8179,51	435,54	420,54	305,31	169,71
10	30.07.1993	99,81	2912,33	1921,68	8885,94	447,42	448,45	321,01	178,45

Abb. 7.3.2.-1.: Ausschnitt aus der Rohdatenmatrix

Bevor jedoch die Faktorenextraktion durchgeführt werden kann, soll auf ein wichtiges Problem bei der Analyse von Zeitreihen hingewiesen werden. Betrachtet man zunächst die acht Indexzeitreihen auf Basis monatlicher Schlusskurse, so fällt auf, dass die Zeitreihen trendbehaftet sind. Ganz deutlich wird dies, wenn man sich den Verlauf der standardisierten Indexzeitreihen gemeinsam betrachtet (vgl. Abb. 7.3.2.-2.). Ihr Erwartungswert ist nicht über die Zeit konstant. Allgemein ist die Eigenschaft der schwachen Stationarität Grundvoraussetzung für die Anwendung statistischer Methoden auf Zeitreihen. Für die Faktorenanalyse ergibt sich offensichtlich das Problem, dass durch den Trend eine Scheinkorrelation über die Zeit generiert wird. Da Kurs- und Indexreihen im Allgemeinen nicht schwach stationär sind, müssen sie durch die Bildung diskreter oder auch stetiger Renditereihen (Logdifferenzenbildung) in schwach stationäre Reihen transformiert werden.

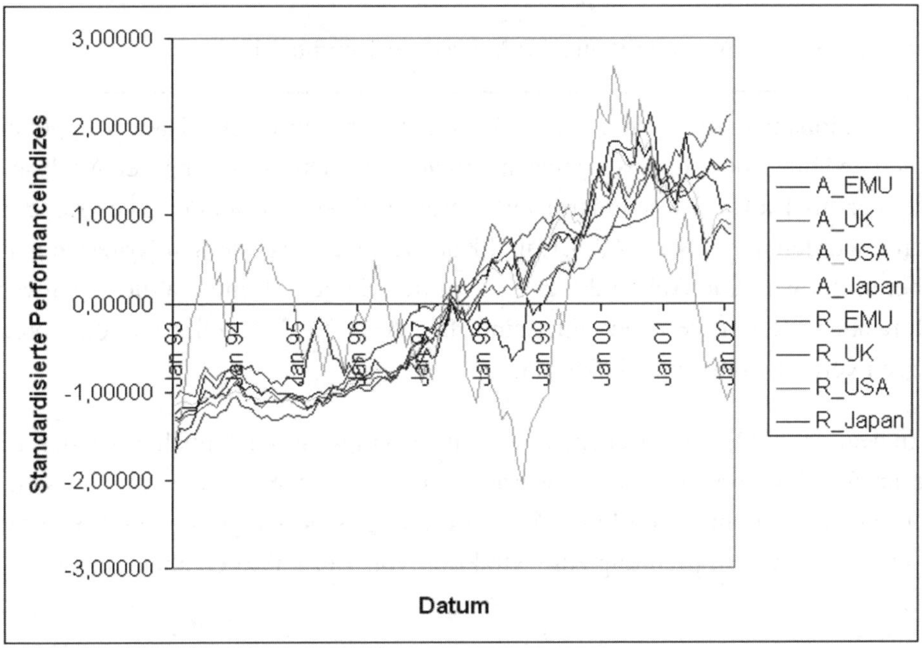

Abb. 7.3.2.-2.: Entwicklung der standardisierten Performanceindices

Daher werden für die hier vorgenommenen Untersuchungen zunächst die Rohdaten, d.h. die Indexzeitreihen, durch Bildung der diskreten Monatsrenditen in Renditezeitreihen umgewandelt (vgl. Abb. 7.3.2.-3.).[398]

	K	L	M	N	O	P	Q	R	S
1	**Tabellenbereich B: Bildung der diskreten Rendite, Ursprungsdatenmatrix X**								
2									
3	Datum	A_EMU	A_UK	A_USA	A_Japan	R_EMU	R_UK	R_USA	R_Japan
4	29.01.1993								
5	26.02.1993	0,06725	-0,00502	0,03329	0,06420	0,00730	-0,00230	0,03891	0,10366
6	31.03.1993	0,01691	0,05465	0,00295	0,12106	0,01502	0,05032	-0,01654	-0,01040
7	30.04.1993	-0,00443	0,01433	-0,03648	0,16050	0,01983	0,01168	-0,00372	0,01528
8	31.05.1993	-0,00520	0,00630	0,02465	0,02673	0,00446	-0,00546	-0,00848	0,04402
9	30.06.1993	0,05526	0,06261	0,07703	0,05892	0,03962	0,06850	0,10616	0,09244
10	30.07.1993	0,03099	0,01861	0,02049	0,08637	0,02728	0,06637	0,05142	0,05150

Abb. 7.3.2.-3.: Ausschnitt aus der Matrix der Renditereihen

Als Extraktionsmethode wurde die in Kap. 7.2.4. beschriebene Hauptkomponentenanalyse gewählt, wobei die Ausgangsdatenmatrix zur Durchführung der Analyse nach Formel (2) aus Kap. 7.2.1. standardisiert wurde. Bei der Anzahl der zu extrahierenden Faktoren wurden die in Kap. 7.2.5.1. und Kap. 7.2.5.2. vorgestellten Kriterien gemeinsam herangezogen. Die Abb. 7.2.5.2.-1. zeigt den Screeplot, in dem die Eigenwerte in abnehmender Wertefolge angeordnet sind. Die Abb. 7.3.2.-4. zeigt u.a. die berechneten Eigenwerte der einzelnen Faktoren.

Wie in Kap. 7.2.5.2. beschrieben, kann eine asymptotische Annäherung der Eigenwerte an die Abszisse beobachtet werden. Eine mögliche Gerade, welche sich dem Verlauf annähert, könnte von Punkt 8 aus durch Punkt 4 gelegt werden. So würde aus dem Scree-Test die Empfehlung zur Extraktion von vier Faktoren abzuleiten sein.

398 Vgl. Poddig/Dichtl/Petersmeier (2003), S. 96 f. Zu weiteren Grundlagen der Anwendung statistischer Konzepte vgl. Poddig/Dichtl/Petersmeier (2003), S. 93 ff. Hier finden sich auch weitere Ausführungen zu Stationaritätseigenschaften einer Zeitreihe.

Erklärte Gesamtvarianz

Komponente	Anfängliche Eigenwerte			Summen von quadrierten Faktorladungen für Extraktion		
	Gesamt	% der Varianz	Kumulierte %	Gesamt	% der Varianz	Kumulierte %
1	4,131	51,633	51,633	4,131	51,633	51,633
2	1,363	17,032	68,665	1,363	17,032	68,665
3	1,000	12,500	81,166	1,000	12,500	81,166
4	,521	6,512	87,678			
5	,358	4,477	92,154			
6	,333	4,160	96,314			
7	,177	2,209	98,523			
8	,118	1,477	100,000			

Extraktionsmethode: Hauptkomponentenanalyse.

Abb. 7.3.2.-4.: Erklärte Gesamtvarianz

Die Anwendung des Kaiser-Kriteriums weist darauf hin, drei Faktoren zu extrahieren, da drei Eigenwerte größer als (oder zumindest gleich) eins sind. Der erste Faktor erklärt dabei schon allein 51,63% der Ausgangsvarianz. Unter Hinzunahme des zweiten Faktors werden dann 68,67% der Ausgangsvarianz erklärt. Bei Hinzunahme des dritten Faktors erhöht sich der Erklärungsanteil auf immerhin 81,17%. Der Erklärungsanteil der weiteren Faktoren ist, im Gegensatz zu den ersten drei Faktoren, nur als gering anzusehen. Es wurde daher eine Extraktion von drei Faktoren vorgenommen.

Die Hauptkomponentenanalyse liefert in diesem Fall als Ergebnis die Faktorladungsmatrix **A´** der Dimension [8 × 3] (vgl. Abb. 7.3.2.-5.) und die Faktorwertematrix **F** mit der Dimension [109 × 3] (vgl. Abb. 7.3.2.-6.).

Extrahierte Faktorladungen

Faktorladungsmatrix A´

Komponentenmatrix

	Komponente 1	2	3
A_EMU	0,7617678	-0,3256346	-0,4339389
A_UK	0,8673117	-0,1871770	-0,2624899
A_USA	0,8610585	-0,2356811	-0,1856338
A_Japan	0,6315491	-0,4895569	0,2775806
R_EMU	0,5680573	0,6420916	0,0589209
R_UK	0,7493551	0,5109844	0,0533633
R_USA	0,7525244	0,4092258	0,1544560
R_Japan	0,4553774	-0,2922692	0,7753274

Extraktionsmethode: Hauptkomponentenanalyse.
3 Komponenten extrahiert

Abb. 7.3.2.-5.: Faktorladungsmatrix **A´**

Wenn man die Berechnungen nach dem in Kap. 7.2.4.2.1. und Kap. 7.2.4.2.2. vorgestellten Verfahren durchgeführt hätte, würden sich die Einträge der Faktorwertematrix und der Faktorladungsmatrix in Bezug auf die von SPSS berechneten Ergebnisse „geringfügig“ unterscheiden. Die „geringfügige“ Abweichung entsteht dadurch, dass SPSS das Ergebnis für die Faktorwerte standardisiert (vgl. Formel (1) in Kap. 7.2.1.), während in der Vorgehensweise nach Kap. 7.2.4.2.1. (siehe Formel (2) bzw. (24)) und Kap. 7.2.4.2.2. (vgl. Formel (2)) eine Normierung der Faktorwertevektoren durchgeführt wird.

Mit Hilfe von SPSS extrahierte Faktorwerte		
Faktorwertematrix F		
Faktor 1	Faktor 2	Faktor 3
0,7046100	-0,9640600	1,9355300
0,5819200	-0,0281700	-0,1441900
0,2041000	-0,2414800	1,1096800
-0,1228700	-0,7188000	0,8675300
2,3213600	1,6483700	1,8564500
1,2739000	1,1370500	1,4502800
-0,5711900	-1,5437500	-1,5080900
-1,2906300	0,0254400	-0,3477600
1,0068800	0,2314900	-0,3642100
-0,0949500	1,1100300	0,2680700
1,2826700	0,7442200	-0,7845300
0,8841700	-0,6780800	-0,0869300
-1,9437500	-2,3281800	0,8606000
-1,9559100	-0,7351800	0,2027900
-0,0647400	-1,0715500	-0,4328100
-1,4440800	-1,2352000	0,0303000
-1,2379800	-0,6933100	0,7223300
0,3357500	0,1160300	-1,3892800
-0,2102400	-1,0308000	-1,0314800
-1,2690700	0,2288400	0,8641700

Abb. 7.3.2.-6.: Faktorwerte (Ausschnitt)

Unter Rückgriff auf **F** und **A´** ist es nun möglich, eine Matrix $\hat{\mathbf{Z}}$ nach Formel (6) in Kap. 7.2.1. zu konstruieren, welche die Matrix **Z** mithilfe der drei extrahierten Faktoren, bis auf Abweichungen, reproduziert (vgl. Abb. 7.3.2.-7.). Für die Rekonstruktion der Daten spielt es keine Rolle, ob die Spalten der Faktorwertematrix standardisiert (SPSS Ausgabe) oder normiert (Vorgehensweise nach Kap. 7.2.4.2.1. und Kap. 7.2.4.2.2.) sind. Das Produkt $\mathbf{FA}'^{\mathbf{T}}$ bzw. $\tilde{\mathbf{F}}\tilde{\mathbf{A}}^{\mathbf{T}}$ bleibt dadurch unverändert, da die Standardisierung der Spalten von $\tilde{\mathbf{F}}$ einer Multiplikation mit einem Skalar *c* entspricht.[399] Die dann berechneten Werte für die Spalten von **A´** ergeben sich entsprechend mit einem Skalar 1/*c* multipliziert. So führt die Standardisierung von $\tilde{\mathbf{F}}$ also nur zur entsprechenden Skalierung von **A´**.[400]

399 Bei der Standardisierung der Spalten der Faktorwertematrix wird zunächst jeder Faktorwert eines Faktors um den Mittelwert der Faktorwerte (dieses Faktors) bereinigt, bevor durch dessen Standardabweichung geteilt wird. Setzt die Faktorextraktion auf der standardisierten Datenmatrix **Z** auf, ist der Mittelwert der Faktorwerte einer Spalte jedoch null.

400 In A7.2. wird die Bestimmung der Faktoren mithilfe von Excel realisiert. Ein Vergleich der Ergebnisse mit den durch SPSS ermittelten Resultaten verdeutlicht dies nochmals.

AF6 fx {=MMULT(U5:W113;MTRANS(AA6:AC13))}

	AE	AF	AG	AH	AI	AJ	AK	AL	AM
1	**Reproduktion der Ursprungsdatenmatrix mit Hilfe der extrahierten Faktoren: FA^T**								
2	**(die Ergebnismatrix ist standardisiert)**				**Drei extrahierte Faktoren**				
3									
4	Datum	A_EMU	A_UK	A_USA	A_Japan	R_EMU	R_UK	R_USA	R_Japan
5	29.01.1993								
6	26.02.1993	0,01078	0,28351	0,47462	1,45422	-0,10471	0,13867	0,43467	2,10330
7	31.03.1993	0,51503	0,54783	0,53447	0,34128	0,30398	0,41398	0,40411	0,16143
8	30.04.1993	-0,24742	-0,06906	0,02666	0,55514	0,02627	0,08877	0,22617	1,02388
9	31.05.1993	-0,23599	-0,19974	-0,09743	0,51510	-0,48022	-0,41307	-0,25262	0,82675
10	30.06.1993	0,42599	1,21751	1,26572	1,17440	2,48645	2,68088	2,70818	2,01468

Abb. 7.3.2.-7.: Rekonstruktion der Matrix **Z** (Ausschnitt)

Um die „künstlichen“ Datenreihen zu erzeugen, ist jetzt noch die Standardisierung nach Formel (1) aus Kap. 7.2.1. rückgängig zu machen, d.h., die Elemente der Matrix $\hat{\mathbf{Z}}$ sind mit der Standardabweichung der entsprechenden ursprünglichen Renditereihen zu multiplizieren, danach ist der Mittelwert der jeweiligen ursprünglichen Renditereihe zu addieren (vgl. Abb. 7.3.2.-8.):

(1) $$\hat{x}_{ij} = \hat{z}_{ij} \cdot s_j + \overline{x}_j \, .$$

AP6 fx =AF6*$L$115+$L$114

	AO	AP	AQ	AR	AS	AT	AU	AV	AW
1	**Umkehrung der Standardisierung**								
2									
3									
4	Datum	A_EMU	A_UK	A_USA	A_Japan	R_EMU	R_UK	R_USA	R_Japan
5	29.01.1993								
6	26.02.1993	0,01376	0,02421	0,04032	0,10284	0,00518	0,01405	0,02247	0,08696
7	31.03.1993	0,04009	0,03588	0,04353	0,02698	0,01033	0,02177	0,02154	0,01344
8	30.04.1993	0,00029	0,00864	0,01628	0,04156	0,00683	0,01265	0,01611	0,04609
9	31.05.1993	0,00088	0,00287	0,00962	0,03883	0,00046	-0,00143	0,00149	0,03863
10	30.06.1993	0,03544	0,06544	0,08277	0,08377	0,03781	0,08537	0,09191	0,08361

Abb. 7.3.2.-8.: Umkehrung der Standardisierung

Mit den so generierten künstlichen Renditereihen wurden dann die Rohdaten bestimmt. Ausgehend von einem fixierten Ausgangswert der monatlichen Schlusskurse der Performanceindices von jeweils 100, wurden die ermittelten Renditereihen jeweils für die Fortschreibung der Indexstände genutzt (vgl. Abb. 7.3.2.-9.).

	AY	AZ	BA	BB	BC	BD	BE	BF	BG
1	**Rohdaten**								
2									
3									
4	Datum	A_EMU	A_UK	A_USA	A_Japan	R_EMU	R_UK	R_USA	R_Japan
5	29.01.1993	100	100	100	100	100	100	100	100
6	26.02.1993	101,38	102,42	104,03	110,28	100,52	101,40	102,25	108,70
7	31.03.1993	105,44	106,10	108,56	113,26	101,56	103,61	104,45	110,16
8	30.04.1993	105,47	107,01	110,33	117,97	102,25	104,92	106,13	115,23
9	31.05.1993	105,56	107,32	111,39	122,55	102,30	104,77	106,29	119,69
10	30.06.1993	109,30	114,34	120,61	132,81	106,17	113,72	116,06	129,69

Abb. 7.3.2.-9.: Bestimmung der Rohdaten

Die auf diese Weise erzeugten Daten genügen nun den eingangs in Kap. 7.3.1. formulierten Ansprüchen und dienen als Grundlage für die verschiedenen Beispiele dieses Buches. Obwohl es sich bei den so konstruierten Indexreihen um künstliche Daten handelt, wurden die Bezeichnungen und auch der Zeitraum des Ursprungsdatenmaterials beibehalten, um den realen Bezug der Beispiele aufrechtzuerhalten.

7.3.3. Generierung von Renditeverteilungen

Mit der Rekonstruktion des ursprünglichen Datensatzes ist ein künstlicher Datensatz erzeugt worden. Die Einsatzmöglichkeiten künstlicher Daten sind vielfältig. Zur Beantwortung spezieller finanzwirtschaftlicher Fragestellungen, beispielsweise im Portfolio- und Risikomanagement, ist nicht nur ein Datensatz, sondern eine Vielzahl von Datensätzen nötig. Die Basis stellt dabei in der Regel die Simulation von Marktbeobachtungen, d.h. die Generierung künstlicher Renditen und Kurse dar. Hieraus lassen sich beispielsweise mögliche Entwicklungspfade von Renditen ableiten, die wiederum bei der Entwicklung und Überprüfung von Anlagestrategien (z.B. Wertsicherungsstrategien) Verwendung finden können.[401] Es lassen sich also mithilfe künstlicher Daten kontrollierte Szenario-Analysen durchführen, die insbesondere über Ereignisse bzw. Situationen, die in der Realität selten oder nie vorkamen, Aufschluss geben können.[402] Unter Anwendung der Faktorenanalyse bzw. der durch sie extrahierten Faktoren lassen sich beispielsweise Daten erzeugen, die wesentliche Merkmale der Ursprungsdaten wiedergeben, aber trotzdem nicht mit ihnen identisch sind. Mit den extrahierten Faktoren lassen sich aber auch weitere Datensätze generieren. Dies wird in Kap. 7.3.3.1. demonstriert.

---

401 Vgl. beispielsweise Dichtl/Schlenger (2002), S. 577 ff., die die Monte-Carlo-Simulation einsetzen, um das Erfolgspotenzial der regelgebundenen Best-of-Two-Strategie zu analysieren.

402 Vgl. Poddig/Dichtl/Petersmeier (2003), S. 167 f.

Damit sind aber noch längst nicht alle Einsatzmöglichkeiten ausgeschöpft. In Kap. 7.3.3.1. wird lediglich gezeigt, wie (beliebig viele und umfangreiche) Renditeverteilungen generiert werden können, die im Wesentlichen die gleichen Verteilungseigenschaften wie die ursprünglichen Reihen besitzen. Liegen jedoch Prognosen hinsichtlich der zukünftigen Entwicklung der Faktoren vor, können damit auch neuartige Renditeverteilungen generiert werden, welche diese Prognoseinformation beinhalten. Dies ist insbesondere dann wichtig, wenn mit Portfolioplanungsmodellen gearbeitet wird, welche die gesamten Renditeverteilungen aller betrachteten Assets benötigen. Zu nennen sind hier z.B. die Erwartungsnutzenmaximierung (ohne Annahme normal verteilter Renditen oder quadratischer Nutzenfunktion), die semivarianzbasierte Optimierung bei asymmetrischer Kosemivarianz oder die Optimierung mit dem Ausfallrisiko. Die neuen Möglichkeiten, welche sich unter Verwendung von Faktormodellen und Faktorenanalyse ergeben, werden näher in Kap. 7.3.3.2. aufgezeigt.

7.3.3.1. Generierung weiterer Daten

Ein erster einfacher, weiterführender Schritt gegenüber Kap. 7.3.2. besteht darin, weitere künstliche Daten zu generieren, die jedoch im Wesentlichen dieselben Verteilungseigenschaften wie die Ursprungsdaten besitzen. Dies ist z.B. notwendig, um Simulationen für das Verhalten der Portfoliorenditen durchzuführen. Beispielsweise ist das in dieser Fallstudie zugrunde gelegte Datenmaterial für die acht Aktien- und Rentenmärkte im betrachteten Zeitraum nur eine zufällige Realisation des wahren, aber unbekannten Datengenerierungsprozesses. Selbst wenn angenommen wird, dass der in der Vergangenheit beobachtete Renditegenerierungsprozess auch in der Zukunft gelten wird, so basieren dennoch alle Schätzungen von Inputparametern für die Portfoliooptimierung und damit die anschließende Portfoliooptimierung selbst auf dieser einen zufälligen Stichprobe. Man könnte nun fragen, wie sich das optimierte Portfolio (z.B. auf Basis der tatsächlich beobachteten, historischen Renditen) verhalten würde, wenn der Renditegenerierungsprozess selbst zwar stabil bleibt, aber in der Zukunft eine neue, zufällige Realisation aller Assetrenditen entstehen würde. Da die Zukunft aber unbekannt ist, kann sie nur mithilfe künstlicher Daten simuliert werden. Dennoch sind solche Simulationen aufschlussreich. Sie zeigen z.B., welches Risiko und möglicher Verlust selbst unter der idealisierenden Annahme erwartet werden muss, dass der Renditegenerierungsprozess stabil bleibt. Die Basis solcher Simulationen sind künstliche Daten. Die Generierung derartiger Daten, welche im Wesentlichen dieselben Verteilungseigenschaften wie die Ursprungsdaten besitzen, ist mit dem bisher erarbeiteten Instrumentarium sehr einfach möglich.

Unter der Annahme, dass die extrahierten standardisierten Faktoren standardnormal verteilt (mit Mittelwert von null und Standardabweichung von eins) sind, kann man mithilfe des Zufallszahlengenerators in Excel künstliche Faktorwertevektoren mit genau diesen Eigenschaften erzeugen. Unter Extras/Analyse-Funktionen kann bei Excel ein Zufallszahlengenerator aufgerufen werden (vgl. Abb. 7.3.3.1.-1.).[403]

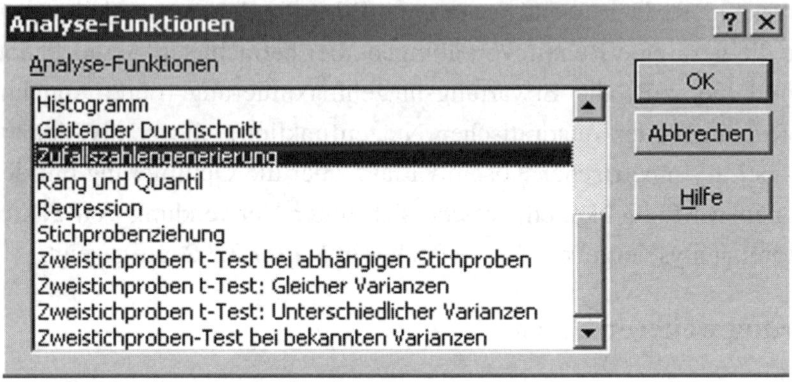

Abb. 7.3.3.1.-1.: Aufruf des Zufallszahlengenerators

Es erscheint die in Abb. 7.3.3.1.-2. dargestellte Eingabemaske.

403 Auch im Add-In PopTools ist ein Zufallszahlengenerator enthalten.

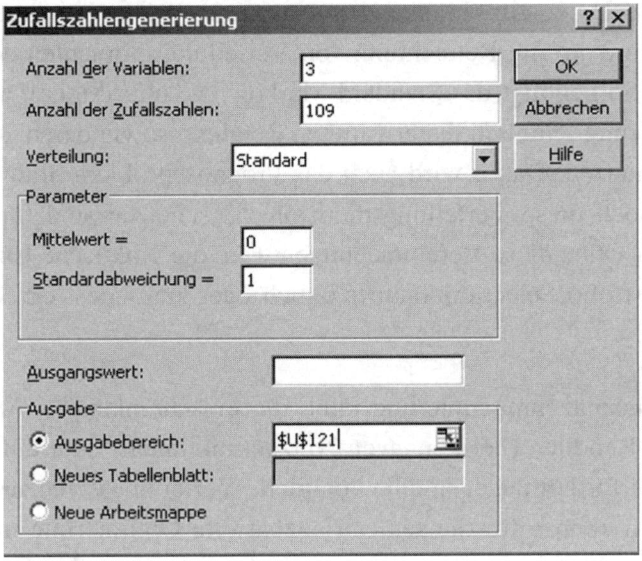

Abb. 7.3.3.1.-2.: Eingabemaske des Zufallszahlengenerators

Hier wird die Anzahl der zu generierenden Zufallsvariablen (hier drei), die Anzahl der Zufallszahlen pro Variable (hier 109), die angenommene Verteilung (hier die Standardnormalverteilung; Mittelwert und Standardabweichung erscheinen automatisch) und der Ausgabebereich eingegeben. Mit Bestätigung der OK-Taste wird die Berechnung der Zufallszahlen ausgelöst. Es ergeben sich die in Abb. 7.3.3.1.-3. gezeigten Faktorwerte.

	U	V	W
1	**Künstlich generierte Faktorreihen**		
2	**Faktorwertematrix F**		
3	Faktor 1	Faktor 2	Faktor 3
4			
5	-0,30023216	-1,27768317	0,24425731
6	1,27647354	1,19835022	1,7331331
7	-2,18358764	-0,23418124	1,09502253
8	-1,08670065	-0,69020416	-1,69043233
9	-1,84691089	-0,9776295	-0,77350705
10	-2,11793122	-0,56792487	-0,40404757

Abb. 7.3.3.1.-3.: Zufallsgenerierte Faktorwertevektoren (Ausschnitt)

Unter Verwendung der so generierten Faktorwertematrix **F** und der in Kap. 7.3.2. bestimmten Faktorladungsmatrix **A**´ (Abb. 7.3.2.-5.) kann ebenfalls eine Rekonstruktion der Matrix **Z** vorgenommen werden. Durch wiederholte Erstellung der Faktorwertematrix mithilfe erneuter Zufallszahlengenerierung kann auch die Rekonstruktion der Matrix **Z** und schlussendlich der Rohdatenmatrix mehrfach vorgenommen werden. Die resultierenden Datensätze können dann beispielsweise für Simulationsstudien genutzt werden.

7.3.3.2. Prognose von Renditeverteilungen

Die „traditionell orientierten" Portfolioplanungsmodelle, wozu hier u.a. das Standard-Markowitz-Tobin-Modell oder das semivarianzbasierte Modell auf Basis der symmetrischen Kosemivarianzmatrix gezählt werden sollen, vereinfachen das Portfolioptimierungsproblem entscheidend. Unter einschränkenden Annahmen ist es bei ihnen möglich, die Portfoliooptimierung auf die Betrachtung von Verteilungsmomenten der Assetrenditen einzuschränken. So benötigt das Standard-Markowitz-Tobin-Modell als Inputparameter für die Optimierung lediglich die erwarteten Renditen sowie deren zukünftige Varianzen und Kovarianzen. Damit wird auch das Prognoseproblem dramatisch vereinfacht, indem nur noch diese Verteilungsmomente zu schätzen sind (und selbst dies ist schwierig genug). Ohne diese Vereinfachungen wäre die praktische Umsetzbarkeit der Theorie der Portfolio Selection kaum möglich oder zumindest erheblich erschwert worden.

Die Anwendung der Erwartungsnutzenmaximierung ohne die einschränkenden Annahmen von normal verteilten Renditen (bei konkaven Nutzenfunktionen) oder einer quadratischen Nutzenfunktion erfordert dagegen eine komplette Verteilungsschätzung (vgl. Anhang A2.3.3.). Dies gilt ebenso für die semivarianzbasierte Optimierung mit asymmetrischer Kosemivarianz oder bei der Optimierung mit dem Ausfallrisiko. Hier (und auch bei anderen Modellvarianten) müssen komplette Verteilungsschätzungen bereitgestellt werden. Dies ist erheblich aufwändiger und schwieriger als die Lösung des „gewöhnlichen" Prognoseproblems. Im Folgenden soll aber ein möglicher Weg aufgezeigt werden, wie unter Verwendung von Faktormodellen die Generierung kompletter Renditeverteilungen unter Einbeziehung von Prognosen möglich ist, die dann bei den genannten Modellen zur Bestimmung optimaler Portfolios Verwendung finden können. Allerdings wird hier nur eine mögliche Verfahrenstechnik gezeigt, also die Abfolge der Arbeitsschritte, ohne die Prognoseproblematik im engeren Sinne zu behandeln. Diese ist ausdrücklich nicht Gegenstand dieses Buches.

Ausgangspunkt des Vorgehens ist ein Faktormodell. Dabei kann es sich um ein (makro-) ökonomisches, fundamentales oder statistisches Faktormodell handeln. Da hier lediglich die Verfahrenstechnik und deren praktische Umsetzung behandelt werden soll, wird auf das bereits gewonnene, statistische Faktormodell aus der Fallstudie des Kap. 7.3.2. zurückgegriffen. Die verfahrenstechnische Anwendung (makro-) ökonomischer oder fundamentaler Faktormodelle ist aber in genau derselben Weise möglich.

Die Analyse der Faktoren beinhaltet die Frage nach der Art ihrer (zukünftigen) Verteilung und ggf. zugehöriger Verteilungsparameter. Für Illustrationszwecke sei dazu auf die (historische) Analyse der Verteilung der drei Faktoren aus Kap. 7.3.2. zurückgegriffen. Die Abbildungen 7.3.3.2.-1. bis 7.3.3.2.-3. zeigen die Histogramme der empirischen Verteilung der Faktorwerte. Interessant ist dabei, dass anscheinend keine Normalverteilungen vorliegen. Die Verteilung des Faktors 1 zeigt eher eine Gleichverteilung, die Verteilungen der Faktoren 2 und 3 lassen andeutungsweise Schiefen erkennen. Aufgabe der Finanzanalyse wäre es nun, die zukünftig erwartete Verteilungsform der Faktoren zu prognostizieren. Hier wird aus Vereinfachungsgründen angenommen, dass der Faktor 1 zukünftig eine Gleichverteilung besitze, während die Faktoren 2 und 3 normal verteilt seien.

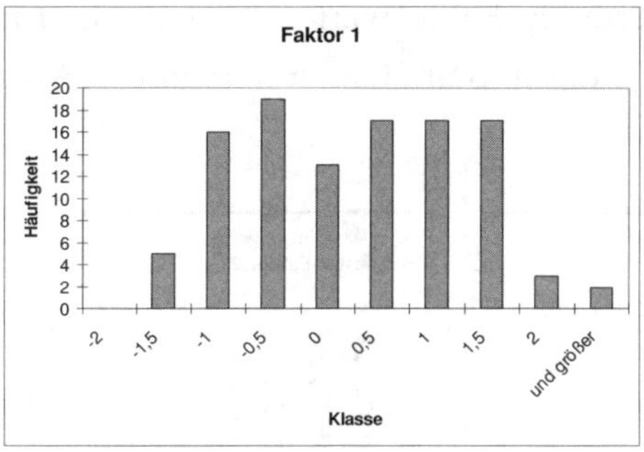

Abb. 7.3.3.2.-1.: Histogramm Faktor 1

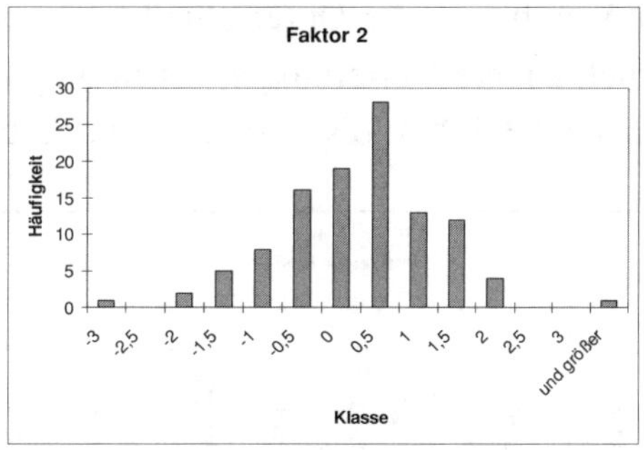

Abb. 7.3.3.2.-2.: Histogramm Faktor 2

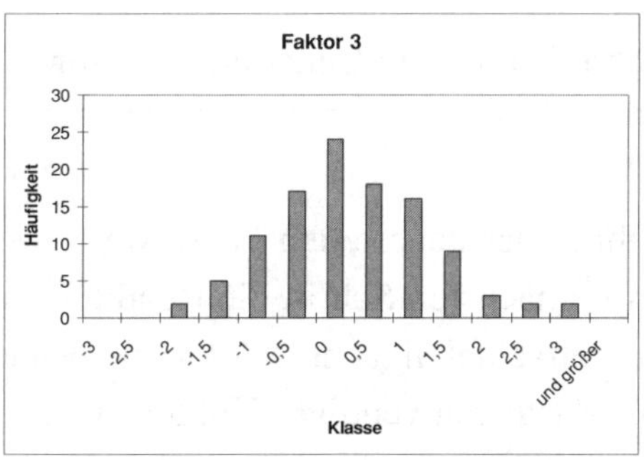

Abb. 7.3.3.2.-3.: Histogramm Faktor 3

Nach der Prognose der Verteilungsform der Faktoren ist im nächsten Schritt eine Prognose der Lage der jeweiligen Verteilungen erforderlich. Beispielhaft wird angenommen, der Faktor 1 habe zukünftig eine Gleichverteilung im Intervall -2 bis +1, der Faktor 2 sei normal verteilt mit $\mu = 0$ und $\sigma = 2$, während Faktor 3 unverändert mit $\mu = 0$ und $\sigma = 1$ bliebe. Inhaltlich würde damit tendenziell eine höhere Streuung der Faktorwerte angenommen sowie außerdem eine Verschiebung der Verteilung des Faktors 1 in den negativen Bereich erwartet werden. Darin drückt sich ein von der Finanzanalyse erwartetes, pessimistisches Szenario aus, welches durch einen zurückgehenden Hauptfaktor und insgesamt höhere Risiken (Zunahme der Faktorstreuungen) gekennzeichnet ist.

Gemäß den unterstellten Faktor-Szenarien können nun die Verteilungen der Faktorwerte generiert werden. Hier sei aus Platzgründen auf die Beschreibung in Kap. 7.3.3.1. zurück verwiesen (vgl. dort insbesondere die Abb. 7.3.3.1.-1. bis 7.3.3.1.-3.). Abweichend zu dem dort dargestellten Vorgehen sind hier natürlich die Verteilungsannahmen bezüglich der Faktoren anzupassen. Beim Faktor 1 ist in der Eingabemaske des Zufallszahlengenerators (vgl. Abb. 7.3.3.1.-2.) eine Gleichverteilung im Intervall -2 bis +1 einzugeben, ebenso muss beim Faktor 2 die voreingestellte Standardabweichung bei der Normalverteilung auf den Wert 2 gesetzt werden (beim Faktor 3 ergeben sich hier keine Unterschiede). Die so generierten Faktorwerte besitzen damit natürlich andere Verteilungen als in Kap. 7.3.3.1., die in den Histogrammen der Abbildungen 7.3.3.2.-4. bis 7.3.3.2.-6. dargestellt sind.

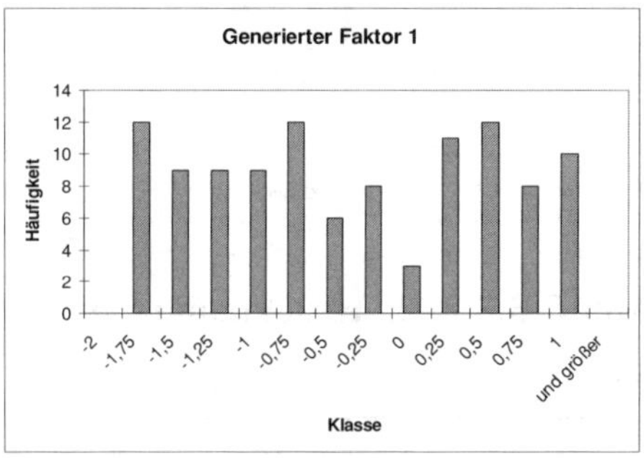

Abb. 7.3.3.2.-4.: Generierter Faktor 1

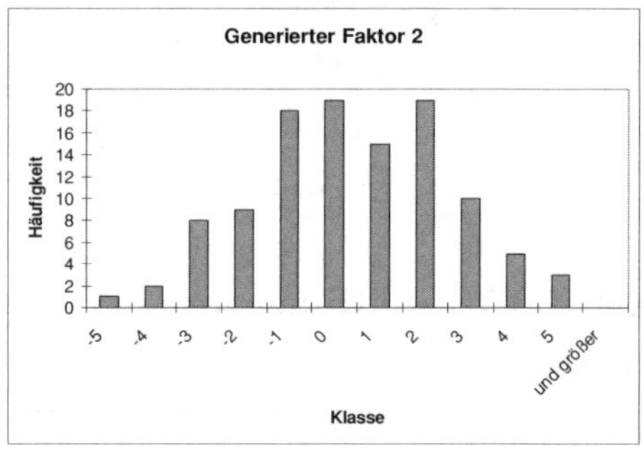

Abb. 7.3.3.2.-5.: Generierter Faktor 2

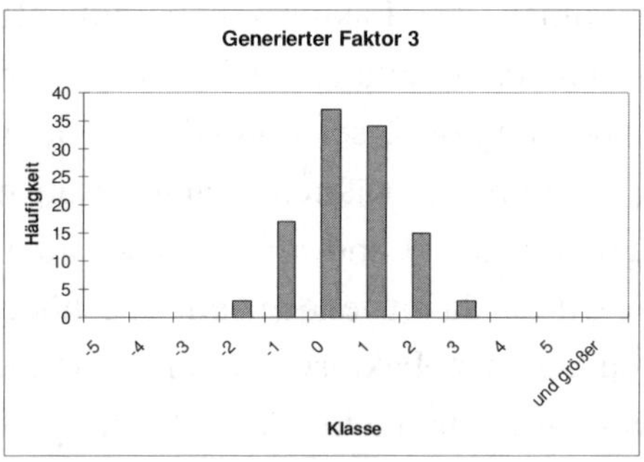

Abb. 7.3.3.2.-6.: Generierter Faktor 3

Mithilfe der generierten Faktorwerte werden im nächsten Schritt die Renditereihen der betrachteten acht Märkte berechnet. Das dazu notwendige Vorgehen ist in Kap. 7.3.3.1. beschrieben und entspricht letztlich verfahrenstechnisch der Reproduktion der Renditereihen unter Verwendung der Faktorwerte in der Fallstudie des Kap. 7.3.2. Der zentrale Unterschied zu Kap. 7.3.2. besteht aber darin, dass hier generierte Faktorwerte unter Verwendung von Verteilungsprognosen eingesetzt werden. Dies schlägt sich unmittelbar auf die prognostizierten Verteilungen der einzelnen Assets durch. Exemplarisch wird dazu das

Histogramm der in Kap. 7.3.2. reproduzierten Assetrenditen (Abb. 7.3.3.2.-7.) für den europäischen Aktienmarkt mit dem Histogramm der Prognose (Abb. 7.3.3.2.-8.) verglichen.

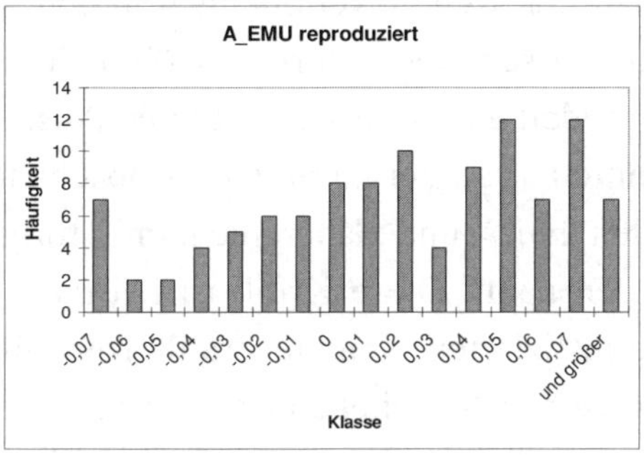

Abb. 7.3.3.2.-7.: Reproduzierte Renditen A_EMU

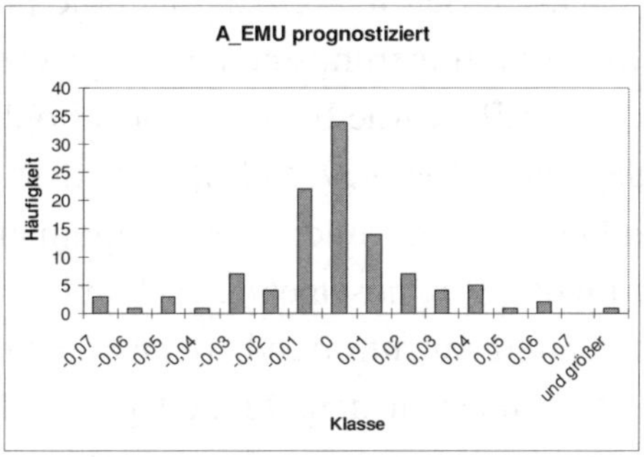

Abb. 7.3.3.2.-8.: Prognostizierte Renditen A_EMU

Die Abb. 7.3.3.2.-7. mit der reproduzierten Renditeverteilung für die Aktien Euroland stimmt im Wesentlichen mit der ursprünglichen (historisch beobachteten) Renditeverteilung für A_EMU überein. Deren Histogramm ist praktisch identisch mit demjenigen aus Abb. 7.3.3.2.-7. und soll daher nicht explizit ausgewiesen werden. Überraschenderweise weicht die prognostizierte Renditeverteilung in Abb. 7.3.3.2.-8. in der Form erheblich von der tatsächlich beobachteten Verteilung ab. Während die tatsächlich beobachteten Renditen im Beobachtungszeitraum eher einer Gleichverteilung (zumindest aber keiner Normalverteilung) folgen, besitzt die prognostizierte Renditeverteilung eine leptokurtische Verteilungsform (d.h., sie ist spitzgipfliger als eine Normalverteilung und hat breitere Ränder). Der Erwartungswert der prognostizierten Renditeverteilung liegt niedriger als derjenige der beobachteten Verteilung, gleichzeitig ist die Standardabweichung deutlich geringer geworden. Ursächlich dafür sind die prognostizierten Verteilungsformen und Verteilungsparameter der Faktoren, die an dieser Stelle kritisch überprüft werden müssten. Die prognostizierte Form der Renditeverteilung A_EMU erscheint plausibel, denn nach aller Erfahrung und vielen empirischen Studien besitzen Renditen eine leptokurtische Verteilung. Die historisch beobachtete Verteilung könnte also als nicht repräsentativ angesehen werden, während die prognostizierte Renditeverteilung dies eher ist. Die geringe Standardabweichung ist jedoch möglicherweise nicht konsistent mit dem eingangs erwarteten Szenario. Ggf. müssten an dieser Stelle die Prognosen der Verteilungsart und Verteilungsparameter der Faktoren revidiert und die Renditeverteilungen neu generiert werden. Für Illustrationszwecke ist dies aber nicht notwendig und es sei angenommen, die Überprüfung der prognostizierten Renditeverteilungen hätte keinen Anlass gegeben, über eine Revision der Faktorprognosen nachzudenken.

Im nächsten Schritt werden dann die prognostizierten Renditeverteilungen in dem jeweiligen Optimierungsmodell eingesetzt. Exemplarisch seien hier zwei Modelle betrachtet. Z.B. wurde bei dem Portfolioplanungsmodell auf Basis des mittleren Ausfallrisikos nach ANG (1975) kritisiert, dass es unmittelbar an der gesamten, beobachteten Renditeverteilung aller Assets optimiert werden muss und daher nicht mit fortgeschrittenen Prognosetechniken kombiniert werden kann. Diese Kritik ist bei näherer Betrachtung unzutreffend, denn die hier prognostizierten Renditeverteilungen aller Assets können in dem Modell gegen die historischen Renditebeobachtungen ausgetauscht werden. Fortgeschrittene Prognosetechniken lassen sich also sehr wohl in jenem Modell berücksichtigen, wenn das hier dargelegte Verfahren angewandt wird. Die Fallstudie aus Kap. 5.3.2. wird nun mit den prognostizierten Renditeverteilungen wiederholt. Im ersten Schritt werden die Ausgangsdaten der Fallstudie aus Kap. 5.3.2. gegen die hier generierten Daten ausgetauscht. Die Abb. 7.3.3.2.-9. zeigt einen Ausschnitt mit den ausgetauschten Renditereihen.

L12 = (B12-B11)/B11

	K	L	M	N	O	P	Q	R	S
10		A_EMU	A_UK	A_USA	A_Japan	R_EMU	R_UK	R_USA	R_Japan
11	29.01.1993								
12	26.02.1993	-0,00375	-0,01257	-0,01403	-0,01869	-0,00468	-0,01685	-0,01935	-0,00956
13	31.03.1993	0,01806	-0,01740	-0,01857	-0,00828	-0,02725	-0,06409	-0,06778	-0,03118
14	30.04.1993	-0,00901	-0,00324	-0,00349	-0,01703	0,00913	0,01310	0,01162	0,00546
15	31.05.1993	-0,03138	0,00250	0,00206	-0,02730	0,03308	0,06333	0,06315	0,02857
16	30.06.1993	-0,02869	0,00304	0,00281	-0,02544	0,03144	0,06006	0,05983	0,02726
17	30.07.1993	-0,05017	-0,00352	-0,00581	-0,04147	0,04207	0,08085	0,08081	0,03494
18	31.08.1993	0,05910	-0,00183	0,00143	0,02391	-0,04442	-0,09685	-0,10064	-0,04218
19	30.09.1993	-0,00446	-0,01150	-0,01283	-0,01856	-0,00302	-0,01326	-0,01563	-0,00777

Abb. 7.3.3.2.-9.: Prognostizierte Renditereihen

Weitere Änderungen an dem Tabellenblatt aus Kap. 5.3.2. sind nicht erforderlich. Die Portfoliooptimierung kann im zweiten Schritt direkt mit den neuen Daten wiederholt werden. Das resultierende Ergebnis zeigt Abb. 7.3.3.2.-10. Zum näheren Vorgehen bei diesem Optimierungsmodell sei auf Kap. 5.3.2. zurück verwiesen.

AE41	= AE39-AE40*(1/95)*AE36				
	AD	AE	AF	AG	AH
24	**Optimale Portfolio ohne RF**				
25	Zielrendite:	0%	0		
26	Titel	Gewicht	Minimal	Maximal	EW(r)
27	A_EMU	0,3504	0,0500	0,4000	-0,00647
28	A_UK	0,0500	0,0500	0,4000	-0,00758
29	A_USA	0,0500	0,0500	0,4000	-0,00839
30	A_Japan	0,0500	0,0500	0,4000	-0,01775
31	R_EMU	0,3496	0,0500	0,4000	0,00262
32	R_UK	0,0500	0,0500	0,4000	-0,00100
33	R_USA	0,0500	0,0500	0,4000	-0,00295
34	R_Japan	0,0500	0,0500	0,4000	-0,00160
35	Summe:	1,0000			
36	Summe d-:	0,50021			
37	Summe d+:	0,18544			
38	Summe d+,d-	0,68566			
39	P-Rendite:	-0,00331			
40	Lambda:	0,95700			
41	ZF:	-0,00835			

Abb. 7.3.3.2.-10.: Ergebnis der Optimierung

Inhaltlich sollte das Ergebnis nicht zu weitgehend interpretiert werden, denn das Ergebnis der Optimierung hängt natürlich von den prognostizierten Renditeverteilungen ab, wobei hier der Prognose selbst keine Aufmerksamkeit geschenkt und ad hoc Annahmen getroffen wurden. Bei den verwendeten Faktorprognosen besitzt der Rentenmarkt R_EMU als einziger eine positive Renditeerwartung. Der hohe Aktienanteil (A_EMU) erklärt sich hier mit der prognostizierten, sehr geringen Streuung der Assetrenditen für Aktien Euroland und der prognostizierten Korrelationsstruktur der Assetrenditen. Das Ergebnis ist in sich, also bezogen auf die Verteilungsprognosen, konsistent. Bei den unterstellten Faktorprognosen resultiert mit dieser Lösung ein nahezu risikominimales Portfolio. Würde man im Beispiel das Ausfallrisiko minimieren (die Zelle AE36 müsste dann als Zielzelle im Solver angegeben werden), würde der Anteil von A_EMU auf 40% ansteigen und R_EMU auf 30% absinken (die „Summe d^-" in Zelle AE36 würde dann auf ca. 0,469 absinken). Ob dieses Ergebnis wirklich plausibel ist, hängt von dem gewählten Faktormodell und den Faktorprognosen ab. Einmal mehr zeigt diese Fallstudie die Bedeutung der Prognose für das praktische Portfoliomanagement.

Im Anhang A5.1. wurde ein anderes Beispiel betrachtet, bei dem ebenfalls für die Portfoliooptimierung die Betrachtung der gesamten Renditeverteilung notwendig war. Dort ging es um eine Erwartungsnutzenmaximierung unter Verwendung der Nutzenfunktion nach FISHBURN. Auch an jenem Modell wurde die Notwendigkeit der Prognose der gesamten Renditeverteilungen aller betrachteten Assets kritisiert. Jener Kritikpunkt kann verfahrenstechnisch aber leicht beseitigt werden. Wie im vorhergehenden Fall braucht dort nur die historisch beobachtete Renditeverteilung gegen die hier prognostizierte Renditeverteilung ausgetauscht werden.

AB24 = MITTELWERT(V12:V120

	AA	AB	AC	AD
9	Portfoliogewichte			
10	Markt	Gewicht (**w**)	min	max
11	A_EMU	0,3000	0,0500	0,4000
12	A_UK	0,0500	0,0500	0,4000
13	A_USA	0,0500	0,0500	0,4000
14	A_Japan	0,0500	0,0500	0,4000
15	R_EMU	0,4000	0,0500	0,4000
16	R_UK	0,0500	0,0500	0,4000
17	R_USA	0,0500	0,0500	0,4000
18	R_Japan	0,0500	0,0500	0,4000
19	Summe	1,0000		
20				
21	k	10		
22	t	0		
23	n	2		
24	EU(r)	-0,00387		
25	P-Rendite	-0,00311		
26	P-SV	0,00008		
27	P-SD	0,00870		

Abb. 7.3.3.2.-11.: Ergebnis der Erwartungsnutzenoptimierung

Ohne weitere Änderungen an dem Optimierungsproblem (vgl. A5.1.) kann dann die Optimierung erneut durchgeführt werden. Das resultierende Ergebnis ist in Abb. 7.3.3.2.-11. dargestellt. Die Lösung ist zu der vorhergehenden recht ähnlich; es resultiert wiederum ein Portfolio mit geringem Risiko (bezogen auf die Verteilungsprognosen). Minimiert man im Beispiel etwa die Semivarianz der Portfoliorenditen, würde der Anteil von A_EMU auf 40% ansteigen und R_EMU auf 30% absinken (wie im vorhergehenden Modell auch). Das Ergebnis mag eventuell verwundern, ist aber zu den gegebenen Verteilungsprognosen konsistent.

Auch die Erwartungsnutzenoptimierungen nach Anhang A2.3.3. oder die semivarianzbasierte Portfolioplanung mit der asymmetrischen Kosemivarianz in Kap. 5.2.3. können mit dem hier beschriebenen Verfahren Verteilungsprognosen berücksichtigen. Dies sei dem Leser als Übung überlassen.

7.3.3.3. Fazit und weiterführende Hinweise

Die Generierung kompletter Renditeverteilungen ist für unterschiedliche Zwecke notwendig. Zum einen kann gefragt werden, wie sich ein optimiertes Portfolio unter der Annahme eines unveränderten Renditegenerierungsprozesses verhält. Eine reine ex post Optimierung, also anhand der beobachteten, historischen Renditereihen, und die Analyse der dort resultierenden Portfoliorenditen ist selbst in diesem einfachen Fall unzureichend. Denn die historischen Beobachtungen stellen unter der gesetzten Annahme nur eine mögliche Menge von Realisationen dar. Andere Realisationen sind bei unverändertem Renditegenerierungsprozess möglich und können zu gänzlich anderen Kurs- bzw. Indexverläufen führen. Um die Bandbreite möglicher Entwicklungspfade abschätzen zu können, ist die Generierung künstlicher Renditereihen unumgänglich, die „Pfadsimulationen“ von Portfolios ermöglichen.

Bei dieser einfachen Fragestellung geht es im Wesentlichen um die Erzeugung neuer Rendite- bzw. Kurspfade auf Basis desselben Renditegenerierungsprozesses. Für solche Simulationen sind statistische Faktormodelle, welche mithilfe einer Faktorenanalyse gewonnen werden können, ausreichend. Sie erlauben eine beliebig häufige Erzeugung alternativer Renditerealisationen bei gleich bleibendem Renditegenerierungsprozess (hier in Form eines statistischen Faktormodells). Das dazu notwendige Vorgehen wurde in Kap. 7.3.2. und 7.3.3.1. beschrieben.

Ein wesentlich weiter gehender Schritt ist die Prognose der zukünftigen Renditeverteilungen der betrachteten Assets. Dazu können ebenfalls Faktormodelle herangezogen werden. Für Illustrationszwecke wurde hier auch ein statistisches Faktormodell verwendet. In der praktischen Anwendung würde sich jedoch das Problem stellen, wie die synthetischen Faktorreihen selbst modelliert und prognostiziert werden könnten. Prinzipiell kann eine synthetische Faktorreihe wie jede andere Zeitreihe auch behandelt und mit den in Kap. 2.2.2. erwähnten Verfahren modelliert werden. Gerade für Prognosezwecke ist aber die Kenntnis der verwendeten Einflussfaktoren zumindest für die Interpretation und Akzeptanz der Faktormodelle zentral. Aus diesen Gründen kommen hier eher (makro-) ökonomische oder fundamentale Faktormodelle in Frage.

Ungeachtet der Frage, ob für die Verteilungsprognosen nun (makro-) ökonomische, fundamentale oder statistische Faktormodelle verwendet werden, bleibt die hier skizzierte Vorgehensweise gleich. Soweit ein leistungsfähiges Faktormodell vorliegt, ist im nächsten Schritt eine Prognose der Verteilung der Faktoren (Verteilungsform und Verteilungsparameter) erforderlich. Ausgehend von den Verteilungen der Faktoren können dann künstliche Faktorreihen gemäß den Prognosen generiert werden. Mit diesen generierten Faktorreihen lassen sich dann unter Verwendung des Faktormodells die entsprechenden Renditereihen der betrachteten Assets generieren, womit Verteilungsprognosen der Assetrenditen resultieren. Diese Verteilungsprognosen können dann bei den jeweiligen Portfolioplanungsmodellen eingesetzt werden, um die optimalen Portfolios zu bestimmen.

Die Simulation alternativer prognostizierter Renditepfade ist ebenso möglich, indem das zuletzt beschriebene Verfahren einfach wiederholt und die bereits ermittelten Portfolios an den neu generierten Renditereihen getestet werden. Ebenso können hier auch andere Faktorreihen gemäß alternativer Szenarien generiert werden, an denen die zuvor optimierten Portfolios simuliert werden. Derartige „Was-wäre-wenn" Simulationen, auch „Stresstests" von Portfolios, erlauben einen sehr viel weiter gehenden Einblick in die Eigenschaften optimierter Portfolios, als es mit den bisher diskutierten Techniken möglich ist.

Bei der Generierung von Renditeverteilungen ist Sorgfalt geboten. Wie sich bestimmte Annahmen hinsichtlich der Verteilungen der Faktoren in einem gegebenen Modell auf die Verteilungen der Assetrenditen durchschlagen, ist im Vorfeld nicht immer durchsichtig. Das Beispiel in Kap. 7.3.3.2. wurde deshalb auch bewusst so gewählt. Es ist zu prüfen, ob die generierten Renditeverteilungen mit Erfahrungen und empirischen Untersuchungen konsistent sind (innerhalb des Modells selbst sind die Renditeverteilungen per Konstruktion immer konsistent, sofern kein Verfahrensfehler begangen wurde).

Die hier skizzierten Verfahren stehen am Beginn fortgeschrittener Techniken des quantitativen, modellgestützten Portfoliomanagements. Dazu gehören etwa Fragen nach der Faktormodellierung und -prognose, der Generierung korrelierter Faktorwerte (wenn das Faktormodell nicht in der Diagonal-, sondern Kovarianzform vorliegt), die Generierung von Faktorwerten gemäß anderer Verteilungen als die hier exemplarisch betrachteten Gleich- und Normalverteilungen, usw. Diese Fragen gehen jedoch über den Fokus dieses Buches hinaus und sind auch nicht mehr mit einfachen Tabellenkalkulationsprogrammen umzusetzen.

7.3.4. Faktorextraktion für ein Multi-Index-Modell

In diesem Abschnitt wird mit dem Datensatz aus der Fallstudie zur relativen Optimierung mit Einzeltiteln (vgl. Kap. 3.5.6.) die Verbindung zu den in Kap. 6.3. vorgestellten Multi-Index-Modellen hergestellt, indem gerade die Frage nach der Interpretation der extrahierten Faktoren und anschließender Identifizierung realer Repräsentanten in den Vordergrund gestellt wird. Wie schon eingangs zur Faktorenanalyse erwähnt, kann diese beispielsweise zur Bestimmung der in einem Multi-Index-Modell zur Erklärung von Renditegenerierungsprozessen eingehenden Faktoren herangezogen werden (vgl. auch Kap. 6.). Ausgangspunkt der hier vorgestellten Faktorenanalyse sind die aus Kap. 3.5.6. bekannten Kursreihen der acht Einzeltitel des DOW JONES EURO STOXX 50. Zunächst erfolgt eine Umrechnung der Kursreihen in diskrete Einmonatsrenditen, die als Überschussrenditen über den risikolosen Zinssatz formuliert werden (vgl. Abb. 3.5.6.-1.) und so als Datenbasis in die Faktorenanalyse eingehen.[404] Wie auch in Kap. 7.3.2. wird die Hauptkomponentenanalyse zur Extraktion der Faktoren verwendet. Unter Anwendung der bereits vorgestellten Auswahlkriterien, auf die an dieser Stelle nicht explizit eingegangen wird (vgl. Kap. 7.2.5.), wurden drei Faktoren extrahiert. Die resultierenden Faktorladungen sind in Abb. 7.3.4.-1. dargestellt.

Extrahierte Faktorladungen			
Faktorladungsmatrix A´			
Komponentenmatrix			
	Komponente		
	1	2	3
Total Fina Elf	0,5660379	-0,2276687	-0,6393769
BCO Santander	0,6510220	0,2298701	-0,2914162
Telecom Italia	0,6132021	0,5849789	0,1218651
SIEMENS	0,6309172	0,4995507	-0,1053112
Ass. Generali	0,7158205	0,1301533	0,5114271
E.ON	0,6128122	-0,4158902	0,0134836
Sanofi	0,4807561	-0,5609743	0,2147732
Danone	0,6772660	-0,3887375	0,0970640
Extraktionsmethode: Hauptkomponentenanalyse.			
	3 Komponenten extrahiert		

Abb. 7.3.4.-1.: Faktorladungen der extrahierten Faktoren

Um reale Repräsentanten der extrahierten Faktoren zu identifizieren, welche dann in einem Multi-Index-Modell implementiert werden können, wird die Faktorladungsmatrix interpretiert (vgl. auch Kap. 7.2.6.). Die Faktorladungen beschreiben die Stärke des Zusammenhangs zwischen den Faktoren und den Variablen. Wird bei der Extraktion der Faktoren auf die standardisierte Datenmatrix **Z** zurückgegriffen und ist die Matrix der Faktorwerte in gleicher Weise standardisiert (dies ist hier der Fall), so entspricht die Faktorladung der Korrelation zwischen der Variablen und dem Faktor (vgl. Kap. 7.2.4.2.1.). Die Betrachtung des Zusammenhangs zwischen den Faktoren und den Variablen, in diesem Fall den acht Renditereihen der Einzeltitel, kann dann zur Interpretation der Faktoren herangezogen werden. Eine Ladung kann als „hoch" betrachtet werden, wenn ihr Wert über 0,5 beträgt.[405] Der erste Faktor lädt auf alle acht Renditereihen der Einzeltitel hoch. Er kann somit als ein gemeinsamer Marktindex interpretiert werden. Um jetzt einen realen Repräsentanten zu identifizieren, kann der Korrelationskoeffizient als Maß für den Zusammenhang herangezogen werden (vgl. Kap. 1.5.2.). Grundsätzlich kommen entsprechend der Interpretation des Faktors 1 alle als „Marktindex" betrachteten Indices in Frage. Die Wahl der Einzeltitel legt aber in diesem Beispiel die Wahl eines europäischen Index nahe. Bildet man den Korrelati-

404 Diese Vorgehensweise wurde hier beibehalten, um die Vergleichbarkeit mit Kap. 3.5.6. zu gewährleisten.

405 Vgl. Backhaus et al. (2003), S. 299. Weitere Konventionen der Zuordnung der Faktoren zu den Variablen befinden sich beispielsweise in Guadagnoli/Velicer (1988), S. 274.

onskoeffizienten der Überschussrenditen über den risikolosen Zinssatz des DOW JONES EURO STOXX 50 für den entsprechenden Zeitraum mit den Faktorwerten des Faktors 1, so errechnet sich ein Wert von 0,85, der als „gut" gelten kann (vgl. Kap. 7.2.6.). Der DOW JONES EURO STOXX 50 kann aufgrund dieses Ergebnisses als realer Repräsentant für den Faktor 1 herangezogen werden.

	A	B	C	D	E	F	G	H
1	**extrahierte Faktorwerte (Faktorwertematrix)**				**Überschussrenditen über den risikolosen Zinssatz**			
2								
3	**Faktor 1**	**Faktor 2**	**Faktor 3**		Datum	DJ Euro Stoxx 50	Nasdaq	
4	1,20421808	-0,61858164	-0,9557044		29.01.1993			
5	-0,68485357	-0,21234697	-1,17718461		26.02.1993	0,0813	-0,03672057	
6	0,14282923	1,60869286	1,00685321		31.03.1993	0,0110	0,02886235	
7	0,15453188	1,69224368	-0,59347161		30.04.1993	-0,0233	-0,04160086	
8	0,39040928	0,39617273	0,17039703		31.05.1993	-0,0005	0,05913036	
9	0,95198012	0,254961	-0,6381344		30.06.1993	0,0394	0,00488202	
10	0,79230908	0,09980507	0,06690207		30.07.1993	0,0679	0,00106542	
11	-0,7333191	0,08518996	-0,25319977		31.08.1993	0,0694	0,05412232	

L5 fx {=KORREL(A4:A112;F5:F113)}

	I	J	K	L
1				
2				
3	**Korrelationen**			
4				
5	Faktor 1			0,85756632
6	und DJ Euro Stoxx 50			
7				
8	Faktor 2			0,30890853
9	und Nasdaq			
10				
11	Faktor 3 wurde nicht interpretiert			

Abb. 7.3.4.-2.: Betrachtung der Korrelationen

Bei den weiteren Faktoren ist die Interpretation nicht so eindeutig. Der Faktor 2 lädt auf die Variablen *Telecom Italia*, *SIEMENS* und *Sanofi* hoch. Betrachtet man die Branchen, denen diese Einzeltitel zugeordnet sind (Telecommunications, Technology und Healthcare[406]), so ergibt sich kein eindeutiges Bild. Problematisch bei dieser Betrachtung erweist sich der Umfang der Fallstudie. Bei nur acht Einzeltiteln aus jeweils verschiedenen Branchen lässt sich so nur schwerlich eine Übereinstimmung identifizieren. Branchenspezifische Faktoren sind durch die Datenwahl fast gar nicht zu bestimmen. Daher erfolgt an dieser Stelle nur eine ausschließlich exemplarische Interpretation. Die Branchen Telecommunications, Technology und Healthcare könnten

406 Die Branchenzuordnung wurde entnommen aus http://www.stoxx.com/indexes/factsheets/eurostoxx50_fs.pdf.

darauf hinweisen, dass es sich um einen von Forschung und Entwicklung abhängigen Faktor handeln könnte, der die technologische Entwicklung repräsentiert, also entsprechend um einen Index handelt, der diese Werte darstellt. Behelfsweise wurde hier der *Nasdaq*[407] Index ausgewählt und eine Korrelationsanalyse des Faktors 2 und des *Nasdaq*[408] durchgeführt. Das Ergebnis ist mit einem Korrelationskoeffizienten von 0,3 enttäuschend und reicht nicht aus, um den *Nasdaq* als realen Repräsentanten dieses Faktors in ein mögliches Multi-Index-Modell zu übernehmen. Eine ähnliche Argumentation gilt auch für Faktor 3. Er lädt auf die Variablen *Total Fina Elf* sowie *Ass. Generali* hoch, wobei der Einfluss gegenläufig ist. Es handelt sich um Einzeltitel aus den Branchen Energy und Insurance. Hier ist die Interpretation eines sachlogischen Zusammenhangs nicht offensichtlich. Die Suche nach einem realen Repräsentanten scheint daher und aufgrund der Datenbasis des Beispiels als nicht sinnvoll und wurde unterlassen. In der Fallstudie kommt der Interpretation der Faktoren und der Identifikation realer Repräsentanten hier nur eine nebensächliche Bedeutung zu. In diesem Fall kann man den Faktor 1 sinnvoll als Marktindex interpretieren, die Faktoren 2 und 3 repräsentieren eher synthetische Resteinflüsse, die nicht (oder nur schwer) zu interpretieren sind. An diesem kleinen Beispiel wird jedoch deutlich, dass die Interpretation der Faktoren dem Anwender einen erheblichen Spielraum überlässt, von dem die sich anschließende Suche nach möglichen realen Repräsentanten beeinflusst wird. Die Auswahl eines realen Repräsentanten ist zusätzlich durch den Umfang der beim Anwender vorhandenen Informationsmenge beschränkt. Auch die Kombination mehrerer Indices zu einem Index, der dann als realer Repräsentant gewählt wird, ist nicht unüblich und eröffnet weitere Entfaltungsmöglichkeiten. Es bleibt festzuhalten, dass die Interpretation der Faktoren und die Identifikation realer Repräsentanten keinesfalls trivial oder eindeutig sind. Dies ist wohl der meistgenannte Ansatzpunkt für Kritik an der Faktorenanalyse und erfordert eine sorgfältige Auswahl der realen Repräsentanten unabdinglich.

---

407 Die Kurszeitreihe ist beispielsweise im Internet über http://finance.yahoo.com/l zu erhalten.

408 Wie bisher erfolgt eine Umrechnung der Kursreihen in diskrete Einmonatsrenditen, die als Überschussrenditen über den risikolosen Zinssatz formuliert werden.

7.4. Zusammenfassung

- Die Faktorenanalyse eignet sich als ein methodisches Werkzeug für den Einsatz bei finanzwirtschaftlichen Fragestellungen. Einsatzmöglichkeiten der Faktorenanalyse sind beispielsweise die Generierung eines künstlichen Datensatzes oder die Extraktion von Faktoren für ein Faktormodell. Es handelt sich um ein statistisches Verfahren zur Bestimmung latenter Größen.

- Die Hauptkomponentenanalyse (PCA) ist eine Möglichkeit, Faktoren zu extrahieren.

- Die Anwendung der Hauptkomponentenanalyse kann mithilfe vorgefertigter Softwarepakete (wie z.B. SPSS) vorgenommen werden, aber auch eine Umsetzung mithilfe von Excel ist möglich (vgl. A7.2.).

- Die Bestimmung der Anzahl der zu extrahierenden Faktoren kann beispielsweise mithilfe des Kaiser-Kriteriums oder eines Scree-Tests erfolgen.

- Die Interpretation der Faktoren resultiert aus der Struktur der Faktorladungsmatrix. Diese gestaltet sich im Allgemeinen nicht einfach, da es sich bei den Faktoren um mathematisch statistische Konstrukte handelt.

- Die Anwendungsmöglichkeiten der Faktorenanalyse im Portfoliomanagement sind vielfältig. Beispielhaft wurden hier die Analyse der Faktorstruktur von Assetrenditen und die Generierung von künstlichen Daten betrachtet. Letztere kann zur Erzeugung und Prognose kompletter Renditeverteilungen weiter entwickelt werden. Damit können alle Optimierungsverfahren, die komplette Renditeverteilungen aller betrachteten Assets benötigen, mit fortgeschrittenen Prognosetechniken kombiniert werden.

Literaturhinweise

Eine konzentrierte, eher mathematisch formale Darstellung der Hauptkomponentenanalyse, die sich auf die Extraktion der Faktoren beschränkt, befindet sich bei THEIL (1971).

Bei BACKHAUS ET AL. (2003) findet sich eine anwendungsorientierte Aufarbeitung der Faktorenanalyse unter Verwendung des Softwarepaketes SPSS. An einem Beispiel wird die gesamte Vorgehensweise illustriert.

Eine umfassende Darstellung der gesamten Faktorenanalyse leistet BORTZ (1999). Es werden verschiedene Extraktionsverfahren formal und anhand von Beispielen vorgestellt.

A7.1. Zusätzliche Matrizenoperationen

In diesem Anhang werden die bei den Darstellungen zur Hauptkomponentenanalyse in dem Abschnitt 7.2.4.2.1., 7.2.4.2.2. bzw. 7.2.7. zusätzlich benötigten Konzepte der Matrixalgebra behandelt, welche über den Umfang von A1.1. hinausgehen.

A7.1.1. Die Spur einer Matrix

Die *Spur* („*trace*") *einer quadratischen Matrix* ist definiert als die Summe der Elemente ihrer Hauptdiagonalen.[409] Als Notation für die Spur einer quadratischen Matrix **A** wird hier tr (**A**) gewählt:

(1) $$\mathrm{tr}\,(\mathbf{A}) = \mathrm{tr}\begin{pmatrix} a_{11} & a_{12} & \cdots & a_{1N} \\ a_{21} & a_{22} & \cdots & a_{2N} \\ \vdots & \vdots & \ddots & \vdots \\ a_{N1} & a_{N2} & \cdots & a_{NN} \end{pmatrix} = a_{11} + a_{22} + \ldots + a_{NN} = \sum_{i=1}^{N} a_{ii}\,.$$

Eigenschaften der Spur sind:

(2) $\mathrm{tr}\,(\mathbf{A}) = \mathrm{tr}\,(\mathbf{A}^{\mathbf{T}})$

(3) $\mathrm{tr}\,(k\mathbf{A}) = k \cdot \mathrm{tr}\,(\mathbf{A})$

(4) $\mathrm{tr}\,(\mathbf{E}_n) = n$ (entspricht dem Rang der Matrix $\mathbf{E}_n$)

(5) $\mathrm{tr}\,(\mathbf{A} + \mathbf{B}) = \mathrm{tr}\,(\mathbf{A}) + \mathrm{tr}\,(\mathbf{B})$.

Dabei ist **B** so gewählt, dass die Summe **A** + **B** definiert ist. Ferner gilt, soweit das Produkt **AB** definiert und quadratisch ist:

(6) $\mathrm{tr}\,(\mathbf{AB}) = \mathrm{tr}\,(\mathbf{BA})$.

---

409 Vgl. Greene (2003), S. 829 f.; Theil (1971), S. 15 oder Judge et al. (1988), S. 926 f.

Schließlich gilt:

$$(7) \qquad \operatorname{tr}(\mathbf{AA^T}) = \operatorname{tr}(\mathbf{A^T A}) = \sum_{i=1}^{N} \sum_{j=1}^{N} a_{ij}^2 .$$

A7.1.2. Die Determinante einer Matrix

In Kap. 7.2.7. wurde die *Determinante* zur Formulierung einer Nebenbedingung bei der Eigenwertbestimmung herangezogen. An dieser Stelle soll das Konzept der Determinante kurz allgemein eingeführt werden.[410]

Die Determinante ist nur für quadratische Matrizen definiert. Mit ihrer Hilfe lassen sich Aussagen über die lineare Unabhängigkeit von Zeilen und Spalten der Matrix treffen. So ist der Wert der Determinante einer Matrix genau dann null, wenn mindestens zwei Spalten der Matrix linear voneinander abhängig sind. Die Determinante einer Matrix ist dann und nur dann verschieden von null, wenn sie den vollen Rang besitzt.

Dies ist am Beispiel einer 2×2 Matrix leicht zu veranschaulichen. Sei

$$(1) \qquad \mathbf{A} = \begin{pmatrix} 4 & 2 \\ 1 & 3 \end{pmatrix}.$$

In der Abb. A7.1.2.-1. werden die beiden Spalten von **A** als Vektoren grafisch dargestellt. Verlängert man den durch die erste Spalte dargestellten Vektor mit dem der zweiten Spalte und umgekehrt, so ergibt sich ein Parallelogramm. Die Fläche dieses Parallelogramms kann mithilfe der Determinante berechnet werden.

---

410 Zu den folgenden Ausführungen zum Konzept der Determinantenberechnung vgl. beispielsweise Sydsaeter/Hammond (2004), S. 717 ff. oder Judge et al. (1988), S. 928 ff.

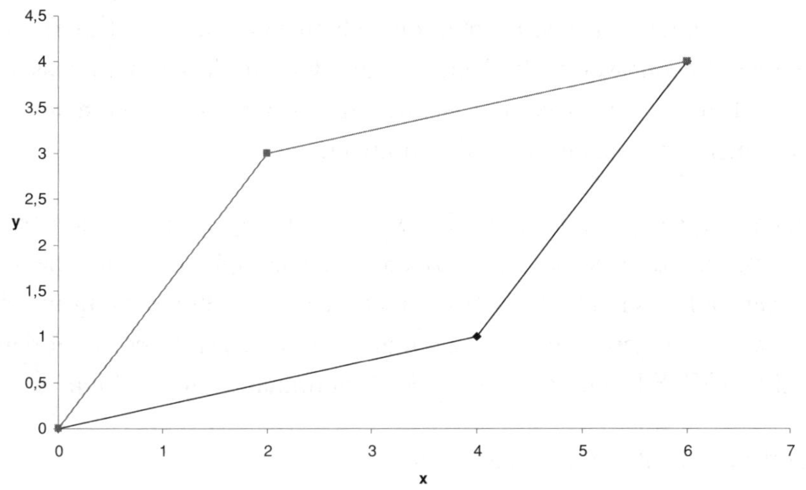

Abb. A7.1.2.-1.: Grafische Darstellung der Determinante

Für die Matrix **A** ergibt sich die Determinante als:

(2) $\mathbf{Det}(\mathbf{A}) = 4 \cdot 3 - 2 \cdot 1 = 10.$

Die Fläche ergibt sich als Absolutwert der Determinante. Sind die beiden Spalten der Matrix A jedoch linear voneinander abhängig, so „fällt" das Parallelogramm zu einer Linie zusammen und es wird keine Fläche eingeschlossen.

Allgemein gilt für die Berechnung der Determinante einer 2×2 Matrix:

(3) $$\mathbf{Det}(\mathbf{A}) = \mathbf{Det}\begin{pmatrix} a & b \\ c & d \end{pmatrix} = ad - bc.$$

Diese Vorgehensweise wird auch als *Sarrus-Regel* bezeichnet und ist ebenfalls auf den Fall einer 3×3 Matrix übertragbar; für höherdimensionale quadratische Matrizen ist dieses Verfahren jedoch nicht zulässig:

(4) $$\mathbf{Det}(\mathbf{A}) = \mathbf{Det}\begin{pmatrix} a_{11} & a_{12} & a_{13} \\ a_{21} & a_{22} & a_{23} \\ a_{31} & a_{32} & a_{33} \end{pmatrix} = a_{11}a_{22}a_{33} + a_{12}a_{23}a_{31} + a_{13}a_{21}a_{32}$$

$$- a_{31}a_{22}a_{13} - a_{32}a_{23}a_{11} - a_{33}a_{21}a_{12}.$$

Die Interpretation kann analog zum Fall der 2×2 Matrix vorgenommen werden. Durch die drei Spalten der Matrix kann ein schiefer Quader konstruiert werden. Mit Berechnung des Absolutwertes der Determinante wird in diesem Fall dessen Volumen bestimmt. Sind mindestens zwei der Spalten linear abhängig voneinander, so ergibt sich ein Volumen von null, also eine Determinante von null.

Ist die Dimension der quadratischen Matrix, von der die Determinante bestimmt werden soll, größer als drei, so ist deren Berechnung komplexer. Auf eine Darstellung wird an dieser Stelle verzichtet, da bei der Determinantenberechnung im praktischen Einsatz Softwarelösungen zum Einsatz kommen.[411] Auch in Excel steht dem Anwender die Funktion MDET zur Berechnung der Determinante zur Verfügung.

A7.1.3. Orthogonalität von Vektoren

Zwei Vektoren a und b sind *orthogonal* zueinander, dann und nur dann, wenn:[412]

(1) $\mathbf{a}^{\mathbf{T}}\mathbf{b} = \mathbf{b}^{\mathbf{T}}\mathbf{a} = 0.$

Die beiden Vektoren sind dann linear unabhängig voneinander. Diese Eigenschaft wird in der Hauptkomponentenanalyse (vgl. Kap. 7.2.4.2.2. insbesondere dort Gleichung (3)) bei der Betrachtung der Unabhängigkeit der Faktoren genutzt.

A7.1.4. Bildung von Ableitungen

Bei der Extraktion einzelner Faktoren bei der Hauptkomponentenanalyse in Kap. 7.2.4.2.1. und Kap. 7.2.4.2.2. wird zur Bestimmung des Minimums der Abweichungsquadrate (Bestimmung des Minimums der (Differenzen-) Matrix ($\mathbf{X} - \mathbf{pa}^{\mathbf{T}}$)) auf Rechenregeln zur Bildung von Ableitungen zurückgegriffen, die im Folgenden beschrieben werden.

Im Allgemeinen handelt es sich bei den hier betrachteten Ableitungen um Ableitungen von Funktionen mehrerer Variablen. Für eine allgemeine und formale Darstellung

---

411 Eine allgemeine Formel für die Berechnung der Determinante von $N \times N$ Matrizen wird bei Sydsaeter/Hammond (2004) , S. 726 ff. eingeführt.

412 Vgl. Sydsaeter/Hammond (2004), S. 707.

hierzu sei auf die Literatur verwiesen.[413] Hier werden zur Veranschaulichung zwei Beispiele betrachtet.[414]

Zunächst sei das Produkt zweier Vektoren betrachtet:

(1) $$y = \mathbf{a}^{\mathbf{T}}\mathbf{x}$$

mit
y: Skalar
$\mathbf{a}^{\mathbf{T}}$: Zeilenvektor der Dimension $1 \times N$
$\mathbf{x}$: Spaltenvektor der Dimension $N \times 1$.

Der Spaltenvektor **a** möge die folgenden Werte beinhalten:

(2) $$\mathbf{a} = \begin{pmatrix} a_1 \\ \vdots \\ a_N \end{pmatrix}.$$

Durch das Transponieren wird aus dem Spaltenvektor **a** der Zeilenvektor $\mathbf{a}^{\mathbf{T}}$. Der Spaltenvektor **x** beinhaltet die folgenden Werte:

(3) $$\mathbf{x} = \begin{pmatrix} x_1 \\ \vdots \\ x_N \end{pmatrix}.$$

Für das Produkt y der Vektoren $\mathbf{a}^{\mathbf{T}}$ und **x** ergibt sich:

(4) $$y = \mathbf{a}^{\mathbf{T}} \cdot \mathbf{x} = \begin{pmatrix} a_1 & \cdots & a_N \end{pmatrix} \cdot \begin{pmatrix} x_1 \\ \vdots \\ x_N \end{pmatrix} = a_1 x_1 + \ldots + a_N x_N .$$

Wird die Größe y nach dem Vektor **x** abgeleitet, so muss hierzu die Ableitung nach allen einzelnen Elementen des Vektors **x** ($x_1, \ldots, x_n$) ermittelt werden (partielle Ableitungen):

---

413 Vgl. stellvertretend Sydsaeter/Hammond (2004), S. 465 ff.

414 Vgl. hierzu auch die Betrachtungen bei Judge et al. (1988), S. 967 ff.

(5) $$\frac{dy}{d\mathbf{x}} = \frac{d(\mathbf{a}^{\mathbf{T}}\mathbf{x})}{d\mathbf{x}} = \begin{pmatrix} \partial y / \partial x_1 \\ \vdots \\ \partial y / \partial x_N \end{pmatrix} = \begin{pmatrix} a_1 \\ \vdots \\ a_N \end{pmatrix}.$$

Bei der Bildung dieser partiellen ersten Ableitungen resultiert als Ergebnis exakt wieder der Spaltenvektor **a**. Dieser Sachverhalt wird durch die folgende Rechenregel beschrieben:

(6) $$y = \mathbf{a}^{\mathbf{T}}\mathbf{x} \Rightarrow \frac{dy}{d\mathbf{x}} = \mathbf{a}.$$

Als zweites Beispiel sei nachstehendes Produkt betrachtet:

(7) $$y = \mathbf{x}^{\mathbf{T}}\mathbf{A}\mathbf{x}$$

mit y: Skalar
$\mathbf{x}$: Spaltenvektor der Dimension $N \times 1$
$\mathbf{A}$: Symmetrische Matrix der Dimension $N \times N$.

Der Spaltenvektor **x** ist somit wie folgt definiert:

(8) $$\mathbf{x} = \begin{pmatrix} x_1 \\ \vdots \\ x_N \end{pmatrix}.$$

Die symmetrische Matrix **A** sei wie folgt definiert:

(9) $$A = \begin{pmatrix} a_{11} & \cdots & a_{1N} \\ \vdots & \ddots & \vdots \\ a_{N1} & \cdots & a_{NN} \end{pmatrix}.$$

Wird der Zeilenvektor $\mathbf{x}^{\mathbf{T}}$ mit der symmetrischen Matrix **A** und dem Spaltenvektor **x** multipliziert, so ergibt sich daraus die Skalargröße y:

(10) $$y = \mathbf{x}^{\mathbf{T}}\mathbf{A}\mathbf{x} = (x_1, \quad \cdots \quad, x_N) \begin{pmatrix} a_{11} & \cdots & a_{1N} \\ \vdots & \ddots & \vdots \\ a_{N1} & \cdots & a_{NN} \end{pmatrix} \begin{pmatrix} x_1 \\ \vdots \\ x_N \end{pmatrix}$$

(11) $$y=\left(x_1a_{11}+...+x_Na_{N1}, \quad \cdots \quad ,x_1a_{1N}+...+x_Na_{NN}\right)\begin{pmatrix} x_1 \\ \vdots \\ x_N \end{pmatrix}$$

(12) $$y=\left[x_1a_{11}+...+x_Na_{N1}\right]x_1+...+\left[x_1a_{1N}+...+x_Na_{NN}\right]x_N$$

(13) $$y=\left[x_1a_{11}x_1+...+x_Na_{N1}x_1\right]+...+\left[x_1a_{1N}x_N+...+x_Na_{NN}x_N\right].$$

Zur Bestimmung der Ableitung der Größe y nach dem Vektor $\mathbf{x}$ muss die Ableitung nach allen einzelnen Elementen des Vektors $\mathbf{x}$ (x_1, ..., x_N) ermittelt werden (partielle Ableitungen):[415]

(14) $$\frac{dy}{d\mathbf{x}}=\frac{d(\mathbf{x}^{\mathbf{T}}\mathbf{A}\mathbf{x})}{d\mathbf{x}}=\begin{pmatrix} \partial y/\partial x_1 \\ \vdots \\ \partial y/\partial x_N \end{pmatrix}=\begin{pmatrix} \left[2a_{11}x_1+...+a_{N1}x_N\right]+...+\left[a_{1N}x_N\right] \\ \vdots \\ \left[a_{N1}x_1\right]+...+\left[a_{1N}x_1+...+2a_{NN}x_N\right] \end{pmatrix}.$$

Da es sich bei der Matrix $\mathbf{A}$ um eine symmetrische Matrix handelt, ergibt sich die zweite Rechenregel als:

(15) $$y=\mathbf{x}^{\mathbf{T}}\mathbf{A}\mathbf{x} \Rightarrow \frac{dy}{d\mathbf{x}}=2\mathbf{A}\mathbf{x}.$$

A7.2. Generierung künstlicher Daten mit Excel

In Abschnitt A7.2.1. wird zunächst die Installation der schon in Kap. 7.2.4.2.3. erwähnten Add-Ins gezeigt. Der Abschnitt A7.2.2. zeigt dann, wie mit den vorgestellten Add-Ins die in Kap. 7.3.2.2. mit SPSS durchgeführte Hauptkomponentenanalyse auch in Excel umzusetzen ist. Dabei wird nochmals die Vorgehensweise nach Kap. 7.2.4.2.1. bzw. Kap. 7.2.4.2.2. verdeutlicht. Hier werden aber auch schnell die Vorteile der Anwendung von Softwarelösungen wie SPSS offensichtlich.

A7.2.1. Excel Add-Ins

Um dem mit der Installation von Add-Ins wenig vertrauten Leser eine kleine Hilfestellung zu geben, wird im Folgenden für die beiden exemplarisch genannten Add-Ins aus

415 Die einzelnen Produkte der Gleichung (13) können aufgrund des Kommutativgesetzes für die Multiplikation beliebig „sortiert" werden.

Kap. 7.2.4.2.3. die Installation kurz vorgestellt und ein paar Hinweise zum Umgang mit ihnen gegeben.

A7.2.1.1. MATRIX 1.5

Das Add-In kann auf der Seite http://digilander.libero.it/foxes/index.htm vom Anbieter Foxes als Freeware heruntergeladen werden. Man erhält die im Zip-Format gepackte Datei matrix15. Zum Entpacken benötigt man eines der üblichen Packprogramme, wie beispielsweise WinZip (http://www.winzip.de) o.Ä. Die Extraktion der Datei matrix15 sollte in einem eigenständigen Ordner ausgeführt werden. Die Übernahme der eigentlichen Funktionen in Excel erfolgt dann aus Excel heraus mit dem Add-Ins-Manager. Dieser befindet sich unter Extras/Add-Ins-Manager..., es öffnet sich das Add-Ins Menü (vgl. Abb. A7.2.1.1.-1.).

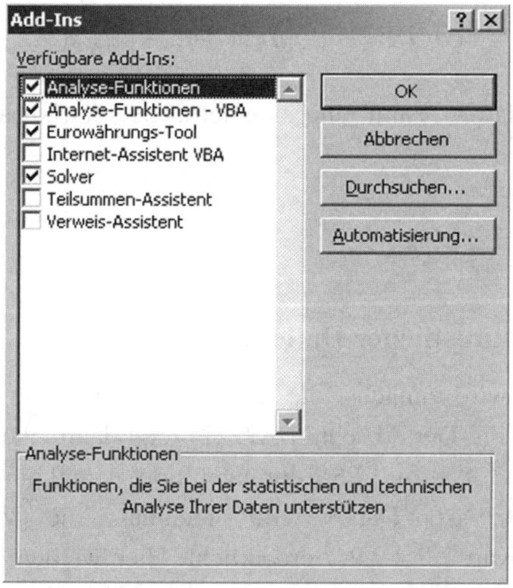

Abb. A7.2.1.1.-1.: Add-Ins Manager

Nach Anwahl von Durchsuchen... öffnet sich ein Menü, in dem jetzt unter Suchen in: der Ordner angewählt wird, in dem man die Datei matrix15 extrahiert hat. Ist dies geschehen, so ist das Add-In matrix auszuwählen und die Auswahl mit OK zu bestätigen. Es erscheint wieder das Bild des Add-Ins Managers, jedoch ist nun auch das Add-In MATRIX 1.5 als verfügbares und gewähltes Add-In gekennzeichnet (vgl. Abb. A7.2.1.1.-2.).

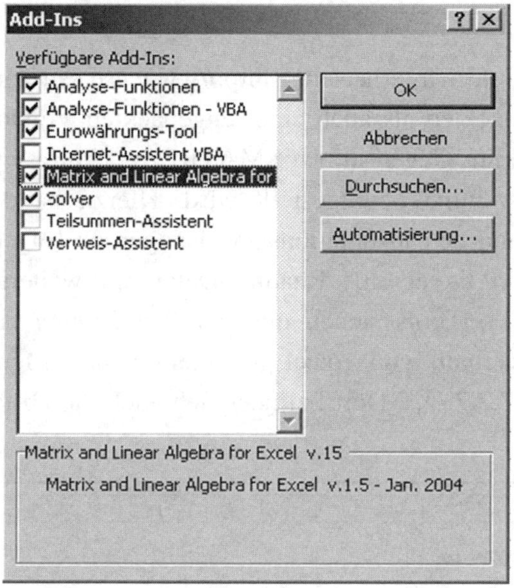

Abb. A7.2.1.1. 2.: Add-In Installation MATRIX 1.5

Nach Betätigung der OK-Schaltfläche erfolgt nochmals eine Bestätigung der erfolgreichen Installation des Add-Ins, die man entweder mit OK bestätigt oder sich per „help" die Hilfe-Datei anzeigen lässt (vgl. Abb. A7.2.1.1.-3.). Das Add-In steht nun zur Verfügung. Die enthaltenen Funktionen können über Einfügen/Funktion.../Alle angewählt werden.

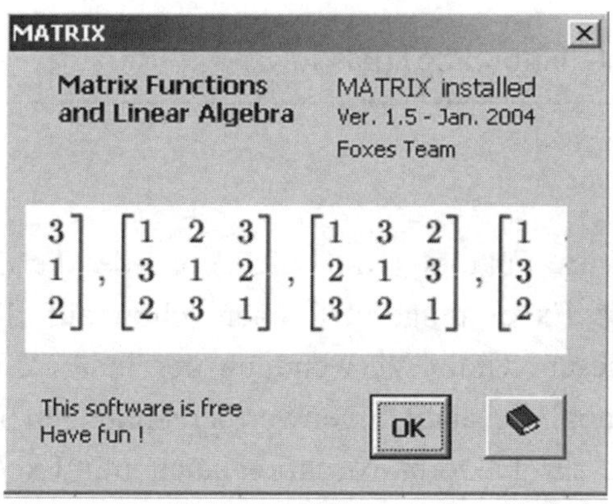

Abb. A7.2.1.1.-3.: Erfolgreiche Add-In Installation MATRIX 1.5

Eine komplette Liste der durch MATRIX 1.5 eingefügten Funktionen sowie deren Anwendung findet man in der Hilfe-Datei zu MATRIX 1.5. Diese lässt sich auch später noch ansehen, muss jedoch direkt aus dem Ordner, in den die Datei matrix15 extrahiert wurde, aufgerufen werden.

A7.2.1.2. PopTools

Das Add-In PopTools lässt sich von der Internetseite http://www.cse.csiro.au/CDG/poptools/download.htm in einer gepackten als auch einer ungepackten Version herunterladen. Es handelt sich hierbei im Gegensatz zu MATRIX 1.5 um ein Programm, welches mittels Installationsroutine bereitgestellt wird. Hierzu ist die Setup-Datei des Programms aufzurufen und den Installationsanweisungen zu folgen. Nach erfolgter Installation öffnet sich in Excel eine Readme-Datei mit weiteren Informationen (vgl. Abb. A7.2.1.2.-1.). PopTools stehen nun zur Anwendung zur Verfügung. Die Funktionen können innerhalb von Excel in einem neuen Menü PopTools abgerufen werden (vgl. Abb. A7.2.2.-5.). Dort befindet sich auch die Hilfe-Datei zur Anwendung des Add-Ins.

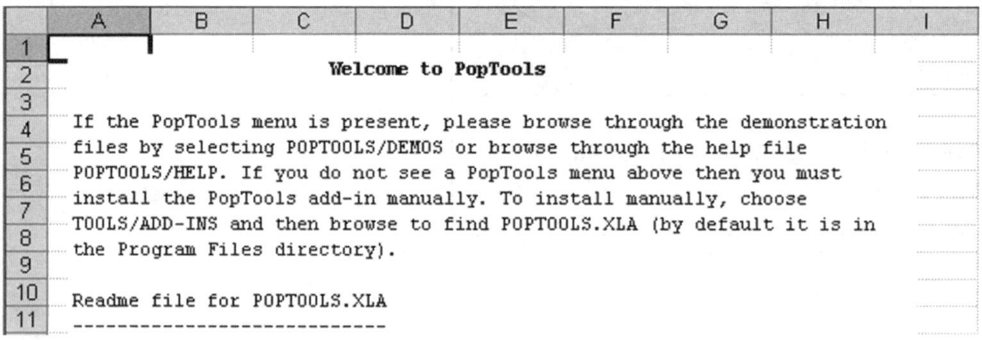

Abb. A7.2.1.2.-1.: Erfolgreiche Add-In Installation PopTools

A7.2.2. Datengenerierung

In der Beispielrechnung zur Extraktion eines Faktors (Kap. 7.2.7.) wurde die in Kap. 7.2.4.2.1. vorgestellte Berechnung mit Excel umgesetzt, aber schon auf die Schwächen dieser Vorgehensweise hingewiesen. Unter Verwendung der in A7.2.1. angesprochenen Add-Ins für Excel ist es möglich, auch Eigenwertberechnungen in Excel durchzuführen. Somit ist der Ansatz zur Faktorenextraktion auch mit Excel realisierbar. Da diese Routine zur Faktorenextraktion jedoch in gängigen Softwarepaketen bereits umgesetzt ist, wurde in Kap. 7.3.2. auf das Softwarepaket SPSS 11.5 für Windows zurückgegriffen. Ein weiterer großer Vorteil besteht darin, dass die Ergebnisse dort schon in einer „aufbereiteten" Form zur Verfügung gestellt werden und auch problemlos in andere Programme exportiert werden können. Um trotzdem die Möglichkeit der Faktorenextraktion mit Excel aufzuzeigen, die Verwendung der Add-

Ins zu demonstrieren und um die Anwendung der Faktorenanalyse zu verdeutlichen, aber auch die Nachteile der Umsetzung mit Excel klar herauszustellen, wird an dieser Stelle die Faktorenextraktion aus dem in Kap. 7.3.2. vorgestellten Datenmaterial mittels der Hauptkomponentenanalyse in Excel umgesetzt. Zur Veranschaulichung werden die Dimensionen der jeweiligen Matrizen bzw. der sich ergebenden Matrizen zusätzlich angegeben.

Zunächst wird die Matrix der Rohdaten $\mathbf{Q}$ $[110 \times 8]$ (vgl. Abb. A7.2.2.-1.) durch Bildung der diskreten Monatsrenditen in die Ursprungsdatenmatrix $\mathbf{X}$ $[109 \times 8]$ (vgl. Abb. A7.2.2.-2.) der Renditereihen umgewandelt.

	A	B	C	D	E	F	G	H	I
1	**Tabellenbereich A: Rohdaten in originärer Form**								
2									
3	Datum	A_EMU	A_UK	A_USA	A_Japan	R_EMU	R_UK	R_USA	R_Japan
4	29.01.1993	85,35	2512,05	1708,85	5433,84	400,00	373,29	273,47	134,19
5	26.02.1993	91,09	2499,44	1765,74	5782,71	402,92	372,43	284,11	148,10
6	31.03.1993	92,63	2636,04	1770,95	6482,79	408,97	391,17	279,41	146,56
7	30.04.1993	92,22	2673,81	1706,35	7523,29	417,08	395,74	278,37	148,80
8	31.05.1993	91,74	2690,65	1748,42	7724,39	418,94	393,58	276,01	155,35
9	30.06.1993	96,81	2859,12	1883,10	8179,51	435,54	420,54	305,31	169,71
10	30.07.1993	99,81	2912,33	1921,68	8885,94	447,42	448,45	321,01	178,46

Abb. A7.2.2.-1.: Ausschnitt aus der Rohdatenmatrix

	K	L	M	N	O	P	Q	R	S
1	**Tabellenbereich B: Bildung der diskreten Rendite, Ursprungsdatenmatrix X**								
2									
3	Datum	A_EMU	A_UK	A_USA	A_Japan	R_EMU	R_UK	R_USA	R_Japan
4	29.01.1993								
5	26.02.1993	0,06725	-0,00502	0,03329	0,06420	0,00730	-0,00230	0,03891	0,10366
6	31.03.1993	0,01691	0,05465	0,00295	0,12106	0,01502	0,05032	-0,01654	-0,01040
7	30.04.1993	-0,00443	0,01433	-0,03648	0,16050	0,01983	0,01168	-0,00372	0,01528
8	31.05.1993	-0,00520	0,00630	0,02465	0,02673	0,00446	-0,00546	-0,00848	0,04402
9	30.06.1993	0,05526	0,06261	0,07703	0,05892	0,03962	0,06850	0,10616	0,09244
10	30.07.1993	0,03099	0,01861	0,02049	0,08637	0,02728	0,06637	0,05142	0,05150

Abb. A7.2.2.-2.: Ausschnitt aus der Matrix der Renditereihen

Diese wird dann gemäß Formel (1) aus Kap. 7.2.1. standardisiert. Die so erhaltene Matrix **Z** [109 × 8] (Abb. A7.2.2.-3.) wird nun als Basis für die Extraktion der Faktoren herangezogen.

	U	V	W	X	Y	Z	AA	AB	AC
1	**Tabellenbereich C: Renditereihen standardisiert, Datenmatrix Z**								
2									
3	Datum	A_EMU	A_UK	A_USA	A_Japan	R_EMU	R_UK	R_USA	R_Japan
4	29.01.1993								
5	26.02.1993	1,03535	-0,37855	0,34369	0,88740	0,06333	-0,44417	0,97276	2,54433
6	31.03.1993	0,07096	0,97318	-0,22168	1,72161	0,67610	1,43147	-0,84294	-0,46821
7	30.04.1993	-0,33767	0,05973	-0,95639	2,30020	1,05851	0,05437	-0,42313	0,21012
8	31.05.1993	-0,35259	-0,12217	0,18276	0,33764	-0,16226	-0,55661	-0,57886	0,96909
9	30.06.1993	0,80573	1,15352	1,15871	0,80989	2,63055	2,07952	3,17478	2,24792
10	30.07.1993	0,34071	0,15674	0,10510	1,21255	1,64990	2,00352	1,38258	1,16667

Abb. A7.2.2.-3.: Ausschnitt aus der standardisierten Datenmatrix

In Kap. 7.2.4.2.1. wurden zwei Wege zur Faktorenextraktion aufgezeigt. Hierzu wird die (Differenzen-) Matrix $(\mathbf{X} - \mathbf{pa}^{\mathbf{T}})$ bzw. in diesem Fall $(\mathbf{Z} - \tilde{\mathbf{p}}\tilde{\mathbf{a}}^{\mathbf{T}})$ gebildet. Die Spur des Produktes $(\mathbf{Z} - \tilde{\mathbf{p}}\tilde{\mathbf{a}}^{\mathbf{T}})^{\mathbf{T}} \cdot (\mathbf{Z} - \tilde{\mathbf{p}}\tilde{\mathbf{a}}^{\mathbf{T}})$ entspricht der Summe der Abweichungsquadrate, welche im Folgenden zu minimieren ist. Es erfolgt eine Ableitung der Gleichung (5) bzw. (26) aus Kap. 7.2.4.2.1. nach **a** oder **p** bzw. $\tilde{\mathbf{a}}$ oder $\tilde{\mathbf{p}}$. Im Ergebnis ergibt sich letztendlich einmal die Bestimmung der größten Eigenwerte der Matrix $\mathbf{XX}^{\mathbf{T}}$ [109 × 109] (hier $\mathbf{ZZ}^{\mathbf{T}}$ [109 × 109]) bzw. im zweiten Fall der Matrix $\mathbf{X}^{\mathbf{T}}\mathbf{X}$ [8 × 8] (hier $\mathbf{Z}^{\mathbf{T}}\mathbf{Z}$ [8 × 8]). Diese führen selbstverständlich zu identischen Lösungen für die extrahierten Faktoren, jedoch ist für die Verwendung von Excel der zweite Lösungsweg eindeutig vorzuziehen, da Excel bei der Berechnung der Matrix $\mathbf{ZZ}^{\mathbf{T}}$ [109 × 109] an seine Kapazitätsgrenzen stößt, aber die Matrix $\mathbf{Z}^{\mathbf{T}}\mathbf{Z}$ [8 × 8] ohne Probleme mit der implementierten Matrizenmultiplikation zu berechnen ist (vgl. Abb. A7.2.2.-4.).

	V	W	X	Y	Z	AA	AB	AC
118	Z^TZ							
119	108	84,4303281	81,8318146	52,0437821	27,3219534	36,8273383	40,0958521	16,9442091
120	84,4303281	108	84,9988975	56,6019725	37,2137310	63,1697844	50,2131923	30,1610021
121	81,8318146	84,9988975	108	56,1962109	29,8258333	51,3151002	63,5130663	36,0057272
122	52,0437821	56,6019725	56,1962109	108	16,9816476	28,0298992	28,8715524	52,7753213
123	27,3219534	37,2137310	29,8258333	16,9816476	108	69,8140962	59,3236463	12,3288997
124	36,8273383	63,1697844	51,3151002	28,0298992	69,8140962	108	77,4322105	23,5181395
125	40,0958521	50,2131923	63,5130663	28,8715524	59,3236463	77,4322105	108	34,4738705
126	16,9442091	30,1610021	36,0057272	52,7753213	12,3288997	23,5181395	34,4738705	108

Abb. A7.2.2.-4.: Die Matrix $\mathbf{Z}^{\mathbf{T}}\mathbf{Z}$

Unter Nutzung der Funktionen eines der implementierten Add-Ins ist nun die Bestimmung der Eigenwerte und der zugehörigen Eigenvektoren der Matrix $\mathbf{Z}^\mathbf{T}\mathbf{Z}$ $[8 \times 8]$ möglich. Zu Demonstrationszwecken wird an dieser Stelle das Add-In PopTools herangezogen. Im Menü PopTools ist dazu der Unterpunkt Matrix tools und hier die Funktion Eigenanalysis (symmetric) (vgl. Abb. A7.2.2.-5.) zu wählen.

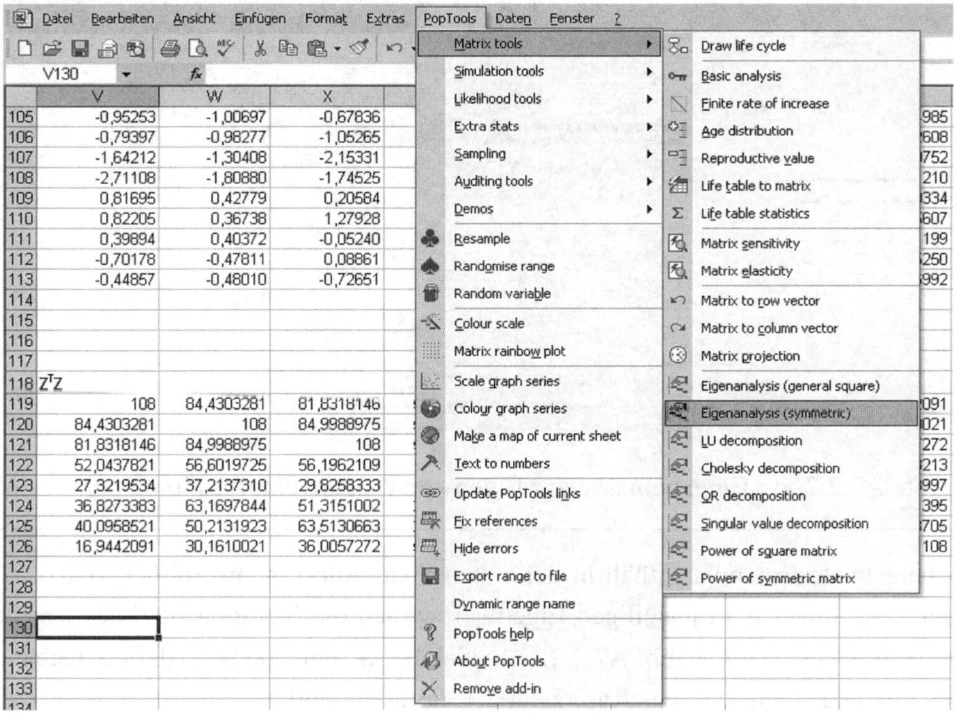

Abb. A7.2.2.-5.: Eigenwert- und Eigenvektorbestimmung

Es erscheint das Eingabefeld Eigenanalysis of symmetric matrix, in dem auf gewohnte Weise die Matrix eingegeben wird. Ferner ist die Zelle, in welcher der Outputbereich beginnen soll, anzugeben (vgl. Abb. A7.2.2.-6.).

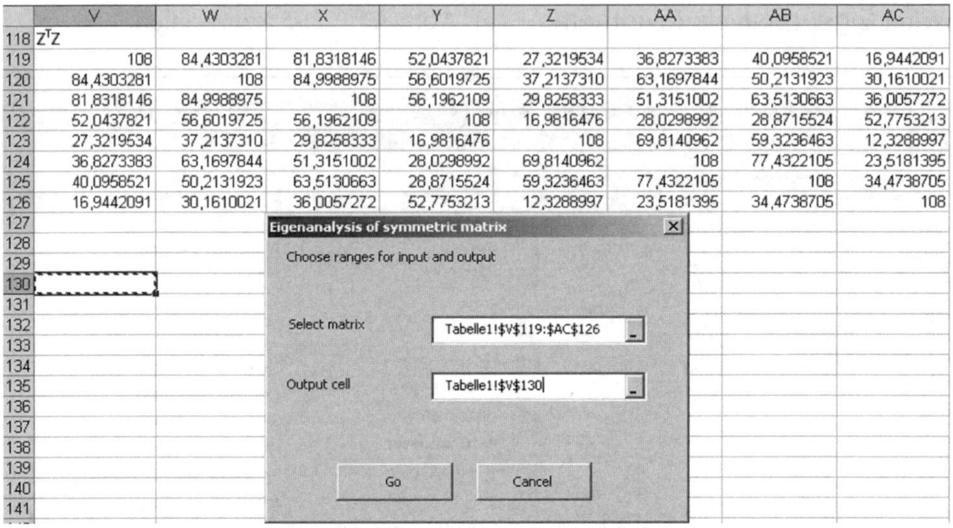

	V	W	X	Y	Z	AA	AB	AC
118	Z^TZ							
119	108	84,4303281	81,8318146	52,0437821	27,3219534	36,8273383	40,0958521	16,9442091
120	84,4303281	108	84,9988975	56,6019725	37,2137310	63,1697844	50,2131923	30,1610021
121	81,8318146	84,9988975	108	56,1962109	29,8258333	51,3151002	63,5130663	36,0057272
122	52,0437821	56,6019725	56,1962109	108	16,9816476	28,0298992	28,8715524	52,7753213
123	27,3219534	37,2137310	29,8258333	16,9816476	108	69,8140962	59,3236463	12,3288997
124	36,8273383	63,1697844	51,3151002	28,0298992	69,8140962	108	77,4322105	23,5181395
125	40,0958521	50,2131923	63,5130663	28,8715524	59,3236463	77,4322105	108	34,4738705
126	16,9442091	30,1610021	36,0057272	52,7753213	12,3288997	23,5181395	34,4738705	108

Abb. A7.2.2.-6.: Eingabemaske zur Eigenwert-/Eigenvektorbestimmung

Das berechnete Ergebnis enthält in der ersten Spalte die Eigenwerte der Matrix $\mathbf{Z}^T\mathbf{Z}$. In der Zeile hinter dem jeweiligen Eigenwert stehen die Komponenten des zugehörigen Eigenvektors (vgl. Abb. A7.2.2.-7.), welche $\tilde{\mathbf{a}}$ entsprechen, da sie bereits im Sinne von Gleichung (24) aus Kap. 7.2.4.2.1. normiert sind.

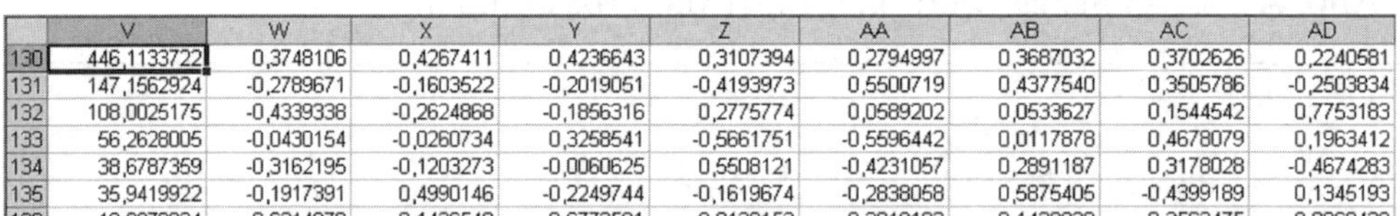

	V	W	X	Y	Z	AA	AB	AC	AD
130	446,1133722	0,3748106	0,4267411	0,4236643	0,3107394	0,2794997	0,3687032	0,3702626	0,2240581
131	147,1562924	-0,2789671	-0,1603522	-0,2019051	-0,4193973	0,5500719	0,4377540	0,3505786	-0,2503834
132	108,0025175	-0,4339338	-0,2624868	-0,1856316	0,2775774	0,0589202	0,0533627	0,1544542	0,7753183
133	56,2628005	-0,0430154	-0,0260734	0,3258541	-0,5661751	-0,5596442	0,0117878	0,4678079	0,1963412
134	38,6787359	-0,3162195	-0,1203273	-0,0060625	0,5508121	-0,4231057	0,2891187	0,3178028	-0,4674283
135	35,9419922	-0,1917391	0,4990146	-0,2249744	-0,1619674	-0,2838058	0,5875405	-0,4399189	0,1345193
136	19,0870834	-0,6214870	0,1426549	0,6773591	-0,0139152	0,2019192	-0,1428938	-0,2562475	-0,0868428
137	12,7572061	0,2618029	-0,6623861	0,3600517	-0,0110640	-0,0478761	0,4692876	-0,3702835	0,0575452

Abb. A7.2.2.-7.: Ergebnis der Eigenwert(-vektor)bestimmung

Die Entscheidung, wie viele Faktoren extrahiert werden sollen, kann dann beispielsweise mittels eines Screeplots getroffen werden, welcher einfach mithilfe der Diagramm-Funktion in Excel zu erstellen ist. Wie man in Abb. A7.2.2.-8. sehen kann, erfolgt eine asymptotische Annäherung der Eigenwerte an die Abszisse ab dem vierten

Faktor. Der Screeplot legt demnach die Extraktion von vier Faktoren nahe (vgl. Kap. 7.2.5.2.). Im Folgenden wurden jedoch drei Faktoren extrahiert, so wie es die Anwendung des Kaiser-Kriteriums (vgl. Kap. 7.2.5.1.) nahe legt (für die Eigenwerte der Korrelationsmatrix **K** vgl. Abb. A7.2.2.-14.).

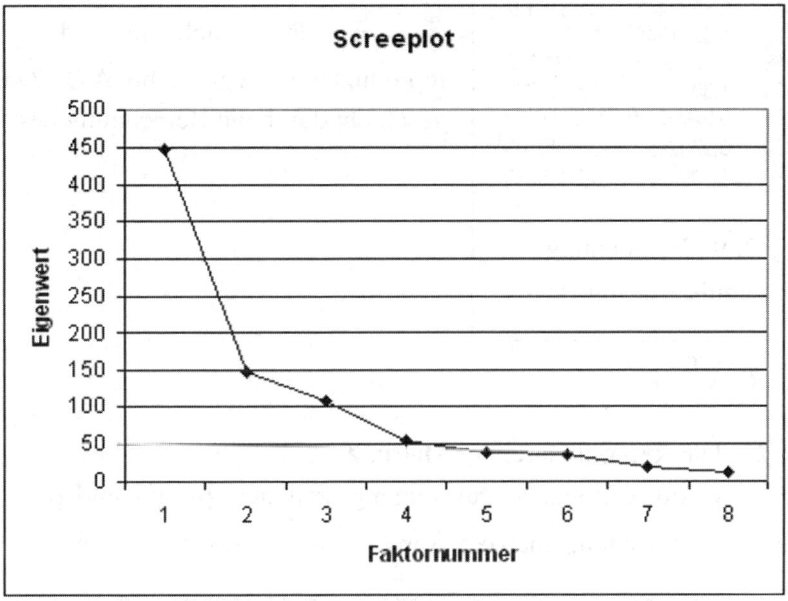

Abb. A7.2.2.-8.: Screeplot der Eigenwerte

Faktorwerte		
zum Eigenwert:		
446,1133722	147,1562924	108,0025175
Faktor 1	Faktor 2	Faktor 3
1,4320636	-1,1253292	1,9355565
1,1826924	-0,0328776	-0,1441893
0,4148155	-0,2818749	1,1096949
-0,2497147	-0,8390447	0,8675427
4,7179469	1,9241249	1,8564691
2,5890758	1,3272595	1,4502936
-1,1608904	-1,8019938	-1,5081070
-2,6230893	0,0296949	-0,3477683
2,0463864	0,2702122	-0,3642103
-0,1929766	1,2957227	0,2680733

Abb. A7.2.2.-9.: Berechnung von $\tilde{\mathbf{p}}$ (Ergebnisausschnitt)

Um die einzelnen Vektoren $\tilde{\mathbf{p}}$ zu erhalten, ist nach Formel (28) in Kap. 7.2.4.2.1. $\tilde{\mathbf{p}} = \mathbf{Z}\tilde{\mathbf{a}}$ für die entsprechenden $\tilde{\mathbf{a}}$ zu berechnen (vgl. Abb. A7.2.2.-9.). Unter Nutzung der so bestimmten Vektoren $\tilde{\mathbf{p}}_1$, $\tilde{\mathbf{p}}_2$, $\tilde{\mathbf{p}}_3$ sowie $\tilde{\mathbf{a}}_1$, $\tilde{\mathbf{a}}_2$, $\tilde{\mathbf{a}}_3$ lässt sich nun die Matrix **Z** reproduzieren (vgl. Abb. A7.2.2.-10.). Dies geschieht durch die Berechnung des Produktes:

(1) $\hat{\mathbf{Z}} = \tilde{\mathbf{F}}\,\tilde{\mathbf{A}}^T$

mit $\hat{\mathbf{Z}}$: Die Reproduzierte der Matrix **Z**

$\tilde{\mathbf{F}}$: Faktorwertematrix zusammengestellt aus $\tilde{\mathbf{p}}_1$, $\tilde{\mathbf{p}}_2$ und $\tilde{\mathbf{p}}_3$

$\tilde{\mathbf{A}}$: Faktorladungsmatrix zusammengestellt aus $\tilde{\mathbf{a}}_1$, $\tilde{\mathbf{a}}_2$ und $\tilde{\mathbf{a}}_2$.

	U	V	W	X	Y	Z	AA	AB	AC
255	Tabellenbereich D: Rekonstruktion von Z durch Berechnung von FA^T								
256									
257	Datum	A_EMU	A_UK	A_USA	A_Japan	R_EMU	R_UK	R_USA	R_Japan
258	29.01.1993								
259	26.02.1993	0,01078	0,28351	0,47462	1,45423	-0,10471	0,13868	0,43468	2,10330
260	31.03.1993	0,51503	0,54782	0,53447	0,34127	0,30398	0,41398	0,40411	0,16143
261	30.04.1993	-0,24742	-0,06906	0,02666	0,55514	0,02627	0,08877	0,22617	1,02389
262	31.05.1993	-0,23599	-0,19974	-0,09743	0,51511	-0,48021	-0,41307	-0,25262	0,82675
263	30.06.1993	0,42598	1,21751	1,26572	1,17439	2,48646	2,68088	2,70818	2,01468
264	30.07.1993	-0,02918	0,51135	0,55970	0,65045	1,53919	1,61301	1,64795	1,37222

Abb. A7.2.2.-10.: Rekonstruktion der Matrix **Z**

Abschließend ist die so erstellte Matrix $\hat{\mathbf{Z}}$ durch Umkehrung der Standardisierung, welche von **X** zu **Z** vorgenommen wurde, in eine Matrix $\hat{\mathbf{X}}$ zu transformieren (vgl. Abb. A7.2.2.-11.). Die Werte der Matrix $\hat{\mathbf{X}}$ entsprechen den mit drei Faktoren reproduzierten Werten der Ursprungsdatenmatrix **X**.

	U	V	W	X	Y	Z	AA	AB	AC
369	**Tabellenbereich E: Umkehrung der Standardisierung**								
370									
371	Datum	A_EMU	A_UK	A_USA	A_Japan	R_EMU	R_UK	R_USA	R_Japan
372	29.01.1993								
373	26.02.1993	0,01376	0,02421	0,04032	0,10284	0,00518	0,01405	0,02247	0,08696
374	31.03.1993	0,04009	0,03587	0,04353	0,02698	0,01033	0,02177	0,02154	0,01344
375	30.04.1993	0,00029	0,00864	0,01628	0,04156	0,00683	0,01265	0,01611	0,04609
376	31.05.1993	0,00088	0,00287	0,00962	0,03883	0,00046	-0,00143	0,00149	0,03863
377	30.06.1993	0,03544	0,06544	0,08277	0,08376	0,03781	0,08537	0,09191	0,08361
378	30.07.1993	0,01168	0,03426	0,04488	0,04805	0,02588	0,05541	0,05953	0,05928

Abb. A7.2.2.-11.: Umkehrung der Standardisierung

Die Ergebnisse für die Renditereihen werden nun genutzt, um die Rohdaten zu erzeugen. Ausgehend von einem fiktiven Indexstand von 100 für alle Performanceindices werden die weiteren Indexstände mit den generierten Renditereihen berechnet (vgl. Abb. A7.2.2.-12.).

V487 fx =V486*(1+V373)

	U	V	W	X	Y	Z	AA	AB	AC
483	**Tabellenbereich F: Rohdaten**								
484									
485	Datum	A_EMU	A_UK	A_USA	A_Japan	R_EMU	R_UK	R_USA	R_Japan
486	29.01.1993	100	100	100	100	100	100	100	100
487	26.02.1993	101,38	102,42	104,03	110,28	100,52	101,40	102,25	108,70
488	31.03.1993	105,44	106,10	108,56	113,26	101,56	103,61	104,45	110,16
489	30.04.1993	105,47	107,01	110,33	117,97	102,25	104,92	106,13	115,23
490	31.05.1993	105,56	107,32	111,39	122,55	102,30	104,77	106,29	119,69
491	30.06.1993	109,30	114,34	120,61	132,81	106,17	113,72	116,06	129,69
492	30.07.1993	110,58	118,26	126,02	139,19	108,91	120,02	122,97	137,38

Abb. A7.2.2.-12.: Berechnung der Rohdaten

Die Ergebnisse, welche mithilfe von SPSS 11.5 für die Faktorwerte berechnet wurden (vgl. Abb. 7.3.2.-6.), und die hier nach der (generellen) Vorgehensweise aus Kap. 7.2.4.2.1. und Kap. 7.2.4.2.2. berechneten Werte für $\tilde{\mathbf{p}}_1$, $\tilde{\mathbf{p}}_2$ und $\tilde{\mathbf{p}}_3$ unterscheiden sich nur dadurch, dass SPSS das Ergebnis für die Faktorwerte standardisiert, während in der hier gewählten Vorgehensweise eine Normierung der Faktorwertevektoren durchgeführt wird. Für die Rekonstruktion der Daten spielt es keine Rolle, ob die Spalten von $\mathbf{F}$ standardisiert oder normiert sind. Das Produkt $\mathbf{FA}'^{\mathbf{T}}$ bzw. $\tilde{\mathbf{F}}\tilde{\mathbf{A}}^{\mathbf{T}}$ bleibt dadurch unverändert, da die Standardisierung der Spalten von $\tilde{\mathbf{F}}$ einer Multiplikation mit einem Skalar c entspricht. Die dann berechneten Werte für die Spalten von $\mathbf{A}'$ ergeben sich entsprechend mit einem Skalar $1/c$ multipliziert. So führt die Standardisierung von $\tilde{\mathbf{F}}$ also nur zur entsprechenden Skalierung von $\mathbf{A}'$.[416]

416 Ein Vergleich mit den Berechnungen in Kap. 7.3.2. verdeutlicht dies.

Anhand dieser Anwendung lässt sich die Vorteilhaftigkeit der Verwendung der standardisierten Datenmatrix **Z**, wie sie in Kap. 7.2.4.2.1. bereits geschildert wurde, demonstrieren. Gemäß Gleichung (22) in Kap. 7.2.4.2.1. kann zur Bestimmung der Faktorwertevektoren auch der größte Eigenwert der Korrelationsmatrix **K** (welche $1/(N\text{-}1)\mathbf{ZZ}^{\mathbf{T}}$ entspricht) bestimmt werden. Dies hat den positiven Effekt, dass die berechneten Eigenwerte simultan auch für das Kaiser-Kriterium (vgl. Kap. 7.2.5.1.) herangezogen werden können und die Komponenten von **a´** den Korrelationskoeffizienten der Faktorwerte mit den einzelnen Variablen entsprechen.

Für die Berechnung der Eigenwerte und Eigenvektoren wird die Matrix $\mathbf{Z}^{\mathbf{T}}\mathbf{Z}$ [8×8] durch Multiplikation mit dem Faktor $1/(N\text{-}1)$ in die Korrelationsmatrix **K** der standardisierten Datenmatrix **Z** umgewandelt (vgl. Abb. A7.2.2.-13.).

V119 fx {=(1/108)*MMULT(MTRANS(V5:AC113);V5:AC113)}

	V	W	X	Y	Z	AA	AB	AC
118	$1/(N\text{-}1)Z^TZ$							
119	1	0,7817623	0,7577020	0,4818869	0,2529811	0,3409939	0,3712579	0,1568908
120	0,7817623	1	0,7870268	0,5240923	0,3445716	0,5849054	0,4649370	0,2792685
121	0,7577020	0,7870268	1	0,5203353	0,2761651	0,4751398	0,5880839	0,3333864
122	0,4818869	0,5240923	0,5203353	1	0,1572375	0,2595361	0,2673292	0,4886604
123	0,2529811	0,3445716	0,2761651	0,1572375	1	0,6464268	0,5492930	0,1141565
124	0,3409939	0,5849054	0,4751398	0,2595361	0,6464268	1	0,7169649	0,2177606
125	0,3712579	0,4649370	0,5880839	0,2673292	0,5492930	0,7169649	1	0,3192025
126	0,1568908	0,2792685	0,3333864	0,4886604	0,1141565	0,2177606	0,3192025	1

Abb. A7.2.2.-13.: Korrelationsmatrix der standardisierten Datenmatrix

Unter Verwendung der Funktionen des implementierten Add-Ins ist die Bestimmung der Eigenwerte und der zugehörigen Eigenvektoren der Matrix **K** ($1/(N\text{-}1)\mathbf{Z}^{\mathbf{T}}\mathbf{Z}$) [8×8] vorzunehmen. In der ersten Spalte der berechneten Outputmatrix befinden sich die Eigenwerte der Matrix **K**. In der Zeile hinter dem jeweiligen Eigenwert stehen die Komponenten des zugehörigen Eigenvektors (vgl. Abb. A7.2.2.-14.), welche **a** entsprechen.

V130 fx {=Jacobi(Tabelle1!$V$119:$AC$126)}

	V	W	X	Y	Z	AA	AB	AC	AD
130	4,1306794	0,3748106	0,4267411	0,4236643	0,3107394	0,2794997	0,3687032	0,3702626	0,2240581
131	1,3625583	-0,2789671	-0,1603522	-0,2019051	-0,4193973	0,5500719	0,4377540	0,3505786	-0,2503834
132	1,0000233	-0,4339338	-0,2624868	-0,1856316	0,2775774	0,0589202	0,0533627	0,1544542	0,7753183
133	0,5209519	-0,0430154	-0,0260734	0,3258541	-0,5661751	-0,5596442	0,0117878	0,4678079	0,1963412
134	0,3581364	-0,3162195	-0,1203273	-0,0060625	0,5508121	-0,4231057	0,2891187	0,3178028	-0,4674283
135	0,3327962	-0,1917391	0,4990146	-0,2249744	-0,1619674	-0,2838058	0,5875405	-0,4399189	0,1345193
136	0,1767323	-0,6214870	0,1426549	0,6773591	-0,0139152	0,2019192	-0,1428938	-0,2562475	-0,0868428
137	0,1181223	0,2618029	-0,6623861	0,3600517	-0,0110640	-0,0478761	0,4692876	-0,3702835	0,0575452

Abb. A7.2.2.-14.: Berechnete Eigenwerte (-vektoren)

Die Auswertung des diesen Eigenwerten entsprechenden Screeplots (vgl. Kap. 7.2.5.2.) legt, wie auch der Screeplot aus Abb. A7.2.2.-8., die Extraktion von vier Faktoren nahe. Im Folgenden wurden jedoch drei Faktoren extrahiert, so wie es die Anwendung des Kaiser-Kriteriums (vgl. Kap. 7.2.5.1.) ergibt.

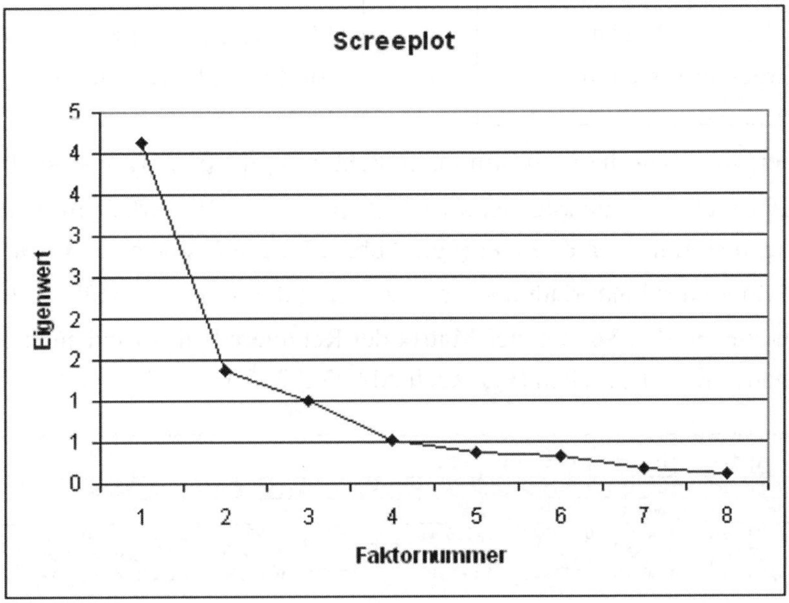

Abb. A7.2.2.-15.: Screeplot der Eigenwerte

Um die einzelnen Vektoren **f** zu erhalten ist, zunächst nach Formel (28) in Kap. 7.2.4.2.1. das Produkt $\tilde{\mathbf{p}} = \mathbf{Z}\tilde{\mathbf{a}}$ zu bestimmen (vgl. Abb. A7.2.2.-16.).

Faktorwerte		
zum Eigenwert:		
4,1306794	1,3625583	1,0000233
Faktor 1	Faktor 2	Faktor 3
1,4320636	-1,1253292	1,9355565
1,1826924	-0,0328776	-0,1441893
0,4148155	-0,2818749	1,1096949
-0,2497147	-0,8390447	0,8675427
4,7179469	1,9241249	1,8564691
2,5890758	1,3272595	1,4502936
-1,1608904	-1,8019938	-1,5081070
-2,6230893	0,0296949	-0,3477683
2,0463864	0,2702122	-0,3642103
-0,1929766	1,2957227	0,2680733

Abb. A7.2.2.-16.: Berechnung von $\tilde{\mathbf{p}}$ (Ergebnisausschnitt)

Faktorwerte		
zum Eigenwert:		
4,1306794	1,3625583	1,0000233
Faktor 1	Faktor 2	Faktor 3
0,7046145	-0,9640555	1,9355339
0,5819170	-0,0281658	-0,1441876
0,2041006	-0,2414787	1,1096819
-0,1228665	-0,7187992	0,8675326
2,3213590	1,6483739	1,8564474
1,2738961	1,1370467	1,4502767
-0,5711899	-1,5437457	-1,5080894
-1,2906317	0,0254393	-0,3477643
1,0068781	0,2314875	-0,3642060
-0,0949498	1,1100295	0,2680702

Abb. A7.2.2.-17.: Berechnung von **f** (Ergebnisausschnitt)

Standardisiert man nun die so bestimmten Vektoren $\tilde{\mathbf{p}}_1$, $\tilde{\mathbf{p}}_2$, $\tilde{\mathbf{p}}_3$ und skaliert die ermittelten Eigenvektoren entsprechend (vgl. Abb. A7.2.2.-18.) erhält man die standardisierten Eigenwertfaktoren $\mathbf{f}_1$, $\mathbf{f}_2$, $\mathbf{f}_3$ (vgl. Abb. A7.2.2.-17. sowie auch Abb. 7.3.2.-6.) und die Vektoren der Faktorladungen $\mathbf{a'}_1$, $\mathbf{a'}_2$, $\mathbf{a'}_3$, die in diesem Fall der Korrelation der Faktorwerte mit den Spalten der Matrix der Renditereihen **X** (und auch der Spalten der Datenmatrix **Z**) entsprechen (vgl. auch Abb. 7.3.2.-5.).

AA152 ▾ fx {=AA147*AA141:AH141}

	Z	AA	AB	AC	AD	AE	AF	AG	AH
140	Eigenwerte	zugehörige Eigenvektoren $\mathbf{a}_1$, $\mathbf{a}_2$, $\mathbf{a}_3$							
141	4,1306794	0,3748106	0,4267411	0,4236643	0,3107394	0,2794997	0,3687032	0,3702626	0,2240581
142	1,3625583	-0,2789671	-0,1603522	-0,2019051	-0,4193973	0,5500719	0,4377540	0,3505786	-0,2503834
143	1,0000233	-0,4339338	-0,2624868	-0,1856316	0,2775774	0,0589202	0,0533627	0,1544542	0,7753183
144									
145	Faktorwertevektor	p~1	p~2	p~3					
146	Mittelwert	0,00	0,00	0,00					
147	Standardabw.	2,03240728	1,16728671	1,00001165					
148									
149									
150									
151		skalierte Eigenvektoren $\mathbf{a'}_1$, $\mathbf{a'}_2$, $\mathbf{a'}_3$							
152	$\mathbf{f}_1$	0,7617678	0,8673117	0,8610585	0,6315491	0,5680573	0,7493552	0,7525244	0,4553773
153	$\mathbf{f}_2$	-0,3256346	-0,1871770	-0,2356811	-0,4895569	0,6420916	0,5109844	0,4092258	-0,2922692
154	$\mathbf{f}_3$	-0,4339389	-0,2624899	-0,1856338	0,2775806	0,0589209	0,0533633	0,1544560	0,7753274

Abb. A7.2.2.-18.: Berechnung von $\mathbf{f}_1$, $\mathbf{f}_2$, $\mathbf{f}_3$ und $\mathbf{a'}_1$, $\mathbf{a'}_2$, $\mathbf{a'}_3$

Nun lässt sich mit $\mathbf{f}_1$, $\mathbf{f}_2$, $\mathbf{f}_3$ und $\mathbf{a}'_1$, $\mathbf{a}'_2$, $\mathbf{a}'_3$ die Matrix **Z** reproduzieren (vgl. Abb. A7.2.2.-10.). Dies geschieht durch die Berechnung des Produktes:

(1) $\hat{\mathbf{Z}} = \mathbf{F}\mathbf{A}'^{\mathbf{T}}$

mit $\hat{\mathbf{Z}}$: Die Reproduzierte der Matrix **Z**
F: Faktorwertematrix zusammengestellt aus $\mathbf{f}_1$, $\mathbf{f}_2$ und $\mathbf{f}_3$
A´: Faktorladungsmatrix zusammengestellt aus $\mathbf{a}'_1$, $\mathbf{a}'_2$ und $\mathbf{a}'_3$.

Hier entsprechen die Werte der Matrix **A´** den Korrelationen der Faktorwerte der einzelnen Faktoren mit den einzelnen Variablen. Die weitere Vorgehensweise, um von der so erstellten Matrix $\hat{\mathbf{Z}}$ zur Rohdatenmatrix zu gelangen, ist analog zum schon geschilderten Vorgehen. Die Ergebnisse, welche mithilfe von SPSS 11.5 für die Faktorwerte berechnet wurden (vgl. Abb. 7.3.2.2.-6.) und den hier berechneten Werten für $\mathbf{f}_1$, $\mathbf{f}_2$ und $\mathbf{f}_3$ unterscheiden sich nun nicht mehr. An dieser Stelle wird nochmals deutlich, dass es für die Rekonstruktion der Daten keine Rolle spielt, ob die Spalten von **F** standardisiert oder normiert sind. Das Produkt $\tilde{\mathbf{F}}\tilde{\mathbf{A}}^{\mathbf{T}}$ bzw. $\mathbf{F}\mathbf{A}'^{\mathbf{T}}$ bleibt dadurch unverändert.

Auch mit Excel ist so ein künstlicher Datensatz zu erzeugen, der dem mit Einsatz von SPSS 11.5 generierten Datensatz entspricht. Der Einsatz von Excel ist jedoch im Regelfall nicht zu empfehlen, da Excel, wie oben geschildert, doch relativ schnell an seine Kapazitätsgrenzen stößt. Ferner ist die optische Aufbereitung der Ergebnisse genauso wie die Auswahl weiterer Extraktionsverfahren bereits in SPSS implementiert.

8. Performanceanalyse

Arbeitshinweise: Dieses Kapitel stellt die abschließende Betrachtung des Portfoliomanagementprozesses dar. Um eine konsistente Darstellung des ganzen Portfoliomanagementprozesses zu gewährleisten, werden in dem vorliegenden Kapitel die zentralen Sichtweisen, die in den früheren Kapiteln des Buches beschrieben wurden, beibehalten. Im Großen und Ganzen basiert das Kapitel auf den im Buch präsentierten Ansätzen, die hier in einem anderen Kontext aufgegriffen werden. Den Lesern, die das ganze Buch durchgearbeitet haben, werden deshalb einige Kapitel bekannt vorkommen. In diesem Fall ist zu empfehlen, mit Kap. 8.1. anzufangen, welches die Einführung in die Thematik und Begrifflichkeit darstellt. Danach können direkt Kap. 8.2.1.3. und Kap. 8.2.2. bearbeitet werden. Das Kap. 8.2.3. basiert zum Teil ebenso auf bereits bekannten Konzepten. Bei eingeschränktem Zeitbudget kann direkt zur konkreten Umsetzung des theoretisch erlangten Verständnisses in Kap. 8.3. gesprungen werden. Für die Leser, die sich im Buch nur für das vorliegende Kapitel interessieren und mit den Inhalten der anderen Kapitel nicht vertraut sind, ist zu empfehlen, alle Unterkapitel komplett durchzuarbeiten, um die Materie konsistent aufarbeiten zu können.[417]

8.1. Einführung

Die Performanceanalyse ist die letzte Phase des Portfoliomanagementprozesses, in der die Messung, Analyse und Kontrolle des Anlageerfolgs vorgenommen wird. Eine der wichtigen Funktionen der Performanceanalyse ist die Regelfunktion, die sich auf den gesamten Regelkreis des Portfoliomanagementprozesses auswirkt. Eine regelmäßige Performanceanalyse dient somit einer funktionsfähigen Steuerung und Optimierung des gesamten Portfoliomanagementprozesses. Der Begriff Performanceanalyse umfasst zwei große Teilgebiete, nämlich die *Performancemessung* und die *Performanceattribution.* Die *Performancemessung* befasst sich mit der Berechnung und der quantitativen Analyse von Anlageergebnissen. Es werden dabei die *Soll-* und *Ist-*Vergleiche der angestrebten Größen (Ziele der Portfolioplanung) durchgeführt. Wichtige Instrumente sind dabei insbesondere quantitative Methoden der Finanzmathematik und -statistik sowie Grundlagen der Kapitalmarkttheorie.

---

417 Das Begleit- und Fallstudienmaterial zu diesem Buch findet sich unter der Internet-Adresse des Lehrstuhls: www.fiwi.uni-bremen.de.

Bei Abweichungen von den angestrebten Zielgrößen sollen die Ursachen aufgeschlüsselt werden. Das ist besonders wichtig bei der Beurteilung der Leistungsfähigkeit und der Feststellung des Erfolgsbeitrags vom Portfoliomanager bzw. der Vermögensverwaltung. Durch die *Performanceattribution* wird nach Erfolgsquellen sowie der Aufschlüsselung und Zuordnung der im Rahmen der Performancemessung gewonnenen Ergebnisse gesucht. Die strategische Fähigkeit, eine positive Performance aus der Über- bzw. Untergewichtung von Assetklassen im aktiven Portfolio relativ zur Benchmarkgewichtung zu erzielen, bezeichnet man als *Timingfähigkeit.* Die strategische Fähigkeit, eine aktive Performance gegenüber der Benchmark durch Ausnutzung über- bzw. unterbewerteter Anlagetitel zu erzielen, bezeichnet man als *Selektionsfähigkeit.* Mithilfe geeigneter Messverfahren sollen z.B. die Erfolgsursachen auf diese beiden Quellen (Fähigkeiten) zurückgeführt und aufgeschlüsselt werden. Instrumente der Performanceattribution sind quantitative und qualitative Methoden (sowie Kapitalmarktmodelle).

Neben der Sichtweise der Performanceanalyse als letzte Prozessphase im Portfoliomanagementprozess (Kontrollprozess im Regelkreis) können auch andere Gründe für dessen Bedeutung und Notwendigkeit aus dem allgemeinen Umfeld genannt werden. So ist die Notwendigkeit der Performancemessung aufgrund der exponentiellen Entwicklung des professionell verwalteten Vermögens durch Kreditinstitute, Versicherungen, Kapitalanlagegesellschaften, andere institutionelle Anleger und private Vermögensverwalter sowie des großen Wachstums des Volumens der Assets insgesamt in den letzten Jahrzehnten gestiegen. Insbesondere die Institutionalisierung der Verwaltung führte zu großen Vermögenskonzentrationen, die auf verschiedene Assetmanager aufgeteilt werden mussten. Die spätere Re-Allokation der Vermögensanteile hängt sehr stark von der erzielten Performance ab. Wegen der Existenz *indexierter Fonds* bzw. *indexierter Anlageinstrumente* ist ferner eine Performancemessung erforderlich, um die Überperformance des aktiven gegenüber dem passiven Management zu ermitteln. Ebenso ist die Messung der Performance bzw. der Überperformance notwendig geworden, da die Vermögensverwalter sehr häufig erfolgsabhängig entlohnt werden.[418]

In Abhängigkeit von der Funktionalität der Performanceauswertungen kann die Performanceanalyse nach unterschiedlichen Kriterien unterteilt werden. Die Auswertung und Analyse der realisierten Anlageergebnisse wird als *ex post* Performanceanalyse

---

418 Vgl. Zimmermann (1992), S. 51 f.

bezeichnet. Mit einer *ex ante* Performanceanalyse strebt man Aussagen über die Erfolgsposition eines auf Prognosen basierten Portfolios an. Letztere wird im Folgenden nicht weiter betrachtet.

Ein weiterer Unterschied bei der Performanceanalyse ist die Perspektive, aus der sie erfolgt. Möglich ist eine *externe* oder eine *interne* Performanceanalyse, die sich durch die in die Untersuchung einbezogenen Daten unterscheidet. Eine *externe* Performanceanalyse basiert auf Informationen, die öffentlich verfügbar sind. Diese Analyse kann aus der Sicht eines Investors erfolgen, der keinen Zugang zu internen Daten der Vermögensverwaltung (z.B. einzelne geführte Transaktionen) hat und durch eine Analyse der Performance weitere Informationen über die Anlagepolitik der Kapitalanlagegesellschaften erhalten kann. Dadurch können z.B. Informationen wie Qualität des Managements, eine Rendite- oder Risikoanalyse und Identifikation des Anlagestils gewonnen werden. Bei der *internen* Performanceanalyse können zusätzlich die Portfoliostrukturen, -gewichte und Umschichtungstransaktionen verwendet werden. Diese Analyse erfolgt eher aus der Sicht einer Kapitalanlagegesellschaft selbst, die auch andere, zusätzliche Untersuchungsmethoden im Gegensatz zur externen Performanceanalyse verwendet. Ein zentraler Unterschied der internen gegenüber der externen Performanceanalyse liegt in der Bestimmung der Benchmark. Bei der internen Analyse wird sie vorab festgelegt, da zwischen dem Investor (Sponsor) und der Vermögensverwaltung eine ausgeprägte Kommunikation stattfindet, die eine zielgerechte Festlegung und Konstruktion der Benchmark ermöglicht (vgl. zur Anlegeranalyse Kap. 1.2.1. und zum Benchmarkkonzept Kap. 1.3.). Bei der externen Performanceanalyse ist die Festlegung der Benchmark manchmal problematisch, da sie nicht immer öffentlich bekannt gegeben wird und somit einem außen stehenden Dritten dann unbekannt ist.

Die interne Performanceanalyse ist dabei weit reichender als die externe; Letztere kann als Teilmenge davon aufgefasst werden. Die Betrachtungen des vorliegenden Kapitels konzentrieren sich implizit nahezu ausschließlich auf Verfahren der externen Performanceanalyse, da diese immer, also auch innerhalb der internen Performanceanalyse sinnvoll angewendet werden können. Ergänzende Verfahren, die ausschließlich der internen Performanceanalyse vorbehalten sind, werden hier im Rahmen einer ersten Einführung nicht näher vorgestellt.

Die Benchmark dient im Portfoliomanagement einerseits dem Ziel, die vom Anleger gewünschte Portfoliostruktur im Sinne eines Neutralportfolios abzubilden, anderseits wird sie als Vergleichsmaßstab bei der Performancemessung zur relativen Beurteilung des erzielten Anlageerfolgs einbezogen. Ohne ausführlich auf die einzelnen Eigenschaften der Benchmark einzugehen (vgl. Kap. 1.3.), sollen an dieser Stelle kurz zentrale Aspekte bezüglich der Benchmark wiederholt werden. Beim passiven Management, dem die Annahme effizienter Märkte zugrunde liegt, wird versucht, möglichst exakt die Benchmark zu replizieren, um ein weitgehend identisches Rendite-Risiko-Profil zu erhalten (vgl. Kap. 4.). Somit muss der Tracking Error (oder alternative Zielkriterien, z.B. die Summe der erwarteten Absolutbeträge der negativen Renditeabweichungen) minimiert werden. Beim aktiven Management, dem die Annahme ineffizienter Märkte zugrunde liegt, soll durch Ausnutzen von Informationsvorsprüngen die risikoadjustierte Vergleichsrendite der Benchmark unter Berücksichtigung der Transaktionskosten übertroffen werden. In beiden Fällen ist eine aussagefähige Erfolgskontrolle geboten, für welche die Benchmark genau spezifiziert werden muss. Hieran wird noch einmal die Problematik der externen Performanceanalyse deutlich, falls dieser die genaue Benchmark unbekannt ist.

Bezüglich der zugrunde liegenden Messansätze ist zwischen *eindimensionaler* und *zweidimensionaler* Performancemessung zu unterscheiden. Wie schon oben erwähnt, wird bei der (ex post) Performanceanalyse die Abweichung von den angestrebten Zielen, die im Rahmen der Anlegeranalyse ermittelt und festgelegt wurden, gemessen. Aufgrund dieser anlagezielorientierten Erfolgsbeurteilung der Performanceanalyse ist die Kenntnis des Zielsystems des Anlegers sehr wichtig. Als zentrale Anlageziele werden Rendite, Sicherheit (Risiko), Liquidierbarkeit und Verwaltbarkeit genannt (vgl. Kap. 1.2.1. und Kap. 5.1.). Bei der *eindimensionalen* Performancemessung findet eine isolierte Betrachtung einer Zielkomponente (im Regelfall die Rendite) statt. Bei der *zweidimensionalen* Performancemessung erfolgt die Analyse bezüglich zweier Zielkomponenten (im Regelfall Rendite und Risiko).

Dem Aufbau dieses Kapitels liegt jedoch eine andere Systematisierung der Performanceanalyse zugrunde. Die Performanceanalyse ist die abschließende Phase des Portfoliomanagementprozesses, die ihre Auswertungen auf die schon längst festgelegten, in den vorherigen Phasen eingesetzten Ansätze basiert. Im Folgenden wird der Kontrollprozess in den Vordergrund der Auffassung der Performanceanalyse gerückt, wodurch seine Stellung im Regelkreis „Portfoliomanagement“ betont wird. Daraus resultiert die zentrale Forderung nach Konsistenz von (Portfolio-) Planung und Kontrolle. Nur was in der Planung als Ziel verfolgt wurde, kann und muss bei der Kontrolle gemessen, analysiert und beurteilt werden. Bei der Portfolioplanung unterscheidet man z.B. zwischen einer absoluten und einer relativen Portfoliooptimierung. Diese zwei Ansätze basieren auf abweichenden Zielfunktionen. Um eine konsistente Darstellung des ganzen Portfoliomanagementprozesses zu gewährleisten, soll diese Abgrenzung zwischen absoluter und relativer Sichtweise auch für die Performanceanalyse beibehalten werden.

Die *einfachen Performancemaße* sind insbesondere geeignet, Portfolios der absoluten Optimierung zu beurteilen (vgl. Kap. 2.), die ohne Bezug zu einem Referenzportfolio absolut optimiert werden. Die *relativen Performancemaße* eignen sich im Sinne der geforderten Konsistenz von Planung und Kontrolle für Portfolios aus der relativen Optimierung (vgl. Kap. 3.), des Index Tracking (Kap. 4.) und der alternativen Planungsmodelle (vgl. Kap. 5.). Denn in allen drei Fällen wird die jeweilige Optimierung immer mit Bezug zu einer Referenzgröße (Benchmarkportfolio, Target Portfolio oder geforderte Mindestrendite) durchgeführt. Zwar sind die jeweiligen Performancemaße recht unterschiedlich, der relative Bezug zu einer Referenzgröße ist ihnen aber allen gemeinsam. Faktormodelle (vgl. Kap. 6. und 7.) sind dagegen universelle Analyseinstrumente, die auch im Rahmen der Performanceanalyse sehr tief gehende Einblicke in die renditetreibenden Kräfte und die Risikostruktur eines Portfolios erlauben. Sie werden im Folgenden als dritte Gruppe von Messverfahren betrachtet. Nebenbei reflektiert die hier angewandte Systematisierung den bisherigen Gang der Betrachtungen im Buch.

8.2. Grundlagen der Performancemessung

8.2.1. Einfache Performancemaße

Bei den hier als „einfache Performancemaße" bezeichneten Gütekriterien handelt es sich um Maßzahlen, die allein aus der Betrachtung der vergangenen Wertentwicklung eines Portfolios abgeleitet werden. Bei bestimmten Kennzahlen, wie z.B. der Sharpe-Ratio, wird noch zusätzlich die risikofreie Anlage betrachtet. Im Wesentlichen wird mit ihnen aber die isolierte Wertentwicklung eines Portfolios, entweder auf Basis absoluter oder überschüssiger Renditen, gemessen. Sie sind entsprechend für die isolierte Beurteilung der Performance sinnvoll, also insbesondere bei der Analyse von Portfolios, die absolut – also ohne Bezug zu einem Referenzmaßstab – geplant (optimiert) wurden. Dabei stellen die einfachen Performancemaße wichtige Grundlagen für die späteren Messkonzepte dar, die oftmals auf diesen Maßen aufsetzen.

8.2.1.1. Renditeermittlung

Die Ermittlung der Rendite eines Portfolios ist der zentrale Ausgangspunkt für die Bewertung eines Portfolios, da aus dem historischen Verlauf der Renditen zentrale Größen wie mittlere Rendite, aber auch sämtliche Risikomaße, abgeleitet werden können. Trotz der herausragenden Bedeutung des Renditeziels lässt eine isolierte Betrachtung der Rendite keine aussagefähige Beurteilung des Erfolgs zu. Die Entstehungsgründe der Renditen bleiben bei einer *eindimensionalen* Performancemessung unbeachtet, indem die eingenommene Risikoposition des Portfolios nicht betrachtet wird. Daher ist die Betrachtung der Rendite in Kombination mit anderen Zielgrößen (insbesondere mit dem Risiko) sehr wichtig und stellt damit ein Grundgerüst für die weitere Performancemessung dar.

Eine ausführliche Behandlung des Begriffes Rendite erfolgte in Kap. 1.5.1. An dieser Stelle wird nur eine kurze Übersicht über die Renditeermittlung gegeben. Dabei wird die Sichtweise der externen Analyse eingenommen, bei der nur Marktpreise des Portfolios (bzw. von Anteilen an einem Fonds o.Ä.) bekannt sind, aus denen allein die Renditen abgeleitet werden können. Im Unterschied dazu kann die Renditeermittlung bei der internen Analyse sehr viel präziser vorgenommen werden, da genaue Transaktionsdaten und –kosten sowie Portfoliostrukturen bekannt sind. Im Endergebnis kann damit eine sehr viel aussagekräftigere Renditebestimmung erfolgen; die dann folgenden Analyseschritte bleiben aber im Wesentlichen gleich.

Die Rendite wird als relative Änderung eines Endwertes zu einem Anfangswert unter Berücksichtigung von Einlagen und Entnahmen definiert. Die *diskrete* Rendite lässt sich nach der Formel (1) berechnen:

$$(1) \qquad r_t^D = \frac{p_t - p_{t-1}}{p_{t-1}}$$

mit r_t^D: diskrete Rendite des Investitionsobjektes für den Zeitraum t-1 bis t

p_t: Preis des Investitionsobjektes zum Zeitpunkt t

p_{t-1}: Preis des Investitionsobjektes zum Zeitpunkt t-1

t: Bewertungsperiode.

Bei der *stetigen* Rendite geht man von einer kontinuierlichen (stetigen) Verzinsung des eingesetzten Kapitals aus. Die stetige Rendite ist definiert als:

(2) $$r_t^S = \ln\left(\frac{p_t}{p_{t-1}}\right) = \ln(p_t) - \ln(p_{t-1})$$

mit r_t^S: stetige Rendite des Investitionsobjektes für den Zeitraum t-1 bis t
ln: natürlicher Logarithmus (zur Basis e, mit e: Eulersche Zahl).

Die diskrete Rendite lässt sich in die stetige (und umgekehrt) überführen (vgl. Kap. 1.5.1.3.). Bei der Performancemessung kann sowohl die diskrete als auch die stetige Rendite verwendet werden. Die diskrete Rendite lässt sich zwar leichter interpretieren, einige Verfahren (der Performancemessung) setzen jedoch die Normalverteilung der Variablen voraus, die durch den Einsatz der stetigen Rendite eher gewährleistet ist.[419]

Oftmals interessieren die gesamte und durchschnittliche Wertentwicklung über einen T Perioden umfassenden Zeitraum. Zu unterscheiden ist dabei die *arithmetische* und *geometrische* Berechnung der (Durchschnitts-) Rendite. Eine *arithmetische* Ermittlung der (Durchschnitts-) Rendite (bei diskreten Renditen) beruht auf der Annahme, dass Investoren positive Periodenrenditen entnehmen und negative einzahlen. Jede Folgeperiode startet mit dem ursprünglichen Anfangskapital. Die arithmetische Durchschnittsrendite (bei diskreten Renditen) entspricht somit den *durchschnittlich entnommenen bzw. eingezahlten Periodenrenditen* (vgl. Gleichung (3)):[420]

(3) $$\bar{r}^D(T)_A = \frac{1}{T}\sum_{t=1}^{T} r_t^D$$ bzw. in Kurzschreibweise[421] $$\bar{r} = \frac{1}{T}\sum_{t=1}^{T} r_t$$

mit $\bar{r}^D(T)_A$: arithmetische Durchschnittsrendite.

Eine *geometrische* (Durchschnitts-) Berechnung (bei diskreten Renditen) basiert auf der Annahme der Wiederanlage der Erträge, d.h., der komplette Betrag wird reinvestiert. Die geometrische Durchschnittsrendite entspricht somit der *durchschnittlichen Periodenverzinsung unter der Wiederanlageprämisse*:

419 Zu Vor- und Nachteilen diskreter und stetiger Renditen siehe Kap. 1.5.1.3.

420 Vgl. auch Poddig/Dichtl/Petersmeier (2003), S. 113 ff.

421 Diese Kurzschreibweise gilt ebenso für die arithmetische (Durschnitts-) Rendite bei stetigen Renditen oder auch bei der Ermittlung des Mittelwertes einer beobachteten Renditeverteilung. Die genaue Bedeutung ergibt sich aus dem jeweiligen Kontext.

(4) $$\bar{r}^D(T)_G = \sqrt[T]{\prod_{t=1}^{T}(1+r_t^D)} - 1$$

mit $\bar{r}^D(T)_G$: geometrisches Mittel der diskreten Renditen für den T Perioden umfassenden Zeitraum.

Bei stetigen Renditen entspricht die arithmetische Durchschnittsrendite inhaltlich der geometrischen Durchschnittsrendite bei diskreten Renditen, d.h., diese würde auch die durchschnittliche Wertänderung unter der Wiederanlageprämisse, jedoch als stetige Rendite, ausdrücken.

Die durchschnittliche Wertänderung (Durchschnittsrendite) darf keinesfalls mit der mittleren Rendite im Sinne des ersten Moments einer empirischen Renditeverteilung (Mittelwert) gleichgesetzt werden. Der Mittelwert einer empirischen Verteilung (diskreter oder stetiger) Renditen wird nach Gleichung (3) berechnet. Bei diskreten Renditen entspricht dieser Mittelwert aber nicht der durchschnittlichen Wertänderung unter Wiederanlageprämisse, dazu müsste das geometrische Mittel berechnet werden. Nur im Falle stetiger Renditen sind Mittelwert der Verteilung und durchschnittliche Wertänderung unter Wiederanlageprämisse äquivalent. Dies ist ein weiterer Grund, warum stetige Renditen, trotz ihrer schwierigeren Interpretierbarkeit, für Analysezwecke diskreten Renditen vorgezogen werden sollten.

Zu unterscheiden ist auch zwischen verschiedenen anderen Arten von Renditen und Renditeberechnungen. Die *Überschussrendite* eines Assets bezeichnet die Differenz der totalen, relativen Wertänderung zum risikofreien Zinssatz, während die *absolute* Rendite die totale, relative Wertänderung r_{it} eines Assets insgesamt darstellt (vgl. Anhang A3.1.). Die Berechnung der Überschussrendite im Rahmen der Performancemessung kann nach Gleichung (5) von einer zeitvariablen risikofreien Verzinsung ausgehen, indem nur bezogen auf die einzelne Periode t innerhalb des Beobachtungszeitraums $t = 1, \ldots, T$ die risikofreie Anlage eine (im Voraus bekannte) definierte und schwankungsfreie Verzinsung in Höhe von r_{Ft} besaß. Dieser Wert kann sich aber im Zeitablauf ändern:

(5) $$r'_{Pt} = r_{Pt} - r_{Ft}$$

mit: r_{Pt}: (absolute) Rendite des Portfolios P in t

r_{Ft}: Verzinsung der risikofreien Anlage in t.

Die Berechnung der Überschussrendite nach Gleichung (5) ist dann sinnvoll, wenn die betrachtete Periode t eine Halteperiode des Portfolios P darstellt, für welche die Prognose von Rendite- und Risikoparametern vorgenommen, die Optimierung durchgeführt und das Portfolio realisiert wurde. Dann wurde das Portfolio im Beobachtungszeitraum $t = 1, \dots, T$ insgesamt T mal geplant und realisiert. Im Regelfall wird dabei aber die risikofreie Verzinsung im gesamten Beobachtungszeitraum $t = 1, \dots, T$ nicht konstant geblieben sein, sondern wird sich von Halteperiode zu Halteperiode geändert haben. Bezogen auf eine bestimmte Halteperiode t, ist die Verzinsung der risikofreien Anlage im Voraus bekannt und konstant, aber im Zeitablauf selbst variabel. Bei den bisherigen Betrachtungen zur Portfolioplanung spielten diese Überlegungen keine Rolle, denn dort wurde von einem einperiodigen Planungsmodell ausgegangen, in welchem der risikofreie Zinssatz konstruktionsbedingt zeitinvariant ist. Bei der Performancemessung ist dieser Umstand aber zu berücksichtigen. Beträgt beispielsweise die Halteperiode einen Monat, so wäre in der Performancemessung die Zeitreihe für den (risikofreien) 1-Monatszinssatz im Beobachtungszeitraum $t = 1, \dots, T$ zu verwenden.

Die Berechnung der Überschussrendite nach Gleichung (5) kann aber in der Performancemessung auch nach Gleichung (6) vereinfacht werden:

$$(6) \qquad r'_{Pt} = r_{Pt} - r_F \,.$$

Bei dieser Vereinfachung wird ein im gesamten Beobachtungszeitraum $t = 1, \dots, T$ konstanter, also zeitinvarianter risikofreier Zinssatz in Höhe von r_F angenommen. Ob diese Vereinfachung sinnvoll und zulässig ist, hängt von den gesetzten Annahmen ab. So könnte wie folgt argumentiert werden: Zu Beginn des gesamten Beobachtungszeitraums, also in $t = 1$, könnte die Kapitalanlage auch über den gesamten Beobachtungszeitraum $t = 1, \dots, T$ in der risikofreien Anlage (wenn möglich und zulässig) vorgenommen werden. Damit wäre dann aber der Wert der risikofreien Anlage über den gesamten Beobachtungszeitraum fixiert, also zeitinvariant. In einer anderen Konstellation könnte es sogar sein, dass der gesamte, T Messzeitpunkte umfassende Zeitraum die Halteperiode darstellt, für den nur einmalig die Portfolioplanung und –realisation in $t = 1$ vorgenommen wurde. Die einzelnen Zeitpunkte $t = 1, \dots, T$ sind dann nur Messzeitpunkte, aber keine Planungs- und Umschichtungszeitpunkte. In diesem Fall ist die Berechnung der Überschussrendite nach Gleichung (6) keine Vereinfachung, sondern sachlich geboten.

Bei *Realrenditen* wird die Rendite um die Inflation bereinigt, während bei der *Nominalrendite* keine Bereinigung erfolgt. Die Renditeberechnung bezieht sich immer auf eine Abrechnungsperiode, daraus kommt der Begriff einer *periodenspezifischen* Rendite. Diese muss nicht identisch mit einem Jahr sein. Berechnet man eine jährliche Rendite, trägt sie den Namen einer *annualisierten* Rendite. Eine weitere Unterscheidung, die in Abhängigkeit der Berücksichtigung von Steuern erfolgt, ist die Differenzierung in *Vor-* oder *Nachsteuerrendite.*

Die Gleichungen (1) und (2) stellen eine einfache Renditeberechnung dar, die keine Mittelzuflüsse und –abflüsse berücksichtigen. Die Unterscheidung nach *wert-* („money-weighted return") und *zeitgewichteten* („time-weighted return") Renditen ermöglicht die Berücksichtigung der Mittelzuflüsse innerhalb der Perioden selbst. Dafür sind jedoch interne Daten notwendig, die im Rahmen einer externen Performanceanalyse nicht zur Verfügung stehen. Die folgenden Betrachtungen zeigen insofern exemplarisch, wie die Renditeberechnung verfeinert werden kann, wenn interne Daten vorhanden sind (interne Performanceanalyse).

Die *wertgewichtete* Rendite berücksichtigt den Einfluss des Zeitpunktes und die Höhe der Ein- und Auszahlungen auf die Rendite und liefert daher eine genauere Ermittlung. Sie wird nur dann verwendet, wenn das Fondsmanagement die zwischenzeitlichen Ein- und Auszahlungen selbst steuern kann. Die Berechnung der wertgewichteten Rendite beruht auf der Methode des internen Zinsfußes, bei der die zwischenzeitlichen Ein- und Auszahlungen abgezinst werden.[422]

Die *zeitgewichtete* Rendite ist *nicht* von den zwischenzeitlichen Kapitalbewegungen abhängig. Die zeitgewichtete Rendite ist dann anzuwenden, wenn der Manager die zwischenzeitlichen Ein- und Auszahlungen *nicht* selbst steuern kann. Zu ihrer Berechnung wird der betrachtete Zeitraum in Teilperioden aufgeteilt, deren Anzahl und Länge von den Mittelflüssen determiniert wird. So kann die zeitgewichtete Rendite als gewichteter Durchschnitt der internen Renditen der Subperioden interpretiert werden und ergibt sich für eine betrachtete Periode t aus:

---

[422] Die wertgewichtete Rendite wird auch synonym als *kapitalgewichtete* Rendite bezeichnet; vgl. auch näher Obeid (2004), S. 55 ff.

$$(7) \qquad \bar{r}_t^Z = \left[\prod_{m=1}^{M} \left(\frac{P_{t,m}}{P_{t,m-1} + C_{t,m-1}} \right) \right]^{\frac{1}{M}}$$

mit $\bar{r}_t^Z$: Zeitgewichtete Durchschnittsrendite

$C_{t,m\text{-}1}$: Saldo des exogen bedingten Zahlungsstroms

M: Anzahl der Zahlungsbewegungen m innerhalb der Periode t, zugleich Anzahl der Subperioden in t

m: Subperiode (Zeitpunkt einer Zahlungsbewegung) in t.

Die Berechnung der zeitgewichteten Renditen ist sehr datenaufwändig. So müssen die Zeitpunkte und die Höhe der Mittelzuflüsse und –abflüsse sowie die jeweiligen Marktwerte der Anlagen bekannt sein. Die vorgestellten Renditeberechnungsarten sind (wie erwähnt) nur im Rahmen der internen Performanceanalyse möglich. Bei der externen Performanceanalyse kann dagegen nur auf den Marktwert des Portfolios oder den (Rücknahme-) Preis der Fondsanteile zurückgegriffen werden.

Berücksichtigt man Transaktionskosten, so spricht man von einer *Netto-*, sonst von einer *Bruttorendite*. Auch deren differenzierte Ermittlung ist mit hoher Genauigkeit nur bei Vorliegen interner Daten möglich. Im Rahmen der externen Analyse kann mit Hilfskonstruktionen gearbeitet werden, die aber nicht so präzise sein können.

Durch Verwendung der einen oder anderen Art von Rendite können unterschiedliche Ergebnisse zustande kommen. Die „richtige“ Rendite gibt es nicht. Der Portfoliomanager sollte abhängig von den Prämissen und Rahmenbedingungen der Kapitalanlage die zu verwendende Renditeart klar definieren und später konsistent anwenden. Auch bei dem Vergleich der Ergebnisse unterschiedlicher Anlagegesellschaften sollten die zugrunde liegenden Definitionen der Renditen bekannt sein.

8.2.1.2. Risikoermittlung

Die in der Kapitalmarkttheorie zugrunde gelegte Prämisse des risikoaversen Anlegerverhaltens hat sich (zu recht) auch in der Anlagepraxis durchgesetzt. Ein Anleger ist im Allgemeinen nur dann bereit, ein höheres Risiko zu übernehmen, wenn eine entsprechend zusätzliche Rendite erwartet wird. Deshalb erfordert das Risikobewusstsein der Anleger eine hinreichende Betrachtung der Risikokomponente. Ausgehend von der anlagezielorientierten Betrachtungsweise der Performanceanalyse besitzt der Risikofaktor (nach der Rendite) ebenso eine zentrale Rolle bei Beurteilung der Portfolioperformance. Eine isolierte Betrachtung der Rendite ist in der Praxis mitunter verbreitet. Jedoch muss die Rendite für eine aussagekräftige Beurteilung der Portfolioperformance in Kombination mit anderen Komponenten (Risiko) bewertet werden.

Allgemein ist das Risiko als mögliche Abweichung der zukünftigen Rendite einer Investition von ihrem Erwartungswert zu verstehen (zweiseitiger Risikobegriff). Zu einer ausführlichen Behandlung des Risikobegriffs wird auf Kap. 1.5.2. und Kap. 5.1. verwiesen. Um das Risiko geeignet zu berücksichtigen, muss es quantifiziert werden. Die Risikomaße lassen sich in drei Gruppen klassifizieren: zweiseitige, einseitige und andere Risikomaße. Tab. 8.2.1.2.-1. gibt eine Übersicht über unterschiedliche Risikomaße und die Kapitel, in denen sie hier detailliert behandelt wurden.

Klassifikation der Risikomaße	**Risikomaße**	**Kapitelübersicht**
Zweiseitige (momentbasierte)	Mittlere Abweichung Varianz (Standardabweichung) Schiefe Wölbung	Kap. 1.5.2.
Einseitige (ausfallorientierte)	Lower Partial Moments: Ausfallwahrscheinlichkeit mittleres Ausfallrisiko Semivarianz Ausfallschiefe Ausfallwölbung	Kap. 5.1.3.
Andere	Tracking Error Beta-Faktor	Kap. 4. Kap. 3.4.1., Kap. 6.2.

Tab. 8.2.1.2.-1.: Klassifikation der Risikomaße

Die *beidseitigen Risikomaße* messen sowohl negative als auch positive Abweichungen von ihrem Erwartungswert. Die Varianz gehört zu dem in der Praxis am häufigsten verwendeten Risikomaß für das Gesamtrisiko einer Investition. Die Quadratwurzel aus der Varianz ergibt die Standardabweichung, die gegenüber der Varianz die gleiche Dimension wie die Ursprungswerte (bzw. Rendite) besitzt. Berechnet man eine auf ein Jahr bezogene Standardabweichung, erhält man eine annualisierte Standardabweichung, die auch als *Volatilität* bezeichnet wird. Diese Maße sind nicht immer optimal einsetzbar, da sie (für eine anschauliche Interpretation) eine Normalverteilung der

Rendite voraussetzen, die nicht bei allen Finanzinstrumenten (z.B. Optionen) zu beobachten ist. Liegt keine Normalverteilung der Renditen vor, so müssen solche Risikomaße wie Schiefe und Wölbung eingesetzt werden. Die Schiefe (*Sc*) einer Verteilung beschreibt das Ausmaß und die Richtung der Abweichung vom Zustand der Symmetrie (vgl. Formel (1)):[423]

$$(1) \qquad Sc = \frac{\frac{1}{T}\sum_{t=1}^{T}(r_t - \mu)^3}{\sigma^3}$$

mit μ: Erwartungswert der Rendite
σ: Standardabweichung.

Ein positiver Wert für die Schiefe deutet auf eine rechtsschiefe Verteilung hin, ein negativer Wert hingegen auf eine linksschiefe Verteilung. Für einen risikoaversen Anleger ist eine rechtsschiefe Verteilung einer linksschiefen (bei gleichen Mittelwerten und Standardabweichungen) vorzuziehen.

Anhand der Wölbung kann gemessen werden, wie stark sich die Wölbung der empirischen Dichte (einer Renditeverteilung) von der der Normalverteilung unterscheidet. Die Wölbung lässt sich nach der Formel (2) berechnen:[424]

$$(2) \qquad W = \frac{\frac{1}{T}\sum_{t=1}^{T}(r_t - \mu)^4}{\sigma^4} - 3\,.$$

Eine Wölbung größer null kennzeichnet eine leptokurtische Dichtefunktion, die bei gleichem Erwartungswert und gleicher Standardabweichung im Vergleich zur

---

423 Bei Gleichung (1) handelt es sich um die allgemeine Formel für die Schiefe einer Verteilung. Um die konkrete Schiefe einer beobachteten Renditeverteilung zu berechnen, sind die entsprechenden Stichprobenmomente (Mittelwert, empirische Standardabweichung) einzusetzen.

424 Bei Gleichung (2) handelt es sich um die allgemeine Formel für die Wölbung einer Verteilung. Um die konkrete Wölbung einer beobachteten Renditeverteilung zu berechnen, sind die entsprechenden Stichprobenmomente (Mittelwert, empirische Standardabweichung) einzusetzen. In der Formel (3) wird von dem Wert des Bruchs noch die Konstante 3 abgezogen, was in der Literatur nicht durchgängig vorkommt. Der Grund hierfür liegt in der leichteren Vergleichbarkeit mit der Wölbung einer Normalverteilung, die den Wert 3 besitzen würde, wenn allein der Wert des Bruchs betrachtet wird. Zieht man davon die Konstante 3 ab, so ist damit die Wölbung der Normalverteilung (ebenso wie die Schiefe) auf null normiert.

Normalverteilung um den Erwartungswert herum steil gipfliger verläuft und an den Rändern breitere Ausläufer („fat tails") besitzt. Bei einer Wölbung kleiner null ist die betreffende (platykurtische) Dichtefunktion im Vergleich zur Normalverteilung flach gipfliger. Renditeausprägungen in unmittelbarer Nähe des Erwartungswertes, aber auch Extremwerte, sind hier weniger wahrscheinlich als bei der Normalverteilung, während „moderate" Abweichungen vom Erwartungswert eine höhere Eintrittswahrscheinlichkeit als bei der Normalverteilung besitzen. Dennoch werden Anleger bei gleichem Erwartungswert und Standardabweichung eine platykurtische Dichtefunktion (Wölbung kleiner null) gegenüber einer leptokurtischen bevorzugen, da bei Letzterer extreme Verluste wahrscheinlicher (und damit unerwünschter) sind. Leider tendieren Renditeverteilungen in der Empirie zu leptokurtischen Verteilungen.[425]

Bei den *einseitigen Risikomaßen* wird lediglich der Bereich der Renditeverteilung unterhalb einer bestimmten, geforderten Mindestverzinsung betrachtet. Diese Maße entstanden aus der Kritik an den zweiseitigen Risikomaßen (vgl. Kap. 5.). Der *Tracking Error* wird für die Messung der Abweichung der Portfoliorendite von der Benchmarkrendite im passiven Portfoliomanagement eingesetzt. Als *relative Volatilität* bezeichnet man den Beta-Faktor, der zur Beurteilung des Zusammenhangs zwischen z.B. der Index- und Portfoliorendite verwendet wird. Die letzten zwei (einseitige und andere) Risikomaßarten gehören eher zu den relativen Performancemaßen, auf die in Kap. 8.2.2. eingegangen wird.

8.2.1.3. Die Sharpe-Ratio

Im Vergleich zu den vorhergehenden einfachen Performancemaßen erfolgt bei der Sharpe-Ratio keine isolierte Betrachtung einer Zielgröße, sondern eine kombinierte Betrachtung von Rendite und Risiko. Bei der Sharpe-Ratio („reward-to-variability ratio") wird die erzielte mittlere Überschussrendite ($\bar{r}_P - r_F$) zu dem Portfoliorisiko (σ_P) ins Verhältnis gesetzt:

425 Vgl. z.B. Kerling (1998), S. 27 ff. und die dort angegebene Literatur.

$$(1) \qquad SR_P = \frac{\bar{r}_P - r_F}{\sigma_P}$$

mit SR_P: Sharpe-Ratio eines Portfolios
$\bar{r}_P$: mittlere Portfoliorendite
r_F: risikofreier Zinssatz
σ_P: Portfoliorisiko.

Damit lässt sich die Sharpe-Ratio als Risikoprämie deuten, die pro Einheit des übernommenen Gesamtrisikos erlangt wurde. Die Sharpe-Ratio entspricht der Steigung der Portfoliogeraden (vgl. z.B. Abb. 2.1.1.-3.). Aus Gleichung (1) ist ersichtlich, dass eine gute Portfolioperformance durch eine hohe Sharpe-Ratio gekennzeichnet wird. Das Verhältnis der Rendite zum Risiko fällt bei höheren Renditen und entsprechend niedrigeren Risiken am besten aus. So wächst mit zunehmender Sharpe-Ratio bzw. der Steigung der Portfoliogeraden der Nutzen des Investors, da eine höhere Nutzenindifferenzkurve tangiert wird.

Die Sharpe-Ratio ist ein einfach zu berechnendes Maß, welches hier auf vergangenheitsbasierten Daten der Rendite und des Risikos sowie des risikolosen Zinssatzes beruht. Ein zentraler Nachteil liegt in der fehlenden Berücksichtigung der Risikostruktur der gesamten Vermögensanlage eines Investors, da nur das Gesamtrisiko des einzelnen Portfolios ohne Bezug auf einen möglicherweise gegebenen, größeren Gesamtzusammenhang betrachtet wird. Somit bleibt die wichtige Erkenntnis über das Vorhandensein eines systematischen und unsystematischen Risikos außer Betracht. Auch die ausschließliche Fokussierung auf Rendite und Risiko wird kritisiert. So bleibt die Bedeutung anderer Faktoren, wie z.B. die der Liquiditätsaspekte, außer Acht. Diese generelle Kritik trifft aber auf alle Messkonzepte zu, die ausschließlich Rendite und Risiko betrachten.

8.2.2. Relative Performancemaße

8.2.2.1. Grundlegende Charakterisierung

Bei den hier als „relative Performancemaße" bezeichneten Gütekriterien ist der Bezug zu einem geeignet gewählten Referenzmaßstab zentral. Mögliche Referenzmaßstäbe können eine geforderte Mindestrendite (vgl. dazu die Betrachtungen in Kap. 5.), das „Marktportfolio" (z.B. repräsentiert durch einen geeignet gewählten Index) oder das vorgegebene Benchmarkportfolio (vgl. Kap. 1.3.) sein. Je nach Vorgabe des Referenzmaßstabes, der Managementstrategie und den Rahmenbedingungen des Anlageprozesses kommen unterschiedliche *relative* Performancemaße in Frage.

Grundsätzlich gilt für die Verwendung von Performancemaßen allgemein, aber hier im Besonderen, dass die im Rahmen der Portfolioplanung verfolgten Zielsetzungen mit ihnen geeignet gemessen werden. Daraus folgt im Grundsatz die Forderung nach Identität von Zielkriterium der Portfolioplanung und Maßstab der Performancemessung. Wenn beispielsweise im Rahmen eines passiven Managements bei der Portfolioplanung der (ex ante) Tracking Error minimiert wird, so ist konsequent in der Performancemessung der (ex post) Tracking Error zu bestimmen und zu analysieren. Unsinnig wäre es dagegen zu fragen, ob eine signifikante Outperformance der Benchmark vorlag, z.B. gemessen mithilfe des Jensens-Alpha (s.u.). Denn in diesem Fall würde eine Eigenschaft des Portfolios gemessen und beurteilt werden, deren Optimierung gerade ausdrücklich nicht Gegenstand der Planung war. Schließlich soll die Performancemessung u.a. dazu dienen, den Planungsprozess zu verbessern und festzustellen, in welchem Ausmaß die ehemals verfolgten Ziele realisiert werden konnten. Die Messung anderer, nicht bei der Planung verfolgter Gütemaße mag nachrichtlich interessant sein, ist aber für die Beurteilung des Erfolgs streng genommen irrelevant. Nur was als Ziel verfolgt wurde, darf als solches beurteilt werden.

Die Verwendung relativer Performancemaße ist also dann notwendig und geboten, wenn der Portfolioplanung eine relative Betrachtungsweise zugrunde lag. Dies ist in drei Fällen eindeutig gegeben:

- Bei der relativen Optimierung (vgl. Kap. 3.) wird die aktive Rendite gegenüber dem aktiven Risiko unter Bezug auf das Benchmarkportfolio optimiert. Die zu ermittelnden Performancemaße sind z.B. das Alpha und Beta gegenüber dem Benchmarkportfolio sowie die aktive und residuale Varianz.
- Beim Index Tracking (vgl. Kap. 4.) soll die Wertentwicklung einer vorgegebenen Benchmark so exakt wie möglich verfolgt werden. Je nach Planungsansatz zur Bestimmung des Tracking Portfolios sind als Performancemaße der Tracking Error, der mittlere quadratische Fehler oder die Summe der Absolutbeträge der negativen Renditeabweichungen zu berechnen.
- Die alternativen Portfolioplanungsmodelle (vgl. Kap. 5.) betrachten Portfoliorendite und –risiko relativ zu einer Mindestrenditeforderung. Entsprechend der bei der Portfolioplanung optimierten Zielkriterien sind hier die Performancemaße geeignet zu definieren und zu erheben (z.B. die entsprechenden *LPM*-

Maße in ihrer ex post Formulierung; vgl. Kap. 5.1.3.). Da diese Modelle jedoch weniger verbreitet sind, sollen sie im Rahmen einer ersten Einführung in die Grundlagen der Performancemessung im Folgenden nicht weiter betrachtet werden.

Zur Beurteilung der Performance bei der absoluten Optimierung (vgl. Kap. 2.) kommen bei strenger Anwendung der hier dargelegten Überlegungen nur die einfachen Performancemaße in Frage, denn bei der Portfolioplanung wird dort das Portfolio ohne Verwendung eines Bezugspunktes absolut optimiert. In der Praxis ist dennoch auch hier die Verwendung relativer Maße (mit Bezug zu einer Benchmark, einem „Marktportfolio" o.Ä.) üblich. Dies liegt in der Schwierigkeit begründet, ein einfaches Performancemaß (z.B. mittlere Rendite, Standardabweichung der Portfoliorenditen, Sharpe-Ratio) ohne Bezugspunkt interpretieren zu können. Ohne einen solchen Bezugspunkt ist es schwierig zu entscheiden, ob die festgestellte Performance nun „gut" oder „schlecht" war. Dabei ergibt sich aber die Inkonsistenz, die Beurteilung des Managements anhand von Gütekriterien vorzunehmen, die überhaupt nicht Gegenstand der Portfolioplanung waren. Streng genommen müsste man eigentlich hier den ex post Zielfunktionswert bestimmen und diesen in Bezug zum ex ante Zielfunktionswert setzen (Soll-Ist-Vergleich). Ein derartiges Vorgehen ist aber bisher eher unüblich, wäre jedoch konsistent und konsequent.

Die im Folgenden vorzustellenden Performancemaße sind also immer vor dem Hintergrund der dargelegten Überlegungen zu würdigen. Insbesondere ist die Anwendung und Interpretation relativer Performancemaße bei absolut optimierten Portfolios mit Vorsicht vorzunehmen.

8.2.2.2. Aktive Performancemaße

Die erste Gruppe relativer Performancemaße kann auf Basis des Konzeptes der relativen Optimierung gebildet werden. Hierbei handelt es sich z.B. um die aktive Rendite, das aktive Risiko, das residuale Risiko, das Portfolio-Alpha und Beta. Im Wesentlichen wurden diese Performancemaße bereits im Kap. 3. vorgestellt. Während sie dort allerdings (ex ante) Planungsgrößen darstellen, werden im Rahmen der (ex post) Performancemessung deren historische Werte festgestellt. Die ex post Varianten können stringent aus ihren jeweiligen ex ante Formen abgeleitet werden. Zur näheren inhaltlichen Erläuterung sei auf das Kap. 3. zurück verwiesen.

Die aktive Rendite eines Portfolios P zum Zeitpunkt t ist dessen Renditedifferenz zur Rendite des Benchmarkportfolios B. Die mittlere aktive Rendite ergibt sich als Mittelwert der aktiven Renditen über $t = 1, \ldots, T$ Beobachtungsperioden. Sie beschreibt den im Mittel realisierten Überschuss über die Rendite des Benchmarkportfolios hinaus:

(1) $$r_{At} = r_{Pt} - r_{Bt}$$

mit r_{At}: aktive Rendite zum Beobachtungszeitpunk t
r_{Pt}: Rendite des aktiven Portfolios P zum Beobachtungszeitpunkt t
r_{Bt}: Rendite des Benchmarkportfolios B zum Beobachtungszeitpunkt t

(2) $$\bar{r}_A = \frac{1}{T}\sum_{t=1}^{T}(r_{Pt} - r_{Bt})$$

mit $\bar{r}_A$: mittlere aktive Rendite im Beobachtungszeitraum $t = 1, \ldots, T$.

Die aktive Varianz ergibt sich als Varianz der aktiven Rendite. Die ex post Variante berechnet sich nach Gleichung (3):

(3) $$Var(r_A) = \frac{1}{T-1}\sum_{t=1}^{T}(r_{At} - \bar{r}_A)^2$$

mit $Var(r_A)$: Varianz der aktiven Rendite im Beobachtungszeitraum $t = 1, \ldots, T$.

Beim Index Tracking wird der Ausdruck (3) auch als *Tracking Error* bezeichnet.[426] Bei der relativen Optimierung wird ein linearer Renditegenerierungsprozess angenommen (vgl. dazu näher Kap. 3.3., dort Gleichung (1)). Danach lassen sich die beobachteten (Überschuss-) Renditen des Portfolios P nach Gleichung (4) durch die (Überschuss-) Renditen der Benchmark B erklären:

426 Genau genommen wird die Quadratwurzel von Gleichung (3) als *Tracking Error* bezeichnet, der Ausdruck (3) wäre also eigentlich das Quadrat des Tracking Errors. Wie an vielen anderen Stellen in diesem Buch wird diese genaue sprachliche Unterscheidung unterlassen, da durch Bildung der Quadratwurzel bzw. des Quadrates die Varianten jederzeit ineinander umgerechnet werden können. Aus Vereinfachungsgründen werden sie hier wie sprachliche Synonyme behandelt, obwohl sie es bei streng formaler Betrachtung natürlich nicht sind.

(4) $r'_{Pt} = \alpha + \beta \cdot r'_{Bt} + \varepsilon_t$

mit: r'_{Pt}: Überschussrendite des Portfolios P in t
r'_{Bt}: Überschussrendite des Benchmarkportfolios B in t
α: autonome Eigenrendite des Portfolios P, Konstante
β: Sensitivität gegenüber dem Benchmarkportfolio B
ε_t: unsystematische, zufällige, nicht erklärbare Restgröße (auch *Residualrendite* oder *residuale Rendite* genannt).

Der angenommene Renditegenerierungsprozess kann mithilfe einer univariaten, linearen Regression geschätzt werden, indem die beobachteten Überschussrenditen des Portfolios P im Beobachtungszeitraum $t = 1, \ldots, T$ auf die Überschussrenditen des Benchmarkportfolios B regressiert werden. Die Berechnung der Überschussrendite kann nach Gleichung (5) von einer zeitvariablen risikofreien Verzinsung ausgehen, indem nur bezogen auf die einzelne Periode t innerhalb des Beobachtungszeitraums $t = 1, \ldots, T$ die risikofreie Anlage eine (im Voraus bekannte) definierte und schwankungsfreie Verzinsung in Höhe von r_{Ft} besaß. Dieser Wert kann sich aber im Zeitablauf ändern:

(5) $r'_{Pt} = r_{Pt} - r_{Ft}$

mit: r_{Pt}: (absolute) Rendite des Portfolios P in t
r_{Ft}: Verzinsung der risikofreien Anlage in t.

Die Berechnung der Überschussrendite nach Gleichung (5) kann aber in der Performancemessung auch nach Gleichung (6) vereinfacht werden:

(6) $r'_{Pt} = r_{Pt} - r_F$.

Wann und unter welchen Umständen die Variante nach Gleichung (5) oder (6) zu verwenden ist, wurde bereits in Kap. 8.2.1.1. diskutiert. Die residuale Rendite ε_t des Portfolios P zum Zeitpunkt t kann nach Schätzung des Renditegenerierungsprozesses gemäß Gleichung (4) durch Umstellung jener Gleichung erfolgen:

(7) $\hat{\varepsilon}_t = r'_{Pt} - (\hat{\alpha} + \hat{\beta} \cdot r'_{Bt})$

mit $\hat{\varepsilon}_t$: geschätzte Residualrendite zum Zeitpunkt t

$\hat{\alpha}$: geschätztes Alpha (z.B. Regressions-Alpha)

$\hat{\beta}$: geschätztes Beta (z.B. Regressions-Beta).

Die mittlere residuale Rendite berechnet sich nach Gleichung (8). Die Varianz der (geschätzten) residualen Rendite wird als residuales Risiko bezeichnet und kann ex post nach (9) ermittelt werden:[427]

(8) $$\hat{\bar{\varepsilon}} = \frac{1}{T} \sum_{t=1}^{T} \hat{\varepsilon}_t \qquad (= 0)$$

(9) $$Var(\hat{\varepsilon}_t) = \frac{1}{T-1} \sum_{t=1}^{T} (\hat{\varepsilon}_t - \hat{\bar{\varepsilon}})^2 \; .$$

Wurden die residualen Renditen als Residuen eines Regressionsmodells geschätzt (was üblicherweise den Regelfall darstellt), vereinfachen sich die Berechnungen der mittleren residualen Rendite und des residualen Risikos erheblich. Soweit nämlich die Schätzung der Regressionsgleichung nach (4) unter Verwendung einer (Regressions-) Konstante α vorgenommen wurde, ist der Mittelwert der geschätzten Residuen (hier zugleich Residualrenditen) null. Der Ausdruck nach Gleichung (9) lässt sich in diesem Falle einfacher als Quadrat des Standardfehlers der Regression berechnen.[428]

Formuliert man den Renditegenerierungsprozess nach Gleichung (4) als Regressionsmodell, um dessen Parameter (Alpha, Beta) zu schätzen, gelangt man zu dem in der Literatur bekannten Ansatz der Bestimmung des Jensens-Alpha. Das Alpha der Reg-

---

427 Auch hier wird üblicherweise die Quadratwurzel aus Formel (9) als residuales Risiko bezeichnet. Da die Varianten aber einfach ineinander überführbar sind, wird diese sprachliche Differenzierung hier aus Vereinfachungsgründen nicht vorgenommen.

428 Vgl. Anhang A6.1., Buchstabe (e). Dort wird zur Ermittlung des Standardfehlers die Summe der quadrierten, geschätzten Residuen durch T-(K+1) dividiert, mit K = Anzahl der Regressionskoeffizienten, d.h. hier also (K+1) = 2 (Alpha, Beta). In der Formel (9) wird dagegen durch T-1 (anstelle dann von T-2) dividiert. Formel (9) ist die allgemeine Formel zur Berechnung der Varianz, ausgehend von einer Stichprobe. Implizit würde dabei unterstellt, die Reihe der geschätzten Residuen sei auf andere Weise als durch eine Regression geschätzt worden. Werden hier die Regressionsresiduen benutzt, ist durch T-2 zu dividieren. Dieser Unterschied besitzt aber kaum praktische Relevanz.

ressionsgleichung (10) wird in diesem speziellen Modell als *Jensens-Alpha* bezeichnet:

(10) $(r_{Pt} - r_{Ft}) = \alpha + \beta\,(r_{Bt} - r_{Ft}) + \varepsilon_t$

mit
r_{Pt}: realisierte Rendite des Portfolios P zum Zeitpunkt t
r_{Bt}: realisierte Rendite der Benchmark B zum Zeitpunkt t
r_{Ft}: risikoloser Zinssatz zum Zeitpunkt t
(oder zeitinvariant, r_F, je nach Rahmenbedingungen)
α: Jensens-Alpha
β: Beta-Faktor des Portfolios
ε_t: Residuum (residuale Rendite) des Portfolios P zum Zeitpunkt t.

Der Teilausdruck $\beta\,(r_{Bt} - r_{Ft})$ drückt dabei den durch die Benchmark erklärten Renditeanteil des Portfolios P aus. Die Renditedifferenz (aktive Rendite) lässt sich nach diesem Messkonzept in eine zufällige, unsystematische Residualrendite und eine systematisch vorhandene, von der Benchmark unabhängige, autonome Eigenrendite Alpha des Portfolios P zerlegen. Es interessieren nun die Fragen, ob die autonome Eigenrendite (Alpha) positiv, und wenn ja, ob sie auch statistisch signifikant von null verschieden ist (also nicht rein zufällig von null abweicht). Die statistische Signifikanz von Alpha lässt sich leicht im Zuge einer Regressionsanalyse prüfen, da diese automatisch neben den Werten der Koeffizienten deren Gütemaße (Standardfehler, t-Werte und im Regelfall auch P-Werte) ermittelt.

Mit dem Jensens-Alpha soll die Selektionsfähigkeit des Managements festgestellt werden. Darunter versteht man die Fähigkeit, besonders renditeträchtige Assets (z.B. stark unterbewertete Titel) in das Portfolio aufzunehmen bzw. weniger renditeträchtige Assets (z.B. überbewertete Titel) aus dem Portfolio zu entfernen. Derartige Umschichtungen müssen dabei nicht die Sensitivität (Beta) gegenüber der Benchmark berühren. Beispielsweise wurde bei der relativen Optimierung in Kap. 3. die Nebenbedingung $\beta = 1$ gesetzt, um das aktive Portfolio betaneutral zu stellen und allein auf die Selektionskomponente abzuzielen. Zugleich wurde dort aber auch diskutiert, dass neben der Selektion auch das Timing eingesetzt werden kann, um eine bessere Performance als die Benchmark zu erreichen. Unter Timing versteht man die Fähigkeit, die allgemeine Marktentwicklung zu antizipieren und darauf in geeigneter Weise reagieren zu können. Wird z.B. eine allgemeine Kurssteigerung am Aktienmarkt erwartet, könnte in einem gemischten Renten- und Aktienportfolio dann der Aktienanteil zulasten des Rentenanteils heraufgesetzt werden. Bei einem reinen

Aktienportfolio könnten Aktien mit niedrigem Beta-Faktor in solche mit hohem Beta-Faktor umgeschichtet werden. In Antizipation einer allgemein fallenden Entwicklung am Aktienmarkt würde entsprechend umgekehrt verfahren werden.

Besitzt nun das Management genau diese Fähigkeit, würde sich dieses Umschichtungsverhalten in entsprechenden Wertentwicklungen des Portfolios relativ zur Benchmark niederschlagen. In steigenden Marktphasen, also bei positiven Benchmarkrenditen, würden die Renditen des Portfolios stärker (gegenüber den Renditen der Benchmark) ansteigen. Umgekehrt wären sie von fallenden Marktphasen (d.h. bei negativen Benchmarkrenditen) weitaus weniger betroffen. Hier würde sich eine abgeschwächte (negative) Renditeentwicklung des Portfolios gegenüber der Benchmark ergeben. In extremen Fällen könnte das Management das Portfolio sogar vollständig gegen fallende Kurse abgesichert („gehedgt") oder sogar Leerverkäufe vorgenommen (d.h. sog. „Short-Positionen" eingenommen) haben. Dann würden bei fallenden Benchmarkrenditen entweder gleich bleibende oder gar steigende Portfoliorenditen resultieren (vgl. auch Kap. 3.4.3., dort insbesondere Abb. 3.4.3.-1.). Die Abb. 8.2.2.2.-1. fasst diese Überlegungen grafisch zusammen.

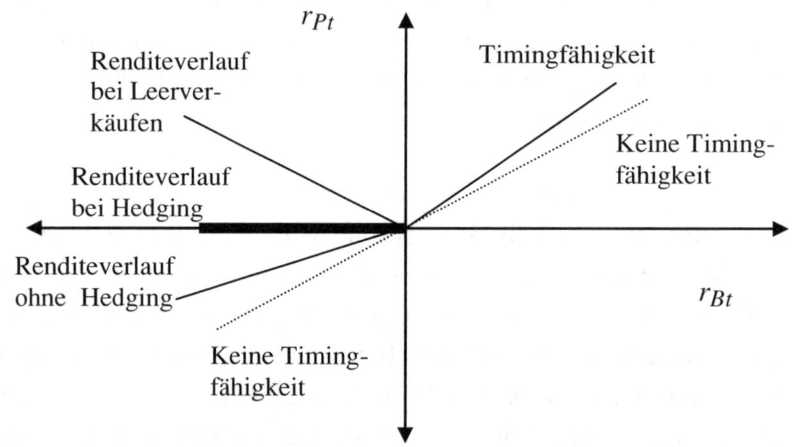

Abb. 8.2.2.2.-1.: Schematischer Renditeverlauf Portfolio gegen Benchmark bei Timingfähigkeit

In der ex post Analyse kann dazu die Punktewolke der historisch beobachteten Renditepaare (r_{Pt}, r_{Bt}) in einem Diagramm betrachtet werden. Je nachdem, ob eine Timingfähigkeit vorhanden war, wird die Punktewolke entweder besser durch eine Gerade (keine Timingfähigkeit) oder durch eine Parabel (Timingfähigkeit) angenähert. Der Grad der Krümmung der Parabel beschreibt das Ausmaß der Timingfähigkeit. Ist diese null, liegt also eine Gerade vor, ist keine Timingfähigkeit gegeben. Bei positiver Krümmung ist Timingfähigkeit vorhanden. Eine negative Krümmung wäre auch möglich und würde eine negative Timingfähigkeit zum Ausdruck bringen (die Parabel würde dann nach unten gerichtet verlaufen). Abb. 8.2.2.2.-2. illustriert diese Überlegungen.

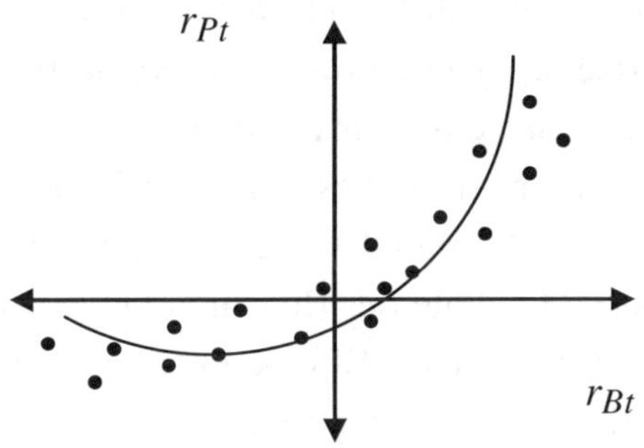

Abb. 8.2.2.2.-2.: Punktewolke Portfoliorenditen gegen Benchmarkrenditen bei Timingfähigkeit

Die Operationalisierung dieser Überlegungen besteht nun in der Formulierung eines Regressionsmodells mit quadratischem Term. Dabei handelt es sich um eine Erweiterung des Regressionsmodells zur Bestimmung des Jensens-Alpha nach Gleichung (10), welches zusätzlich um einen Term $\gamma(r_{Bt} - r_{Ft})^2$ erweitert wird (vgl. Gleichung (11)). Der Term der quadrierten Überschussrenditen der Benchmark drückt die Parabel aus. Ist der Koeffizient γ gleich null, so reduziert sich Gleichung (11) zu einer Geradengleichung, d.h., eine Timingfähigkeit wäre nicht erkennbar. Im Idealfall ist γ positiv, worin sich eine vorhandene Timingfähigkeit ausdrücken würde. Jedoch stellt sich bei der konkreten Messung die Frage, ob der Koeffizient γ vielleicht nur rein zufällig von null verschieden ausfällt. Daher ist die statistische Signifikanz dieses Koeffizienten zu prüfen, was aber bei einer Regressionsanalyse verfahrenstechnisch einfach ist, da neben den geschätzten Koeffizienten im Regelfall auch *t*- und *P*-Werte mitberechnet werden:

(11) $(r_{Pt} - r_{Ft}) = \alpha + \beta\,(r_{Bt} - r_{Ft}) + \gamma(r_{Bt} - r_{Ft})^2 + \varepsilon_{Pt}$

mit γ: Regressionskoeffizient der quadratischen Benchmark-Überschussrendite.

Verfahrenstechnisch sind neben den ex post Überschussrenditen des Portfolios und der Benchmark auch die Quadrate der Benchmark-Überschussrenditen zu berechnen. Dann wird eine bivariate Regressionsanalyse mit den Portfolioüberschussrenditen als abhängige sowie der einfachen und quadrierten Überschussrendite der Benchmark als unabhängige Variablen durchgeführt. Als Ergebnis interessiert hier allein der Wert des Koeffizienten γ, dessen statistische Signifikanz zu überprüfen ist. Keinesfalls sollte aus Gründen der „Arbeitserleichterung" die Analyse mittels der Regression nach Gleichung (10) in der Annahme ausgelassen werden, dass diese ohnehin in der letztgenannten Regressionsanalyse nach Gleichung (11) enthalten sei. Wegen der Hinzunahme einer weiteren erklärenden Variablen (Quadrate der Benchmarküberschussrenditen) können sich hier im Vorfeld nicht vorhersehbare Effekte ergeben, indem z.B. die neu hinzugenommene Variable (bisherige) Anteile der Regressionskonstante absorbiert. Das Vorliegen einer Selektionsfähigkeit ist in einem ersten Schritt unbedingt isoliert (also nach Regressionsgleichung (10)) zu überprüfen. Ergänzend kann dann die Regressionsanalyse nach Gleichung (11) zur Prüfung auf Timingfähigkeit durchgeführt werden. Die Ergebnisse beider Regressionsanalysen sind gemeinsam zu betrachten. So zeigt beispielsweise die spätere Fallstudie, dass die Überprüfung auf Selektionsfähigkeit (also die Regressionsanalyse nach Gleichung (10)) ein statistisch signifikantes Alpha feststellt. Die nachfolgende Überprüfung der Timingfähigkeit (Regressionsgleichung nach (11)) zeigt dann ein insignifikantes Alpha und Gamma der Regression, also weder eine Selektions-, noch Timingfähigkeit. Dies ist kein Widerspruch zur vorhergehenden Analyse, sondern Ausdruck eines derartigen Absorptionseffektes.

Dabei ist die Unterscheidung zwischen Selektions- und Timingfähigkeit gar nicht so einfach. Angenommen sei ein Portfoliomanager, der über keine Selektionsfähigkeit, aber über ein ausgesprochenes Timingvermögen verfüge. Die Punktewolke der historisch beobachteten Überschussrenditen von Portfolio und Benchmark mögen dabei eine Parabel ohne Ordinatenabschnitt (dieser sei null wegen der fehlenden Selektionsfähigkeit) beschreiben. Bei einer Regression nach Gleichung (10) drückt sich die unberücksichtigte Timingfähigkeit (die eine unberücksichtigte unabhängige Variable in der Regressionsgleichung darstellen würde) in einem positiven Ordinatenabschnitt aus. Timingfähigkeit wird hier fälschlicherweise als Selektionsfähigkeit interpretiert. Bei der anschließenden Regression nach Gleichung (11) würde jetzt ein statistisch signifikantes Gamma auftauchen und das Alpha insignifikant werden. Die Interpretation der Ergebnisse dreht sich hier komplett um. Bei optischer Betrachtung der Punktewolke können in diesem Gedankenexperiment die Ursache und die wahren Umstände leicht identifiziert werden. Bei realen Problemen gelingt dies aber selten so einfach.

Hinweise zur Zuordnung der Effekte können aus dem Vergleich der Gütemaße beider Regressionsgleichungen nach (10) bzw. (11) gewonnen werden. Führt die Hinzunahme der quadrierten Überschussrenditen der Benchmark im Regressionsmodell nach Gleichung (11) zu keiner Verbesserung (gemessen am R^2), dann bringt diese Variable keine zusätzliche Erklärungskraft in das Modell gegenüber der Regressionsgleichung (10) ein. Ist dann auch das Gamma statistisch insignifikant, kann kaum von einer Timingfähigkeit ausgegangen werden. Steigt umgekehrt nach Hinzunahme der quadrierten Überschussrenditen das R^2 der Regression an, verbunden mit einem statistisch signifikanten Gamma und insignifikanten Alpha, so ist eher von einer Timingfähigkeit und nicht vorhandener Selektionsfähigkeit auszugehen. Denn das ursprünglich statistisch signifikante Alpha der Regressionsanalyse nach Gleichung (10) wäre jetzt als Ergebnis einer nicht berücksichtigten erklärenden Variablen zu interpretieren, nicht aber als Selektionsfähigkeit.

Das Ergebnis der Schätzung einer Regressionsgleichung nach (10) ist unter anderem eine Schätzung für das Beta gegenüber der Benchmark oder einem „Marktportfolio“, je nachdem, welches Referenzportfolio für die Analyse herangezogen wurde. Das Beta kann als Ausdruck des systematischen Risikos, welches durch die Benchmark oder das Marktportfolio erklärt bzw. induziert wird, interpretiert werden. Analog zur Sharpe-Ratio kann daher der Quotient von mittlerer Überschussrendite und Beta-Faktor gebildet werden. Dieser Quotient wird als *Treynor-Maß* (auch als „reward-to-volatility ratio“) bezeichnet. Er drückt die erzielte, mittlere Überschussrendite pro eingegangene Einheit des systematischen Risikos aus. Gleichung (12) zeigt das Treynor-Maß in seiner ex post Formulierung:

$$(12) \qquad TM = \frac{\bar{r} - r_F}{\beta}.$$

Die Interpretation ist ähnlich wie bei der Sharpe-Ratio vorzunehmen, wobei dort das gesamte Risiko des Portfolios im Nenner steht. Welches der beiden Maße in der jeweiligen Situation aufschlussreicher ist, hängt von den Begleitumständen ab. Handelt es sich bei dem zu beurteilenden Portfolio um die einzige Anlage des Investors, so spielt für ihn das Gesamtrisiko bei der Beurteilung die entscheidende Rolle. Ist dagegen das Portfolio nur ein Teil seiner breit diversifizierten Vermögensanlagen, so ist das Gesamtrisiko des speziellen Portfolios P weniger interessant, da ein Teil davon (nämlich dessen residuales oder unsystematisches Risiko) im Rahmen der gesamten Vermögensanlage des Investors wegdiversifiziert werden kann. In diesem Falle wäre das Treynor-Maß wesentlich aufschlussreicher als die Sharpe-Ratio.

8.2.2.3. Passive Performancemaße

Die zweite Gruppe relativer Performancemaße ergibt sich aus den Betrachtungen zum Index Tracking. Sie wären also im Falle eines passiven Portfoliomanagements zu berechnen, um zu überprüfen, ob und wie das zu replizierende Target Portfolio in seiner Wertentwicklung mit dem tatsächlichen Tracking Portfolio verfolgt werden konnte. Je nach Planungsansatz bei der Bestimmung des Tracking Portfolios sind die relevanten Performancemaße dazu der Bonus Return, der Tracking Error, die Summe der absoluten negativen Renditeabweichungen gegenüber der Benchmark oder die mittlere quadratische Abweichung der Rendite des Tracking Portfolios von derjenigen des Target Portfolios (vgl. näher die Betrachtungen in Kap. 4.).

Viele dieser Performancemaße wurden bereits erwähnt und kommen auch bei der relativen Optimierung vor, obgleich sie dort mitunter anders bezeichnet werden. Der Bonus Return beim Index Tracking entspricht bei der relativen Optimierung der aktiven Rendite. Der Bonus Return für einen bestimmten Zeitpunkt sowie im Mittel des gesamten Beobachtungszeitraums $t = 1, \ldots, T$ wird entsprechend den Formeln (1) und (2) aus Kap. 8.2.2.2. berechnet. Er ist beim Index Tracking aber keine zu optimierende Zielgröße, allenfalls stellt er eine Nebenbedingung dar, wenn bei der Portfolioplanung eine bestimmte Höhe des Bonus Return im Rahmen der Optimierung gefordert wird. In der Performancemessung müsste dann der Bonus Return erhoben werden, um festzustellen, ob ex post die geforderte Nebenbedingung im Mittel eingehalten wurde. Soweit er bei der Portfoliooptimierung auch keine Nebenbedingung darstellte, wäre er nur eine nachrichtlich interessante Größe.

Beim Index Tracking nach MARKOWITZ wird der (ex ante) Tracking Error unter Nebenbedingungen minimiert. Bei der Performancemessung ist dessen ex post Wert zu ermitteln, um einen Soll-Ist-Vergleich mit der Planung vornehmen zu können. Die ex post Ermittlung kann nach Formel (3) aus Kap. 8.2.2.2. (unter Rückgriff auf die Formeln (1) und (2) aus Kap. 8.2.2.2.) vorgenommen werden.

Bei der Regression unter Nebenbedingungen wird eine etwas andere Zielfunktion minimiert als beim Index Tracking nach MARKOWITZ, die aber unter gewissen Annahmen (vgl. Kap. 4.2.3.) zueinander äquivalent sind. Die relevante Zielfunktion ist dort die mittlere quadratische Abweichung der Renditen des Tracking Portfolios P von denen des Target Portfolios B. Unter Verwendung der hier benutzten Symbole errechnet sich der mittlere quadratische Fehler (MSE) ex post nach Gleichung (1):

$$(1) \qquad MSE = \frac{1}{T}\sum_{t=1}^{T}(r_{Pt} - r_{Bt})^2$$

mit r_{Pt}: Rendite des Tracking Portfolios P zum Beobachtungszeitpunkt t
r_{Bt}: Rendite des Target Portfolios B zum Beobachtungszeitpunkt t.

Dieser Wert drückt die mittlere quadratische Abweichung der Renditen voneinander aus. Im Rahmen eines Soll-Ist-Vergleichs ist dieser (ex post) Wert dem ex ante MSE gegenüberzustellen.

Beim Ansatz nach ANG zur Bestimmung eines Tracking Portfolios wird die Summe der erwarteten Absolutbeträge der negativen Renditeabweichungen des Tracking Portfolios gegenüber dem Target Portfolio (SD^-) minimiert (vgl. Kap. 4.2.4). Während der Optimierungsansatz zur Bestimmung dieses Wertes etwas komplizierter ist, lässt er sich ex post sehr einfach nach Formel (2) ermitteln:

$$(2a) \qquad SD^- = \sum_{\substack{t=1, \\ r_{Pt} < r_{Bt}}}^{T} \left| r_{Pt} - r_{Bt} \right| \qquad \text{bzw.} \qquad (2b) \qquad SD^- = \sum_{t=1}^{T} \max(0, r_{Bt} - r_{Pt}) .$$

Wird die Summe SD^- durch die Anzahl der Beobachtungen T geteilt, erhält man den (ex post) mittleren (absoluten) Ausfall des Tracking Portfolios. Bei der Analyse wäre der Wert SD^- dem in der Portfolioplanung ermittelten ex ante Wert vergleichend gegenüberzustellen.

Die Aufzählung relativer Performancemaße ist bei weitem nicht vollständig. Je nach verwendetem Ansatz bei der Portfolioplanung sind im Rahmen der Performancemessung weitere Maße zu definieren, zu ermitteln und ihren jeweiligen ex ante Werten gegenüberzustellen. Beispielhaft sei hier auf die Lower Partial Moments (*LPM-Maße*) bei den auf einem einseitigen Risikoverständnis basierenden Portfolioplanungsmodelle hingewiesen. Auch bei den Safety First Ansätzen, welche wesentlich auf die Ausfallwahrscheinlichkeit abstellen, wären entsprechende Maße in Ansatz zu bringen. Hier müsste beispielsweise die empirische, relative Ausfallhäufigkeit ex post ermittelt und mit dem in der Portfolioplanung zugrunde gelegten Wert der Ausfallwahrscheinlichkeit verglichen werden. Aus Platzgründen sei dies hier nur angedeutet, aber nicht weiter ausgeführt. Die Darstellungen in Kap. 5. zeigen aber bei Bedarf und näherem Interesse, wie die jeweiligen ex post Maße zu definieren wären.

8.2.3. Faktormodelle in der Performancemessung

Der Einsatz von Faktormodellen in der Performancemessung ist nur eine konsequente Anwendung der Darstellungen aus Kap. 6. Im Kern stellen die folgenden Betrachtungen keine grundsätzlich neuen Aspekte dar, weshalb auch für detailliertere Betrachtungen zu den Faktormodellen auf Kap. 6. und 7. zurück verwiesen wird. Mithilfe eines Faktormodells sollen die Renditen von Assets durch möglichst wenige, allen Assets gemeinsame werttreibende Faktoren erklärt werden. Ein Faktormodell (vgl. näher Kap. 6.1.) besitzt dabei die allgemeine Struktur nach Gleichung (1):

$$(1) \qquad r_{it} = \alpha_i + \sum_{k=1}^{K} \beta_{ik} I_{kt} + \varepsilon_{it} \qquad \text{für alle Assets } i = 1,..., N$$

mit r_{it}: Rendite des i-ten Assets zum Zeitpunkt t
α_i: Eigenrendite des i-ten Assets
β_{ik}: Abhängigkeit der Rendite des i-ten Assets vom k-ten Einflussfaktor I_k
I_{kt}: k-ter systematischer Einflussfaktor (Index) zum Zeitpunkt t
ε_{it}: zufälliger Störeinfluss, Residualrendite zum Zeitpunkt t.

Da ein Portfolio ebenfalls als ein spezielles Asset aufgefasst werden kann, kann das Modell nach Gleichung (1) ebenso auf das zu analysierende Portfolio P und dessen Benchmark B angewendet werden. Ex post kann ein derartiges Modell mit einer multivariaten Regressionsanalyse geschätzt werden, indem die beobachteten Renditen des Portfolios P (bzw. der Benchmark B) als abhängige Variable auf die Reihen der Faktorwerte (als unabhängige Variablen) regressiert werden. Wie ein solches Faktormodell und die zugehörigen Faktoren gewonnen werden, ist Gegenstand der Behandlungen in Kap. 6.4. und Kap. 7. Um unnötige Wiederholungen zu vermeiden, wird hier von einem bereits entwickelten Faktormodell und bekannten Faktorreihen ausgegangen. Das Ergebnis einer derartigen Regressionsanalyse sind die geschätzten Faktorsensitivitäten (Betas der jeweiligen Faktoren), das Alpha sowie die residualen Renditen.

Im Gegensatz zu den einfachen oder relativen Performancemaßen, erlaubt ein Faktormodell wesentlich differenziertere Einblicke. Die einzelnen Faktorsensitivitäten β_{ik} beschreiben, in welchem Ausmaß das Portfolio *P* bzw. seine Benchmark *B* im zu analysierenden Beobachtungszeitraum gegenüber einem werttreibenden Faktor *k*, $k = 1, \ldots, K$, exponiert war. Beispielsweise könnte die Analyse der einfachen Performancemaße ergeben haben, dass Portfolio *P* und Benchmark *B* im zu analysierenden Beobachtungszeitraum annähernd dieselbe Rendite und dasselbe Risiko besaßen. Die Schätzung des jeweiligen Faktormodells könnte aber höchst unterschiedlich ausfallen. So könnten die Faktorsensitivitäten von Portfolio *P* und Benchmark *B* deutlich differieren. Dann wären beide Portfolios zwar in der (undifferenzierten) Totalbetrachtung recht ähnlich, bei näherer Analyse aber höchst unterschiedlich. Faktormodelle zeigen insofern (ex post), auf welche werttreibenden Faktoren das Management wissentlich oder unwissentlich gesetzt hat, welche „Faktorwetten" also Portfolio *P* und Benchmark *B* (ex post) zugrunde lagen.

Hier zeigt sich ein leichter Unterschied zu den Betrachtungen in Kap. 6. Während dort die Faktormodelle vorrangig unter dem Aspekt der Portfolioplanung (ex ante) betrachtet wurden, geht es im Rahmen der Performancemessung vorrangig um die (ex post) Analyse von Portfolio- und Benchmarkrenditen. Methodische Änderungen ergeben sich daraus nicht, aber ein anderer Fokus. Wesentliche Fragen der Performanceanalyse mithilfe von Faktormodellen sind u.a.:

- Wie sehen die Faktorsensitivitäten von Portfolio *P* und Benchmark *B* aus? Ergeben sich deutlich andere Faktorsensitivitäten oder sind diese weitgehend ähnlich? Welche „Faktorwetten" ist das Management wissentlich oder unwissentlich eingegangen?

- Wie gut erklärt das Faktormodell (ex post) die Varianz der Renditen? Sind unbeobachtete Faktoren zu vermuten? Wenn ja, auf welche (bisher nicht berücksichtigten) Faktoren hat dann das Management gewettet?

- Soweit das Faktormodell eine hinreichende Erklärungskraft besitzt, wie hoch ist dann das Alpha (in dem sich die Selektionsfähigkeit ausdrücken könnte)? Ist es statistisch signifikant?

Im Rahmen der Performancemessung sollen bei den Multi-Index-Modellen zwei Typen unterschieden werden. Bei den *Multi-Benchmark-Modellen* werden für die verschiedenen Faktoren die Renditen verschiedener Benchmarkportfolios verwendet. Hier handelt es sich um einen Spezialfall von Faktormodellen, der vorrangig nur in der Performancemessung, also bei der ex post Analyse, verwendet wird. Zur Illustration von Multi-Benchmark-Modellen sei beispielhaft angenommen, ein Aktienportfolio solle analysiert werden. Dabei möge das Management weitgehende Freiheiten haben, in bestimmte Segmente des Aktienmarktes (z.B. Haupt- und Nebenwerte, „large caps" und „small caps") zu investieren und ggf. auch einen hohen Rentenanteil zu halten. Die genaue Zusammensetzung der Benchmark sei entweder unbekannt (z.B. im Rahmen einer externen Performanceanalyse) oder erst gar nicht vorgegeben. Da in diesem Fall eine explizite vorgegebene Benchmark zwar fehlt, aber die Anlageschwerpunkte bekannt sind (bzw. vermutet werden können), ist für (ex post) Analysezwecke ein Multi-Benchmark-Modell hilfreich. In dem gerade konstruierten Beispiel würde das Multi-Benchmark-Modell die Struktur nach Gleichung (2) besitzen:

$$(2) \qquad (r_{Pt} - r_{Ft}) = \alpha_P + \beta_{PL}(r_{Lt} - r_{Ft}) + \beta_{PS}(r_{St} - r_{Ft}) + \beta_{PB}(r_{Bt} - r_{Ft}) + \varepsilon_{Pt}$$

mit
r_{Pt}: Rendite des zu beurteilenden Portfolios P
r_{Ft}: risikofreier Zins zum Zeitpunkt t oder zeitinvariant r_F
β_{Pj}: Sensitivität gegenüber dem Benchmarkportfolio j
r_{Lt}: Rendite des Index großer Aktienwerte in t
r_{St}: Rendite des Index kleiner Aktienwerte in t
r_{Bt}: Rendite des Rentenindex in t
ε_{Pt}: nicht erklärbarer Resteinfluss, residuale Rendite in t
α_P: Jensens-(Multi-Benchmark-)Alpha.

Die Bestimmung des Jensens-Alpha lässt sich im Kontext eines Multi-Benchmark-Modells genauso vornehmen wie im Falle eines einzigen Benchmarkportfolios (vgl. Gleichung (10) in Kap. 8.2.2.2.). Eine Erweiterung des Messansatzes zur Bestimmung der Timingfähigkeit, analog zu Gleichung (11) in Kap. 8.2.2.2., ist möglich. Die Verwendung von Multi-Benchmark-Modellen ist dann sinnvoll und notwendig, wenn die Benchmark unbekannt (bei der externen Performanceanalyse) oder nicht explizit vorgegeben ist. Im Rahmen der externen Performanceanalyse können so Einblicke in die

Anlagestrategie z.B. eines öffentlichen Publikumsfonds gewonnen werden. Anhand der Faktorsensitivitäten und den Gütemaßen des Modells wäre erkennbar, ob die vorgegebenen, potenziellen Benchmarkportfolios überhaupt adäquat die Anlageschwerpunkte des Managements abdecken, und wenn ja, auf welche Schwerpunkte es sich bei der Anlage konzentriert hat.

Multi-Benchmark-Modelle können auch zur Analyse des zeitlichen Investmentstils des Managements eingesetzt werden. Dazu wird das Modell nicht für den gesamten Beobachtungszeitraum $t = 1, \ldots, T$ geschätzt, sondern rollierend für M überlappende Subzeiträume. Der erste Subzeitraum erstreckt sich dabei von $t = 1, \ldots, T\text{-}M$, der zweite von $t = 2, \ldots, T\text{-}(M\text{-}1)$, usw. bis $t = 1\text{+}(M\text{-}1), \ldots, T$ (mit $M <<$ T). Mittels einer solchen rollierenden Schätzung erhält man Zeitreihen der Faktorsensitivitäten. Die Analyse dieser Zeitreihen der Faktorsensitivitäten kann mögliche Wechsel in der Anlagestrategie des Managements aufzeigen.

Ist jedoch die Benchmark bekannt und explizit vorgegeben (was eigentlich bei der internen Performanceanalyse immer der Fall sein sollte), so existiert kein besonderer Grund für die Verwendung von Multi-Benchmark-Modellen. In diesem Falle ist die Anwendung „echter" Faktormodelle sinnvoller.

Unter „echten" Faktormodellen sollen in diesem Kontext die typischen Faktormodelle, so wie in Kap. 6.4. näher vorgestellt, nach Gleichung (1) verstanden werden. Die Faktoren sind hier keine Renditereihen potenzieller Benchmarkportfolios wie bei den Multi-Benchmark-Modellen, sondern (makro-) ökonomische, fundamentale oder synthetische Faktoren (in der Begrifflichkeit des Kap. 6.4.). Faktormodelle auf Basis synthetischer Faktoren sind prinzipiell in der Performanceanalyse einsetzbar, aber schwierig zu interpretieren. Im Regelfall wird es bei einem synthetischen Faktormodell kaum gelingen, alle synthetischen Faktoren zweifelsfrei zu identifizieren. Damit können aber die Ergebnisse einer (ex post) Performanceanalyse nicht immer sinnvoll interpretiert werden. Unterschiedliche Faktorsensitivitäten von Portfolio P und Benchmark B gegenüber den synthetischen Faktoren würden zwar zeigen, dass die innere Risikostruktur beider Portfolios unterschiedlich wäre und dass das Management andere Faktorwetten gewählt hat, als sie implizit der Benchmark zugrunde lagen. Gegenüber welchen Faktoren die Wetten inhaltlich eingegangen wurden, würde aber bei diesen Modellen offen bleiben.

Für Interpretationszwecke ist die Verwendung (makro-) ökonomischer oder fundamentaler Faktormodelle bei der Performanceanalyse sinnvoller. Verfahrenstechnisch wäre aber der Unterschied nicht sehr groß.[429] Die Gleichung (1) würde durch eine multivariate Regressionsanalyse geschätzt, wobei die Faktorwertereihen entweder (makro-) ökonomische, fundamentale oder synthetische Faktoren darstellen. Bei (makro-) ökonomischen oder fundamentalen Modellen können die geschätzten Faktorsensitivitäten aber unmittelbar interpretiert werden und die in den Portfolios wissentlich oder unwissentlich enthaltenen Faktorwetten offen legen.

Das nach der (ex post) Schätzung erhaltene Faktormodell nach Gleichung:

$$(3) \qquad \hat{r}_{Pt} = \hat{\alpha}_P + \sum_{k=1}^{K} \hat{\beta}_{Pk} I_{kt}$$

kann neben der Analyse der Faktorsensitivitäten zur Bestimmung der residualen Renditen und deren Analyse herangezogen werden. Die geschätzte residuale Rendite für einen bestimmten Zeitpunkt t berechnet sich nach Formel (4):

$$(4) \qquad \hat{\varepsilon}_{Pt} = r_{Pt} - \hat{r}_{Pt} = r_{Pt} - (\hat{\alpha}_P + \sum_{k=1}^{K} \hat{\beta}_{Pk} I_{kt}) .$$

Wird das Faktormodell unter Verwendung einer Regressionsanalyse mit Regressionskonstante geschätzt, so ist der Mittelwert der geschätzten residualen Rendite (hier des Regressionsresiduums) gleich null. Die Berechnung der residualen Varianz vereinfacht sich damit zu Gleichung (5):

$$(5) \qquad Var(\hat{\varepsilon}_t) = \frac{1}{T-1} \sum_{t=1}^{T} \hat{\varepsilon}_t^2 .$$

Die Gleichung (5) ist die allgemeine Formel zur Berechnung der Varianz, ausgehend von einer Stichprobe. Soweit ohnehin die Regressionsanalyse durchgeführt wurde, ist es einfacher, auf den Standardfehler der Regression zurückzugreifen (vgl. Anhang A6.1., Buchstabe (e)), welcher der Quadratwurzel aus der residualen Varianz (unter Berücksichtigung der Freiheitsgrade der Regression) entspricht.[430]

---

429 Zu den Unterschieden bei der Schätzung der verschiedenen Varianten von Faktormodellen vgl. Kap. 6.4.1. bis 6.4.4.

430 Würde man rechentechnisch zunächst die geschätzten residualen Renditen nach (4) und dann deren Varianz nach (5) berechnen, so würde sich dieser Wert leicht von dem Quadrat des Standardfehlers der Regression unterscheiden. Bei Letzterem werden nämlich die Freiheitsgrade der Reg-

Ein weiteres wichtiges Performancemaß der Analyse mit Faktormodellen ist die Treynor-Black-Appraisal-Ratio (*TBM*). Hier wird das geschätzte Alpha durch das geschätzte residuale Risiko (in Form der Standardabweichung) geteilt. Der Quotient drückt dabei die pro residuale Risikoeinheit erzielte autonome Eigenrendite (z.B. bedingt durch besondere Selektionsfähigkeit) aus:

$$(6) \qquad TBM = \frac{\hat{\alpha}}{\sqrt{Var(\hat{\varepsilon}_t)}}.$$

Die in Gleichung (6) vorgestellte Variante der Treynor-Black-Appraisal-Ratio (*TBM*) ist die einfache, Multi-Index-Modell basierte Variante. Daneben existiert die wesentlich aufwändiger zu bestimmende APT-Variante, die auf der Arbitrage Pricing Theorie (APT, ein kapitalmarkttheoretisches Gleichgewichtsmodell) basiert. Die Berechnungsformel nach (6) ist dabei zwar identisch, zur Bestimmung der geschätzten residualen Rendite ist aber ein anderes Modell zu verwenden. Die dazu notwendigen Betrachtungen würden aber hier den Rahmen einer Einführung übersteigen.

8.3. Fallstudie zur Performancemessung

8.3.1. Datenmaterial und Vorgehensweise

Um die zuvor dargestellten, theoretischen Konzepte der Performancemessung und deren Umsetzung mithilfe einer Tabellenkalkulation zu illustrieren, soll die Performance eines fiktiven, aktiven Portfolios absolut und relativ zu seiner Benchmark analysiert werden. Zur Konstruktion des fiktiven Portfolios wird auf die verschiedenen Fallstudien im bisherigen Verlauf zurückgegriffen. So wurde z.B. in Kap. 6.2.3. exemplarisch gezeigt, wie unter Verwendung eines Single-Index-Modells Prognosen für die Erwartungswerte der Assetrenditen sowie die zugehörigen Risikoprognosen abgeleitet werden können. Hier werden nun jene Prognosen herangezogen, um damit ein nutzenoptimales Portfolio zu bestimmen (vgl. zu der dazu notwendigen Vorgehensweise die Fallstudie in Kap. 2.3.3.3.6.). Das Anlageuniversum besteht dabei aus acht Einzeltiteln (Aktien) des europäischen Marktes, als Benchmark dient der DOW JONES EURO STOXX 50 (vgl. zum Datenmaterial näher Anhang A2.2. und Kap. 3.5.6.). Es sei fer-

---

ression berücksichtigt, indem die Summe der quadrierten Residuen durch den Wert T-(K+1), mit K = Anzahl der Regressionskoeffizienten, dividiert wird. In Formel (5) wird dagegen durch T-1 geteilt, woraus sich der leichte Unterschied ergibt. In der praktischen Anwendung schlagen sich diese Differenzen im Regelfall in Nachkommastellen nieder und sind zumeist ohne besondere Relevanz.

ner angenommen, eine risikofreie Anlagemöglichkeit wäre statutarisch ausgeschlossen, beispielsweise weil es sich um einen Fonds handeln möge, der gemäß seiner Anlagerichtlinien ausschließlich in Aktien des europäischen Marktes investieren darf. Der Risikoaversionsparameter möge $\lambda \approx 1{,}7$ betragen (vgl. Kap. 3.5.6.). Das Portfolio dieser Fallstudie resultiert also aus der Zusammenführung vieler bisheriger Betrachtungen im Buch, ist aber im Einzelnen natürlich „willkürlich" konstruiert. Dies soll aber im Weiteren nicht näher interessieren, da es vorrangig um die verfahrenstechnische Demonstration verschiedener Konzepte der Performancemessung geht.

Offensichtlich handelt es sich bei dem hier zu analysierenden Portfolio um eines der absoluten Optimierung. Die Berechnung relativer Performancemaße erfolgt hier vorrangig unter dem Aspekt, ihre Berechnung und Interpretation anhand eines konkreten Beispiels zu erläutern. In der realen Anwendung relativer Performancemaße auf absolut optimierte Portfolios ist zumindest bei der Interpretation der Ergebnisse eine gewisse Achtsamkeit geboten, denn es würden dann Performancemaße zur Beurteilung eines Portfolios herangezogen werden, die nicht Zielkriterium bei der Portfolioplanung waren. Insofern liegt hier eine Inkonsistenz zwischen Portfolioplanung und -kontrolle vor. Neben dem rein didaktischen Aspekt kann die Anwendung der relativen Performancemaße aber auch mit der Schwierigkeit der Beurteilung isolierter, absoluter Performancemaße begründet werden, wenn keine geeigneten Vergleichsmaßstäbe existieren.

Das im Folgenden zu analysierende Portfolio besitzt eine (unrealistisch) gute Performance (vgl. Abb. 8.3.1.-1.), was aber lediglich in einer (unrealistischen) Fiktion begründet liegt. Das hier betrachtete Portfolio basiert auf den ex post ermittelten Rendite- und Risikoschätzern. Nachdem es mit diesen Prognosen optimiert wurde, wird es dann wiederum an demselben Zeitraum (für den die Rendite- und Risikoschätzer ex post abgeleitet wurden) dem Benchmarkportfolio vergleichend gegenübergestellt. Implizit wird also so getan, als ob die Rendite- und Risikoprognosen im Januar 1993 (ohne Kenntnis der Zukunft) erstellt wurden, die dann unverändert bis Februar 2002 beibehalten werden und die damit die Portfoliostruktur festlegen. Diese Prognosen wurden aber unter Kenntnis der (unbekannten) Zukunft gewonnen; deshalb sind sie so gut. Die Fallstudie illustriert insofern, welche Wertpotenziale gute Prognosen eröffnen können.

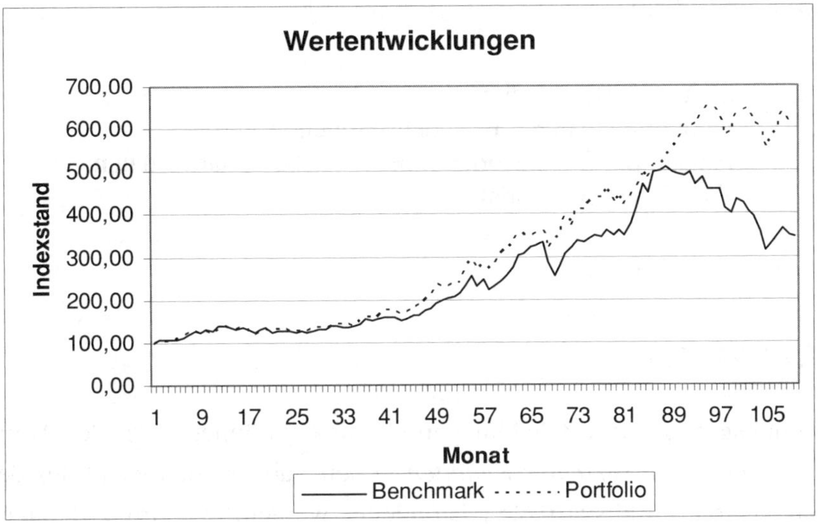

Abb. 8.3.1.-1.: Wertentwicklungen von Benchmark und Portfolio als Indexstände

Eine alternative, realitätsgerechtere Vorgehensweise bei der Konstruktion der Fallstudie wäre es, die Rendite- und Risikoschätzer (gemäß dem Vorgehen in Kap. 6.2.3.2.) anhand eines Schätzzeitraums (In-Sample) zu berechnen, dann damit das Portfolio zu optimieren und anschließend dessen Wertentwicklung anhand eines Testzeitraums (Out-of-Sample) derjenigen der Benchmark gegenüberzustellen. Ein derartiges Vorgehen wurde z.B. in der Fallstudie des Kap. 4.3. angewandt, um auf die Schätzproblematik beim Index Tracking hinzuweisen. Dem Leser sei dieses Vorgehen als Übung empfohlen, um so selbst eine realistische Einschätzung zu erarbeiten, welche Ergebnisse zu erwarten sind.

Eine letzte wichtige Vorbemerkung zum Datenmaterial betrifft dessen Periodizität und damit verbunden die spätere Interpretation der Ergebnisse. Im Folgenden werden Monatsdaten analysiert, was durchaus den Gegebenheiten realer Anwendungen entspricht. Entsprechend sind die erhaltenen Werte für die Performancemaße (wie Alpha, mittlere Rendite, Standardabweichung u.a.) auf den Monat bezogen. In der Praxis werden jedoch aus Gründen der leichteren Interpretierbarkeit gerne annualisierte (d.h. auf das Jahr bezogene) Werte benutzt. Um Tages-, Monats- oder Quartalswerte auf Jahresbasis hochzurechnen, werden in der Praxis gerne die Skalierungsformeln (1) bis (3) für Erwartungswerte von Renditen, Varianzen und Standardabweichungen verwendet:

(1) $E(r^a) = T \cdot E(r)$

mit r^a: annualisierte Rendite
r: nicht annualisierte, periodenbezogene Rendite
T: Anzahl der Subperioden (z.B. $T = 4$ bei Quartalsdaten, $T = 12$ bei Monatsdaten)

(2) $Var(r^a) = T \cdot Var(r)$

(3) $\sigma_{r^a} = \sqrt{T} \cdot \sigma_r$.

Die Skalierungsgesetze nach Gleichungen (1) bis (3) können unter der Annahme *unabhängig und identisch verteilter Renditen* in den Subperioden leicht aus den Sätzen über Summen von Zufallsvariablen hergeleitet werden.[431] Wird z.B. eine mittlere Monatsrendite von 1% bei 5% Standardabweichung festgestellt, so wären dies nach den Skalierungsgesetzen umgerechnet eine annualisierte Rendite in Höhe von 12% bei ca. $\sqrt{12} \cdot 5 = 17{,}3\%$ Standardabweichung. Nach empirischen Untersuchungen gilt jedoch dieses Skalierungsgesetz für Renditen von Assets im Regelfall nicht und kann bestenfalls als Approximation angesehen werden.[432]

Obwohl gewohnheitsmäßig vielleicht annualisierte Renditen und Standardabweichungen anschaulicher sein mögen, wird hier konsequent auf die Anwendung der Skalierungsgesetze verzichtet. Im Grunde genommen ist diese Umskalierung auch nicht wirklich notwendig und überdies fehlerbehaftet. Die folgenden Größen beziehen sich also bewusst auf Monatsgrößen, also Monatsrenditen, Monatsvarianzen, usw.

8.3.2. Einfache Performancemaße

Unter einfachen Performancemaßen (nicht zu Verwechseln mit eindimensionalen Performancemaßen) werden in diesem Buch solche Maßzahlen verstanden, die allein aus der Wertentwicklung eines Assets oder Portfolios, ggf. unter Berücksichtigung der risikofreien Anlage, berechnet werden können, die also nicht die zusätzliche Kenntnis einer Benchmark, Faktoren, Faktorportfolios u.Ä. erfordern. Beispiele für derartige Maße sind die mittlere Rendite, die Standardabweichung oder Varianz, minimale und maximale Rendite usw. Die Berechnungen können dabei auf absoluten (totalen) Ren-

---

431 Vgl. dazu z.B. Poddig/Dichtl/Petersmeier (2003), S. 45 ff.

432 Vgl. z.B. Kerling (1998), S. 27 ff. und die dort angegebene Literatur.

diten oder Überschussrenditen aufsetzen. Viele Messkonzepte der Performancemessung verwenden Überschussrenditen (z.B. die Bestimmung des Jensens-Alpha), weshalb die folgenden Betrachtungen darauf basieren. Dies ist aber nicht zwingend. Alle Schritte der Fallstudie könnten auch absolute Renditen benutzen und nur dann Überschussrenditen verwenden, wenn dies durch das Messkonzept zwingend geboten ist. Jedoch ist stets bei der Anwendung der einzelnen Formeln und der Interpretation der Ergebnisse darauf zu achten, welche Renditeart Verwendung findet.

Die Abb. 8.3.2.-1. zeigt einen Tabellenausschnitt mit den Ausgangsdaten. Diese bestehen aus der indexierten Wertentwicklung beider Portfolios (Benchmark und aktives Portfolio). In den nebenstehenden Spalten schließen sich die Berechnung der Überschussrenditen und der quadrierten Überschussrenditen der Benchmark an. Letztere werden für spätere Analyseschritte noch benötigt. Die Spalte F enthält die Berechnung der Überschussrenditen des Portfolios.

D12 | fx = LN(B12)-LN(B11)-$D$6

	A	B	C	D	E	F
9		Wertentwicklung als Index		Überschussrenditen		
10		Benchmark	Portfolio	Benchmark	r(B)^2	r(P)
11	29.01.1993	100,00	100,00			
12	26.02.1993	108,13	108,14	0,07487	0,00561	0,07501
13	31.03.1993	109,32	105,06	0,00771	0,00006	-0,03217
14	30.04.1993	106,77	107,12	-0,02683	0,00072	0,01610
15	31.05.1993	106,72	108,60	-0,00378	0,00001	0,01050
16	30.06.1993	110,93	114,05	0,03539	0,00125	0,04566
17	30.07.1993	118,46	122,32	0,06239	0,00389	0,06679
18	31.08.1993	126,67	128,32	0,06379	0,00407	0,04461
19	30.09.1993	123,23	125,22	-0,03085	0,00095	-0,02772
20	29.10.1993	130,27	127,18	0,05231	0,00274	0,01228

Abb. 8.3.2.-1.: Ausgangsdaten für Benchmark und Portfolio

Aus der Bearbeitungsleiste der Abb. 8.3.2.-1. wird ersichtlich, dass in dieser Fallstudie die Überschussrendite in Form einer stetigen Rendite berechnet wird. Ebenso ist es möglich, die Überschussrendite in Form einer diskreten Rendite zu berechnen.[433] Die Wahl der stetigen Rendite wurde wegen der späteren Anwendung der Regressionsanalyse getroffen, da diese normal verteilte Daten als Anwendungsvoraussetzung beinhaltet. Da stetige Renditen eher einer Normalverteilung folgen, hat dies für die folgenden Regressionsanalysen einen großen Vorteil, was für die Wahl dieser Variante

433 Für eine ausführliche Darstellung sowie Diskussion der Vor- und Nachteile beider Renditearten wird auf das Kap. 1.5.1. zurück verwiesen.

spricht. Andererseits sind stetige Renditen schwieriger interpretierbar. Bei den Größenordnungen der hier betrachteten Renditewerte sind allerdings die Unterschiede zwischen diskreten und stetigen Renditen (gerade noch) vernachlässigbar (vgl. dazu Kap. 1.5.1.3.). Insofern können die stetigen Renditen behelfsweise so interpretiert werden, als ob sie diskrete Renditen darstellen würden. Ein weiterer Vorteil stetiger Renditen ist ihre leichtere Verknüpfungsmöglichkeit. So ist der Mittelwert der stetigen Renditen nicht nur das Mittel der empirischen Verteilung, sondern gleichzeitig auch der im Mittel erzielte, relative Wertzuwachs. Bei einer diskreten Rendite wäre der Mittelwert der historischen Renditereihe zwar auch das Mittel der empirischen Verteilung, aber nicht zugleich die im Mittel erzielte relative Wertänderung im Portfolio (dazu müsste das geometrische Mittel der diskreten Renditen gebildet werden; vgl. Kap. 8.2.1.1.). Diese Umstände favorisieren die Verwendung stetiger Renditen. Für Übungszwecke ist es jedoch empfohlen, die Fallstudie unter Verwendung diskreter Renditen erneut durchzuführen, wobei beim Ergebnisvergleich ggf. Umrechnungen der Renditearten ineinander sinnvoll sein können.

Bei den durch Abb. 8.3.2.-1. veranschaulichten Berechungen (vgl. dort die Bearbeitungsleiste; der Wert des risikofreien Zinssatzes steht in der Zelle D6) wird in dieser Fallstudie der risikofreie Zinssatz als im Zeitablauf konstant (also zeitinvariant) angesehen. Dies stellt aber nur eine Vereinfachung dar und soll einen engeren Bezug zu den bisherigen Fallstudien herstellen. Je nach den Rahmenbedingungen, unter denen die Portfolioplanung und –realisation stattfindet, muss die Überschussrendite zweckentsprechend berechnet werden. Dies könnte im Beispiel konkret bedeuten, anstelle eines zeitinvarianten risikofreien Zinssatzes z.B. die Zeitreihe für den 1-Monatszinssatz auf dem Geldmarkt heranzuziehen. Da dies im Folgenden aus Vereinfachungsgründen unterbleibt, können manche der zuvor genannten Formeln später einfacher formuliert werden. Besondere Einschränkungen ergeben sich aber dadurch nicht; die gesamte Fallstudie kann leicht unter Verwendung eines zeitvariablen risikofreien Zinssatzes nachgearbeitet werden.

Einfache Performancemaße, wie z.B. die mittlere (Überschuss-) Rendite im Beobachtungszeitraum, deren Standardabweichung oder Varianz, minimale und maximale Rendite usw. können in Excel sehr leicht mithilfe der eingebauten Funktionen wie MITTELWERT, STABW, VARIANZ, MIN, MAX u.a. berechnet werden. Alternativ kann die VBA-Analysefunktion Populationskenngrößen eingesetzt werden. Sie lässt sich über die Menüfolge Extras/Analyse-Funktionen.../Populationskenngrößen erreichen. Der sich dann öffnende Eingabedialog ist in Abb. 8.3.2.-2. dargestellt.

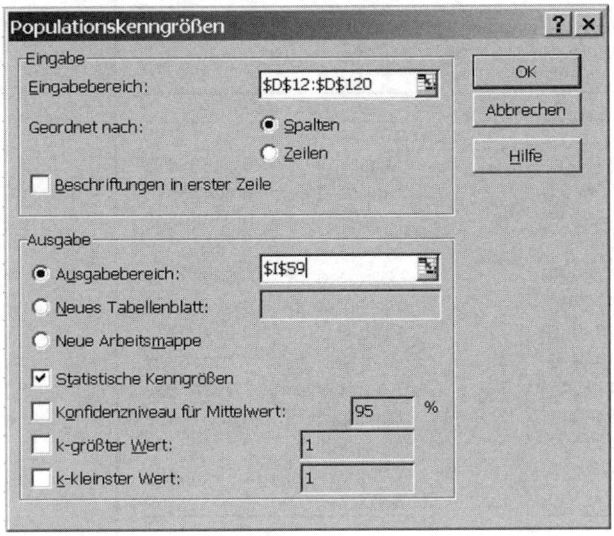

Abb. 8.3.2.-2.: Eingabedialog Populationskenngrößen

Nach der Angabe des Zellenbereichs (bei Eingabebereich:), der die zu analysierende Renditereihe enthält, der Festlegung der linken, oberen Ecke des Ausgabebereichs (bei Ausgabebereich:) und der Aktivierung von Statistische Kenngrößen, kann die Berechnung mit OK ausgelöst werden. Das Ergebnis für die Benchmark und das Portfolio ist in Abb. 8.3.2.-3. dargestellt.

Die Ausgaben sind weitgehend selbsterklärend bzw. können in der Online-Hilfe zu Excel nachgeschaut werden. Hier ist zunächst auffällig, dass das aktive Portfolio eine deutlich höhere (mittlere) Rendite bei sogar leicht geringerer Varianz als die Benchmark besitzt. Die Werte für die Schiefe und Wölbung (Schiefe, Kurtosis) geben eine erste Orientierung, wie ähnlich die betrachtete Renditeverteilung zu einer Normalverteilung ist (dort wären beide Werte null). Die Abweichungen der Benchmarkrenditen von einer Normalverteilung sind stärker als diejenigen des aktiven Portfolios, dessen Renditen gemessen an diesen Kennzahlen nahezu einer Normalverteilung zu folgen scheinen. Der maximale Verlust bei der Benchmark fiel mit ca. 15,9% (Überschussrendite) etwas höher als der maximal beobachtete Verlust des aktiven Portfolios (ca. 13,3%) aus.

	I	J	K	L	M
57	Populationskennzahlen Benchmark und Portfolio				
58					
59	*Benchmark*			*Portfolio*	
60					
61	Mittelwert	0,00815504		Mittelwert	0,01331475
62	Standardfehle	0,00506621		Standardfehle	0,00473518
63	Median	0,00956325		Median	0,01609542
64	Modus	#NV		Modus	#NV
65	Standardabwe	0,0528928		Standardabwe	0,04943671
66	Stichprobenva	0,00279765		Stichprobenva	0,00244399
67	Kurtosis	0,52488338		Kurtosis	0,08702777
68	Schiefe	-0,5524896		Schiefe	-0,1846697
69	Wertebereich	0,28411245		Wertebereich	0,25747822
70	Minimum	-0,15918948		Minimum	-0,13311909
71	Maximum	0,12492297		Maximum	0,12435914
72	Summe	0,88889939		Summe	1,45130827
73	Anzahl	109		Anzahl	109

Abb. 8.3.2.-3.: Ergebnisse der Analysefunktion Populationskenngrößen

Zur visuellen Analyse der Benchmark- bzw. Portfoliorenditen ist in Excel die VBA-Analysefunktion Histogramm sehr hilfreich. Sie wird über die Menüfolge Extras/Analyse-Funktionen.../Histogramm erreicht. Der sich dann öffnende Eingabedialog ist in Abb. 8.3.2.-4. dargestellt. In den Eingabefeldern Eingabebereich: ist der Zellenbereich mit den zu analysierenden Renditen einzugeben, bei Klassenbereich: kann die optionale Angabe des Zellenbereichs vorgenommen werden, welcher die Klassengrenzen für die Erstellung des Histogramms enthält. Lässt man diese Angabe aus, wählt Excel selbst sinnvolle Klasseneinteilungen, was dann aber zu „krummen" Klassengrenzen führt. Bei Ausgabebereich: ist die linke, obere Ecke des Ausgabebereichs im Tabellenblatt einzutragen. Die Diagrammdarstellung ist zu aktivieren, wenn die Erstellung eines grafischen Histogramms erwünscht ist (sonst erfolgt nur eine tabellarische Ausgabe).

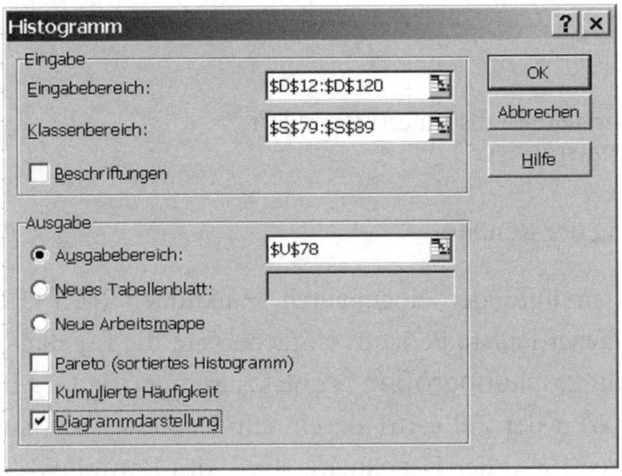

Abb. 8.3.2.-4.: Eingabedialog Histogramm

Die (grafischen) Histogramme für Benchmark- und Portfoliorenditen sind in den Abb. 8.3.2.-5. und 8.3.2.-6. dargestellt.

Die Vermutungen aus der Analyse der Populationskennzahlen werden bestätigt. Die Renditeverteilung der Benchmark weicht deutlich von einer Normalverteilung ab und besitzt eine klar erkennbare Schiefe. Die Portfoliorenditen scheinen dagegen einer Normalverteilung zu folgen; eine ausgeprägte Schiefe und (oder) Wölbung sind nicht zu erkennen.

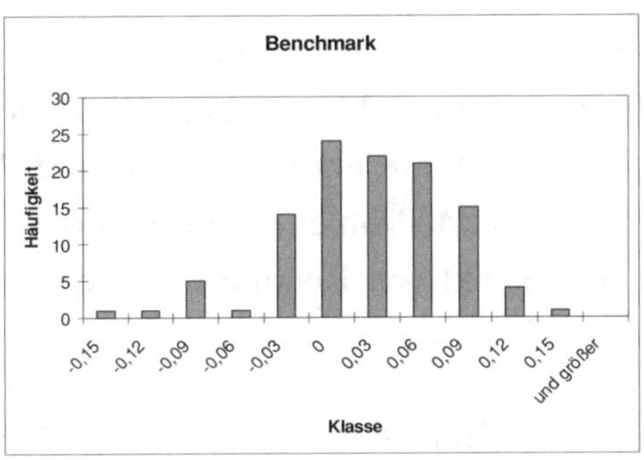

Abb. 8.3.2.-5.: Histogramm der Benchmarkrenditen

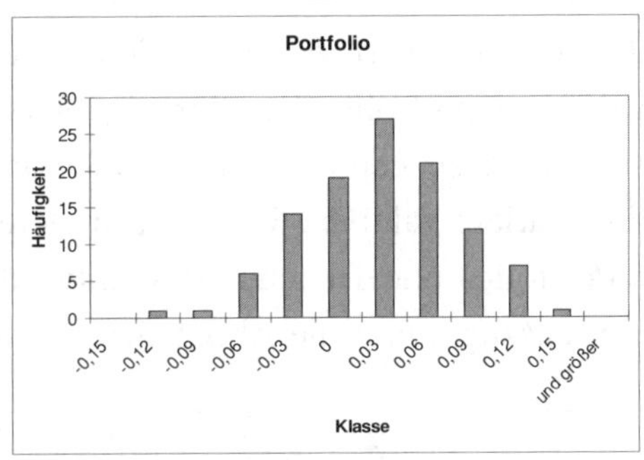

Abb. 8.3.2.-6.: Histogramm der Portfoliorenditen

Zu den bekannten einfachen Performancemaßen gehört die Sharpe-Ratio, die nach Gleichung (1) definiert ist. Dabei ist zwischen der ex ante Form, die sich auf erwartete (zukünftige) Größen bezieht, und der ex post Form, die auf historischen Beobachtungen basiert, zu unterscheiden. Hier wird die ex post Variante verwendet. Bei der konkreten Berechnung ist darauf zu achten, ob die historisch beobachteten Renditen als absolute (totale) oder überschüssige Renditen berechnet wurden. Im letzteren Fall steht im Zähler von Gleichung (1) allein der Mittelwert der Überschussrendite:

(1) $$SR = \frac{\bar{r} - r_F}{\sigma}$$

mit $\bar{r}$: Mittelwert der historischen (absoluten) Renditen (eines Assets oder Portfolios)

r_F: risikofreier Zinssatz

σ: Standardabweichung der Rendite.

Die Berechnung mit Excel kann mithilfe der eingebauten Funktionen (MITTELWERT(), STABW()) erfolgen. In dieser Fallstudie ist es einfacher, auf die Ergebnisse der VBA-Analysefunktion Populationskenngrößen zurückzugreifen (vgl. Abb. 8.3.2.-3.). Dividiert man dort den Wert der Zelle J61 durch den der Zelle J65 (bzw. M61/M65), so erhält man die Sharpe-Ratio der Benchmark (bzw. des Portfolios). Es ergeben sich hier Werte in Höhe von 0,1542 (Benchmark) bzw. 0,2693 (Portfolio). Das betrachtete aktive Portfolio besitzt damit eine deutlich höhere Überschussrendite pro Risikoeinheit als die Benchmark.

8.3.3. Relative Performancemaße

Unter relativen Performancemaßen werden hier solche verstanden, die in Bezug auf ein Referenzportfolio (Benchmark, Marktportfolio, o.Ä.) gebildet werden. Die ersten, sehr einfach zu berechnenden Maße sind dabei die mittlere aktive Rendite und die aktive Varianz (aktives Risiko). Zur Berechnung dieser Maßzahlen ist aus den Reihen der Portfolio- und Benchmarkrenditen die Reihe der aktiven Rendite zu berechnen, wie es auszugsweise die Abb. 8.3.3.-1. illustriert.

G12 =F12-D12

	D	E	F	G
9	Überschussrenditen			
10	Benchmark	r(B)^2	r(P)	ar
11				
12	0,07487	0,00561	0,07501	0,00014
13	0,00771	0,00006	-0,03217	-0,03988
14	-0,02683	0,00072	0,01610	0,04293
15	-0,00378	0,00001	0,01050	0,01428
16	0,03539	0,00125	0,04566	0,01026
17	0,06239	0,00389	0,06679	0,00440
18	0,06379	0,00407	0,04461	-0,01918
19	-0,03085	0,00095	-0,02772	0,00313

Abb. 8.3.3.-1.: Berechnung der aktiven Rendite

Berechnet man für die Reihe der aktiven Renditen (in der Spalte G) den Mittelwert und die Varianz bzw. Standardabweichung, erhält man die mittlere aktive Rendite und das aktive Risiko. Die Werte betragen in der Fallstudie 0,507% (mittlere aktive Rendite), 0,00139 (aktives Risiko als Varianz) bzw. 3,725% (aktives Risiko als Standardabweichung).

Zur Berechnung der residualen Renditen und des residualen Risikos ist der angenommene Renditegenerierungsprozess nach Gleichung (1) zu schätzen. Dazu werden die Überschussrenditen des Portfolios auf diejenigen der Benchmark regressiert. Das Alpha der Regressionsgleichung (1) repräsentiert das Jensens-Alpha. Anhand des *t*-Wertes des Alpha-Koeffizienten kann geprüft werden, ob dessen Wert statistisch signifikant von null verschieden ist:

(1a) $r'_{Pt} = \alpha + \beta\, r'_{Bt} + \varepsilon_{Pt}$ bzw.

(1b) $(r_{Pt} - r_F) = \alpha + \beta\,(r_{Bt} - r_F) + \varepsilon_{Pt}$

mit r_{Pt}: realisierte Rendite des Portfolios *P* zum Zeitpunkt *t*
r_{Bt}: realisierte Rendite der Benchmark *B* zum Zeitpunkt *t*
r_F: risikoloser Zinssatz (in der Fallstudie zeitinvariant)
α: Jensens-Alpha
β: Beta-Faktor des Portfolios
ε_{Pt}: Residuum (residuale Rendite) des Portfolios *P* zum Zeitpunkt *t*.

Die konkrete Umsetzung in Excel kann mit der eingebauten Funktion RGP oder mit der VBA-Analysefunktion Regression erfolgen. Wegen des höheren Bedienungs- und Ergebnisausgabekomforts der VBA-Analysefunktion wird sie in der Fallstudie benutzt. Die Abb. 8.3.3.-2. zeigt den Eingabedialog.

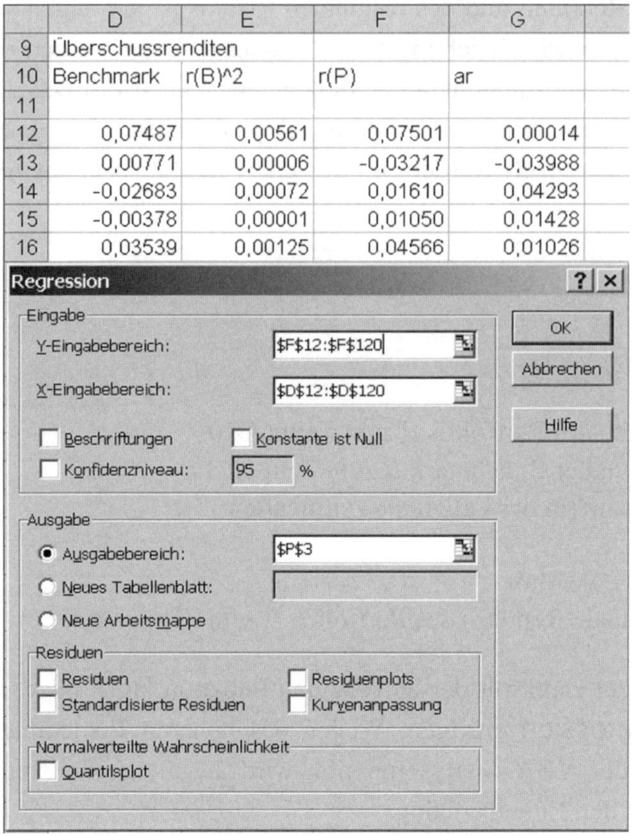

Abb. 8.3.3.-2.: Eingabedialog der Regressionsanalyse

Die Abb. 8.3.3.-3. zeigt das Ergebnis der Regressionsanalyse. Zunächst beträgt das R^2 der Regression nur ca. 0,54, d.h., 54% der Varianz der Überschussrenditen des aktiven Portfolios können durch die Renditen der Benchmark erklärt werden. Das aktive Portfolio ist damit kaum noch an der Benchmark orientiert, weshalb dessen Wertentwicklung nur noch partiell durch die der Benchmark erklärt wird. Insgesamt ist aber die Regressionsgleichung statistisch signifikant (vgl. Zelle U14 mit der Irrtumswahrscheinlichkeit für das fälschliche Verwerfen der Nullhypothese, wonach alle Regressionskoeffizienten null sind). Auch das Beta ist hoch signifikant (vgl. Zelle S20 und T20), d.h., die Benchmarkrenditen besitzen einen signifikanten Erklärungsgehalt.

X27						
	P	Q	R	S	T	U
3	AUSGABE: ZUSAMMENFASSUNG					
4						
5	*Regressions-Statistik*					
6	Multipler Korr	0,73979				
7	Bestimmtheits	0,54729				
8	Adjustiertes B	0,54305				
9	Standardfehle	0,03342				
10	Beobachtung	109				
11						
12	ANOVA					
13		*Freiheitsgrade (*	*dratsummen (*	*Quadratsumn*	*Prüfgröße (F)*	*F krit*
14	Regression	1	0,14446	0,14446	129,35187	0,00000
15	Residue	107	0,11949	0,00112		
16	Gesamt	108	0,26395			
17						
18		*Koeffizienten*	*Standardfehle*	*t-Statistik*	*P-Wert*	*Untere 95%*
19	Schnittpunkt	0,00768	0,00324	2,36982	0,01959	0,00125
20	X Variable 1	0,69145	0,06080	11,37330	0,00000	0,57093

Abb. 8.3.3.-3.: Ergebnisse für das Jensens-Alpha

Das residuale Risiko kann mit dem Standardfehler der Regression, welcher sich mit den Angaben in Zelle S15 leicht berechnen lässt, geschätzt werden. Die Zelle S15 enthält den Wert für die geschätzte Varianz der Regressionsresiduen unter Berücksichtigung der Freiheitsgrade der Regression. Der Wert der Varianz ist damit zugleich das residuale Risiko; als Standardabweichung ausgedrückt wäre noch die Quadratwurzel zu bilden, wofür sich ein Wert von ca. 3,34% ergibt.

Der Wert für das Jensens-Alpha kann in der Zelle Q19 abgelesen werden. Er beträgt ca. 0,77% (pro Monat), womit das Portfolio eine sehr hohe, autonome (also von der Benchmark unabhängige) Eigenrendite besitzt. Der *t*-Wert für das Alpha beträgt ca. 2,4 und die zugehörige Irrtumswahrscheinlichkeit für das fälschliche Verwerfen der Nullhypothese (Alpha ist gleich null) ca. 2%. Damit ist das Jensens-Alpha statistisch signifikant (bei einer üblicherweise geforderten, maximal zulässigen Irrtumswahrscheinlichkeit von 5%). Anscheinend ist es dem Management gelungen, die Benchmark klar zu schlagen.

Bei diesen Ergebnissen ist aber eine vorsichtige Interpretation zu empfehlen. Da die Benchmarkrenditen nur ca. 50% der Varianz der Portfoliorenditen erklären können, gibt es vermutlich noch weitere, aber unbekannte werttreibende Faktoren. Die höhere Performance kann auch dadurch zustande gekommen sein, dass das Management bewusst eine höhere Faktorsensitivität gegenüber diesen unbekannten Faktoren gewählt hat. Dann wären die Ergebnisse aber nicht Ausdruck einer besonderen Selektionsfähigkeit des Managements, sondern einer Faktorwette. Mit dem bisherigen Instrumentarium kann aber diese Fragestellung im Moment nicht näher analysiert werden. Dies wird Gegenstand des folgenden Kapitels sein.

Mithilfe des Jensens-Alpha soll die Selektionsfähigkeit des Portfoliomanagements untersucht werden, also die Fähigkeit, besonders renditeträchtige Assets für die Aufnahme in das Portfolio auszuwählen. Diese Fähigkeit scheint hier vorzuliegen, jedoch sind noch offene Fragen zu klären. U.a. interessiert oftmals auch die Frage nach der Timingfähigkeit. Darunter versteht man die Fähigkeit, allgemeine Marktentwicklungen rechtzeitig zu antizipieren und das Portfolio daraufhin auszurichten. Ein Messansatz zur Timingfähigkeit besteht in der Durchführung einer multivariaten Regression mit quadratischem Term nach Gleichung (2):

(2) $$(r_{Pt} - r_F) = \alpha + \beta\,(r_{Bt} - r_F) + \gamma(r_{Bt} - r_F)^2 + \varepsilon_{Pt}$$

mit γ: Regressionskoeffizient der quadrierten Benchmark-Überschussrenditen.

Die Reihe der quadrierten Überschussrenditen wurde in der Fallstudie bereits berechnet (vgl. Abb. 8.3.2.-1., Spalte E). Der Eingabedialog zur Durchführung der Regressionsanalyse ist im Wesentlichen identisch zu demjenigen in Abb. 8.3.3.-2. Der Zellenbereich für X-Eingabebereich: erstreckt sich hier jedoch von Zelle D12 bis E120, außerdem sollte die Ausgabe in einen anderen Bereich der Tabelle erfolgen. Das Ergebnis der Regressionsanalyse zeigt Abb. 8.3.3.-4.

Z57

	P	Q	R	S	T	U
25	AUSGABE: ZUSAMMENFASSUNG					
26						
27	*Regressions-Statistik*					
28	Multipler Korr	0,74251				
29	Bestimmtheits	0,55132				
30	Adjustiertes B	0,54285				
31	Standardfehle	0,03343				
32	Beobachtung	109				
33						
34	ANOVA					
35		*Freiheitsgrade (*	*adratsummen (*	*Quadratsumn*	*Prüfgröße (F)*	*F krit*
36	Regression	2	0,14552	0,07276	65,12444	0,00000
37	Residue	106	0,11843	0,00112		
38	Gesamt	108	0,26395			
39						
40		*Koeffizienten*	*Standardfehle*	*t-Statistik*	*P-Wert*	*Untere 95%*
41	Schnittpunkt	0,00542	0,00398	1,35984	0,17677	-0,00248
42	X Variable 1	0,70097	0,06159	11,38200	0,00000	0,57887
43	X Variable 2	0,76916	0,78774	0,97641	0,33108	-0,79262

Abb. 8.3.3.-4.: Ergebnisse zur Analyse der Timingfähigkeit

Insgesamt hat sich das Ergebnis nur unwesentlich verbessert. Insbesondere ist der Gamma-Koeffizient nicht statistisch signifikant (vgl. die Werte in Zelle S43 und T43). Nach den Ergebnissen dieses Messansatzes zu urteilen, liegt in dem hier betrachteten Beispiel anscheinend keine Timing-Fähigkeit vor. Neben der rein statistischen Analyse ist oftmals eine grafische Analyse eines Scatterplots von Portfolio- gegen Benchmarkrenditen hilfreich, wie ihn Abb. 8.3.3.-5. zeigt.

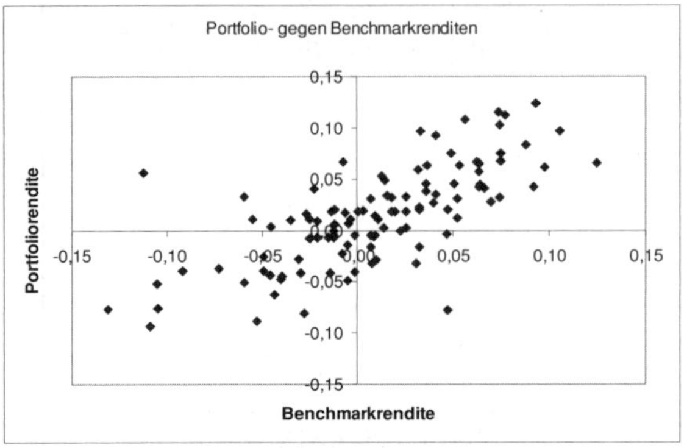

Abb. 8.3.3.-5.: Scatterplot Portfolio- gegen Benchmarkrenditen

Auch aus der visuellen Analyse des Scatterplots kann kein parabelförmiger Verlauf der Punktewolke abgeleitet werden, sie wird eher durch eine Gerade angenähert. Dies ist konsistent mit den Befunden der statistischen Analyse und lässt eine Selektions-, aber keine Timingfähigkeit vermuten.

Die Schätzung des Jensens-Alpha nach Gleichung (1) erlaubt eine sofortige Berechnung des Treynor-Maßes. Das Treynor-Maß ist ähnlich zur Sharpe-Ratio definiert, allerdings wird bei diesem Maß im Nenner das systematische Risiko des Portfolios, repräsentiert durch dessen Beta-Faktor, anstelle des Gesamtrisikos (σ) verwendet. Die Gleichung (3) zeigt die ex post Variante:

$$(3) \qquad TM = \frac{\bar{r} - r_F}{\beta}.$$

Mit den bisherigen Ergebnissen (vgl. Abb. 8.3.2.-3., Zelle J61 bzw. M61 und Abb. 8.3.3.-3., Zelle Q20) lässt sich dieser Wert leicht berechnen.[434] Er beträgt ca. 0,0193 für das Portfolio und 0,0082 für die Benchmark. Damit besitzt das Portfolio mehr als doppelt so große Überschussrendite pro Einheit des systematischen Risikos als die Benchmark.

8.3.4. Performanceanalyse mit Multi-Index-Modellen

Soweit im Rahmen der Finanzanalyse geeignete Multi-Index-Modelle (Faktormodelle, vgl. Kap. 6.) zur Modellierung, Analyse und Prognose von Renditen und Risiken entwickelt wurden, sollten diese ebenfalls in der Performanceanalyse eingesetzt werden. Sie erlauben einen sehr viel differenzierteren Einblick in die renditetreibenden Kräfte eines Portfolios und dessen Risikostruktur. Voraussetzung ist allerdings ein geeignetes, leistungsstarkes Faktormodell, welches nicht einfach zu entwickeln ist. In dieser

434 Das Benchmark-Beta ist eins. Außerdem ist zu beachten, dass die Renditen hier bereits in Form von Überschussrenditen vorliegen.

Fallstudie geht es allein um die verfahrenstechnische Illustration der verschiedenen Messkonzepte. Daher wird aus Vereinfachungsgründen auf die Faktorenanalyse zurückgegriffen. Analog dem Vorgehen in der Fallstudie in Kap. 7.3.4. werden aus den Renditereihen der acht Einzeltitel drei Faktoren extrahiert. Im Gegensatz zu jener Fallstudie werden hier stetige Renditen der Einzeltitel verwendet und auf eine Standardisierung der Datenmatrix und Faktoren verzichtet. Die so extrahierten, synthetischen Faktoren werden als die drei Faktoren eines hypothetischen 3-Faktormodells betrachtet und zur Analyse von Benchmark und Portfolio im Folgenden verwendet.

Wie ausgeführt, eignen sich synthetische Faktorwertereihen im Rahmen der Performanceanalyse nicht besonders gut, da deren Bedeutung zumeist unklar ist. Damit wird eine sachgerechte Interpretation der geschätzten Faktorsensitivitäten erheblich erschwert oder ist gar unmöglich. Gleichzeitig haben die Betrachtungen in Kap. 6.4. gezeigt, wie schwierig und aufwändig die Entwicklung eines aussagekräftigen, (makro-) ökonomischen oder fundamentalen Faktormodells ist. Da der Fokus dieser Fallstudie allein auf der verfahrenstechnischen Anwendung der Konzepte der Performancemessung liegt, wäre hier die aufwändige Entwicklung eines (makro-) ökonomischen oder fundamentalen Faktormodells wenig zielführend. Daher wird für Zwecke dieser Fallstudie einfach angenommen, die drei Faktorwertereihen seien die Zeitreihen dreier (makro-) ökonomischer oder fundamentaler Faktoren.

Vor der konkreten Schätzung eines Multi-Index-Modells im Rahmen der Performancemessung und –analyse sei nochmals auf die Unterscheidung hingewiesen, ob ein Multi-Benchmark- oder ein „echtes“ Multi-Index-Modell betrachtet wird. Ein Multi-Benchmark-Modell ist eine Erweiterung des Messkonzepts zum Jensens-Alpha (vgl. Gleichung (1) aus Kap. 8.3.3.), wobei allerdings mehrere Benchmark-Portfolios benutzt werden. Bei einem „echten" Multi-Index-Modell wird von einem Renditegenerierungsprozess nach (1) ausgegangen (vgl. ausführlicher Kap. 6.). Dieser kann sowohl auf Basis von absoluten als auch überschüssigen Renditen formuliert werden, wobei die Verwendung absoluter Renditen überwiegt:

(1) $$r_{it} = \alpha_i + \beta_{i1} I_{1t} + \ldots + \beta_{iK} I_{Kt} + \varepsilon_{it} .$$

Im Folgenden wird das Modell nach (1) zugrunde gelegt, wobei es (üblicherweise) auf Basis von absoluten Renditen geschätzt wird. Zur konkreten Schätzung des Faktormodells sind also zunächst die absoluten Renditen aus den Indexwerten von Benchmark und Portfolio zu berechnen. Die Faktorextraktion erfolgt wie in Kap. 7.3.4. beschrieben. Im nächsten Schritt werden diese Renditereihen jeweils auf die Faktorreihen regressiert. Die Abb. 8.3.4.-1. zeigt die Ergebnisse für die Benchmark.

	J	K	L	M	N	O
3	AUSGABE: ZUSAMMENFASSUNG					
4						
5	*Regressions-Statistik*					
6	Multipler Korr(	0,91019				
7	Bestimmtheits	0,82845				
8	Adjustiertes B	0,82355				
9	Standardfehle	0,02222				
10	Beobachtung(	109				
11						
12	ANOVA					
13		*Freiheitsgrade (*	*dratsummen (*	*Quadratsumm*	*Prüfgröße (F)*	*F krit*
14	Regression	3	0,25031	0,08344	169,02469	0,00000
15	Residue	105	0,05183	0,00049		
16	Gesamt	108	0,30215			
17						
18		*Koeffizienten*	*Standardfehle*	*t-Statistik*	*P-Wert*	*Untere 95%*
19	Schnittpunkt	0,00046	0,00222	0,20751	0,83602	-0,00394
20	X Variable 1	0,31668	0,01426	22,20777	0,00000	0,28841
21	X Variable 2	0,04845	0,02326	2,08294	0,03969	0,00233
22	X Variable 3	0,08287	0,02910	2,84761	0,00530	0,02517

Abb. 8.3.4.-1.: Ergebnisse für die Benchmark

Das 3-Faktormodell kann gut 80% der Gesamtvarianz der Benchmarkrenditen erklären. In einer realen Anwendung wäre ein höherer Anteil erstrebenswert, für Zwecke der Fallstudie ist dieses Modell aber völlig ausreichend. Alle drei Faktoren sind statistisch signifikant bei einer maximal zulässigen Irrtumswahrscheinlichkeit von 5% (vgl. Zellen M20 und N20, M21 und N21, M22 und N22). Die Benchmark besitzt in diesem Faktormodell kein statistisch signifikantes Alpha. Dies ist für Zwecke der Performanceanalyse ein durchaus wünschenswertes Ergebnis, denn die Benchmark sollte ein Neutralportfolio darstellen, in dem es theoretisch keine Selektionskomponente geben dürfte. Das Ergebnis für das zu analysierende Portfolio ist in Abb. 8.3.4.-2. dargestellt.

	J	K	L	M	N	O
27	AUSGABE: ZUSAMMENFASSUNG					
28						
29	*Regressions-Statistik*					
30	Multipler Korr(	0,95537				
31	Bestimmtheits	0,91273				
32	Adjustiertes B	0,91023				
33	Standardfehle	0,01481				
34	Beobachtung(	109				
35						
36	ANOVA					
37		*Freiheitsgrade (*	*dratsummen (*	*Quadratsumm*	*Prüfgröße (F)*	*F krit*
38	Regression	3	0,24091	0,08030	366,03439	0,00000
39	Residue	105	0,02304	0,00022		
40	Gesamt	108	0,26395			
41						
42		*Koeffizienten*	*Standardfehle*	*t-Statistik*	*P-Wert*	*Untere 95%*
43	Schnittpunkt	0,00297	0,00148	2,01081	0,04691	0,00004
44	X Variable 1	0,27804	0,00951	29,24721	0,00000	0,25919
45	X Variable 2	0,20597	0,01551	13,28262	0,00000	0,17522
46	X Variable 3	-0,19968	0,01940	-10,29228	0,00000	-0,23815

Abb. 8.3.4.-2.: Ergebnisse für das Portfolio

Das 3-Faktorenmodell erklärt die Varianz der Portfoliorenditen deutlich besser als bei der Benchmark (gut 91% Varianzerklärungsanteil).[435] Weiterhin sind im Detail einige Unterschiede erkennbar. Dies wird beim Vergleich der einzelnen Beta-Parameter schnell ersichtlich. Dabei ist aber zu bedenken, dass die Faktoren hier nicht standardisiert sind und sich daher die verschiedenen Beta-Werte (innerhalb einer Regressionsgleichung) nicht direkt vergleichen lassen, wohl aber die jeweils korrespondierenden Faktorsensitivitäten (zwischen den Regressionsgleichungen). So besitzt das Benchmarkportfolio eine etwas höhere Faktorsensitivität gegenüber dem Faktor 1 als das aktive Portfolio. Dagegen sind die Faktorsensitivitäten der Benchmark gegenüber den Faktoren 2 und 3 deutlich geringer ausgeprägt als beim aktiven Portfolio. Die Benchmark scheint im Wesentlichen allein gegenüber Faktor 1 exponiert zu sein, während das aktive Portfolio auf alle drei Faktoren reagiert. Interessant sind beim aktiven Portfolio die Faktorwetten im Vergleich zur Benchmark: Gegenüber dem Faktor 2 wurde eine hohe positive, gegenüber dem Faktor 3 eine negative Sensitivität eingegangen, während das Benchmarkportfolio dazu relativ neutral ausgerichtet ist. Zusätzlich besitzt das aktive Portfolio ein positives, statistisch signifikantes Alpha. Anscheinend

435 Dieses Ergebnis ist hier keinesfalls verwunderlich, denn die drei Faktoren wurden aus den Renditereihen der acht Einzeltitel extrahiert, die für die Portfoliobildung herangezogen wurden.

liegt hier eine Selektionsfähigkeit des Managements vor. Allerdings könnte das statistisch signifikante Alpha auch Ergebnis eines bisher nicht berücksichtigten, unbekannten Faktors sein.

Die Treynor-Black-Appraisal-Ratio lässt sich mit den vorliegenden Ergebnissen der Analyse leicht berechnen. Die Berechnung für die Benchmark (vgl. Abb. 8.3.4.-1.) kann anhand der Zellen K19 (Alpha) und M15 (Varianz der Residuen) vorgenommen werden. Teilt man den Wert in Zelle K19 durch die Quadratwurzel aus M15, ergibt sich ein Wert in Höhe von ca. 0,02. In analoger Weise kann der Wert für das aktive Portfolio berechnet werden. Er beträgt ca. 0,20, ist also nahezu zehnmal höher als derjenige der Benchmark.

Zusammenfassend ergibt sich damit folgender Befund: Das aktive Portfolio besitzt insgesamt eine deutlich andere Risikostruktur als die Benchmark, indem das Management deutliche Faktorsensitivitäten gegenüber den Faktoren 2 und 3 eingenommen hat. Das Alpha des Portfolios fällt deutlich höher als dasjenige der Benchmark aus. Dies könnte auf eine hohe Selektionsfähigkeit zurückführbar sein, aber auch auf unberücksichtigte Faktoren.

Die beispielhafte Analyse soll aber nicht zu weit gehen, da es sich hier um nicht gänzlich realitätsgerecht konstruierte Portfolios und Faktoren handelt. Die Fallstudie zeigt lediglich beispielhaft, wie bei der Performanceanalyse verfahrenstechnisch vorgegangen und die Ergebnisinterpretation vorgenommen werden kann. In diesem Sinne unterstreicht das letzte Beispiel, wie hilfreich ein leistungsfähiges Faktormodell auch bei der Performanceanalyse sein kann. Durch den detaillierten Vergleich der Faktorsensitivitäten von Benchmark und Portfolio können Hinweise gewonnen werden, wie die Anlagestrategie aussah und auf welche Faktoren das Management wissentlich oder unwissentlich gewettet hat.

8.4. Zusammenfassung

- Die Performanceanalyse stellt die abschließende Phase des Portfoliomanagementprozesses dar. Zusätzlich zu der Regelfunktion im Portfoliomanagementprozess beinhaltet sie auch Messungs-, Analyse- und Kontrollfunktionen bezüglich des Anlageerfolgs.

- Im Rahmen der Performancemessung werden anhand der quantitativen Analyse Anlageergebnisse gemessen. Durch die Performanceattribution werden die Ursachen des Anlageerfolgs (bzw. –misserfolgs) gesucht. Mithilfe geeigneter Messverfahren sollen die Erfolgsursachen u.a. auf die Timing- (anhand des Gamma-Faktors) und/oder Selektionsfähigkeit (anhand des Jensens-Alpha) zurückgeführt und aufgeschlüsselt werden.

- Zu unterscheiden ist zwischen ex post und ex ante sowie einer externen und internen Performanceanalyse. Bezüglich der Messansätze spricht man von einer ein- und zweidimensionalen Performancemessung sowie den einfachen und relativen Performancemaßen.

- Die einfachen Performancemaße basieren auf der Betrachtung der vergangenen, isolierten Wertentwicklung eines Portfolios der absoluten Optimierung (ohne Bezug zu einem Referenzportfolio). Dabei handelt es sich um die Beurteilung der Rendite und des Risikos eines Portfolios sowie anderer einfacher Maße, wie z.B. der Sharpe-Ratio.

- Bei den relativen Performancemaßen werden Gütekriterien mit Bezug zu einem geeignet gewählten Referenzmaßstab (z.B. Benchmark, Marktportfolio, geforderte Mindestrendite u.a.) betrachtet. Diese Maße sollten vorzugsweise zur Beurteilung der Portfolios aus der relativen Optimierung, des Index Tracking oder der alternativen Planungsmodelle, je nach Planungsansatz zweckentsprechend, verwendet werden. Dabei handelt es sich um (ex post) aktive Maße (z.B. aktive Rendite, aktives Risiko, Residualrisiko, Portfolio-Alpha und Beta) und (ex post) passive Maße (z.B. Bonus Return, Tracking Error, *MSE*, u.a.).

- Mithilfe der Faktormodelle werden die Renditen von Assets durch möglichst wenige, allen Assets gemeinsame werttreibende Faktoren erklärt. Anhand von solchen Modellen kann (ex post) festgestellt werden, auf welche werttreibenden Faktoren das Management wissentlich oder unwissentlich gesetzt hat.

Literaturhinweise

Die meisten Bücher, die sich mit dem Portfoliomanagement insgesamt auseinander setzen, liefern auch eine ausreichende Darstellung zur Performanceanalyse; vgl. z.B. KLEEBERG/REHKUGLER (2002), SCHMIDT-VON RHEIN (1996) oder BRUNS/MEYER-BULLERDIEK (2003).

Eine umfassende Beschreibung der Performancemessung kann in der Arbeit von WITTROCK (2000) gefunden werden. Das Buch beschreibt für das Thema relevante

Fragestellungen sowohl aus theoretischer als auch aus praktischer Sicht unter Einsatz anspruchsvoller statistischer Methoden.

Als vollwertige Alternative und „Nachfolgewerk" kann auf OBEID (2004) hingewiesen werden. Dort findet man u.a. eine umfassende und gut strukturierte Darstellung der wesentlichen externen und internen Performance-Maße. Der besondere Schwerpunkt dieses Buches liegt bei den Methoden der internen Performanceattribution.

Für einen praxisorientierten Leser ist das Werk von FISCHER (2001) zu empfehlen, indem eine stärkere Ausrichtung auf die praktische Anwendung der Performanceanalyse erfolgt.

In Rahmen des Kap. 8. wurde der Akzent auf eine externe Performanceanalyse gelegt. Das Buch von PAAPE (2001) konzentriert sich auf die interne Performanceanalyse von Investmentfonds. Das Werk vermittelt einen sehr stark praxisorientierten Einblick in die (interne) Performanceanalyse.

Literaturverzeichnis

Albrecht, Peter; Maurer, Raimond; Mayser, Jürgen (**Albrecht/Maurer/Mayser 1996**): Multi-Faktorenmodelle: Grundlagen und Einsatz im Management von Aktien-Portefeuilles, in: *Zeitschrift für Betriebswirtschaft*, Vol. 48, 1996, No.1, S. 3-29.

Ang, James S. (**Ang 1975**): A Note on the E, SL portfolio selection model, in: *Journal on Financial and Quantitative Analysis*, December 1975, S. 849-857.

Auckenthaler, Christoph (**Auckenthaler 1994**): *Theorie und Praxis des modernen Portfolio-Managements*, zugl. Diss. Universität Zürich 1991, 2. vollständig überarbeitete und ergänzte Auflage, Bern u.a. 1994.

Backhaus, Klaus; Erichson, Bernd; Plinke, Wulff; Weiber, Rolf (**Backhaus et al. 2003**): *Multivariate Analysemethoden: eine anwendungsorientierte Einführung*, 10., neu bearbeitete und erweiterte Auflage, Berlin u.a. 2003.

Bamberg, Günter; Baur, Franz (**Bamberg/Baur 2002**): *Statistik*, 12., überarbeitete Auflage, München u.a. 2002.

BARRA (**o.Jg.**): *Handbuch zum Deutschen Aktienmodell*, Version 2 und *Handbuch zum aktuellen US Aktienmodell*, Version 3.

Bauer, Richard J. Jr.; Dahlquist, Julie R. (**Bauer/Dahlquist 1999**): *Technical Market Indicators: Analysis and Performance*, New York u.a. 1999.

Beckers, Stan; Cummins, Paul; Woods, Chris (**Beckers/Cummins/Woods 1993**): The estimation of multiple factor models and their applications: The Swiss equity market, in: *Finanzmarkt und Portfoliomanagement*, 7. Jg. 1993, S. 24-45.

Black, Fischer; Litterman, Robert (**Black/Litterman 1992**): Global Portfolio Optimization, in: *Financial Analysts Journal*, Vol. 48, Sep.-Oct. 1992, S. 28-43.

Bleymüller, Josef; Gehlert, Günter; Gülicher, Herbert (**Bleymüller/Gehlert/Gülicher 2002**): *Statistik für Wirtschaftswissenschaftler*, 13., überarbeitete Auflage, München 2002.

Bollerslev, Tim Peter (**Bollerslev 1986**): Generalized Autoregressive Conditional Heteroscedasticity, in: *Journal of Econometrics*, 31 Band 3, 1986, S. 307-327.

Bollerslev, Tim Peter; Chou, Ray Y.; Kroner, Kenneth F. (**Bollerslev/Chou/Kroner 1992**): ARCH Modeling in Finance: A review of the theory and empirical evidence, in: *Journal of Econometrics*, 52 Band 1, 1992, S. 5-59.

Bortz, Jürgen (**Bortz 1999**): *Statistik für Sozialwissenschaftler*, 5., vollständig überarbeitete und aktualisierte Auflage, Berlin u.a. 1999.

Breuer, Wolfgang; Gürtler, Marc; Schuhmacher, Frank (**Breuer/Gürtler/Schuhmacher 1999**): *Portfoliomanagement: Theoretische Grundlagen und praktische Anwendungen*, Wiesbaden, 1999.

Bruns, Christoph; Meyer-Bullerdiek, Frieder (**Bruns/Meyer-Bullerdiek 2003**): *Professionelles Portfolio-Management: Aufbau, Umsetzung und Erfolgskontrolle strukturierter Anlagestrategien*, 3., überarbeitete und erweiterte Auflage, Stuttgart 2003.

Chopra, Vijay K.; Ziembra, William T. (**Chopra/Ziembra 1993**): The Effect of Errors in Means, Variances, and Covariances on Optimal Portfolio Choice, in: *The Journal of Portfolio Management*, Vol. 19, Number 2, Winter 1993, S. 6-11.

Cohen, Kalman J.; Pogue, Jerry A. (**Cohen/Pogue 1967**): An Empirical Evaluation of Alternative Portfolio-Selection Models, in: *Journal of Business*, Vol. 40, 1967, S. 166-193.

Connor, Gregory (**Connor 1995**): The Three Types of Factor Models: A Comparison of Their Explanatory Power, in: *Financial Analysts Journal*, May-June 1995, S. 42-47.

Dichtl, Hubert (**Dichtl 2001**): *Ganzheitliche Gestaltung von Investmentprozessen*, zugl. Diss. Universität Bremen 2001, Bad Soden/Ts. 2001.

Dichtl, Hubert; Schlenger, Christian (**Dichtl/Schlenger 2002**): Die „Best of Two“-Strategie für Europäische Balanced Portfolios, in: *Handbuch Portfoliomanagement, Strukturierte Ansätze für ein modernes Wertpapiermanagement*, 2., vollkommen neu konzipierte Auflage, Hrsg. Jochen M. Kleeberg und Heinz Rehkugler, Bad Soden/Ts. 2002, S. 577–609.

Doersam, Peter (**Doersam 2003**): *Mathematik anschaulich dargestellt für Studierende der Wirtschaftswissenschaften*, 11., überarbeitete und erweiterte Auflage, Heidenau 2003.

Domschke, Wolfgang; Drexl, Andreas (**Domschke/Drexl 2002**): *Einführung in Operations Research*, 5., überarbeitete und erweiterte Auflage, Berlin u.a. 2002.

Drobetz, Wolfgang (**Drobetz 2003**): Einsatz des Black-Litterman-Verfahrens in der Asset Allocation, in: *Handbuch Asset Allocation, Innovative Konzepte zur systematischen Portfolioplanung*, Hrsg. Hubert Dichtl, Jochen M. Kleeberg und Christian Schlenger, Bad Soden/Ts. 2003, S. 203-239.

Engle, Robert F. (**Engle 1982**): Autoregressive Conditional Heteroscedasticity with Estimates of the Variance of United Kingdom Inflation, in: *Econometrica*, Vol. 50, No. 4, 1982, S. 987-1007.

Elton, Edwin J.; Gruber, Martin J.; Brown, Stephen J.; Goetzmann, William N. (**Elton et al. 2003**): *Modern Portfolio Theory and Investment Analysis*, 6th edition, New York u.a. 2003.

Fama, Eugene F. (**Fama 1970**): Efficient Capital Markets: A Review of Theory and Empirical Work, in: *Journal of Finance*, Vol. XXV, 1970, S. 383-417.

Fama, Eugene F. (**Fama 1991**): Efficient Capital Markets: II, in: *Journal of Finance*, Vol. XLVI 1991, S. 1575 - 1617.

Fischer, Bernd R. (**Fischer 2001**): *Performanceanalyse in der Praxis: Performancemaße, Attributionsanalyse, DVFA-Performance Presentation Standards*, 2., aktualisierte Auflage, München u.a. 2001.

Fischer, Otto (**Fischer 2003**): *Lineare Algebra*, 14., durchgesehene Auflage, Braunschweig u.a. 2003.

Franke, Günter; Hax, Herbert (**Franke/Hax 2004**): *Finanzwirtschaft des Unternehmens und Kapitalmarkt*, 5., überarbeitete Auflage, Berlin u.a. 2004.

Gabriel, Peter (**Gabriel 1996**): *Matrizen, Geometrie, Lineare Algebra*, Basel u.a. 1996.

Greene, William H. (**Greene 2003**): *Econometric Analysis*, 5th edition, New Jersey 2003.

Griffiths, William. E.; Hill, R. Carter.; Judge, George G. (**Griffiths/Hill/Judge 1993**): *Learning and Practicing Econometrics*, New York 1993.

Grinold, Richard C.; Kahn, Ronald N. (**Grinold/Kahn 1994**): Multiple-Factor Models for Portfolio Risk, in: *A Practitioner's Guide to Factor Models*, Virginia 1994, S. 59-86.

Grinold, Richard C.; Kahn, Ronald N. (**Grinold/Kahn 2000**): *Active Portfoliomanagement, Quantitative Theory And Applications*, 2nd edition, New York u.a. 2000.

Guadagnoli, Edward; Velicer, Wayne F. (**Guadagnoli/Velicer 1988**): Relation of sample size to the stability of component patterns, in: *Psychological Bulletin*, 103(2) März 1988, S. 265-275.

Gügi, Patrick (**Gügi 1996**): *Einsatz der Portfoliooptimierung im Asset Allocation-Prozess*, zugl. Diss. Universität Zürich, 2. Auflage, Bern 1996.

Günther, Stefan (**Günther 2002**): Praktische Bedeutung und professioneller Einsatz von Benchmarkportfolios, in: *Handbuch Portfoliomanagement*, Hrsg. Jochen M. Kleeberg und Heinz Rehkugler, 2., vollkommen neu konzipierte Auflage, Bad Soden/Ts. 2002, S. 225-252.

Hartung, Joachim (**Hartung 2002**): *Statistik, Lehr- und Handbuch der angewandten Statistik*, 13., unwesentlich veränderte Auflage, München u.a. 2002.

Hartung, Joachim; Elpelt, Bärbel (**Hartung/Elpelt 1999**): *Multivariate Statistik, Lehr- und Handbuch der angewandten Statistik*, 6., durchgesehene Auflage, München u.a. 1999.

Hielscher, Udo (**Hielscher 1988**): Ursprünge und Grundgedanken der modernen Portfolio-Theorie, in: *Beiträge zur Aktienanalyse*, Heft 25, Frankfurt a.M. 1988, S. 19-43.

Hielscher, Udo (**Hielscher 1991**): Asset Allocation, in: *Kredit und Kapital*, 24. Jg. 1991, Hefte 1-4, S. 254-270.

Hielscher, Udo (**Hielscher 1999**): *Investmentanalyse*, 3., unwesentlich veränderte Auflage, München u.a. 1999.

Hosmer, David W.; Lemeshow, Stanley (**Hosmer/Lemeshow 2000**): *Applied Logistic Regression*, 2nd edition, New York 2000.

Huber, Claus (**Huber 2000**): *Wendepunkte in Finanzmärkten: Prognose und Asset Allocation*, zugl. Diss. Universität Bremen 1999, Bad Soden/Ts. 2000.

Johansen, Sören (**Johansen 1988**): Statistical Analysis of Cointegration Vectors, in: *Journal of Economic Dynamics and Control*, No. 12, S. 231-254, reprinted in: *Long-run Economic Relationships, Readings in Cointegration*, Hrsg. Robert F. Engle und Clive W. J. Granger, New York u.a. 1991.

Judge, George G.; Hill, R.Carter; Griffiths, William E.; Lütkepohl, Helmut; Lee, Tsoung Chao (**Judge et al. 1988**): *Introduction to the theory and practice of econometrics*, 2nd edition, New York u.a. 1988.

Kerling, Matthias (**Kerling 1998**): *Moderne Konzepte der Finanzanalyse: Markthypothesen, Renditegenerierungsprozesse und Modellierungswerkzeuge*, zugl. Diss. Universität Freiburg (Breisgau) 1997, Bad Soden/Ts. 1998.

Kleeberg, Jochen M. (**Kleeberg 1995**): *Der Anlageerfolg des Minimum-Varianz-Portfolios: Eine empirische Untersuchung am deutschen, englischen, japanischen, kanadischen und US-amerikanischen Aktienmarkt*, zugl. Diss. Universität Münster (Westfalen), 2., unveränderte Auflage, Bad Soden/Ts. 1995.

Kleeberg, Jochen M.; Rehkugler, Heinz (**Kleeberg/Rehkugler 2002**): *Handbuch Portfoliomanagement, Strukturierte Ansätze für ein modernes Wertpapiermanagement*, 2., vollkommen neu konzipierte Auflage, Bad Soden/Ts. 2002.

Kleeberg, Jochen M.; Schlenger, Christian (**Kleeberg/Schlenger 2002**): Aufbereitung von Alphaprognosen für die relative Portfoliooptimierung, in: *Handbuch Portfoliomanagement, Strukturierte Ansätze für ein modernes Wertpapiermanagement*, 2., vollkommen neu konzipierte Auflage, Hrsg. Jochen M. Kleeberg und Heinz Rehkugler, Bad Soden/Ts. 2002, S. 253–280.

Laux, Helmut (**Laux 2003**): *Entscheidungstheorie*, 5., verbesserte Auflage, Berlin u.a. 2003.

Lerbinger, Paul (**Lerbinger 1984**): Die Leistungsfähigkeit deutscher Aktieninvestmentfonds – Eine empirische Untersuchung zur Informationseffizienz des deutschen Aktienmarktes, in: *Zeitschrift für betriebswirtschaftliche Forschung*, 36. Jg. 1984, S. 60-73.

Lintner, John (**Lintner 1965**): The Valuation of Risk Assets and the Selection of Risky Investments in Stock Portfolios and Capital Budgets, in: *Review of Economics and Statistics*, Vol. 47, 1965, S. 13-37.

Loistl, Otto (**Loistl 1996**): *Computergestütztes Wertpapiermanagement*, 5., überarbeitete und aktualisierte Auflage, München u.a. 1996.

Markowitz, Harry M. (**Markowitz 1952**): Portfolio Selection, in: *Journal of Finance*, Vol. VII, März 1952, S. 77-91.

Markowitz, Harry M. (**Markowitz 1959**): *Portfolio Selection, efficient diversification of investments*, New York 1959.

Markowitz, Harry M. (**Markowitz 1987**): *Mean-Variance Analysis in Portfolio Choice and Capital Markets*, New York 1987.

Markowitz, Harry M. (**Markowitz 1998**): *Portfolio Selection, efficient diversification of investments*, 2nd edition, Oxford 1998.

Mossin, Jan (**Mossin 1966**): Equilibrium in a Capital Asset Market, in *Econometrica*, Vol. 34, 1966, S. 768-783.

Nielsen, Lars (**Nielsen 1992**): Quantifizierung von Investitionsrisiken auf dem Deutschen Aktienmarkt, in: *Die Bank*, 4/1992, S. 228-230.

Nowak, Thomas (**Nowak 1994**): *Faktormodelle*, zugl. Diss. Universität Münster, Köln 1994.

Obeid, Alexander (**Obeid 2004**): *Performance-Analyse von Spezialfonds, Externe und interne Performance-Maße in der praktischen Anwendung*, zugl. Diss. Universität Köln 2003, Bad Soden/Ts., 2004.

Opitz, Otto (**Opitz 2004**): *Mathematik Lehrbuch für Ökonomen*, 9., völlig überarbeitete Auflage, München u.a. 2004.

Paape, Conny (**Paape 2001**): *Interne Performanceanalyse von Investmentfonds*, Stuttgart 2001.

Petersmeier, Kerstin (**Petersmeier 2003**): *Kerndichte- und Kernregressionsschätzungen im Asset Management*, zugl. Diss. Universität Bremen 2002, Bad Soden/Ts. 2003.

Poddig, Thorsten (**Poddig 1999**): *Handbuch Kursprognose: Quantitative Methoden im Asset Management*, Bad Soden/Ts. 1999.

Poddig, Thorsten; Dichtl, Hubert (**Poddig/Dichtl 1998**): *Konzeption und prototypische Realisation eines integrierten Prognose- und Entscheidungssystems (IPES) zur Simulation von Portfolio Management-Prozessen*, Diskussionspapiere zur Finanzwirtschaft Nr. 2, Bremen, November 1998.

Poddig, Thorsten; Dichtl, Hubert; Petersmeier, Kerstin (**Poddig/Dichtl/Petersmeier 2003**): *Statistik, Ökonometrie, Optimierung: Methoden und ihre praktische Anwendung in Finanzanalyse und Portfoliomanagement*, 3. erweiterte Auflage, Bad Soden/Ts. 2003.

Pruscha, Helmut (**Pruscha 1996**): *Angewandte Methoden der Mathematischen Statistik*, 2., überarbeitete und erweiterte Auflage, Stuttgart 1996.

Pytlik, Martin (**Pytlik 1995**): *Diskriminanzanalyse und künstliche neuronale Netze zur Klassifizierung von Jahresabschlüssen: ein empirischer Vergleich*, zugl. Diss. Universität Bamberg, Frankfurt a.M. 1995.

Rehkugler, Heinz (**Rehkugler 2002**): Grundlagen des Portfoliomanagements, in: *Handbuch Portfoliomanagement, Strukturierte Ansätze für ein modernes Wertpapiermanagement*, Hrsg. Jochen M. Kleeberg und Heinz Rehkugler, 2., vollkommen neu konzipierte Auflage, Bad Soden/Ts. 2002, S. 3-44.

Rehkugler, Heinz; Poddig, Thorsten (**Rehkugler/Poddig 1994**): Kurzfristige Wechselkursprognosen mit künstlichen Neuronalen Netzwerken, in: *Finanzmarktanwendungen neuronaler Netze und ökonometrischer Verfahren*, Hrsg. G. Bol, G. Nakhaeizadeh und K.-H. Vollmer, S 1-24, Heidelberg 1994.

Rehkugler, Heinz; Schindel, Volker (**Rehkugler/Schindel 1990**): *Entscheidungstheorie*, 5. Auflage, München 1990.

Rosenberg, Barr (**Rosenberg 1974**): Extra-Market Components Of Covariance In Security Returns, in: *Journal of Financial and Quantitative Analysis*, March 1974, S. 263-274.

Ross, Stephen A. (**Ross 1976**): The Arbitrage Theory of Capital Asset Pricing, in: *Journal of Economic Theory*, Vol. 13, 1976, S. 341-360.

Schlenger, Christian (**Schlenger 1998**): *Aktives Management von Aktienportfolios: Information, Entscheidung und Erfolg auf der Basis von Aktienalphas*, zugl. Diss. Universität München 1998, Bad Soden/Ts. 1998.

Schmidt-von Rhein, Andreas (**Schmidt-von Rhein 1996**): *Die moderne Portfoliotheorie im praktischen Wertpapiermanagement*, Bad Soden/Ts. 1996.

Schneeweiß, Hans (**Schneeweiß 1967**): *Entscheidungskriterien bei Risiko*, Berlin u.a. 1967.

Schwarz, Hans Rudolf (**Schwarz 2004**): *Numerische Mathematik*, 5., überarbeitete Auflage, Stuttgart 2004.

Sharpe, William F. (**Sharpe 1963**): A Simplified Model for Portfolio Analysis, in: *Management Science*, Vol. 9, 1963, S. 277-293.

Sharpe, William F. (**Sharpe 1964**): Capital Asset Prices: A Theory of Market Equilibrium under Conditions of Risk, in: *Journal of Finance*, Vol. 19, No. 3, 1964, S. 425-442.

Sharpe, William F. (**Sharpe 1992**): Asset Allocation: Management style and Performance Measurement, in: *The Journal of Portfolio Management*, Vol. 18, No. 2, Winter 1992, S. 7-19.

Spremann, Klaus (**Spremann 2002**): *Portfoliomanagement*, 2., überarbeitete und erweiterte Auflage, München u.a., 2002.

Stahlknecht, Peter; Hasenkamp, Ulrich (**Stahlknecht/Hasenkamp 2002**): *Einführung in die Wirtschaftsinformatik*, 10., überarbeitete und aktualisierte Auflage, Berlin u.a. 2002.

Steiner, Manfred; Bruns, Christoph (**Steiner/Bruns 2002**): *Wertpapiermanagement*, 8., überarbeitete und erweiterte Auflage, Stuttgart 2002.

Sydsaeter, Knut; Hammond, Peter (**Sydsaeter/Hammond 2004**): *Mathematik für Wirtschaftswissenschaftler: Basiswissen mit Praxisbezug*, München u.a. 2004.

Theil, Henri (**Theil 1971**): *Principles of Econometrics*, Amsterdam u.a. 1971.

Tobin, James (**Tobin 1958**): Liquidity Preference as Behavior Towards Risk, in: *The Review of Economic Studies*, Vol. 25, 1958, S. 65-86.

Überla, Karl (**Überla 1977**): *Faktorenanalyse, Eine systematische Einführung für Psychologen, Mediziner, Wirtschafts- und Sozialwissenschaftler*, Nachdruck der zweiten Auflage, Berlin u.a. 1977.

von Nitzsch, Rüdiger (**von Nitzsch 2002**): *Entscheidungslehre, Wie Menschen entscheiden und wie sie entscheiden sollten*, Stuttgart 2002.

Wagner, Niklas F. (**Wagner 1998**): Methoden zum Tracking von Marktindizes, in: *Handbuch Portfoliomanagement, Strukturierte Ansätze für ein modernes Wertpapiermanagement*, Hrsg. Jochen M. Kleeberg und Heinz Rehkugler, Bad Soden/Ts. 1998, S. 543-566.

Wagner, Niklas F. (**Wagner 2002**): Passives Management: Methoden zum Tracking von Marktindizes, in: *Handbuch Portfoliomanagement, Strukturierte Ansätze für ein modernes Wertpapiermanagement*, 2., vollkommen neu konzipierte Auflage, Hrsg. Jochen M. Kleeberg und Heinz Rehkugler, Bad Soden/Ts. 2002, S. 813 - 839.

Wallmeier, Martin (**Wallmeier 1997**): *Prognose von Aktienrenditen und -risiken mit Mehrfaktorenmodellen: eine empirische Untersuchung von erwarteten Renditen und Renditekorrelationen in Deutschland unter besonderer Berücksichtigung von Bilanzinformationen und Renditeanomalien*, zugl. Diss. Universität Augsburg, Bad Soden/Ts. 1997.

Wittrock, Carsten (**Wittrock 2000**): *Messung und Analyse der Performance von Wertpapierportfolios: eine theoretische und empirische Untersuchung*, zugl. Diss. Universität Münster, 3. erweiterte Auflage, Bad Soden/Ts. 2000.

Young, David S.; Berry, Michael A.; Harvey, David W.; Page, John R. (**Young et al. 1991**): Macroeconomic forces, systematic risk and financial variables: An empirical investigation, in: *Journal of Financial and Quantitative Analysis*, Vol. 26, S. 559-564.

Zimmermann, Heinz (**Zimmermann 1992**): Performance-Messung im Asset-Management, in: *Controlling: Grundlagen – Informationssysteme – Anwendungen*, Hrsg. Klaus Spremann und Eberhard Zur, Wiesbaden 1992, S. 49-109.

Stichwortverzeichnis

F

H

I

J

K

L

M

N

Q

R